존 스토트 설교의 원리와 방법

# 존 스토트 설교의 원리와 방법

**초판 1쇄 인쇄** 2022년 4월 6일
**초판 1쇄 발행** 2022년 4월 19일

**지은이** 안병만
**펴낸이** 유동휘
**펴낸곳** SFC출판부
**등록** 제104-95-65000
**주소** (06593) 서울특별시 서초구 고무래로 10-5 2층 SFC출판부
**Tel** (02)596-8493
**Fax** 0505-300-5437
**홈페이지** www.sfcbooks.com
**이메일** sfcbooks@sfcbooks.com
**기획·편집** 편집부
**디자인편집** 최건호
**ISBN** 979-11-87942-64-1 (03230)
**값** 35,000원

PRINCIPLES AND METHODS
IN THE HOMILETICS OF
JOHN R.W. STOTT

# 존 스토트 설교의
# 원리와 방법

안병만 지음

SFC

# 목차

# 5장 존 스토트 설교의 설교학적 원리와 방법들  167

# 저자 서문

세월이 지나 한국어 번역서 재판에 이어 한영(Korean-English) 합본을 수정 보완하여 출판하게 되니 감회가 새롭습니다. '10년이면 강산도 변한다'는 말이 있듯이 유학을 마치고 귀국 후 24년의 세월이 흘렀으니, 강산이 두 번 바뀐 셈입니다. 박사 논문을 번역하여 초판으로 출간한 지도 벌써 20년이 지났으니, 교회, 사회, 문화, 교육, 정치 등 모든 영역이 몰라볼 정도로 변했습니다.

초판과 재판이 출간된 후 부족한 사람의 글을 많이 애용해 주시고, 또 존 스토트 박사에 대한 깊은 관심과 글들이 나오게 되어 처음으로 그 분에 관해서 연구한 사람으로서 얼마나 기쁘고 감사한지 모르겠습니다. 더욱이 이 논문이 한국교회 초교파 목회자들로 하여금 복음주의적 강해 설교에 더 깊은 관심을 갖게 하고, 폭넓은 이해력 증진에 길잡이가 되었다는 것에 보람을 느낍니다. 그는 생존해 계시는 동안에 성경적인 세계관으로 세계 기독교와 현대 사회를 바르게 진단하여 올바른 가치관을 갖도록 하는 방향 설정에 많은 기여를 했고, 그의 설교와 저서는 전 세계 많은 애독자들에게 베스트셀러가 되었습니다. 특히 그가 처음 저술한 『기독교의 기본진리』라는 책은 한국에서만 재판에 재판을 거듭하여 대부분의 그리스도인들에게 고전이 되어 읽히고 있습니다. 본인도 그의 설교의 원리와 방법을 토대로 14년 동안 천안에 위치한 고려신학대학원과 백석대학교 방배동 캠퍼스에서 석박사과정의 학생들을 가르쳤고, 또한

'건강한 교회 연구소'에서 개최한 세미나를 통해서 논문에 담지 못한 설교에 관한 많은 신지식을 얻는 기회가 되었습니다.

번역서는 박사학위 논문이기 때문에 강단에서 설교하는 목회자들에게는 어렵지 않게 섭렵하고 적용할 수 있는 내용이지만, 평신도들에게는 이해가 다소 어려울 수 있는 학문적 깊이가 있는 내용으로 구성되어 있습니다. 하지만 설교에 조그마한 관심만 있으면 얼마든지 소화해 낼 수 있고, 설교를 듣는 일에도 많은 도움을 얻을 수 있을 것입니다. 지금은 평신도 리더들도 설교할 수 있는 기회가 많이 주어졌기 때문에 이 책을 꼼꼼히 공부하면 꽤 많은 정보와 도움을 얻을 수 있을 것입니다. 부록에 실린 존 스토트의 네 편의 설교는 다른 여러 편의 설교를 읽는 것보다 훨씬 많은 감동과 은혜, 그리고 도전이 될 것입니다. 특히 존 스토트 설교의 경향과 그의 말씀에 대한 깊은 영적 통찰력과 현 시대에 말씀을 어떻게 다리 놓기(적용) 하는지를 엿볼 수 있습니다. 이 책을 몇몇 평신도들에게 선물을 했는데 의외로 많은 은혜와 도전을 받았고, 설교 이해에 큰 도움이 되었다는 이야기를 들었습니다.

본서는 신학생들에게는 필수적인 책이면서 일선 목회자들이 꼭 읽고 활용해야 할 강해 설교의 원리와 방법이 고스란히 담겨 있습니다. 설교는 목회자들에게 가장 중요한 사역이면서 또한 평생 짊어지고 가야 할 무거운 짐이자 과제라고 할 수 있습니다. 어떻게 하면 설교를 잘할 수 있을 것인가를 대부분의 목회자들은 깊이 고민하면서 그 해결책을 찾고 있습니다. 왜냐하면 주 사역이 설교임으로 설교를 잘하면 성도들이 성숙해지고 헌신하지만, 설교에 죽을 쑤면 교회가 성장하지 않고 쇠락하기 때문입니다. 그러므로 목회자는 그 무엇보다 설교에 목숨을 걸고 준비하고 선포해야 하는데, 현실적으로 그렇지 못하고 있으니 안타까울 뿐입니다. 너무 분주하다 보니 체계적으로 설교에 대해 배우고 점검해 볼 수 있는 시간적인 여유가 없습니다. 이러한 시점에 이 책을 접하고 내용을 익히는 일은 바로 사막에서 오아시스를 만나는 것과 흡사할 것입니다. 독후감을 쓴 한 신학대학원 실습생은 존 스토트에 대한 많은 책을 읽었지만 그 내용을 충분히 파악하지 못했는데, 본서를 읽은 후에는 그의 책들을 이해하는 데 큰 도움이 되었다고 고백했습니다. 그렇습니다. 존 스토트의 설교 내용과 그 준비하는 과정을 알게 되면 그의 설교 전반에 흐르고 있는 본문의 의도와 실천적 적용, 그리고 숨겨진 영성의 에너지를 찾아 맛보는 희열을 체험하게 될 것입니다.

본서의 초판과 재판을 맡아 출간해 주셨던 프리셉트의 대표이신 김경섭 목사님과 직원 여러분들의 노고를 잊을 수 없습니다. 금번에 한영 합본을 아름답게 엮어 이 세상에 내놓도록 수고를 아끼지 않은 SFC출판부의 책임간사이신 유동휘 목사님과 여러 직원들에게 깊은 감사를 드립니다. 초판부터 한영 합본이 출간될 때까지 변함없이 추천서를 써 주신 선배 정근두 목사님(에스라성경대학원대학교 총장, 울산교회 원로)과 설교학자로서 따뜻한 추천서를 써 주신 한진환 목사님(서울서문교회 담임)께 감사의 마음을 전합니다. 특히 교회를 개척하여 22년이라는 짧지 않은 세월 속에서 매주 저자의 설교를 들으며 자신의 변화와 성숙, 그리고 교회의 부흥과 성장을 위해 기도와 물질로 헌신해 주신 열방가족들에게 진심으로 감사를 드립니다. 저의 평생사랑의 동반자이며 기도와 희생정신으로 내조를 아끼지 않은 아내(허순덕)와 우리 가문의 기업이며 하나님의 상급인 세 자녀와 사위(보혜/서정훈, 희락, 보은/박종구), 그리고 삼대 신앙의 전수자인 손주 박인우, 선우, 노을에게도 따뜻한 마음을 전합니다.

2022년 4월
광교산 자락 목양실에서
안병만 목사

# 추천사 1

저자 안병만 목사와 저는 여러 가지로 함께 하는 부분이 많습니다. 무엇보다 우리는 주님의 나라를 위해 일하는 동역자입니다. 고려신학대학원을 선후배로 졸업하고 현재 같은 교단의 목사라는 사실 뿐만 아니라, 세계 많은 나라 가운데서 제가 유학했던 남아프리카공화국에서, 또 그 나라의 많은 대학 가운데서 '기독교 고등교육을 위한 포체프스트룸 대학교' 신학부의 동창이기도 합니다. 뿐만 아니라, 실천신학 분야의 설교를 함께 전공했고, 제가 마틴 로이드 존스를, 그는 존 스토트를 연구하여 다같이 20세기 영국의 대표적인 설교자를 다룬 논문을 쓴 점도 공통점이며, 또한 귀국 후 학위논문을 한국어로 출판한 것도 빼놓을 수 없는 공통점입니다.

이 자리를 빌려 제가 연구한 마틴 로이드 존스와 그가 연구한 존 스토트를 비교해 보는 것도 유익할 것입니다. 마틴 로이드 존스와 존 스토트는 영국 사람들로 한 세대의 복음주의 진영을 대표하였던 설교자라는 큰 공통점을 가지고 있습니다.

그러나 두 분은 또한 서로 다른 점이 많은 사역자들이기도 합니다. 무엇보다 활동한 시기에 있어 서로 확연한 차이가 있습니다. 20년 이상을 늦게 태어난 존 스토트는 한 세대 아래 사람이며, 로이드 존스가 웨일즈 사람인데 비해 존 스토트는 잉글랜드 사람입니다. 로이드 존스는 모든 사람의 부러움을 살만

한 행복한 결혼 생활을 영위한 반면, 존 스토트는 한 평생 모범적인 독신 생활을 했습니다.

로이드 존스는 설교자가 되기 전에 의학을 공부한 후 신학 수업을 받지 않고 소명을 통해 목회를 시작한 비정규적 출발을 한 반면, 존 스토트는 목사가 되기 위한 정규 신학 과정을 만 25세가 되기 전에 끝마치고 목회자로서의 사역을 시작한 사람입니다. 로이드 존스의 사역에서는 부흥이라고 불러야 옳은 현상들이 초기 사역부터 있었다면, 그런 현상보다는 조용하고 일상적인 범주 내의 변화가 존 스토트 목회의 특징이라고 할 수 있을 것입니다.

설교의 스타일에 있어서도 로이드 존스는 본문의 핵심진리를 파악한 후 논리적으로 재구성하여 아주 자세하고 깊이 있는 설교를 했다면, 존 스토트는 오히려 별도의 설교 구조를 만드는 것보다는 본문 자체의 구조를 존중하여 설교를 했다고 볼 수 있습니다. 로이드 존스가 어느 시대 누구에게나 불변하는 진리를 강조했다면, 존 스토트는 그 진리를 현대인과 연관시키는 작업에 중점을 두었음을 알 수 있습니다. 설교 시간도 로이드 존스는 45분 설교를 했다고 하지만 그 시간을 넘긴 경우가 빈번했던 반면, 존 스토트의 경우에는 항상 정해진 시간 안에 마쳤던 것으로 보입니다.

두 분은 같은 복음주의 진영의 동역자이면서도 로이드 존스는 비국교도로 사역했고, 존 스토트는 끝까지 국교도로 남아 있었습니다. 말하자면, 어떤 면에서 로이드 존스가 믿는 바에 따라서 철저하게 일관된 행동을 강조한 날카로운 면모를 가졌다면, 존 스토트는 언제나 모나지 않는 중용의 몸가짐을 가진 온화한 영국신사를 떠올리게 합니다. 이렇듯 서로 다른 면모를 가졌으나, 그들은 모두 동일하게 주님을 사랑하고 기록된 말씀을 중히 여기며 평생 한결같이 주님을 섬긴 동역자였습니다.

20세기가 낳은 대표적인 복음주의 설교자들이 우리 한국 학도들에 의해서 연구되어 이처럼 책으로 출판하게 되는 것은 무척 반가운 일입니다. 한국의 많은 동역자들에게 본서가 귀한 도움이 되기를 기대합니다. 한국교회 강단을 섬기시는 모든 동역자 여러분께 일독을 권하는 바입니다.

2022년 봄날
에스라성경대학원대학교 총장실에서
정근두 목사(에스라성경대학원대학교 총장, 울산교회 원로목사)

존 낙스가 스코틀랜드를 떠나자 그 나라는 도덕적으로나 영적으로 황폐해져 버렸습니다. 결국 존 낙스는 스코틀랜드로 다시 돌아올 수밖에 없었습니다. 그가 귀국을 결심하자 스코틀랜드의 거리거리마다 "낙스가 오고 있다! 낙스가 오고 있다!" 하는 외침이 요원의 불길처럼 번져 나갔습니다. 낙스가 돌아온다는 소식에 온 스코틀랜드가 전율했던 것입니다. 스코틀랜드에는 설교자 존 낙스가 필요했습니다. 마찬가지로 영국에는 스펄전이 필요했고 미국은 무디가 필요했습니다.

설교는 사회를 변화시키고 민족을 개조합니다. 존 홀은 "강하고 신실한 강단은 한 나라의 생존을 위한 방위 체계이다."라고 했습니다. 존 뉴턴은 "설교란 완고한 마음을 부서뜨리는 것이며 부서진 마음을 치유하는 것이다."라고 했습니다. 필립스 브룩스는 예일대학의 라이만 비처 강좌(Lyman Beecher Lecture)에서 설교의 영광을 다음과 같이 외쳤습니다. "나는 강의를 시작하면서 먼저 설교 사역을 위해 준비하는 여러분들에게 여러분 앞에 놓여있는 전망에 대해서 진심으로 축하를 드리고 싶습니다. 우리 함께 기뻐합시다. 이 세상에 사람이 할 수 있는 선하고 행복한 일이 많지만 하나님의 진리를 설교하는 일은 그 중에서도 하나님이 우리에게 주신 가장 아름답고 행복한 사명이기 때문입니다."

청교도 경건주의자인 카턴 마터는 사역자들을 위한 그의 책의 부제를 이렇게 달았습니다. "트럼펫을 울리기 위해 준비하는 천사들" 20세기가 낳은 강해 설교자 로이드 존스는 그의 책 「목사와 설교」의 첫 문장을 "설교 사역은 인생이 받을 수 있는 소명 중에서 가장 고상하고 위대하고 영광스러운 소명이다."라는 선언으로 시작합니다. 존 스토트도 "설교가 기독교에 있어 중심적이고 독보적인 사역이라는 것은 교회의 기나긴 다양한 역사를 통하여, 심지어 초창기부터, 분명히 인식되어 왔다."라고 단언합니다.

설교는 놀랍고 신비스러운 하나님의 행위입니다. 설교는 유한한 존재들에게 영원을 안겨주며 땅위의 인생들에게 하늘을 가져다주는 고귀하고 영광스러운 사역입니다. 그 일에 부름 받은 설교자는 인간이 할 수 있는 가장 영광스러운 일에 수종 들고 있는 것입니다.

이 놀라운 사역에 부름 받은 사역자들을 위해 금번에 안병만 목사가 자신의 박사 논문의 진수만을 뽑아 안내서를 출판했습니다. 본서는 20세기 탁월한 기독교 사상가요 목회자요 설교의 대가인 존 스토트의 설교를 세밀하게 분석, 해설한 연구서입니다. 존 스토트의 설교 방법론 뿐 아니라 그의 학적인 바탕과 영성의 근저를 보여줌으로 설교자에게는 말씀의 깊은 샘에 대한 영감을 더해 줄 것입니다. 본서는 설교에 대한 갈증과 역량을 배가해줌으로써 부름 받은 종들이 말씀의 사역자로 굳건히 서게 함에 큰 역할을 감당하리라 믿기에 기쁨으로 추천하는 바입니다.

한진환 목사

(전 고려신학대학원 원장, 현 서울서문교회 목사)

# 1장

# 서론

# 1장
# 서론

　설교는 오랜 세월 동안 발전해 오면서, 기독교의 핵심으로 자리매김했다. 그러나 설교의 전반적인 수준은 오히려 낮아졌다는 평가가 주를 이룬다. 존 스토트(1982a:7)*는 현대 설교의 표준이 가히 통탄할 만하다고 했으며, 윌리엄스(1973: 1-17)는 설교는 이미 끝장났다고 단언했다. 이렇게 된 데는 설교 내용이 본문에 충실하다는 확신이 부족하다는 것과, 설교자들이 강해 설교의 형식과 내용에 대해 무지하다는 것을 원인으로 들 수 있다.

　이 시점에서 설교의 원리와 방법을 바르게 배우고자 열망하는 이들과 함께 강해 설교의 대가인 존 스토트의 설교를 고찰해 봄으로써 이 문제에 대한 해결의 실마리를 찾는 것과 동시에 그것을 근간으로 하여 설교자들의 설교 능력을 회복하는 데에도 도움이 되고자 한다.

## 1. 존 스토트 저작에 나타난 설교의 내용과 범위

　21세기가 시작되면서 사람들은 마음속 깊은 곳에서부터 성경적인 설교를 갈망하고 있다. 끊임없는 핵전쟁의 위협과 걷잡을 수 없이 파괴되는 가정들, 급속도로 발전하는 과학 기술의 이면에서 야기되는 당혹스런 딜레마들이 여타 다른 문제들과 함께 얽히게 되면서 사람들은 점점 더 강단에서 흘러나오는 말씀에서 희망을 찾고자 한다.(Thompson, 1981:9) 그들은 하나님이 자신을 분명하게 드러내시는 성경에서만이 느낄 수 있는 권위 있는 말씀, 바로 그 능력 있고 진실한 말씀을 원하는 것이다.

## 강해 설교 강조

하나님의 권위를 가장 잘 전달할 수 있는 설교의 형태가 바로 강해 설교이다. 존 스토트는 "모든 기독교의 가르침은 강해 설교이다."(1982a:125)라고 주장함으로써 강해 설교의 중요성을 강조했다. 그러나 모두가 중요성을 인식하면서도 정작 강단에서는 강해 설교가 잘 행해지지 않고 있다. 스토트는 그 이유를 설교자들의 신학적인 확신이 부족하기 때문으로 본다.(Stott, 1978b:160)

그러면서 그는 신론, 성경론, 교회론, 목회론, 설교의 본질 그 자체 등 실제 설교의 기반이 되는 신학적 확신들을 열거한다.(Stott, 1978b: 160-169) 물론 위에 열거한 것들은 각각으로도 충분히 순종할 가치가 있는 것들이다. 그러나 스토트는 우리가 이유를 막론하고 그가 제시한 다섯 부분을 한꺼번에 순종해야 한다고 말한다. 스토트는 우리가 이 다섯 부분들에 순종함으로써 강해 설교에 대한 강한 확신을 가지게 될 것이며, 이를 통해 강해 설교를 향한 헌신이 깊어질 것이라고 확신한다.

## '다리 놓기(bridge-building) 설교' 강조

존 스토트가 20세기의 가장 위대하고 능력 있는 설교자 중의 한 사람으로 알려지게 된 이유는 그가 성경이 쓰인 당시와 현대 사회 사이의 간격을 극복하는 데 중점을 두는 강해 전문가이기 때문이었다. 예를 들면 에베소서를 강해할 때면, 한 단락에서 중심 사상을 끄집어내면서도 전체를 균형 있게 조망하는 데 탁월하였으며, 또한 학생들에게 성경을 가르치기 전에는 그 전체 내용을 오늘의 교회 생활과 밀접하게 적용할 수 있도록 주석학적 요점을 세밀하게 파악하게 했다.(1979:89-173)

그는 항상 본문과 상황 사이의 간격을 좁히는 데 치중했다. 그 이유는 설교자는 본문의 의미를 밝히는 작업에 충실해야 함과 동시에 이 시대를 향한 메시지를 발견하는 데에도 민감해야 하기 때문이다.(Stott, 1992:216) 그는 「참 설교자의 초상」에서 설교자들은 하나님에 대해 계시된 이상—그분의 인격과 일하시는 방법 등—을 현대 교회의 상황 속에서 더 분명한 관점으로 인식해야 한다고 말했다.(Stott, 1961a:vii)


## 2. 존 스토트 설교 연구의 필요성

### 설교의 원리들

존 스토트는 자신의 책과 글에서 한결같이 모든 기독교의 가르침은 강해 설교임을 강조한다.(1982a:125) 강해 설교는 본문과 배경을 강조하기 때문에 설교자와 회중 모두에게 친숙하다. 그는 설교를 작성할 때마다 마음 속에 설교의 중요 원리들을 새겨보는데, 그것은 성경과 전통, 그리고 현대 세계라는 세 가지 요소이다.

그 중에서도 그는 성경 말씀 자체에 충실할 것을 요구한다. 이것은 성경이 말하는 것만을 말하고 자신이 말하고 싶은 인간의 소리는 말하지 않도록 하는 것이다. 이를 위해서는 본문의 철저한 주해와 해석 이외에는 다른 대안이 없다.

그는 성경 자체와 전통이라는 빛 안에서 성경을 이해하는 동시에 현대 세계와의 관계도 이해하기 위해 애쓴다.(Stott, 1986a:11, 12)

## 설교의 실제

존 스토트의 모든 설교는 상황 설교이다. 이 설교는 반드시 문화적, 역사적, 사회적, 그리고 인간적 정황을 이해해야만 한다. 그의 설교는 늘 현대를 살아가는 그리스도인 신앙의 중요한 부분과 연관되어 있다. 그는 언제나 사람들로 하여금 자신이 하나님의 창조물임을 인정하고 인생의 주인이신 예수 그리스도께 자신을 의탁할 때만이 자신의 존재를 이해할 수 있다는 사실을 깨닫게 해 준다.

## 성령의 사역

종교개혁의 본질은 현존하는 그리스도, 즉 '성령의 재발견'이라는 말로 가장 잘 표현된다.(Oberman, 1960:11) 칼빈에서 카이퍼까지, 그리고 심지어 오늘날의 설교자에 이르기까지 모든 개신교 설교자들은 설교가 성령의 지혜와 능력으로 인도되어야 한다는 데 동의해 왔다.(Adams, 1982:27) 성령의 역사는 설교를 능력 있고 적용이 가능하도록 한다.(Whitesell, 1963:145)

존 스토트(1990:60)는 진리의 영이 없이는 이해할 수 있는 것이 하나도 없고 성령의 권능이 없이는 효과적인 증언도 없다고 말한다. 그는 설교학에 관한 탁월한 저서인 「현대 교회와 설교」에서 설교자인 우리에게 가장 필요한 것은 위로부터 오는 권능을 힘입는 것이며(눅 24:49), 그래야만 우리도 사도들처럼 성령에 의해 복음을 전할 수 있고(벧전 1:12), 그럴 때에 복음이 우리의 설교를 통해 말씀 뿐만 아니라 능력과 성령과 큰 확신으로 전해진다(살전 1:5)고 말한다.

그는 하나님의 권능을 힘입기 위해서는 우선 우리의 무가치함을 인지해야 하고, 그분의 전능하신 손길 아래에서 겸손해야 하고, 우리 자신의 연약함을 인정해야 하며, 심지어 우리의 약함을 기뻐해야 한다고 말한다.(Stott, 1982a:329-330) 분명히 교회를 갱신하시는 분은 성령이시며, 성령의 검은 하나님의 말씀이다 (엡 6:17). 성령의 역사와 하나님의 말씀을 통해서만이 진정으로 성경적인 설교를 회복할 수 있다. 존 스토트는 설교 행위와 설교 전달에 있어서 가장 중요한 요소는 성령의 권능에 전적으로 의존하는 것이라고 한다.

PRINCIPLES AND METHODS
IN THE HOMILETICS OF
**JOHN R.W. STOTT**

2장

# 존 스토트의 생애

**2장**
# 존 스토트의 생애

## 1. 일반적 생애

### 1) 어린 시절

#### 가족 배경

존 스토트(John Robert Walmsley Stott)는 1921년 4월 27일에 태어났다. 그의 이름은 할아버지(John Robert Stott)와 아버지(Arnold Walmsley Stott)의 이름을 따서 지어졌다.(Gordon, 1991:294) 그에게는 누나가 둘이 있었고, 런던의 웨스트 켄싱턴에서 살았다가 후에는 유명한 내과진료소들이 밀집되어 있던 할리 가(街)에 정착했다. 이곳은 그가 다녔던 올 소울즈 교회(All Souls Church)와도 그리 멀지 않은 곳이었고, BBC 방송국 본관과도 가까웠으며, 근처에는 옥스퍼드 가(街)와 리젠트 가(街)의 모든 주요 백화점이 밀집해 있었다.(Capon, 1974:34; Catherwood, 1985:13)

그의 아버지 아놀드 윔슬리 스토트 경(Sir Arnold Walmsley Stott)은 유명한 심장 전문의였다.(Dudley-Smith, 1991:13) 그는 럭비 중고등학교, 트리니티 대학교, 캠브리지 대학교와 런던에 있는 성 바돌로매 병원에서 교육을 받았고, 영국 왕실의 부(副) 내과의사라는 명예로운 직위를 얻었으며, 웨스트민스터 병원에서 고문 의사로 근무했고, 군복무를 마치고 로얄체스트 병원에 재직했었다.(Stott, 1995:저자와의 인터뷰; Gordon, 1991:294) 그는 제2차 세계대전 동안의 군복무로 기사 작위를 받았으며, 1958년 6월 15일에 소천하였다.(Stott, 1964:1051) 그는 신앙인은 아니었으나 가족 공동체의 연대의식을 위해 일 년에 두 번 크리스마스와 부활절에 교회에 다니곤 했다.(Stott, 1995:저자와의 인터뷰)

존 스토트는 자신의 아버지를 '과학적 세속주의 영향을 입은 불가지론자'라고 묘사한다.(Capon, 1974:34) 그의 아버지의 과학적 방법론과 분석적 사고는 오늘날 존 스토트의 사역에서도 엿볼 수 있다. 또한 세세하게 주의를 기울이는 것과 체계적인 사고는 그가 가정에서뿐만 아니라 캠브리지에서도 배웠음을 알수 있다.

그의 아버지가 학식 있는 불가지론자였다는 사실은 존 스토트가 이런 타입의 사람들에게 다가서는 이유도 될 수 있다. 많은 기독교인들이 사회 하층민과 소외계층에게는 큰 관심을 보이지만 상류층의 사람에게는 그만큼의 주의를 기울이지 않기 마련인데 존 스토트는 모든 계층의 사람들에게 관심을 가진다. 그의 교구에는 많은 중산층과 상류층 사람들이 포함되어 있었고, 그는 이런 부류의 사람들도 대상으로 삼아 목회해야 한다고 생각했다.


존 스토트의 어머니 에밀리 캐롤라인 홀랜드(Emily Caroline Holland)는 아놀드 웹슬리 스토트와 1911년에 결혼했다.(Groover, 1988:53) 그녀는 루터교도였다. 그러나 그들이 살았던 런던의 랭햄 플레이스 지역에는 루터교회가 없었기 때문에 그녀는 아이들을 성공회 올 소울즈 교회에 보냈다.(Stott, 1995:저자와의 인터뷰) 어린 시절에 보았던 루터교와 성공회의 결합은 현재 존 스토트의 에큐메니칼 정신에서도 찾아볼 수 있다.

존 스토트는 자신의 어머니를 이렇게 회상한다. "나의 어머니는 독실한 루터교도였다. 어머니는 누나들과 나를 주일마다 교회에 가도록 했고, 성경을 읽고 매일 기도하도록 가르치셨다.(Eddison, 1983:57) 어머니는 독일인이면서 벨기에에 살았기 때문에 독일어와 불어의 영향을 받았다."(Stott, 1995:저자와의 인터뷰) 그래서 존 스토트는 국제적 감각이 있는 가정에서 영국 국민으로서뿐만 아니라 세계 시민으로서의 긍지와 자부심을 가지고 자라날 수 있었다.

## 학교 배경

1935년부터 1940년까지 존 스토트는 럭비라는 운동경기 이름의 기원이 된 유명한 럭비 중고등학교를 다녔다. 탁월한 능력을 가진 아놀드 교장 선생님 재직 당시, 그 유명한 운동 경기가 이 학교 이름을 본떠 지어졌고 이때부터 이 공립학교의 전통은 '어떤 어려움에도 굴하지 않는다'가 되었다. 존 스토트는 이곳에 있는 동안 균형 있는 정서 발달을 통해 영국 신사의 이미지를 갖추게 되었다. 말할 것도 없이 이 학교는 복음주의 기독교에 전혀 동정적이지 않았다.(Catherwood, 1985:14)

럭비 중고등학교에서 학업을 마치고 난 후, 존 스토트는 트리니티 대학교와 캠브리지 대학교에서 1940년에서 1944년까지 수학했다. 그곳에서 그는 현대 언어를 공부했고, 특별히 캠브리지 대학교에서는 우등생으로 졸업하는 영광을 누리기도 했다.(Stott, 1995:저자와의 인터뷰) 언어에 대한 그의 천부적인 재능을 감안해 볼 때, 그의 전공은 외교관이라는 직업과 너무나도 잘 어울렸다. 중고등학교 시절에 찍은 사진을 보면 사람들은 그에게서 그리스도인으로서의 겸손이라는 은혜로운 모습 이전에 귀족적인 풍모를 먼저 보게 되는데 이것은 지금까지도 그의 삶에 영향을 미치고 있다.(Dudley-Smith, 1991:13-14) 그는 1943년 학사학위를 받았고 특별 장학생으로 선발되었다. 여기서 살펴볼 수 있는 재미있는 사실은 그가 자신의 아버지가 다녔던 학교에 똑같이 다녔다는 점이다.

이런 학문적인 소양을 쌓고 나서 존 스토트는 캠브리지에 있는 리들리 홀이라는 신학교에 입학하여, 1944년부터 1945년까지 신학을 공부하고 교회에 들어가 목사 안수를 받을 준비를 했다.(Stott, 1995:저자와의 인터뷰) 1947년 우등생으로 대학원을 졸업하고, 1971년 일리노이즈의 디어필드에 있는 트리니티 신학교에서 박사학위를 받았으며, 1983년에는 캔터베리 대주교가 수여하는 명예박사학위도 받았다.(Groover, 1988:55) 신학대학 학장 찰스 레이븐은 그에게 캠브리지에 남아 지적으로 좀 더 정연한 박사학위 과정을 밟으라고 권했지만, 그는 목회에 대한 강한 소명으로 1945년 모교회 교구 부목사로서의 길을 선택했다.(Capon, 1974:35)

## 2) 회심과 소명

### 회심

목사가 되는 특별한 부르심에 앞서 기독교인이 되는 것은 필수적이다.(Jung, 1986:9) 존 스토트는 "설교자의 말이 아무리 명확하고 호소력이 크다 할지라도 경험에서 나온 확신이 아니라면 누구에게도 진리의 말씀으로 받아들여지지 않는다."라고 확신하였다.(Stott, 1961:76) 로이드 존스(1982:103) 또한 "분명히 설교자도 다른 그리스도인과 동일한 그리스도인"이라고 말하였다. 이와 같은 사실은 기본적인 것이지만 절대적으로 중요한 것이기도 하다.

이미 살펴보았듯이 존 스토트는 루터교도인 경건한 어머니에게서 태어났고 양육받았다. 그는 올 소울즈 교회에 정기적으로 출석했고, 성경을 읽고 매일 기도를 드렸다. 그 당시 그는 신앙을 고백했고 성찬식에도 참석했으며 모든 사람들은 그를 진정한 그리스도인으로 여겼다. 그러나 존 스토트는 "사실 나는 모든 수련 과정이 극도로 불만족스러웠다. 지금까지 알게 된 것보다 훨씬 더 종교적인 무엇인가가 있으리라 확신하고 나는 금요일 오후에 혼자 메모리얼 교회에 조용히 들어가 종교서적을 읽었고 신비로운 분위기를 느꼈으며 계속해서 피하시는 것처럼 느껴지는 하나님을 만나고자 했다."라고 고백한다.

그때 그는 다양한 기독인 모임에 참석했다. 그러던 중에 순회설교자였던 성서 유니언(Scripture Union)의 에릭 내쉬(Eric Nash) 목사를 만나게 된다. 존 스토트는 친구인 존 브릿져가 기독학생연합 모임에 초청했던 그때를 회상한다. "내쉬 목사는 별로 볼품 없는 사람이었고 분명히 강건한 육체나 쾌활한 정신의 소유자도 아니었다. 그러나 그가 말할 때면 나는 관심을 기울이게 되었다. 그날 그가 선택한 본문은 빌라도의 질문이었다. '그러면 그리스도라 하는 예수를 내가 어떻게 하랴?' 내가 예수를 선택해야 한다는 것은 너무도 신선한 충격이었다. 왜냐하면 나는 선택해야 하는 것은 무엇이든 이미 예수께서 해 놓으셨다고 생각했고 그 사실에 별다른 거부감 없이 살아왔기 때문이었다."

내쉬 목사는 조용하지만 강하게, 모든 사람들이 예수를 선택할지 거부할지를 결정해야 하며 누구도 중립에 머물 수는 없다고 못 박았다. "우리는 빌라도를 그대로 모방하며 예수님을 악하게 거부하든가 또는 그를 인격적으로 용납하고 따르든가 둘 중에 하나를 결정해야 한다."라고 했다.(Eddison, 1983:57; Gordon, 1991:295) 존 스토트는 "그날 밤 나는 침대 곁에서 무릎을 꿇고 자진해서 그리스도 앞으로 나갔다. 나는 감정적인 경험을 했으며 나에게 무슨 일이 일어났는지 서서히 이해하기 시작했다. 그때가 1938년, 내가 17살 되던 해였다."(Stott, 1995:저자와의 인터뷰)라고 회상했다.

여기에서 중요한 사실은 민감함과 지혜를 겸비한 내쉬 목사가 결단을 강요하지 않았다는 점이다. 존 스토트는 "바로 그날 밤 나를 내버려뒀기에 나는 홀로 예수님께 나가는 문을 열 수 있었다. 다른 친구들이 침대에서 잠이 들어 있을 때 나는 기숙사 침대 곁에서 예수님을 선택하기로 결정했다."(Catherwood, 1985:16)라고 기억했다. 그 후 내쉬 목사는 7년을 한결같이 일주일에 한 번 정도 그에게 편지를 썼는데, 이때를 존 스토트의 영적 성장 제3기라고 한다.

존 스토트는 한 통의 편지에서 "내쉬 목사는 자신이 예수께로 인도한 모든 사람들에 대해 너무 높은 기대를 가졌기 때문에 그들에게 쉽게 실망하곤 했다. 나는 변덕스러운 젊은 그리스도인이었고 훈련이 필요했기 때문에 그의 편지에는 종종 견책이 포함되어 있었다. 사실 어떤 기간 동안에는 그의 훈계가 너무 잦아서 편지봉투에 적혀있는 친숙한 글씨체를 볼 때마다 편지를 개봉할 준비가 되었다는 느낌이 들 때까지 30분 정도는 마음을 가다듬고 기도해야만 했다."(Catherwood, 1985:17)라고 밝힌다.

내쉬는 존 스토트에게 성경적인 깊은 사랑의 마음을 물려줬다. 그러나 존 스토트는 내쉬가 말한 기본적인 기독교 신앙-지나치게 교리적인 복음이라 접근에 있어서 너무 경건하고 현실과 괴리된-을 훨씬 넘어서고 있었다. 그렇지만 그의 복음적인 신앙에는 내쉬 목사의 신앙사상이 완전히 용해되어 있었다.

존 스토트(1973:29)는 강해 설교 「디모데후서의 메시지」에서 내쉬 목사와의 영적인 교제를 회상하며 "나를 그리스도께 인도하고 특별하게 헌신하도록 한 내쉬 목사를 만나게 하신 하나님께 감사드린다. 그는 내가 신앙 생활을 시작할 때 나를 양육했다. 지금 생각해보면 그는 7년 동안 매주 나에게 편지를 썼고 항상 기도해 주었으며 지금도 그러하다는 것을 알고 있다. 하나님 다음으로 감사해야 할 사람이 있다면 신실한 친구이자 목사인 내쉬라고 생각한다."라고 말했다. 그는 후일 내쉬가 설립한 대학과 공립학교에 간사와 회계담당자가 된다.(Capon, 1974:34; Gordon, 1991:295)

그러나 그가 회심하는 데는 내쉬 목사보다 더 강력하고 결정적으로 작용한 요인이 있었다. 존 스토트는 그의 회심에 대한 이야기를 20년 뒤인 1958년에 출판된 베스트셀러 「기독교의 기본진리」에서 3인칭 화법을 이용하여 다음과 같이 서술했다. "어느 주일 밤 십대 후반의 한 소년이 학교 기숙사 침대 곁에 무릎을 꿇었다. 1938년 2월 13일 오후 10시경 단순하고 사실적이면서도 명확하게 그는 지금까지 스스로 삶을 혼란스럽게 만들어 왔음을 예수님께 말씀드리며 자기 죄를 고백하고 예수님께서 자신을 위하여 돌아가신 것에 감사를 드리고 자기 삶에 예수님께서 찾아오시길 기도했다. 그 다음날 그는 일기에 이렇게 적었다. '어제는 특별한 날이었다. 지금까지 예수님께서는 내가 그분께 자리를 내어드리길 바라시면서 내 주변을 맴돌고 계셨다. 그런데도 나는 그분에게 나를 완전히 지배해 달라는 간구 대신 부분적으로만 인도해 주시길 요청했었다. 보라 그가 문 앞에서 두드리신다. 나는 그분의 소리를 들었고 이제 그분은 나의 집으로 들어 오셨다. 예수님은 집을 깨끗이 치우셨고 이제 이 집을 다스리신다.' 그 다음날은 또 이렇게 적고 있다. '나는 정말 하루 종일 엄청난 그러면서도 새로운 기쁨을 느꼈다. 그것은 온 세상이 평화로워지는 기쁨이었고 하나님께서 어루만지시는 기쁨이었다. 오늘부터 나는 이전에는 몰랐지만 이제는 내 속에서 분명히 알게 된 사실, 즉 그분이 나를 다스리신다는 것을 깊이 느끼며 살게 될 것이다.' 이것은 나의 일기에서 발췌한 것들이다. 나는 위험을 감수하고 그것들을 인용했다. 왜냐하면 나는 여러분이 내가 경험하지 않은 것을 여러분에게 추천한다고 생각하는 것을 원치 않기 때문이다."(Stott, 1958a:128-129)

그는 진정으로 회심했고 하나님의 권능에 압도되어 하나님의 말씀을 통하여 인생이 바뀌었다. 그래서 그는 하나님께서 인간의 역사에 직접 개입하시며 행동하신다는 사실을 알게 되었다. 후일 「현대를 사는 그리스도인」에서 그(1992:167)는 "성경에서 하나님의 목적은 관찰과 실험이라는 과학적 방법에 의해 발견되는 실제 사실이 아닌 과학이라는 지평을 초월한 진리를 계시하는 것이다. 특히 그리스도를 통한 하나님의 구원의 방법은 더 그렇다. 이것은 예수 그리스도께서 성경 계시의 중심이 되는 이유가 된다. 왜냐하면 성경은 예수에 대한 증언을 담고 있기 때문이다."(요 5:39; 20:31)라고 말했다. 폰 알멘(Von Allmen)의 표현을 빌리면 "성경의 심장(성경의 축약이자 성경을 살아 있게 하는) 또는 성경의 머리(성경을 설명하고 정당화하는)는 예수 그리스도이시다. 예수를 만나지 않고 성경을 읽는 것은 잘못된 설교를 하는 것이다."(Von Allmen, 1962: 24) 성경은 우리에게 구원을 가르치며, 그 구원은 우리에게 예수 그리스도를 교훈한다. 그리고 구원은 그분을 믿는 믿음으로만 얻는다.

## 소명

존 스토트(1992:132)는 "우리는 인도하심과 관련하여 '일반 소명'과 '특별 소명'을 구분해야 한다. 즉 일반 소명은 하나님의 백성 모두에게 해당되는 것으로 모든 이에게 동일하다. 그러나 특별 소명은 개인마다 다르다. 우리 모두는 하나님으로부터 동일한 일반 소명을 받았으며 각각의 특별 소명 또한 받았다." 라고 말한다.

우리는 소명에 대한 두 단어의 의미를 성경에서 명확하게 추론해 낼 수 있다. 우선 우리를 향한 하나님의 일반 소명은 직업과 관련된 활동이 아니라 사람과 관련된 것이다. 그 반면에 하나님의 특별 소명은 개인적이면서 구체적인 삶과 밀접하게 관련되어 있다. 존 스토트(1992: 136)는 이것이 특별 소명에 대한 진정한 개혁사상이라고 말했다.

개혁자들은 모든 그리스도인들이 신적 소명을 가지고 있으며, 하나님은 인간 개인의 삶 전반에 관심을 가지고 계시고, 농부, 기술자, 시장 또는 주부가 된다는 것은 신부 또는 목사가 되는 것과 똑같은 성스러운 소명이라고 주장했다.

자기의 고유한 영역을 가진 사람들은 그들의 직업이 육체적인 일이든 사무적인 일이든 성직자처럼 성별된 사람들이다.

칼빈(1967a:Ⅲ.X.6) 역시 이 주장을 지지한다. "주님은 우리 모두에게 각자 삶의 모든 활동 속에서 주님의 소명을 눈여겨보라고 명령하셨다. 소명을 따르기만 한다면 우리에게 존중할 수 없는 천한 직업이란 없다. 하나님의 눈에는 모두 중요한 것으로 보이기 때문이다."

존 스토트는 개혁자들이 그랬던 것처럼 우리의 영광스런 소명은 '특별 소명' 범주에 속한다고 주장한다. 그는 처음에는 이렇게 생각했다. "목사만이 유일한 목회직이라고 생각했으나 곧 이것이 잘못되었음을 알았다. 모든 그리스도인들은 예외 없이 모두 사역으로부터 부르심을 받았다. 그러므로 그들은 자기의 은사를 통해 교회와 세계를 위해 봉사할 것이다. 그래서 25년 전부터 지금까지 이런 나의 생각은 동일하며 확고하다."(Stott, 1992:140) 존 스토트는 하나님의 전적인 은혜로 교회 목사가 되었다고 고백했다.(1992:144) 비록 그가 말씀 사역이라는 표현을 포괄적인 용어로 생각하지는 않지만, 목사의 목회활동이 다른 것에 비해 덜 중요하다고도 생각하지 않았다.

존 스토트는 아무에게나 목회를 권하지는 않는다. 왜냐하면 그는 모든 그리스도인들은 각자 사역에로 부름을 받았다고 생각하기 때문이다. 하나님과 사람에게 봉사할 수 있는 방법은 여러 가지가 있으며, 목사로서 목회 활동을 할 결단은 하나님으로부터 개인적인 부르심이 있어야 한다고 굳게 믿기 때문이다.(Stott, 1992:141)

존 스토트는 교회 목회에 관심을 가졌고 특히 트리니티와 캠브리지 대학교 재학 시절부터 복음 전도에 관심이 있었다. 그는 복음 전도에 강하게 영향을 받았고 캠퍼스 운동, 즉 CICCU(the Cambridge Inter-Collegiate Christian Union: 캠브리지 대학간 기독교인 연합)의 사역자가 되었다. 그 운동 내에서 일어났던 복음주의적인 설교에 대한 강조는 분명히 젊은 존 스토트에게 큰 영향을 끼쳤을 것이다.

존 스토트는 1938년 내쉬가 설립한 대학과 공립학교의 간사와 회계담당으로 일할 당시 럭비 중고등학교 교장에게 목사 안수를 받고 목회를 하고 싶다는 뜻을 밝혔다. 그는 하나님께서 자신을 이 학교에서 일하도록 부르셨다고 믿었는데, 그의 이러한 소명에서 미래에 교회와 국가를 책임질 지도자적 모습이 발견된다.(Catherwood, 1985:19)

제2차 세계대전이 발발한 후 징병이 시작되었을 때, 군복무가 유예될 수 있는 경우는 성직자와 전쟁 발발 이전에 성직자로 안수 받을 의향이 있었다는 것을 서류로 제시할 수 있는 사람 뿐이었다. 존 스토트는 당연히 면제되었다. 당시 그의 아버지 아놀드 스토트는 군 병원 소장이었는데 존이 전쟁에 참여하지 않는다는 사실에 흥분하여 그 후 2년이나 아들과는 말도 하지 않았다. 또한 그는 캠브리지에 있는 존 스토트에게 실행하지는 않았지만 재정적인 지원을 끊겠다고 위협을 하기도 했다.(Capon, 1979:34)

제2차 세계대전이 일어나고 몇 개월 뒤 존 스토트는 랭햄 플레이스에 있는 올 소울즈 교회의 해롤드 언쇼-스미스(Harold Earnshow-Smith) 목사 밑에서 부목사로 일하게 된다. 그가 부목사로 부임한 지 6개월만에 언쇼우 목사는 중병에 걸려 목회를 할 수 없게 되었고, 이후 5년 동안 젊은 부목사는 담임 목사의 역할을 대신해야 했다. 5년이란 긴 시간을 부목사의 위치에서 담임목사의 역할을 감당한다는 것이 쉬운 일은 아니었다. 런던의 동쪽 끝에 위치한 이튼 그리고 메이플라워 패밀리 센터를 포함하여 여러 교회들은 그에게 청빙을 요청했지만 존 스토트는 올 소울즈 교회에 머물며 담임목사의 병환 중에도 교회의 안정을 유지해 나갔다. 이 기간 동안 그는 주님과 함께 하려고 애썼고 자신의 소

임을 계속해 나가길 원했다.(Groover, 1988:58)

언쇼 목사는 소천하였고, 올 소울즈 교회는 존 스토트를 후계자로 결정했다. 그는 이 요청을 수락하여 1950년 9월 26일 올 소울즈 교회의 새로운 담임 목사가 되었다. 그는 29살에 목회로의 특별 소명을 확인하였다. 런던의 유력한 성공회 교회 중 하나인 올 소울즈 교회의 담임목사가 되면서 주님의 영광스런 부르심을 확신하게 된 것이었다.

### 3) 올 소울즈 교회에서의 목회

1940년 12월 8일 저녁 공중 폭격에 의해 올 소울즈 교회가 파괴되었을 때, 모든 교인들은 서부 1번지 베레가 성 베드로 교회-지금은 현대 기독교 런던 협회인 「크리스천 임팩트(기독교인 영향)」의 본부가 됨-로 옮겨 가야만 했다. 1951년 4월 29일 주일, 런던의 원드(J.W.C. Wand, D.D.) 주교에 의해 교회가 재개될 때까지 그곳에서 계속 예배를 드렸다.(Groover, 1988:81) 회중들의 숫자는 전쟁기간 중 계속 줄었고 그들이 랭햄 플레이스로 되돌아왔을 때에 교인들은 3부 예배를 통틀어 220명에 불과했다.(예배기록서, 올 소울즈 교회, 1951년 4월 29일 기입 사항)

존 스토트는 올 소울즈 교회가 랭햄 플레이스로 되돌아오고 담임목사로 취임한 후에 모든 교구에 적용할 수 있게 계획된 광범위한 목회 프로그램을 시작했다.(Dudley-Smith, 1991:16) 그는 이 프로그램을 1975년까지 계속 진행했다.

존 스토트가 담임목사로 있던 당시에 올 소울즈 교회는 런던 도심지에서 가장 교인이 많은 교회였다. 그 이유 중 하나는 존 스토트의 설교 때문이었는데, 올리버 바클레이(Oliver Barclay)는 올 소울즈에서의 그의 설교가 많은 사람들을 교회로 향하도록 만들었다고 말한다. 19세기 말 이래로 영국 교회 안에서 설교는 계속해서 쇠퇴하고 있었기에 성공회 내부의 올 소울즈 교회에서 행해졌던 스토트의 강해 설교는 새로운 현상이었다.(Catherwood, 1985:21)

많은 젊은이들, 특히 새로운 회심자들은 성경 본문을 철저하게 파헤치는 강해 설교의 영향을 많이 받았다. 결과적으로 이런 사람들 중 많은 이들이 사역을 시작하게 되었다. 그들은 자신이 그리스도인이 된 것과 또 그리스도인이 된 후에 삶이 변화한 사실 때문에 교리적이면서도 도전을 주는 존 스토트 스타일의 설교를 자발적으로 수용하였다.

존 스토트는 1950년에서 1975년까지 25년 동안 올 소울즈 교회의 담임목사로 재직했고, 교회에서 목회를 하는 동안 1959년 영국 여왕에 의해 왕실 명예목사로 초빙되기도 했다.(Dudley-Smith, 1991:21)

## 4) 복음 전도자

복음 전도는 전문적인 일이면서 동시에 지상에 있는 모든 교회의 기본 과업이기도 하다. 그린(Green, 1979:14)은 "복음 전도는 사람들이 힘이 남아 돌아서 또는 자발적인 선택에 의해서 하는 것이 아니다. 복음 전도는 옥외 연단에서 웃음거리가 되기 좋아하는 사람 또는 공개홀에서 군중들에게 연설함으로써 자신의 흥을 돋우는 사람에게 어울리는 소일거리도 아니다. 전도는 우리를 위해 하나님께서 행하신 일, 즉 복음을 공유하는 것이다. 그것은 모든 그리스도인의 신성한 의무이다."라고 말한다.

존 스토트는 수많은 전문 기구, 선교 단체, 봉사 그룹과 관련된 가장 명성 있는 복음 전도자 중의 한 사람으로 널리 알려졌다. 성공회 성직자로서 존 스토트는 그 전통에 깊은 애착을 가지고 있었다. 그는 복음주의가 성경적이고 지적으로 일관성 있으며, 또한 사회적, 윤리적으로 인식 가능하고, 겸손하게 다른 그리스도인에게 통찰력을 제시하는 비전을 교회에 제공할 수 있다고 주장했다.(Gordon, 1991:282)

고든(Gordon, 1991:284)은 로이드 존스의 복음 전도와 존 스토트의 복음 전도를 다음과 같이 구분했다. "이 두 유명 인사가 그들 각자의 영역에서 끼친 영향력은 대단하다. 복음주의자들 사이에서 로이드 존스는 분리주의를 옹호했고, 존 스토트는 교파를 초월하여 더 넓은 그리스도인의 세계와 대화를 추구했다. 그럼에도 신학적 일관성, 성경적 사고 그리고 고결한 인격은 이들의 공통점이었으며 두 사람의 한결같은 목회 특징은 무엇보다도 그리스도 중심의 헌신에 있다."

두들리-스미스(Dudly-Smith, 1991:26)는 복음 전도의 영적 전통에 대한 존 스토트의 견해를 다음과 같이 말했다. "전통을 회상의 상태로 존속시킨 존 스토트는 언제나 복음 전도의 영성은 그리스도 중심으로 정의된다고 주장한다. 복음주의를 확증해 주는 것은 예수 그리스도의 존귀와 영광에 대한 열정이었다. 그것을 가지고 있을 때 우리는 비로소 안전할 것이다."

### 영국 내에서 복음 전도자로서의 활동

비록 직접적으로 자신을 드러내지는 않지만 존 스토트는 「오늘의 복음 전도」에서 성공회 복음 전도 회의(1960년)와 성공회 복음 전도 선교회(1961년) 창립에 대한 이야기를 간단하게 언급했다.(Stott, 1973:2)

60년대 중반 그는 22권의 시리즈 소책자를 만들 생각을 하고 실제로 결실을 보았는데, 「기독교의 기본진리」라는 이 책은 교회에 아주 중요한 신학적이고도 실제적인 주제를 다루고 있고, 성공회 복음주의자들 사이에서 자신에게 말하고 싶었던 열망의 표시이기도 했다.(Dudley-Smith, 1991:20)

존 스토트가 의장으로 있을 당시 키일(1967년)과 노팅햄(1977년)에서 거행되었던 국가 규모의 성공회 복음 전도 회의에서 그의 공헌은 높이 평가된다.(Gordon, 1991:283) 키일 회의에 대해 데이빗 에드워드(David Edwards)는 "만약 복음주의자들이 성공회를 진지하게 고려하기 시작한다면 성공회도 답례할 필요가 있었을 것이다."라고 평했고, 두 번째 노팅햄 회의에 대해서 클리포드 롱리(Clifford Longley)는 「더 타임즈」에 "성공회에서 복음주의자들의 힘과 영향력이 점점 커지고 있다. 어쩌면 이 말은 과장일 수도 있다. 그러나 전체적으로 표시가 나지 않지만 한 사람의 힘과 영향력이 점차 증가되고 있음은 확실하다."라고 기고했다.

이같은 대회는 그 후로도 계속 개최되었다. 랭햄 선언, 현대 기독교 런던 강좌, 양육과 상담, 복음주의 문서 진리, 그리고 로잔(1974년)과 마닐라(1989년)에서 열렸던 세계 복음화 대회에서 존 스토트는 중요한 역할을 감당했다.

## 세계적 복음 전도자로서의 활동

### 세계 복음 전도 국제회의

복음 전도 운동에 있어서 존 스토트와 빌리 그래함 목사와의 관계는 1974년에 시작되었다. 존 스토트는 빌리 그래함 복음 전도 운동에 공개적으로 지원했고, 자신의 교회로 보내진 150명에 대해서는 적절하게 영적인 안내를 해 주었다.(Manwaring, 1985:98)

한편 로이드 존스는 현대 복음주의에서 균형 없이 불건전하게 강조되는 점들을 바로 잡을 수 있는 진리를 되찾기 위하여 자주 전통에 호소했다. 그러나 그는 빌리 그래함의 운동과 관련하여 자신이 복음주의 결정론자로 분류되는 것은 거부하였다. 실제로 그는 빌리 그래함의 과도하게 단순화된 교리와 죄인을 영접하시는 그리스도 대신 인간 편에서 그리스도를 영접하는 죄인 신학으로의 변질을 공박했다. 비록 존 스토트가 대학생 선교와 관련하여 50년대에 로이드 존스와 긴밀한 협력관계를 가졌었지만, 그들은 복음 전도에 대한 시각에서 중요한 차이를 보였다. 존 스토트는 복음을 심하게 손상시킨 비복음주의자들과의 협력을 두려워하는 로이드 존스의 우려에 개의치 않았다.(Gorden, 1991:282)

## 세계 복음화 로잔 회의

공식적으로 존 스토트는 로잔 협약 기초위원회 의장이었으며, 비공식적으로는 '선임 설계자'라고 불렸다.(Wang, 1987:1) 존 스토트가 이끄는 위원회의 임무는 로잔 회의 개최 전에 참석자들이 승인한 합의문을 다듬어 회의 석상에서 선언문을 낭독할 수 있도록 하는 것이었다.

초안이 회의 두 달 전에 다수의 조언자들에게 우송되었고, 조언자들로부터 제안을 들은 후 회의 개최에 맞춰 두 번째 초안을 작성했다.(Stott, 1975:1) 세 번째 초안은 회의 기간 중에 그의 열성적인 노력으로 완성되었다.

로잔 회의 74가 존 스토트에게 중요한 이유는 회의에서 나온 선언문 때문이기보다는 복음 전도 운동 때문이었다. 선언문은 복음 전도 운동의 발원에 도움을 주었고 몇 가지 중요한 용어를 정의하기는 했으나 선언문 작성이 세계 복음 전도 로잔 위원회의 주목적은 아니었다.(Grover, 1998:89)

존 스토트는 수년간 로잔 회의 내의 전략, 중보기도, 의사전달, 신학과 교육 사역의 네 그룹을 맡고 있다가 1981년 각 그룹의 의장직에서 물러났다.(Reid, 1981:10)

## 현대 기독교 런던연구소에서의 활동

존 스토트는 여전히 설교, 강연, 저술 활동을 통하여 세계적인 사역을 하고 있다. 더구나 세계 복음 전도를 위한 그의 노력은 멈추지 않았다. 그는 전 세계로 복음을 전하기 위해 1982년 로버트 아담 가(街)에 있는 성 바울 교회에 현대 기독교 런던 연구소(London Institute for Contemporary Christianity)를 설립했다. 다음 해 7월 존 스토트는 올 소울즈 교회로부터 사용 허락을 받아 베레 가(街)에 있는 성 베드로 교회로 이전한 후 계속해서 활동을 하고 있다.(Eden & Wells, 1991:26)

처음부터 이 연구소의 목적은 사려 깊은 평신도들이 그들의 신앙을 삶의 모든 영역과 연관시키도록 도움을 제공하는 것이었다. 연구소는 네 가지 목적을 주장함으로써 기독교가 현대 세계와 연관을 맺는 목표를 충족시킨다.

첫째는 성경을 번역하고 성경의 권위를 수호한다. 둘째, 현대 세계를 이해하고 이 세계의 가정, 가치, 표준을 비평한다. 그리고 셋째는 그리스도의 제자로서 살아간다. 즉 "하나님은 우리로 하여금 이 세상에서 하나님의 말씀 아래 살아가도록 부르셨다." 마지막 목표는 선교 즉 "복음 전도(현실세계에 성경의 복음을 선포), 변증(변호와 논쟁) 그리고 사회활동(사랑의 선한 행위로 그것을 예증)의 조화이다." 이 목적들은 '통합'과 '통찰'이라는 두 단어로 요약될 수 있다.(Pamphlet, L.I.C.C. 서론 부분)


## 2. 신학과 설교 형성에 미친 영향들

사람의 삶의 여정은 하나님의 섭리 가운데 있고 모든 일들은 그 사람의 삶에 영향을 끼친다. 우리는 존 스토트의 삶에서도 그것을 분명히 볼 수 있다. 그의 삶을 살펴보면 그의 인품, 사상, 신학, 설교 그리고 확신에 분명히 영향을 미친 사건들이 있음을 볼 수 있다. 우리는 이미 앞장에서 존 스토트가 그의 부모로부터 받은 영향을 분명하게 확인할 수 있었다.

존 스토트는 자신에게 강한 영향력을 미친 몇 명의 복음주의 설교가들을 거론한다. 찰스 시므온(Charles Simeon), 찰스 라일(J. C. Ryle), 마틴 로이드 존스 (David Martyn Lloyd Jones), 드와이트 무디(D. L. Moody), 에드워드 슈로더(Edward A. Schroder) 그리고 그의 회심에 결정적으로 영향을 끼친 에릭 내쉬(Eric Nash). 여기에서는 그에게 강한 영향을 끼쳤던 두 가지 요인인 성공회 신학과 몇 명의 설교자들에 대해 알아보자.

## 1) 성공회 신학의 영향

존 스토트는 성공회 내에서 성장하여 성인이 되고 신학 연구, 목사 안수 등으로 봉사했다. 말하자면 그는 평생 성공회 역사, 특히 대부흥 연대표, 위대한 성인, 설교가의 전기에 흥미를 가지면서 깊은 영향을 받았다.

그가 성공회에만 머물러 있던 이유를 알게 되면 그의 신학에 성공회가 끼친 영향을 이해하게 된다. 그의 글 「나는 성공회 교회를 믿는다」에서 그 이유를 다음과 같이 밝히고 있다. 첫째, 성공회는 역사가 깊은 교회다. 역사가들의 기록에서 교회의 기원은 16세기 헨리 8세에게로 거슬러 올라간다. 성공회는 영국 기독교의 요새다.

둘째, 성공회는 고백 교회이다. 그는 기도서와 39개 신조에서 발견할 수 있는 것처럼 역사적인 고백을 확신한다. 이런 고백 진술은 성경의 주권과 능력, 그리고 그리스도 안에서 믿음을 통해 은혜로 말미암아 죄인의 칭의를 확언한다.

셋째, 성공회는 민족 교회이다. 존 스토트는 국가교회(State Church)와 민족교회(National Church)를 구분한다. 성공회는 민족적이다. 왜냐하면 영국을 위해 봉사하도록 민족적 사명을 가졌고 영국 민족을 그리스도에게로 데려 오도록 부름받았기 때문이다.

마지막으로, 성공회는 예전적 교회이다. 그는 기도서에서 예전 형태의 성경적 모범을 찾아 교리 안정장치로 역사적 연속성을 제공하고 무절제로부터 회중을 보호하며 참여를 도와준다(Stott, 1978b:18-21)고 밝히고 있다.

존 스토트의 신앙과 신학의 기초는 특별히 39개 신조에서 입증된다. 우리는 자주 그가 자신의 논증을 뒷받침하기 위해 39개 조항을 그의 여러 책에 진술하는 것을 볼 수 있다. 이는 장로교가 웨스트민스터 신앙고백을 바탕으로 정의할 수 있는 것처럼 성공회 신학은 39개 신조를 가지고 기독교 정통성을 말하기 때문이다.

## 2) 직접적인 영향

### 찰스 시므온(Charles Simeon)

찰스 시므온은 지금까지 알려진 성공회 설교자 중에 가장 위대하고 설득력 있는 설교자 중의 한 사람이다. 그는 1758년에 태어났으며, 같은 해 평생 친구 윌리엄 윌버포스도 태어났다.(Stott, 1986C:27)

그는 이튼, 킹스 칼리지, 캠브리지에서 교육을 받았고, 죽을 때까지 그 학교들의 명예교수였으며, 54년 동안 캠브리지의 성삼위 교회 목사로 봉직했다.(Hopkins, 1979:3) 그의 출판물 중에는 성경 전권을 2,500편의 설교로 꾸민 21권짜리 「설교시간」도 있다.

시므온은 일찍부터 목사로 활동했다. 그는 캠브리지 대학 1학년 때 회심했고, 3년 만에 목사안수를 받았으며, 성 에드워드 교회의 목사로 임명된 후 그해 성삼위 교회로 옮기게 된다. 이 교회는 캠브리지 대학 중앙에 위치해 있었는데, 리차드 시브, 그리고 토마스 굿윈이 설교를 하였다.(Stott, 1986C:30) 존 스토트는 "하나님의 말씀에 순종하고 그 말씀들을 해설하는 시므온의 타협하지 않는 헌신은 나로 하여금 그를 존경하게 했고 지금까지도 나를 사로잡고 있다."라고 말한다.(1986C:31) 그에게 시므온의 영향력은 에릭 내쉬보다 시기적으로 앞서지는 않지만 내쉬의 영향력에 가속도를 붙였음에는 틀림없다.

존 스토트는 시므온의 폭풍 같은 사역을 그의 글 「전도하지 않는 죄」에서 다음과 같이 말한다.(1983:37) "맹렬한 반대에도 불구하고 바울의 족적을 따르는 한 사람이 있었다. 이 사람은 19세기 초 캠브리지의 찰스 시므온이다." 그 교회 남쪽 벽면 판에는 이런 찬사가 기록되어 있다. "이 사람은 자신의 소망의 토대가 무엇이든 자신의 봉사의 주제가 무엇이든 예수 그리스도 이외에는 아무것도 알지 않기로 결정했고 자신을 십자가에 못 박았다."(Stott, 1986a:8)

시므온이 설교자로서 얼마나 유능했는지에 대한 진술은 존 스토트의 설교학 교재 「현대 교회와 설교」와 「설교자의 초상」에 잘 나타나 있다. 설교자들에게 시므온이 권고하는 것은 그리스도 안에서 변치 않는 개인 신앙을 가지라는 것이고, 이것은 존 스토트의 글에 반향(反響)되어 있다. 특히 설교와 관련하여 "설교의 주목적은 성경을 성실하게 그리고 적절하게 해석하여, 인간의 결핍을 충족시키기 위해서는 예수 그리스도 그분만으로 충분하다는 것을 받아들이게 하는 것이다. 진정한 설교자는 끊임없이 그리스도를 증언하는 증인이다."(Stott, 1982a: 325)라고 기록한다.

그리고 존 스토트(1961a:25-26)는 시므온을 인용하면서 설교의 중요성뿐만 아니라 성경 전체를 설교하는 것의 중요성을 다음과 같이 말했다. "하나님의 일은 하나님의 말씀 전체를 체계적으로, 즉 신·구약을 골고루(설교자가 선호하는 본문뿐 아니라 좋아하지 않는 본문도 고루) 분배할 수 있는 신실한 청지기를 긴급하게 필요로 한다. 우리는 오늘날 캠브리지의 찰스 시므온보다 더 큰 역량을 가진 사람을 필요로 한다."

찰스 시므온은 그의 저서 「설교시간」 서문에서 "나는 신학적으로 체계 잡힌 사람은 아니다. 다만 나는 종교에 대한 나의 견해를 성경에서만 이끌어 내고자 애쓰는 사람이다. 그리고 그것에 견실한 충성이 덧붙여지기를 원할 뿐이다. 하나님의 말씀 전체를 성실하게 강해하는 것만이 사소한 변덕과 환상으로부터 또한 정도가 심한 광신과 방종으로부터 회중을 구원할 것이다."라고 언급한다.

존 스토트(1982a:26)는 「현대 교회와 설교」에서 크리소스톰, 어거스틴, 루터, 칼빈, 매튜 헨리 그리고 성경주해의 전통을 연속시키는 본보기로 시므온을 다시 한 번 더 언급한다. 시므온(1959:188-189)은 "목회자는 하나님의 대사이다. 그리고 그리스도의 대리인으로서 말한다. 만약 그들이 성경에서 발견하는 것만을 설교한다면 또한 그들의 말이 하나님의 마음에 합하기만 하다면 그것은 하나님의 말씀으로 받아들여져야 한다. 이것은 우리 주님과 사도들에 의해 확언되었다. 그래서 우리는 설교자의 말씀을 하나님 그분의 말씀으로 받아들여야 한다."라고 말했다.

존 스토트는 설교자의 권위에 대해 시므온만큼 확신하지는 않는다. 그러나 이것은 본질적 차이라기보다는 정도의 차이이다. "기독교 설교자는 예언자가 아니다. 새로운 계시가 그에게 주어지는 것이 아니다. 그의 과제는 이전에 모든 사람에게 주어졌던 계시를 설명하는 것이다. 그러므로 설교자가 진정으로 성령의 권능에 사로잡혀 설교한다 해도 그것은 성령에 의해 전혀 새로운 영감을 받는 것은 아니다. 성경에 쓰여진 하나님의 말씀을 우리 모두가 이용할 수 있기 때문에 새 계시로서의 하나님의 말씀은 더 이상 필요하지 않다. 말씀은 모든 사람에게 이미 왔으며 사람들은 이제 그 말씀 앞으로 나아가야 한다."(Stott, 1961a: 12-13)

시므온은 추운 겨울에도 변함없이 매일 아침 4시에 일어났다. 불을 피운 후 그는 하루의 첫 네 시간을 개인 기도와 성경 연구에 헌신했다. 존 스토트의 전 생애에서 기도 생활과 성경 연구에 헌신하는 태도는 찰스 시므온의 발자취를 따른 것이다. 존 스토트 역시 매일 오전 네 시간을 기도와 성경 연구에 바쳤다.(Stott, 1995:저자와의 인터뷰)

결론적으로 존 스토트는 선배들로부터 교훈을 받아 자신의 목회, 특히 설교에 적용시켰다. 존 스토트(1986c:27)는 "나는 여러 경우에 성삼위 교회 강단에서 나온 설교에서 도움을 받았다."라고 고백한다. 이렇듯이 찰스 시므온이 존 스토트에게 미친 영향은 스토트의 설교를 통해 드러났다.

### 에릭 내쉬(Eric Nash)

「현대 교회와 설교」 서문에서 존 스토트(1982a:12)는 지금까지 그를 도와 주었던 사람들에게 감사의 말을 전하면서 에릭 내쉬에 대해 다음과 같이 언급했다. "나는 내쉬 목사님과 함께 시작했다. 이분은 17살 때 나를 그리스도께 인도하였고 양육하였으며 놀랄 정도로 신실하게 나를 위해 기도하였다. 그는 나에게 하나님의 말씀을 향한 갈망을 심어주었고 하나님의 말씀을 설명하는 기쁨을 처음으로 가르쳐 주었다."

에릭 내쉬는 1889년 4월 22일에 태어나 1982년 4월 4일에 93세를 일기로 소천하였다. 그의 아버지는 메이든 헤드의 성 마리아 교회 목사였다. 내쉬는 메이든 헤드 대학의 인디펜던트데이 스쿨(독립일 학교)에서 중등교육과정을 마치고 보험 회사에 다녔다. 그 후 사람들이 트레인 홈(낡은 열차를 개조하여 만든 이동식 주택)을 타고 다니던 1917년, 그는 마침내 그의 아내를 통하여 예수님의 부름에 기꺼이 응답하였다.(Eddison, 1982:7-8) 그러나 1922년이 되어서야 그는 트리니티 대학과 존 스토트가 수학했던 캠브리지의 라이들리 홀에서 연구를 할 수 있었다.

그는 1927년에 목사 안수를 받았고 두 번 부목사로 봉직했으며 슈랍셔에 있는 렙킨 대학의 목사가 되었다. 1932년에 그는 영국 최고 명문학교 출신의 소년들을 위한 캠프를 이끄는 책임을 맡고 성서 유니언(Scripture Union)의 일원으로 들어갔다. 내쉬는 1965년에 자의로 은퇴할 때까지 이 직위에서 머물렀다.(Eddison, 1982:8)

내쉬의 미래 사회 지도자들에 대한 관심은 존 스토트에서도 찾아볼 수 있다. 존 스토트는 자신의 목회를 랭햄 플레이스에 있는 올 소울즈 교회에서의 목회로 한정짓지 않고 런던에 있는 대학생 그리고 전문직 종사자들에게로 확대시켰다. 그럼에도 올 소울즈 교회는 주간 학교를 후원했고, 교구 어린이들 사역에 중점을 둔 올 소울즈 클럽 회관도 후원했다. 그러므로 국제적인 사역과 사회 관심에 있어서 존 스토트가 최근에 엘리트주의화되었다는 비난은 근거가 없다.

우리가 앞에서 살펴보았듯이 어린 존 스토트에 대한 내쉬의 영향력은 그의 회심 직후 즉시 시작되었다. 내쉬가 보낸 편지는 보통 길고 무게 있는 신학적인 내용이었고, 어떤 것은 부 표제를 붙여 분석한 것도 있었으며, 교리와 윤리적인 논쟁점들을 설명하기도 했다. 어린 제자를 진지함으로 인도하면서도 내쉬 자신은 너무 진지하게 생각하는 것을 원치 않았다. 노련한 캠프 지도자인 그의 유머는 소년들의 마음과 정신으로 들어가는 좋은 문이었다.(Stott, 1982c:58)

존 스토트는 캠브리지에 있을 때 내쉬의 캠프 간사로 봉사했는데, 이 지위는 존에게 설교할 기회를 제공했을 뿐만 아니라 두 사람이 친밀한 관계가 되도록 만들었다. 그리스도를 향한 전적인 헌신, 복음을 전하려는 열렬한 관심, 말씀에 훈련된 헌신, 단순하면서도 직접적인 설교는 존 스토트와 다른 성공회 복음주의 설교자들에게 내쉬가 끼친 영향의 증표이다.(Catherwood, 1985:18-19)

존 스토트 자신이나 옥스포드의 마이클 그린, 캠브리지의 마크 러스톤, 런던의 딕 루카스와 같은 수많은 유력한 성공회 목사들은 전에 내쉬의 측근이었다. 몇몇 영향력 있는 비성공회 평신도, 가령 IVF(현 UCCF)의 의장직을 물려준 실업가이자 정치가인 캐서우드와 이를 물려받은 외과의사 존 마쉬는 존 스토트의 캠브리지 동기생이었다.(Catherwood, 1985:19)

특히 존 스토트가 여전히 독신으로 지내고 있는 데는 많은 이유가 있겠지만 독신 성직자를 이상으로 삼은 내쉬의 영향도 부분적으로 작용했을 것이다. 그는 가족으로 인해 주의가 분산되지 않은 채 모든 삶을 그리스도에게 봉사하고자 했고, 그 외에 다른 몇 가지 이유가 그에게 독신의 동기를 제공했다.(Catherwood, 1985:19) 존 스토트는 특히 내쉬의 복음 전도에 대한 관심과 성경적 설교의 전망으로부터 많은 영향을 받았다. 존 스토트는 "나는 내쉬의 지도 아래 성경주해와 설교 경험을 일찍부터 가졌다."라고 말한다.

### 찰스 라일(J. C. Ryle)

스펄전은 찰스 라일을 '성공회 중에서 가장 뛰어난 사람'이라고 불렀다.(Packer, 1959:vii) 그는 1816년 5월 10일 부와 안정을 다 갖춘 가정에서 태어났다. 시므온처럼 라일도 이튼, 그리스도 교회, 옥스포드(B.A, 1838; M.A, 1841)에서 교육받았고 학업(그는 1837년 최우수 학생상을 받았다)과 스포츠 분야에서 모두 뛰어난 기량을 발휘했다. 그는 2년 동안 대학 크리켓 팀의 주장을 맡기도 했다.(Newby, 1991:5) 그는 모든 지위를 다 거쳤다. 부목사, 교구목사, 지방 감독, 명예 참사 의원, 부감독 그리고 마침내 1880-1990년까지 리버풀의 감독이 되었다.(Newby, 1991:6)

그는 설교자와 강사로서 많은 요청을 받았으며 그보다 더 많은 시간을 저작 활동에 쏟기 시작했다. 이때부터 문자 그대로 수백만 부의 소논문들이 출판되었는데 그 중에 가장 귀한 것은 1850년대에 쓰여진 「복음에 대한 강해 사상」일 것이다.(Loane, 1967:29; Gordon, 1991: 223) 그는 이 책을 통해 매우 유명해졌고 상당한 반향을 불러 일으켰다. 스펄전은 자신이 만약 훌륭한 책을 골라 상을 준다면 이 책에 줄 것이라고 했다. 그는 "이 책이 널리 유포되었지만 가족 필독서 이상의 의미를 가진다."(Spurgeon, 1893:149)라고 피력했다. 역사적으로 유명한 영국 개혁교회에 대해 라일은 완벽히 이해했으며, 39개 신조와 기도서, 성경의 신학적 기초에 의거하여 신앙을 약화시키는 것에 반대하며 끊임없이 투쟁했다.(Gorden, 1991:217-218) 다시 말해 라일은 성공회 영역의 한계에 맞서 투쟁했고, 복음주의자들은 그에게 교회 안에 머물면서 교회를 개혁하도록 격려하였다.

존 스토트는 라일의 위대한 저서 가운데 「거룩함과 개혁」 그리고 18세기 복음 전도 지도자에 관한 역사서들을 읽었다. 존 스토트는 자신이 교회 안에 머물러 있기로 결정하는 데 끼친 라일의 영향력에 대해 긍지를 가진다.(Groover, 1988:72)


### 마틴 로이드 존스(David Martin Lloyd-Jones)

20세기의 가장 유명한 설교자 중의 한 사람으로 인식되는 마틴 로이드 존스는 런던 버킹검 게이트의 웨스트민스터 교회 목사였다. 캠벨 모건은 1939년 로이드 존스에게 연합 목회를 하자는 제의를 했고, 로이드 존스는 1968년 은퇴할 때까지 웨스트민스터 교회에 머물렀다.(Catherwood, 1985:67, 69)

로이드 존스는 1899년 12월 20일에 사우스 웨일즈의 카디프에서 태어났다. 81년간 삶의 순례를 마치고 1981년 3월 1일 주일, 성 다윗일에 '영원한 나라에 넉넉히 들어갔다'(벧후 1:11).(Jung, 1986:5)

로이드 존스는 존 스토트의 아버지가 수학했던 런던 성 바돌로매 병원의 성 매릴본 문법학교에 다녔다. 1926년에 그는 미래가 보장된 의사직을 버리고 장로교 웨일즈 애버러본의 샌드필드에 있는 베들레헴 전진 운동 선교교회의 목사가 되었다.(Catherwood, 1985:53-58)

로이드 존스는 강해 설교자로서 '목사를 위한 목사'로 널리 알려져 존경받았다. 그의 설교집 「산상보훈」, 「에베소서」와 그의 금요일 밤 로마서 성경공부는 강해 설교 분야의 고전이 되었다. 존 스토트(1986a:9)는 로이드 존스를 가리켜 "제2차 세계대전 이후 몇 십 년 동안 복음 전도 지도자들 중에 어느 누구와도 견줄 수 없는 독보적 위치를 차지했다."라고 말한다. 존 스토트에게 미친 로이드 존스의 영향력 중 하나는 로버트 멕케인의 성경읽기 일정을 소개한 것이다.(Stott, 1982a: 283-184)

물론 존 스토트가 이미 성경에 대한 깊은 사랑을 가지고 있었지만, 1년에 구약은 한 번, 신약과 시편은 두 번 읽게 되는 이 새로운 성경읽기 일정을 그는 아직까지 사용하며 추천하고 있다. 실제로 이 성경 읽기표는 현대 기독교 런던연구소와 런던에 있는 그의 아파트에서 구할 수 있다.(Groover, 1988:74; Gordon, 1991:299)

이 두 설교자 사이에 긴장을 야기시킨 특별한 논쟁거리가 있었다. 에큐메니즘에 대한 로이드 존스와 존 스토트 사이의 대치는 그들이 일치를 보였던 많은 다른 부분을 흐리게 했고, 그들 사이의 실제 차이점을 드러내는 주요 원인이 되기도 하였다.

영성에 우위를 두고 강조하는 것은 원래 로이드 존스가 강하게 지원하던 것이다. 그의 영향은 젊은 존 스토트의 행동 반경에서 이미 느낄 수 있었다. 1950년대와 1960년대에 그들은 런던에서 가장 영향력 있는 복음 전도 설교자들이었고 어떤 때는 연달아 같은 대학에서 전도 집회를 인도하기도 했었다. 이들 영성의 핵심은, 사고하고 연구할 수 있는 능력은 하나님께서 주신 은사라는 확신에 있었다. 또 이것은 그들을 설득력 있는 '학문적인 복음주의'의 전형적 인물로 만들었다. 다른 모든 것을 이끄는 그들의 영성 핵심은 그리스도와 십자가였다.

로이드 존스는 '그리스도를 느끼도록' 설교하려고 애썼고, 진리와의 의사소통 뿐만 아니라 진리가 그리스도와의 친교에 스며들고 그 진리 위에 삶의 궁극적인 논점이 의지하도록 하기 위해 애썼다. 그 같은 정신은 존 스토트 또한 불타오르게 했고 비슷한 의식에 의해 이것은 조화를 이루었다. 설교자의 영적 체험에 관한 그의 최근 출판작들을 보면 하나님의 말씀과 설교자의 개인 영성 사이에 친밀한 관계가 있어야 함을 보여 준다.(Gordon, 1991:306) 그러므로 존 스토트는 여전히 로이드 존스를 가장 높이 평가한다.(Groover, 1988:76)

### 에드워드 슈로더(Edward A. Schroder)

존 스토트는 자신과 함께 올 소울즈 교회에서 사역하였던 부목사 중의 한 사람이었던 슈로더의 공적을 인정하는데, 이 사람은 존 스토트의 설교에 지대한 영향을 끼쳤다. 에드워드 아모스 슈로더 또는 존 스토트의 글에서 '테드'로 언급되는 그는 1967년부터 1971년에 미국 고든 칼리지 교목이 될 때까지 존 스토트와 함께 일했다.(Stott, 1982a:12)

원래 뉴질랜드 호키티카의 조그만 마을 출신인 슈로더는 1953년인 13살 때 에드윈 오르와 코리 텐 붐이 이끄는 부흥회 팀이 뉴질랜드에 왔을 때 회심하였고, 뉴질랜드의 캔터베리 대학, 그리스도 교회 그리고 영국의 더햄 대학에서 교육받았다.(Groover, 1988:76)

존 스토트는 슈로더를 '복음을 현대 세계와 연관시킨 사람'으로 자신에게 도전을 준 인물로 인용한다.(Stott, 1982a:12) 슈로더의 시대상에 대한 강조는 60년대 말 영국의 대학생 활동에 참여하는 것으로부터 시작된다. 올 소울즈 교회 부목사 시절이나 런던 중앙의 홀리테크닉 교회의 담임목사 시절에도 그는 학생들을 대상으로 목회했다.

이런 상황에서 슈로더는 많은 급진주의자들, 예를 들면 '플라워 칠드런'(Flower Children) 같은 모택동과 막스 추종자들을 다루어야만 했다. 복음 전도자들은 사회복음을 오래도록 수용하지 못했으나, 슈로더는 필요하다고 생각될 경우 사회복음을 수용하여 사역을 했다.(Catherwood, 1985:32) 60년대 그가 행한 설교 제목 중에는 「우주적 혁명」, 「히피족에 대한 그리스도의 태도」 등이 있는데, 이것은 슈로더의 급진적이면서도 시의 적절한 모습들을 잘 보여 준다.(Groover, 1988:77)

젊은 설교자의 격려로 존 스토트는 사회적인 논쟁점들을 외치기 시작했고, 그는 이 문제들에 깊은 관심을 갖기 시작했다. 슈로더의 영향으로 존 스토트는 결국 「현대 사회문제와 기독교적 답변」이란 책을 저술했고, 현대 기독교 런던 연구소를 설립하였으며, 그의 설교에서는 사회적인 논쟁거리들이 중요한 이슈로 다루어졌고 강조되었다.(Stott, 1995:저자와의 인터뷰) 이를 통하여 존 스토트는 성경이 현대 사회에서 사람들이 직면하는 문제들을 다룰 때 가장 효과적이라는 사실을 발견하게 되었다.

## 3) 간접적인 영향

### 청교도와 리차드 박스터(The puritans and Richard Baxter)

무엇보다 존 스토트는 개혁이라든가 18세기 복음 전도와 관련된 역사책을 읽을 때면 특히 종교개혁 지도자들과 청교도들에게 주의를 기울였다. 그는 다른 사람들에 비해 청교도들이 쓴 작품을 즐겨 읽곤 했다.

특히 그는 청교도인 리차드 박스터가 쓴 위대한 책 「개혁목회자」(1656년 출판)를 집중해서 읽었다. 박스터는 자신의 책을 통해서 청교도 전통의 이상을 지속적으로 구현했다. 존 스토트는 목사 안수를 받기 직전 이 책을 읽었는데 '아름답고 아주 멋진 책'이라고 회상한다.(Stott, 1995:인터뷰)

존 스토트에게 있어서 청교도들이 끼친 일반적인 영향과 리차드 박스터를 통한 특별한 영향은 분명히 결정적이다. 그래서 「현대 교회와 설교」에서 존 스토트는 박스터의 저서 「개혁목회자」로부터 많은 구절을 인용한다.(28-33; 152;

226; 248; 257; 268; 286; 321)

### 드와이트 무디(Dwight L. Moody)

존 스토트가 복음 전도 기술에 변화를 보인 것은 미국의 드와이트 라이맨 무디의 영향 때문이었다. 무디는 1837년 메사추세츠 노스필드의 농업도시에서 태어났다.(Gordon, 1991:177) 교육 환경은 좋았지만 그는 초기 학교 교육을 충분하게 받지 못했다.

1885년 보스톤에서 신발 판매 사원이 된 그가 사회접촉을 위해 YMCA가 시도한 프로그램에 참석하여 몇 개월을 보냈을 때였다. 그의 주일학교 선생님은 그를 향한 그리스도의 사랑을 말하면서 이제는 그리스도께서 그 사랑을 받기 원하신다고 그에게 말하였다. 무디는 그리스도를 위해 간단한 '결단'을 내렸고 "그 다음 날 떠오른 태양 빛은 그 어떤 때보다 찬란하게 빛났다. 나는 새들과 사랑에 빠졌고 내가 모든 창조물과 사랑에 빠진 것처럼 보였다."라고 말했다.(Findlay, 1969:49-50)

그는 점점 더 복음 전도 활동에 참여하게 되었고 독자적으로 주일학교를 시작했는데, 이것은 곧 활력있는 교회로 발전해 갔다. 50년대 부흥에서 설교자와 복음 전도자로서 그의 성공과 조직, 명성, 헌금액 증가, 그리고 동기부여는 무디의 능력을 결정하는 요인이 되었다.(Gardon, 1991:178) 그리스도인의 사회 참여, 교육, 복음 전도, 교회 일치를 위한 협력과 기독교 출판 영역에 이르기까지 무디는 항구적인 영향을 끼치기 위해 노력했다.

존 스토트는 10대 후반에 몇 명의 미국 복음 전도자들의 책을 읽곤 했는데, 루빈 토리도 거기에 포함되어 있었다. 존 스토트는 「부흥설교」, 「실제적인 구원」, 「하나님은 왜 D. L. 무디를 사용하셨는가」 등의 복음 전도 설교에 대한 루빈 토리의 책을 모두 읽었다.(Stott, 1995:저자와의 인터뷰) 그 외에도 존 스토트는 그의 모든 저서를 닥치는 대로 읽었다. 그는 통찰력을 얻기 위해 계속해서 그런 책들을 참고했다. 그는 실제로 그 책들의 내용들을 기억하고 있다고 말했다.(Groover, 1991:78)

토리는 자신의 책에서 무디를 모델로 하나님께 쓰임 받는 사람의 일곱 가지 이유를 제시했는데, 존 스토트는 이 특징들을 그의 삶의 모델로 삼았다. 그것은 ⑴ 완전히 헌신된 사람 ⑵ 기도하는 사람 ⑶ 성경을 깊이, 그리고 실제적으로 연구하는 사람 ⑷ 겸손한 사람 ⑸ 돈을 사랑하는 것으로부터 완전히 자유로운 사람 ⑹ 잃은 양의 구원을 위해 불타는 열정을 가진 사람 ⑺ 하늘로부터 오는 권능에 확고하게 도취된 사람이다.(Torrey, 1923:8-51)

무디에 대해 토리가 했던 말들은 존 스토트에게도 해당될 수 있다. 존 스토트도 완전히 순종하는 사람이었고 기도하는 사람이었다. 그가 실제로 성경을 연구하는 사람이라는 사실은 성경 연구에 대해 그가 집필하였던 책과 성경과 관련된 책에서 분명히 알 수 있다. 존 스토트의 겸손과 간소한 삶에 대한 헌신은 이 장의 다른 부분에 기록되어 있다. 또한 잃은 양에 대한 그의 열정은 그의 목회 경력에서 확실히 볼 수 있다. '하늘로부터 오는 권능'은 매우 주관적인 견해지만 존 스토트가 동시대인들에게 효과적인 전도자였다는 것으로 그가 하늘로부터 권능을 받은 사람이라고 말할 수 있을 것이다.

무디 설교의 핵심은 하나님 사랑의 절정인 그리스도이다. 존 스토트 역시 십자가에서의 그리스도의 죽음과 부활이 설교의 핵심이다. 존 스토트(1992:167)는 그것을 이렇게 강조한다. "예수 그리스도 그분은 성경 계시의 핵심이다. 그리고 그분을 선포하지 않는 설교는 잘못된 설교이다." 무디와 존 스토트의 설교 성격과 방법에는 차이가 있지만 토리가 묘사하는 무디와 존 스토트의 설교 비교에서는 많은 유사성을 발견할 수 있다.

## 윌리엄 템플(William Temple)

플레처(1963:248)는 펀치의 진술을 다음과 같이 인용한다. "전후 회의와 전조의 어두운 시대에 만약 건전한 그리스도인으로서 현대 세계에 봉사한 내용을 따져 본다면 윌리엄 템플보다 더 많은 몫을 가질 사람은 없다."

윌리엄 템플은 1881년 10월 15일 엑스터에 있는 주교관에서 프레데릭의 두 자녀 중 차남으로 태어났다. 그가 4살이 되기 전 그의 아버지는 런던 주교로 임명되어 관사가 있는 풀햄 주교관으로 이사했고, 그곳에서 어린 윌리엄은 15살까지 살았다. 그는 런던 햄머스미스의 콜렛 코트에서 1894년까지 교육을 받았다. 그 후 그는 1894년 가을에 럭비 고등학교에 입학했고 1902년에서 1904년까지는 옥스포드의 밸리올 칼리지에서 수학한다. 1904년 학위를 받은 후 그는 명예 학생으로 선택되고 퀸스 칼리지에서 철학강사로 6년을 지냈다.

그는 1908년 12월 대주교 데이빗슨으로부터 부사제로 안수를 받고 1909년 12월 캔터베리에서 사제가 된다. 그는 1910년 더비셔에 있는 랩튼 스쿨-이 학교는 럭비 중고등학교보다 10년 먼저 1557년에 설립된 전통있는 학교이다-의 교장이 되고 「기초」라는 책을 저술(Douglas, 1974:957)한 후 랩튼을 떠나 1914년 런던 서쪽 끝에 있는 성 야고보 교회의 교구 신부가 된다.

1920년에는 맨체스터의 주교로 임명되고 1929년에는 요크의 대주교로 임명되면서(1929-42) 그는 점점 국가 차원의 주요 인물로 부상하게 되었다. 특히 사회, 경제, 국제 문제들에 활력 있는 관심을 보임으로써 정당들로부터는 독립을 유지하면서도 정치적이면서 종교적인 활동을 했다.(Cross, 1984:1347) 그는 진심으로 신앙, 직제, 생명, 사역 그리고 교회 일치 운동을 지원하다가 1942년 4월 성 조지 일에 캔터베리 대주교로 취임한다. 그 해 10월 31일 대주교이며 그의 선배였던 코스모 고든 랭이 캔터베리에서 그의 장례식을 집전했다.(Fletcher,

그는 셀 수 없을 정도로 수많은 책을 썼고 성공회에 귀중한 기독교 유산을 남겼다. 그의 주요 저서는 「인간의 창조자」, 「그리스도의 진리」, 「자연, 인간, 하나님」, 「성 요한복음 독본」, 「기독교와 사회 직제」 등이다.(Cross, 1984:1347)

존 스토트는 젊은 시절 윌리엄 템플의 저서, 특히 「성 요한복음 독본」을 좋아했다.(Stott, 1992:322) 그에게 끼친 윌리엄 템플 대주교의 영향은 이루 말할 수 없다. 존 스토트는 성경을 바탕으로 하여 석의적 정확성과 헌신적인 강조가 배어있는 그의 신학을 즐거워했다. 템플은 존 스토트에게 인류의 죄의 무거움과 위대한 구원의 경이로움이라는 심오한 영향을 주었다.

존 스토트는 템플의 저작을 통해 기독교 교리 교육의 필요성에 대해 몇 가지 통찰력을 얻었다. 그(1992:50)는 "나는 계시가 어떤 의미인지를 안다. 특히 윌리엄 템플 대주교의 가르침을 통해서 성경에서 의미하는 '죄'라는 것이 기본적으로 자기 중심이라는 것을 알게 되었다."라고 고백한다. 존 스토트가 그리스도인의 일치를 주장할 때면 그는 윌리엄 템플 대주교의 「성 요한복음 독본」에서 이 구절들을 인용한다. "기독교계의 연합이 공식적으로 이루어진다 하더라도 그것은 위원회실 안에서가 아니라 예수님과 아버지 하나님과의 연합처럼 깊고도 실제적인 주님과의 개인적인 연합을 통해서 이루어지는 것이다."(Temple, 1947:327) 존 스토트는 위에서 언급한 인용 외에도 거의 모든 책에서 템플의 책을 다양하게 인용한다.(1992:242, 322, 369; 1984: 192 등)

## 캠벨 모건(G. Campbell Morgan)

우리는 마지막으로 존 스토트에게 끼친 모건의 영향을 다루지 않으면 안된다. 모건은 1863년 12월 9일 영국의 글루체스터셔의 테베리에서 침례교 목사 조지 모건과 엘리자베스 팜 브리턴 사이의 두 아이 중 막내로 태어났다.

그의 누나 리치는 그가 여덟 살에 죽었는데 그때까지 그들은 절친한 친구였다.(Morgan, 1972:24-25)

모건이 태어난 후 4개월 뒤 모건 가족은 웨일즈의 카디프로 이사한다. 여기서 그는 쳅스토우 초등학교에 다니며 일찍이 설교를 하고 싶다는 개인적인 소망을 가졌고, 1876년 8월 15일 그가 13살 때 만마우스에 있는 웨슬리안 교회에서 회중들을 향하여 첫 설교를 한다.(Geffs, 1981:171) 학문적인 훈련을 받지 않은 채 유대인 학교에 스텝으로 들어간 그는 랍비로부터 많은 것을 배운다. 구세군과 감리교에서 거절당한 후 그는 회중교회 목사가 되고 런던의 웨스트민스터 교회를 포함하여 많은 교회의 목사로 봉사한다.(1904-17, 1933-45) 그는 웨스트민스터 교회 목사라는 정규 의무 외에도 캠브리지의 체스트넛 칼리지 학장(1911-14)을 역임한다. 모건은 특히 1919-32년까지 여행을 많이 하는데 그의 설교와 성경 강해는 외진 곳에서도 대규모 청중들을 끌어 모았다. 그의 성경 각주, 설교, 주석과 같은 저작물은 수없이 많다.(Douglas, 1974:677)

캠벨 모건에게 있어서 성경은 설교를 위한 유일한 권위였고, 그는 그 권위에만 전념했다. 존 스토트는 모건의 신학적 관점 특히 개혁신학 교리를 따랐다. 모건처럼 존 스토트는 성경 전체를 하나님의 말씀으로 그리고 본질적으로 하나님의 계시로 믿는다.(Stott, 1972a:123) 존 스토트는 젊은 시절 모건의 「복음전도」를 철저하게 읽었는데, 이 책을 읽고 나서 그는 예수 그리스도의 사랑을 설교하기로 결정했다. 존 스토트는 그의 위대한 저서 「그리스도의 십자가」를 끝맺으면서 모건의 진술(1972:59-60)을 인용한다. "십자가에 못 박힌 자만이 십자가를 설교할 수 있다. 그리스도와 함께 죽은 자만이 그리스도의 십자가를 설교할 수 있다."

PRINCIPLES AND METHODS
IN THE HOMILETICS OF
JOHN R.W. STOTT

3장
존 스토트 설교의
석의 원칙

# 3장
# 존 스토트 설교의 석의 원칙

보통 설교자의 과제를 넓은 의미로 이해할 때, 두 가지를 이해하고 있는가에 요점을 둔다. 하나는 '성경이 그 당시 역사적, 문자적, 신학적으로 의미하는 것이 무엇이었느냐'하는 것이고, 또 하나는 '그렇다면 그 사실이 오늘날 우리에게는 어떤 의미를 가지느냐' 하는 것으로 우리 삶과의 연관성 여부이다. 그리고 이 과제는 세 가지 연속적인 활동을 포함한다.

첫째 활동은 인간인 저자를 통해 서신의 수신자들이었던 1차 독자들에게 하나님께서 표현하고 싶었던 것을 이끌어내는 석의 과정이다. 이것은 그 단락에서 실제로 말하고 있는 것을 밝혀내는 것이다. 요한복음 1장 18절은 이렇게 기록하고 있다. "본래 하나님을 본 사람이 없으되 아버지 품속에 있는 독생하신 하나님이 나타내셨느니라(exegesato, ἐξηγήσατο)."(Vines, 1985:67) 이것은 본문의 의도를 드러내는 활동을 말한다.

둘째 활동은 그 당시 본문을 통해 하나님께서 현재 우리의 구체적인 상황 속에서 말씀하시는 바와 관련시키는 해석 과정이다. 그러므로 성경 본문과 삶의 정황 사이의 해석학적인 만남이 일어난다.(Venter, 1991:4) 그래서 본문의 원래 의미는 오늘날 구체적인 현실에 맞춰 번역되고 적용된다.(Coetzee, 1995a:3) 물론 본서에서는 이를 석의 원칙을 제공하는 학문으로서의 해석학과는 구분할 것이다.

셋째 활동은 석의와 해석을 통하여 제공되는 설교 자료를 이용하여 설교를 작성하는 설교 작성 과정을 말한다.(Venter, 1995:16) 이것은 특히 석의와 해석 과정을 조화시켜 사고와 행위를 교정하고 방향을 설정하는 원천으로서의 적용을 포함한다.(Chapell, 1994:199) 적용은 하나님의 의지, 인간의 본성과 결핍, 예수 그리스도의 구원 사역, 경건의 경험적 측면에 대한 지식에 기초를 두고 있다. 이것들은 오랜 시간에도 불구하고 현실적으로 변화되지 않는 일상적인 교회 생활, 하나님과 피조 세계 사이의 다양한 관계, 그리고 역사 속에서 그분의 계획을 포함한다. 신·구약이 끊임없이 다루는 것은 바로 이런 문제들이다.(Packer, 1984:909)

우리는 개신교의 스콜라 시대 이래로, 설교란 주의 깊은 이해와 해석, 적용이라는 관례화된 순서에 따라 이루어진다는 것을 알고 있다. 절차상으로는 본문 석의, 해석, 적용 순서를 따르는 것이라고 할 수 있다. 이것을 설교의 세 부분이라고 부른다.(Buttrick, 1981:46)

석의 과정, 해석 과정, 설교 준비 과정은 다시 세 가지로 세분화될 수 있다. 이것들은 연결고리가 되어 전체 설교 작성 과정 중에서 특정한 과정을 향해 나간다. 이 과정들이 설교 작성 과정 중에 강하게 연합되는 것으로 생각하면 된다.

이 장에서는 특별히 존 스토트의 설교와 그의 설교학 저서에 나타나는 석의 원칙과 방법을 다룰 것이다. 그러나 지금 그의 설교 본문을 직접 다루지는 않을 것인데, 설교의 신학적 내용들은 바른 석의적, 해석학적 원리와 방법에 기초해서만이 보증될 수 있기 때문이다. 석의와 해석에 대한 바른 이해는 건전한 설교를 인도하는 기초 이론인 것이다.

# 1. 석의 과정

무엇보다 존 스토트의 '석의'에 대한 정의를 이해하는 것은 매우 중요하다. 다른 이들은 '석의', '해석학', '성경 해석'과 같은 용어들을 자주 상호 교환하여 사용하기도 하는데 구찌에는 석의와 해석을 구분한다. 그래서 그는 설명하는 과정에서도 이 두 단계를 구분한다.

"첫 번째 단계에서 석의자는 본문의 저자가 그 당시 구체적인 상황 가운데 독자들에게 무엇을 말했는지를 질문한다. 이 첫째 단계를 석의라고 부른다(좁은 의미로 제한됨). 두 번째 단계에서 석의자는 이 본문을 통하여 현재 우리의 구체적인 상황, 지금 바로 여기에서 하나님께서 무엇을 말씀하시는지 질문한다. 이것을 해석이라고 부른다."(Coetzee, 1990:15)

카이저(1981:47) 역시 석의와 해석학을 분명히 구분한다. "해석학(필자에 의해 덧붙여진 해석)은 성경 본문에 접근하는 데 유용한 일반 원칙과 특별 원칙 그리고 규칙들을 기술하는 반면, 석의는 성경의 한 단락, 한 부분, 그리고 궁극적으로는 성경 전체를 구성하는 개별 어구, 절, 문장의 단일하면서도 진정한 의도를 구분하는 것이다. 따라서 해석학은 석의를 이끄는 이론으로 간주될 수도 있다. 그리고 석의는 이 작업에서 저자의 의도된 의미를 발견하는 일련의 절차나 실제로 이해될 수 있다."

존 스토트도 구찌에와 카이저처럼 석의와 해석을 구분하려고 시도했다. 그는 "석의란 '성경 본문의 원래 의미와 저자가 독자들에게 전달하고자 하는 것을 결정하는 과정'이다. 그러나 해석은 본문의 의미를 오늘의 독자들에게 적용하려는 시도이다. 사실 우리는 본문을 연구하면서 우리 스스로에게 두 가지 구별되는 질문을 할 필요가 있고, 올바른 순서로 질문할 필요가 있다. 첫째는 '이것이 원래 의미하는 바는 무엇인가?' 둘째는 '이것이 지금 우리에게 무엇을 말하고 있는가?' 하는 것이다. 우리의 관심은 성경 본문이 처음으로 선포되고 기록된 때의 원래 의미에서 출발한다. 그 다음으로 오늘을 살아가는 사람들에게 유효한 현대적인 메시지로 귀결된다. 우리는 이 두 질문을 혼동해서도 안 되고 순서를 바꿔서도 안 된다. 그리고 다른 한 가지 질문을 하지 않고 나머지 한 가지만 질문해서도 안 된다."(Stott, 1992:214)라고 말했다.

위의 진술에 비추어 우리는 석의와 해석에 대한 그의 정의를 이해할 수 있다. 존 스토트는 본래 본문이 말하고 의미하는 바, 즉 그것이 처음 기록된 당시에 무엇을 의미했는가를 알려는 노력이 포함된 첫째 단계를 석의로 정의한다. 조금 더 나은 표현을 하자면 '그것이 처음 선포되고 기록된 당시에는 무엇을 의미했는가'라고 할 수 있다. 힐쉬가 "본문은 저자가 의미했던 것을 뜻한다."라고 강조했던 것은 올바른 판단이었다.

## 2. 석의 과제

석의 과제를 본문이 기록된 당시와 현재 자신의 역사적 상황 사이에 놓여 있는 시간적 간격을 메우는 것이라고 정의하는 것은 성급한 판단이다. 석의 과제는 새로운 것도 아니고 특별한 것도 아니며 석의자를 당황하게 하고 움츠러들게 만드는 것도 아니다.

존 스토트(1992:212)는 석의 과제가 매우 어려운 것임을 인정한다. 왜냐하면 성경 본문은 부분적으로 닫혀 있고 하나님께서 말씀을 하시던 고대 세계와 그것을 듣는 현대 세계 사이에는 넓고 깊은 문화적인 심연이 가로놓여 있기 때문이다. 그래서 그는 우리가 석의를 잘하기 위해서는 훈련을 받아야 한다고 제안한다. 즉 성경 저자의 상황으로 돌아가 그들의 역사적 지형과 문화와 언어로 생각할 수 있어야 한다는 것이다. 이 과제는 오랜 세월을 거치면서 '문법-역사적 석의'라는 우아한 이름을 가지게 되었다. 우리는 그 당시 문화적 환경, 언어와 이미지, 저자의 정신과 목적으로 되돌아가 생각하는 훈련을 해야 한다.(Stott, 1982 a:221)

사실 석의 과제는 본문의 역사적 상황, 정치, 문화, 종교, 철학적 환경에 주의를 기울여 비평적으로 관찰하는 데서 시작된다. 언어는 본문의 역사적 환경의 종합적인 부분이기 때문에 다른 역사적인 조사 차원에서 언제나 본문의 언어 분석을 포함해야만 한다.

존 스토트(1992:212)는 석의의 몇 가지 위험 요소들을 지적한다. 대표적인 예로 20세기의 사고로 성경 저자의 정신을 읽는 것이다(이것을 주관적 성경 해석이라 한다). 우리가 저지를 수 있는 최대 실수 중의 하나라고 할 만하다. 이것은 성경 저자가 쓴 것을 교묘히 조작해 우리가 말하고 싶은 것에 끼워 넣고 그들이 우리의 의견을 승인하도록 만드는 것이다.

우리는 이와 유사한 경고를 두 명의 위대한 설교자 칼빈과 찰스 시므온으로부터도 듣는다. 칼빈은 "해석자의 첫 번째 일은 우리가 생각한 바를 성경 저자로 하여금 말하게 하는 것이 아니라 성경 저자가 말하는 바를 우리가 말하도록 하는 것이다."(Parrar, 1986:347)라고 말했다. 시므온도 똑같은 원칙을 말했다. "나의 노력은 성경에 있는 것을 말하는 것이지 내가 생각하는 바를 성경에서 억지로 끄집어내는 것이 아니다."(Hopkins, 1979:57)

우리는 이와 같은 경고를 현대 설교자 니꼴(Nicholls)에게서도 듣는다. 그는 만약 설교 내용 중에 명백하게 잘못된 요소가 있다면 그것은 틀림없이 주관적 성경 해석으로 인한 것이라고 단언한다. 그리고 "주관적 성경 해석의 과정은 (1) 성경 본문을 읽을 때 자신이 발견하기 원하는 것을 위해 성경을 읽고 (2) 미리 자신의 어떤 생각을 가지고 그것을 본문에 짜 맞춘 설교를 시작하는 것"이라고 말했다.(Nicholls, 1980:26)

그러므로 석의자는 본문의 의미를 본문 말씀 그 자체에서 찾아야 하며 석의자의 사상과 감정에서 발견하려고 해서는 안 된다. 요즘 우리에게 절실하게 필요한 것은 비록 성경 저자들의 가르침이 시대에 뒤떨어지고 인기가 없다 할지라도 그들이 말한 것만을 전하겠다는 기본원칙을 지키려는 고결함과 용기이다. 그것은 본문에서 석의 작업을 효율적으로 수행하기 위한 석의자의 기본적인 태도이자 의무이기도 하다.


## 3. 석의의 토대로서 성경

성경 영감의 원칙에 대한 존 스토트의 견해는 성경 해석의 방식과 그곳에서 발견하는 현대적 의미와 직접적인 관계가 있다. 비록 존 스토트가 성경교리에 관하여 체계적으로 진술한 것은 아니지만 「당신은 성경을 믿을 수 있다」(1982b), 「성경 이해」라는 두 권의 책을 통해 밝히고 있다. 이외에도 그의 강해 설교집, 저서, 기고문 등에서 그의 통찰력을 엿볼 수 있다.

### 1) 계시로서의 성경

존 스토트는 성경의 본질을 주로 개혁 유산의 조명 아래에서 이해한다. 그(1992:209)는 "우리는 하나님께서 자기 자신을 창조된 우주의 영광과 질서 속에서 뿐만 아니라, 말씀으로 성육신(incarnate) 하신 예수 그리스도를 통해서 그리고 그분에 대해 광범위하고 다채로운 증거를 가지고 있는 기록된 말씀 속에서 가장 잘 계시하셨다고 믿는다."라고 고백한다. 성경은 '하나님의 기록된 말씀'

이고, 말씀과 기록을 통해서 자신을 드러내신 하나님의 계시와 영감, 그리고 섭리의 산물이다. 이 확신은 설교자들에게 꼭 필요한 것이다.(Stott, 1992: 210) 존 스토트는 이사야 55장 강해 설교에서 계시에 대한 세 가지 요점을 서술했다. (1) 신적 계시는 이성적이며 동시에 필수적이다. 신적 계시를 모르고서는 결코 하나님을 알 수 없다. (2) 신적 계시는 말씀을 통해서 온다. 하나님께서는 인간의 언어를 통해서 말씀하셨고 이를 통해 그분의 행위를 설명한다. (3) 신적 계시는 구원을 위한 것이다. 우리에게 그리스도를 구원자로 가르친다. 그래서 존 스토트는 성경 계시를 성경 강해를 위한 성경적 주제로 이해한다.

## 2) 성경의 영감

성경의 올바른 석의는 모든 성경이 "성령을 통한 하나님의 영감과 인도"에 의해 주어졌다는 원칙에 기초해야만 한다.(Ames, 1969:185) 그러나 불행하게도 영감에 관해서 몇 가지 다른 견해가 있는데, 그것은 이성론, 단편론, 기계론이다.

존 스토트의 설교를 통해서 우리는 성경의 기원, 본질, 특성, 권위에 대하여 명확하고 잘 구분된 견해를 볼 수 있다. 그는 성경이 하나님에 의해 영감되었으며 오류를 포함하지 않음을 확신한다. 성경은 그리스도인의 신앙과 생명을 위한 최종 권위이다. 이런 강한 확신은 존 스토트의 설교에 대한 관점을 결정한다.(1973:101)

그는 소위 이성적 영감론, 단편적 영감론, 기계적 영감론을 부인하고 동적, 절대적, 축자적, 초자연적 영감론을 취한다.(1972a:138-140) 그에게 있어서 영감은 동적이다. 왜냐하면 성경을 기록하는 과정에서 하나님은 기계적으로 저자들을 다루지 않으시고 사람들의 정신과 개성을 그대로 사용하셨기 때문이다.

우리는 하나님께서 영감을 통해 성경 저자들에게 말씀하시고 또 그들을 통해 말씀하실 때에 저자들이 역사적 조사, 신학적 반영, 문자적 집필에도 적극적으로 참여했다는 것을 알게 된다. 성경의 많은 부분들은 역사적인 이야기이 기에 각 저자들은 자신의 특별한 신학적 강조점과 문체를 가진다. 그래서 하나 님의 영감은 인간의 협력이 필요 없다거나 저자의 특별한 공헌을 제거하지 않 는다.(Stott, 1992:168) 더구나 언어, 문체, 내용은 인간적 속성과는 관계가 없다. 왜냐하면 이런 것들은 인간 사상 형태와 스타일에 의해 영향을 받아왔기 때문 이다. 그래서 하나님께서는 인간 저자의 개성을 묵살하지 않으시고 그분께서 말씀하고자 하신 것을 말씀하셨다. 다른 한편으로 성경 저자들은 그들을 통해 서 하나님께서 말씀하셨던 진리를 왜곡시키지 않고 그들의 재능을 자유롭게 사용하여 기록했다.(Stott, 1992:169; 1982a:97)

존 스토트는 또한 성경의 절대 영감론을 받아들인다. 여기서 그는 성경의 다른 책들 사이에, 그리고 다른 단락들 사이에 차이가 있는 것은 영감의 차이 가 아니라 가치면에서 의견이 다른 것이라고 말한다. 독자 개인마다 성경 속에 서 좀 더 가치 있는 부분들을 발견할 수는 있겠지만 모든 부분이 똑같은 영감 으로 이루어진 것과 같다.

존 스토트(1972a:139)는 오늘날 '축자영감론'이 인기 없는 이유는 사람들이 그 것을 잘못 이해하기 때문이라고 지적한다. 그들이 주장하는 바를 예로 들면, 사도 바울은 하나님께서 그에게 계시하신 것을 다른 사람들에게 전달할 때에 "인간의 지혜에 의해 배운 말을 사용하지 않고 성령이 가르치신 것을 사용했 다."(고전 2:13)는 것이다. 결국 영감은 초자연적인 것이다. 성경은 하나님의 계 시인데 계시 안에서 하나님은 우리에게 특별한 메시지를 알려 주신다.(Stott, 1972a:123) 더구나 성경을 읽고 듣는 사람에게 성경의 효력은 초자연적이다.

성경은 어떤 사람의 이성적 능력의 결과가 아니라 하늘에 계신 하나님께서 지상의 인간에게 보내신 것이다. 그래서 존 스토트(1992: 168-170; 1972a:140)는 성경의 이중 저자설을 수용한다. 즉 성경은 하나님의 말씀이자 동시에 인간의 말이라는 것이다. 좀 더 잘 표현한다면 성경은 인간의 말을 도구로 사용하신 하나님의 말씀이다. 그러나 성경의 이중 저자설은 엄격하게 이중적 접근을 요구한다고 말한다. 왜냐하면 성경은 하나님의 말씀이므로 우리는 성경을 읽을 때 다른 책을 읽는 것과는 달리 무릎을 꿇고 겸손하게 적절하게 기도하며 성령께서 빛을 비춰 주실 것을 바라면서 읽어야 한다. 그러나 성경은 또한 인간의 언어이기 때문에 우리는 성경을 읽을 때 다른 책을 읽을 때와 마찬가지로 우리의 지성을 사용하고, 사고하고, 묵상하고, 숙고하고, 성경의 문학적, 역사적, 문화적, 언어적 특성에 주의를 기울여야 한다. 겸손한 경의와 비평적 관점의 결합은 불가능한 것이 아니라 필수이다(딤후 2:7).(Stott, 1992:170)

비록 존 스토트가 성경 영감을 그와 같이 강하게 주장한다 하더라도 그는 자기 주장을 인간의 실수에 의해 영향을 받을 수 있는 사본이 아니라 원본에 제한한다.(Stott, 1992:142) 여기서 그는 본문 비평 작업에 관해서 단순하고 철저하면서도 낙관적인 의견을 제시한다. 무엇보다 수천 개의 다양한 사본은 하나님께서 성경을 보호하시는 방법이라고 말한다. 그 많은 숫자의 사본들은 학자에게 사본끼리 비교하여 오류를 발견할 수 있는 더 많은 기회를 제공하는 것이다.(Stott, 1992: 143) 둘째, 그는 더 오래된 사본일수록 바른 내용들을 포함할 것이라고 말한다. 필사자들의 실수는 최근 사본에는 나타나지만 더 오래된 사본에는 나타나지 않을 것이다. 그러면서 "우리는 어떤 다른 고대문헌보다 성경의 초기 사본들을 많이 가지고 있다. 초기 사본들과의 비교, 초기 번역본들과의 비교, 교부들의 저작물에 있는 성경 인용구들과의 비교를 통해서 본문 비평가들은 원본을 재구성해 나갈 수 있었다. 특히 신약성경은 어떤 합리적인 의심도 할 수 없다."라고 못 박는다.

### 3) 성경의 무오성

이러한 성경의 영감에 대한 견해의 배후에는 성경의 무오성이 있다. 그분께서 지금까지 말씀하신 것들이 진실했기 때문에 하나님의 말씀은 무오하다. 이것으로 인해 존 스토드(1972a:156)는 성경의 무오성을 진정으로 주장한다. '보잔언약'에서 그는 "오류가 전혀 없으며 신앙과 실생활의 유일 무오한 법칙이며 유일하게 기록된 하나님의 말씀으로서의 신·구약 전체가 하나님의 영감과 진정성 그리고 권위를 가진다."라고 확신한다.

그(1972a:145-146)에게 있어서 성경의 영감과 무오성을 나타내는 가장 확실한 증거는 "예수 그리스도께서 성경을 그렇게 여기셨으며 다루셨다는 사실"이다. 존 스토트는 주 예수 그리스도께서 성경은 무오하다고 가르치셨음을 주저없이 말한다. 구약에 대해서도 "예수님께서 구약을 그렇게 자주 인용하신 사실은 구약의 무오성의 충분한 증거이다."(Stott, 1972a:145)라고 말한다. 더구나 구약에 대한 그의 개인적인 태도는 일종의 경의를 표하는 수준이다. 왜냐하면 그는 기록된 말씀에 의탁하는 것이 곧 아버지의 말씀에 의탁하는 것으로 여겼기 때문이다.

신약성경의 기록에 대해서도 사도들이 신약성경을 기록하기 이전에 예수께서 사도들의 영감을 예언하셨다고 말한다. 그럼에도 불구하고 그리스도께서 사도들에게 약속하셨던 성령의 사역은 상당히 독특한 무엇인가가 있는데 그것은 다음과 같이 명료화될 수 있다. "내가 아직 너희와 함께 있어서 이 말을 너희에게 하였거니와 보혜사 곧 아버지께서 내 이름으로 보내실 성령 그가 너희에게 모든 것을 가르치시고 내가 너희에게 말한 모든 것을 생각나게 하리라."(요 14:25, 26) (Stott, 1972a:150)

성경의 무오성에 대하여 존 스토트가 제시하는 또 다른 중요한 증거는 성경 자체의 내적인 증거이다. 그는 "디모데후서 3:16은 모든 성경(창세기에서 요한 계시록까지)이 축자적으로 영감되고 유익한 것이라는 것을 의미한다."라고 말했다. 바울은 수차례 그리스도의 이름으로 말했고 그리스도의 권위로 말한다(고후 2:17; 13:3; 갈 4:14). 그는 바울의 메시지를 '하나님의 말씀'이라고 불렀으며(딤전 2:13) 베드로도 분명히 바울 서신을 성경으로 인정했다. 왜냐하면 그것들을 언급하면서 구약을 '다른 성경'이라고 불렀기 때문이다(벤후 3:16).

그는 성경 자체의 무오성 뿐만 아니라 신앙과 실생활의 문제에서 교회의 무오한 규칙과 권위 외에도 성경은 언제나 역사적, 과학적으로 정확하다고 주장한다. 그러므로 우리는 하나님께서 신·구약의 궁극적인 저자이며 성경 전체가 하나님의 말씀이라고 주장하는 것을 주저하지 말아야 한다.

성경은 기록될 당시의 과학적 배경을 반영하지는 않는다. 성경은 역사이지만 하나님의 성령에 의해 오류로부터 자유로웠다. 성경의 목적은 과학적인 것이 아니다. 그러나 이 말이 성경의 가르침과 과학의 가르침이 갈등을 일으킨다는 뜻은 아니다. 또 두 영역이 결코 중복되지 않는다거나 성경 안에는 어떤 과학적인 언급이 없다고 말하는 것도 아니다. 왜냐하면 어떤 사실에 대한 성경의 진술은 과학적으로 증명이 가능하기 때문이다.(Stott, 1972a:11) 존 스토트(1972a:142)는 "그것이 종교 영역이든 윤리 영역이든 역사와 과학 영역이든 그 자신의 성질과 기원이든 성경이 확신하는 것은 모두 진실하다."라고 결론을 내린다.

마지막으로 성경은 진실로 가치가 있다. 왜냐하면 성경은 오류 없이 우리와 의사소통을 유지해 왔으며 성경의 독특한 주장, 즉 '위대한 구원'을 우리에게 가르쳤기 때문이다(히 2:3).

### 4) 성경의 권위

하나님, 예수님, 그리고 성령님의 권위는 성경 권위의 원천이다. 성경의 영감과 전지전능하심에 인한 존 스토트의 결론은 성경은 그 자체로 최종적인 권위를 가진다는 것이다. 존 스토트는 성경의 권위를 다음과 같이 정의한다.(1972a:139) "성경 자체가 가지는 능력과 비중은 하나님의 영감에 의해 주어진 하나님의 계시에서 나온다." 즉 존 스토트는 계시와 영감에 기초한 성경의 권위를 당연한 것으로 여긴다. 성경은 인간보다 더 높은 권위를 가지며, 하나님의 권위를 전달해 준다.

존 스토트(1982b:56)는 우리에게 "성경의 최고 권위를 수용하고 진정으로 순종하기를 원하라"라고 권유한다. 그러나 그는 로마 카톨릭의 성경 권위에 대한 신조와는 구분한다. 그들의 공식적 입장은 여전히 "성경과 성스러운 전통을 둘 다 받아들이고 똑같은 헌신과 경의로 받든다"는 것이다. 물론 존 스토트는 성경과 함께 내려오는 전통을 수용한다. 그러나 성경과 전통이 충돌할 때에는 예수께서 '사람의 전통'(막 7:1-13)이라고 표현하신 것에서도 알 수 있듯이 전통을 개혁하는 성경을 받아들여야만 한다.

"만약 로마 교회가 비성경적인 전통을 포기할 용기가 있다면(예를 들어 마리아의 원죄 없는 잉태와 성모 승천 교리-성모 마리아가 죽은 후에 하나님의 은총을 입어 그 육신과 영혼이 결합하여 천국에 오른 일) 그들은 바로 자신들의 신조가 하나님의 말씀과 일치하는지 알아봐야 할 것이다."(Stott, 1982b:57; 1992:182) 이 진술은 성경 권위에 대한 존 스토트의 충실한 지지를 명백히 드러내는 것이며 성경 권위에 대한 정의이기도 하다. 교회의 교리나 역사 혹은 예전 등의 그 무엇이든지 성경은 교회보다 우위에 있다. 또한 성경은 인지적이든 직관적이든 인간의 의견보다 우위에 있다.

존 스토트는 성경 권위에 대한 종교개혁자들의 견해를 철저하게 따른다. 그는 또한 성경의 권위가 석의와 해석학의 중요한 기초라고 믿는다. 우리는 특별히 대표적인 종교개혁자인 마틴 루터와 칼빈의 의견을 살펴보고자 한다. 마틴 루터(1483-1546)는 역사상 가장 영웅적이고 매력적인 인물 중의 한 사람으로, 그에게 있어서 성경의 권위는 모든 강연, 주석, 소논문 그리고 설교에서 계속되는 주제였다.

그는 성경이 하나님의 말씀이라는 것을 철저하게 믿었다. 갓프레이(Godfrey, 1992:227)는 이것을 다음과 같이 증명했다. "우리는 하나님의 말씀과 사람의 말을 분명히 구분해야 한다. 사람의 소리는 조그마한 소리로 공기 중에 내뱉어지고 곧 사라진다. 그러나 하나님의 말씀은 하늘과 땅보다 더 위대하며 죽음과 지옥보다 강하다. 왜냐하면 하나님의 말씀은 하나님의 권능을 이루고 영원히 지속되기 때문이다."(William, 1990:20) 성경은 종교개혁의 소용돌이와 불안 가운데 하루 하루를 연명해 가던 루터와 다른 종교 개혁자들이 사용했던 나침반이다. 루터에게 있어서 모든 권위는 궁극적으로 하나님의 말씀인 그리스도에게만 속해 있었다. 그리스도의 권위에 비한다면 성경의 권위는 이차적이고 파생적인 것으로 생각했다. "성경의 권위는 단지 그리스도의 증인이 되며 하나님의 말씀을 운반하기 때문에 권위가 있는 것이다." 루터의 모든 신학적인 사고는 성경의 권위를 전제로 한다. 그의 신학은 성경을 해석하려는 그 이상의 것이 아니다. 그 형태는 기본적으로 석의인 것이다.

칼빈(1509-1564)은 2세대 종교개혁자 중에서 가장 탁월한 인물이다. 성경 권위와 관련하여 그는 「기독교 강요」에서 다음과 같이 말했다. "사람이 성경을 하늘에서 온 것으로 마치 하나님의 살아 있는 말씀을 들은 것처럼 여길 때만이 성경은 믿는 자들 사이에 완전한 권위를 가질 수 있다." 칼빈(1967:I, IV, VII)은 또한 "성경의 주요 증거는 신적 화자(Divine Speaker)의 성품에서 유래한다."라고 말했다. 성경을 통해서 말씀하시는 분은 하나님 자신이다. 그래서 성경으로부터 말씀하시는 분도 하나님이시다. 이것이 성경의 권위의 근원이다. 다른 단락에서 칼빈(1967:I, VII)은 믿음으로 성경에서 '하나님에 의해 선포되는 바로 그 말씀'을 듣는다고 말했다. 그(1967:I, IV, VII)는 "하나님은 당신의 말씀만으로도 자신의 충분한 증인이시다. 그러나 그 말씀은 성령의 내적 증거에 의해 확신될 때까지는 인간의 마음에서 신뢰를 얻지 못한다."라고 주장했다.

칼빈은 "하나님은 성경의 저자이다."라는 진통적인 입장을 고수했다. 그래서 성경은 선포를 위한 것뿐만 아니라 다른 모든 관점에 있어서도 교회를 유지하는 유일한 권위이다. 그러므로 성경 해석에 있어서 최종적인 권위는 교회에 있지 않으며 다만 교회는 성경의 메시지를 명확히 해야 하는 의무가 있을 뿐이다. 왜냐하면 바로 여기서 성령이 우리에게 말씀하시기 때문이다.(Runia, 1984:144) 이와 같이 칼빈은 성경의 모든 말씀이 하나님의 말씀이라고 믿으며 성경에 쓰여 있는 모든 말씀은 진실하다고 믿었다.

종교개혁자의 계열에서 존 스토트는 종교개혁 당시 울려 퍼졌던 함성 중의 하나인 '오직 성경'(Sola Scriptura)이라는 고전적 개신교의 입장을 취한다. 그는 성경의 권위에 대해 5가지의 논증을 근거로 '올바른 접근법'을 제시한다.

첫째, 역사적으로 교회는 끊임없이 성경이 하나님에게서 기원했음을 주장해 왔고 옹호해 왔다. 둘째, 역사적인 교회는 계속해서 성경 저자들이 주장했던 것들을 가르쳐 왔다. 셋째, 성경의 권위는 저자들이 아니라 성경을 읽는 독자들로부터 주어진다. 왜냐하면 성경에는 관찰력이 예리한 독자들에게 감명을 줄 수밖에 없는 어떤 특징들이 있기 때문이다. 예를 들면 성경의 탁월한 일치와 일관성 같은 것들이다. 넷째, 성경은 인간의 삶에 힘을 준다. 자기 만족을 흩어버리고, 슬픔을 완화시키며, 자만을 겸손하게 하고, 죄악된 모습을 개혁하고, 연약함에 용기를 주며, 빼앗긴 자들에게 소망을 주고, 길을 잃은 자들에게는 방향을 제시한다.(Stott, 1982b:143-144) 다섯째, 가장 중요한 것으로 예수께서 성경의 권위를 확증하셨다. 그리스도께서 성경을 하나님의 말씀으로 증언하셨

다.(Stott, 1970:94; 1972a:9)

　　존 스토트(1982b:145; 1972a:12)는 그리스도인들이 성경의 영감과 권위를 믿어야 하는 가장 중요한 이유는 교회가 가르치고, 성경 저자들이 주장하며, 독자들이 느끼고 있기 때문이 아니라 예수 그리스도께서 말씀하셨기 때문이라고 말한다. 그분이 성경의 권위를 인정하셨기 때문에 우리는 그분의 권위와 성경의 권위를 함께 인정해야 한다는 것이다. 존 스토트에게 성경의 권위는 성경 안에서 발견함으로 얻어지는 계시가 아니라 성경에 기록된 말씀에서 체득된 하나님의 계시에 기인한다.

## 4. 특정한 3가지 성경 연구 자세

　　성경 연구는 바른 석의를 위한 기본 단계이고 설교 준비를 위해 필수적인 요소이다. 존 스토트는 성경 연구를 하나님의 부름을 받은 자로서 목사가 가지는 가장 중요한 의무 중에 하나로 여긴다. "목사는 주로 말씀 사역을 하도록 부름을 받았기 때문에 성경 연구는 그가 목사 안수시에 약속해야 할 최고 중요한 책임 중의 하나이다."(1982a:181)

　　성경에 대한 우리의 애착심이 높으면 높을수록 더 정성을 기울여서 성실하게 성경을 연구해야 한다. 만약 성경이 정말 하나님의 말씀이라면 어설프고 부주의한 석의는 당장 걷어치워야 한다. 우리는 본문이 보물을 드러내 놓을 때까지 충분한 시간을 들여 본문을 파고들어야 한다. 우리 자신이 그 메시지에 흡수되었을 때, 비로소 우리는 이것을 다른 사람과 확실하게 나눌 수 있기 때문이다.(Stott, 1982a:182)

## 1) 광범위한 이해

존 스토트(1982a:182)는 성경은 올바른 접근이 중요하다고 강조한다. 우리는 성경을 종합적으로 읽어야 한다. 다른 책을 읽을 때처럼 산발적이고 우연히 성경에 빠져드는 것으로는 충분치 않다. 우리가 선호하는 단락에 한정지어서도 안 되고, 몇 가지 핵심적인 본문의 근시안적인 관찰에 집중해서도 안 된다.

로이드 존스(1975a:189)는 이 부분에 대해 이렇게 충고한다. "성경의 어려운 단락을 연구할 때 우리는 인내하지 않으면 안 된다. 계속해서 읽고 계속해서 들어라. 그러다 보면 갑자기 알고 있다고 생각했던 것보다 훨씬 더 많은 것을 발견하게 될 뿐 아니라 당신이 본문을 따라가면서 더 깊이 이해할 수 있다는 것도 알게 될 것이다." 그(1979:253-4)는 계속해서 "우리는 읽어야만 하고, 연구해야만 하고, 묵상해야만 하며, 우리의 재능을 발휘해야만 하고, 진리와 함께 씨름해야 한다. 진리를 이해하려고 고집하라. 만약 당신이 기꺼이 하려는 마음이 있고 진정으로 원하기만 한다면 성령께서 언제나 당신에게 도움이 되신다는 것을 알게 될 것이다." 만약 우리가 회중의 기독교 정신 함양에 도움이 되고자 한다면 먼저 우리 스스로가 기독교 정신에 충실해야 한다. 이렇게 되기 위한 유일한 방법은 우리의 정신을 성경에 담그는 것이다.

스펄전(1977:25)은 그의 학생들에게 "형제여! 성경의 대가가 되라. 여러분이 그 어떤 저작물도 탐구하지 않았다 하더라도 집에서는 선지자와 사도들의 책과 함께 하라. 하나님의 말씀이 여러분 안에 풍성하게 거하시도록 하라. 성경 이해가 우리의 큰 뜻이 되어야만 한다. 주부가 바늘에 익숙하고, 상인이 장부에 익숙하고, 선원이 배에 익숙한 것처럼 우리는 성경에 익숙해야만 한다."(Spurgeon, 1977:1956), "바로 그 성경이 영혼을 먹고 마침내 여러분의 피가 성경적인 것이 되고 성경의 핵심이 여러분에게서 흐르도록 하는 것은 축복이다."(Day, 1934: 131) 성경에 정신을 담그는 것이 과거 힘있는 설교자들의 중요한 비밀이었다.

　존 스토트는 언제나 종합적인 방법으로 성경 전체를 연구했다. 성경을 개괄적으로 한 번 훑어보는 것이 도움이 되며, 또한 중요하게 흐르는 중심 주제를 파악함으로 그 핵심을 이해할 수 있다.

## 2) 열린 마음(Open-mindedness)

　존 스토트(1982a:184)는 만약 성경 연구가 광범위하게 이루어지려면 그것은 또한 당연히 열린 마음으로 이루어져야 한다고 주장한다. 즉 우리는 성경의 의미를 왜곡시키거나 그 말씀이 주는 도전을 피하지 않은 채 하나님의 말씀을 듣고 그 말씀을 마음에 새겨야 한다.

　그(1982a:185)는 성경 연구에서 절대적으로 필요한 것이 있는데, 그것을 우리가 가지고 있는 문화적 장애 요소를 완전히 제거할 수는 없다 하더라도 자신들이 문화적 편견을 가지고 있다는 것을 알고 있어야 하며 그러한 선입견을 제거하려고 애써야 한다는 것이다. 왜냐하면 선입견은 진정한 석의의 최대 적 중에 하나이기 때문이다. 선입견은 논점을 미리 판단하고 한 가지를 제외하고는 진리의 모든 면을 차단시켜 버린다. 그 결과 우리는 그 외에 모든 면을 보지 못하게 되고 만다.

　존 스토트(1982a:186)는 선입견을 갖는 대신 열린 마음을 지닐 것을 강조한다. "지식과 상상력을 둘 다 사용하여 성경 저자가 생각했던 것을 생각하고 그가 느꼈던 것을 느끼기 시작할 때까지 성경 저자의 상황으로 되돌아가야만 한다. 우리의 책임은 우리의 뜻을 먼저 정하고 성경 저자의 견해를 우리 것에 동화시키는 것이 아니라 성경 저자의 마음과 정신을 뚫고 들어가려는 노력을 기울여 우리의 견해를 그의 것에 동화시키는 것이다."

　그래서 석의자는 성경을 가능한 공정하게 그리고 열린 마음으로 마주해야 한다. 우리는 이런 방식으로 기꺼이 하나님을 위해 기본적인 규칙들을 지켜야 하고, 비록 우리 마음에 맞지 않을 지라도 하나님께서 우리에게 말씀하시고자 하는 바를 결정해야만 한다. 우리는 하나님을 제한할 자유가 없고 하나님과 협상하여 경계선을 세안할 수도 없다. 우리는 문화적 장벽을 깨뜨리고 우리의 마음과 정신을 열어 하나님께서 말씀하시는 것이라면 무엇이든지 들어야 한다.(Stott, 1982a:187)

### 3) 기대감

우리는 성경을 기대하며 연구할 필요가 있다. 존 스토트(1982a: 188)는 우리가 성경을 대할 때 조심해야 할 두 가지를 지적한다. 첫째는 비관주의다. 이것은 최근의 해석학적인 논쟁에서 발생했다. 성경 해석이 이제는 너무 복잡해져 진실되고 균형잡힌 하나님의 말씀을 얻을 수 있다는 사실에 냉소적이고 절망적이 되었다. 그러나 만약 전문가만이 석의와 성경 연구를 할 수 있다면 그것은 위험한 탈선이다. 왜냐하면 성경은 우리와 같은 보통 사람들을 위해 쓰여졌기 때문이다. 예를 들면 고린도전서에 나타난 모든 교리, 윤리, 교회 직제에 대한 심오한 가르침조차도 그다지 지혜롭지 못한 사람들이 속해 있는 기독 공동체를 위해 쓰여졌기 때문이다.

두 번째 조심할 사항은 영적 안정성이다. 이것은 모든 목사들이 빠져들기 쉬운 문제이다. 수년에 걸쳐 성경 전체를 규칙적으로 읽는다면 몇 년 지나고 나서 우리는 성경을 상당히 잘 알고 있다고 느낄 것이다. 이것은 성경 읽는 기쁨에 반감을 가져올 것이고, 하나님께서 성경을 통해서 나에게 말씀하실 것이라는 살아 있는 기대감 없이 습관적으로 성경을 읽게 될 것이다. 우리는 "통찰을 위해 외치고 이해를 위해 소리를 높일" 필요가 있으며 "은을 구하듯이, 숨겨진 보물을 찾듯이" 구할 필요가 있다. 왜냐하면 그 이후에야 하나님에 대한 지식을 발견하고 이해할 수 있기 때문이다(잠 2:3-5).

하나님께서는 배고픈 자에게 좋은 것으로 채워 주시겠다고 약속하셨다. 그러므로 우리는 성령의 회복을 위해 기도해야 한다. 성령으로 회복되어 우리의 갈망이 무뎌졌으면 날카롭게 하고, 우리의 마음이 차가워졌으면 우리 안에 기대의 불을 지필 수 있도록 해야 한다.

비록 성경 자체가 언제나 우리의 주 교재이긴 해도 우리는 성경의 이해를 위해 이용할 수 있는 모든 보조물을 사용해야 한다. 존 스토트는 광범위하고 열려 있는 마음으로 그리고 기대를 가지고 성경을 연구할 것을 권한다. 보조물로 사용하는 책은 설교자에게 있어서는 상인이 가진 영업용품과 같다. 얼마나 광범위하게 신학서적을 읽느냐는 우리가 사용할 수 있는 시간에 달려 있고, 우리의 연구를 어디에 집중하느냐는 우리의 개인적인 관심사에 달려 있다.(Stott, 1982a:188)

## 5. 석의 원칙의 특징

### 1) 해석자로서 성경

5세기 이후 현재까지도 모든 개신교 성경 해석의 황금률은 'Sacra scriptura sui ipsius interpres; 성경은 그 자신이 해석자이다'(Coetzee, 1995a:13) 또는 '성경은 그 자신이 강해자이다'라는 말이며, 이는 성경에 해석의 기원을 둔 말이다(눅 24:27; 고전 2:13; 벧후 1:20).

로마 카톨릭 교회는 교회의 교권에는 그리스도의 정신과 성령의 정신이 있어서 애매한 교리를 명료하게 만든다고 주장한다. 그러나 종교개혁자들은 카톨릭의 이런 주장을 반대하면서, 다만 교회에는 은혜와 조명의 은사가 있어서

성경이 가르치는 것을 알 수 있을 뿐이라고 한다.(Ramm, 1989:104)

그래서 칼빈과 루터는 '성경이 성경을 해석한다'고 강조한다. 결과적으로 그들은 문법적 석의를 중시하고 각 단락의 문맥을 면밀히 살펴볼 필요가 있다고 강조한다.(Zuck, 1991:47; Pink, 1990:42; Evans, 1979:36) 그들은 성경에는 하나님께서 부여하신 통일성이 있어서 스스로를 해석할 수 있다고 본다. 한 단락이 다른 단락에 빛을 비춰 줄 수 있다는 것이다. 게다가 교회는 성경 해석의 자유가 없기 때문에 '성경의 한 부분이 모순된 다른 부분을 설명하도록 해야 한다.'(Stott, 1982a: 128)고 했다.

로이드 존스(1976:106; 1981:102)는 "성경은 성경으로 풀어야 하며 이것을 부정적으로 정의하면 성경의 어떤 부분도 다른 부분과 모순되는 방식으로 해석되어서는 안 된다는 것이며 긍정적으로 정의하면 성경을 해설하고 명확하게 설명하기 위해서는 성경을 성경과 비교해야 한다는 것을 의미한다."라고 말했다. 성경 해석자로서의 성경에 관해 존 스토트(1991:116)는 "우리가 성경을 해석하기 위해 성경을 허용함으로써 조화를 추구하는 것은 올바르며, 너무도 중요하다."(1978a:167)라고 말했다. 더구나 그는 우리에게 각 본문을 그 장이나 책의 문맥에서 그리고 성경 전체의 더 넓은 문맥과 동시에 조명하여 해석하도록 촉구한다.(Stott, 1972a:116)

존 스토트는 어떤 이가 해석하기 어려운 단락을 만났다면 성경끼리 비교해 보는 방법 이상의 좋은 방법이 없다고 생각한다. 예를 들면 만약 주어진 본문이 두 가지 다른 해석이 가능할 때, 한 해석은 성경의 다른 부분과 상충하고 또 다른 해석은 조화를 이룬다면 후자의 해석을 채택해야 할 것이다. 이상에서 알 수 있듯이 존 스토트의 석의 원칙은 개혁 전통, 즉 개혁 성경 해석의 황금률 위에 확고하게 서 있다.

## 2) 석의를 위한 기도

우리가 석의의 원칙과 방법들을 이용하기 전에 기도하는 것은 아주 중요하다. 왜냐하면 우리는 성령의 임재와 사역을 통해서 설교를 위한 연구와 석의를 해야 할 책임이 있기 때문이다. 벤터(1995:11) 역시 "설교의 전체 과정에서 절대적으로 요구되는 것은 성령의 인도를 위한 기도"임을 말한다.

존 스토트(1982a:22) 역시 모든 상황에서 진리의 영을 조명해 주시도록 규칙적으로 하나님께 구하는 기도를 드려야 함을 강조한다. 우리는 "주의 영광을 내게 보이소서"(출 33:18)라는 모세의 기도와 "말씀하옵소서 주의 종이 듣겠나이다"(삼상 3:9-10)라는 사무엘의 기도를 반복해야 한다. 왜냐하면 성령의 도우심이 없이는 하나님에 의해 영감된 본문의 의미를 이해할 수 없기 때문이다(딤후 3:16). 그래서 설교자들은 준비하기 전에, 회중은 듣기 전에, 개인이나 그룹은 성경을 읽기 전에 이 모든 상황에서 성령의 조명을 위해 기도해야 한다.(Stott, 1982b:60, 61)

우리는 성경에 계시된 진리가 성령께서 열어 주실 때까지 그리고 우리의 정신을 열어 주실 때까지는 여전히 닫혀 있고 봉해져 있다는 것을 알 필요가 있다. 우리는 기도를 통해서만이 성령의 도우심으로 본문의 참 의미를 깨달을 수 있다. 우리가 석의자로서 성실하게 모든 영역의 의무를 이행할 때와 또한 듣는 이로 하여금 즉각적인 반응이 일어나게끔 석의를 적용할 때, 말씀이 사람의 삶을 변화시키기 위해서는 성령의 도우심이 필요하다. 성령만이 듣는 이의 생각과 마음을 여실 수 있기 때문이다.(Kaiser, 1981:236)

우리에게 석의를 위해 그리고 하나님의 말씀을 듣는 이를 위해 기도하라고 가르치시는 분은 바로 성령 하나님이시다. 그래서 존 스토트는 성경을 연구할 때마다 먼저 본문에 대해 생각하고 성령의 도우심을 통해 하나님의 말씀의 원래 의미를 이해할 수 있도록 기도한다.(Stott, 1995:저자와의 인터뷰)

## 3) 단순성의 원리

단순성의 원리-때때로 명료성의 원리라고도 하는데-는 성경 석의가 간단하다는 의미가 아니다. 그것은 문자 그대로 해석되어야 한다는 의미이며 또한 각 본문은 단일한 의미를 가진다는 뜻이다. 흔히들 성경의 의미는 깊이 파고들거나 뒤틀지 않아도 강하고 명확하기 때문에 석의 과정에서 단순한 상식만이 작용된다고 한다.(Thompson, 1987:48) 그래서 블랙맨은 "성경은 너무나 단순해서 설교자는 복잡한 의미가 아니라 간단한 기본적인 의미를 설명해야 한다."(Simplicissimae simplicissimus sensus)라고 말했다.

칼빈은 그의 「갈라디아서 주석」에서 "성경의 의미가 자연스럽고 명백한 뜻을 가지고 있음을 알자. 우리는 그것을 단호히 받아들이고 따르자. 의심되는 것, 치명적인 손상을 입은 것은 대담하게 무시하자. 그런 외양적인 강해는 언제나 우리를 자연스런 의미에서 벗어나게 한다."라고 말한다.

존 스토트는 성경의 석의 원칙을 강조하는데 그에게 석의란 성경 본문의 자연스런 의미를 찾는 것이다. 그는 석의자가 상상력을 이용하거나 자신이 원하는 생각을 본문에 끼워넣는 것을 거부한다. 그래서 그(1972a:166)는 "성경 본문구절과 문장을 읽을 때 우리는 명백하고 자연스러운 의미를 먼저 찾아야 한다."라고 했다. 석의자는 본문을 연구하는 훈련이 필요하다. 이때 원어인 히브리어와 헬라어 성경, 그리고 개정 표준판(Revised Standard Version)과 새 국제판(New International Version)과 같은 훌륭한 번역 성경이 선호된다.(Stott, 1972a:167)

그렇기에 본문 읽기와 묵상, 본문의 단순하고 자연스런 의미 찾기가 첫 번째 단계이다. 이 자연스런 의미는 문자적일 수도, 비유적일 수도, 또는 풍유적인 것일 수도-비록 4세기의 알렉산드리아 학파 석의자들이 공통적으로 발견한 정교한 풍유적 축소는 아닐지라도-있다. 존 스토트는 명백하게 비유적인 언어들을 그대로 다루지 않거나 특정 본문의 문화 조건을 고려하지 않고 단순성의 원리를 남용하는 석의 방법에 대해서는 경고한다.

예를 들어, 그는 여관 주인에게 준 두 데나리온이 두 성만찬을 상징한다는 풍유적인 해석을 거부한다.(Stott, 1972a:168-170) 그러나 그는 요한복음 14장의 선한 목자, 15장의 포도나무와 그 가지, 마가복음 4장의 씨 뿌리는 사람은 풍유로 인정한다. 그의 설명은 과도한 형태의 풍유적 해석을 따르지 않고 해석적 은유 형태를 따른다. 성경에 있는 방대한 양의 은유적 언어는 이런 의문을 가지게 한다. "어떻게 문자적인 언어와 비유적인 언어를 구분할 수 있는가?" 이 점에 대해서 존 스토트는 문맥을 읽으라고 충고한다. 그리고 절과 단락을 둘 다 읽고 제2의 교사인 이성의 소리를 들으라고 충고한다. "상식이 우리를 인도할 것이다. 특별히 저자 또는 화자의 의도가 무엇인지 스스로에게 질문해 보는 것은 현명한 방법이다."(Stott, 1972a:169) 그래서 존 스토트가 일부 한정적인 풍유적 석의를 사용한다 하더라도 그의 의도는 한 단락의 단순하고 자연스러우며 가장 명백한 석의를 발견하기 위한 것이다.

존 스토트의 석의 원칙들은 복잡하지 않고 단순하고 간단하다. 원래의 생각을 유일하게 드러내는 것은 '성경이 성경을 해석한다', '기도는 석의의 선행 요건이다'와 '단순성의 원리'이다. 이 원리들은 그의 날카롭고 분석적인 정신과 복잡한 진리를 쉽게 설명하려고 애쓰는 많은 실전 경험을 반영하는 것이다. 그러므로 존 스토트는 현대 강해자들에게 어떤 영향을 주어 혼란하게 만들려는 것이 아니라 도리어 그들을 도와주려는 노력을 하는 인물이다.

# 6. 석의 방법의 특징

## 1) 본문 선택

설교를 위한 기초로 본문을 선택하는 것은 당연한 일이다. 그래서 우리는 본문이 있어야 한다는 것을 당연시한다. 왜냐하면 설교자는 사색가가 아니라 강해자이기 때문이다. 그렇다면 다음과 같은 의문이 생길 것이다. 특정 설교를 위해 어떻게 본문을 선택해야 하는가? 만약 설교자가 성경적인 개념들에 젖어 있지 않을 때면 어떤 본문을 선택하더라도 비성경적인 설교를 할 수 있는 것처럼 만약 설교자가 성경 개념에 온전히 젖어 있기만 한다면 특정 본문이 실제로 말을 하지 않아도 본문을 선택할 수 있다. 단순히 성경을 인용하는 것이 성경적인 설교를 보증하는 것은 아니다. 사람을 가장 무지하게 그릇 인도하는 설교는 성경 인용을 쏟아붓는 것이다.

그러나 성경적인 설교를 원하는 설교자라면 정상적으로 성경의 특정 부분에서 그의 설교를 시작할 것이다.(Daane, 1980:50; Vos, 1995: 438) 만약 그 부분이 충실히 다루어지기만 한다면 설교에 성경의 핵심을 제공하는 이점이 있다. 그리고 그 설교가 본문의 단순 강해나 대충한 주석이 아니라면 설교가 취해야 할 형태에 관해 귀중한 힌트를 제공한다.(Killinger, 1985:14; Liefelt, 1984:6)

그 다음에 우리는 어떻게 선택하는가? 설교를 위한 본문 선택은 수많은 요소들에 의해 영향을 받을 수 있다. 예를 들면, 성경연구, 회중들의 상황, 국가와 세계의 환경 등이 있다. 본문 선택은 상황에 의해서 결정될 수도 있다. 그러나 본문의 해설은 결정될 수 없다. 본문은 본문이 말해야 하는 것만을 말해야 하고 주변의 다른 방법을 통해서가 아닌 본문으로부터 직접 상황에 빛을 비추어야 한다.(Venter, 1995:11)

퍼거슨은 그것에 대해 다음과 같이 말했다. "첫 번째 원칙은 설교자는 두 지평을 운용하고 있다는 것을 인식하는 것이다. 그리고 두 지평이란 하나는 성경 본문을, 나머지 하나는 하나님의 백성과 그들의 환경을 의미한다. 의식적으로 이 두 지평을 결합시키지 않고서는 설교자가 정상적으로 본문을 선택할 수 없다." 여기서 존 스토트(1982a:214-219)는 구체적으로 우리의 선택에 영향을 끼칠 수 있는 네 가지 주 요소를 제안한다.

첫째는 예전적 절기이다. 이때 설교자는 절기에 따라 설교에 적합한 단락을 취할 수 있다. 그러므로 여러 기독교계(특히 로마 카톨릭, 동방 정교회, 루터교 그리고 성공회)는 계속해서 교회력 절기를 지킨다. 이것은 달력에 계획되어 있고, 매 주일 바른 성경 일과를 제공한다. 성경 본문 선택(구약, 복음서, 서신서 등등)이 교회력의 절기에 맞추어졌기 때문에 설교자는 때때로 혹은 자주 이 책에서 본문을 정한다. 물론 규정된 성경 일과에 독창성 없이 연결한 본문은 불필요한 구속일 수도 있다. 그럴 때는 그날의 주제를 암시하는 것 정도로만 여기는 것이 좋을 듯하다. 또 설교자는 크리스마스를 제외하고 다른 날 성육신에 대한 설교를 하거나 부활절이 아닌 다른 때 부활에 대한 설교를 한다면 불편함을 느낄 수도 있다. 그럴 때도 확실히 설교자는 교회력에 속박되어서는 안 된다. 성경 일과를 이용하는 설교자에게는 적어도 두 가지 경고를 해 줄 수 있다. 하나는 그들이 신학적 여과기를 통해 수정을 할 수 있다는 것이고, 다른 하나는 편안한 서구 스타일에 도전을 주는 단락을 생략하는 문화적 여과가 그것이다.(Thompson, 1987:20)

그럼에도 불구하고 교회력의 가치는 명백하다. 이 시대의 가장 유명한 설교자 중에 한 사람인 제임스 스튜어트(James Stewart, 1946: 110-111)는 교회력을 준수해야 하는 이유를 이렇게 말했다. "교회력의 큰 지표인 강림절, 성탄절, 사순절,

성 금요일, 부활절, 성령 강림 축일, 삼위일체 축일은 우리가 나아가야 할 길에 우리를 고정시키고 기본적인 주제를 제안해 준다. 그것은 우리로 하여금 신앙의 기본적인 주제를 제안해 주며 또한 신앙의 기본적인 교리에 가까이 머물도록 해 준다. 교회력은 우리가 마음을 정하지 못해 머뭇거리는 우회도로에서 빠져나와 구속이라는 큰 도로로 돌아가도록 해 주며 설교에서 교회가 선포하기 위해 존재하는 하나님의 전능하신 행위로 돌아가도록 끊임없이 보장해 준다."

우리가 본문을 정하는 데 도움을 주는 두 번째 요소는 외적인 요소이다. 이것은 국가 대사(예를 들어 선거, 유명인사의 죽음, 국가적 규모의 스캔들), 공적인 논쟁점들(예를 들어 군비확대 경쟁, 사형, 실업, 동성애, 이혼), 자연 재해(홍수, 기근, 지진), 다른 대재난(비행기나 열차 충돌) 같은 것일 수 있다. 설교자는 중요한 공적인 문제와 사람들의 마음에 있는 논쟁거리들에 민감해질 필요가 있다.(Greidanus, 1988: 106, 110-111)

세번째는 목회적 요소인데 회중들의 영적인 순례에서 발견되는 필요이다. 목회자는 회중들에게 항상 나타나는 문제들을 알고 있다. 최고의 설교자는 회중들의 필요, 문제거리, 의심, 공포 그리고 소망을 알고 있기 때문에 언제나 최고의 목회자이다. 톰슨(Thomson, 1987:21)은 "목회적 민감성은 언제나 설교하는 목회자로 하여금 회중들이 개인 생활과 공동 생활을 하면서 무엇을 필요로 하는지, 매 주일 복음을 듣고 그 결과로 그들이 달성하고자 하는 삶의 스타일이 무엇인지 자세히 살펴보도록 이끌어 준다."라고 말한다.

본문을 선택하는 데 우리를 이끌어 주는 네 번째 요소는 인격이다. 의심의 여지없이 우리가 지금껏 해온 설교 중에 최고의 설교는 우리 자신에게 먼저 했던 설교이다. 즉 성경 본문을 통해 하나님께서 우리에게 직접 말씀하실 때 그 말씀은 명료해졌고 빛을 발했다. 그 다음에 우리가 이것을 다른 사람들에게 열어 보여 주려고 애쓸 때 그것이 하나님의 영광과 함께 계속 불타오를 것이다.

똑같은 진리를 상황에 맞게 전하는 것이다.

## 2) 본문 묵상

본문을 선택한 후 존 스토트는 그가 설교하고자 하는 단락을 깊이 묵상한다. 그는 가능한 긴 시간을 들여 본문 묵상하기를 좋아한다. 왜냐하면 그는 본문의 의미를 완전히 이해하고 저자가 성경에서 의도한 바를 이해하려고 하기 때문이다. 그래서 존 스토트(1982a:220)는 묵상을 "오랜 기간의 잠재적인 부화 또는 성숙"이라고 부른다. 그(1982a: 220-224)는 본문을 묵상할 때 아래의 몇 단계를 거친다고 한다.


1. 본문을 읽어라: 또 읽어라, 또 읽어라, 그리고 다시 읽어라.
2. 본문을 면밀히 조사하라: 본문을 여러분의 마음속에서 숙고하라, 마치 예수님의 어머니 마리아가 목동이 전해준 모든 이야기를 듣고 의아해 하며 '가슴속으로 그것을 깊이 생각'(눅 2:18, 19)한 것처럼.
3. 본문에 대해서 두 가지 질문을 하라: 첫째 '이것은 그때 무엇을 의미했는가?' 조금 풀어 쓰면 처음 말했을 때와 그것이 기록되었을 때 무슨 뜻이 있는가 하는 것이다. 둘째 '이것은 오늘날 무엇을 말하고 있는가?' 즉 본문의 현대적인 메시지가 무엇이냐 하는 것이다. 이것은 처음 것과는 다른 질문이다. 이것은 고대 언어를 현대 세계와 연관짓게 하고 그것을 현대 문화 용어로 번역하는 다리 놓기(Bridge-building) 훈련을 포함한다.
4. 보조물을 사용하라: 우리가 본문을 향하여 그 의미와 메시지에 관한 두 가지 질문을 할 때 우리는 도움을 얻기 위하여 사전, 용어 색인, 주석 등을 사용할 필요가 있다. 그것들은 우리가 본문을 잘못 해석하는 것을 막아주고 본문에 빛을 비춰 주며 본문에 대한 우리의 생각에 자극을 준다.

그러나 그것들은 결코 보조물 이상이 될 수 없다.

5. 기도하라: 우리는 언제나 겸손하게 진리의 영이 빛을 비춰 주시도록 하나님께 기도하고 부르짖어야 한다. 그리스도인의 묵상은 연구와 기도의 결합이라는 면에서 다른 명상과 구분된다.

존 스토트는 위에서 언급한 본문 묵상 방법을 사용하여 선택된 본문으로부터 진리를 얻기 위해 언제나 꼼꼼하게 탐구한다. 질문 과정은 특히 결과를 얻어 낼 수 있는 방법으로 사용되었고 성경 해석의 전통에서 귀중한 요소가 되었다.(Lenski, 1968:50; Pieterse, 1984:8-9)

### 3) 귀납적 방법

본문 석의의 가장 좋은 방법은 무엇인가? 트레이나(Traina, 1982: 53)는 "성경에 귀납적으로 접근하는 진정한 방법은 개방적(Open-ended)이고 실험적인 성질을 가지며 그것은 정해지지 않은 방법도 정해진 방법도 아니다. 그것은 진리를 깨닫는 방식으로서의 인식론이다."라고 말한다.

존 스토트는 본문 석의로부터 메시지에 도달하는 두 가지 가능한 절차 사이에서 연역적인 방법보다 귀납적인 방법을 선호한다. "성경 석의를 할 때 귀납법은 신학을 시작하고 또 특정 본문의 다양성으로부터 일반적인 결론에 이르게 하는 유일하고 안전한 방법이다. 그러나 이것은 성경의 다양한 특이성에 대한 철저한 지식을 전제로 한다. 성경의 거대한 주제가 나오는 것도 바로 이 방법을 통해서이다. 여기서 연역적인 방법을 약간 사용하는 것은 성경의 각 부분을 전체적 시각에서 조명해 볼 때 뿐이다."(Stott, 1982a:183)

본문에 접근하는 그의 방법은 로이드 존스가 강조하는 석의적 접근법과도 조화를 이룬다. 이에 대해 로이드 존스(1975a:179)는 "귀납적인 방법은 어떤 사상의 범위나 영역에서도 따를 만한 월등한 방법이다. 당신이 어떤 판단을 내리기 전에 언제나 증거에 귀 기울이는 것이 옳다. 모든 논증을 먼저 듣거나 또 그것들에 충분한 가치를 부여하는 대신 자신의 판단으로부터 시작하여 모든 것을 뒤엎어 반대되는 결론에 도달하는 사람은 형편없는 판단을 한 것이다. 그러나 문제는 평범하며 편견이 없는 사람조차도 이와 같은 절차를 따르기가 쉽다는 것이다."라고 말한다. 존 스토트는 계속해서 귀납적인 방법을 사용한다. 본문에 있는 여러 단어들을 하나씩 먼저 깊이 생각해 본 후에 그는 각각의 단어들의 의미를 확인하고 본문의 주제를 잡는다. 다른 말로 하자면 그는 본문에 있는 단어들의 의미를 서둘러 결정하지 않고 본문의 단어들로부터 그 의미가 자라 나오기를 기다린다.

그(1982a:185)는 우리에게 지식과 상상력을 모두 사용하여 성경 저자가 생각했던 것을 우리가 생각하고, 그가 느꼈던 것을 우리가 느끼기 시작할 때까지 성경 저자의 상황으로 돌아와야 한다고 촉구한다. "우리의 책임은 우리의 뜻을 먼저 정하고 성경으로 돌아가 성경 저자의 견해를 우리 것에 동화시키는 것이 아니라 성경 저자의 마음과 정신을 뚫고 들어가려는 노력을 기울여 우리 자신을 그의 것에 동화시키는 것이다."

## 4) 어휘 의미론 사용

어휘 연구서들은 귀중한 자료이다. 매우 방대하고 광범위한 저작들이 신약, 그리고 70인역의 헬라어를 설명해 준다. 수 많은 귀중한 책들이 구약 히브리어에 대한 통찰력을 제공한다. 석의자들은 다양한 영역의 서적들, 총망라한 형식의 여러 권으로 된 저작물 또는 설교자를 위해 만든 비교적 간단한 책들 중에서 선택을 할 수 있게 되었다.(Craddock, 1985:107-109)

존 스토트는 몇 가지 귀한 헬라어 사전과 히브리어 사전을 옆에 놓아 두고 항상 애용한다. 그는 본문의 일정 부분을 석의할 때면 대부분 각 단어의 의미를 올바로 이해하기 위해서 어휘 의미론을 사용한다. 그래서 존 스토트는 그의 설교에서 때때로 "헬라어의 실제 어원적 의미는"이라고 하면서 헬라어 사전과 영어 사전에서 정의를 인용한다.(1987:42; 164; 1973; 30:37) 헬라어 단어의 의미를 정할 때면 존 스토트는 통시적 언어학뿐 아니라 공시적 언어학도 사용한다.

「그리스도의 십자가」 5장은 '죄에 대한 만족'(1986a:126)을 다루는데, 그것은 통시적 연구의 좋은 본보기가 되며, 거기서 그는 단순히 한 단어의 가능한 의미를 생각하지 않고 성경의 전체적인 가르침을 고려한다. 통시적 언어학의 경우 이런 전문 용어를 사용하지 않지만 실제로 그의 설교에는 이 계통의 것들이 널리 퍼져 있다. 우리는 통시적 언어학의 좋은 본보기를 산상수훈에 대한 그의 설교에서 찾아볼 수 있다. 그는 신약에서 똑같은 단어가 달리 사용된 예를 찾아봄으로 그 의미를 이해하려 한다. '염려하지 말라'(마 6:25-30)는 헬라어 '메 메림나테'(μὴ μεριμνᾶτε)로 명령의 의미다. 이 단어는 일을 너무 많이 해서 '괴롭게 된' 마르다에게 사용되었고, 가시밭에 떨어진 좋은 씨앗이 삶에 대한 '염려'로 질식되는 데도 사용되었으며, 바울의 권고에서는 '어떤 것에 걱정을 하지 않는 것'(눅 10:40; 8:14; 빌 4:6)으로도 사용되었다. 더욱이 존 스토트는 '놀리다'(mocked)의 의미를 설명하면서 통어적 관계로 '바보로 만들다'(fool) 또는 '속이다'(outwit)뿐만 아니라 예증 관계로 '조소하다'(sneer at) 또는 '모욕적으로 다루다'(treat with contempt)라는 뜻으로도 설명한다. 존 스토트는 용어들 속에서, 즉 동의어와 반의어의 의미론적인 관계에서 그 단어의 원래 의미를 발견하려고 노력한다. 이와 같이 석의적으로 접근하는 그의 방법은 독특하다.

### 5) 본문의 지배적 사상

존 스토트는 어떤 본문의 특정 부분을 연구해 나가면서 지배적인 사상을 이해하려고 많이 노력한다. 그의 석의적 접근의 마지막 단계는 지배적인 사상 즉 특정 본문의 주요 주제를 찾는 것이었다. 그는 우리가 본문을 연구하고 기도한 다음 본문의 지배적인 사상을 찾아야 한다고 말한다. 그 이유로 (1) 모든 본문이 주요 주제를 가지고 있기 때문이다. 하나님께서는 과거에 말씀하셨던 것을 통해 오늘도 말씀하신다. 그래서 우리 자신에게 "그분은 무엇을 말씀하시는가? 그분께서 강조하시는 부분은 어디인가?"라고 질문하는 것은 중요하다. (2) 설교가 강의와 구별되는 방법론적인 차이 중의 하나는 설교의 목표가 중요한 한 가지 주제만을 전달한다는 것이다. 물론 본문을 다루는 데는 몇 가지 합리적인 방법이 있을 수 있고 본문으로부터 배울 수 있는 교훈도 몇 가지 다른 것일 수는 있다.(Robinson, 1980:93) 그러나 존 스토트는 언제나 어느 것이 본문의 주요 점인가를 묻는다. 그리고 그는 모든 본문이 중요한 주제를 가지고 있다고 주장한다. 만약 본문의 지배적인 주제가 발견되면 그의 석의 과제는 실제로 끝을 맺는다.

더욱이 우리는 벤터의 진술에 관심을 집중해야 한다. "모든 석의의 방법론적인 단계를 거친 후 최종적으로 설교 본문을 정하고 설교의 최종 목표를 결정함으로써 우리는 성령께서 왜 이 본문을 성경의 이 부분에 기록하셨는가에 대해 대답할 수 있다. 이를 통해 설교 본문으로 독자가 얻게 될 유일한 진리가 무엇인가를 알게 해 주어야 한다. 본문의 최종 목표는 설교에서 다루어야 하고 설명해야만 한다. 달리 말하면 설교자가 그의 설교를 위해 특정 본문에서 주제를 공식화시키지 않을 수도 있는데 이것은 그 본문을 위한 성령의 목표를 따르지 않는 것이다."

## 6) 산상수훈 분석(마 5:1-7:29)

존 스토트에게 분명한 것은 석의에 있어서 분석은 자연스러운 것이어야 하고 인위적이거나 혹은 본문을 그냥 스쳐가는 것이 되어서는 안 된다는 것이다. 그리고 분석은 외부의 힘이나 인위적인 조작 없이 해야 하, 또한 세부적으로 해야 한다. 이 분석을 통해 그는 계속해서 전체적인 구조를 관찰한다.

존 스토트는 자신의 모든 설교를 분석한다. 그의 설교에서 분석의 기능은 본문의 배경과 해석학적인 문맥을 제공한다. 자신의 석의 절차에서처럼 존 스토트는 특별 분석을 하기 전에 일반 분석을 하는 것이 현명하다고 추천한다. 먼저 전체를 개괄적으로 분석하고, 그 다음에 단락을 광범위하게 분석하고, 마지막으로 단락과 소단락을 세세하게 분석한다.

몇 단계에 걸친 그의 분석 실례는 다음과 같다.

1. 설교 전체의 일반 분석

| | |
|---|---|
| 1.1 | 서론: 이 설교는 무엇인가?(5:1-2) |
| 1.2 | 그리스도인의 특성: 팔복(5:3-12) |
| 1.3 | 그리스도인의 영향: 소금과 빛(5:13-16) |
| 1.4 | 그리스도인의 의: 그리스도, 그리스도인 그리고 율법 (5:17-48) |
| 1.5 | 그리스도인의 종교: 위선적이지 않으면서 실제적인 (6:6, 16-18) |
| 1.6 | 그리스도인의 기도: 기계적이지 않고 사려깊은(6:7-15) |

PRINCIPLES AND METHODS
IN THE HOMILETICS OF
JOHN R.W. STOTT

4장
존 스토트 설교의
해석학적 원리와 해석 과정

# 4장
# 존 스토트 설교의 해석학적 원리와 해석 과정

## 1. 일반적인 해석학

### 1) 해석학

　해석학이라는 용어는 성경 해석 학문의 영역을 기술하는 데 가장 널리 사용되었다. 이 단어는 '번역하다' 또는 '설명하다'라는 뜻을 가진 헬라어 '헤르메뉴오'에서 기원한다.(Packer, 1992:333) 이 단어는 유한한 인간에게 신의 메시지를 전달하는 신 헤르메스에서 기원하며, 이 신은 학문, 발명, 웅변, 말, 글, 그리고 예술의 신이기도 하다.(Ramm, 1989:11; Sweazey, 1976:32) 그래서 문자적 해석은 독자와의 관련성을 보여 주는 기록물을 읽는 수단으로 정의될 수 있다.

　이런 맥락에서 해석학은 언제나 역사적 관점에서 성경을 읽는 방법-이 방법은 하나님의 메시지를 명확하게 만들어 이것들을 통해 그리스도인과 교회에 전달한다-으로 여겨졌다. 크래독(Craddock, 1989: 147-8)은 해석학을 이렇게 정의했다. "원 의미에 가감하지 않고 가능한 그 의미를 해석자 시대의 언어, 사상, 형식, 그리고 표현 방식으로 옮기려고 애쓰는 과업이다." 바인즈(Vines, 1985:3)는 "해석학은 성경이 말하는 메시지가 무엇인지 설명, 해석하는 학문으로 정의될 수 있을 것"이라 말한다.

요약하면, 해석학은 "기록 내용의 의미를 발견하기 위해 특정 원리를 결정하는 학문이다." 더욱이 이 원리들은 규칙들의 단순 나열이 아니라 서로 간에 유기적 연관성을 가지고 있다.(Sweazey, 1976:33)

## 2) 해석 과정

구찌에(1995a:3)는 '해석에 의해' 제한된 석의 이후 필요한 그 다음 단계를 논할 수 있다고 했다. 그는 "오늘날의 해석이란 오늘에 대한 이해 여부와 적용 수준을 다룬다. 그래서 본문의 원 의미가 파악되어 오늘의 구체적인 현실을 위해 적용된다."라고 말했다. 벤터(1995:14)는 이점을 강하게 찬성한다. "해석에서 말씀의 정황과 삶의 정황이 만나 내적 교류의 과정을 거친다." 그래서 '해석 과정'은 일반적으로 저자가 원래 의미했던 것과 본문이 현재 전하려는 것 사이의 관련성을 이끌어내는 것을 의미한다.

## 3) 해석학의 정의

보통 신학 훈련을 할 때 성경 해석에 관한 학문을 정의하면서 가장 널리 사용되는 용어는 해석학이다.(Pair, 1986:31) 이것은 일반 언어학과 의미론을 적용시킨 것으로 성경과 연관된 요소들과 관계된 특정 규칙들을 공식화하려는 시도이다.

톰슨(Thomson, 1987:39)은 해석학이 성경 본문의 의미를 재구성하여 원 독자와 다음 세대들에게 성경이 어떻게 이해되었는지에 대해서 현대의 독자들에게 몇 가지 단서를 제공할 수 있다고 말한다. 쥬크(Zuck, 1991:19)의 견해는 "해석학은 성경을 해석하는 학문 또는 기술이다. 다른 방식으로 해석학을 정의하면 성경 본문의 의미를 결정하는 학문(원리) 또는 기술(과제)이다."라는 것이다. 테리

(Terry, 1964:8)는 이렇게 쓰고 있다. "해석학은 학문이자 기술이다. 학문으로서의 해석학은 원리들을 발표하고 사고와 언어 법칙들을 조사하고 사실과 결과를 분류한다. 기술로서의 해석학은 이 원리들을 어떻게 적용해야만 하는지를 가르쳐 주고 더 어려운 성경의 설명에서 그것들의 실제 가치를 보여줌으로써 건전성을 확립한다. 그래서 해석학적인 기술은 논리적인 석의 과정을 개발하고 확립한다."

존 스토트(1972a:157)에 따르면, 그는 먼저 '해석학'을 성경을 해석하는 학문이라는 전문적인 이름을 부여하여 정의하고 진정한 성경 해석학은 성경 그 자체의 본질로서 이루어져야 한다고 강조한다. 무엇보다 설교자는 성경 저자의 목표와 조화를 이루어 문자적으로나 비유적으로 표현되는 본문의 의도와 자연스러운 의미에 따라 원 의미를 추구해야만 한다.

## 4) 해석학의 필요

### 닫힌 본문 열기

존 스토트(1992:209-212)는 성경에 대하여 두 가지 중요한 확신을 가지고 있다. 첫째, 성경은 영감되었다. 둘째, 영감된 본문이 부분적으로는 닫혀 있다는 것이다. 만약 설교한다는 것이 '영감된 본문을 여는 것'이라면 부분적으로 닫혀 있는 것이 틀림없든지 아니면 성경이 더 이상 분명해질 필요가 없다는 것이다.

그러나 교회는 성경을 설명하고 열어줄 목사와 교사들이 필요하다. 그리고 승천하신 그리스도께서 여전히 이러한 은사들을 교회에 주신다(엡 4:11). 존 스토트(1992:161)는 해석 기술을 예증하기 위하여 에티오피아의 내시 이야기를 사용한다. 내시가 수레에 앉아 이사야 53장을 읽고 있을 때 빌립이 "지금 읽고 있는 것을 이해하는가?"라고 묻자 그는 "이것을 나에게 설명해 줄 사람이 없는데 어떻게 내가 이해할 수 있겠습니까?"라고 대답한다(행 8:26-39).

이것은 성경 해석의 실제 가치를 예증하는 성경 안에 기술된 사건이다. 그래서 하나님께서는 본문 뿐만 아니라 본문을 열고 그것을 명확히 하여 사람들의 삶 속에 적용시킬 설교자를 교회에 주신다. 결론적으로 해석학은 성경에 있는 부분적으로 난해한 본문을 가르치기 위해서 필요하다.

## 두 지평

불트만을 비롯한 대부분의 현대 학자들(Simonian, 1970:99; Ricoeur, 1976:29-30)은 해석학이 오늘날 긴급하게 필요한 이유가 원 저자의 상황과 현대 독자의 정황 사이의 차이점 때문이라고 지적한다. 그러나 마샬(Marshall, 1980a:9)이 지적한 것처럼 그들은 두 정황 사이의 차이점을 과장하거나 또 둘 사이의 연속성이라는 요소를 과소 평가한다.

한 예로 가드머는 제한된 견해와 시각을 가진 각각의 다른 지평들은 연합을 이루어야 한다고 강조하며, 그 이유는 해석 과정에서 고대 본문의 극단적인 문화적 특이성과 현대 해석자 사이에는 몇 가지 문제점들이 있기 때문이라고 했다. 그러므로 이 과정에서 강해자의 첫째 과제는 '격차 없애기'(distancing)다. 즉 우리가 '과거의 것들'을 알아야 하며, 그렇게 함으로써 본문으로부터 우리 자신을 해방시키고 본문 그 자체의 역사적인 본래 모습을 허용하여 우리로 하여금 성급하게 본문에 우리 자신을 끼워 넣거나 본문을 우리의 삶에 어떻게 적용시킬지 빨리 결정을 내리지 못하도록 해야 한다고 했다. 그러므로 주의를 기울인 본문 해석은 본문 그 자체의 문화적, 언어적인 자리에서 연구한 것만을 의미한다고 했다.(Thiselton, 1992:315-317)

한편 씨설튼(Thiselton, 1980:102)은 고전적이고 포괄적인 연구서 「두 지평」에서 "두 지평이 서로 연관을 가지기 시작할 때, 즉 본문의 정황과 해석자의 정황이 관련을 맺기 시작하면 이해가 일어난다."라고 말했다. 그는 "본문으로부터 비평적인 격차 없애기 뿐만 아니라 본문과의 연대도 제시되어야 한다."라고 기록하고 있다.(1980:103) 왜냐하면 해석자는 본문의 상황과는 전혀 다른 구체적이고 특별한 환경에 속해 있기 때문이다. 이것은 쉬운 일이 아니다. 만약 우리가 그 생소한 세계로 들어간다면 그것은 고도의 상상력과 감정이입을 요구한다. 역사적 석의는 중요하다. 그러나 그것 만으로는 충분치 않다. 그러므로 "우리는 지평의 연합을 향한 과정을 보여 줄 격차 없애기와 본문 열기 두 가지 모두를 필요로 한다."(Thiselton, 1980:326)

더구나 하이데거의 실존주의를 수용한 불트만의 해석학을 뛰어넘은 1960년대 초기의 푹스, 에벨링, 로빈슨, 그리고 풍크와 같은 저명한 학자들은 해석학 언어를 기능적 방식으로 이해한 불트만을 비평했다.(Hasel, 1978:58) 해석자는 자신의 특이성을 건너뛰어 성경 저자의 특이성으로 들어갈 수 없음을 기초로 하여, 그들은 객관성을 불가능한 것으로 보아 거부하고 본문이 말해야 할 필요를 강조했다. 그들의 언어 이론에 따르면, 그것의 목적은 '개념'을 전달하기보다는 '사건'(언어적 사건)을 야기시키는 것이다. 그 사건 속에서 본문과 해석자의 역할이 바뀐다.(Dickinson, 1976:42)

존 스토트(1992:189)는 위에서 언급한 이론과 해석에 있어서의 접근방법을 다음과 같이 비판했다. "우리는 새로운 해석학이 그런 것처럼 본문에 주관적으로도 집중할 수 없고 이전의 해석학처럼 객관적으로 본문에 집중해서도 안 된다. 우리는 둘 모두에 집중해야 한다. 왜냐하면 객체와 주체는 같은 본문이고 같은 의미를 가지고 있기 때문이다." 그래서 해석학은 두 정황 사이의 문화적, 역사적 차이에 의해 형성되는 것은 아니라고 주장한다. 본문의 핵심적인 계시(하나님께서 여기서 말씀하시는 것)가 현대 상황에 맞추어 옷을 갈아입기 위해 해석이 필요하다. 해석에 대한 필요성은 또 있는데, 우리가 살고 있는 20세기가 성경 본문과 문화적, 언어적으로 차이가 나고, 이 차이가 본문을 더 어렵게 만들기 때문이다.

라이펠트(Liefelt, 1984:23)에 의하면 "강해자는 다른 지평들의 현실들 심지어 그 자신의 시대까지도 다루어야만 한다."라고 강조했다. 존 스토트는 두 정황 사이의 차이를 과장하거나 과소평가함으로써 진리를 왜곡시키지 않는다.

### 5) 해석학의 목표

해석학의 목표는 성경 내용의 중요성을 그 원래 자리에서 이해하는 것이다. 즉 적용하기 전에 성경 저자의 의도가 포함되어 있는 본문 자체를 만족스럽게 이해하는 것이다. 이런 연후에 이 이해를 바탕으로 그리고 귀납법적인 절차를 사용하여 설교자는 현대 신자들과 관련을 가지는 원리들을 분명히 말하려고 시도해야 한다.

존 스토트(1992:215)는 "본문의 의미는 독자의 사고와 느낌이 아니라 말씀 자체의 저자의 언어에서 찾아지고 발견되어야 한다."라고 말했다. 그것은 우리가 성경의 현대적 메시지를 어떻게 현대 사람들에게 적용할지 깊이 생각해 볼 필요가 있다는 것을 의미한다.

그 다음에 해석자는 자신을 변화시키기 위해 본문의 의미를 자신의 삶에 적용시켜야만 한다. 만약 해석자가 이 일에 실패하면 그는 진리와 실제를 분리시킬 것이고 추상적이고 이론적인 인식과 구체적인 적용을 분리하게 될 것이다.

진정한 개혁적 해석으로서의 해석학의 목표는 진리에 대한 이해를 우리의 삶에 적용시켜 조화시키는 것이다. 칼빈(1967a:39-40)은 "사실 우리의 이해가 우리와 상관 없는 사람이 하나님을 아는 데 무슨 도움이 되겠는가? 그보다 우리의 지식은 하나님에 대한 두려움과 경외를 먼저 가르치는 데 봉사해야 하고 안내자와 교사로서의 지식을 가지고 하나님으로부터 모든 선을 추구하는 것을 배워야 하며 그것을 얻고 그분의 판단을 신뢰하는 것을 배워야 한다…"라고 말했다. 진리에 대한 만족스러운 이해는 첫째 해석자의 지성, 둘째 그의 정서, 마지막으로 그의 의지를 포함하여 해석자의 전 인격과 삶에 영향을 끼쳐야 한다.

존 스토트에 의하면 본문에 깊이 파고 들어간 경험이 있는 설교자, 주제를 분리해 내고 해설해 본 경험이 있는 설교자, 그 자신이 메시지에 의해 영향을 받았던 설교자는 묵상기도 시간에 회중들이 메시지에 응답할 기회를 종종 주게 된다고 했다. 그리고 그때 각 사람은 성령에 의해 적절한 순종으로 옮겨진다.(1992:218)

## 2. 해석학 원리의 특징

### 1) 해석학의 세 교사

존 스토트는 성경에 관한 그의 전제들을 주장함으로써 본문 해석을 위한 몇 가지 규칙을 제공했다. 그는 독자들에게 본문에서 이끌어낸 해석이 아니라 본문 그 자체만이 무오하다는 것을 기억하라고 주의를 주었다. 그(1972a:156)는 "하나님의 말씀은 그분께서 지금까지 말씀하신 것이 진실했기 때문에 무오하다."라고 말했다. 그러나 지금까지 하나님의 말씀을 무오하게 해석한 개인, 단체, 교회는 없었고 앞으로도 없을 것이다. 인간의 해석은 전통 영역에 속해 있기 때문이다. 그리고 전통이 해석하는 성경에 대하여 전통과 반대되는 호소가 언제든지 이루어질 수 있다.

존 스토트의 해석 원리에는 우리를 교훈하고 인도하는 세 교사로부터의 가르침을 포함한다. 이 세 교사에 의해 하나님께서는 진리에 대한 우리의 이해가

깊어지도록 준비하셨고 그릇된 해석의 최악의 형태로부터 보호받도록 준비하셨다.(1972a:156)

## 성령

존 스토트는 먼저 우리의 최고 교사는 성령이라고 주장한다. 모든 책의 최고 해석자는 저자이다. 왜냐하면 그 만이 그가 말하고자 의도했던 바를 알기 때문이다. 그래서 성경의 최고 주석가는 성경 저자로 하여금 글을 쓰도록 감동케 하신 성령이다. 즉 성경 저자는 하나님의 영향을 받았다. 그들은 자신의 충동에 의해서가 아니라 성령에 의해 감동받았다(벧후 1:21).

존 스토트는 성경을 이해하는 데 있어서 성령의 역사가 절대적이라는 사실을 확실히 했다. 성령의 조명에 의해 사람은 문법 영역과 지적 훌륭함을 넘어 귀중한 진리를 볼 수 있고 이해할 수 있고 가질 수 있다. 그래서 우리는 바울이 고린도전서 2장 11절에서 지적했듯이 하나님의 영만이 하나님의 일을 아신다는 원리를 수용해야만 한다. 성경의 상당히 많은 부분은 광의의 함축적 의미를 가지고 있다.(Kaiser, 1994:23-24)

로이드 존스(1977:327-8) 역시 "동일한 방식으로 성령만이 우리에게 이 말씀을 해석할 수 있도록 도와 주신다. 그것은 전적으로 성령의 사역이다. 이 말씀과 관련된 모든 것은 언제나 처음부터 끝까지 성령께서 사역하신 결과다. 물론 사람이 자연적인 감각으로 그렇게 할 수도 있겠지만 그 능력은 성경을 해석하는 데 한 치도 그를 도울 수 없다. 성경은 영적인 방법으로 해석되어야만 한다. 어느 것도 그 누구도 우리를 하나님의 영으로부터 분리시킬 수는 없다."라고 말한다.

존 스토트는 덧붙이기를 하나님의 진리가 인간에게 전달될 때 성령의 사역은 두 단계를 가지는 것처럼 보인다고 했다. 첫 번째 객관적인 단계는 성경의 진리가 드러나는 '계시'이며, 두 번째 주관적 단계는 '조명'이라고 불리는 것이다. 즉 성경 안에서 드러난 진리를 이해하도록 우리 마음에 빛을 비춰주는 것이다. 각 과정은 필수적이다. 계시가 없다면 우리가 인식할 수 있는 진리는 없다. 조명이 없다면 그것을 인지할 능력이 없다.(1972a:157)

　　그는 성경에서 한 가지 예를 제시한다. 이사야가 활동하던 때, 하나님께서는 이스라엘 백성들에게 하나님께 반역한 백성들에게 임할 심판에 대해서 말씀하시는 것을 멈추셨다. 그분의 진리는 봉인된 책처럼 되었고 그의 백성들은 글을 읽을 줄 모르는 어린아이 같이 되었다. 그래서 그들에게는 그분의 말씀을 받는 데 두 가지 장애가 있었다. 지금도 그 시대와 같이 조명이 없게 된다면 당신이 글을 읽을 줄 아는 사람에게 두루마리를 주면서 "이것을 읽어보세요."라고 해도 그는 "나는 그것이 봉인되었기 때문에 읽을 수 없습니다."라고 말할 것이다. 당신이 글을 읽을 줄 모르는 사람에게 "이것을 읽어보세요."라고 말한다면 "나는 읽을 줄을 모릅니다."라고 말할 것이다(사 29:11, 12).

　　성령께서는 회심한 사람, 즉 중생한 사람에게만 빛을 비춰 주시기 때문에 회심으로 시작하는 것은 매우 중요하다. 왜냐하면 중생은 그리스도인이 예배를 드리는 데 있어 근본적인 선행조건이 되기 때문이다. 우리가 하늘의 진리를 이해할 수 있기 전에 중생의 경험이 있는 것 또는 확실하게 중생하는 것은 필수이다. 예수께서는 "사람이 거듭나지 아니하면 하나님 나라를 볼 수 없느니라"(요 3:3)고 말씀하셨다. 사도 바울도 이 사실을 반복한다. "육에 속한 사람은 하나님의 성령의 일들을 받지 아니하나니 이는 그것들이 그에게는 미련하게 보임이요, 또 그는 그것들을 알 수도 없나니 그러한 일은 영적으로 분별되기 때문이라"(고전 2:14). 사실 능력 있는 설교는 새 출생(거듭남)에서 시작하여 예수 그리스도와 교제함으로 유지되고 또 풍요롭게 된다.(Thomas, 1986:371)

그리고 성령께서는 겸손한 사람에게 빛을 비춰 주신다. 성경을 이해하는 데 교만보다 더 큰 장애는 없다. 겸손은 가장 기본이 되는 조건이다. 예수께서는 이것을 이론의 여지가 없는 것으로 확실시하셨다. "천지의 주재이신 아버지여 이것을 지혜롭고 슬기 있는 자들에게는 숨기시고 어린아이들에게는 나타내심을 감사하나이다 옳소이다 이렇게 된 것이 아버지의 뜻이니이다"(마 11:25-26). 하나님이 자신을 숨기신 지혜롭고 슬기 있는 자는 지적으로 교만한 사람들이고 어린아이들은 겸손하고 신실한 사람들이다. 하나님께서는 자신을 후자에게만 드러내신다.

찰스 시므온은 이렇게 적는다. "나는 연구 초기에 스스로에게 이렇게 말했다. '나는 바보다.' 그것으로 나는 한 가지 확신한다. 내가 분명하게 알고 있는 한 가지는 나의 종교에 대해서 나는 아무것도 모른다는 것이다. 그래서 성경을 정독할 때 나는 영감을 받은 성경 저자들에게 어떤 감각을 부여하려고 자리에 앉지는 않는다. 그 대신 성경 저자들이 나에게 그것을 주면 나는 그 하나를 받을 뿐이다. 나는 그들을 가르치지 않으려고 애쓴다. 나는 그들로부터 배우는 어린아이와 같이 되기를 원한다."(Stott, 1972a:158)

셋째로 성령께서는 순종하는 자들에게 빛을 비춰 주신다. 이것은 아주 많이 강조되어 온 사실이다. 왜냐하면 성경을 통한 하나님의 목적은 단순히 일반 용어로 강력하게 교훈하는 데 있지 않고 명확하게 '구원에 이르는 지혜'가 있게 하기 때문이다(딤후 3:15). 카이저와 실바(Kaiser and Silva, 1994:25)는 말한다. 하나님의 율법을 지키려는 열망, 하나님의 뜻을 행하려는 결단, 이것들이야말로 진정한 성경 이해를 위한 최고의 선행 조건이다. 그래서 예수께서는 하나님의 뜻을 행하려는 사람은 예수의 가르침이 진실한지 진실하지 않은지를 알게 될 것이고 순종으로 예수께 대한 사랑을 증명한 사람들에게는 개인적으로 예수께서 당신 자신을 나타내실 것임을 약속하셨다(요 7:17; 14:21).

넷째, 성령께서는 교제하는 자들에게 빛을 비춰 주신다. 성령께서 우리에게 주시는 이해는 우리 개인적으로만 즐기라고 주시는 것이 아니라 다른 사람들과 함께 나누도록 주시는 것이다. 우리는 그것을 믿음으로 붙잡아야 한다.

## 연구 훈련

성령께서 우리의 첫째가는 최고의 교사라면 우리 안에도 그 지각이 있을 것이다. 성령에 의존함으로써 또한 우리는 우리 자신을 가르친다. 달리 말하면, 성령의 교육과정 중에 우리는 완전히 수동적이 아니라 우리 자신의 이성으로 응답해야 하는 것이다. 바인(1985:51)은 "설교자는 연구를 위한 훈련에 필요한 모든 조치를 수용해야 한다."라고 강조한다. 왜냐하면 우리가 성경을 읽을 때, 신적인 조명이 인간의 노력을 대체할 수 없기 때문이다. 하나님으로부터 오는 빛을 추구하는 인간이라면 연구에 있어서도 가장 근면한 자세로 임할 것이다. 성령은 그가 선택한 장소로 움직이신다(요 3:8). 그러나 우리의 모든 은사는 가능한 하나님께서 우리에게 주신 능력으로 십분 발휘되어야 한다.(Logan, 1986:131)

우리는 성경을 이해하기 위하여 정신을 집중해야 하고 성경에 무엇이 기록되었는지 깊이 생각해야 한다. 시므온(Simeon, 1979:975)은 "신적인 지식을 습득할수록 우리의 연구는 하나님의 영에 의존하는 쪽으로 나아가게 된다. 그러므로 하나님께서 합하신 것을 우리가 분리할 수 있을 것이라고 생각하지 말자."라고 했다.

때때로 우리의 이해력의 성장은 교만과 기도 없는 자기 확신으로 인해 방해받기도 하고 완전한 게으름과 훈련의 결여에 의해 방해받기도 한다. 하나님에 대한 지식을 확대하려는 사람들은 진리의 영 앞에서 자신을 낮추어야 하고 일

평생 연구에 헌신해야 한다. 그래서 존 스토트는 경고한다. "목사는 근본적으로 말씀 사역을 위해 부름 받았다. 성경 연구는 그의 최고의 책임 중에 하나다. 성경에 대한 시각이 높아질수록 수고를 아끼지 않는 성실한 연구를 해야만 한다. 만약 성경이 진정 하나님의 말씀이라면 진지하지 못하고 되는대로 해석하는 석의는 멀리하라! 우리는 본문의 보물을 내놓을 때까지 파고 들어가야 한다. 우리 자신이 그 메시지에 젖을 때만이 우리는 확실하게 그것을 다른 사람과 공유할 수 있다."

하나님께서는 성경에 복종하도록 우리에게 주신 지성을 사용하기를 기대하신다. 그러나 동시에 그것을 붙들고 씨름하여 그 메시지를 현대 사회에 연관시키려고 애쓰기를 원하신다.

### 교회의 가르침

세 번째 교사는 교회, 즉 전통이다. 존 스토트(1986:12)는 「그리스도의 십자가」 서문에서 이렇게 말했다. "전통과 역사 신학을 경시하는 것은 전 세기에 걸쳐 교회에 활동적으로 빛을 비춰 주신 성령을 멸시하는 것과 같다." 그래서 그는 전통이 해석의 중요한 방법이라고 생각한다. 그(1970 a:163)는 전통을 "과거로부터 현재에 전해진 성경 진리의 이해"라고 지적했다. 따라서 성경에 영감을 불어넣는 것은 성령만의 유일한 사역이지만 성령의 가르치는 사역 또한 마지막 사도가 죽었을 때조차 멈추지 않았던 사역이다. 다만 그때부터 성령께서는 계시를 조명으로 바꾸었을 뿐이다. 수세기 교회 역사에서 점진적으로 진리의 영은 교회가 위대한 성경에 대한 교리를 이해하게 하고 명확하게 하고 공식화하도록 하였다. 종교개혁가들은 교회 권위를 주장하는 것에 반대하여 '개인 판단의 권리', '신자의 권한'을 주장하였다.

존 스토트는 이런 개혁 전통 안에 확고하게 서 있다. 그럼에도 불구하고 우리는 교회와 어떤 다른 권위 있는 가르치는 도구를 하나님과 그의 백성 사이에 끼워 넣으려는 모든 시도는 거부해야겠지만, 하나님의 말씀에 대한 올바른 이해를 그의 백성들에게 주시려는 하나님의 계획 안에 교회가 공간을 점유하고 있다는 사실을 거부하면 안 된다.

존 스토트(1972a:162)는 성령께서 다른 사람에게 주신 조명을 무시하는 것은 현명하지 못한 처사라고 말한다. 성령께서는 진정한 우리의 교사이시다. 그러나 그분은 우리의 정신을 통해 직접 가르치실 뿐만 아니라 간접적으로도 우리를 가르치신다. 성령께서는 성경에 간직된 진리를 한 사람에게만 드러내시지 않고 많은 선지자와 사도들에게 나타내셨다. 성령의 조명하시는 사역은 많은 사람들에게 주어졌다. 그것은 한 개인에게만이 아니라 "모든 성도와 함께 지식에 넘치는 그리스도의 사랑을 알고 그 너비와 길이와 높이와 깊이가 어떠함을 깨달아 하나님의 모든 충만하신 것으로 너희에게 충만하게 하시기를"(엡 3:18-19) 간구한 바울의 기도에서도 볼 수 있다.

그래서 우리는 현대 교회의 교사들 뿐만 아니라 과거의 유산을 존중해야 한다. 하나님께서는 그의 교회에 교사를 임명하셨다. 그리스도인의 의무는 존경과 겸손 그리고 진지함을 가지고 교사들에게 귀를 기울여야 하고, 그들이 하나님의 말씀을 신실하게 설명할 때 그들의 입술을 통해 나오는 하나님의 말씀을 받아먹어야 한다. 이와 동시에 우리는 그들이 말씀한 것이 진리인지 아닌지 매일 성경을 통해 상고해야 한다(행 17:11).

## 2) 해석학의 기본 원리

### 본래적 의미

석의자는 별개의 단어의 의미를 찾는 것이 아니라 전체 단락에서 본래적 의미를 찾아야 한다. 존 스토트는 이렇게 말했다. "영원하며 보편적인 성경의 메시지는 원래 그것이 주어진 상황의 빛 아래에서만 이해될 수 있다. 그래서 우리는 성경을 읽을 때 계속해서 자신에게 질문할 필요가 있다. 이것을 통해 저자가 전달하려는 의도는 무엇이었는가? 그는 실제로 무엇을 주장했는가? 원문의 수신자들은 저자가 의미한 바에서 무엇을 이해했는가? 만약 해석자가 계시의 목적을 이해한다면 이후 시대의 개념을 거꾸로 성경에 집어넣어 읽는 잘못은 범하지 않을 것이다. 오히려 그는 본문에서 원래 하나님의 의도를 완전히 이해할 수 있다. 이런 이유로 인해서 해석자는 성경의 역사적, 지리적, 문화적 배경에 대해서 알 필요가 있다. '문법-역사적 방법' 단계는 문자적이고 역사적인 자료를 가지고 환경을 재구성한다.

해석자는 문화의 차이와 언어에 있어서의 결과적 차이를 반드시 고려해야 한다. 이 단계에서는 성경과 현대 상황을 연관시킬 필요가 있다.(Stott, 1972a:170-75) 타우너(Towner, 1994:182)는 다음과 같이 말했다. "우리의 성경 본문 교정 작업은 원 정황에서 본래 메시지를 먼저 이해하는 것을 포함한다. 그리고 이것은 성경 저자가 말했던 역사, 문화, 사회 배경과 성경 언어에 대한 지식을 요구한다(또는 그런 지식을 가진 사람들에 의존한다)."

### 일반적 의미

존 스토트(1972a:175)의 두 번째 해석의 기본 원리는 '일반적인 의미를 찾는 것'이다. 그것은 '조화의 원리'이다. 여기에서 존 스토트는 복음서에서 대조되는 단락들을 조화시키기 위하여 '반대되는 태도'를 취하는 방법을 사용하지는 않는다. 그대신 그는 성경을 해석하기 위해서 성경을 사용한다(우리는 이 석의 원리를 3장에서 다루었다). 본문 해석이 성경 메시지와 일치하는가? 존 스토트는 그가 의미하는 바를 보여 주기 위해 한 예를 든다. 그는 창세기 3장의 아담과 하와를 문자적인 사람으로 이해한다. 이 해석은 로마서 5장 12-21절과 일치한다. 그러나 생명나무와 뱀은 요한계시록에 재등장하여 둘 모두 명확한 상징을 나타낸다. 그래서 인간의 타락은 문자적이다. 그러나 실제 죄는 좀 더 일반적이고 상징적인 용어로 기술된다.(Stott, 1972a:178) 그래서 우리는 각 본문을 해석할 때, 관련된 장 또는 당시의 시대적 정황, 그리고 전체적으로 성경의 좀 더 넓은 정황, 둘 모두에 빛을 비추어 해석해야 한다. 20세기에 들어서서 성공회의 39개 신조는 현명하게도 교회로 하여금 성경에서 일부분의 해석이 다른 부분과 모순되는 것을 금지시켰다. 우리는 성경으로 하여금 성경을 해석하도록 하는 것으로 조화를 추구하는 것이 옳을 것이다.(Stott, 1991b:116)

결론적으로, 우리는 본래 의미를 찾는다. 왜냐하면 하나님께서는 처음 그 말씀을 듣는 사람들에게 말씀하셨다. 그리고 그것은 후세대가 역사적으로 이해하는 한도 내에서 받아들일 수 있다. 어떤 경우 우리의 이해도는 처음으로 하나님의 말씀(즉 그리스도의 예언)을 들었던 사람들보다 더 깊을 수도 있다. 또한 우리는 일반적인 의미를 찾는다. 왜냐하면 하나님께서는 일관된 분이시고 그의 계시도 일관되다는 것을 믿기 때문이다.

마지막으로, 존 스토트(1972a:182)는 우리가 그동안 생각해 왔던 성경 해석의 기본 원리들이 임의적인 것이 아니라고 강조한다. 그것들은 기록된 하나님의 말씀으로서 성경 그 자체의 특성에서, 성경 안에 계시된 하나님의 성품에서 유래되었다.

다른 말로 하자면, 이 원리들은 하나님의 인간을 향한 명확하고 역사적이며 일관된 의사 전달이며, 부분적으로 하나님의 본성으로부터, 부분적으로 성경 본질로부터 발생했다. 그것들은 우리에게 성경을 다루는 것과 성경에 대한 견해를 조화롭게 하는 엄숙한 책임을 지운다.

## 3. 해석 방법의 특징

### 1) 비평

존 스토트의 해석 원리는 본문의 원래 의미를 찾는 것이다. 우리가 범할 수 있는 잘못은 20세기의 사고를 성경 저자의 정신에 거꾸로 끼워 넣어 성경을 읽는 것이다.(1992:212) 이것은 우리가 듣고 싶어하는 것에 성경 본문을 순응시키기 위하여 저자들이 기록한 것을 조작하고 나중에는 우리의 의견을 위해 그들의 동의를 주장하는 것이다. 설교자가 저자가 의도했던 것과 다른 양식으로 해석할 경우 문제가 생긴다. 그런 경우에 존 스토트는 해석의 문제를 심하게 비평한다.

#### 불트만의 비신화화에 대한 그의 비평

불트만에 의하면 복음의 진수, 즉 케리그마는 복음서 기록에 붙어있는 신화의 모든 요소들을 벗겨내고 분간해 냄으로써 결정될 수 있다고 했다.(Brown, 1991:52) 스토트(1992:197-200)는 불트만의 비신화화 프로그램을 세 가지 논증으로 비평했다. 그 논증은 성경 저자, 현대 독자, 그리고 신학 주석가들로 축약될 수 있고 이들을 다양하게 연관시키는 것을 볼 수 있다.

불트만의 사상을 간략히 정리하면, 첫째, 성경 저자들의 지적인 틀은 과학 이전의 것이므로 '신화적'이다. 예를 들면, 그들은 삼층천에서 하늘은 위에 있는 것으로, 지옥은 아래에 있는 것으로 여겼다. 그래서 그들은 예수께서 문자 그대로 '지옥으로 내려가셨고', '하늘로 올라가셨다'고 상상했다.

둘째, 만약 첨단과학시대를 사는 현대인에게 오늘날 쓰이지 않는 우주론 용어로 표현된 복음이 제시된다면 그들은 믿을 수 없으므로 거부할 것이다.

셋째, 그래서 신학자의 과제는 성경의 신화적 요소를 제거하는 것이다. 즉 '케리그마의 비신화화'이다. 왜냐하면 신화의 목적이 역사적인 사건을 말하는 데 있지 않고 초월적인 사실에 대해 말하기 때문이다. 그러므로 현대 신학자는 신화의 가면을 벗기고 신화의 본래의 실존적인 의미를 회복해야만 한다.

존 스토트는 이런 불트만의 비신화화를 비난했다.(1992:198, 199; 1979b:274) 불트만의 첫째 요지에 대해서 스토트는 성경 저자들이 문자주의자들이라고 확신하지 않는다. 틀림없이 저자들은 삼층천이라는 상상력을 발휘했다. 그것이 그들의 지적 틀이었기 때문이다. 그러나 그들이 실제로 그것을 단언했다고는 생각하지 않는다. 비록 구약의 저자들이 극적이고 사적인(예: 시 75:3의 땅의 기둥) 상상력을 사용할지라도 우리는 그들을 문자적이라고 말할 필요는 없다. 구약의 저자들은 하나님께서 땅의 기둥을 확고하게 세우셨다고 함으로써 삼층천이라는 우주론의 우를 범하지 않으면서 이 땅에 대한 하나님의 주권을 단언한다. 또한 그들은 하나님의 원시 괴물 리워야단(시 74:14; 사 27:1)의 파괴에 대해 언급함으로써 바벨론 창조 신화의 우를 범하지 않고 악마를 지배하시는 그분의 권능을 확언한다. 우리가 '상상', '시', '신화'라고 부르는 이러한 사고와 언어의 형태는 고대 근동의 일반적 경향이었다. 구약의 저자들은 그들이 사용했던 상상력 또는 신화의 문자적인 진리를 단언하지 않고 창조주로서, 주로서 하나님에 대한 진리를 전달했다.

셋째 요지와 관련해서 그는 "불트만(Bultman, 1941:38-42)은 역사적 사건들을 '비역사적인 의미'로 만들어 케리그마(특히 예수님의 죽음과 부활)의 재구성을 시도

했다."라고 말한다. 그래서 사도들이 '그리스도께서 우리의 죄를 위해 돌아가셨다'라고 말했을 때 그들은 문자적으로 어떤 죄를 진 희생을 말하는 것이 아니라 하나님의 사랑과 그리스도와 함께 십자가에 못 박힌 우리 자신의 실존적 경험을 말하는 것이다. 그들이 "그가 일어나셨다."라고 말했을 때 그건 실제 사건이 아니라 경험을 말하는 것이다. 즉 그들 자신의 부활신앙 안에서 일어나셨다는 것이다. 다른 말로 하자면, 부활절은 사건이 아니라 경험이다. 즉 예수께서 죽음으로부터 객관적이고 역사적으로 부활한 것이 아니라 제자들의 가슴과 정신 속에서 주관적이고 개인적인 신앙을 회복했다는 말이다. 그리고 그들은 예수께서 심판하기 위해서 다시 오신다고 했을 때 그 말은 미래에 있을 사건을 언급하는 것이 아니라 오늘 그리스도를 위해 책임 있는 결단을 내리도록 하는 도전일 뿐이라는 것이다.

그러나 핵심 질문은 그리스도가 죽었고, 다시 살아나셨고 또 오시겠다는 말씀이 역사적 사건이 아닌 그저 무엇인가를 언급하려는 신화일 뿐인지 아니면 실제 사건으로써 선포된 케리그마의 일부분인지 하는 것이다. 사도적 케리그마의 자연스런 해석은 역사적으로 진리이자 신학적으로 중요한 예수의 생애에 일어난 사건들을 선포하려고 의도했다는 것이다.

결론적으로 존 스토트(1992:74)의 비평은 이것이다. "진정 믿을 수 없는 것은 예수님의 부활이 아니라 부활을 혼동한 불트만의 오해이다." 결국 불트만은 정확하게 신화만을 거부한 것이 아니라 그것들을 현대의 신화로 해석했을 뿐이다. 불트만이 의미했던 것은 주로 실존 철학의 영역이다.(Kaiser, 1994:231)

### 로마 카톨릭의 해석

존 스토트(1986b:16)는 로마 카톨릭에서의 성경 해석의 전제들, 예를 들면 '히브리어와 헬라어, 고고학, 그리고 교부들의 저작에 대한 지식이 없는 보통 사람들은 성경 해석의 자격이 없다, 진정한 전통(구전, 기록 전승)을 가진 교회만이 공식적인 성경 해석자다, 유일하게 사도성을 가지고 있는 교회만이 기록 전승의 진정한 의미를 알 수 있다, 성경은 로마 카톨릭 교리와 상충되게 해석될 수 없다' 등의 주장을 거부한다.

로마 카톨릭은 성경 저자들이 성직자들이었기 때문에 교회가 성경을 기록했다고 가르친다. 그래서 그들은 "교회는 성경보다 우위에 있고 성경을 해석할 권위가 있을 뿐 아니라 추가할 수도 있다."라고 주장한다. 진정한 문맥상의 의미(역사적 성경적 배경)를 배제한 성경 해석에 관한 교회의 권위를 강조하는 이런 속임수는 터무니없는 것이다.

존 스토트(1972a:177)는 본문의 원래 의미를 가지고 있지 않은 단어의 조합을 이용하는 로마 카톨릭의 해석 방법에 반대하여 경고하는 예를 들었다. 회개하지 않는 범죄자를 훈련시키기 위한 개교회의 책임에 대한 가르침에서 예수께서는 이렇게 말씀하신다. "교회의 말을 듣지 않거든 그를 이방인과 같이 여기라" 즉 파문하라는 것이다(마 18:17). 영국 카톨릭 교회의 권위를 회복하려 했던 옥스포드 운동기간 동안에 그 추종자들이 가끔 세 단어로 '교회의 말을 들으라!'를 설교했는데, 이것이 화트리 대주교를 화나게 만들어 그로 하여금 설교에서 다음과 같이 그 인용구를 줄여 말하게 했다. "만약 그가 교회의 말을 듣지 않거든, 그렇게 하도록 내버려 두라."

존 스토트(1986:186-190)는 「그리스도의 십자가」에서 칭의 교리에 대한 로마 카톨릭의 견해를 비판한다. 로마 카톨릭은 부적절한 창조 교리까지 포함시켜 '완전타락'을 비관적인 인간 상황으로 본다. 그들은 덧붙이기를 인간은 자유의지를 상실하지 않았고 은혜에 동참할 수 있고 구원에 기여할 수 있다고 한다. 그래서 로마 카톨릭은 우리가 급진적 구원과 비교해 은혜에 배경을 두고 '완전타락'(타락으로 인해서 모든 인간성이 뒤틀렸다는)을 말하면 불편해 한다.

그러나 존 스토트(1986a:187)는 "하나님 말씀의 가르침을 통해 '완전타락'을 강조한다. 우리는 구원에 관하여 신약의 반제(反題)를 강조할 필요가 있다. 하나님의 은혜로 구원을 받은 것이고, 자신을 통해서가 아니라 믿음을 통해 구원을 얻는다. 그것은 하나님의 선물이지 우리의 공로 때문이 아니다. 그래서 어느 누구도 자랑할 수 없다. 우리가 율법을 지켜 의롭게 되는 것이 아니라 예수 그리스도를 믿음으로 의롭게 되는 것을 안다. 또한 우리를 구원하시되 우리의 행한 바 의로운 행위로 말미암지 아니하고 오직 그의 긍휼하심을 좇아 구원하셨다(엡 2:8, 9; 갈 2:16; 딛 3:5). 우리는 본문이 우리 앞에 내놓는 완전한 대안을 피할 수 없다. 공로가 아니라 은혜, 율법이 아니라 믿음, 의로운 행위가 아니라 그분의 긍휼하심만이 우리의 완전한 대안이다. 하나님과 우리 사이에 협동은 없다. 두 가지 상호 대조적인 방식 즉 그분의 방식과 우리의 방식 사이에 선택이 있을 뿐이다. 더구나 의롭게 하는 믿음은 분명히 다른 어떤 공로가 아니다.

### 해석의 실존적 원리

현대 자유주의 신학자들은 해석자가 자신의 의미를 본문에 넣어 읽어야 한다고 주장한다. 즉 해석의 핵심 자체가 변했다. 학자들의 관심은 더 이상 '하나님께서는 본문에서 무엇을 말씀하시는가?'가 아니라 '본문은 원시 히브리 제의의 발전된 종교 의식에 관하여 무엇을 말하는가?'(Virkler, 1982:70)이다. 브루너, 키에르케고르, 칼 바르트, 앤더슨, 리차드슨은 "성경은 실존과 삶에 관한 책이며 광범위하게는 하나님에 대한 책이다. 이 수준의 내용을 이해하려면 우리는 성경을 실존적으로 읽어야 한다. 실존적으로 읽는 것을 통해 성경은 독자들에게 하나님의 말씀이 될 수 있다."(Ramm, 1989:76)라는 동일한 견해를 가진다. 그래서 해석자는 성경에서 신의 계시를 추구하거나 신학적 형태로 진술하지는 않는다. 그 대신 그는 언어 속에서 말씀과 성경의 실존층, 성경이 사람들에게 말하는 양식을 추구한다.

그랜트(Grant, 1972:162)는 이렇게 말했다. "성경의 가장 깊은 해석은 '실존 상황'과 연관이 있다. 삶과 죽음, 사랑과 증오, 죄와 은혜, 선과 악, 하나님과 세상의 이런 것들은 구구단이나 니케아 회의의 날짜와 같은 평범한 지식의 문제가 아니다. 이런 것들에 좀 더 깊은 통찰을 얻기 위해서 특별한 방법이란 없다. 역사적 방법은 대체되지 않고 깊어진다." 이런 해석 방법은 해석자가 성경 본문에 주는 신뢰성에 심오한 영향을 끼쳤다.

존 스토트는 이러한 성경의 실존적 해석을 비판한다. 그(1992:216)는 "만약 우리가 먼저 원 의미를 찾는 훈련을 하지 않고 본문의 현대적 메시지로부터 출발한다면 우리는 과거의 실제인 계시와는 관계없는 실존주의에 굴복하는 것이다." 그는 계속해서 그릇된 해석과 적용의 예로 그의 경험을 진술한다.

세계교회협의회(WCC)는 1967년 웁살라에서 제4차 회의를 열면서 표어로 "보라 내가 만물을 새롭게 하노라"(계 21:5)로 정했다. 이 말씀은 하나님께서 새 하늘과 새 땅을 만드시는 종말에 무엇을 하실지 말하는 것이다. 그래서 오늘날 혁명적인 정치운동과 사회운동에 그것을 적용하기 위한 가능한 정당성을 배제하고 계속 나아가야 했다.

그래서 존 스토트는 주장한다. "하나님께서는 말씀하셨고 또한 계속 말씀하고 계신다. 두 메시지는 서로 밀접하게 연관되어 있다. 왜냐하면 말씀하신 것을 통해 말씀하시기 때문이다."

### 풍유적 해석

이것은 성경 이해를 위한 가장 오래된 접근 방법 중의 하나이다. 풍유법은 숨겨진 비밀스런 의미를 찾는 것으로, 현실과 멀리 떨어져 있는 본문의 명확한 의미를 찾는 것이다.(Ramm, 1989:24) 이 방법은 오리겐(Origen)이 사용하기 시작한 이후로 교회 역사상 줄곧 사용되었다. 그러나 브로더스(Broadus, 1991:34)는 말한다. "따르는 데 무리가 없고 유익한 규칙을 가진 우의적, 영적 의미는 개연성이 있는 것에서만 제시되며 특히 우의적 의미는 성경 안에서 그 용례가 명확하게 보증되지 않고서는 설교의 기초가 될 수 없다."

우의법은 수세기 동안 교회 발전을 저해해 왔고 결국에는 설교에서 그릇된 적용을 하게끔 문제를 일으켰다. 이 방법을 사용하는 해석자는 본문의 진리 속에 묻혀있는 것이 아니라 해석자 자신의 정신에 묻혀있는 숨겨진 의미를 찾기 위하여 주어진 본문을 풍유화하고 그것을 우리의 삶에 적용한다.

존 스토트(1972a:167-169)는 이런 방법을 다음과 같이 비난한다. "불행하게도 성경을 공상을 통해 우의화하는 것은 성경을 심각하게 평가절하시키고 말았다." 그래서 그는 흔히 '누가 나의 이웃인가'라는 제목으로 불려지는 누가복음 10장에서 선한 사마리아인이 여관주인에게 준 두 데나리온이 두 성례전을 나타낸다고 제안하는 그런 풍유적인 해석을 거부한다. 그는 우화를 '극적 효과'를 위하여 부과적인 요소를 제공하는 교훈이라고 정의한다. 풍유는 몇 가지 요점이 있다. 존 스토트는 소위 '바나바 서신'-몇 가지 터무니없는 풍유화를 가진 2세기 초의 위경-을 예로 들고 있다. 한 단락에서 유대인은 굽이 나뉘고 되새김질하는 동물을 먹을 수 있다는 모세의 규정을 인용하고 이것을 이렇게 설명한다. "그것을 쪼개는 것은 주님을 두려워하는 것이고 묵상은 기쁨의 말씀, 주님의 말씀을 되새김질하는 것이다. 그러나 왜 굽은 나누어져 있는가? 왜냐하면 의인은 이 세상의 길을 걷는 것과 동시에 다가올 성스러운 세계를 동경하기 때문이다."

존 스토트는 이 구절을 분명하게 해석한다. "틀림없이 하나님의 말씀을 되새김하는 것은 성경 묵상을 연상시킨다. 또한 그리스도인은 두 세상의 시민이다. 그러나 이에 못지 않게 확실한 것은 모세가 되새김하고 굽이 나뉜 동물에 대해 기록할 때 모세의 마음에 이런 생각은 없었다는 것이다."

존 스토트(1971:13-92)는 요한복음 14장의 선한목자, 15장의 포도나무와 그 가지, 마가복음 4장의 씨 뿌리는 사람을 우화라고 간주한다. 요아킴 예레미아스(Jeremias, 1972:86)는 자신의 저서 「예수님의 비유」에서 이 예들을 풍유적 해석이 곁들인 비유 또는 은유라고 부른다. 요한의 단락들에 대한 존 스토트의 해석은 「변론자 그리스도」에 있는 '다락방 논설'(요 13-17장)에서 볼 수 있다.

그의 해설은 현대 학자들의 취향과는 달리 풍유적 해석에서 과도한 형태를 따르지 않고 은유적 형태를 따른다. 존 스토트는 영적인 사람들만 분간할 수 있는 숨겨지고 비밀스런 의미를 찾지 않았다. 그 대신 그는 그리스도께서 익숙하셨던 이사야 5장과 예레미야 2장 그리고 골로새서 1장, 갈라디아서 5장을 사용하여 그리스도인이 맺을 열매의 형태를 발견했다.(Stott, 1971:51-52) 그래서 그(1992:215)는 독자의 사고를 성경에 끼워 넣는 것을 배제하고 계속해서 성경으로부터 그 의미를 도출해 내려고 노력한다. 그는 모든 성경이 다 풍유적으로 그리고 영적으로 해석되어서는 안 되고, 단지 일부분만 문자적으로 그리고 풍유적으로 해석될 수 있다고 주장한다.

## 성경비평

존 스토트(1978:22-23)는 예수께서 하신 산상보훈 강해에 대한 성경비평, 특히 편집비평을 비난한다. 왜냐하면 많은 이들이 산상보훈을 특별한 때 예수님이 행하신 의미있는 '설교'라는 것을 부인했기 때문이다. 우리는 이 단락에서 모든 성경비평을 다룰 수는 없기에 존 스토트가 비난했던 편집비평에 주의를 집중할 것이다.

편집비평은 전체적으로 본문에 좀 더 집중한다. 편집비평의 기본 전제는 저자가 신학적 목적에 의해 자료를 개작, 수정, 배열했다는 것이다. 저자의 신학

목적은 자료를 어떻게 다루었는지를 살펴보면 알 수 있다. 기록자는 그들의 자료와 전승을 신학 목적과 공동체의 목적에 따라 배열하고 변화시킨다. 물론 이것은 편집비평을 위해 자료비평과 양식비평이 선행되어야 함을 뜻한다. 자료들과 전승의 개별 단위는 저자가 자료와 전승을 개작하고 재적용한 정도와 방식을 해석자가 결정하기 전에 이용 가능해야 한다. 편집비평은 본질적으로 다음 네 가지 사실에 주의를 집중한다: (1) 전승 자료와 자료의 선별 (2) 재료의 개작과 변형 (3) 재료의 배열 (4) 저자 자신의 본문에 대한 신학적 기여 정도이다.(Smalley, 1977:181-192)

이런 비평원리의 결과를 가지고 주석가들은 산상보훈 본문에 접근한다. 그래서 데이비즈(Davies, 1964:1, 5)는 산상보훈을 "다양한 기원을 가진 서로 연관 없는 속담들의 단순한 모음, 즉 주워 모은 것"이라고 여기고 자료비평, 양식비평, 예전비평을 하고 나서 이렇게 결론을 내렸다. "최근의 모든 비평의 영향으로 이 단락을 예수의 실제 가르침에 기원한 내적 연관성이 있는 전체로써 이해하려는 모든 노력들이 의심받게 되었다." 나중에 그는 소위 편집비평으로 방향을 전환했다고 인정했다. 이것은 적어도 복음서 기자들이 보존하고 있는 전승을 형성한 실제 저자라고 믿는다는 것이다. 그럼에도 불구하고 그는 여전히 산상보훈에 예수의 실제 가르침이 얼마나 많이 포함되어 있는지에 대해서는 회의적이다.

존 스토트(1978:23)는 편집비평을 믿는 사람들을 다음과 같이 평가한다: "하나님과 그리스도 안에 있는 계시의 본성과 목적, 성령의 사역, 그리고 복음서 기자들의 진리에 대한 감각이 어떻게 문학비평을 하는 사람들의 근본적인 신학 전제에 기초가 되고 있다고 말할 수 있겠는가!" 존 스토트(1978:23)는 개인적으로 산상보훈의 출처가 예수가 아니라 초대교회라는 견해를 받아들이지 않는다. 심지어 그는 이같은 사태를 우려하여 마태와 누가 두 사람이 그리스도의 설교를 자료로 제시한 것이라고 말하고 그들의 독자들도 그렇게 이해할 것이라고 확신한다.

마지막으로 우리는 성경비평의 단점을 이렇게 요약할 수 있다. (1) 편집 방식이 일반적으로 의존하고 있는 전승 기준은 그 안에 포함된 전제로 인해서 의심의 여지가 있다. (2) 너무나 자주 복음서 편집이 발명이라 불릴 만큼의 '조합'이 전제된다. 그러나 이것은 보증되지 않았다. (3) 편집비평가들은 복음서에 접근할 때 때때로 애매하고 주관적이다. 그리고 복음서 기자들의 동기와 방법에 대한 그들의 평가도 애매하고 주관적일 때가 많다. 이것은 그들의 결론이 다양하기 때문이기도 하다. 이것이 여전히 초보 단계의 훈련이라는 것에 놀랄 필요는 없다. 우리는 편집활동의 분석에 분명히 주의를 기울여야 한다. 특히 복음서의 경우에 누가 편집자인지, 그 자료의 정확한 성질을 우리가 확신할 수 없을 때 주의해야 한다.(Moule, 1971:50)

그렇다면 성경비평의 분명한 모순과 의문을 접했을 때 우리는 어떻게 해야 하는가? 존 스토트(1972a:155)는 두 가지 해결책을 제시한다. (1) 먼저 성경 문제와 솔직하게 씨름하는 것이 중요하다. (2) 우리는 궁극적으로 오직 한 가지 이유, 즉 예수 그리스도께서 그것을 가르치시고 보여 주신 대로 문제보다는 하나님의 사랑에 대해 우리의 믿음을 유지하듯이 하나님의 말씀에 대한 우리의 믿음을 유지해야 한다. 그것은 다른 신념보다 한 사상에 매달리는 반계몽주의가 아니다. 그리스도를 따르는 것은 언제나 진지하고 겸손해야 한다.

## 합리적 해석

마지막으로 우리는 합리적 해석에 대한 존 스토트의 비평적 태도를 살펴보고자 한다. 철학의 합리주의는 자유주의 신학의 기초가 되었을 뿐만 아니라 해석학에 지대한 영향을 미쳤다. 그래서 합리주의는 20세기의 성경 해석에 깊은 영향을 끼쳤다.(Virkler, 1982:70; Brown, 1991:71-72) 홉즈와 스피노자는 이미 성경에 대하여 합리주의적인 시각을 가졌다. 사람의 견해와 행동을 결정하는 유일한 권위로 이성만을 인정하는 철학 사상인 합리주의는 인간의 지성이 어떤 진리이든지 발견할 수 있는 능력이 있다고 주장한다.(Ramm, 1989:33-34)

이 학파는 계시보다는 이성이 우리의 사고와 행위를 인도한다고 믿으며 계시의 어떤 부분이 수용 가능한지 판단하는 데 이성이 사용될 수 있다고 확신한다. 이러한 합리주의는 성경의 자연주의적 해석에서 가장 잘 나타난다. 이 학파는 인간사에 나타난 모든 초자연적 힘을 거부한다. 결과적으로 기적이나 역사 안으로의 신의 개입을 거부한다. 예를 들면 자유주의 주석가들은 120명의 성도가 갑자기 이해하기 어려운 무아경의 말을 했고, 바울과 고린도를 방문했었던 누가는 이것을 실제 지방언어(행 2:1-13)로 잘못 이해했다고 한다. 그래서 누가는 완전히 다른 두 가지 사실에 어리둥절했고 혼돈을 일으켰다. 방언에 대해 그가 일으킨 오해는 실제로 '모호한 황홀경 상태의 중얼거림' 또는 '알려지지 않은 언어로서 알지 못하는 소리의 범람'이다.(Varclay, 1955:15)

존 스토트는 이런 합리주의적 해석 방법을 비난한다. "신약의 영감받은 공헌자는 말할 것도 없고 믿을 수 있는 역사가로서 누가를 신뢰하는 사람이라면 오해를 한 사람은 누가가 아니라 합리주의적 해석자들이라는 결론을 내릴 것이다. 오순절의 기적(언어상)은 인지할 수 있는 언어로 말하는 초자연적 능력이다." 그래서 만약 우리가 고전에서 보고하는 모든 기적이 과학적인 우리의 감각을 위반했다고 본다면 우리는 성경의 모든 기적도 거부해야 한다. 성경의 기적은 기원상 순수하게 자연적이다. 성경에서 기적과 초자연적인 것은 민간 전승 또는 시적으로 다듬은 역작으로 다루어진다.(Adams, 1983: 75)

존 스토트는 어떤 합리주의적 해석(즉 자연주의적, 신화적, 조정이론 해석)도 결코 용납하지 않는다. 왜냐하면 이런 해석열쇠를 사용한 대부분의 최종결과는 본문에서 저자의 의미를 읽는 것이 아니라 본문에 독자의 의미를 집어넣도록 영향을 끼쳤기 때문이다. 달리 말하면 이 방법은 성경의 기원과 본질에 관한 그들의 전제를 뛰어넘어 버리는 해석의 열쇠를 제공했다.

## 2) 구속사적 접근

### 성경의 목적 이해

존 스토트는 본문에 접근할 때 성경의 기본 목적을 명심한다. "성경의 주목적은 상당히 실제적이다. 그것은 교과서가 아니라 안내서이며, 과학 서적이 아니라 구원의 책이다. 그렇다고 이것이 세계에 대한 성경의 해설과 과학의 해설이 갈등을 일으킨다고 말하는 것은 아니다. 오히려 그것들은 상호 보완적이다."(1992:167) 더구나 성경에 있는 하나님의 목적은 관찰과 실험이라는 과학적 방법에 의해 발견될 수 있는 사실을 드러내는 것이 아니라 과학의 영역을 초월한 진리, 특히 그리스도를 통한 하나님의 구원방법을 계시하는 것이다.

로이드 존스(1983:272)는 말한다. "성경은 백과사전적인 잡다한 지식을 주는 책이 아니다. 그것은 삶의 교과서이고 영혼의 안내서이다. 성경은 하나님과 인간의 화해라는 한 가지 주제를 다루는 교본이다." 성경의 의도는 사람들을 구원의 길로, 경건한 삶으로(딤후 3:15-16) 안내하는 것이다. 존 스토트(1982b:21)는 "우리는 하나님께서 어떻게 말씀하셨는지를 생각해 왔다. 왜 그분은 말씀하셨는가? 그 대답은 우리를 가르치기 위해서가 아니라 구원하기 위해서, 우리에게 단순히 교훈을 주기 위해서가 아니라 특별히 '구원을 위한' 것임을 교훈하기 위해서이다. 성경은 아주 실용적인 목표를 가지고 있다."라고 했다.

우리는 언제나 구원의 목적을 위해 성경에 접근해야 한다. 왜냐하면 성경에서만 죄인을 위한 구원을 발견할 수 있기 때문이다(행 4:12). "하나님께서는 그의 영광, 권능 그리고 신실하심을 창조된 우주만물을 통해 드러내신다. 그러나 구원의 방법은 그렇지가 않다. 만약 우리가 죄인을 구원하시려는 그분의 은혜로운 계획을 알기 원하면 우리는 성경으로 돌아가야만 한다. 왜냐하면 성경 안에는 그분이 우리에게 말씀하시는 그리스도가 계시기 때문이다."(1982b:22)

### 몇몇의 실제적인 장점들

만약 우리 마음속에 성경의 구속적 목적을 명심한다면 성경을 해석하는 데 몇 가지 실제적인 이점을 취할 수 있게 된다.

해석자는 진짜 중요한 메시지를 이해한다. 해석자는 성경의 단순한 부분에 몰두하고 거기에 많은 시간을 허비한 나머지 더 중요한 메시지를 놓치는 일이 없어야 한다. 존 스토트는 성경의 단순 부분에는 관심이 없고 구원이라는 큰 흐름에 관심이 있다. 그는 성경의 세부적인 사항을 주의 깊게 논의하고 연구할 수는 있지만 여기에 너무 깊이 빠져 메시지를 잃어버리는 것은 위험한 일이라고 생각한다.

예를 들면 세례를 성인 신도들에게만 베풀어야 하는지 아니면 그리스도인 부모를 가진 어린아이에게도 베풀지, 또는 세례 받는 사람을 물속에 완전히 잠글지 아니면 머리에 물을 뿌릴지, '천년왕국'(그리스도께서 다스리시는 천년)을 미래에 있을 지상의 실제 사건으로 봐야 하는지 아니면 현재의 영적 실제로 상징적인 것으로 봐야 할지와 같은 것들이다.(Stott, 1972a:166)

똑같이 믿음을 가진 그리스도인이 그런 문제에 동의하지 않는다면 우리는 어떻게 해야 하는가? 존 스토트(1972a:166)는 이 질문에 대해 "우리는 서로를 그리스도인의 사랑과 관용으로 존중해야 한다. 더욱이 우리는 모든 신앙의 중심

교리(구원)에 동의하고 있다는 사실을 기뻐해야 한다. 왜냐하면 그 속에서 성경은 분명하고 명확하게 표현되며 실제로는 성경 스스로 해석하기 때문이다."라고 말하고 있다.

해석자는 계시의 목표를 이해한다. 우리가 하나님의 계시를 연구함에 따라 하나님은 우리에게 계시하기를 원하신다. 하나님께서는 성경을 통해 스스로를 주님이라고 말씀하심으로 우리에게 계시하신다. 하나님께서는 우리를 이해시키기 위해서 말씀하셨고, 성경을 그 독자들에게 분명하게 알도록 만드셨다는 사실에는 논쟁의 여지가 없다. 존 스토트(1972a:165)는 이렇게 말했다. "계시의 전체적인 목적은 혼란이 아니라 명확성, 일련의 어둡고 알기 어려운 수수께끼가 아니라 준비되어 이해할 수 있는 메시지다. 만약 해석자가 그 목적을 이해한다면 그는 하나님께서 말씀하시고 그 말씀을 보존케 하신 하나님의 전체적인 목적이 보통 사람과 말씀을 나누시고자 하셨고 그들을 구원하기 원하시는 사실을 이해할 수 있다."

마지막으로 다룬 사실은 확실한 자기 증거이지만 너무 많은 사람들이 여기서 실패한다. 그래서 개신교 학자들은 성경의 구속적 또는 실제적 목적을 강조하지만, 이런 강조는 아직 모든 설교자들에 의해 그들의 실제 해석 과정에는 적용되지 못하고 있는 실정이다.

## 3) 문맥적 접근

단락은 더 넓은 범위 내에 위치해야 할 뿐 아니라 바로 그 문맥과 관련이 있어야만 한다. 단락 안에 있는 세부 사항을 조사하는 것보다 주변에 있는 문맥을 연구함으로 의미에 더 많은 단서를 찾을 수 있다.(Robinson, 1980:58) 존 스토트(1972a:176)는 본문에 접근할 때 문맥의 중요성을 인정하고 두 가지 방법을 제시한다. "모든 본문의 성경 문맥은 서로 직접적인 연관이 있기도 하고(그것이 속해 있는 단락, 장 그리고 책) 또한 간접적으로 연관되어 있으며(전체 성경 계시) 결국에는 포괄적으로 된다."

## 직접적인 문맥

존 스토트(1979b:61; 157)는 단락이 속해 있는 직접적인 문맥에 비추어 본문의 의미를 이해한다. 그는 주의를 기울여 본문의 바로 앞뒤에 있는 것을 살펴본다. 만약 본문을 해석하는 데 선택해야만 하는 상황에 처하면 그는 가장 가까운 문맥에 의해 결정을 내린다. 만약 성경의 여러 곳에서 특별히 의미의 미묘한 차이를 보이는 단어가 있다면 존 스토트(1972a:177)는 보통 바로 이어지는 문맥이 의미의 정확한 면을 발견하도록 유도한다고 생각한다.

어휘는 혼자서 번역될 수 없고 문맥에 의해서만 번역될 수 있다. 무엇보다 존 스토트는 "문맥이 더 명확하다."라고 말하면서 동시에 "문맥에 의해 본문을 왜곡하는 일은 변명의 여지가 없는 크나큰 실수"라고 지적한다.

존 스토트는 데살로니가전서 강해에서 성경의 어느 단락은 해석하기가 어렵다는 것을 알았다. 그(1991a:83-84)는 데살로니가전서 4장 4절에서 '그릇'(σκεῦος, 스큐오스), '획득하다' 그리고 '얻다'(κτά ομαι, 크타오마이)의 세 가지 해석 가능성을 제안했다. 첫 번째로 언급된 '그릇'은 대다수 현대 주석가들에 의해 실행되었고, 두 번째 것은 문맥과 연관이 있다. 바울의 가르침은 자연적인 암시인 결혼에 보편적으로 '음행'이나 '간음'을 의미하는 포르네이아(πορνεία)를 피하는 긍정적인 대비를 사용한다. 다시 말하면 열정적인 욕망이 아닌 거룩함과 존경함을 그의 문단 속에 대조하는 것은 결혼의 상호적인 관점을 드러냄으로써 이해될 수 있다. 그것들은 자아 통제의 한 방편으로 보인다. 게다가 '거룩함과 존경함'을 강조함으로써 바울은 고의로 불명예스러운 것을 연상시키는 'σκεῦ ος'(스큐오스: 그릇)를 없애려고 한 것처럼 보인다. 그래서 일부 주석가들은 데살로니가전서 4장 4절에 있는 'εἰδέ ναι'(에이데나이)는 '배워야 한다'로 번역하면 안 되고 5장 12절처럼 '그의 아내를 존중해야 한다'로 번역해야 한다고 주장한다. 마지막 것은 성경의 유추와 연관이 있다.

결론적으로 존 스토트(1991a:82)는 데살로니가전서 4:4을 번역하면서 새 국제번역(NIV)의 '너희 각자는 자신의 육체 통제하기를 배워야 한다'보다 국제표준번역(RSV)의 '너희 각각은 아내를 어떻게 취해야 할지를 알고'를 선호한다. 존 스토트는 애매한 구절이나 어휘를 만나면 직접적인 문맥에서 진정한 의미를 찾아 번역하려고 항상 애를 쓴다.

## 근접한 문맥

본문에 근접해 있는 것이 종종 본문의 의미를 위한 단서를 제공한다. 우리는 성경을 읽고 연구할 때 가끔씩 한 문맥에서 같은 구절과 단어들이 보이는 것을 발견한다. 한 문맥에 있는 같은 구절과 단어들이 모두 동일하지는 않지만 대부분 같은 의미를 가진다. 존 스토트(1966:39)는 "성경 해석의 기본원리는 동일 문맥에서 보이는 같은 구절은 동일한 의미를 가진다는 것이다."라고 지적한다.

그(1966:39-40)는 다음과 같은 좋은 예를 든다. 로마서 6장 1-11절에 '죄인에 대하여 죽은'이라는 구절이 세 번 나타나는데, 그것을 관찰해 보는 것은 아주 중요하다. 두 번은 그리스도인을 언급하는 것이고(2, 11절), 한 번은 그리스도를 나타낸다(10절). 우리는 이 구절들을 해석할 때, 그리스도와 그리스도인 모두에게 진리인 죄에 대한 죽음을 설명하고 있는 사실을 발견해야만 한다. '그는 죄에 대해 죽으셨다.' 그리고 '우리는 죄에 대해 죽었다'고 말한다. 그래서 죄에 대한 죽음이 무엇이든지 그것은 주 예수와 우리에게 진리이어야만 한다. 죄에 대한 죽음이 무엇이든지 간에 그것은 모든 그리스도인에게 공통적으로 적용된다.

짧은 단락은 같은 논제로 되어진 더 긴 본문에 비추어 해석해야 한다. 성경 기자는 때때로 주로 성경의 특정 부분에서 논쟁점들을 기술하지만 성경의 다른 책 부분에서는 상세하게 그것들을 기록했다. 만약 우리가 짧은 단락과 구절을 충분히 이해하지 못했다면 우리는 좀 더 긴 구절의 조명 하에 그것들을 해석해야만 한다. "우리는 두 개의 단락을 취하여 짧은 것을 좀 더 긴 것에 비추어 해석하는 것이 현명할 것이다." 예를 들면 존 스토트(1978:93)는 마태복음 5장 31, 32절의 이혼을 마태복음 19장 3-9절의 이혼에 대해서 아주 상세하게 기술한 것에 비추어 설명한다. 그는 마태복음 5장 31, 32절의 말씀을 예수님의 가르침 중에 축약된 요약의 형태를 나타내는 것으로 생각하고 있는 것 같다. 마태는 이것을 19장에서 충분히 기록했다. 그래서 존 스토트는 좀 더 길고 내용이 많은 단락이 우리가 더 짧은 단락을 해석하는 데 도움이 될 수 있다고 확신한다.

### 전체 정경 문맥

본문은 문맥 안에서 전체와 연관하여 특별한 것은 일반적인 것의 조명 하에 설명되어야 한다.(Stott, 1966:39) 좋은 해석학의 절차는 세부적인 것을 전체 문맥에 비춰 봐야 한다고 지시한다. 존 스토트의 정신에 있는 최종적이고 가장 규모가 큰 언어 문맥권은 정경 전권과 완전히 겹쳐진다. 그래서 그는 그의 사상을 강화하기 위하여 성경의 다른 부분들을 자유롭게 사용한다. 그는 성경은 다른 성경과 조화를 이루어 해석되어야 하고 성경은 성경과 비교해야 한다고 주장한다. "우리는 논쟁점에 대한 가르침을 찾을 때 첫째, 그 이야기 자체 내의 문맥에서, 그 다음에 그 저자의 다른 기록에서, 마지막으로 더 넓은 전체 성경 문맥에서 찾아야 한다. 예를 들어 사도 바울의 아나니아에 대한 분명한 진술,

즉 그의 재산을 팔기 전이나 팔고 나서도 그의 소유이고 그가 마음대로 처리할 수 있다는 진술(행 5:4)은 모든 그리스도인이 재산을 일반적으로 필요한 만큼 쥐고 있어야 한다고 여기지 못하도록 할 것이다."(1990:12) 그래서 존 스토트는 모든 문맥은 전체 성경과 조화를 이루어야 한다고 강조한다. 그러나 또한 그는 전체 성경 문맥 접근의 위험성도 지적한다.

사도행전 2장에 있는 방언에 대한 존 스토트의 설교에서 그(1990: 68)는 비록 방언(γλῶσσα, 글롯사)이 신약성경의 다른 부분에서 해설해 주는 것 없이 언급되었다 할지라도 사도행전 2장은 방언이 묘사되고 설명된 유일한 단락이라고 강조한다. 존 스토트(1990:67)는 「사도행전 2장의 방언은 고린도전서 12-14장의 방언과 동일함」이라는 논문에서 발표한 호튼의 진술 중 고린도전서의 방언은 이해할 수 없는 말이며, 사도행전에 나오는 현상을 여기에 동화시키는 자유주의적 접근을 거부한다. 그 대신 존 스토트는 반대 제의, 즉 사도행전에 나오는 현상은 이해할 수 있는 언어이며, 고린도전서의 경험은 사도행전의 경험에 동화되어야 한다는 제안이 더 낫다고 주장한다.

결과적으로 존 스토트(1979b:216)는 다음과 같이 말했다. "우리는 바울이 가정에 관한 교훈에서 아내와 자녀와 종에게 순종에 대하여 쓴 것을 순종하는 것에 대한 예수의 근본적인 태도와 모순된 것으로 해석해서는 안 된다. 또한 우리는 다른 성경 기자들이 성경 석의상 궁여지책으로 그런 것처럼 바울을 그 자신과 모순되게 만들어서도 안 된다. 에베소서에서 바울은 그리스도를 통해 하나님께서 만드시는 새 인간을 묘사하고 있다." 요약하면 동일한 단어가 성경 안에 사용되었다 하더라도 우리는 먼저 직접적인 문맥 그리고 근접한 문맥에서, 두 번째로는 성경 전체의 문맥에서 그 의미를 구분해야 한다.

## 역사적 문맥

만약 우리가 저자의 의도를 정확하게 이해하려면 그 당시의 역사적 상황을 조사해야만 한다. 벤터(1995:13)는 "해석자는 구체적인 설교 본문과 기자 그리고 처음 독자들에게 비추어졌을 당시 문화적, 역사적 배경을 결정해야 한다."라고 확고하게 믿는다.

존 스토트(1994a:189) 는 성경을 원 역사 문맥에서 이해한다. 앞서 그의 비평에서 보았듯이 그는 불트만이 했던 실존적 해석을 거부한다. "우리는, 바울이 영감을 받은 사도라는 것을 부인하고 이른바 '신화적인' 옷을 입은 그의 진술들을 제거하려는 정교한 '현대주의자들'의 유혹을 물리쳐야 한다. 비록 그가 상상력을 많이 발휘했을 수도 있지만 그는 신화가 아니라 역사에 속한 실제 사건을 언급했던 것뿐이다."(1991a:105)

## 일반적인 것

존 스토트는 특정 단어, 어구, 문장, 그리고 단락을 해석할 때, 원 독자의 사고 세계 내에서 해석한다. 예를 들면 "규모 없는 자들을 권계하며"(살전 5:14)에서 "규모 없다는 동사의 헬라어 아탁토스(ἄτακτος)는 군대에서 탈영하거나 또는 행군시 대열을 이탈하거나 명령에 불복하는 등 훈련되지 않은 군인들에게 사용되던 말로 어떤 불규칙적이고 훈련받지 못한 행동을 묘사하는 것이었다.(Stott, 1991a: 87) 각 경우에 있어서 그 문맥은(살전 5:14; 살후 3:6-7, 11) 아탁토스(ἄτακτος)의 분명한 의미가 그들이 이미 포기해버린 그 일로 복귀할 것을 권면하고 있는 것"이라고 결론지었다.(1991a:88)

존 스토트(1972a:172)는 루터가 바울과 야고보의 믿음과 행위에 대한 입장이 반대되는 것으로 이해하여 야고보서를 '지푸라기'라고 단정하고 거부한 것은 잘못이라고 지적한다. 그것은 루터가 바울 서신과 야고보서의 역사적 배경을 오해한 실수였다. 비록 그 두 사람이 그들 자신의 관점에 따라 믿음과 행위를 강조하기 위하여 그 예로써 아브라함을 인용했을지라도 그들의 입장은 서로 화합할 수 없는 것은 아니었다. 왜냐하면 바울은 행위에 의해 구원에 이른다는 율법주의자들을 비난했고, 야고보 역시 정통관행에 의해 구원에 이른다고 하는 독실한 신자였기 때문이다. 두 사람 다 구원은 믿음으로 말미암고 구원에 이르게 하는 믿음은 그 자체가 명백히 선한 행위라고 믿었다. 그러나 그들의 특별한 상황 때문에 자연스럽게 강조점이 달라진 것이다. 그래서 바울은 행위에서 유래한 믿음을 강조했고, 야고보는 믿음에서 유래한 행위를 강조했다.

청중(hearers)의 사고 영역으로부터 뿐만 아니라 그들의 삶의 정황으로부터 존 스토트(1991a:81)는 데살로니가전서 4장 3-8절을 설명한다. "섹스는 모든 인간의 충동 중에서 가장 중요한 것이고 또 그리스 로마 세계의 성적 방종-심지어 난교(promiscuity)-때문에 사도가 섹스를 주제로 삼은 것은 그리 놀랄 일이 아니다. 그 외에도 그는 고린도에서 데살로니가로 편지를 썼는데 이 두 도시는 부도덕함으로 악명이 높았던 곳이다. 고린도에 있었던 로마인들이 비너스와 동일시했던 섹스와 미의 그리스 여신 아프로디테는 그녀의 종인 창녀로 하여금 밤거리를 활보하도록 했다. 그 반면에 데살로니가는 특히 '가비리'라 불린 우상 숭배와 연관이 있었다. '가비리'를 위한 제의는 종교라는 이름 아래 총체적인 부도덕함이 장려되었다. 남편이 아내에게 자신의 유일한 섹스 파트너임을 주장할 수도 없었고 주장하려고도 하지 않았던 그 시대에 어느 도시가 더 타락했었는지는 알 수가 없다."

존 스토트는 계속해서 부도덕의 위험성을 이렇게 진술했다. "오늘날 수많은 문화권과 국가에서 심지어 일부일처제를 공식적으로 수용하고 있는 곳에서조차 이런 기준으로부터 탈선하는 것을 점점 더 관대하게 봐주고 있다. 그 반대로 그리스도인들은 '엄격하다'거나 '얌전을 뺀다'와 같은 말을 듣게 되었고 섹스에 대해서 일반적으로 부정적인 태도를 가지고 있다는 말을 듣는다. 이런 비판은 때로는 옳다. 그러나 자기방어상 우리는 또한 현실주의자가 될 것을 주장한다. 비록 우리는 섹스가 창조주의 선한 선물이라는 것을 인지하고 있지만 또한 그것이 타락으로 인해 왜곡되고 뒤틀릴 수 있다는 사실도 알고 있다. 그러므로 우리의 성적 에너지는 올바르게 사용되고 주의 깊게 통제될 필요가 있다." 그래서 해석자의 작품 안에서 많은 예술성은 역사적 문맥의 한계 또는 바로 가까이에 있는 본문의 의미와 연관이 있는 것에서 문맥의 한계를 선택한다.

## 특수한 것

당시의 역사적 상황을 고려함으로써 본문의 틀을 잡게 되는데, 이때는 저자와 독자의 주변 환경에 대한 지식도 요구되기 마련이다. 「사도행전 강해」에서 존 스토트는 설교를 사도행전 전체의 배경을 소개하는 것으로 시작한다.(Stott, 1990:21-37) 게다가 거의 모든 설교에서도 그는 본문을 특별한 역사적 문맥, 즉 기자와 독자로서 저자의 역사적 상황 속에서 설명한다.

무엇보다 존 스토트(1990:21, 22)는 누가의 글을 읽던 원 독자들의 배경에 대해 다음과 같이 개괄적으로 묘사한다. "어떤 책을 읽기 전에 그 책을 쓴 저자의 목적을 알아보는 것은 유용하다. 성경도 이런 법칙에 예외일 수는 없다. 누가는 두 권의 책을 썼는데 그 첫 번째 작품은 복음서이다. 논쟁의 여지가 없는 고대의 전통들은 이 책에 대한 누가 저작의 진정성을 밝히는 데 공헌했으며 사도행전 서두에서 언급하고 있는 첫 번째 책임에 틀림없다. 사도행전은 그의 두 번째 책이다. 이 두 책은 같은 양식을 가지고 있다. 두 책 모두 데오빌로에게 헌사되었고 같은 헬라 문학 스타일로 기록되었다. 누가는 누가복음 서문에서 정확한 역사를 기록할 것이라고 시작하는데, 두 권의 책 모두에서 의도했던 것으로 일반적으로 받아들여진다. 왜냐하면 한 작품이 두 권 이상의 책으로 나뉘어질 때면 첫 번째 책의 서문이 곧 전체의 서문이 되는 것이 고대 시대의 관습이었기 때문이다. 결과적으로 누가복음 1:1-4은 '누가복음뿐만 아니라 사도행전의 실제적인 서문이기도 하다.'" 존 스토트(1990 :25)는 셔윈-화이트의 책에서 인용하고 있듯이 사도행전의 저자 누가는 역사적인 목적을 가지고 기록했다고 확신한다.

셔윈-화이트(1978:120-121)는 사도행전에 관하여 이렇게 썼다. "역사적인 뼈대구성은 정확하다. 시간과 장소에 의한 세부 사항들은 정확하고 옳았다. 사도행전의 저자와 함께 독자들은 거리, 시장, 극장, 그리고 1세기의 에베소, 데살로니가, 고린도, 빌립보 의회 앞을 걸어간다. 그 도시의 유력인사들, 시장, 군중, 군중의 지도자 이 모든 사람들은 거기에 있다. 이것은 갈리오, 펠릭스, 페스투스 법정 앞에서의 바울의 법정 경험에 대한 이야기와 유사하다. 이런 기록들이 역사가의 책 속에 들어 있듯이 1세기 그리고 2세기 초의 비문과 문학자료 속에도 지방정부 재판과 제국의 재판 기록이 남아 있다. 행전을 위한 역사적 확증은 매우 확실하다. 사도행전의 역사성을 거부하려는 어떠한 시도도 심지어 세부적인 내용에 대한 시도도 그것은 어리석은 일처럼 보일 것이다. 로마의 역사가들은 오랜 세월 동안 그것을 당연한 것으로 여겼다."(Sherwin-White, 1978:189)

존 스토트(1990:27)는 또한 누가가 정치적인 변증을 목표로 데오빌로에게 사도행전을 썼다고 강조한다. "그는 기독교가 무해하고(왜냐하면 일부 로마관원들이 스스로 그렇게 믿었기 때문이다), 죄가 없으며(로마 재판관들이 박해의 근거를 찾지 못했으므로), 합법적(진정으로 유대교를 충만케 하므로)이라는 증거를 보여 주었다."

그리고 누가는 복음전도를 널리 알리기 위해 사도행전을 기록했다. 그래서 마샬(Marsall, 1980b:17, 18)은 구원이 복음서(복음서 내에서 복음이 성취된 것을 볼 수 있다)와 사도행전(그 안에서 복음이 선포되어진 것을 볼 수 있다)에서 누가 신학의 핵심 주제라고 말했다.

성경 저자는 현대의 독자들에게 끊임없이 말하고 있다. 구원의 신학자 누가는 근본적으로 복음주의자다. 만민을 위해 그리스도 안에서 베푸신 하나님의 구원의 복음을 선포했기 때문이다. 그래서 사도행전에는 특히 베드로와 바울의 설교와 연설이 많이 포함되어 있다. 누가는 그들이 최초의 청중들에게 설교하는 것을 보여 줄 뿐만 아니라 수세기가 지난 지금 그들에게 귀를 기울이는 우리에게도 설교하도록 만든다.

이를 통해 베드로가 오순절에 말했던 구원의 약속이 우리에게 그리고 모든 세대에게 진정 '주 우리 하나님이 얼마든지 부르시는 자들에게' 유효함을 알리는 것이다(행 2:39). 존 스토트는 산상보훈 설교에서 제일 먼저 '그 설교가 현대와 관련이 있는가?'를 묻고 그에 대한 대답으로 "그 설교가 현대 생활과 관련이 있는지 없는지는 그 내용을 자세히 조사해 봄으로써 판단 가능하다. 산상보훈이 조합되었지만 놀랄 만큼 전체적으로 일관성이 있다는 것은 정말 멋진 일이다. 아마도 산상보훈에 대한 간단한 분석이 21세기의 우리와 관련성이 있다는 것을 잘 보여 줄 수 있을 것이다."(Stott, 1978:24)라고 말한다.

이와 똑같은 것이 신·구약에 대한 그의 묵상에도 진실하게 나타난다. 존 스토트는 종종 성경의 가르침에 대한 오역이 그 메시지가 누구에게 행해졌는지 알아채지 못하기 때문에 발생했다는 사실에 주의를 기울인다. "성경의 목적(또는 성경을 통해 말했고, 지금도 말하고 있는 하나님의 목적)은 우리를 구원으로 인도하는 것이며 구원은 그리스도 안에 있기 때문에 우리에게 그리스도를 향하도록 하는 그들의 목표는 우리가 단순히 예수를 알고 이해하거나 그를 노래하는 것만이 아닌 오직 그분만을 신뢰하도록 하는 데 있다. 성경은 우리의 호기심을 만족시키려는 것이 아니라 우리에게 믿음의 응답을 이끌어내도록 하기 위해서

그리스도를 증거한다."(Stott, 1972a:22)

존 스토트에 의하면 우리는 서신서들의 일반적인 목적에 주의를 기울여 볼 만하다. 사도들은 자신이 믿고 수용한 믿음에 사람들이 실제적으로 참여하고 사실적인 기쁨을 맛보도록 하기 위해 서신서들을 기록했다. 그(1964:44)는 요한 서신에 대한 설교에서 다음과 같이 말했다. "요한은 틀림없이 독자들을 위해 부드러운 목회적 관심을 보였다. 그의 첫 번째 관심은 그 서신의 배경을 이루고 있는 거짓교사의 활동을 좌절시키는 데 있는 것이 아니라 그의 사랑하는 자녀, 즉 독자들을 보호하여 그리스도인의 믿음과 삶 안에 세우는 데 있다. 그래서 그는 서신의 목적을 이렇게 정의한다. '우리의 기쁨을 완전하게 만들어 여러분이 죄를 짓지 않고 영생을 얻었다는 것을 알게 하는 것'(요일 1:4; 2:1; 5:13). 성스러운 기쁨, 확신, 종종 이것은 목회자가 양떼에게서 보고 싶어하는 그리스도인의 자질이기도 하다."

결론적으로 우리의 현재 정황을 고려하여 본문을 이해하려 해서는 안 된다. 그럼에도 가끔은 우리가 성경의 내용을 진정으로 인정하면서 우리의 문제와 의문을 가지고 성경에 접근할 필요도 있다.(Silva, 1994:245) 그럼에도 성경의 가치를 평가하기 위해서라면 독자는 역사적 해석에 전념해야 함을 알게 되고, 이런 종류의 역사적 해석은 본문의 바른 의미를 얻고 본문의 건전한 설명을 위해서 언제나 필요하다.

## 4) 문법적 접근

문법-역사적 해석의 큰 목표는 특정 시대에 각각의 기자가 사용한 어휘의 구체적 용례를 확증하는 것이다.(Terry, 1964:181) 존 스토트는 성경을 해석하는 데 있어서 시제를 중요하게 여긴다. 그(1992:212)는 문법-역사적 해석 방법을 충분히 활용하며 이렇게 말한다. "우리는 해석 훈련을 해야 한다. 우리의 사고를 성경 기자의 상황으로 되돌리고 또 그들의 역사, 지리, 문화, 언어로 돌아가 생각할 줄 알아야 한다. 이 과제는 오랜 세월 '문법-역사적 해석'이라는 이름으로 불려졌다. 우리는 전 단락에서 그의 역사적 접근을 다루었다. 그래서 여기서는 그의 문법적 접근에 우리의 주의를 집중할 것이다." 그의 문법적 접근의 목표는 문법 규칙상 무리하지 않은 의미를 결정하는 것이다. 그래서 존 스토트에 따르면 문법적 의미는 단어, 구, 절, 문장의 단순성, 자연스러움, 명백함, 평범, 정상적, 문자적인 의미를 이해하는 것을 뜻한다. 그는 모든 신학도들이 추구해야 하는 의미는 원 저자가 의도했던 의미, 즉 난해함과 우의화가 없는 각 본문의 분명하고 자연스럽고 일반적인 의미임을 강조한다.(Stott, 1972a:167; 1992:213)

### 원본과 성경 해석

존 스토트의 문법적 접근은 무엇보다도 본문에 대한 고찰을 포함한다. 본문의 증거목록은 보통 우호적으로 받아들일 수 있다. 비록 최고의 사본에 없을지라도 특정 단어, 구, 절, 심지어 문장들이 다른 사본에서 발견되면 그는 그러한 단어, 구, 문장 등에 의해 표현되는 가르침을 최고의 것으로 수용한다. 왜냐하면 그것이 신약의 다른 부분에서 틀림없이 발견되기 때문이다.(Stott, 1979b:199)

그러나 후자의 경우는 본문에 신학을 반영하는 읽기로써 평가되어야 한다. 어떤 경우 본문 비평에 의해 어느 구절을 포함시키고 포함시키지 말아야 할지를 정확하게 결정하기란 불가능하다는 것을 인정한다.

해석의 실제 과정에서 그는 끊임없이 원어를 확인함으로 어떤 단어가 생략되었는지, 그리고 헬라어 본문에는 어떤 단어가 정확하게 사용되었는지를 확인한다. 예를 들면 에베소서 3장 1-6절 강해에서 그는 영어단어 'mystery'(신비)와 헬라어 '뮈스테리온'(μυστήριον)은 상당한 차이가 있음을 지적한다. 영어

'mystery'는 무엇인가 어둡고, 애매하고, 비밀스럽고, 어리둥절한 것을 의미한다. 그러므로 영어에서의 '신비스러운' 것이란 설명할 수 없는 심지어는 이해할 수 없는 것을 뜻한다. 그러나 헬라어 '뮈스테리온'은 다르다. 비록 '비밀스러운' 면은 여전하다 하더라도 완전히 닫혀 있는 것이 아닌 열려 있음을 암시한다. 원래 헬라어로 이 단어는 어떤 사람이 전한 진리를 언급하는 말이었다. 좀 더 간단히 말하면, '뮈스테리온'은 지금까지 인간의 지식과 이해에는 숨겨진 진리였으나 이제 하나님의 계시에 의해 드러나는 것을 말한다.

원본을 고찰하면서 그는 항상 다양한 번역본을 참고한다. 그는 주로 신 국제번역본(NIV, New International Version)을 이용하면서 원본의 더 나은 번역을 위해서 몇 가지 다른 번역본을 함께 사용한다(70인역, 흠정역, 개정역, 표준개정역, 개정영역, 새 영어성경, 예루살렘역, 몇몇 개인 번역본: Scofield Bible, Moffat, J.N. Darby and J.B. Phillps). 때때로 그는 그것들에서 발견되는 생략과 부정확한 해석을 지적하기도 한다. 무엇보다 그는 다른 사본과 번역본을 비교하여 저자가 본문에서 의도했던 원래의 의미를 찾으려고 노력한다.

## 헬라어 텍스트의 문법적 기능

존 스토트는 일반적으로 헬라어 텍스트 안에서 문법적 설명을 하는 것과 텍스트의 원 의미를 이해하기 위해서 헬라어의 미묘한 차이를 조사하기를 좋아한다. 그는 끊임없이 단어의 성, 수, 격과 용례, 문장 전체에 대해 주의를 기울이고 동사의 소리(1979b:203)뿐만 아니라 시제에 대해서도 매우 신중하게 고찰한다. 그러나 그는 이러한 현상에 대해서만 지나친 관심을 기울이는 것에 대한 위험을 분명히 말한다.

우리는 위의 문법적 현상들에 대한 몇 가지 좋은 예들을 그의 실제적 설교문들 안에서 쉽게 찾을 수 있다. 에베소서 강해에서 존 스토트는 이러한 단어들과 함께 쓰이는 경우에 대해 지적한다. "···바울은 그들이 하나님의 모든 충만하심으로 채워지기를 기도한다(엡 3:19). 이때 속격이 어떻게 이해되어야 했는가는 불확실하다. 만약 그것이 객관적인 것이라면 하나님의 충만하심이란 그분이 허락하신 은혜의 풍성함을 말한다. 그것이 주관적인 것이라면 이는 하나님 그분 스스로를 채우시는 충만함, 다른 말로 완전하심을 뜻하는 것이다. 사고는 비고정적이므로 후자의 경우가 더 큰 가능성이 있어 보이는데 이는 헬라어 전치사는 '···와 함께' 채워지는 것이 아님을 지시하기 때문이다(하나님의 충만하심만큼 많이). 하나님의 충만하심 혹은 완전하심은 우리가 기도하면서 채워지기까지의 모범 혹은 단계가 된다. 이 강렬한 소망은 하나님이 거룩하신 것처럼 거룩해지라는 명령과 우리의 천부께서 온전하신 것처럼 온전하라는 명령의 함축된 원리 안에서 동일한 것이 된다(벧전 1:15-16; 마 5:48)."

존 스토트는 산상수훈 강해에서 시제에 대한 관심을 보이면서 다음처럼 언급한다. "여기서는 소개할 때 나타나는 공식들이 있는데 '옛 사람에게 말한 바 ··· 너희가 들었으나'(마 5:21, 33), 혹은 '너희가 들었으나'(마 5:27, 38, 43), 또는 더욱 간단히 '또 일렀으되'(마 5:31) 등이다. 이 공식에서 공통된 단어는 '일렀으되'인데 이것은 단수 헬라어 동사 '엘레데'(ἐρρέθη)이다. 그런데 이것은 예수께서 그 당시 성경을 인용하실 때 쓰신 단어가 아니다. 성경의 인용구를 소개하실 때 사용하셨던 동사와 시제는 '게갑타이'(γέγαπται)(완료형으로 '쓰여졌다')였지, '엘레데'(ἐρρέθη, 부정과거로 '말했다')가 아니었다. 그래서 예수님께서 선포하셨던 여섯 개의 대조는 성경이 아니라 전통이었고, 그들이 읽었던 하나님의 말씀이 아니라 옛 사람에게 주어졌고 필사본이 공회에서 반복된 이후로 계속 들려졌던 구전이었다."

마지막으로 존 스토트는 때때로 헬라어 단어를 통합적으로 설명하기도 한다. 예를 들면 에베소서 5장 18절에 대한 강해 설교에서 그는 '성령의 충만을 받으라'는 구절을 이와 같은 단어들의 문법적 기능으로써 해석한다. "동사 '플레루스데'($\pi\lambda\eta\rho o\hat{v}\sigma\theta\epsilon$)의 정확한 형태는 함축적이다. 첫째 이것은 명령법에 속하며, 둘째 이것은 복수형태를 띠며, 셋째 이것은 수동태이고, 넷째 이것은 현재 시제에 속하는 것이다." 그러므로 우리는 존 스토트가 했던 것처럼 문법의 근본원리를 통해 정확한 의미 찾기를 시도해야 한다.

또한 원어에 대한 지식이 매우 중요하고 필요한 것이라 여긴다. "이는 성경의 독자가 언어학적으로도 배워야 한다는 원칙을 벗어날 수 없음을 알려 주는 결과이다. 가장 좋은 것은 원어를 이해하는 것이다. 히브리어나 헬라어의 분석적인 조화('젊은이' 또는 '힘센'처럼)는 매우 가치있는 도구라 할 수 있는데 이는 영어(흠정역) 텍스트에 따라서 성경의 단어들을 분류한 다음 그것들을 원래의 히브리어와 헬라어 단어들로 분할하고 그 의미를 부여하기 때문이다."

로빈슨(Robinson) 역시 원어를 이해한다는 것에 대한 중요성을 다음과 같이 주장한다. "원어에 대한 약간의 지식은 헤아릴 수 없을 만큼 귀중한 것이다. 성경의 메시지는 영어로도 이해될 수는 있지만 히브리어나 헬라어를 이해하는 것은 컬러 TV로 시청하는 것과 유사하다. 흑백과 컬러 TV 모두 똑같은 그림을 보여 주지만 컬러는 흑백에서는 볼 수 없는 생생함과 귀중함을 더해 준다."

### 구문론적 양상

해석에 있어서 구문론적 양상을 강조하는 사람들은 해석 과정에서 구문론이 해석자가 저자의 의도를 재구축하는 데 사용하기 위한 가장 중요한 방법 중 하나라고 주장한다. 단어들을 한데 모아서 구와 절과 문장을 만드는 방법은 우리가 저자의 의미 패턴을 발견하는 데 도움이 된다.

존 스토트(1994a:320; 1979b:180)는 항상 텍스트에 대한 구문론적 양상을 고찰하고 '관련성의 질문'에 대해서 특별한 관심을 두는데, 특히 문법 내의 접속사에 관심을 기울인다. 예를 들어 그(1979b:180)는 에베소서 4장 22-24절을 해석하면서 개혁표준번역본(RSV)의 번역이 심각한 오해의 여지를 둔다고 지적한다. "그것은 부정사를 마치 명령형인 것처럼 번역하고서는 바울이 쓴 지시들을 그의 독자들에게 주는 신선한 명령인 것처럼 나타낸다. '옛 사람을 벗어버리고 … 새 사람을 입으라'(엡 4:22-24) … 그러나 이것은 두 가지 중요한 이유 때문에 잘못되었다. 만약 에베소서 4장 22-24절의 구절이 명령되어진 것이라면 '그러므로 거짓을 벗어버리고…'란 25절의 명령은 무색해진다. 앞 문장에 덧붙여진 것이 분명한 이 '그런즉'이란 말이 다른 것에 기초를 둔 '옛 사람을 벗어버리고 … 새 사람을 입으라 … 그런즉 거짓을 버리라'고 명령한 것이라 보기는 힘들다."라고 말한다.

결과적으로 존 스토트(1979b:180)는 다음과 같은 말을 꺼낸다. "우리는 이러한 문장들에 대해 다시 구두점을 찍고, 콜론이나 '즉'이란 단어로 에베소서 4장 21절의 마침표를 대체해야 한다. 즉 '너희는 그리스도를 이같이 배우지 아니하였느니라'-진리가 예수 안에 있는 것같이 너희가 … 그 안에서 가르침을 받았을진대 … 옛 사람을 벗어 버리고 … 새 사람을 입으라 ."

그의 해석의 실제에서는 접속사가 종종 이해를 위한 중요한 열쇠로 작용한다고 말할 수 있는데 이것들은 단어나 문장들 또는 단락 내에 있는 생각을 결합시키기 때문이다. 접속사에 대한 그의 고찰, 통사적 양상에 대한 것은 해석에 있어 적합하고 유용하다. 이는 접속사가 종종 그것들이 결합시키는 것들의 관계를 알려 주기 때문이다.

존 스토트(1979b:177)는 논리적 관계만큼이나 접속사를 깊이 검토한다. 그는 "만약 우리가 바울의 표현에 대해 논리적 관계(모두로 번역하는 특히 '왜냐하면'이나 '…때문에')를 신중하게 관찰하면서 결합시킨다면 그가 계시된 하나님의 진리를 단호하게 거부하면서 동시에 악으로 향하는 무시무시한 길을 묘사한 것처럼 볼 수도 있다. 하나님이 그들로부터 돌아서신 이후로 처음에는 마음의 강팍함으로, 그 다음에는 무지하여 이해할 줄 모르는 존재로, 결국에는 감각없는 자가 되어 자신을 방탕에 내버려두고 모든 더러운 것을 욕심으로 행하여 하나님의 생명으로부터 분리된다.”라고 했다.

## 병행 구절들

연관된 단어들과 문장들의 원래의 상황이 해석자가 구절의 의미를 알아내는 데 도움이 되지 않을 때는 성경 어디에서나 발견되는 병행 구절들을 활용할 수 있다.(Kaiser, 1981:125) 존 스토트는 텍스트의 원래의 의미를 알기 위해서 대응하는 문장과 구절들을 비교하는 것에 대해서 관심을 나타낸다. 존 스토트(1988:7)는 항상 이 문장과 구절이 다른 문장과 구절에서는 어떻게 쓰였는가를 관찰한다. 에베소서에 대한 그의 강해 설교에서 그는 논리적 병행 구절들의 두 가지 모델을 설명하고 있다.

그것은 에베소서 4장 17-19절과 로마서 1장 18-32절의 비교와 에베소서 4장 20-21절의 비교이다. 바울은 그리스도인들의 도덕적 교육의 전 과정을 세우고 있다. 그는 부정과거시제에 모두 들어 있는(예수 안에 진리가 있다는 마지막 언급과 함께) ‘배우다’, ‘듣다’, 그리고 ‘가르침을 받다’ 는 세 가지 동사들에 초점을 둔 세 가지 대응 표현들을 사용한다.

첫째로 “너희는 그리스도를 그같이 배우지 아니하였느니라”(20절, 에마데테, ἐμά θετε), 둘째로 “너희가 참으로 그에게서 듣고”(21a절, 에쿠사테, ἠκού σατε), 셋째로 “그 안에서 가르침을 받았을진대”(21b절, 에디닥데테, ἐδιδάχθητε).

여기서 존 스토트(1979b:179)는 논리적 대응 표현에서부터 세 가지 지시를 요약한다. 즉, 첫 번째 것을 따르면 그리스도 자신이 그리스도인들을 가르치는 데 있어서의 실재이시며, 둘째로는 가르침의 실재이신 그리스도는(너희가 그리스도를 배웠으니) 선생이시며(너희가 그분에게서 들었으니…), 셋째로 그들은 그분 안에서 가르침을 받았다. 말하자면 선생이시자 가르침의 실재이심에 덧붙여 예수 그리스도는 또한 가르치는 내용에 주어진 배경이시자 심지어는 중심이셨다.

카이저(1981:125)는 다음과 같이 말한다. "동사의 병행 구절은 유사한 관계 안에서 혹은 동일한 주제에 대한 언급과 함께 동일한 단어를 사용하도록 만든다. 'mystery'라는 단어를 바울이 사용했던 한 구절에서만 본다면 당황스러울 수도 있다. 그러나 그가 다른 곳에서 19번이나 이 단어를 사용했음을 알게 된다면 이 단어는 훨씬 분명하게 설명될 수 있다. 물론 한 단어를 포함하는 모든 문헌이 서로 완벽하게 대응된다고 가정하는 것은 위험하다. 또한 그 단어가 동일한 상황에서 다시 사용되었기 때문에 관련이 있다고 가정하는 것도 위험하다." 그러나 만약 해석자가 신중하다면 단어가 모호하거나 문맥이 주제에 대해 매우 적은 암시만을 줄 때 병행 구절들은 작지만 유용한 도움이 된다는 것을 알 것이다.

## 5) 언어적 접근

### 문체상의 양상

한 단락에서 글의 문학적 형태는 저자가 의미한 것을 해석하는 데 영향을 끼친다. 시를 쓰는 작가는 산문을 쓸 때와 같은 방식으로 단어들을 사용하지 않는다. 이 사실은 우리가 구약성경의 1/3이 히브리 운문 형식으로 쓰여졌다는 점을 깨달을 때 큰 의미를 지닌다. 이것들의 실재가 종종 함축성을 내포하고 있지 않은 산문처럼 구절들을 해석하는 것은 그 의미를 잘못 해석하는 것이다.(Virkler, 1982:96)

텍스트 해석에 있어서 존 스토트는 항상 문체를 중시한다.(1972a: 172) 그는 이에 대해 다음과 같이 말한다. "각 성경의 문학 장르에 대해 주의를 기울이는 것은 중요한 일이다. 그것이 산문인가 운문인가, 역사적 설화인가 예지문학인가, 율법서인가 예언서인가, 시편인가 아니면 계시록인가, 드라마인가 아니면 증인들에게 전하신 예수님의 말씀과 사역을 모아놓은 것인가? 우리가 읽는 것을 어떻게 해석하는가는 우리가 이것을 문자적으로나 비유적으로 여길 필요없이 그 형태와 문체에 의해 크게 좌우된다."

로이드 존스(1975b:159; 1983:193) 또한 문체를 이렇게 강조하고 있다. "우리는 다른 작가들의 문체의 다양함에도 불구하고 그것이 영감되어 있음을 인정해야 한다. 그렇지 않으면 이것은 기계적인 지시에 불과하다. 우리는 작가들의 마음과 생각과 문체와 그 외 모든 것 위에 있는 성령의 절대적 통제력을 믿는다. 그가 그들을 통제하셨기 때문에 그들은 실수하지 않았다. 그러나 성령은 그들에게 기계적으로 명령하지 않으셨는데 그렇지 않고서는 문체상의 다양성은 존재하지 않았을 것이다."

존 스토트(1982b:50)는 "전적으로 성경의 저자들이 다수이지만 다른 문학적 장르를 사용했으며 그 각각은 그 안에 있는 규칙에 따라서-역사서는 역사서로, 시는 시로, 비유는 비유로 그 외 등등-해석되어야 한다."라고 했다. 그래서 종종 텍스트에서 언어 사용과 기능을 푸는 열쇠는 그 글의 문학적 형태에 있다. 문학적 형태는 또한 그 배경을 반영한다. 특정한 텍스트는 일정한 형태를 띠고 있으며 그 내용에서 몇몇 진부한 표현이나 어휘를 결정하기도 한다.(Kaiser, 1981:94)

## 단어

존 스토트(1992:215)는 성경에 사용된 단어의 중요성을 강조한다. 그는 "하나님의 의도가 무엇인가를 결정하는 것이 텍스트의 단어"라고 말한다. 그는 데이비드 웰(David Well)의 에세이를 인용하고 있다. "이것은 단어들이 의미를 가지기 때문이고 … 모든 언어는 단어를 사용하여 의미를 고정시키며 … 만약 단어나 그 의미가 해석학의 관례 안에서 하나로 엮이지 않는다면 우리는 신비감 외에는 그 의미를 계시할 만한 어떠한 통로도 가질 수 없다."(Stott, 1992:215) 그는 (1972a: 172) 계속해서 말한다. "모든 인간의 언어는 살아있고 변화하는 것이다. 단어의 의미는 시대와 문화에 따라 변화한다. 우리는 성경의 '사랑'이란 단어를 읽고 즉시 우리가 알고 있는 의미대로 가정할 수 없다. 신약에서 사용된 네 가지의 다른 헬라어 단어 모두가 영어로는 '사랑(love)'으로 번역되어 있다. 그러나 각각은 독특한 의미를 가지고 있으며 오직 한 가지만이 그리스도인들이 말하는 사랑을 표현하는데 그것은 20세기의 3류 도색(桃色) 잡지들이 말하는 사랑과는 현격한 차이가 있다."

존 스토트(1972a:173)는 단어에 대해서 뿐만 아니라 어디선가에서 발견될 수 있는 새로운 해석의 용례에 대해서도 관심을 나타낸다. "데살로니가인들에게 보내는 두 서신에서 바울은 여러 차례 어떤 사람들을 가리켜서 '아탁토스'(ἄτακτος)라는 말로 묘사하고 있다. 고전 헬라어에서 이 단어는 일반적으로 정렬을 흩어 놓는 군인들이나 무질서한 군대를 언급하는 데 쓰였다. 그래서 흠정역(AV)에서는 이 단어를 '무질서하게'라고 번역하고 있으며, 이것은 데살로니가 교회 안에 훈련받지 못한 어떤 종류의 무리가 있었다는 것을 가정하는 것이다.

그러나 발견된 몇몇 파피루스에 의하면 도제들에 관한 두세 가지 약정들에서 게으름을 피우거나, 연중 휴가를 초과한 소년은 허비한 시간만큼 보충하도록 명시하고 있다. 여기서 게으름을 피운다는 말이 '아탁토스'(ἄτακτος) 또는 이와 같은 어근의 동사이다. 그래서 새 국제번역본(NIV)은 이것을 '무질서하게'가 아닌 '게으른'으로 번역하고 있다. 몇몇 데살로니가 교인들은 주의 재림이 곧 다가올 것이라 믿으면서 게으름을 피웠을 가능성이 있어 보인다. 각자의 일에 신경을 쓰고 직접 일하여 자신이 쓸 것을 벌며 일하지 않는 자는 먹지도 말라 고 명했던 것은 바울이 바로 이러한 교인들에게 한 말이었다."(살전 4:11; 5:14; 살 후 3:6-12)

## 6) 신학적 접근

최근의 동향은 신학적 해석을 강조해 왔는데 이는 성경 말씀의 핵심적 진리 들을 이해하려는 노력의 결과라 할 수 있다. 성경을 신학적으로 해석하려는 자 들은 신학이 진리를 드러내는 불완전한 장치일 뿐이라고 보는 사람들과는 달 리 신학에 진리가 나타나 있는 것으로 보고 신중하게 취한다.

첫 번째 부류의 사람들은 역사적-문학적 해석에 거의 관심을 기울이지 않는 반면, 두 번째 부류는 말씀 속에서 신학적 진리들을 발견하기 위해 두 가지 모 두에 관심을 기울인다. 이런 점에서 신학적 해석은 문법적-역사적 해석의 핵심 부분이다. 진정한 해석은 역사적 배경과 대비되는 주의 깊은 문법적 분석을 통 해 성경 말씀의 진리들을 이해하려는 시도이다.(Brown, 1991:54)

이와 같은 중요성에도 불구하고 대부분의 설교자들이 놓치고 있는 요소가 바로 텍스트에 대한 신학적 접근이다. 성공적인 해석을 위해서는 말씀의 중심 또는 핵심 메시지를 결정하기 위한 어떤 절차를 거쳐야만 한다. 즉 해석자는 텍스트의 핵심과 텍스트가 쓰인 적절한 시기와 저자가 밝혀져야 하나님의 표 준을 따르는 말씀을 결정할 수 있다.

### 믿음의 유추(analogia fidei)

성경에 대한 존 스토트의 유추 방법을 조사하기 전에 믿음의 유추가 의미

하는 바와 이것이 어떻게 해석사에서 이용되어 왔는가를 알아보는 것이 도움
이 될 것이다. '믿음의 유추'라는 개념은 로마서 12장 6절의 "우리에게 주신 은
혜대로 받은 은사가 각각 다르니 혹 예언이면 믿음의 분수대로(κατὰ τὴς ἀναλογί
αν τῆς)"라는 구절에서 나온 것이다. 다른 두 군데에서도 역시 인용되고 있는데,
로마서 12장 3절에서 바울은 사람이 마땅히 생각할 그 이상의 생각을 품지 말
고 "오직 하나님께서 각 사람에게 나눠 주신 믿음의 분량(μέ τρον πί στεως)대로
지혜롭게 생각하라"라고 말하고 있으며, 또 디모데후서 1장 13절에서는 "내게
들은 바 바른 말을 본받아 지키고"라고 말하고 있다.

그래서 우리는 하나님의 말씀 안에 이미 계시된 진리를 좇아 말하는 선지자
로서 바울을 이해한다. 이런 시각은 진정한 선지자는 결코 현존했던 계시와 모
순되지 않았다는 일반적인 규칙을 뒷받침할 수 있다(신 13:1-5; 행 17:11; 요일 4:1-6)
(Morris, 1988:441).


헨리 블로처(Henry Blocher, 1987:18)는 논평에서 이 상황을 잘 요약해 주고 있
다. "로마서 12장 6절을 저술할 때 바울 사도는 성경의 기술적인 비교를 거의
생각하지 않았다. 그럼에도 그는 자신의 가르침의 중요 부분과 종합적인 균형
(ἀναλογία 아날로기아)을 가지고 하나님의 영감으로 주어진 가르침의 전체 부분
에 대한 그리스도인들의 토론과 협정에 관심을 가지고 있었다. 사실상 그의 요
점은 믿음의 유추라는 우리의 개념과 그다지 동떨어지지 않은 것이었다." 혼
(Horne, 1983:342)은 믿음의 유추를 규정하기를 "영감받은 작가에 의해 직접적으
로 또는 특별하게, 그리고 분명하고 쉽고 명료한 언어로 논의된 구절들에서 추
론된 신앙과 관습의 기초 요소 안에서 성경과 영구적으로 조화를 이루어 나가
는 것"이라고 했다.

여기서 기본 전제는 성경 안에 내포된 하나의 진리체계 혹은 신학사상이 있

다는 것이다. 그래서 모든 교리들은 서로 일관되거나 일치되어야 한다. 그것은 특정 구절에 대한 여러 가지 다른 해석들이 한 가지 관점에서 성경의 모든 가르침과 모순되어서는 안 된다는 것을 의미한다. 다시 말해, 믿음의 유추란 정경 전체에서 구절들을 선별하여 그 기원을 정말 성경적인 다발 속에 모아 넣는 것이다. 확고한 교의들과 인용된 구절로부터 각 교리를 위해 요청된 지지대는 텍스트와 규정들을 모으는 이러한 작업의 기저에 있는 성경 해석만큼이나 유용하고 타당한 것이다.

일반적으로 이 용어는 초대 교부인 오리겐(Origen)이 처음으로 교계에서 사용한 것으로 알려져 있다. 개혁자들은 그들의 시대에 매우 특정한 상황과 연관된 의미를 지닌 것으로 여겨졌던 믿음의 유추를 넓게 사용했다.(Kaiser, 1981:134) 아마도 개혁자들이 썼던 믿음의 유추는 특별히 전통에 대한 잘못된 요구들과 관련하여 사용되었을 것이다.

그러나 믿음의 유추는 똑같은 방법으로 성경 전체를 해석하는 것에 반대한다. 다시 말해 믿음의 유추는 성경의 모든 구절을 위한 요술방망이와 같은 해석학적 도구가 아니다.(1982b:20) 존 스토트(1994a:171)는 "대중적인 오해가 유추에서 논의되는 위험을 잘 설명하고 있다."라고 경고한다. "모든 유추에서 우리는 도출된 평행점이나 유사성이 무엇인가를 살필 필요가 있다. 그러나 우리는 하나의 유사점을 모든 부분에서 끌어내려고 할 필요는 없다." 그(1982b:20)는 "교회사의 초기부터 발전되어 온 이 방법이 오늘날에는 종종 비판받고 있긴 하지만 확실히 믿음의 유추는 유용한 것이다. 다만 우리가 이것의 한계를 기억해야 한다."라고 말한다.

존 스토트(1992:212)의 관점에서 모든 성경 본문 안에는 그 내용 구조의 한 구획이자 한 부분을 이루도록 표현된 신학적 요소가 있다. 그 신학을 텍스트로부터 분리시킬 수는 없지만, 그럼에도 불구하고 거기에는 종종 텍스트에 앞서 놓여진 뿌리가 있다. 그래서 신학은 텍스트로부터 반드시 객관적으로 도출되어야 한다. 그것은 해석자가 주관적으로 텍스트에 부여하는 것이 아니다. 예를 들어, 요즘 시대에는 아담과 하와의 이야기(창 1:27-31)를 역사가 아닌 '신화'로 여기는 것이 일반적이다.

그러나 성경 자체는 우리에게 이렇게 하도록 허용치 않는다. 아담과 하와의 역사성에 대한 최고의 논제는 과학적인 데 있지 않고(예: 인류의 동종성) 신학에 있다는 것이다. 그리스도인들은 아담과 하와가 원래부터 구약에 나타난 이야기이기 때문에 역사적으로 받아들인 것이 아니라 구약의 신학을 나타내기 때문에 역사적으로 받아들인다. 로마서 5장 12-19절과 고린도전서 15장 21절, 22절, 45-49절에서 바울 사도는 아담과 그리스도 사이의 유추를 이끌어내고 있다. 이는 그 정당성을 둘의 역사성에 근거하는 것이다. 각각은 인류의 대표로 제시되고 있다. 아담으로 인한 멸망은 타락한 인간성을, 그리스도로 인한 구원은 구속된 인간을 나타낸다.(Stott, 1966:24; 1994a:152-153)

## 7) 문화적 접근

이 부분에서의 주요 관심은 인간인 저자들이 성경을 썼다는 것과 독자들에게 영향을 끼치는 문화적 배경에 대한 존 스토트의 이해를 살펴보는 것이다. 존 스토트는 특히 보편적인 문화적 상황에 관심을 기울이는데, 이는 "성경의 모든 작가들은 주어진 문화 내에서 성경을 썼으며, 그래서 어느 구절에 나타난 상황의 핵심부분이 작가의 문화적 배경이 되기 때문"이다.(Ramm, 1989:136)

작품 한 부분에 나타난 문화적 배경을 주의 깊게 살피는 것은 그 기록이 처음 그것을 읽었던 사람들에게 어떤 의미를 지녔는가를 이해할 수 있게 도와준다. 예를 들어, 대영 제국의 대헌장(Magna Charta)을 읽는 것은 우리가 13세기 영국의 문화적 배경을 이해하는 데 더 큰 도움을 준다. 그러므로 성경 내에 있는 문화적 요소들을 공부하는 기본적 목적은 성경이 원래 말한 바가 무엇인가를 알 수 있도록 해석자들을 돕는 데 있다.

존 스토트(1992:186)는 "우리가 성경을 읽을 때 느끼는 불일치감과 성경의 의미있는 내용을 아는 가운데 경험하는 필연적 어려움은 원래 성경 속의 시간과 (1세기에서 20세기에 이르기까지) 단순한 거리상의 차이에 원인이 있는 것이 아니고 (중동에서 서양까지), 시간과 장소가 현재와 멀어지면서 야기된 문화적 차이에 있다."라고 주장한다.

그러므로 우리의 시대와 성경의 시대 사이에는 문화적 차이가 존재해 오고 있기 때문에-그리고 성경 해석에 대한 우리의 목표는 성경이 처음 쓰였던 때 지녔던 원의미를 발견하는 것이기 때문에-우리는 성경의 문화와 관례를 잘 알아야 한다.

스프롤(Sproul, 1986:102)이 기록한 것을 살펴보자. "만약 우리가 성경을 신적 계시를 위한 단 하나의 적합한 도구, 혹은 천상의 필기구로 새겨진 특별한 언어나, 낙하산처럼 하늘로부터 보내진 것으로나, 어떤 지역적 관습과 문체나 관점에 대한 언급 없이 하나님에 의해 직접적이고 즉각적으로 구술된 것으로 본다면 우리는 문화적 차이에 직면하게 된다. 성경은 그 시대의 문화를 반영하고 있다."

존 스토트는 성경을 해석할 때, 우리 자신의 문화적 구속에 대한 문제와 성경 저자의 문화적 상황의 문제를 지적하고 있다. 다시 말해, 성경의 저자들과 독자들은 그들이 태어나고 자란 특정한 문화의 산물(어느 정도 구속된)인 문화적 창조물들인 것이다. 그러므로 우리가 성경을 읽을 때 거기에는 성경에 기록된 세계와 현대 세계 사이의 문화적 간격이 존재하고 있는 것이다.(Stott, 1992:186)

그래서 스토트는 말씀을 정확히 해석하고 적용하는 데 있어서 문화의 의미와 두 가지 문화적인 문제점들에 정통해야 한다고 강조한다.

### 문화적 구속

우리는 어린 시절부터 우리의 문화적 전통 안에서 모든 것을 배워왔다. 즉생각하고, 판단하고, 행동하며, 말하고, 옷을 입고, 일하고, 놀이를 하는 방법은문화에 의해 결정된 커다란 범위에 속하는 것이며, 우리는 일반적으로 문화의가르침에 얼마나 많이 예속되고 있는지를 깨닫지 못하고 있다. 우리가 배운 가르침과 배경은 우리가 성경을 읽는 방법에 영향을 미친다.

존 스토트는 우리가 하나님의 말씀과 만나는 데 있어서 문화가 장애물이 되고 있다고 말하면서, 우리의 관습들이 그분과 교통하는 데 있어서 얼마나 높은장벽인지를 겸허하게 깨닫고 우리의 방어수단과 자기만족, 생각과 행위 등 자신의 모든 저항을 굴복시켜야 한다고 주장한다. 만약 그렇게 한다면, 하나님은성경 말씀을 통해 모든 시대를 거쳐 우리에게 말씀해 오신 것을 보고, 듣고, 느낄 때까지 우리의 눈과 귀를 여시고 둔한 양심을 깨우실 것이다.(Stott, 1992:193, 194)

### 성경의 문화적 조절

성경의 독자들뿐만 아니라 성경의 저자들 또한 특정 문화의 산물이다. 하나님이 성경 저자들과 교통하기를 원하셨던 때에, 그는 자신을 낮추사 그의 백성들의 언어로(고대 히브리어, 아람어와 일반 코이네 헬라어) 고대 근동지방(구약성경)과, 팔레스타인의 유대주의(복음서)와 로마제국의 헬레니즘(신약의 나머지 부분)의 문화안에서 말씀하셨다. 성경은 문화적 진공상태 속에서 주어진 것이 아니고, 문화적 상황에서 말씀되어진 것이다.(Stott, 1992:194) 다시 말해, 하나님의 말씀은 구약 시대와 신약 시대(초기 기독교 시대)라는 특정한 문화적, 역사적 언어 안에서 우리에게 주어진 것이다. 그러므로 우리는 반드시 성경에 나타난 문화적 양상들을 인식해야만 한다. 이러한 것들은 일반적으로 우리 시대에 직접 적용하려 할 때 문제를 일으킬 수 있는 구절들이다.

따라서, 우리는 고대 문화로 감싸인 것(왜냐하면, 시대에 뒤떨어졌거나 또는 적어도 우리들의 문화와 동떨어진 사회적 관습에 관련되어 있기 때문에)이 분명한 성경의 구절들을 접하게 될 때 우리는 어떻게 반응해야 하는가? 존 스토트(1992:195, 176)에 따르면, 우리는 이 문제를 해결하는 데 있어서 세 가지 선택 사항을 가지고 있다고 한다. 첫 번째는 완전거부이다. 두 번째는 융통성이 없고, 상상력이 부족한 사실주의이다. 세 번째이자 좀 더 신중한 방법은 문화적 조옮김이라 불리는 것이다. 그(1992:206)는 "만약 우리가 완전히 거부한다면, 우리는 분명 하나님의 말씀에 순종할 수 없다. 대신 우리가 융통성 없는 사실주의를 받아들인다면 우리의 순종은 인공적이고 기계적일 것이다. 오로지 우리가 성경의 가르침을 현대의 문화적 옷으로 조옮김시킬 때에야 우리의 순종은 현 시대적인 것이 될 것이다. 불순종이 아닌 의미있는 순종만이 문화적 조옮김의 목적이 된다."라고 말한다.


## 4. 설교에 나타난 해석 활동 과정

### 1) 해석 활동

해석학이 신학적 학문분야로 여겨질 수 있는 반면에, '해석 활동'은 해석자가 질문에 대한 답을 찾는 과정으로 보아야 한다. 이 텍스트를 통해 '그때 그곳에서' 하나님이 말씀하신 것은 '이제 여기서' 우리의 실제 상황 안에서 나타난다. 다시 말해 설교자가 텍스트의 의미를 알아차린 후에, 그는 현대의 상황에서 텍스트의 원 의미를 반영해야만 한다. 그러므로 해석은 텍스트의 원래 의미와 삶이란 텍스트의 융합 과정이다.

둘째로, 비록 스토트가 '해석 활동'이란 용어를 그렇게 쓰지는 않지만, 그는 (1992:213) 해석 활동이 해석보다는 더 나은 것이라는 점을 인정하는 듯하다. 해석자는 텍스트의 원래 의미를 해석한다. 해석 활동은 좀 더 나아가서 그 의미를 현재 세계에 적용시킨다. 벤터(Venter)는 이런 용어들로 위의 관점을 구체적으로 말해 준다. "해석 활동 과정은 오늘날 느끼는 빈 틈을 메워가는 과정 가운데 그때 거기 있었던 텍스트의 의미를 다루고자 한다. 해석 활동 과정은 그래서 수천 년 전의 세상(그때 거기)에서부터, 오늘날(지금 여기)의 사람들의 구체적인 삶의 상황 안에서 그들을 위해 이어져온 설교 텍스트의 다리를 건너는 것으로 이해된다."(1995, Class Lectures, unpublished)

구찌에(Coetzee, 1995a:17)는 또한 "우리가 원시시대와의 관계를 분명히 결정했을 때, 우리는 그 관계로부터 그것을 조심스럽게 풀어서 우리 시대의 다른 관계 속으로 동일한 하나님의 말씀을 가져와 적용시킬 수 있다."라고 말한다. 결론적으로, 스토트는 해석학과 해석 과정 사이에 뚜렷한 구별을 두지 않는다. 그는 이 두 용어를 광범위한 의미와 함께 상호 교차적으로 쓰는 것을 좋아한다.


## 2) 임무

모든 설교자는 기술적으로 말할 수 있는 성경의 해석자가 되어야 한다. 그들의 임무는 우리가 3장에서 본 것 같이 두 가지 단계와 연관되어 있다. 텍스트가 그 원래의 독자들에게 무엇을 의미했는가를 이해하는 것이 중요하기는 해도, 텍스트가 오늘날의 실존적인 그리스도인들에게 전하는 것 또한 동일하게 필요한 일이다. 스토트(1992:215)는 말한다. "원래의 의미를 알고 나서 그 다음에 우리는 그것의 현대적 메시지(오늘날 이것은 어떻게 적용되는가)를 반영할 필요가 있다." 비록 주석과 해석이란 용어가 몇몇 현대의 신학자들(Lloyd Jones, Carson, Kaiser 등)에 의해서 상호 교차적으로 사용되기는 하지만 스토트는 우리가 3장에서 이미 언급한 대로 이 두 가지를 구분 짓는다.

이런 점에서 해석 과정은 드러나 있는 성경 해석보다도 더 요청되는 것으로 여겨진다.(Dunn, 1982:113) 스토트에 따르면, 해석 과정의 임무는, 질문에 대해 해답을 찾는 것이다. 하나님이 이 텍스트를 통해 '그때 거기서'부터 '지금 여기'에 있는 우리들의 구체적인 상황 안에서 오늘날 말씀하시는 것은 무엇인가? 스토트(1992:215)는 "만약 우리가 텍스트의 현대적 메시지와 씨름하지 않고도 텍스트의 원래 의미를 알게 된다면, 우리는 현 세상의 현실성과 무관한 채로 낡아빠진 고물투성이에 싸여있는 것"이라고 말한다. 쥬크(Zuck, 1991:13) 또한 "만약 우리가 성경을 적용하는 것에 실패한다면, 우리는 전 과정을 중단시킨 채 하나님이 우리에게 해 주시려는 것을 끝내지 못하도록 하는 것"이라고 말한다.

궁극적으로 스토트(1982a:69)는 "우리는 텍스트와 텍스트의 의미와 그 적용 여부를 놓고 씨름해야 하는데 이는 성경이 복잡한 20세기의 문제점들에 대해서 겉으로 분명히 보이는 해답을 말해 주지 않기 때문"이라고 결론짓는다. 비록 해석 활동의 임무가 어려운 것이라 해도 우리는 성경을 해석해야 할 책임이 있다.

## 3) 해석 활동 과정의 핵심요소들

### 설명, 명령과 약속

해석 활동을 하는 중에는 세 가지 중요한 요소들이 다리를 놓기 위해 필요하다. 구찌에(1985:18-21)는 분명히 말한다. "설교학 내에는 커다란 조화가 있으며, 그리스도인들이 설교를 하는 데는 해석적 순환체계가 있는데 거기에는 반드시 두 가지 요소, 즉 하나님의 설명과 명령의 선포와 그것에 따르는 약속이 있어야 한다."

1982년에 존 스토트가 쓴 「왜 성경이 필요한가?」(You can trust the Bible)는 하나님과 성경, 그리스도와 성경, 성령과 성경, 교회와 성경, 그리스도인과 성경에 대해 언급하고 있다. 그는 마지막 장 '그리스도인과 성경'에서 해석 활동 과정에 대해 특별히 주의를 주고 있다. 존 스토트(1982:81-82)는 묘사하기를 "성경의 모든 가르침은 세 가지 반응을 요구하는 세 개의 범주로 나눌 수 있다. 왜냐하면 성경 도처에 우리의 예배를 요구하시는 하나님의 계시들이 있고, 우리의 믿음을 요구하시는 구원의 약속이 있으며, 우리의 순종을 요구하시는 우리의 의무에 대한 명령이 있기 때문"이라고 했다.

그러므로 설교자는 본문 안에 담고 있는 명령과 약속에 대하여 알아야 한다. 그 이유는 해석 활동이 '오늘날' 느끼는 간격을 줄여 가는 가운데 '그때'의 텍스트가 가졌던 의미를 다루기 때문이다.

### 설명(Indicative)

'설명'이란 하나님이 우리를 위해서, 우리를 초월하여 행하셨던 것과 그의 육신의 삶과 영생의 삶을 나타내신 그의 창조에 관한 모든 것을 의미한다.(Coetzee, 1985:82) 하나님은 그 자신과 뜻과 행하심과 역사하심을 성경 전체를 통해 알리신다. 존 스토트(1982:82)는 성경에 드러난 하나님의 자기 계시에 대해 부연한다. 그는 우주를 창조하시고, 그의 창조의 절정인 그의 형상을 따라 인간을 만드신 분이다. 그는 아브라함과 이삭과 야곱과 그의 자손들을 택하사 그의 선민이 되게 하신 언약의 하나님이시다. 그리고 그는 더디 분노하시며 빨리 죄를 사하시는 은혜로우신 하나님이시며, 또한 이방민족뿐만 아니라 그의 백성들이 우상 숭배하는 것과 불의한 일을 하는 것을 벌하시는 공의로우신 하나님이시다.

그래서 성경적 설명을 설교에서 다루는 데 있어서는 창조, 유지, 자비로운 구속과 장차 있을 의로운 심판은 함께 포함되어야 한다. 특히, 개인의 구원과 함께 하나이신 아버지와 아들과 성령의 삼위일체 하나님의 구속사역을 다루어야 한다. 하나님은 자신이 세상에 오셔서 인간의 본성을 취하시고, 태어나시고 자라시고, 살며 가르치시고, 일하시고 고통받으시고, 죽으시고 부활하시고 보좌에 앉으시고, 성령을 보내신 우리의 주님이요 구원자이신 예수 그리스도의 아버지로 계시하신다. "이 설교 본문 안에 그의 설명하심이 어디에 있는가?" 하는 것은 반드시 물어야 할 질문이라고 벤터(1995:14)는 말한다.

우리는 스토트의 해석학에서 이 사실, 즉 설명하심은 하나의 요소 또는 해석의 과정으로서 다리를 놓기 위해 텍스트로부터 해설을 제공한다는 것을 발견하게 된다. 예를 들어, 예술가가 그들의 그림이나 조각, 음악을 통해 자신들을 드러낸 것처럼 하나님은 성경 안에서, 특히 우리가 그에게 영광 돌리도록 그리스도 안에서 자신을 나타내신다. 더구나, 하나님은 우리가 올바른 방식으로 그를 섬기도록 하시기 위해 우리 삶의 지표로써 그의 뜻을 우리에게 전달하신다. 창조로부터 완성에 이르기까지 펼쳐진 하나님(아버지, 아들, 성령)의 장엄한 계시는 우리로 하여금 예배 드리게 만든다. 우리가 하나님의 위대하심과 그의 영광과 은혜에 대해 깨닫는 순간, 우리는 우리의 입술과 마음과 삶으로 그를 경외하기 위해 그분 앞에서 머리를 조아리게 된다. 하나님의 말씀은 하나님을 경외하도록 만든다.(Stott, 1982b:82)

설명을 통한 하나님의 자기계시와 목적은 무엇인가? 그 대답은 단지 우리를 가르치는 데 그치지 않고 우리를 구원하는 것이며, 그저 우리에게 설명하는 데 그치지 않고, 특별히 우리에게 '구원'을 얻도록 가르친다(딤후 3:15). 다시 말하면, 이것은 특별히 말씀을 선포하는 가운데 사람의 구원문제를 다루는 것이다.

### 명령(Imperative)

'명령'이란 하나님이 만들어가기 원하시는 요구를 의미한다. 존 스토트 (1982b: 86)는 말하기를, 자신을 위해 백성들을 택하실 때 하나님은 그들에게 그들이 어떤 사람이 되기를 원하시는지를 말씀하셨다고 한다. 그들은 특별한 사람들이었다. 그는 그들에게서 특별한 반응을 기대하셨다. 그래서 그는 그의 뜻을 집약시켜 놓은 십계명(예수님이 산상수훈에서 강조하신 것으로써)을 주셨는데, 우리는 그의 율법을 지켜야 할 의무가 있으며, 우리가 그렇게 하길 원하신다.(Stott, 1982b: 87) 그래서 우리 그리스도인들의 자유는 순종하는 자유이지 불순종하는 자유가 아니다. 예수님께서 거듭 말씀하셨듯이, 만약 우리가 그를 사랑하면 우리는 그의 계명을 지켜야 한다(요 14:15, 21-24; 15:14).

구찌에(Coetzee, 1985:19)에 따르면, 요구사항들은 세 가지 근거에 기초한다. (1) 하나님은 창조자이시다.(그는 모든 만물을 완벽하게 만드셨다. 그 결과, 그는 우리가 언제나 그의 말씀에 순종하기를 요구하신다.) (2) 하나님은 자비로우신 분이므로 반드시 감사와 순종이 넘치는 예배를 받으셔야 한다. (3) 하나님은 자비로우시고 측량할 수 없는 사랑의 아버지로 그의 언약의 백성들로부터 자발적인 찬양과 경배를 받으실 분이다.

그러므로 모든 설교자들은 다음과 같은 한 가지 질문을 해야 한다. 설교 본문 안에 어느 곳에 명령의 요소가 있는가? 이 텍스트에서 하나님의 설명에 근거하여 우리에게 원하시는 바는 무엇인가? 하나님의 은혜 가운데 믿는 자로서 우리들이 살아가는 동안에 실제로 해야 할 일은 무엇인가?(Venter, 1995:15)

## 약속(promise)

'약속'은 거룩하시고 자비하시며 공의로우신 하나님의 축복과 징계에 대한 현재와 미래 그리고 영원히 계속될, 믿을 수 있는 약속을 말한다.(Coetzee, 1985:21) 이 약속은 경고뿐만 아니라 축복 또한 포함하는 것이다. 존 스토트(1982b:85, 86)는 우리가 약속이라 부르는 열쇠를 우리의 가슴 속에 지니고 있는데, 이것은 하나님이 성경 말씀 안에서 우리에게 주신 것이라고 밝히고 있다. 우리는 그의 인도하심의 약속에 있어서의 혼란과, 보호하심의 약속에 대한 두려움, 그의 임재하심의 약속에 있어서의 외로움을 견디는 법을 배워야만 한다. 하나님의 구원의 약속은 우리의 마음과 정신을 강하게 하신다.

반대로, 존 스토트(1991a:173)는 위에서 언급한 바를 다음과 같이 단정짓는다. "최후에 도래할 심판의 시간에, 주 예수 그리스도께서 적그리스도를 패배시키시고 멸하실 것이며, 거짓을 신봉하고 따르는 자들은 책망받을 것이다. 이것이 하나님의 예정하심이다."

우리가 죄와 사망 가운데서 구세주 예수 그리스도를 믿고 그에게 순종한다면, 우리는 그분의 약속하신 축복, 즉 구원과 아버지 하나님이 주시는 하늘의 유업을 얻을 것이다. 그러나 우리가 그 말씀을 믿지도 않고 순종하지도 않는다면, 우리는 심판을 받을 것이다.

그러므로 굳건한 약속의 형태는 종종 본문 안에서 종말론적인 차원으로 우리를 이끌어간다.(Venter, 1995:15) 그래서 우리는 이렇게 질문해야 한다. 이 설교 본문 가운데 약속의 말씀이 나타나고 있는가? 요약하면, 설교자는 또한 텍스트의 설명과 명령과 약속에 대해 알고 있어야 한다. 왜냐하면, 존 스토트가 말했던 것처럼 해석 활동은 '오늘날' 느끼는 간격을 줄여 나가는 가운데 '그때의' 텍스트의 의미를 다루기 때문이다. 설교학의 건전한 구조는 해석 활동을 통하여 주어진 본문의 총체성에 의해 이루어진다.

### 하나님의 계시(아버지, 아들, 성령)

해석 활동 과정 중에 해석자는 저자가 하나님에 대해 드러낸 것, 다시 말해 하나님에 대해 계시하는 특정한 텍스트, 즉 그의 뜻이나 자비나 진노하심 등과 그리스도 안에 있는 그의 은혜와, 우리 안에 있는 그의 역사하심을 우선적으로 찾아내기 위해 노력해야 한다. 벤터(Venter, 1995:14)는 "성경 전체가 하나님이 계시하신 것에 중심을 두고 있다. 만약 이 중심이 성경 전체를 적합하게 만드는 것이라면, 이는 또한 설교 텍스트를 적합하게 만든다. 하나의 설교 텍스트는 반드시 하나님의 계시를 포함해야 한다."라고 말한다. 그래서 그는 '하나님이 그 자신과 뜻과 행동, 역사하심에 대해서 무엇을 알리고 계시는가?' 하는 것을 우리가 물어 보아야 하며, '이 설교 본문 안에서 하나님의 은혜와 구원하심은 어떻게 표현되고 있는가?'와 '이 사람 안에서 하나님이 하시는 일은 무엇인가? 우리 안에서 그분은 이 본문과 더불어 대화, 인내, 행복, 사랑, 새생명 등과 같이 역사하시는가?'를 다시 묻고 있다.

### 하나님 아버지에 대한 계시(성부)

존 스토트(1979a:14)는 "우리가 말과 행동으로 다른 사람들에게 우리들을 나타내거나 보여 주는 것과 똑같이 하나님은 그 자신을 행하심과 말씀하심으로 계시하신다."라고 지적한다. 하나님의 '자기계시의 원칙'은 구약과 신약성경을 약속(구약)과 성취(신약)라는 하나의 그룹으로 형성된다. 우선, 하나님은 이스라엘인들의 역사 속에서 자신을 그들에게 알리셨고(구약), 그들을 낮추기 위해 구원의 축복과 심판의 책망이란 두 가지 선택 사항을 전개시키셨다. 그래서 애굽의 노예였던 백성들을 구해내시고 안전하게 광야를 지나게 하셨으며, 약속의 땅에 정착시키셨고 사사시대를 통하여 국가적인 정체성을 보전하셨다. 인간을 왕으로 세우는 것이 그분의 주권을 거부하는 행위임에도 불구하고, 그들을 통치할 왕을 세우도록 허락하셨다. 그들이 바벨론으로 포로로 잡혀 간 것은 그들의 패역한 불순종 때문이었고, 그것이 하나님의 징계로 나타난 것이다.

그 후에 하나님은 이스라엘 백성을 고국 땅으로 귀환시키고 그들의 애국심을 불러일으켰으며 성전을 재건축하도록 하셨다. 무엇보다도, 죄인 된 우리를 구원하시기 위해, 그의 영원하신 아들 예수 그리스도를 이 땅에 보내어 태어나게 하시고, 사역하게 하시고, 고통 당하시며 죽으시고, 부활하시어 성령을 보내어 주시도록 하셨다. 이러한 행동을 통하여, 하나님은 역동적이고 인격적으로 자신을 계시하셨다.(Stott, 1972a:18) 동시에 하나님은 역동성과 기록된 말씀과 그리스도 안에서 계시의 성취로 절정을 이루셨다.

그러므로 해석자는 하나님의 자기계시를 먼저 그의 행하심과 말씀 안에서, 그리고 성령의 도우심을 힘입어 예수님이 하신 일을 찾으려 노력해야 한다. 왜냐하면 그의 아들 예수 그리스도와 말씀(로고스) 가운데서 완전하게 그 자신을 나타내시므로 역사 속에서 자신을 더욱 분명히 나타내시기를 기뻐하시기 때문이다(히 1:1).(Coetzee, 1995a:14)

### 아들 예수 그리스도에 대한 계시(성자)

구약성경에 나타난 그리스도에 관한 계시는 늘 불분명하다. 그러나 거기에는 그리스도에 대해 하나님이 나타내시는 몇 가지 그림자들이 있다. 예를 들면, 구약에서의 희생은 만민의 죄를 위해 십자가에서 단번에 이루신 완전한 희생-우리를 구원하시기 위한 그리스도의 희생-을 예시하는 것이다. 다른 예는 메시야의 도래를 예언한 구약 시대 선지자들의 가르침에서 볼 수 있다. 그들은 예수께서 다윗의 계보를 좇아 나신 왕이며, 그의 왕국은 평화롭고, 의로 가득 차 있으며, 영원토록 지속될 것이라고 말한다. 그들은 예수께서 세상의 모든 민족을 축복할 '아브라함의 씨'로, 백성의 죄를 위해 죽으실 '고난의 종'으로, 모든 백성의 섬김을 받으시기에 합당한 '하늘 구름을 타고 오실 인자'로 그리고 있다. 구약성경의 예언에 나타나는 이 풍성한 모든 이미지는 그리스도를 증거하는 것이다.(Stott, 1972a:30)

구약에 나타난 그리스도에 대해 알아보려면 계시의 역사적 계보들을 살필 필요가 있다. 만약 설교자가 그리스도의 계시에 대한 관점으로 해석 활동을 신중하게 하지 않는다면, 구약의 모든 설교는 '십자가 위의 그리스도'에 대하여 동시에 언급하는 것으로 결론지을 수 있다. 그러나 이런 형태의 언급은 본문으로부터 유기적으로 나온 것으로 그리스도 안에 있는 완전한 성취를 설명해야 한다.(Van der Walt, 1996:1)

우리는 구약에 나타난 자기계시에서 하나님이 어떻게 신약의 그리스도의 재림을 향해 일하시고 계신가를 계시의 역사적 방법 안에서 찾아보아야 한다. 이런 방법 안에서 구약과 신약 사이의 단일성이 확인되고 드러날 것이다. 누가복음 24장 27절에서 그리스도는 스스로 그의 가르치는 말씀 가운데서 엠마오로 가는 제자들에게 말씀하셨다. "모세와 모든 선지자들의 글로 시작해서 모든 성경에 쓴 바 자기에 관한 것을 자세히 설명하시니라".(Van der Walt, 1996:3-4) 존스토트는 말하기를 "이는 예수님의 일관된 가르침으로 구약성경이 그를 증거하는 하나님의 말씀이란 것이다. 예를 들면, '아브라함은 나의 때 볼 것을 즐거워하다가'(요 8:56)라고 그가 말씀하셨다. 또는 요한복음 5장 46절에서 그는 '모세가…내게 대하여 기록하였음이라'고 말씀하신다. 또한, '성경에서 … 내게 대해 증거하는 것이로다'(39절)라고 말씀하셨다."라고 한다.

그리스도 안에 있는 은혜 가운데 하나님의 계시는 놀라운 사랑의 행위이다.

그를 통하여 하나님의 구원의 계시는 우리의 삶 속에서 그대로 성취되었다.

### 성령에 대한 계시(성령)

반 더 발트(Van der Walt, 1996:11)는 "성령은 그리스도의 현존자"라고 말했다. 성령은 그리스도의 사역을 계속하고 있다(고전 2:13). 그는 성령 역사의 본질적인 형태로서 그리스도의 사역을 수행하시고 발전시키신다(창 1:2). 이것은 사도들이 그리스도에 대한 증인으로서 그들의 임무를 완성할 수 있다는 것을 보증한다. 존 스토트(1972a:34)는 "예수님께서 사도들에게 약속하시기를 성령이 그의 가르침을 기억나게 하시고 그것을 보충하시며 그들을 모든 진리로 인도하신다고 하셨다."라고 말한다(요 14:25-26; 16:12-13). 이를 분명히 하기 위해서, 존 스토트(1972:370)는 마닐라 선언(1989)에서 다음과 같이 인용하고 있다. "하나님의 성령은 … 우리가 그리스도를 증거하는 자로 거듭날 때 우리에게 오신다. 이 모든 것 안에서 성령의 주요한 관심사는 예수 그리스도를 우리에게 보이시고 그를 우리 안에 세우심을 통해 그를 영화롭게 하는 데 있다."

사실, 성령은 예수님의 사역하신 것을 열매 맺게 하신다. 그래서 그는 그리스도를 영화롭게 하신다. 성령은 예수님의 사역의 의미를 가장 잘 보이도록 드러내신다. 이를 위해 성령은 아버지와 아들의 진정한 가치를 결정하신다.

결론적으로, 해석 활동 과정 중에 우리는 해석 활동의 필수적 요소로써 삼위일체 하나님의 계시를 발견할 수 있다. 하나님은 주어진 계시의 저자이시며, 예수 그리스도는 계시의 주요한 주체이시며, 성령님은 계시의 중재자라는 점이다. 그래서 해석자는 늘 성령을 통하여 아버지께서 아들을 증거하시는 성경 본문 안에서 하나님의 자기계시를 살펴야만 한다.

PRINCIPLES AND METHODS
IN THE HOMILETICS OF
**JOHN R.W. STOTT**

5장

# 존 스토트 설교의
# 설교학적 원리와 방법들

# 존 스토트 설교의 설교학적 원리와 방법들

## 1. 일반 설교학

### 1) 일반적 관심

#### 설교의 중요성

설교는 그리스도인들의 삶의 근본적인 요소로서 교회사에 있어서 필수적인 역할을 감당해 왔다. 현대사에 있어서 중요한 영적 전환의 시기마다 위대한 설교자가 있었다. 존 스토트는 우리가 불확실성의 시대에 살아가고 있으며 사람들은 설교의 장소, 가치, 중요성과 목적들까지도 의문을 제기하고 있다고 말한다. 그(1982a:92)는 "강해 설교를 한다는 것은 오늘날의 교회에서는 매우 드문 일이다. 여러 나라에서 생각이 깊은 젊은이들이 이것을 얻지 못하는 그 가장 큰 이유는 그것이 얼마나 중요한 것인가를 확신하지 못하기 때문이다."라고 말한다.

존 스토트는 설교에 대해 뛰어난 식견을 가지고 있다. 그는 설교에 의해서 가장 중요한 역사적 논제들이 결정된다고 주장한다. 설교는 창세로부터 시작된 것이고, 다채로운 교회사 전체를 통하여 인식되어 온 기독교의 중심이자 특성이다.(Stott, 1982a:16) 스펄전은 이 점을 다음과 같이 뒷받침한다. "설교는 기독교의 중심축이다. 그것은 모든 것을 성취하지는 못했다. 또 모든 것을 성취하도록 의도된 것도 아니었다. 그러나 그것은 위대한 일을 이루었다."(Pike, 1992:III:184) 로이드 존스(Lloyd Jones, 1982:9)는 "오늘날의 교회 안에서 가장 필요한 것은 진정한 말씀의 선포이며, 이것은 교회 안에서 가장 크고 시급한 필요인만큼 세상에서도 역시 가장 큰 필요임에 틀림없다."라는 사실을 철저하게 강조한다.

제임스 패커도 설교의 중요성을 역설한다. "하나님의 성령의 능력 안에서 하나님의 말씀을 선포하는 것은 인간들과 함께 거하시도록 하늘로부터 아버지와 아들을 모셔오는 행동이다."(Packer, 1986:2) 존 스토트는 설교를 기독교의 가장 중요하며 핵심이 되는 요소들 가운데 하나로 여긴다. 그래서 그는 목회 사역의 중심에 설교를 두고 있으며, 하나님의 말씀, 즉 강해 설교를 통해 그의 백성들을 양육하는 일에 생애를 바쳤다. 그(1982b:68)는 "교회는 끊임없이 하나님의 말씀을 들을 필요가 있다. 그래서 공중 예배에는 설교가 중심이 되어야 한다."라고 강조한다. 그리고 모든 설교자들의 목적은 하나님의 말씀을 연구하고 설명하여 그것을 현 세상에 연결시키는 일을 하는 데 있다고 말한다. 모임이나 회의에서 발언할 기회가 있을 때마다 그는 하나님의 말씀 선포하기를 주저하지 않는다. 존 스토트의 설교는 온전히 하나님을 영화롭게 하는 데 그 목적을 두고 있으며, 이것이 인간의 반응에 토대를 두지 않은 설교를 가능하게 해 준다. 이는 또한 설교의 본질에 대한 그의 깊은 신념과도 밀접하게 연관되어 있다.

### 신적 행위로서의 설교

존 스토트는 설교를 신적인 행위로 본다. 이것은 설교의 근원이 어디에 있는가, 즉 설교자의 메시지는 항상 하나님의 말씀에 기초하며 하나님께로부터 나온다는 것을 말해 준다. 존 스토트(1961a:30)는 "이상적인 설교 속에서는 말씀이 주체가 되거나 말씀을 통하여 하나님께서 직접 이야기하신다."라고 한다. 설교에 대한 존 스토트의 가장 큰 공헌은 하나님께서 말씀하신다는 설교에 대한 성경적 이해의 회복에 있다. 설교는 단순히 인간에 의한 강론이 아니라 하나님께서 설교자를 통해 개개인에게 말씀하는 것이다. 코빈(Cobin, 1989:18, 19)은 "설교란 폐쇄적인 무리에 속한 자들을 위한 종교적 담론이 아니라 예수 그리스도 안에서, 그리고 그를 통해서 나타나는 하나님의 구속의 행위에 대한 개방적이고 대중적인 선포다."라고 말한다.

존 스토트는 하나님의 은혜의 복음에 대해서 설교하는 것을 좋아한다. 그(1961a:34, 35)는 "기독교 설교자는 청지기이자 사자이다. 사실 그가 전하는 복음은 그가 청지기로서 지키는 말씀 안에 포함되어 있다. 왜냐하면 하나님의 말씀은 그리스도 안에서, 그리고 그를 통해서 나타난 하나님의 위대하신 구속행위의 기록이자 해석이기 때문이다."라고 말한다.

그러므로 말씀의 선한 청지기는 또한 그리스도 안에 있는 구원의 기쁜 소식을 전하는 열심 있는 사자일 수밖에 없다. 제임스(James, 1946:19)는 설교의 중요성을 강조하며 "설교는 하나님의 백성들의 마음 안에서 하나님의 구원의 역사를 시작하기 위한 수단"이라고 언급했다. 마운스(Mounce, 1960:153)는 "설교는 하나님의 위대한 구속행위와 이것에 대한 인간의 이해 사이에 형성되는 끝없는 연결고리이다. 이것은 하나님께서 그의 역사적 자기 계시를 현재화하고 인간에게 믿음 안에서 응답할 수 있도록 기회를 주는 매개체이다."라고 기록한다. 스튜어트(Stewart, 1946:5)의 말로 이를 요약할 수 있다. "설교는 개인적인 관점이나 사견, 그리고 이상을 전달하기 위한 것이 아니라 하나님의 능력의 역사를 선포하기 위한 것이다."

실제로 존 스토트는 하나님께서 설교를 통해서 죄인들을 구원하신다고 확신하면서 설교를 하기 때문에 그가 하나님의 메시지를 선포할 때에는 능력이 나타난다. 그는 말하기를 "이것이 진정한 권위이다. 물론 이것은 간접적인 권위이다. 이것은 명령을 하달하고 순종을 기대했던 선지자들이나 사도들(예: 살후 3장의 바울)처럼 직접적인 것은 아니지만 여전히 하나님의 권위이다. 또한 주권을 가지고 말씀을 선포하는 설교자는 말씀 아래 있으며, 말씀의 지고하심 앞에 자신을 복종시켜야 한다."라고 했다.

존 스토트의 회심은 말씀을 듣는 것에서부터 비롯되었다. 그는 17세가 되던 1938년에 내쉬의 설교를 듣고 회심하였다. 그는 진정으로 회심했고, 말씀을 통해서 사람들의 삶을 변화시키는 하나님의 능력인 설교에 압도되었다. 이 사건은 그에게 설교에 있는 인간적이고도 신적인 요소들의 중요성에 대한 강한 인상을 남겼다.

결론적으로 진정한 설교자는 먼저 그리스도의 십자가를 통한 하나님의 위대하신 구속의 행위를 철저하고 신중하게 선포하며, 그 다음에 사람들을 회개시키고 믿게 하기 위해서 진지하고도 열성적인 호소를 해야 한다.

## 인간적 행위로서의 설교

존 스토트는 말씀을 선포하는 것이 신적인 행위일 뿐만 아니라 인간적인 행위이기도 하다고 강조한다. 설교자와 회중 모두는 하나님께서 사람들과 교통하시는 가운데 인간을 그의 동역자로 사용하신다는 사실을 주지할 필요가 있다. 하나님께서는 그의 아들 예수 그리스도를 통하여 완성하신 구원 역사를 계속 수행하심에 있어서 협력할 인간들을 찾으셨다. 하나님께서는 전 세계에 복음을 전파할 임무를 위해서 사용하실 사람들을 택하셨다. 설교자는 하나님의 메시지를 사람들에게 전하는 하나님의 대리인이다. 하나님께서는 말씀을 선포하는 행위를 통해서 인간들과 만나신다.

그(1992:212)는 "교회는 성경을 설명하거나 밝혀줄 '목회자와 설교자'(엡 4:11)를 필요로 하며 승천하신 그리스도께서는 여전히 교회에 이러한 은사들을 주고 계신다."라고 말한다. 또한 하나님께서 기록된 말씀을 통해서 직접 자신의 백성들에게 말씀하실 뿐만 아니라 그의 종들인 설교자들의 설교를 통해서도 말씀하신다는 것을 인정한다. 그러므로 하나님께서는 교사들(설교자들)에게 본문 이외의 본문을 설명하고 삶에 적용시켜 그 의미를 밝히도록 하는 능력을 주신다.(Stott, 1992: 212)

시므온(Simeon, 1959:188)은 "목회자들(설교자나 교사)은 하나님의 대사이며 그리스도의 대변자"라고 말한다. 또한 "만일 그들이 성경에 근거한 말씀을 선포한다면 그들의 말은, 물론 그것이 하나님의 마음에 합당한 것일 때에만 하나님의 말씀으로 여겨져야 한다. 이것이 우리 주님과 그의 사도들에 의해 강조된 것이다. 그러므로 우리는 설교자의 말을 하나님의 말씀으로 받아들여야 한다."라고 강조한다.(Simeon, 1959:189)

하나님께서 그의 말씀인 성경에 나타난 대로 그의 설교자들에 의해서 선포된 말씀을 통하여 계속 인간과 교통하신다는 존 스토트의 견해는 교회 내 설교자들의 역할에 대한 그의 높은 평가를 반영한다. 그(1961a:70-76)는 또한 설교에 있어서 개인적 요소의 중요성을 인정한다. 그는 그 자신을 준비시키는 데 지대한 관심을 쏟는데, 위대한 설교의 비밀은 개인적인 경험에서 나온 훌륭한 주제에 있다고 믿고 있다. 그는 자신이 이해하지 못한 것은 무엇이든지 간에 말하려 하지 않았다. "내가 '경험'이라고 할 때 그것은 설교자들에게 필수적인 설교의 사역에 대한 경험이나 삶의 일반적인 경험을 말하는 것이 아니다. 나는 예수 그리스도 자신에 대한 개인적인 경험을 말하는 것이다. 이것이 기독교를 증거하는 자들(설교자)이 가져야 할 최우선적이고도 필수적인 표식이다."(1961a:70-71)

그러므로 존 스토트(1961a:74)는 효과적인 설교를 위한 개인적 경험의 중요성을 다음과 같이 강조한다. "말씀을 선포할 때 우리는 그저 우리의 청지기직에 위탁된 말들을 설명하기만 하는 것은 아니다. 또한 단지 사자로서 이미 성취된 능력의 구속사역을 선포하기만 하는 것도 아니다. 오히려 우리는 이 말씀과 하나님의 행하심을 생생하게 경험한 증인들로서 이러한 말들을 설명하고 이러한 행위를 선포하는 것이다." 이러한 자세는 존 스토트로 하여금 대담한 권위와 솔직함을 가지고 설교할 수 있게 한다. 만약 설교자가 경험에서 나오는 확신 없이 말한다면 그의 메시지는 아무리 분명하고 확고한 것일지라도 진실을 전달할 수 없을 것이다.

결국 설교자는 모든 것이 하나님의 말씀에 속해 있으며 모든 재능에도 불구하고 자신은 단지 하나님의 말씀을 대변하는 목소리일 뿐이라는 것을 깨달을 때, 비로소 말씀을 선포하는 직무 속에 인간의 상상력과 재능을 드러낼 수 있는 자리가 마련된다.

그래서 존 스토트에게 있어서 말씀 선포는 설교자들을 통하여 스스로 말씀하시는 하나님의 활동인 동시에 어느 한 사람을 통하여 다른 사람들에게 전해지는 인간의 활동인 것이다. 이 말씀을 전하는 과정에서 하나님과 사람의 활동은 하나로 결속되어 있으며, 따라서 서로 분리될 수 없다. 하나님께서 인간을 통해 말씀하신다는 사실이 그의 메시지나 말씀의 중요성을 축소시키지 않는다. 하나님은 인간과 인간의 언어로써 인간들과 교제하실 만큼 은혜로운 분이시다.

## 2) 강해 설교의 정의

일반적으로 설교는 하나님과 설교자, 그리고 회중을 연결시키는 생동감 넘치는 과정이다. 우리는 교회사 속에서 설교의 몇 가지 유형들을 볼 수 있다. 예를 들어 유명한 「설교의 기술」이란 책에서 샌스터(Sangster, 1954:2)는 설교의 중요한 세 가지 유형을 구별하고 있다. 첫 번째는 '내용에 따라서', 두 번째는 '구조적 유형에 따라서', 그리고 세 번째는 '심리학적 방법에 따라서'이다. 이러한 구분과는 별도로 설교에는 주제에 의한 분류, 본문에 의한 분류, 전도적 목적에 의한 분류, 변증적 목적에 의한 분류, 선지자적 내용에 의한 분류, 도덕적 내용에 의한 분류, 교리적 내용에 의한 분류로 나뉠 수 있다.

'강해 설교'라는 용어는 예전에 비해 최근에 더욱 빈번히 사용된다. 결과적으로 많은 설교자들이 이 용어를 정의 내리려고 애써왔다. 일반적으로 강해 설교라는 말은 성경에서 설교 본문이 선택되고 객관적으로 인정받은 주석적 방법에 의해서 본문의 배경과 의미가 해석 과정을 통해 밝혀지며 구체적인 상황 속에 있는 청중들에게 설교가 적용됨을 의미한다.

차펠(Chapell, 1994:129)은 "강해 설교에 대한 기술적 정의는 특정한 본문에 나타난 저자의 생각을 드러내고 말씀을 관통하며 청중들의 삶에 적용되는 주제들과 부제들을 추출해 냄으로써 성경의 내용을 설명하는 것을 전제로 한다."라고 분명히 말하고 있다. 로빈슨(Robinson, 1986:20)에 따르면 "강해 설교는 문맥 속의 구절에 대한 역사적, 문법적, 문학적 연구로부터 도출되고 전해져온 성경적 개념의 전달이다. 이것은 성령께서 먼저 설교자의 인격과 경험에 적용하시며 그를 통해서 말씀을 듣는 이들에게 적용하시는 것이다." 반하우스(Barnhouse, 1963:XI)는 "강해 설교는 하나님의 말씀이 기록된 본문을 설명하고 삶의 모든 경험을 활용하여 강해된 내용을 현실에 조명하는 법을 배우는 예술이다."라고 한다. 라이펠트(Liefelt, 1984:112)는 다음과 같이 간접적인 정의를 내리고 있다. "진정한 강해 설교는 적당한 균형 안에서 말씀에 대한 충실한 설명과 적용을 병행한 것이다." 바인즈(Vines, 1985:7)는 강해 설교를 "성경 말씀의 구절을 설명하고 그것을 중심 주제와 요지에 따라 구성하며 결정적으로 청중들에게 그 메시지를 적용하는 것"이라고 정의한다.

존 스토트는 설교가 항상 강해적 성격을 띄어야 한다고 믿는다. 그(1982a:125)는 "모든 기독교의 교훈은 강해 설교라는 것이 나의 논지이다."라고 말하고 있다. 다리 놓기로써의 말씀 선포에 대한 그의 강조점을 뒷받침하면서 그는 성경의 세계와 현대 세계 간의 깊은 골을 묘사한다.

존 스토트(1982a:125)는 "나는 강해 설교가 많은 설교 방법들 중의 하나로 좌천되는-때로는 마지못한 경우이기조차 하지만-것을 묵과할 수 없다. 진정한 설교는 모두 강해적 성격을 지닌다. 물론 '강해 설교'가 성경의 긴 구절들에 대해 한 구절 한 구절씩 설명하는 것을 의미한다면 실제로 그것이 말씀을 선포하는 한 가지 방법에 불과할 수도 있지만 실제로 그렇다면 이것은 용어의 오용일 뿐이다. 정확히 말해서 '강해'는 훨씬 광범위한 의미를 내포한다. 그것은 설교의 스타일(연속적인 주석)에 대해서라기보다는 그 내용(성경적 진리)에 대해서 언급하는 것이다."라고 설명한다.

존 스토트는 만약 설교가 참으로 기독교적인 것이 되려면 반드시 그것은 강해적 성격을 지녀야 한다고 하면서 「현대를 사는 그리스도인」에서는 강해 설교를 "영감에 의해 기록된 본문의 의미를 하나님의 음성이 울려 퍼지고 그의 백성들이 그에게 순종하게 되도록 신실함과 세심함으로 밝혀내는 것"으로 정의하고 있다.(1982a:135; 1992:208) 비록 존 스토트가 강해 설교를 단순히 정의 내리고는 있지만, 그의 설명 속에는 설교의 두 가지 중요한 요소를 포함시키고 있다. 하나는 본문에 대한 설명이고, 다른 하나는 본문의 적용이다.

그래서 라이펠트(Liefelt, 1984:6)는 간단히 "강해 설교는 적용된 설명이다. 실제적인 적용이 없다면 설명은 단순한 묘사에 불과하다."라고 규정한다. 실제로 목회자는 말씀의 문법적, 역사적, 상황적, 그리고 신학적 의미들을 밝히기 위한 신중하고 진지한 시도를 한다. 그런 다음에 그는 듣는 이들의 삶과 연관된 말씀의 의미를 찾아야 한다. 그렇게 하기 위해서는 그 메시지를 적절히 체계화하고 적합한 실례를 통해서 설명하며 강력하게 적용해야만 한다.

이러한 이유로, 존 스토트는 강해 설교가 성경에 대한 해석과 적용을 포함해야 한다고 강조한다. 말씀을 선포하는 것은 불변하는 하나님의 말씀을 현 세상의 변화무쌍한 삶과 연결하는 일이다. 강해 설교는 한마디로 말해 성경 구절이 의미하는 것을 평이하게 만들고 듣는 이들의 삶에 건실하게 적용하는 것이다. 덧붙여, 존 스토트(1961a:53)는 "하나님은 설교자의 선포를 통해서 인간과 조우하실 뿐만 아니라 실제로 이것을 통해 인간을 구원하신다."라고 말한다. 여기서 그는 설교의 기능과 역할을 강조한다.

그러므로 그(1992:286)는 최종적으로 강해 설교의 필요성을 강력히 주장한다. "오늘날 진부한 서방교회든 또는 많은 제3세계 국가들의 열정적인 교회들이든 어디에도 성경에 대한 충실하고 체계적인 설교보다 더 필요한 것은 없다."

## 3) 강해 설교의 장점

라이펠트(Liefelt, 1984:10-14)는 강해 설교의 장점에 대해 다음과 같이 요약한다. "첫 번째 장점은 우리가 설교를 하면서 하나님의 뜻을 설교하고 있음을 더욱 분명히 확신할 수 있다는 것이다. 두 번째는 첫 번째 것에 따른 당연한 결과로서 강해 설교는 우리를 성경의 진리 안에 머물게 하며 따라서 우리의 주관적 생각은 최소화되며, 세 번째는 성경을 통해 말씀을 선포할 때 우리는 '우리가 다루기 좋아하는 주제'에만 집착하지 않고 '하나님의 전체적인 계획하심'을 선 포한다는 것이다. 네 번째는 본문의 배경이 일반적으로 자체적인 적용을 포함 한다는 것이며, 다섯 번째는 성경이 종종 설교의 개요를 위한 토대를 형성하는 문학적 구조를 제공한다는 것이다. 여섯 번째이자 강해 설교의 매우 유용한 장 점은 계속적인 설명의 과정 중에 강제성을 띄지 않고도 민감한 주제들을 포함 시킬 수 있다는 것이다. 마지막으로 강해 설교는 성경연구의 모델이 되는 좋은 기회를 설교자들에게 제공해 준다는 점이다." 존 스토트(1982a:315)는 설교자가 체계적인 강해 설교의 관례들을 따른다면, 즉 성경의 각 권이나 또는 한 본문 을 구절별 또는 단락별로 꾸준히 작업해 나간다면 세 가지 유익을 얻는다고 역 설한다.

그 첫 번째 이점은 우리가 간과했거나 일부러 꺼려했을지도 모를 구절들을 다루도록 한다는 것이다. 다시 말해 이것은 설교자가 어떤 개인을 지적하고 있 다는 오해를 사지 않고도 주제와 필요의 다양성을 다루게 한다. 더군다나 이것 은 설교자들이 선호하는 맥락을 끊어 놓는다. 특히 이것은 연속적인 강해 설교 가 한 권의 책이나 여러 장에 걸쳐 행해질 때 그 속에 내재한 다양성을 나타낸 다.(Baunmann, 1978:103)

강해 설교의 두 번째 이점은 우리가 정해진 주일에 특정한 본문을 다루 는 이유에 대해서 사람들이 의문을 가지지 않도록 하는 데 있다. 존 스토트 (1982a:315-316)는 한 가지 예로써 이 점을 분명히 한다. 비록 그는 25년 동안이 나 목회 사역을 해 왔지만 이전에 이혼이란 주제로 설교해 본 적이 전혀 없었 다. 그는 이것이 현대의 격렬한 논쟁거리일 뿐만 아니라 어렵고 복잡한 주제이 기 때문에 회피해 왔다. 그러나 산상수훈(마 5-7장)을 설교할 때 그는 마태복음 5 장 31-32절의 말씀과 정면으로 마주쳤다. 그는 이 구절들을 빠뜨릴 수가 없었 고, 그래서 이혼에 관한 설교를 시작했다. 그는 "만약 내가 느닷없이 이혼에 대해서 설교를 했었더라면 회중들은 틀림없이 그 이유를 궁금해 했을 것이다. 그러나 이 일이 발생했을 때 그들의 관심은 그런 질문으로 쏠리지 않았다. 그들은 내가 마태복음 5장 31-32절의 말씀을 강해하고자 했던 것은 연속설교 가운데 다음에 이어지는 구절이었기 때문이라는 것을 알고 있었다."라고 그때를 떠올렸다.(Stott, 1978a:92-99)

세 번째는 성경의 일정 부분을 철저하고 체계적으로 설명하는 것은 사람들의 이해 범위를 넓히고 그들에게 성경에 나타나는 몇 가지 주요한 주제를 소개하며 성경을 성경으로 해석하는 법을 보여 준다. 알렉산더(Alexander, 1988:230-250)는 역시 이 점을 지지한다. "강해 설교는 회중을 위해 성경에 대한 가장 높은 단계의 지식을 보장하고 … 광범위한 신학적 주제들을 다루도록 허용하며 … 성경 본문에 대한 잘못된 해석을 경계한다."

## 4) 신학적 토대

존 스토트의 목회 사역에 대한 접근 방법은 말씀 선포의 신학에서 비롯된다. "효과적인 설교를 위한 핵심적 비밀은 확실한 기술들을 터득하는 데 있지 않고, 분명한 확신들을 체득하는 데 있다. 다시 말해 신학이 방법론보다 중요한 것이다."(Stott, 1982a:92) 이 때문에 그는 신학을 설명하는 데 중점을 두기보다는 확실히 신학적으로 설교를 하며, 그의 본문은 항상 죄인들뿐만 아니라 의인들의 양심에까지도 적용된다.

그는 자신의 설교의 신학을 설명함에 있어서 신관, 성경관, 교회관, 목회관과 설교관이라는 다섯 가지 주제로 제한하고 있다. 그의 의도는 설교활동의 기초가 되고 이것을 강화시키는 다섯 가지 신학적 논제들을 정리하려는 데 있다.

### 신관(The doctrines of God)

신관에 대해서는 많은 논의들이 있을 수 있으나, 특히 중요한 것은 그분의 존재, 행위, 그리고 목적에 대한 세 가지 주장들이다. 존 스토트가 하나님께 대한 확신을 먼저 언급하는 이유는 우리가 어떤 하나님을 믿느냐에 따라서 우리가 선포하는 설교의 내용이 정해지기 때문이다.(Stott, 1982a:93) 그는 하나님에 대한 계시가 모든 그리스도인들, 특히 설교자들을 위한 중요한 교리라는 것을 입증하기 위해서 위의 세 가지 요소들을 언급하고 있다.

### 하나님은 빛이시다(요일 1:5)

존 스토트는 하나님의 순수성과 진실성, 그리고 자기계시를 묘사하기 위해서 '하나님은 빛이시다'라는 요한 신학적 은유를 인용한다. 실제로 성경에서는 종종 빛이 순결성을 상징하기 때문에 하나님은 거룩하심 가운데서 완전하신 분이시라고 할 수 있다. 요한 신학적 문학에서 빛은 예수 그리스도께서 자신을 '세상의 빛'이라(요 8:12)고 말씀하셨을 때처럼 진리를 의미하는 경우가 많다. 그는 또한 그를 따르는 자들에게 감추지 말고 그들의 빛을 세상에 비추라고 말씀하셨다(마 5:14-16). 그래서 우리는 빛의 본질이 비추기 위함인 것처럼 하나님의 본질은 자신을 계시하심이라고 말할 수 있다.

그러므로 존 스토트(1982a:94)는 모든 설교자들에게는 이런 확신에서 나오는 강한 용기가 필요하다고 주장한다. 교회 안에서 우리 앞에 앉아 있는 청중들은 매우 다양한 상황 속에서 어떤 사람들은 다른 사람들로부터 소외되어 있거나 긴장 상태이거나 심지어는 어리둥절한 상태에 있기도 하는데, 이 모든 것들은 인간 실존의 비밀에 의한 것들이다. 그러나 또 다른 이들은 의심과 불신의 어두움에 갇혀 있기도 하다. 우리는 그들에게 하나님은 빛이시며 자신의 빛을 어두움 가운데 비추기 원하신다고 말할 때 확신을 가져야 한다(고후 4:4-6 참조).

## 하나님은 행동하신다

하나님의 사역들은 자신을 창조자로서 뿐만 아니라 구원자, 즉 은총과 자비의 하나님으로 계시하신다. 구약성경에서 하나님의 행동들은 그의 백성들을 죄와 원수들로부터 구하시기 위해 계시된 것이다. 그러나 신약성경은 다른 구속과 새로운 언약에 초점을 두고 있는데, 그것은 '더 나으며', '영원한' 것으로 묘사되고 있다. 왜냐하면 하나님의 가장 크신 능력의 행위, 즉 그의 독생자 예수 그리스도의 탄생과 죽음, 그리고 부활을 통해 확증되었기 때문이다.(Stott, 1972:123; 128-130) 그러므로 성경의 하나님은 압제 당하는 인간을 구해 주시기 위해 오셨고, 그래서 자신을 은총과 자비의 하나님으로 계시하신 매인 자를 해방시키시는 분이시다.(Stott, 1982a:94)

## 하나님은 말씀하신다

더 나아가, 하나님은 성경을 통해 자신의 행동에 대해서 말로써 인간들에게 설명하신다.(Stott, 1972b:19) 불행하게도 현대의 신학적 경향은 하나님의 역사적 행동은 많이 강조하면서도 그가 여전히 말씀하신다는 점은 부인하고 있다. 또한 하나님의 자기계시는 말씀이 아닌 행동 안에서, 이상적이 아닌 인격적으로 이루어졌다고 말한다. 그리고 사실은 구속 행위가 계시 그 자체라고 주장한다. 그러나 이것은 성경 자체가 말하고 있지 않은 잘못된 구별이다.

성경은 하나님께서 역사적인 사역과 설명하시는 말씀 두 가지 모두를 통해서 인간과 교통하신다. 따라서 이 두 가지는 불가분의 관계에 있다는 것을 단언하고 있다. 만약 하나님이 말씀하지 않으셨고 그의 사도들이 그에 대해 기록하고 해석하지 않았더라면, 하나님께서 이루어 가시는 자기계시의 절정인 성육신 사건은 풀리지 않는 수수께끼로 남았을 것이다.(Stott, 1981f: 12, 14)

사역은 그것을 설명하는 언어들과 분리된 채로 선포되어서는 안 된다. 여기에는 살아 계시고 구속하시고 자기를 계시하시는 하나님께 대한 기본적인 확신이 포함되어 있다. 이것은 평안을 전하는 모든 그리스도인들에게 있어서도 기본적인 것이다. 만일 우리가 이 하나님을 믿지 않는다면 우리는 설교를 하기 위해 달려들어서는 안 된다. 만약 하나님이 말씀하시지 않으신다면 어떻게 우리가 감히 말할 수 있는가?(Stott, 1982a:96) 결론적으로 우리들이 하나님의 메시지를 전한다는 아무런 확신도 없이 회중들에게 설교한다는 것은 거만함과 어리석음의 극치일 뿐이다. 우리가 확신할 때에 비로소 하나님은 빛이시며(그래서 알려지기 원하시며), 사역하시며(그래서 당신을 알리시며), 말씀하신다(그래서 당신의 행위들을 설명하신다).(Stott, 1970b:40)

## 성경관(The Scriptures)

우리는 3장에서 성경에 대한 존 스토트의 교리를 성경 해석의 기초로 언급했다. 이 교리와 설교자 간의 관계에 대해서는 주목할 필요가 있다. 그는 성경에 나타나 있는 모든 설교자들의 매우 확고하고 진지한 신념(확신)을 보여 주기 위해서 세 가지 논제들을 지적한다.

### 성경은 기록된 하나님의 말씀이다

존 스토트는 성경을 '기록된 하나님의 말씀'이라고 강조하고 있는데(1976:9) 이는 성경에 대한 탁월한 정의이다. 왜냐하면 하나님께서 역사적 구원의 사역 가운데 자신을 계시하시며 최종적으로 성육신 사건을 통해서 자신을 계시하시는 놀라운 구속 역사를 이루어 오셨다는 사실을 믿는 것과 하나님께서 자신의 행위들을 설명할 수 있도록 선지자들과 사도들에게 영감을 주어 '말씀해 오셨다'는 것을 믿는 것은 별개의 것이기 때문이다. 더욱이 신적인 행위에 대한 기록과 설명을 통하여 하나님의 말씀이 명문화되었다는 사실을 믿는 것은 또 다른 세 번째 단계이다. 그러나 오직 그렇게 할 때에만 하나님의 특별계시는 보편적인 것이 되고, 이스라엘 안에서, 그리고 그리스도를 통해서 그가 하신 일과 하신 말씀이 모든 세대와 모든 지역의 사람들에게 유효한 것이 된다. 그래서 사역과 말씀과 기록은 하나님의 목적 안에서 하나로 결속된다.

그(1982a:98)는 성경에 나타난 말씀 선포 사역에 대한 이러한 교리의 타당성을 주장한다. 설교자의 임무는 "현존하는 가장 권위 있는 증거, 즉 교회에 대한 하나님 자신의 증거를 … 신실하게 20세기에 중개하는 것이다. 더구나 모든 설교자들은 설교 중에 하나님의 구원의 행위와 기록된 말씀을 균형있게 유지시켜 나갈 필요가 있다. 진정한 설교자는 하나님의 비밀에 대한 신실한 청지기(그의 말씀을 충실히 보전하고 전파하는 사람, 고전 4:1, 2)이자 하나님의 기쁜 소식을 전하는 열정적인 전달자(구원의 기쁜 소식을 선포하는 사람)이다."라고 말한다. 마지막으로 모든 설교자의 임무는 목소리를 높여 하나님의 비밀과 기쁜 소식을 다른 사람들에게 전하는 것이며 또한 그들 스스로가 이러한 진리에 대한 더 깊은 이해와 체험 속에서 부단히 성장해 가는 것이다.

**하나님은 창조 이래로 모든 세대를 통해 말씀하신 바를 오늘날에도 여전히 말씀하신다**

존 스토트(1982a:100, 102)는 성경이 살아 계신 하나님께로부터 산 자들에게 전해지는 살아 있는 말씀이며 현 세상에 적합한 메시지라고 역설한다. 우리가 '하나님은 그가 말씀하신 것을 통해 지금도 말씀하신다'는 사실을 파악하게 될 때 상충되는 두 가지 오류를 피할 수 있다. 첫째는 비록 옛적에는 말씀하셨지만 현재는 침묵하고 계신다는 주장이요, 둘째는 하나님은 정말 오늘날에도 말씀하고 계시기는 하지만 그 내용이 성경과는 거의 또는 전혀 관계가 없다는 주장이다.

첫 번째는 기독교 고전주의(antiquarianism)로, 두 번째는 기독교 실존주의로 이어진다. 안전과 진리는 하나님께서 이전에 말씀하셨듯이 지금도 말씀하고 계시며, 그리고 이 두 메시지는 서로 밀접하게 연관되어 있다고 하는 확신을 가질 때에 발견된다. 왜냐하면 그는 말씀하신 것을 통해 말씀하시기 때문이다. "성경은 하나님이 설교하는 책이다."(Stott, 1982a:103)

그러므로 존 스토트는 사고의 동일한 신학적 패턴 안에서 성경과 말씀 선포를 이해한다. 개혁주의자들에 따르면 하나님은 곧 말씀하시는 하나님이시다. 하나님은 어떻게 말씀하시는가? 이에 대한 대답은 바로 설교가 하나님의 말씀이라는 것에서 찾을 수 있다. 개혁주의자들은 복음의 구전적 특징을 칭송했다. 레인홀더 씨버그는 "개혁주의는 … 그 강조점을 말씀에 둔다.… 하나님의 말씀은 원래 성경의 언어를 의미했던 것이 아니라 구두로 선포된 성경의 진리를 의미했다."라고 개혁적 영감을 요약하고 있다. 개혁주의자들에게 있어서는 설교가 바로 하나님의 말씀이며, 어떤 면에서는 동일한 복음의 메시지를 선포한다는 범위 내에서 성경 또한 그들에게 하나님의 말씀이었다. 마지막으로 설교에 대한 개혁자들의 관점이 담긴 '제2 헬베틱 신앙고백'(The second Helvetic Confession)을 살펴보자.

"하나님의 말씀에 대한 선포가 하나님의 말씀이다. 그러므로 이 하나님의 말씀이 공인된 설교자들에 의해서 교회 안에서 선포될 때 우리는 하나님의 참된 말씀이 선포되고 믿는 자들에 의해서 받아들여진다는 것을 믿는다. 또한 다른 어떠한 하나님의 말씀도 만들어질 수 없고 하늘로부터 올 것을 기대할 수 없다는 것을 믿는다. 그리고 설교하는 목회자보다 선포된 말씀 자체를 중요시해야 하며 이것은 비록 그가 악하고 죄인이라 할지라도 그가 전하는 하나님의 말씀은 진실하고 선한 것이기 때문이라는 것을 믿는다."(Cochrane, 1965:I)

## 하나님의 말씀에는 능력이 있다

존 스토트(1982a:103)는 하나님께서는 말씀하신 것을 통해서 계속 말씀하고 계실 뿐만 아니라 행동하신다고 믿는다. 그의 말씀은 그의 행동을 설명하는 것보다 더 많은 일을 하시고, 말씀은 그 안에서 활동한다. 하나님은 말씀으로 그의 목적을 성취하신다. 말씀은 그가 계획하신 것이 무엇이든지 번성하게 만든다(사 55:11).

포사이드(Forsyth, 1967:3, 15, 56)는 "복음은 행동이자 능력이다. 이것은 하나님의 구속의 행위이다. … 진정한 설교는 실제적인 행동이다. … 설교자의 말은 그가 단지 설교를 전달하는 데 그치지 않고 복음을 전파할 때 축복과 심판으로 무장된 실제적 행위가 된다."라고 말한다. 왜냐하면 이것은 그리스도의 역사적인 구속 활동을 지금 여기에서 극적으로 일으키기 때문이다.

따라서 우리는 우리의 손과 마음과 입에 하나님의 능력 있는 말씀을 가지고 강단에 서야 한다. 그리고서 우리는 결과들을 기대하고 회심을 기다려야 한다. 스펄전은 목회자들을 향한 한 연설에서 이렇게 언급한다. "회심하는 자가 없을 때 깜짝 놀라고 의아해하고 상심할 수 있을 만큼 기도로 준비하고 선포하라. 죽은 자들을 깨우려고 최후의 나팔을 부는 천사만큼 당신의 청중들이 구원받을 것을 기대하라! 당신의 교리를 신뢰하라! 당신의 구주를 믿으라! 당신 안에 거하시는 성령님을 믿으라! 그렇게 한다면 당신은 당신 마음의 열망을 보게 될 것이며 하나님은 영광을 받으실 것이다."(Spurgeon, 1960:187) 하나님의 말씀에 담긴 폭발적인 능력에 대한 믿음은 이 특별한 사역에 부르심을 입은 모든 사람들로 하여금 영향력 있는 설교자가 되도록 하기에 충분한 것이다.

### 교회관(The church)

존 스토트(1982b:63, 64)는 "교회란 '새로운 인류' 즉 구원받고 새로워진 인간의 선봉장이다.… 그러나 사실 교회는 죄로 가득하고 쉽게 죄를 지으며 다투고 싸우는 어리석고 천박한 오합지졸이자 하나님의 영광에 이르지 못하며 종종 그것에 가까이 가는 것조차 실패하는 우리 자신들이다."라고 말한다.

존 스토트(1982a:109, 114)는 교회가 하나님의 말씀에 의해 형성되었고 그 말씀에 의존하고 있다는 하나의 논제를 가지고 그의 교회학을 설교에 연결시킨다. 그는 교회의 쇠퇴가 설교의 퇴락과 항상 연관되어 있다는 로이드 존스의 의견에 동의한다. 비록 그 순서를 적절하게 증명하지는 못했지만 두 사람은 설교의 몰락이 교회의 몰락을 야기했다는 결론을 이끌어 내고 있다.(Lloyd Jones, 1971:24)

다간(Dargan, 1985:13)은 이것을 구체적으로 언급한다. "교회의 영적 삶과 활동의 몰락은 보통 생명력 없고 형식적이며 열매 없는 설교와 동행하는데 이것은 부분적으로 원인이 되기도 하고 결과가 되기도 한다. 한편 기독교 역사의 위대한 부흥은 대체로 설교에서 그 근원을 찾아볼 수 있으며 설교자들의 진행 속에서 설교의 우월한 위치를 수립할 수 있게 했다." 이제 우리는 설교를 위한 신학적 토대로서의 교회에 대한 존 스토트의 신념을 보다 상세히 살펴보고자 한다.

### 하나님의 말씀이 교회를 형성했다

존 스토트(1982a:110; 1982a:66, 67)는 "성경이 교회를 형성해 왔다고 말할 수 있다. 좀 더 정확히 말해서 하나님의 말씀(성경 안에 기록된)이 교회를 형성했다."라고 강조한다. 왜냐하면 하나님의 백성은 그가 말씀을 통해서 아브라함을 부르시고 언약을 체결하셨을 때 형성되었다고 할 수 있기 때문이다. 이와 유사하게 하나님의 사람들이 성령 충만한 그리스도의 몸으로 형성되었던 것은 오순절 날 성령의 능력 안에서 행해진 하나님의 말씀에 대한 사도적 선포를 통해서이

다.(1990:60)

성령의 능력 안에서 선포된 하나님의 말씀(선지자들과 사도들이 증거 하는)은 교회를 형성했다. 그리고 여전히 이 일은 계속되고 있다. 교회는 이 기초 위에 세워져 있다. 그리고 신약성경의 정경화 과정에서 교회는 이러한 기록에 대해 새로운 권위를 부여한 것이 아니라 이미 내재하는 권위를 인정했을 뿐이었다. 왜냐하면 그것들은 '사도적'인 것이었으며 주님을 따르던 사도들의 가르침을 포함하고 있었기 때문이다.

이러한 이유들로 우리는 거짓없이 성경(즉 이제는 성경 안에 기록된 하나님의 말씀)이 교회를 형성했고 유지해 나간다고 말할 수 있다.

## 하나님의 말씀이 교회를 유지한다

창조자는 항상 자신이 창조한 것을 양육하시기에 교회의 형성을 인도하신 후 그것을 계속 유지시키신다. 더구나 당신의 말씀으로 교회를 탄생시키셨으므로 말씀으로 양육하시며 성장시키신다. 만약 "사람이 떡으로만 살 것이 아니요 하나님의 입에서 나오는 모든 말씀으로 살 것이라"(신 8:3; 마 4:4에 인용됨)는 말씀이 사실이라면 이것은 교회에 대해서도 사실이다. 교회는 말씀 없이 번성할 수 없다. 교회는 끊임없이 하나님의 말씀을 들을 필요가 있다. 그래서 공적 예배에서는 말씀의 선포가 중심이 되어야 하며, 설교는 공중 예배의 필수 불가결한 요소이다. 왜냐하면 하나님을 예배하는 것은 항상 하나님의 말씀에 응답하는 것이기 때문이다. 먼저 하나님께서 말씀하시고(성경 구절들, 본문낭독, 강해를 통해서) 그 다음에 회중이 개인적 고백과 사도신경, 찬양과 기도로 응답한다. 성도들은 오직 하나님의 말씀을 듣고 받아들여서 믿고 흡수하며 순종할 때 비로소 그리스도 안에서 성장한다.(Stott, 1982b:68) 왜냐하면 교회는 하나님의 백성들에게 하나님의 말씀에 대하여 올바르게 이해하도록 돕기 위해 계획된 장소이

기 때문이다.(Stott, 1972a:162)

최종적으로 존 스토트(1991:179)는 "교회 안에서 그리스도인들을 건강하게 만들며 그래서 우리들이 핍박의 압제를 견디고 거짓 가르침과 유혹에 저항할 수 있도록 우리를 강하게 만드는 것은 바로 성경이다."라고 말한다. 실제로 하나님의 백성은 그의 말씀을 믿고 순종함으로써 살아가고 성장해 나간다.

요약하자면, 어떤 지역 내에서 교회가 몰락하고 성장하지 못하는 주요한 이유는 설교의 무력함 때문이다. 그래서 하나님의 말씀으로 탄생한 교회가 다시 번성하기 위해서는 가장 먼저 능력 있으면서도 성경적으로 충실한 설교가 필요하다.

### 목회관(The pastorate)

성경과 교회의 연결고리는 목사직이다. 존 스토트(1982a:116)는 성직자의 사기를 떨어뜨리는 몇 가지 경향들을 지적했는데, 즉 국가의 전문 분야(예: 의학, 교육, 사회복지와 같은 영역에 의해서)로 기독교 사역이 귀속되는 것과 또한 교회의 모든 지체들이 사역자로서의 부르심을 받았기 때문에 전문적인 사역자는 더 이상 필요치 않다는 생각이 그것이다.

이런 상황에서 존 스토트(1982a:116, 117)는 "예수 그리스도께서 계속해서 그의 교회에 감독자들을 보내시고 그들을 교회 조직상의 영구한 특징이 되게 하셨다(딤전 3:1)는 신약성경의 가르침은 거듭 주장되어야 할 긴박한 사항이다."라고 강조한다. 더군다나 이 진리를 재건함에 있어서 신약성경의 명칭인 감독자 대신에 '목사'라는 용어를 사용하는 것이 도움이 될 수 있다. 왜냐하면 주 예수 그리스도께서는 오늘날 도시에 살고 있는 신앙인들까지도 그렇게 생각하는 것처럼 자신을 '선한 목자'라고 지칭하셨으며 또한 그의 목자로서의 사역은(이 일에 대한 정통한 지식과 희생, 지도력, 보호와 돌봄의 특징들과 더불어) 모든 목자들을 위한 영원한 지표로 남아 있기 때문이다.

목회자들은 양떼를 먹이는 목자들처럼 사람들에게 성경을 가르친다. 예수께서는 베드로에게 "내 양을 먹이라"(요 10:9; 21:15, 17)고 반복해서 말씀하셨다. 이 명령을 사도들은 결코 잊지 않았다. 바울은 에베소 교회의 장로들에게 "여러분은 자기를 위하여 또는 온 양 떼를 위하여 삼가라 성령이 그들 가운데 여러분을 감독자를 삼고 하나님이 자기 피로 사신 교회를 보살피 게 하셨느니라"(행 20:28)라고 말하고 있으며, 베드로는 후에 "너희 중에 있는 양 무리를 치라"라고 쓰고 있다(벧전 5:2).

오늘날의 목회자들이 설교와 가르침에 우위를 둔 신약성경의 강조를 신중하게 다룬다면 그들은 설교와 가르침이 자신을 충만케 할 뿐만 아니라 그것이 교회에 아주 유익한 영향력을 끼치리라는 사실을 알게 될 것이다.

존 스토트는 가르침(Didache)과 설교(Kerygma)를 구별하는 다드의 말을 인정하면서도 그가 너무 지나치게 구분한다고 말한다. 예수님과 바울이 말씀을 선포하실 뿐만 아니라 가르치기도 하셨다는 성경의 세 번의 기록을 제시하며 목회자 또한 이 두 가지 기능을 동시에 수행해야 한다는 것이 존 스토트의 결론이다.(Stott, 1982a:118, 122)

### 설교관(preaching)

설교에 대한 정의에서 우리가 앞서 살펴본 것과 같이 그는 항상 강해 설교에 열중해 왔다. 그의 저서 「현대 교회와 설교」에서 존 스토트는 강해 설교에 대한 논의를 담고 있다.

## 강해 설교는 우리의 한계를 설정한다

강해 설교는 성경적인 설교이기 때문에 본문 안에 주어진 중요 주제들의 범위 내에 설교자들을 제한시킨다. 설교자의 본문은 예외 없이 하나님의 말씀에서 취한 것이다. 킬링거(Killinger, 1985:14)는 "성경적으로 설교하기를 원하는 설교자들은 성경의 특정 부분에서 그의 설교를 시작할 것이다."라고 말하고 있다. 존 스토트는 이를 강조하기 위해서 코간의 말을 인용한다. "설교자는 그 자신을 위해 설정된 한계선을 지켜야 한다. 그가 강단에 설 때 그는 완전히 자유로운 사람이 아니다. 거기에서 설교자는 전능하신 하나님께서 넘을 수 없는 경계선에 그를 한정시키시고 계심을 느낀다. 그에게는 메시지를 만들어 내거나 선택할 수 있는 자유가 없다. 설교는 그에게 위탁된 것이고 그는 청중들에게 선언하고 설명하고 권면해야 하는 것이다.… 복음의 장엄한 전제정치 아래로 들어오는 것은 참으로 위대한 일이다."(Coggan, 1978:46, 48)

## 강해 설교는 통일성을 요구한다

설교자는 본문 안에서 저자가 말하고자 했던 원래의 의미를 찾기 위하여 텍스트를 충실하게 연구해야 한다. 킬링거(Killinger, 1985: 16)는 "… 그(설교자)가 본문에 대한 원고를 체계화하기 전에 각 본문을 신중하게 연구하는 것은 중요하다."라고 강조한다.

많은 설교가 이 첫 번째 단계에서 실패하는 것은 설교자들이 종종 자신들이 전에 읽었고 사용했던 본문들의 의미들을 알고 있다고 가정하기 때문이다. 그래서 존 스토트(1982a:127)는 "모든 사람들이 이 사실(통일성을 요구하는)을 납득하는 것은 아니다. 성경이 사람들이 원하는 어떠한 의미로도 해석될 수 있다는 것은 잘 알려져 있다. 그러나 이것은 그 사람이 통일성을 상실한 때에만 그러하다."라고 말한다.

존 스토트(1982a:127, 128)는 16세기 개혁자들에게서 한 가지 교훈을 얻고 있다. "그들은 성경을 공부하는 학도가 꼭 찾아야 할 것은 난해하지 않으면서 쉽고 자연스럽고 분명한 각 본문의 의미라고 강조했다. 원 저자는 자신의 글로써 무엇을 말하고자 했었는가? 그것이 문제이다."(Stott, 1982a:127, 128)

마지막으로 존 스토트는 칼빈과 찰스 시므온으로부터 온 두 인용문을 통해서 이 점을 강조한다. 칼빈은 제네바의 목회자들에게 "내가 알고 있는 한 나는 성경의 한 구절도 불순하게 만들거나 왜곡시켜 본 적이 없다. 그리고 내가 비록 세밀하게 연구하였을지라도 그 의미가 난해할 때는 임의대로 해석하지 않고 언제나 그 뜻이 단순해지도록 연구했다.…"라고 말했다.(Cadier, 1960:173-5)

그리고 시므온은 이렇게 고백했다. "나는 … 조직신학자들의 지지자가 아니다. 나는 오직 성경에서 나의 종교관을 도출해 내려고 노력해 왔고 빈틈없이 충실하게 성경을 고수하는 것이 나의 바람이다. 이것은 또한 하나님의 말씀을 특정한 견해에 맞추어 왜곡시키지 않고 그 말씀 하나 하나에 저자가 전하고자 했던 그 감동을 심는 것이기도 하다."(Simeon, 1828: Vol.1.4-5)

### 강해 설교는 오류의 함정에 빠지지 않게 한다

강해 설교는 우리가 반드시 피해야 할 오류의 함정, 즉 본문으로부터 벗어나 다른 논제들을 다루거나 저자의 의도와는 전혀 별개의 어떤 것을 말하기 위해 본문을 왜곡시키는 위험들을 피할 수 있게 한다. 또 한편 성경의 해석자들은 성경에 있는 그대로를 나타낸다. 그들은 거기에 없는 것을 본문 속에 억지로 끼워 넣기를 거부한다. 그들은 감추어진 것을 공개하고 불분명한 것을 명료하게 만들며 묶인 것을 풀어내고 단단하게 꾸려진 것을 펼쳐 놓는다. 강해 설교에서의 성경 본문이란 판이하게 다른 소재의 설교를 위하여 사용된 관례적인 서론이 아니며 잡념으로 얼룩진 넝마를 걸어놓기 위해서 마련된 편리한 걸

이도 아니다. 그것은 말씀되어진 것을 지시하고 통제하는 주인인 것이다.(Stott, 1981e: 26)

## 강해는 우리에게 설교할 수 있는 확신을 준다

설교자는 자신의 견해가 아닌 하나님의 말씀을 설명하는 사람이다. 만약 우리가 통일성과 정직성을 가지고 하나님의 말씀을 설명한다면 우리는 매우 담대해질 수 있다. 진정한 강해 설교는 그러한 확신과 확신으로부터 나오는 권위를 증대시킨다.(Liefelt, 1984:10) 이것은 우리가 우리 자신의 말을 엄숙한 것으로 여기기 때문이 아니라, 옛 유대인들처럼 우리도 '하나님의 신탁을 맡은' 자들이기 때문이며(롬 4:12), 우리의 지대한 관심 또한 그들 자체가 말하는 것처럼 또는 하나님께서 그들을 통해 말씀하시는 것처럼 빈틈없는 충성심을 가지고 그 것들을 다루는 데 있기 때문이다.(Stott, 1982a:132)

윙그렌(Wingren, 1960:201-3)은 자신의 글에서 이것을 훌륭하게 표현하고 있다. "해석자는 말씀이 진전해 나갈 수 있도록 … 단지 본문 자체를 위한 입과 입술을 제공할 뿐이다. 정말 위대한 설교자는 … 사실 성경을 섬기는 종일 뿐이다. 그들이 말할 때 … 말씀은 … 본문 그 자체 내에서 빛을 발하고 들려진다. 음성 자체가 경청하도록 유도하며 … 본문 자체가 하나님의 말씀하신 바 바로 그 음성이다. 설교자는 입과 입술이 되며 회중은 그 음성을 듣는 귀이다.… 오직 말씀이 나아가기 위해서-세상 속으로 나아가 죄수들이 갇혀 있는 원수들의 벽을 뚫을 수 있도록 하기 위해서-설교는 필요하다." 우리가 통일성 가운데 그렇게 했을 때 하나님의 음성은 경청되고 교회는 확신 가운데 거하며 겸손해지고 회복되며 소생되어 하나님의 목적과 영광을 위한 도구로 변화될 것이다.(Stott, 1982a:133)

## 5) 그리스도 중심성

신약의 중심 주제는 예수 그리스도의 죽음과 부활이다. 우리는 이 주제가 루터의 설교와 신학을 꿰뚫는 지배적 주제란 사실을 알고 있다. 존 스토트의 모든 설교와 서적들은, 특히 「그리스도의 십자가」(1986a)는 그리스도의 십자가 상에서의 죽음과 부활을 그 중심 주제로 하고 있다. 존 스토트(1982b:29-30)는 "성경은 예수님을 주제로 하는 하나님의 그림이고 … 구약에 나타난 희생(제) 들은 십자가 위에서 모든 인류를 위해 단번에 이루신 완전한 속죄, 즉 우리의 구원을 위한 그리스도의 희생을 예시한다. … 신약성경으로 우리가 눈을 돌릴 때 예수 그리스도에 대한 초점은 더욱 명확해진다. 복음서들은 그로 가득 차 있다. 그분의 탄생과 공생애, 그의 말씀과 사역들, 그의 죽음과 부활, 그리고 그의 승천과 성령의 은사에 대해 말하고 있다. 사도들은 역사적인 사건이자 중요한 구속 사건으로서의 십자가와 부활에 역점을 둔다.… 그들은 진공상태에서 예수님의 죽음과 부활을 선포한 것이 아니라 성경과 역사의 배경 안에서 그렇게 했다."라고 말한다. 그리스도를 설교의 중심에 두고 설교를 예배의 중심에 두도록 한 것이 설교학에 끼친 존 스토트의 가장 큰 공헌이라 하겠다.

존 스토트에 따르면, 설교는 그 내용 때문에 다른 어떤 공중연설의 형태와도 구분된다. 그 내용은 성경 안에 나타난 하나님의 말씀, 즉 기록된 말씀이다. 기록된 말씀은 그리스도의 사건에 대한 사도들의 간증일 뿐만 아니라 가장 중요한 증거이기 때문에 설교의 내용이 된다. 그리고 그것이 바로 성경에 기초한 설교가 역사적인 그리스도를 모든 이들을 위해 살아 계신 분으로 만드는 이유가 된다.

존 스토트에게 있어서 설교의 중요성은 우리와 그리스도의 결합 안에서, 그리고 그의 의로우심에 대한 우리의 참여 안에서 발견된다. 존 스토트(1990:81;

1975b:48)는 "'예수를 선포하기'로는 충분치 않다. 왜냐하면 오늘날에는 너무도 많은 다양한 예수가 나타나고 있기 때문이다. 그러나 신약성경에 나타난 복음에 따르면 그는 역사적이고(그는 실제로 사셨고 죽으셨고 부활하셨고 역사의 지평을 넘어 승천하셨다) 신학적이며(그의 삶, 죽음, 부활과 승천 모두는 구원의 중요성을 가진다) 현재적이다(그는 그에게 응답하는 모든 자들에게 구원을 주시기 위하여 지금도 살아 계시며 통치하신다). 그래서 사도들은 세 가지 단계에서 예수님에 대한 동일한 언급을 했는데, 그것은 역사적 사건으로써(그들 자신의 눈으로 증거한), 신학적 중요성을 지닌 것으로써(성경에 의해 해석된), 그리고 현재적인 메시지로써(결단의 필요성을 모든 남녀에게 고취시키는)의 언급이다. 오늘날 우리에게도 사실로써, 교리로써, 그리고 복음으로써 예수님에 대한 이야기를 전해야 할 동일한 책임이 있다."라고 말한다.

로고스(말씀, 요 1:1)이신 그리스도는 하나님의 진정한 계시이다. 그리스도로서의 그분은 계시이시며 성경의 중심이자 핵심이시기 때문에 설교의 유일한 내용이 되어야 한다.(Stott, 1982a:95; 1992:167) 그래서 존 스토트의 해석은 성경에 대한 구속적 접근방법(기독론)에 의해서 지배된다. 그리고 이것이 바로 그가 성경은 그리스도 외에 아무런 다른 내용도 전달하지 않으며 그리스도 없는 성경이란 성경이 아니라고 단호히 주장할 수 있는 이유이다.(Stott, 1985:73; 1989:323)

알멘(Allmen, 1962:24)은 다음과 같은 말을 통해 존 스토트의 언급을 뒷받침한다. "성경의 핵심 혹은 성경의 머리는 예수 그리스도이다. 그를 만나지 않고 성경을 읽는다는 것은 불합리하게 성경을 읽는다는 것이며 그를 선포하지 않고 성경을 설교한다는 것은 거짓되게 설교한다는 것이다." 이것이 존 스토트가 모든 현대의 설교자들에게 기대하는 것이다.

그리스도 중심의 설교는 성육신된 영원하신 말씀에 대한 모든 설교자들의 순종을 통해서 선포되어야 한다. 이 메시지는 재림의 날까지 계속 선포되고 들려져야만 한다. 그리고 교회는 그리스도를 성경의 핵심이자 설교의 중심으로 바라볼 때에 비로소 이 일을 할 수 있다.

더구나 설교자의 호소는 십자가에 대한 이론을 사람들이 받아들이게 하는 것이 아니라 그들을 위해 돌아가신 인자 자신을 영접하도록 하는 것이다. 이 일을 위해서 설교자는 못 박히신 그리스도를 선포해야 하는데, 왜냐하면 지성주의자들에게는 미련한 것이요, 도덕주의자들에게는 거리끼는 것이 하나님의 지혜와 능력이 되기 때문이다(고전 1:23-24).(Stott, 1956:37)

그러므로 강해 설교는 그리스도의 십자가를 중심에 두어야 하고, 선포하도록 부르심을 받은 자는 그리스도를 선포해야 한다. 하나님으로부터 온 그 외의 다른 메시지는 없기 때문이다.

## 6) 성령에 의존

존 스토트는 설교 작성의 전 과정을 통해서 그가 성경을 연구할 때, 그리고 그가 설교를 하는 동안에 항상 성령을 의지하는 데 성령은 말씀에 의해, 그리고 말씀과 함께 우리의 심령 안에서 역사하신다.

설교의 궁극적인 목표는 정보 제공에 있지 않고(Piper, 1992:42) 살아 계신 하나님과 사람들을 만나게 하는 데 있기 때문에 존 스토트(1982a:329)는 '설교자에게 가장 필요한 것'은 하나님의 말씀을 힘있게 선포하기 위해서 성령의 '능력으로 옷 입는 것'임을 확신한다. 실제로 우리 시대가 가장 필요로 하는 것은 성령의 능력을 통하여 하나님의 메시지를 선포하는 것이다. 그(1982a:285)는 또한 "설교의 감동은 설교자의 감동에 의존하며, 이것은 성령으로부터 나온다. 만약 성령의 불이 우리의 심령 안에서 불붙지 않고 우리가 성령과 함께 불타오르지 않는다면 우리의 설교는 결코 감동의 불길을 일으킬 수 없을 것이다."라고 말한다.

선포된 하나님의 말씀에 대한 진실한 반응은 성령의 감동하심이 아니고는 불가능하다. 「현대 교회와 설교」에서 존 스토트(1982a:335)는 결코 잊을 수 없는 스펄전의 말을 인용하고 있다. "… 우리는 혀를 못쓰게 될 때까지, 호흡이 다하여 죽기까지 설교하게 될지도 모릅니다. 그러나 만약 성령께서 사람의 의지를 바꾸시는 그 신비로운 능력으로 함께 하지 않으신다면 결코 단 한 영혼도 회심시킬 수 없을 것입니다. 오, 여러분! 만약 성령이 영혼을 회심시키는 능력으로 함께 하지 않는다면 우리의 설교는 사람을 향한 것이 아니라 철옹성을 향한 것이 될 것입니다."

존 스토트(1982:140)는 또한 설교가 구체적인 경우마다 성령에 의해서 특별히 적용된다고 믿는다. 그는 적용 없이 강해 설교를 하도록 요구받을 때면 현실에 말씀을 적용하시기 위해 역사하시는 성령께만 나의 믿음을 두고 있다고 대답한다. 실제로 말씀의 진리를 적용하는 것은 항상 성령에 의해서 이루어진다.

존 스토트(1982a:113)는 성령이 감동시키실 때 사람들이 메시지를 받아들일 수 있다는 것을 알고 있다. 다른 말로 하자면, 메시지가 전달될 때 "성령은 듣는 이들의 마음속에서 그것을 생생하고 강력한 말씀으로 만들 수 있다." 그래서 성령의 능력 안에서 하는 설교는 듣는 자들의 마음을 부패와 타락에서 생명과 새 삶으로 변화시킨다. 만약 성령이 우리의 설교 가운데 역사하지 않으신다면 우리는 우리의 청중들이 죄를 시인하고 하나님의 임재 안에서 겸손해지도록 설득할 수 없다. 우리가 하나님의 말씀의 빛을 나타낼 때 그분의 성령은 심령들을 부드럽게 하시고 녹이시며 그의 뜻에 순응하게 하신다. 차펠(Chapell, 1994:24)은 "말씀을 선포할 때 우리는 성령께서 다른 사람들의 삶 속에서 활동하시도록 모셔오는 것이다."라고 말한다.

벤터(Venter, 1995:11)는 "설교 작성을 위한 절대적인 요건은 성령의 인도를 위한 기도인데 성령은 하나님의 말씀에 영감을 더하시기 때문이다. 그러므로 설교자들을 위해 말씀의 뜻을 나타내고 말씀을 위해 설교자들의 마음을 여는 분은 성령이다. 또한 회중을 위해 말씀의 뜻을 나타내고 회중이 말씀을 받아들일 수 있도록 하는 분도 성령이다."라고 강조한다. 그러므로 존 스토트(1982a:88)는 열심히 권고한다. "우리는 진리의 성령으로부터 나오는 은총을 얻기 위해 더욱 끈기 있게 소망을 가지고 기도할 필요가 있다. 왜냐하면 성령의 계몽 없는 그리스도인들의 이해와 성령의 증거하심 없는 그리스도인들의 확신이란 불가능하기 때문이다." 존 스토트에 의하면 성령의 주권적인 사역은 설교자와 설교의 능력이 된다. 그래서 그는 전 설교사역을 통해서 설교할 때마다 성령의 능력을 강조해 왔다. 이것이 바로 그의 모든 생애 동안 뛰어난 설교자일 수 있었던 이유이다. 그가 보여 준 좋은 예는 모든 설교자들로 하여금 성령에 깊이 의지하면서 직분을 감당하게끔 한다.

## 2. 설교자의 자질과 태도

우리는 설교자와 그의 설교를 분리시킬 수 없다. 실제로 사람은 자신의 메시지와 같고 설교자는 그가 선포하는 내용과 같으며 연설자는 그의 연설과 동일하다.(Gibbs, 1967:28) 메시지 배후에서 그것의 무게를 결정하는 것은 바로 사람이며, 그것은 다른 모든 것 안에서처럼 자질이 양에 앞서 전제되기 때문이다. 바울이 디모데에게 보내는 편지를 쓸 때 염두에 두었던 사실이 바로 이것이다. "네가 네 자신과 가르침을 삼가 이 일을 계속하라 이것을 행함으로 네 자신과 네게 듣는 자를 구원하리라"(딤전 4:16). 그래서 비록 각 설교자들이 그들의 특성과 스타일을 달리할지라도 "설교의 개인적 성향은 삶의 거룩함 안에서 현

실화되어야 한다."(Robinson, 1994:vii)

무엇보다도 존 스토트는 설교자의 전 인격적 개입을 진정한 설교의 중요한 구성요소로 여긴다. 그는 설교란 '인격을 통해 중재된 진리'라는 말에 동의한다. 로이드 존스도 동일한 관점을 이렇게 피력한다. "설교할 때 설교자의 모든 재능들은 활용되어야 하며 설교자는 그 내용에 전인격적으로 개입되어야 한다."(Llody Jones, 1982:81, 82)

존 스토트는 설교자가 정체성과 인격을 성숙시키는 것이 설교의 기술과 방법들을 습득하는 것보다 더 중요하다고 강조한다. 그래서 그는 설교자의 자질과 임무, 즉 성경 속의 핵심적인 설교자들을 다룬 「참 설교자의 초상」(The preacher's portrait)이라는 책을 썼다. 여기에서는 설교자에 대한 종합적 묘사를 성경 전 권에 담겨 있는 단편 또는 예화에서 뽑아서 사용하고 있다. 존 스토트가 종합적으로 제시하는 설교자의 이미지는 그들의 사역에서 특정한 임무들은 강조하고 다른 것들은 최소화시키도록 그들을 고무한다.

스프롤(Sproul, 1986:122)은 모든 설교자들에게 촉구하고 있다. "우리 모두는 교사이자 설교자일 뿐만 아니라 학생이다. 우리는 먼저 배우지 않고는 가르칠 수 없다는 전제 아래 배움을 추구하는 열정이 따라야 한다." 요약하자면 설교자의 기본적 자질은 선한 성품을 가지는 것으로, 만약 그가 하나님의 진리를 그의 회중들에게 전할 때 정말로 순수한 인품을 가지고 있지 않다면 그는 하나님의 말씀을 선포할 수 없다. 달리 말하면, 설교자는 그의 설교와 생활이 분리되지 않는 선한 모범을 보여야 한다.(Stott, 1992:285)

바운즈(Bounds, 1978:11)는 "설교자의 전 인격이 설교 속에 녹아 있다. 설교는 한 시간 짜리 공연이 아니다. 그것은 삶으로부터 흘러나오는 것이다. 한 편의 설교를 만들어 내는 데에는 20년의 시간이 걸리는 데 그것은 한 사람이 성장하는 데 20년이 걸리기 때문이다."라고 피력한다. 유명한 설교자 가운데 한 사람인 포사이드(Forsyth, 1967:22) 역시 "참된 설교는 설교자의 인격이 그의 행위를 통해서 나타나는 것이다."라고 강조한다.

그러므로 우리는 존 스토트에게 다음과 같이 물을 수 있다. 설교자로서 자신의 역할을 충분하게 수행하기에 앞서 반드시 지녀야 할 가장 중요한 자질들은 무엇인가? 하나님의 설교를 추구하는 사람에게 선행되는 필수조건에 대한 존 스토트의 견해는 다음과 같다.

## 1) 설교자의 초상

### 청지기로서의 설교자(Steward)

청지기 비유를 통해 존 스토트는 설교자의 메시지와 그의 권위를 나타내보려고 한다. 무엇보다도 존 스토트는 설교자들이 부딪히는 중요한 질문, 즉 "나는 무엇을 말해야 하며, 어디에서 내 메시지를 끌어올 수 있는가?"에 대해 부정적인 면에서 대답하고 있다.

먼저 설교자는 선지자가 아니다. 그는 하나님으로부터 메시지를 근원적인 계시로서 받을 수 없다.(Stott, 1961a:11) 둘째로 설교자는 사도가 아니다. 그러나 교회는 '사도적'이며 따라서 사도적 교리의 기초 위에 세워졌고 세상에 나가 복음을 전하도록 사람들을 파송한다.(Stott, 1961a:13) 셋째로 설교자는 거짓 선지자나 거짓 사도가 아니다(또는 아니어야 한다). 엄격히 말해서 오늘날에는 선지자나 사도가 없다지만 우리는 거짓 선지자나 거짓 사도들이 있음을 우려한다. 그들은 하나님의 말씀 대신에 그들 자신의 말을 한다. 그들의 메시지는 그들의 생각에서 시작된다.(Stott, 1961a:15) 넷째로 설교자는 횡설수설하는 '수다쟁이'가 아니다. 수다쟁이의 기본적 특징은 그가 주체성 있는 생각을 가지고 있지 않다는 것이다. 수다쟁이는 그가 새롭게 발견하는 사고의 단편이나 조각들을 무조건 긁어모아서는 이전 것과 바꿔 버린다. 그의 설교들은 정말로 넝마조각일 뿐이다.(Stott, 1962:16, 17)

존 스토트는 바울이 언급한 대로 설교자는 청지기임을 강조한다(살전 2:3-4). (1961a:23-32; 1992:38) 그는 청지기 비유에서 설교자에 대한 네 가지 중요한 사실을 지적한다. 첫째로 설교자에게 동기를 부여하는 것은 하나님께서 자신의 비밀을 그에게 위탁하셨다는 것, 즉 설교자는 하나님의 비밀을 관리하는 자라는 것이다(고전 4:1).

둘째로 설교자의 메시지 내용은 하나님께로부터 나온 것이어야 한다. 그래서 설교자는 자신의 창의력으로 만들어낸 자신의 메시지를 제공해서도 안 되고 제공하지도 않으며 집주인, 즉 하나님께서 그에게 주신 메시지를 선포해야 한다. 그레이다누스(Greidanus, 1970:168)는 지적하기를 "설교자는 설교 본문에 나타나 있는 구체적인 메시지를 전달해야 하는데 모든 설교자들은 너무 쉽게 자신의 생각을 본문에 덧붙이거나 설교 체계 안에 용해시켜 버린다."라고 말한다.

셋째로 청지기직의 비유는 우리에게 설교자가 지니는 권위의 질을 가르쳐 준다. 쉬퍼스(Schippers, 1994: 17)는 이렇게 말하고 있다. "청지기는 결코 자신의 권위나 자신의 메시지를 대변하지 않는다. 그는 더 높은 권위의 지지를 받고 있다. 그는 주님의 대변자이다. 같은 방식으로 그리스도는 그의 권위를 가지고 그의 말씀을 전하는 설교자 뒤에 서 계신다." 설교자가 하나님의 살아 있는 말씀을 전할 때 하나님의 살아 있는 권위가 그에게 주어질 것이다. 오직 설교자가 하나님께로부터 받은 권위로 회중들에게 말을 할 때에만 회중들은 그의 설교를 통해서 하나님의 음성을 듣게 될 것이다. 여기에 설교자의 권위가 있다.

넷째로 청지기직의 비유를 통해서 우리는 설교자의 수련에 대한 필요성을 확실히 깨달을 수 있다. 즉 설교자는 날마다 꾸준히 성경을 연구하는 철저한 훈련을 필요로 한다. 다른 말로, 설교자는 수고를 아끼지 않는 철저함으로 성경의 본문을 연구하고 묵상하며 그것과 씨름하고 그 의미를 알아내기 위해 몰두하는 데 시간을 할애해야만 한다.

그러므로 어떠한 신비스런 기독교 사역도 그 기초가 되는 하나님 중심 사상보다 더 중요한 것은 없다. 복음의 청지기는 교회나 공동체 혹은 그 지도자들에 대해서가 아니라 하나님에 대해서 우선적 책임이 있다.(Stott, 1991a:50)

### 선포자로서의 설교자(herald)

신약성경에는 청지기로서의 설교자에 대한 비유뿐만 아니라 선포자로서의 설교자에 대한 비유도 나타나 있다.(1961a:33; 1991a:54) "만약 설교를 위한 신약성경의 비유가 청지기와 관련된 것뿐이었다면 우리는 설교자의 임무가 다소 무미건조하고 평범하며 일상적인 것이라는 인상을 받았을지도 모른다. 그러나 신약성경에는 풍부한 다른 많은 비유들이 있으며 그것들 가운데 최고의 것이 바로 하나님의 기쁜 소식을 선포하는 장엄하면서도 흥미로운 책임을 부여받은 선포자에 대한 것이다." 롱(Long, 1989:25, 26)은 "사역의 행위로서의 설교에서 정말 중요한 것은 선포자가 선포하는 메시지이다. 선포자에게는 메시지를 올바로 이해하고 그것을 이해하기 쉽게 말하는 두 가지 책임만이 있을 뿐이다."라고 강조한다.

존 스토트는 설교자의 근본적 임무가 선포와 호소라는 두 가지 요소로 구성되어 있다고 지적한다. 선포자로서 설교자의 선포 내용은 영광 가운데 행해지고 절대적으로 완성된 그의 행위에 대한 것일 뿐만 아니라 이제 대가 없이 얻을 수 있는 그의 선물에 대한 것이다. 선포자로서 설교자가 가지는 다른 의무는 사람을 하나님과 화해시키기 위해 호소하는 것이다. 그래서 하나님의 진정한 선포자는 먼저 그리스도의 십자가를 통한 하나님의 위대한 구속역사를 철저하고도 신중하게 선포하고 사람들이 회개하고 믿을 수 있도록 진실하고도 열성적인 호소를 하는 것이다. 그래서 설교자는 하나님의 말씀 안에서 그리스도가 나타내셨던 것을 덧붙이지 않고 선포해야 하는 것이다.(Stott, 1961a:58; 1982a:100)

존 스토트(1961a:54)는 다음과 같이 진술하면서 결론을 맺는다. "선포자의 비유가 우리에게 주는 위대한 교훈은, 신약성경에 나타나는 대로 선포와 호소는 서로 결속된 것이며 우리가 그것을 분리해서는 안 된다는 것이다."

### 증인으로서의 설교자(witness)

신약성경에 나타난 설교자의 세 번째 이미지는 '증인'으로서의 모습이다. 성경의 '증인'이란 개념은 '간증하다'와 저자에 의해 덧붙여진 '증거하다'보다 상당히 광범위하며 이 주제를 다루는 모든 성경적 가르침의 배경 하에서 설교자를 '증인'으로 생각하는 것은 중요하다.(1961a:60)

로이드 존스는 또한 "설교자는 증거하는 자이다. 그것이 바로 우리 주님께서 '네가 나를 증거하리라'고 말씀하셨을 때 사용하셨던 그 단어이다. 그리고 설교자는 시대를 불문하고 항상 그러해야 한다. 설교자 역시 증인으로 참여하고 있다는 인상을 주는 데 실패하는 것처럼 치명적인 것은 없다."라고 주장한다.

설교자는 기본 자질, 즉 체험과 겸손함의 자세를 반드시 지녀야 한다. 왜냐하면 그는 풍문이 아닌 그 자신의 개인적 체험을 통해 말할 수 있어야 하며, 그런 증인만이 성령에 대한 대변자로 쓰임을 받게 될 것이기 때문이다.

끝으로 존 스토트는 이렇게 강조한다. "말씀을 선포할 때 우리는 그저 우리의 청지기직에 위탁된 말들을 설명하기만 하는 것은 아니다. 또한 단지 선포자로서 이미 성취된 능력의 구속사역을 선포하기만 하는 것도 아니다. 오히려 우리는 이 말씀과 하나님의 행하심을 생생하게 경험한 증인들로서 이러한 말들을 설명하고 이러한 행위를 선포하는 것이다."

### 아버지로서의 설교자(Father)

이 비유는 설교자의 중요한 자질이 아버지로서의 관대함과 사랑임을 암시한다. 실제로 이것들은 신약성경에 묘사된 설교자에게 없어서는 안 될 것들이다(살전 2:9-12). 존 스토트(1961a:80)는 "설교자는 그의 가족과 말씀으로 사역중인 사람들과의 관계에 대해서 관심을 가지게 된다."라고 강조한다.

그(1961a:82-99)는 '아버지의 비유'에서 설교자의 두 가지 주목할 만한 특징들을 추론해낸다. 첫째로 아버지의 부정적인 권위는 금지되었다. 다시 말해 아무리 설교자가 그의 회중들을 제압할 권위가 있어도 아이가 아버지에게 하듯 회중들이 자신에게 의지할 수 있도록 하기 위해서는 이 권위를 사용해서는 안 된다. 또한 설교자는 회중들이 그리스도 안에서 자립적이고 어른스러운 영적인 성숙을 이루어 나가도록 도와야지 그들이 자신에게 영적으로 의지하거나 그렇게 되도록 요구해서는 안 된다. 둘째로 아버지로서의 관계와 애정이다. 즉 설교자는 그의 회중들과 적절하고도 올바르게 관계해야 하며 또한 그들을 사랑해야 한다. 이 사랑은 아버지가 지녀야 할 최고의 자질로써 바울은 데살로니가 교회에 대한 그의 사역을 비유로 설명하면서 이 단어를 언급했다. 이것은 부드럽거나 병약한 감상적 기질이 아니라 남을 돌보고 자기 수련을 마다하지 않는 강하고 비이기적인 사랑이다.(살전 2:11-12).(Stott, 1991a:52-54)

존 스토트(1961a:87)에 의하면 아버지의 사랑은 우리가 사람들에게 접근할 때 이해할 수 있다. 같은 방법으로 회중들이 '그는 우리를 이해한다.'고 말하는 것은 바로 설교자가 그들을 사랑할 때이다. 아버지의 사랑은 우리가 사람들에게 접근할 때 우리를 관대하게 만든다. 실제로 설교자는 양떼를 돌보는 목자이기보다는 아기들을 돌보는 간호사처럼 보일 만큼 부드러워질 필요가 있다(사 40:11; 살전 2:7). 아버지의 사랑은 또한 우리가 사람들을 가르칠 때 우리를 단순하게 만든다.

마찬가지로 설교자는 모든 회중들에게 쉽고 간단하게 설교를 한다. 아버지의 사랑은 우리가 사람들에게 호소할 때 우리를 진지하게 만든다. 리챠드 박스터(Richard Baxter, 1950:106, 145)는 이렇게 기록하고 있다. "당신이 무엇을 하든지 사람들이 당신의 선한 열성을 볼 수 있게 하라 … 인간의 구원을 위해서 말씀을 전하는 일은 사람들이 우리가 말씀을 선포하고 있다는 것을 느낄 수 있을 만큼 우리의 모든 힘을 다해 행해져야 한다." 아버지의 사랑은 우리가 사람들에게 모범을 보이고자 할 때 우리를 일관성 있게 한다. 항상 설교자는 무리들에게 본이 되어야 하는데(벧전 5:3) 그것은 회중이 그의 설교를 들음으로써 뿐만 아니라 삶을 살핌으로써 설교자의 지도를 깨닫기 때문이다.

마지막으로 아버지의 사랑은 우리가 기도할 때에 우리를 양심적으로 만든다. 설교자는 아버지가 그의 자녀들을 위해서 하는 것처럼 그의 회중들을 위해서 체계적으로 기도해야 한다(살전 2:11). 설교자들이 자신의 회중들을 충분히 사랑할 때에야 비로소 그들은 이 어렵고 비밀스런 사역을 위한 시간을 마련하게 될 것이다.(Rosscup, 1992b: 78) "그것은 신비스럽고 따라서 사람으로부터 보상받는 것이 아니기 때문에 우리가 감사의 인사보다 그들의 영적인 풍성함을 더 바랄 때 비로소 시작할 수 있다…"(Stott, 1961a:98, 99) 그러므로 기도와 설교는 항상 동반된다.

요약해서, 바울이 빌립보서 1장 8절에서 말한 것과 같은 회중을 향한 그의 측량할 수 없고 꺼지지 않는 사랑이('예수그리스도의 심장으로') 우리 안에 가득 채워질 수 있다면 우리는 주님의 사랑으로 우리의 회중을 사랑할 수 있을 것이다. 그리고 그런 사랑은 아버지가 자녀들을 돌봄같이 우리가 우리에게 맡겨진 양떼들을 돌볼 수 있게 할 것이다. 그런 사랑은 또한 우리가 이해심 있고 관대하며 단순하고 진실해질 수 있도록, 그리고 본을 보이는 데 일관성 있고 기도하는 가운데 양심적일 수 있도록 할 것이다.

### 종으로서의 설교자(Servant)

존 스토트는 '종'의 비유에 특별한 강조점을 두는 것 같다. 즉 설교자는 회중의 믿음을 고백하는 종이자 하나님의 사역을 행하는 대리자 또는 말씀을 듣는 자들에게 믿음을 일깨워주기 위한 하나님의 도구이다. 각 설교자들은 자신에게 부여된 서로 다른 임무를 가지고 있으나 주님은 이 각 사람들을 통하여 역사하신다.(Stott, 1961a:104, 105)

설교자가 성령의 능력 안에서 그에게 맡겨진 메시지를 충실히 전하고 십자가에 달리신 그리스도라는 하나님의 케리그마(kerygma)를 선포해야 하는 것은 당연하다. 한편 종으로서의 설교자는 하나님의 메시지를 선포하는 신성한 능력으로 자기 자신의 메시지를 선포해서는 안 된다.(Stott, 1961a:119)

## 2) 설교자의 자질

### 거듭남의 체험

설교자는 우선 예수 그리스도 안에서 진정으로 거듭난 신자가 되어야 한다. 그는 하나님께 구속받은 권속의 일원이 되어야 한다(요1:12-13). 만약 사람이 하늘 아버지로부터 온 개인적 메시지를 효과적으로 전달하려면 그는 반드시 적법한 영적인 자녀이어야 하는데 그렇지 않으면 그 메시지는 왜곡되고 말 것이다.(Mayhue, 1992:14, 15)

존 스토트에 따르면 설교자가 체험에서 비롯된 확신뿐만 아니라 예수 그리스도 그분 자신에 대한 개인적인 체험을 가지는 것은 매우 중요한 일이다. 왜냐하면 이런 경험들은 '기독교 증인의 첫째 되고 필수 불가결한 표식'이기 때문이다. 설교자는 풍문을 듣고 말할 수 없다. 설교자는 반드시 그의 개인적인 체험을 통해 말할 수 있어야 한다.(Stott, 1961a:71) 네더후드(Nederhood, 1986:45)는 또한 "개종은 기독교적 활동을 수행해 가기 위해 꼭 필요한 필수조건"이라고 말한다. 존 스토트는 계속해서 "만약 설교자가 거듭남의 경험을 통해서 말하지 않는다면 그의 말들은 아무리 그것들이 분명하고 확고한 것일지라도 진실을 전달할 수 없을 것이다. 최고의 설교학적 원리들을 따르지만 공허한 소리를 내는 많은 설교들이 있다."라고 말한다.

그러므로 설교자가 사람들에게 자신 있게 말씀을 전할 수 있기 위해서는 자신의 신앙을 끊임없이 새롭게 할 수 있는 삶의 방식을 준수해야 한다. 또한 예수 그리스도 자신에 대한 생생한 체험뿐만 아니라 하나님의 말씀과 행위에 대한 생생한 체험을 쌓아 가야 한다.

### 하나님의 부르심

설교자는 사역을 위해 하나님께 부르심을 받은 사람이어야 한다. 달리 말하자면, 설교자는 말씀을 전하는 사역을 위해서 하나님께 임명되고 은사를 받아야 한다(엡 4:11-16).(Lloyd Jones, 1982:100-120) 모든 그리스도인들은 부르심을 받은 성도들이지만 모두가 설교자로 부름 받는 것은 아니다(고전 1:2). 설교자는 자신의 부르심이 무엇인지 알아야 하고 또 부르심을 받았다는 것을 확신해야 한다. 그렇지 않으면 그는 사역에서 떠나야 한다. 자신의 소명을 확신하는 사역자는 가장 안정되고 확신에 차 있으며 기쁨 가운데 거하고 영향력 있는 사람들에 속한다. 하나님의 부르심에 나타난 분명한 사실은 사역자들만 '하나님의 사람들'일 뿐만 아니라 모든 그리스도인들도 그렇다는 것이다(여성을 포함하여).(Nederhood, 1986:34) 실제로 오늘날의 설교자들이란 하나님의 사람으로서 그분의 본질을 나타내도록 부르심을 입은 예수 그리스도께 속한 교회의 평범한 교인에 지나지 않기 때문이다.

존 스토트(1992:136, 137)는 설교자(목회자)는 반드시 그의 사역을 위해 하나님께 부르심을 받아야 한다고 주장한다. 똑같은 방식으로 모든 그리스도인들은 하나님께서 그들에게 맡기신 각자의 일과 임무를 수행하기 위해서 구별된다. 왜냐하면 하나님은 모든 삶에 관심을 가지고 계시며 농부, 장인, 행정가나 주부가 되는 것은 '사제'나 '목회자'로 부르심을 입는 것만큼 성스러운 것이기 때문이다. 바우만(Baumann, 1978:34)은 "그리스도를 따르는 사람은 누구나 자녀와 제자로서 부르심을 받은 것이 사실"이라고 말한다. 존 스토트(1992:136)는 모든 크리스천 남녀가 하나님의 부르심을 받았다는 개혁자들과 청교도들의 주장에 의견을 같이 한다. 그러나 주교, 사제, 수도승과 수녀는 '종교적'이기 때문에 우월한 부르심을 입었다고 말하는 중세 로마 카톨릭 교리의 가르침에는 반대한다.

아래의 진술은 청교도 시대에 있었던 소명의 개념을 나타내고 있다. "소명은 개개인에게 임했지만 그것은 사회 전체를 섬기기 위한 것이었다. 예를 들어 어떤 사람을 행정가가 되도록 만드신 하나님의 부르심은 그 행정가로서의 직분이 신적 제정에 의해서 성립된 국가 내에서 전체의 복지를 위한 것일 때에만 의미를 지녔다. 사역자로의 부르심은 하나님의 교회에서 복음을 선포하는 직분을 수용하는 것이었으며 아버지로의 부르심은 오직 그것이 가족 내의 직위와 연관되어 있을 때에만 의미를 가졌다."(Spykman, 1981:55) 존 스토트에 의하면 소명은 평신도의 것과 목회자의 것으로 구분되어서는 안 되며 하나님께서 우리에게 맡기신 특별한 사역은 우리가 가진 은사에 의해 결정된다.

따라서 설교자는 하나님의 말씀을 전하도록 부르심을 받았고 그의 삶은 이 중요한 직분에 대한 순종의 표현이다. 바울은 자신이 사도로 부르심을 받아

"하나님의 복음을 위하여 택정함을 입었으니"(롬 1:1)라고 선언한다. 그리고 그 것은 모든 참된 설교자들에게도 마찬가지로 적용되어 왔다. 말씀을 전하려는 충동은 하나님께로부터 나온다.

### 거룩

거룩은 우리가 선택된 목적이자 설교자가 그의 사역을 위해 준비해야 하는 가장 중요한 자질들 가운데 하나이다. 설교가 결코 설교자 자신과 분리될 수 없기 때문에 설교자는 반드시 거룩한 삶을 살아야 한다.(Stott, 1982a:265) 더욱이 설교자로서의 영향력과 능력은 그의 경건함, 즉 그의 거룩한 삶과 직접적으로 연관되어 있다.

보나(Bonar, 1966:281)는 멕케인의 말을 인용하여 이 문제를 확실하게 단정짓 는다. "도구로서의 순결과 온전함이 설교자의 성공여부를 결정한다. 예수님을 많이 닮는 것만큼 하나님께서 축복하시는 큰 재능은 없다. 거룩한 사역자는 하 나님의 손에 들려 있는 무서운 무기이다." 존 스토트(1961a:120)는 "어떻게 성령 의 능력을 나타내는 통로가 될 수 있는가"라는 질문에 거룩과 겸손이란 두 가 지 필수조건을 말한다. 결론적으로 그(1961a:120)는 "만약 어떤 사람이 '귀히 쓰 이는 그릇으로, 주인에게 성별되고 유용하며, 모든 선한 일을 위해 준비된' 존 재가 되기를 갈망한다면 그는 반드시 '천한 것으로부터 자신을 성결케 해야 된 다'는 것을 명심해야 한다(딤후 2:21). 이스라엘의 거룩한 분은 성별된 그릇만을 사용하신다."라고 강조한다.

그러나 그리스도인들의 거룩함은 부자연스럽고 인위적인 것이 아니라, 성 령의 능력으로 열매 맺게 되는 자연스러운 과정이다.(Stott, 1970:143) 그래서 존 스토트(1961a:119)는 모든 설교자들이 그들 자신을 완전히 성령께 맡겨서 하나님 께서 거룩하심같이 그들도 거룩해질 것을 권고한다.

## 겸손

거룩함이 진정 설교자에게 필수적인 한 가지 표식이라면 겸손은 그것과 비교될 만한 또 다른 표식이다. 존 스토트(1961a:77)는 모든 설교자들의 위험을 지적한다. "모든 설교자들은 강단이 그에게 보여 주는 헛된 영광에 대한 은밀한 유혹을 받고 있다. 우리는 회중들보다 높은 위치에 세워진 채 그들 눈동자의 초점이 되고 그들 관심의 목적이 된다. 그것은 정말로 위험한 위치이다." 바우만(Baumann, 1978:41)은 "설교자들의 직업적인 폐해들 중의 하나는 교만"이라고 지적한다. 설교자(목회자)는 당연히 하나님과 사람 앞에서 자신을 낮추어야 한다. 하나님은 교만한 자를 대적하시고 겸손한 자에게는 은혜를 베푸시기 때문이다(벧전 4:5; 잠 3:34).

존 스토트는 설교자에게 세 가지의 겸손을 요구한다. 우선 설교자는 그 자신을 하나님의 말씀에 복종시킬 수 있을 만큼 겸손해야 한다. 그리스도인의 겸손의 핵심적인 요소는 기꺼이 하나님의 말씀을 듣고 받아들이는 것이다. 아마도 우리들에게 가장 필요한 것은 말씀을 주의 깊게 듣고 믿으며 순종하기 위해서 예수 그리스도의 발등상에 겸손하고 조용하게, 그리고 떨리는 마음으로 다시 기대는 것일 것이다. 우리에게는 그분을 불신하거나 그분에게 불순종할 자유가 없기 때문이다.(Stott, 1992:184) 하나님의 계시에 대한 그런 수용적이고 기대에 찬 태도는 당연한 것일 뿐만 아니라 생산적인 것이기도 하다. 왜냐하면 예수께서 분명히 말씀하신 것처럼, 하나님은 지혜롭고 슬기 있는 자들에게는 그의 비밀을 감추시고, 그 대신 어린아이들 즉 겸손하고 열린 마음으로 진리를 찾는 자들에게 비밀을 보여 주시기 때문이다(마 11:25).

둘째로 설교자는 강단에서 그리스도께서 영광 중에 높임을 받는 바로 그 순간에 가장 무력해지는데 그때 그리스도의 영광을 가로챌 수도 있기 때문이다.

다른 말로 하면, 회중들이 하나님을 찬양하도록 고무하며 심지어 설교자가 직접 찬양을 인도하는 그 순간에도 그는 회중들이 자신을 미미하게라도 높여주고 드러내줄 것을 은근히 바라고 있을 수도 있다.(Stott, 1982a:321) 그러나 모든 설교의 최상의 결과는 그리스도만을 드러내는 것이며, 설교자의 최고의 기술은 그 자신을 감추는 것이다.(Tizard, 1958:40, 41) 모든 설교자들은 조용히 배후에 남는 겸손함이 필요하다. 그때만이 주님께서는 말씀하실 것이고, 사람들은 그분의 말씀을 들을 것이다. 또한 주님께서는 자신을 드러내실 것이고, 사람들은 그분을 볼 것이다. 그리고 그의 음성을 듣고 그의 영광을 보면서 사람들은 엎드려 그를 경배할 것이다.

셋째로 영향력 있는 설교자가 지녀야 할 궁극적인 겸손은 성령께 온전히 의지하는 것이다. 모든 설교자들은 영향력이 있기를 바라지만 슬프게도 많은 설교자들이 자신을 의지한다. 스펄전(Spurgeon, 1973:122)은 "성령의 능력 안에서 여섯 단어를 말하는 것이 성령 없이 행하는 70년 간의 설교보다 낫다."라고 말한다.

존 스토트(1982a:330)는 우리에게 이렇게 말한다. "하나님에 의해서 높임을 받고 쓰임을 받기 위해서 우리는 먼저 그의 능력의 손아래(벧전 5:6) 우리 자신을 낮추어야 한다. 그의 능력을 받기 위해서 먼저 우리의 연약함을 인정하고 그 안에서 기뻐할 수 있어야 한다. 따라서 설교자로서 우리들에게 가장 필요한 것은 '위로부터의 능력을 옷 입는 것'이다."(눅 24:49) 요약하면, 겸손한 마음(기록된 하나님의 말씀에 순종함), 겸손한 야망(그리스도와 그의 백성들이 만나기를 바람) 그리고 겸손한 의지(성령의 능력에 의지함)는 설교자의 겸손을 구성하는 필수적인 요소들이다.

## 신실성

존 스토트(1982a:262)는 모든 설교자들은 메시지 전달에 개인적인 책임을 지님으로써 신실해야 한다고 강조한다. 그(1982a:262)는 "설교자의 신실성에는 두가지 측면이 있다. 즉 강단에서는 진실을 말하고 강단을 내려와서는 설교한 내용을 실천하는 것이다."라고 말한다. 사실 이것들은 반드시 하나로 결속되는데, 이에 대해서 박스터(Richard Baxter, 1950:162)는 "자신이 말한 것이 진리라고 생각하는 설교자는 반드시 자신이 말한 바를 행할 것이다."라고 말한다.

브룩스(Brooks, 1969:5;28)는 다음과 같이 이 사실을 지지한다. "설교는 1인과 다수가 함께 하는 진리에 대한 의사소통이다. 여기에는 진리와 인격이라는 두가지 기본요소가 있다. 이 중에 어느 것이 빠져도 설교가 이루어질 수 없다. 설교는 인격을 통한 진리의 전달이다.… 진리는 본질적으로 고정되고 불변하는 요소인 반면 인격은 변화하며 성장하는 요소이다." 브룩스와 존 스토트가 동일하게 언급하는 것처럼 신실성은 설교자의 인격과 메시지 간의 균형, 그리고 그의 생활과 설교 내용의 일치를 통해서 증명되어야 한다.

박스터(Baxter, 1950:162)는 우선 설교자가 범한 실수를 지적하고 다음과 같이 설득한다. "설교와 생활 간의 불균형을 초래하는 설교자들이 정확히 설교하기 위해서는 열심히 연구하지만 그대로 살기 위해서는 거의 혹은 전혀 노력하지 않는 것은 분명한 실수이다. 우리는 어떻게 잘 설교할 것인가에 대해서 뿐만 아니라 어떻게 잘 살 것인가에 대해서도 부지런히 연구해야 한다." 결론적으로 모든 설교자들은 그들의 삶을 영위하고 자신들의 임무를 수행하기 위해서 거짓 없는 신실성으로 임해야 한다. 더욱이 설교는 설교자의 인격으로부터 분리되어서는 안 된다.

## 열심

존 스토트(1982a:273)는 신실성과 열심을 다음과 같이 정의한다. "신실하다는 것은 우리가 하는 말에서 알 수 있으며 동시에 말한 그것을 행하는 것을 의미하는 것이기도 하다. 그리고 열심이라는 것은 우리가 말하는 것을 느끼는 것이다." 열심은 깊은 감정이며, 설교자들에게는 필수적이다. 설교자는 자신의 정신과 감정을 조절할 수 있어야 한다. 우리는 정신과 감정 사이에서 한 극에 치우쳐서는 안 된다. 권위 있는 설교자를 만드는 것은 진실과 눈물, 정신과 감정, 이성과 열정, 그리고 설명과 호소의 결합이다.

로이드 존스(1982:97)는 진리와 열정(열심)이 설교의 본질적인 요소라는 그의 확신에 동의한다. "불타는 논리! 감동적인 이성! 이것들은 서로 모순되는가? 물론 그렇지 않다. 이 진리에 대한 이성은 사도 바울과 다른 사도들의 경우에서 볼 수 있는 것처럼 매우 감동적이어야 한다. 그것은 불타고 있는 신학이다. 그리고 불붙지 않는 신학이란 그 자체가 불완전한 것이거나 적어도 그것에 대한 사람들의 이해가 불완전한 것이라고 나는 주장한다. 설교는 불타고 있는 사람을 통해서 다가오는 신학이다."

## 용기

존 스토트(1982a:299)는 "오늘날 전 세계의 강단에서는 '무리가 다 성령이 충만하여 담대히 하나님의 말씀을 전한'(행 4:31) 초대교회의 사도들처럼 용기 있는 설교자들이 절실히 요구된다. 따라서 명확성과 용기는 권위 있는 기독교 설교의 가장 핵심적인 두 가지 특징이라고 말할 수 있다. 왜냐하면 그것들은 선포된 메시지의 내용과 설교의 스타일에 밀접히 연관되어 있기 때문이다. 어떤 설교자들은 명쾌한 가르침의 재능을 가졌지만 그들의 설교에는 확고한 내용이 결여되어 있다. 그 내용은 공포로 약화되었다. 다른 이들은 사자처럼 담대하다.

그들은 어느 누구도 두려워하지 않으며 아무것도 빠뜨리지 않는다. 그러나 그들이 말하는 것은 혼란스럽다.… 오늘날 전 세계의 강단에는 명확성과 용기의 조화로운 결합이 가장 필요하다."라고 말한다.

브룩스(Brooks, 1969:59) 역시 다음과 같이 이 점을 강조한다. "용기는 참 사역에 있어서 필수 불가결한 요건이다. 만약 당신이 사람들을 두려워하거나, 그들이 가진 의견의 노예라면 가서 그 밖의 다른 일을 하라. 가서 그들에게 맞는 신발을 만들어라. 가서 좋지 않다는 걸 알면서도 그들의 그런 취향에 어울리는 그림에 색칠이나 하라. 어떠한 경우라도 하나님께서 당신에게 명하신 것 대신에 그들이 원하는 것을 계속 선포하는 일을 중단하라. 용감하라. 독자적으로 행하라." 존 스토트는 교회사에서 용감하며 신실했던 하나님의 사역자들을 연구하면서 하나님께서 악의 세력에 의해 야기된 복음에 대한 반대와 배신, 그리고 기독교 사역자의 핍박에도 불구하고 두려움 없이 하나님의 말씀을 선포하는 사람을 사용하심을 깨닫는다.(Stott, 1982a:300-305)

모든 설교자들은 불신자들에게 하나님의 메시지를 담대히 선포하기 위해서 용기 있는 사람이 되어야 한다.


## 3. 설교의 특징적인 형태

### 1) 성경적 본문

#### 설교의 필수조건

'3장 존 스토트 설교의 석의 원칙'에서 살펴본 것처럼 강해 설교란 그 용어의 정의대로 성경의 본문 그 자체를 설명함에서 시작해야 한다. 그에게 본문은 단순히 후에 자신의 견해를 선포하기 위한 출발점이 아니라 설교의 유일한 출처이다.(Keith, 1975:252) 설교자가 하나님을 대변하려면 그는 하나님께서 가장 명료하게 말씀해 온 장소인 성경의 본문으로 가야만 한다. 설교자는 추론가가 아니라 주석가이기 때문에 본문이 필요하다.(1982a:213)

칼 바르트(Karl Barth, 1963:9)는 이러한 관계를 다음과 같이 포착했다. "설교는 하나님 자신이 하시는 그분의 말씀이다. 그러나 그는 자신의 선하신 즐거움에 따라, 성경의 본문을 통해서 하나님의 이름으로 그의 동료들에게 말하는 사람의 사역을 이용하신다." 시작부터 끝까지 존 스토트(1982a:323)의 설교 내용은 성경의 특정 본문에서 유래된다. 왜냐하면 이것이 자신의 설교에 담긴 권위와 능력의 유일한 원천이 된다고 믿기 때문이다.

모건(Morgan, 1980:40)은 그의 주장을 다음과 같이 지지한다. "설교가 본문을 가져야 하는 세 가지 이유가 있다. 첫째는 하나님 말씀의 한 부분으로써 본문에 내재하는 권위 때문이고, 둘째는 본문이 적절히 다루어질 때 그것이 메시지에 부여하는 확실성 때문이며, 마지막으로는 한 본문에 치우치지 않고 여러 본문을 다양하게 다룰 수 있기 때문이다." 따라서 모든 설교자들은 자신의 추측에 의해서 성경에 덧붙이거나 자신들의 선호에 따라서 성경의 내용을 삭제하는 일을 삼가야만 한다. 비록 설교가 바르거나 좋은 것이라 해도 이것이 어떤 주제나 사고를 그 출발점으로 하지 않기 때문에 이러한 약점에 노출될 수 있다. 그러므로 언제든지 설교의 주제나 교리는 본문과 그 본문의 배경에서 도출되어야 한다.

어떤 설교자들은 성경이 단순하다고 생각하여 그들 자신의 활기로 생생하게 만들고자 노력한다. 다른 이들은 성경이 무미건조하다고 생각하여 그들 자신의 향취로 맛을 내려고 노력한다. 그들은 있는 그대로의 성경을 꺼려한다.

그들은 자신들의 뛰어난 아이디어들로 성경을 향상시키기 위해 끊임없이 노력한다. 그러나 이것은 설교자의 임무가 아니다. 사실 설교는 어떤 교리나 주제를 내포하고 있는 성경 본문에서 출발해야만 한다. 동시에 그러한 교리는 이러한 특별한 본문을 배경으로 검토되어야 한다.(Lloyd Jones, 1982:72)

스프링(Spring, 1986:127)은 한마디로 "설교자의 주제가 성경에서 발췌된 것이라면 결코 나쁜 것이 아니다."라고 요약한다. 훅스트라(Hoekstra, 1976:219) 역시 "말씀 사역을 위한 자료의 원천은 오직 성경 그리고 성경전체(Scriptura sola et Scriptura tota)이다."라고 단언한다. 그러므로 강해 설교를 준비하려는 설교자는 다른 무엇보다도 성경에서 설교의 본문을 먼저 선정해야 한다. 존 스토트가 설교할 때 그의 유일한 관심은 본문이 전하는 메시지에 사람들의 관심을 집중시키는 것이다. 존 스토트에게 성경은 설교를 위한 교재이며, 그러한 강해 설교는 예배의식 중 표현되는 예배자의 신앙고백을 보충하고 지지한다. 이때가 바로 현대적 외관 속에 권위가 나타나고 표현되는 것이다. 왜냐하면 설교자에게는 다른 능력의 출처가 없기 때문이다.

## 설교를 위한 본문 선택

설교자는 본문을 어떻게 선택하는가? 본문은 때때로 어떤 특별한 필요를 다루기 위해서, 때때로 교리적인 가르침을 정의하기 위해서, 그리고 때때로 위대한 일들의 계시이기 때문에 규칙적인 묵상을 통해서 선택된다. 모건은 "나 자신의 경험에 의하면 성경을 열중하여 묵상할 때 자신을 사로잡는 어떤 한 본문, 어떤 한 문장, 어떤 한 구절이 끊임없이 나타난다."라고 쓰고 있다.

로이드 존스(1982:172)는 「설교와 설교자」에서 "나는 모든 설교자들이 최소한 일 년에 한 번 성경 전체를 통독해야 하며 … 이것은 말 그대로 설교자의 성경 묵상에 있어서 최소한일 뿐이라고 생각한다."라고 기술하고 있다. 물론 그러한 연구는 편견이 배제된 것이어야 한다. 성경이 실제 말하는 것을 받아들이기 위해서 자신의 편견을 한쪽으로 치워두어야 한다. 그리고 또한 기대감으로 충만한 것이어야 한다. 그래야만 성경은 묵상하는 사람을 새롭게 하고 영적인 아일함을 쫓아낼 수 있다.(Catherwood, 1985:36)

모든 설교자들은 다음 설교 본문을 찾기 위해서 성경을 읽어서는 안 되며 우리들의 영혼을 위해서 하나님께서 공급해 주시는 양식을 얻으려고 성경을 읽어야 한다. 로이드 존스(1982:172)는 "설교자가 빠질 수 있는 가장 치명적인 습관 중의 하나는 단순히 설교를 위한 본문을 찾기 위해서 성경을 읽는 것이다. … 설교 본문을 찾기 위해 성경을 읽지 말고 당신 영혼의 양육과 건강을 위해 하나님께서 공급해 주시는 양식으로 성경을 읽어야 한다."라고 강조한다. 이러한 방법으로 성경을 읽고 연구할 때, 특별히 눈에 띄는 구절이 자신을 감동시키고 스스로에게 의미를 주어 즉각적으로 설교의 내용을 제안한다는 사실을 쉽게 알게 될 것이다.

브룩스(Brooks, 1969:159, 160)는 또한 설교자는 "설교를 쓰기 위해 항상 노력하기보다는 진리를 구하기 위해 항상 노력해야 한다. 그러면 그가 얻은 진리를 통해서 설교는 저절로 만들어질 것이다."라고 하였다. 우리는 숨겨진 보물을 얻을 때까지 본문의 의미를 관찰할 수 있는 충분한 시간을 할애해야 한다. 우리 자신이 메시지를 흡수했을 때에만 우리는 당당하게 다른 사람들과 그것을 공유할 수 있다.(1982a:182) 이렇게 선정된 본문의 메시지를 들은 후에야 목회자는 나설 준비가 되고, 설교할 열정을 지니게 되며, 설교의 목적에 순종하고 따르게 될 것이다.(Daane, 1980:61)

결론적으로, 만약 우리가 성경을 규칙적으로 연구하는 학도로서 연구 결과를 계속 기록해 나간다면 우리의 기억은 음식이 가득 보관된 냉장고처럼 되어 선포되기를 기다리는 성경 본문들이 줄을 잇게 될 것이다.(Stott, 1982a:214) 그러면서 설교자는 실제 세계와의 교류를 유지해야 한다. 최고의 설교자는 항상 부지런한 목회자이다.

### 성경 본문에 근거한 설교 메모

로이드 존스는 "나는 수많은 세월 동안 내 책상이나 내 주머니에 메모지를 준비하지 않고는 결코 성경을 읽지 않았다. 그리고 그 무엇인가가 나를 일깨우고 사로잡는 순간에 나는 바로 나의 메모지를 끄집어낸다"면서 설교 메모를 종이에 써 내려간 그의 경험을 회상한다.

존 스토트 역시 그가 성경을 묵상하고 연구할 때 선정된 성경 본문으로부터 나온 느낌과 생각들을 그의 공책과 '비망록'에 쓰길 좋아한다. 그리고 그는 본문의 의미를 스스로 구축하려고 노력한다. 성경의 본문을 통해 하나님께서 그에게 직접 말씀하실 때 본문의 의미는 빛을 발하게 된다. 또한 그것을 다른 사람들에게 알리려고 노력할 때 그것은 전능자의 영광 가운데 계속 성장해 갈 것이다. 다른 말로 하면, 개인적인 깊은 확신으로부터 나온 설교는 풍성한 자기 권위적 자질을 내포하는 것이다.

존 스토트는 또한 그의 생활 경험들을 본문에 적용할 기회를 절대 놓치지 않는다. 그래서 그는 '체험의 혈흔'(blood-streak of experience -Stalker에 의해 명명된)이 그의 설교의 토대로서 우리 일상 생활에 적용될 수 있다는 확신을 가지고 있다. 그(1982a:219)는 "당신의 경험이 나와 비슷한지 궁금하다. 나의 마음은 항상 두터운 안개로 덮여 있어서 정확하게 사물들을 바라볼 수 없다. 그러나 때때로 안개가 걷히고 빛이 내리쬘 때 나는 선명하고 확실하게 보게 된다. 이렇게 깨달음의 순간들을 포착할 필요가 있다. 우리는 안개가 다시 시야를 가리기 전에 우리를 이러한 순간에 순응시키는 법을 배워야 한다. 그러한 순간은 때때로 기대하지 않은 때에도 다가오는데, 한밤중이나 다른 누군가가 설교 또는 강연을 할 때, 우리가 책을 읽고 있을 때, 심지어는 대화 중에도 찾아온다. 그러나 어떠한 불편한 시간이라도 우리는 그것을 놓칠 수 없다. 그것의 이점을 극대화하기 위해서 우리는 아마 재빠르고 신속하게 기록해야 할 것이다."라고 말한다.

따라서 존 스토트에게 있어서, 본문에서 추출된 어떠한 느낌들과 생각들을 기록하는 것은 생각을 더욱 자극하고 설교 형성에 유용하다는 점에서 아주 중요하다.

## 2) 설교의 도입(서론)

설교의 본론이 준비되면 효과적인 전달을 위해서 두 가지 중요한 사항들이 검토되어야 한다. 첫째는 도입부(서론)에서 어떻게 청중들의 주의를 불러일으키고 그들의 마음을 준비시키느냐 하는 것이다. 둘째는 결론 부분에서 어떻게 의도된 결과를 도출해 내서 진리를 그들의 양심 속에 자리매김하게 할 것인가 이다.(Morgan, 1980:80)

존 스토트는 그의 설교에서 도입부와 결론에 큰 비중을 두고 취급한다. 사실 도입부와 결론은 그것들이 차지하는 분량에 비해 대단히 중요한 의미를 지닌다. 그래서 우리는 존 스토트의 설교 도입부에서 항상 그가 준수하고 추천하는 기본원칙들을 찾아볼 수 있다.

### 길이

도입부는 '1분 혹은 2분 내에'(Davis, 1977:188) 끝내는 것이 좋다. 서론이 길면 지루해지기 쉽다. 설교자가 자신이 말하고자 하는 내용을 빠르고 간단하게 그리고 명료하게 핵심을 짚어 말하는 방법을 알지 못한다면 청중들이 설교에 흥미를 가지기를 기대하기 어렵다. 단(Daane, 1980:74)은 "서론이 너무 길면 설교를 놓칠 것이다."라고 말한다. 서론에서는 주제를 소개하고(Evans, 1979:71; Vines, 1985:139) 청중의 주의를 환기시키는 것으로 충분하다. 서론은 너무 길거나 너무 짧아도 안 된다. 실제로 긴 서론은 설교 자체를 외면하고 조화를 깨뜨린다.(Stott 1982a:244) 동시에 서론을 너무 극단적으로 짧게 하는 것도 현명하지 못하다. 사람들은 돌연한 사태보다는 점진적인 접근을 좋아하기 때문이다.(Sweazey, 1976:97)

## 필요성

설교를 시작하기 전에는 청중들이 설교 내용으로부터 멀리 떨어져 있기 때문에 좋은 서론이 주는 자극이나 고무가 필요하고, 그래서 설교자는 도입부를 이용한다.(Daane, 1980:73) 특별히 서론에서 첫 문장은 모든 사람들이 함께 듣는 유일한 것이기 때문에 결정적이다.(Blackwood, 1978:99) 존 스토트(1982a:244)는 "설교의 도입에 있어서 전통적인 방법은 본문을 소개하는 것이다. 이러한 시작의 가치는 시작부터 우리 자신의 의견을 유포시키기보다는 하나님의 말씀을 강해하는 설교자의 책임에 순응하고 있다는 사실을 선언한다."라고 말한다.

따라서 서론은 성도들이 하나님의 말씀에 나타난 메시지를 경청할 수 있도록 이끌어가야 한다. 그렇다면 어떻게 설교자는 청중들의 관심을 포착하고 붙잡은 채 그들을 하나님의 메시지로 향하게 할 수 있는가? 아담스(Adams, 1982:60)에 의하면, 우선적 요건은 회중들 자신에서 시작하는 것이다. 왜냐하면 회중들은 부주의할 수도 있으며, 본문구절이 나타내는 의미나 그 안에서 찾아야 할 것을 모를 수도 있고, 그것과 그들의 삶 속에서 일어나고 있는 사건들과의 아무런 연관성도 찾을 수 없을지도 모르기 때문이다.(1982a:244, 245) 따라서 이따금 설교자는 성경적이라기보다는 상황적으로, 본문 대신에 주제로 시작하는 것이 현명할 수 있다. 왜냐하면 그럴 때 설교자는 자신들이 회중들을 이끌어가고자 목적한 곳이 아니라 그들이 현재 있는 곳에서 출발할 수 있기 때문이다. 그러나 이것이 항상 옳은 것은 아니다. 설교자는 처음부터 청중들이 하나님의 말씀 자체에 관심을 기울이도록 이끌어가야 한다.

## 목적

존 스토트(1982a:244)는 설교 도입부의 목적을 다음 두 가지 측면에서 지적한다.

첫째, 서론은 흥미를 불러일으키고, 호기심을 자극하며, 좀 더 많은 욕구를 유발시킨다. 사실 서론은 뒤따르는 내용에 대한 관심을 증폭시키며 회중의 마음을 사로잡아야 한다.(Kroll, 1984:160) 브라가(Braga, 1981;103) 역시 "서론은 설교자가 선포해야 할 메시지에 대한 청중들의 관심을 확보하고 그들의 마음을 준비시키려고 노력하는 과정이다."라고 말한다. 동시에 그들의 흥미를 불러일으키기 위해서 설교자는 교회 안의 회중들이 서로 다른 상황들에 처해 있음을 우선적으로 간파해야 한다. 그러면 그들의 서로 다른 문제점과 함께 제시된 포괄적인 서론은 그들의 관심을 불러일으킬 것이다.(Robinson, 1980:161) 즉 서론은 권위 있는 인간성, 초월에 대한 보편적인 탐구, 사랑과 공동체에 대한 갈망, 자유에 대한 추구, 또는 개인 존중에 대한 열망의 구성요소가 된다.(Stott, 1990:232)

존 스토트(1982a:244)는 "주제를 소개하고 동시에 (청중의) 흥미를 불러일으킴으로써 사람들의 생각과 마음을 우리의 메시지로 향하게 하는 것은 바람직하나 매우 어려운 일이다."라고 한다. 패커(Packer, 1971:270) 역시 이 문제를 강조한다. "상투적인 일화나 농담 또는 언어 유희 등의 수단에 의해서는 피상적인 관심만을 끌 수 있을 뿐이다. 그러나 사려 깊은 사람들이 반드시 고찰해야 하는 문제를 제기하는 것은 아주 적절할 뿐만 아니라 그들에게도 매우 중요한 것이다. 다른 말로 하면 도입부의 문제제기는 우리 자신의 인간성을 심각하게 다루는 것이어야 하며 우리가 처한 문제의 해결에 우리의 정신을 기꺼이 사용할 수 있는 것이어야 한다. 따라서 회중의 주의를 포착하고 얻는다는 것은 설교의 도입부에서 매우 중요하다."

둘째로, 서론은 청중이 주제를 이해할 수 있도록 돕는다. 서론은 청중들을 그 안으로 이끌어 들임으로써 성실하게 주제를 '소개한다'. 이로써 사람들이 처음부터 설교의 주제와 친숙하게 될 때 그들은 하나님의 말씀을 들어야 하는 이유를 갖게 된다.(Sweazey, 1976:96) 만약 설교자가 회중의 삶을 설교의 주제와 실제적으로 연결시키지 못한다면 그는 서론이 끝남과 동시에 회중의 관심을 잃을 수도 있다.(Barga, 1981:104, 105) 따라서 회중들로 하여금 설교가 나아갈 방향을 이해하게끔 서론은 설교의 핵심적 사상을 서술해야 하고, 본문을 소개해야 하며, (Brown Jr, Clinard and Northcutt 1991:127) 회중들이 처한 상황에서 뽑아낸 주제를 제시해야 한다. 그래서 설교의 서론은 청중들에게 주제를 명확하게 소개함으로써 그들의 생각과 마음이 그들의 삶의 토대가 되시는 하나님의 말씀으로 향할 수 있도록 해야 한다.

결론적으로, 서론의 목적은 주제, 즉 본문의 진리에 대한 회중의 관심을 일깨우는 것이다. 우리는 존 스토트가 그의 설교 서론에서 청중의 관심을 집중시키고 있음을 살펴봄으로써 강해 설교를 더 잘 이해할 수 있을 것이다. 에베소서 2장 11-22절에 관한 설교에서 그는 다음과 같이 시작한다. "'소외'는 현대 사회에서 인기 있는 단어이다. 이른바 '선진국'의 젊은이들과 같이 '체제'에 환멸을 느끼고 '기술지상주의'에 비판적이며 '조직'에 적대적이고 자신들을 '소외된' 자들로 묘사하는 많은 사람들이 있다. 어떤 이들은 개혁을 하고, 어떤 이들은 혁명을 꾀하고, 어떤 이들은 낙오된다. 어떠한 경우에도 그들은 그들 자신의 현재상태에 적응할 수 없다."(Stott, 1979b:89)

## 3) 설교의 본론

### 본문 내에서 주요 아이디어 다듬기

설교자는 본문으로부터 수집해 온 자료들을 다듬어 특별히 주요한 생각들이 가장 잘 나타날 수 있도록 해야 한다. 이 단계에서 설교자의 목적은 문학적인 걸작을 만드는 것이 아니라 오히려 본문의 주요 쟁점에 최대의 효과를 부여하는 것이다.

존 스토트(1982a:228)에 의하면, 이러한 목적을 성취하기 위해서(본문의 주요 견해를 깎고, 다듬는) 모든 설교자들은 부정적이고 긍정적인 접근을 모두 사용해야 한다. 부정적으로는 본문을 명상하는 가운데 떠오른 다양한 생각들과 번뜩이는 아이디어들 중에서 부적절한 것들을 과감히 제거해야 한다. 왜냐하면 부적절한 자료는 설교의 효과를 약화시키기 때문이다. 어떤 다른 경우에는 그것들이 편리하게 사용될 수도 있다. 긍정적으로는 주제를 조명하고 강화할 수 있도록 자료를 주제에 잘 융합시켜야 한다.

### 설교 본론의 구조

무엇보다도 설교의 주제를 부각시키기 위해서 존 스토트는 설교에서 개요와 구조적인 체계의 중요성을 역설한다. 성경 안에는 본문의 목적과 상응하는 구조적인 구분이 있으며, 이것은 본문에 나타난 특별한 목적을 성취하기 위해서 성령께서 주신 것이다. 설교의 본론을 구성하는 사상들은 강제적으로 조정되어서는 안 되며, 본문 내에 있어야 하고, 또한 자연스럽게 본문에서 도출되

어야 한다.(Lloyd Jones, 1972: 207)

존 스토트(1982a:229)는 "설교 개요에 대한 황금률은 각 본문이 자체적인 구조를 제시하게끔 해야 한다."라고 강조한다. 그는 설교의 구조를 정비하는데 두 가지 주요한 위험들을 지적한다.

첫째는 가죽만 남은 인간의 갈빗대처럼 골격만 강조되는 것이다. 다른 말로 하면, 설교를 세분화함에 있어서 일관성이 결여되어 설교가 너무 복잡해지는 것이다. 그렇게 하면 메시지가 그 영향력을 상실하고 공통점이 없는 교훈으로 낭비되는 위험이 발생한다.(Knecht, 1986: 287)

설교를 체계화시킬 때 드러나는 두 번째 위험은 인위성에 대한 것이다. 존 스토트는 설교의 형식에 너무도 많은 관심을 기울임으로써 설교의 영향력을 상실시키는 설교자들에 반대한다. 만약 개요를 억지로 설교에 도입한다면 그것은 항상 우리의 주의를 딴 데로 돌리고 말 것이다. 이렇게 주제를 분류하는 목적은 사람들이 진리를 받아들이고 그에 동화되는 것을 용이하게 하기 위한 것이므로 이에 충분한 시간을 할애해야 한다.(정근두, Jung, 1986:132) 골격의 목적은 몸을 지탱하고 그렇게 함으로써 자신을 거의 눈에 띄지 않게 하는 데 있다.
(Stott, 1982a:299)

따라서 설교자는 설교의 구조를 정비해 나갈 때 인위적인 배열을 지양해야 하며, 자신의 마음속에 있는 일종의 완전성을 위해서나 혹은 일상적인 방식에 맞추어 분류를 증가시켜서도 안 된다. 오히려 이러한 분류가 본문으로부터 자연적으로 파생된 것이며, 소제목들은 자연스럽고도 불가피한 것처럼 보이도록 항상 주의를 기울여야 한다.

## 설교용어

설교구조를 정렬한 뒤 설교자는 분명한 의사소통을 위해서 그의 생각들에 언어를 옷 입혀야 한다. 따라서 존 스토트는 설교가 구어의 수단으로 고안된 의사소통의 한 형태라는 사실을 정확하게 인식하고 있다. 사실 정확한 언어를 사용하지 않고 분명한 메시지를 전달한다는 것은 불가능하다. 그렇다면 우리는 어떤 종류의 언어를 사용해야 할 것인가?

### 간결하고 명료한 언어

무엇보다도 존 스토트(1982a:231)는 "설교자의 말은 가능한 한 간단하고 명료할 필요가 있다."라고 강조한다. 그래서 우리는 그의 설교들을 읽고 들을 때마다 그것들이 매우 이해하기 쉽고 직선적이라고 느낀다. 그는 설교에서 절대로 어렵고 모호한 용어들이나 복잡한 표현들을 사용하지 않는다. 아담스(Adams, 1974:123)는 "당신의 연설을 마침표로 꽃피우는 방법을 배우라"라고 충고했으며, 브라가(Braga, 1981:162)는 "장황한 담론의 함정을 피하려면 설교자는 자신이 먼저 간결하게 말하는 훈련을 해야 한다. 그가 말하는 모든 단어는 꼭 필요한 것이며 그가 표현하는 모든 아이디어들은 적절한 것이어야 한다."라고 강조한다.

고워스(Gowers, 1974:1)는 산만함을 피하면서 친숙하고 명료한 어휘를 쓰는 주의 깊은 언어의 선택을 촉구한다. 그는 아놀드와 스위프트의 인용문을 강조한다. "말할 무엇인가를 찾아 그것을 네가 할 수 있는 한 정확하게 말하라. 이것이 스타일의 유일한 비밀이다. 적당한 장소에서 사용된 적절한 어휘들이야말로 스타일의 참된 정의를 형성한다."(Gowers, 1974:3, 119) 사실 우리가 의미하는 바를 명백하게 드러내는 것이 쉽지는 않지만 꼭 필요한 것은, 많은 어휘들에서 유사하기는 하나 완전히 일치하지 않는 의미의 다른 낱말들을 사용하는 것은 참으로 중요하다.(Kroll, 1984:60) 따라서 설교가 끝나면 회중들은 '설교자가 이것을 말했다'라는 말을 하며 헤어질 것이다. 설교는 회중을 사로잡고 있는 것에 대해 말할 때에 아주 명확한 메시지를 함축하고 있어야 한다.(Morgan, 1980:33)

### 생생한 언어

설교자의 어법은 생생해야 한다. 이것은 회중들이 성경에 묘사된 인물들의 경험 속에서 그들 자신의 환경, 유혹, 그리고 실패를 찾아볼 수 있도록 성경의 인물들을 제시하는, 설교자의 변함없는 신선함과 활력을 내포한 언어의 선택을 가리킨다. 더욱이 성경 말씀은 청중들에게 그들이 처한 삶의 정황 속에서 의미를 전달해야 한다.(Braga, 1981: 164)

따라서 존 스토트(1982a:234)는 "만약 우리의 언어가 간단하면서 생기가 있으려면 정직해야 한다. 우리는 과장된 표현을 조심하고 그것의 무분별한 사용을 삼가야 한다."라고 강조한다. 청중들에게 어떠한 메시지들을 전달하기 위해 분투할 때 설교자는 그들이 이해할 수 있는 단순한 언어와 그가 말하는 것을 눈앞에 떠오르게 하는 생생한 언어, 그리고 아무런 과장 없이 평범한 진리를 말하는 정직한 언어들을 찾아내야만 한다.(Stott, 1982a:235)

## 4) 예화

### 설교 중의 예화 사용에 대한 일반적인 견해

설교에서의 예화는 '회화적 민감성을 지닌 마음'(picture-conscious-mind)에 호소하기 위해 필요하다.(Stott, 1982a:235) 본문과 설교의 주요 주제를 전달하기 위해 예화를 사용하는 것은 유용하다.(Fasol, 1989: 63; Vines, 1985:139) 존 스토트는 그의 설교에서 예화와 일화를 아주 효과적으로 사용한다. 무엇보다도 그 (1982a:237)는 설교에서 예화를 사용하는 것은 교회사에 기록된 아주 오래되고 존중받는 전통이라고 생각한다. 그래서 그는 심오한 진리를 이해시키기 위해서 간단한 예화들을 사용한 교회사의 수많은 위대한 설교자들의 예들을 기록하고 있다. 그는 또한 설교에서 예화를 사용하는 이유는 진리를 단순하고 명료하게 하는 데 도움이 되도록 하기 위함이라는 사실에 동의한다.

로이드 존스(1982:233)는 "예화는 그 자체로서 진리를 나타내는 것도 아니고, 또 예화 자체에만 주목하게 하는 것이 아니라 진리를 예증하는 것이다. 그것은 당신이 보다 명료하게 선포하고 있는 진리를 사람들이 볼 수 있도록 인도하고 도와주는 수단이다."라고 한다. 따라서 예화는 이러한 목적을 위해서만 조심스럽게 사용되어져야 하며 사람들을 기쁘게 하기 위해서 남용되어서는 안 된다. 존 스토트(1982a:237)는 주님께서 사용한 예화와 결부시켜서 이러한 점을 강조한다. "예수님의 비유 예화만이 진리를 예증하고 가시적으로 중요성을 드러내는 것은 아니다. 예수님 자신 또한 그러하시다. 왜냐하면 예수님 자신이 육신이 된 하나님의 말씀이며, 보이지 않는 하나님의 가시적인 메시지이고, 그를 본 사람은 아버지를 본 것이기 때문이다."

## 성경 예화

존 스토트(1982a:236)는 성경이 예화들로, 특히 직유들로 가득하다고 전제한다. 그는 구약으로부터 몇 개의 예화들을 제시한다: '아버지가 자녀들을 긍휼히 여김같이 주님도 자신을 경외하는 이를 긍휼히 여긴다', '악한 이는 … 바람에 나는 겨와 같다', '나는 이스라엘의 이슬이 되며 그는 백합처럼 활짝 피고 버드나무처럼 뿌리를 내릴 것이다', '그들은 독수리 날개처럼 치솟아 오를 것이다', '주님께서 말씀하시기를 나의 말은 불같지 아니하며 바위를 깨뜨리는 방망이 같지 아니하냐'. 그는 또한 신약에서 몇 개의 예들을 제시한다: '너희는 세상의 빛이라', '빛이 하늘 이편에서 저편으로 번쩍임같이 그 날에 인자도 그러하리라…', '인생이 무엇이냐? 너는 잠시 동안 보이다가 사라지는 안개와 같다'.

비록 아담스(Adams, 1982:103)는 신약의 설교자가 구약을 예로 사용하지 않았기 때문에 구약의 사건을 예화로 사용하는 것은 옳지 않다고 말하지만, 존 스토트는 모든 설교자들이 구약과 신약의 사건들을 예화로 유용하게 사용할 수 있다고 주장한다. 단(Daane, 1980:76)은 존 스토트의 의견에 동의한다. "예화는 성경 안에서 찾을 수 있다. 물론 여기에는 지켜야 할 규칙이 있다. 성경 내용들을 효과적으로 조명하기 위해서는 성경에서 취한 예화가 장황한 설명이 필요 없는, 단순하며 잘 알려진 것이어야 한다."

## 예화 사용의 위험성

존 스토트(1982a:240, 241)는 예화를 사용하는 데 있어서 두 가지의 큰 위험이 따른다고 지적한다. 첫째는 예화가 너무 뛰어나서 어떤 모호한 의미에 빛을 비추기보다는 그 자체가 빛을 발하는 것이다. 설교자는 예화가 간결하고 주제에 적합해야 할 뿐만 아니라 주요 메시지로부터 관심을 앗아갈 어떠한 요소도 지녀서는 안 된다는 것을 명심해야 한다.(Lane, 1988:89, 90)

예화 사용의 두 번째 위험성은 부적합하거나 부적절하게 사용된 유추에서 발견된다. 모든 유추는 어느 부분에서 유사점이 발견되는지가 명백해야 한다. 예를 들어, 예수님께서 "아이들처럼 되어라"라고 말씀하셨을 때 모든 점에서 어린아이처럼 되라는 것을 의미하지는 않으셨다. 그분은 어린아이의 미성숙, 장난끼, 무책임함, 무관심, 무지를 의미한 것이 아니라 '겸손'을 의미하신 것이다. 즉 우리는 어린아이가 부모에게 의지하는 것처럼 하나님의 은총에 의지해야 한다. 성경의 다른 부분들에서는 주로 어린아이처럼 되라고 우리를 격려하기보다는 금지하고 있다. 따라서 '유추로 인한 논쟁'은 항상 위험하며 때로는 잘못 인도할 수도 있다. 즉 두 가지 실체나 사건들이 한 점에서 상응하기 때문

에 모든 점에서 닮아야 한다는 잘못된 인상을 줄 수도 있다.(Stott, 1982a: 241)

결론적으로, 설교에서 예화는 진리를 예증하는 데만 사용되어져야 하며 그 자체에 주의를 집중시켜서는 안 된다. 왜냐하면 예화는 매일 일어나는 일들을 하나님의 자비, 사랑과 헌신(기타 등등)의 예로서 사용하여 실교에 빛을 가져다 주는 수단일 뿐이기 때문이다.

## 예화의 목적은 상상을 자극하는 것

존 스토트(1982a:239)는 예화의 목적은 상상력을 일깨우는 것이라고 지적한다. 비록 많은 설교자(Braga, White, Lloyd Jones, Broadus, Adams 등)가 상상을 설교 중에 적용된 일련의 과정으로 다루어 왔으나, 존 스토트는 예화를 목적 가운데 하나로 다룬다. 사실 교회사를 통하여 상상은 위대한 설교자들의 대표적인 특징 중의 하나였다. 크리소스톰, 루터, 스펄전 모두는 자신의 청중들에게 진리를 가시화시킴으로써 진리에 생명력을 불어넣었다.(Adams, 1983:64)

존 스토트(1982a:238, 1986b:70)는 갈라디아서 3장 1절에서 바울이 사용한 상상의 좋은 예를 말한다. 바울은 갈라디아 교인들을 향하여 한 자신의 십자가 설교를 그들의 눈앞에서 십자가에 못박히셨던 예수 그리스도를 드러내는 '공적인 초상화'로 언급했다. 이때 십자가상에서의 예수의 죽음은 약 20여 년 전에 일어났었고, 갈라디아 회중은 어느 누구도 그것을 목격하지 못했다. 그러나 바울은 그의 생생한 선포를 통해서 이 사건을 과거에서 현재로, 풍문에서 극적인 가시적 이미지로 전환시킬 수 있었다. 예화는 사람들의 상상력을 자극시키고 그들의 마음이 사물들을 명확하게 볼 수 있게 도와주도록 의도되었다. 예화는 추상적인 것은 구체적인 것으로, 고대의 것은 현대의 것으로, 친숙하지 않은 것은 친숙한 것으로, 일반적인 것은 특별한 것으로, 애매한 것은 분명한 것으로, 비현실적인 것은 현실적인 것으로, 비가시적인 것은 가시적인 것으로 전환시킨다.

설교자는 회중들이 진리를 명확하게 이해할 수 있도록 상상력을 자극하는 이러한 예화들을 생생하게 적용해야 한다. 비쳐(Beecher, 1972:134)는 또한 다음과 같이 상상의 중요성을 강조한다. "설교의 능력과 성공을 크게 좌우하는 첫째 요소는 … 상상력이다. 이것을 나는 설교자가 되기 위해 필요한 모든 요소들 중에서 가장 중요한 것으로 간주한다."

### 예화의 출처

무엇보다도 존 스토트는 성경 자체가 예화적 자료들의 가장 완전한 저장고이므로 모든 설교자는 구약과 신약 모두에서 예화의 모형들을 가져올 수 있다고 생각한다. 브라운(Brown, 1991:72)은 강조한다. "성경은 예화의 으뜸가는 출처이다.… 예화가 성경으로부터 인용되었다는 사실은 많은 사람들에게 다른 인용문들이 가져다줄 수 없는 권위를 그것에 부여하게 한다. 성경적인 예화들은 놀라울 정도로 시공을 초월한 특성들을 보유하고 있다." 킬링거(Killinger, 1985:110)는 또한 "성경은 예화적 자료의 거대한 보고이며 사람들로 하여금 그들이 잊었거나 결코 알지 못했던 성경 내용들과 친숙하게 함으로써 보다 성경에 관해 박식한 공동체를 만들어 가는 부가적인 이익을 가져다준다."라고 말한다. 모든 설교자들은 그들이 읽는 몇몇 책과 그들의 일상 생활을 통하여 유용한 예화들을 축적해 나갈 수 있다. 모든 문학의 종류 또한 다른 출처가 될 수 있다.(Kroll, 1984:174; Blackwood, 1978:120; Brown, 1991:73)

그러나 가장 효과적인 예화는 아마도 역사나 자서전, 최근의 일이나 우리 자신의 경험으로부터 나온 일화들일 것이다. 이러한 것들은 가능한 한 광범위한 역사적, 세계적, 개인적인 배경 속에서 성경의 진리를 적용시키는 데 도움을 준다. 좋은 예화들을 수집하기 위해서 설교자는 고전, 외경, 역사와 교회사, 과학, 예술, 그림, 음악, 현대 문학을 읽고 찾아보아야 한다. 최근의 사건들도 그러한 자료들을 즉각적으로 이용할 수 있는 좋은 예화의 출처가 된다.(Fasol, 1989:83; Chapell, 1994:194) 신문, 잡지, 기타 자료들은 최신의 좋은 예화 자료들을 공급한다. 무엇보다도 모든 자연과 모든 삶이 예화로 가득하다. 고기를 낚는 눈으로 인생을 항해해 갈 때 얼마나 훌륭한 것들이 그물에 걸리는가를 보라.(Sangster, 1946:239)

결론적으로, 예화는 하나님의 말씀을 전달하는 데 도움을 주는 가장 효과적인 도구 중의 하나이며, 동시에 청중들에게 진리를 명확하게 설명하고 적용시키는 데 도움을 주어야 한다. 그래서 존 스토트의 예화적 조명은 항상 그의 주된 주제를 빛나게 했지만 그는 절대로 그 조명을 우선적인 것으로 삼지 않았다.

### 5) 유머

설교에 나타난 존 스토트의 유머 사용에 대해서 간단히 언급할 필요가 있다. 모든 설교자는 기지를 발휘하여 그들의 설교가 좋은 유머로 더욱 빛나게 하라는 충고를 받는다.

**신약에서 주님이 사용한 유머의 예들**

유머의 적절한 사용을 위한 원칙과 방법은 신약의 여러 곳에서 나타나는 주님의 가르침에서도 살펴볼 수 있다. 존 스토트(1982a:287)는 모든 설교자가 예수께서 그러하셨던 것처럼 유머를 사용할 수 있다고 주장한다. 설교자의 탐구는 예수의 가르침에서부터 시작된다. 왜냐하면 유머가 위대한 스승의 병기고에 저장된 무기 중의 하나라는 사실에 일반적으로 동의하기 때문이다.

트루블라드는 예수께서 사용한 유머의 일반적인 형태는 비꼼(잔인하여 희생자들에게 상처를 입히는)이 아니라 풍자(악덕이나 어리석음을 대중 앞에 드러내는)라고 주장한다. "그리스도께서 유머를 사용하신 분명한 목적이 상처를 주기 위해서가 아니라 이해를 공고히 하고 그 폭을 넓히기 위해서라는 사실을 인식하는 것은 중요하다. 다만 어리석게도 인간의 자만심이 걷잡을 수 없이 전락할 때면 별수 없이 상처를 입기도 한다.… 그러나 분명히 목적은 상처와는 다른 무엇이다. … 진리, 진리만이 그 목적이다. … 실수의 가면을 벗기고 진리를 드러내는 것이다."(Trueblood, 1965:49-53)

존 스토트(1982a:287)는 「역사의 예수」(The Jesus of History)의 저자 글로버가 사용하는 유머를 예로 들어 소개한다. 이것은 사소한 의무들에 사로잡혀 '더욱 중요한 율법의 문제'들을 모두 무시한 서기관과 바리새인들에 대한 예수의 풍자에 관한 것이다. 그들의 불균형은 '하루살이는 걸러내고 약대는 삼키는'(마 23:23, 24) 술취한 사람으로 묘사되고 있다. 글로버는 우리에게 낙타를 삼키려고 시도하는 사람을 상상하게 함으로써 웃음을 준다. "과연 우리 중에 몇 명이나 이 과정과 그에 따른 심각한 신체반응들을 상상해 보았을까. 털이 부숭부숭한 긴 목이 바리새인의 목구멍 안으로 미끄러져 들어가고 그 다음엔 느슨하게 달려있는 긴 몸뚱아리와 혹(두 번째 혹)이 미끄러져 들어가고-그래도 그는 결코 인식하지 못한다-이어서 다리들과 무릎의 모든 장치와 커다란 발굽을 단 발까지… 결국 바리새인들은 낙타를 삼켰지만 결코 그러한 사실을 인식하지 못했다."(Glover, 1965:44) 예수께서 단지 그러한 표현만 사용하시고 그것을 자세히 묘사하지는 않으셨더라도 그의 청중들은 자지러지게 웃었을 것이다. 사실 예수의 선례 때문에 설교와 교훈 가운데 유머를 사용하는 것이 오래되고 좋은 전통이라는 사실이 그리 놀라운 것은 아니다.

## 유머의 가치

존 스토트(1982a:289-292)는 설교의 적당한 시점에서 적절한 유머를 사용하는 것은 네 가지의 가치가 있다고 주장한다.

첫째, 긴장을 깨뜨린다. 대부분의 사람들은 어느 정도 긴장을 완화할 필요가 있으며 긴장 완화를 위한 가장 간단하고 신속하며 건전한 방법은 농담으로 그들을 웃게 하는 것이다. 이러한 효과 때문에 자신의 설교에서 유머를 사용하는 설교자는 자신이 편안하고 적극적으로 반응하는 회중들에게 설교하고 있다는 사실을 발견함과 동시에 기쁨과 즐거움을 얻을 수 있게 된다.(Drakeford, 1986:41)

둘째, 웃음은 사람들의 방어막을 무너뜨리는 탁월한 능력이 있다. 몇몇 교인들은 고집스럽고 저항적인 마음의 상태로 교회에 온다. 그러나 만약 설교자가 그들을 웃게 한다면 모든 저항은 어느새 사라질 것이다.

셋째, 유머의 가장 큰 혜택은 인간의 허영을 폭로함으로 우리를 겸손하게 한다. 로날드 낙스(Ronald Knox, 1984:26-27)는 "풍자는 완고한데다가 반복되기까지 하는 인간의 어리석음을 고발하기 위해서 고안되었다. … 웃음은 풍자라는 탄약통 안에 저장된 강력한 폭발물로서 겨냥한 목표에 실수없이 명중하여 유익한 상처를 남긴다."라고 했다.

넷째, 유머의 마지막 가치는 인간적인 조건 즉 우리 자신에 대해서 웃게 만든다는 것이다. 유머는 균형있게 사물들을 바라볼 수 있도록 돕는다. 때때로 '구원받고 치유받아 회복되고 용서받는 것'에 대한 동경과 열망으로 우리를 인도하면서 동시에 우리가 가라앉아 본 깊이와 떨어져 본 높이에 대해 선명한 시야를 얻도록 해 주는 것 역시 웃음이다. 웃음은 인간으로 하여금 현재의 자신에 대한 정직한 시각과 미래의 자신에 대한 갈망을 일깨우는 데 공헌할 수 있기에 우리는 기쁜 마음으로 그것을 복음을 위해서 예배에 포함시켜야 한다.

## 유머의 위험

그저 단순히 사람을 웃게 하기 위한 유머는 설교자 직분의 정체성에 부합하지 않는다. 설교자의 메시지 중에서 그의 회중이 감정이나 흥미로 긴장하는 순간이 있을 수도 있다. 이러한 순간에 만약 설교자가 그들을 웃게 한다면 사람들은 긴장을 풀고 더 많은 관심을 가지고 듣게 될 것이다. 그러나 아무리 유머가 정당한 것일지라도 우리는 유머의 사용에 있어서 신중해야 하며 주제 선정에 있어서 비판적이어야 한다.(Stott, 1982a:288)

존 스토트는 두 가지 주의점을 제안한다. 설교자는 청중들로 하여금 성부 하나님, 성자 예수 그리스도와 성령에 대하여 웃게 해서는 안 된다. 또한 구원이 성취된 예수님의 십자가나 부활, 최후의 일들에 대한 엄숙한 현실 즉 죽음, 심판, 천국과 지옥에 관해서 죄인들을 웃게 하는 것은 부적절하다. 왜냐하면 이러한 주제들은 그 자체가 우스운 것이 아니며, 우리가 만일 그것들을 재미있게 만든다면 그것들은 하찮은 것으로 전락될 수 있기 때문이다.

결론적으로, 설교자는 유머를 기술적으로, 그리고 적절하게 사용함으로써 우리가 다른 사람들을 보며 웃을 때 우리는 또한 인간적인 허식과 우둔함의 결속 가운데 우리 자신들에 대해서도 웃고 있음을 알게 해야 한다.

## 6) 설교의 결론

결론은 청중의 일상생활에 적용되는 설교의 내용에 대한 요약이다. 이것은 청중들에게 설교의 내용에 대한 어떤 결단을 촉구할 것이다.

존 스토트는 설교의 결론에 상당한 비중을 둔다. 체계적이며 일관성 있는 결론이나 어떤 긍정적인 결론에 도달하지 못한 설교는 목표를 상실한 비극적 설교의 예이다.(Stott, 1982a:245) 궁극적으로 그의 설교에서 모든 전개 과정의 목표는 그 절정인 결론에 이르는 것이다. 그래서 그는 결론에서 요점의 반복과 개인적인 적용이 포함되어야 함을 강조한다. 그는 "참 결론은 요점의 반복에서 개인적인 적용으로 이어진다. 물론 본문의 적용은 점진적인 것이므로 모든 적용이 마지막까지 보류될 필요는 없다."라고 말한다.

그럼에도 불구하고 의도된 결론을 너무 빠르게 노출시키는 것은 실수이다. 만약 우리가 그렇게 한다면 우리는 사람들의 기대감을 흐리게 된다. 언제든지 내놓을 수 있도록 무엇인가를 준비하고 있는 것이 더 낫다. 그러면서 성령의 능력에 힘입어 사람들이 행동하도록 설득하는 것을 마지막까지 보류할 수 있다. 로이드 존스(1982:77) 역시 그의 설교에서 결론의 중요성을 강조한다. "당신은 절정에서 막을 내리고, 모든 것에서 하나의 위대한 진리만이 나타나도록 이 절정을 향해 나아가야 한다. 여태까지 말한 것들은 모두 이 속에 융해되고 청중들은 자신들의 마음속에 이것을 안고 떠난다." 따라서 결론에서는 청중들의 생활에 비추어 그동안 선포된 진리가 명백하게 적용되어야 한다. 결론에서 설교자는 그의 메시지에 내포된 진리와 도전을 각각의 개인들과 결합시켜야 하는데 이는 그의 설교가 살아 계신 하나님과의 개인적인 대면이어야 하기 때문이다.

존 스토트는 항상 그의 결론에서 위에서 언급한 두 가지의 원칙을 고수한다. 그의 결론에 나타난 요점의 반복과 마지막 적용에 대한 훌륭한 예를 살펴보자. 데살로니가후서 1장 1-11절에 관한 설교의 결론에서 그는 바울의 주제(예수 그리스도의 영광)를 다음과 같은 4단계로 요약한다: (1) 주 예수께서 그의 영광 속에서 나타나실 것이다(1:7). (2) 주 예수께서 그의 성도들에게서 영광을 받으실 것이다(1:10). (3) 그리스도를 거부하는 사람들은 그의 영광으로부터 제외될 것이다(1:8-9). (4) 한편 예수 그리스도께서는 우리 안에서 영광을 받으셔야 한다(1:12).(Stott, 1991a:153-155)

그리고 갈라디아서 4장 1-11절에 관한 설교의 결론에서 그는 "갈라디아인들의 어리석음을 피할 방법은 사도 바울의 말씀에 주목하는 것이다. 우리가 기독인이라면 우리는 계속해서 우리가 누구이며 무엇을 해야 하는지를 말씀을 통해서 하나님이 말씀하시도록 해야 한다. 우리는 계속해서 그리스도 안에서 우리가 가진 것과 우리가 누구인가를 상기해야 한다. 매일 성경을 읽고 묵상하며 기도하는 중요한 목적 중의 하나가 바로 이것이다."라고 말했다.

즉 우리가 누구이며, 무엇을 해야 하는가를 기억할 수 있도록 우리 자신을 정립시키는 것이다. 우리는 스스로에게 다음과 같이 말해야 할 필요가 있다: '한때 나는 종이었지만 하나님께서는 나를 당신의 자녀로 만드셨고 내 마음에 그의 독생자의 영을 부어주셨다. 어떻게 내가 옛날의 노예신분으로 돌아갈 수 있겠는가?', '한때 나는 하나님을 몰랐지만 지금은 그분을 알고 그분도 나를 아신다. 어떻게 내가 옛날의 무지함으로 돌아갈 수 있는가?' 하나님의 은총에 의해서 우리는 우리가 한때 어떠했던가를 기억하고 그러한 모습으로 다시는 돌아가지 않을 것을 결단해야 한다. 하나님께서 우리로 자녀 삼으신 것을 기억하고 이것에 우리의 삶을 순응시켜야 한다.(Stott, 1986b:109, 110)

결론에서 존 스토트는 설교의 전반적인 내용을 고찰하면서 늘 그렇듯이 요점을 재진술한다. 그래서 주요 논제들을 재고하고 그것들을 설교의 핵심사상과 결합시키려 한다.

## 7) 설교의 길이

끝으로, 우리는 설교 길이에 대한 존 스토트(1982a:292)의 견해를 다루고자 한다. 설교가 얼마나 길어야 하는지에 대한 대답은 늘 상당히 어려운 법인데, 그 이유는 예측 불가능한 요소들이 너무 많이 있기 때문이다. 그것은 상황과 주제, 설교자의 재능과 회중의 성숙도 등에 달려 있다.

차펠(Chapell, 1994:54)은 "설교의 길이는 정통주의의 자동적인 척도가 아니다. 어떤 본문이 의미하는 바를 설명할 만큼 길고 청중의 관심을 유지시킬 만큼 짧은 설교는 회중의 활력가 목회자의 지혜에 대해 많은 것을 나타낸다." 스위찌(Sweazey, 1976:145)는 설교 길이에 대해 다음과 같은 정리된 개요를 제공한다. "15분에서 20분의 메시지는 너무 짧아 보이고, 25분은 정상적이고, 30분은 길다."

존 스토트는 스위찌의 분석을 반박하지는 않는다. "아마도 10분은 너무 짧고 40분은 너무 길다는 것을 제외하고는 설교 길이에 대한 고집스럽고 성급한 원칙은 있을 수 없다." 대신 "비록 설교 시간이 훨씬 길지라도 모든 설교는 '20분처럼' 느껴져야 한다."(Stott, 1982a:294)라고 말하면서 설교의 이상적인 길이에 대한 문제를 가지고 시비를 따지지 않는다. 로이드 존스(1982:197) 역시 설교는 길 수도 짧을 수도 있으며 이런 문제에 관한 어떠한 완고함도 피해야 한다고 단언한다. "설교의 길이는 설교자의 특성뿐만 아니라 그의 발전 여부에도 달려 있다." 따라서 회중의 표준이 무엇이든지 설교자는 여전히 주어진 시간 내에 설명될 수 있는 길이의 본문이나 내용을 선택하는 지혜를 발휘해야 한다.

## 4. 복음적인 설교

2장에서 살펴본 것처럼, 존 스토트는 그의 교회와 전 세계의 복음주의에 대해 염려하고 있다. 무엇보다도 25년 동안 올 소울즈 교회에서 담임 목회자로 시무하는 동안 그는 복음주의적인 설교를 가볍게 여기지 않았다. 설교자의 의무는 그리스도에 관한 20세기적 증언을 제시하는 것이 아니라 오직 유일한 권위 있는 증거, 즉 하나님의 말씀을 20세기에 연결시키는 것이다. 존 스토트에게는 전도자들이 설교자가 되지 못한 것은 수치스러운 일이다. 설교자는 하나님의 메시지를 전하는, 즉 살아 계신 하나님께로부터 받아서 살아 있는 사람에게 살아 있는 말씀을 전하는, 열심 있는 전달자가 되어야 한다. 그래서 바우만(Baumann, 1978:208)은 "복음주의적 설교는 예수님께서 명령하셨고 사람들이 필요로 하기 때문에 필요하다."라고 말한다.

우리는 왜 존 스토트가 복음주의적 설교에 관해 염려하는지 안다. 자신이 청소년기가 될 때까지 비록 매주일 교회에 가기는 했지만 진심으로 하나님을 믿지는 않았기 때문이다. 그는 17세가 되어서야 내쉬의 메시지를 듣고 마음으로 구주로서의 예수 그리스도를 체험했으며, 1938년 2월 기독교연맹(Christian Union)에서 마련한 수련회에서 진정한 기독교인으로 다시 태어났다. 그래서 존 스토트는 교회에 다닌다는 이유로 기독교인으로 간주하거나 교인들의 자녀 중 세례 받은 아이들은 당연히 기독교인이라고 여기는 경향을 유감스럽게 생각한다.

벤터(Venter, 1974:46, 47)는 이러한 경향에 대해 다음과 같이 지적한다. "당신의 설교를 듣는 모든 사람이 참 기독교인이라고 생각하지 말라. 당신은 그들 중에 많은 사람이 진리를 열망하고 약간의 개인적인 혹은 다른 문제점을 가지고 있다고 착각할 수도 있다.… 그러나 그(설교자)의 설교는 반항하는 불안정한 죄인들을 향한 것이다."

데이비스(Davis, 1988:106)는 "그 내용과 형식에 있어서 신약의 케리그마와 일치하지 않는 것은 현대 교회의 공적인 사역에서 설교라고 인정받을 수 없다."라고 강조한다. 존 스토트의 복음주의적 설교에 대한 평가는 케리그마적 설교의 선포와 복음주의적 설교의 중요성에 대한 자각을 꺼려하는 현대 설교자에게 도전하기 위한 것이다.

## 1) 정의

「복음주의: 직면한 도전」(Evangelism: the Counter Revolution)에서 드루먼드 (Drummond, 1972:25)는 "복음주의는 불신자로 하여금 예수 그리스도에 대한 진리와 그의 선포에 직면히도록 하려는 공동의 노력이다. 그리하여 그가 하나님을 향한 회개와 우리 주 예수 그리스도를 향한 믿음, 그리고 교회 내에서의 친교로 나아갈 수 있게 도전하고 인도하는 것이다."라고 정의한다.

와그너(Wagner, 1981:56-57)의 정의는 복음주의의 본질, 목적, 목표의 용어로 기술된다. "복음주의의 본질은 복음의 전달이다. 복음주의의 목적은 개인이나 집단에게 예수 그리스도를 영접할 확실한 기회를 제공하는 것이다. 복음주의의 목표는 모든 남녀가 예수 그리스도의 제자가 되고, 그가 교회 안에서의 친교를 통해 서로를 섬기도록 설득하는 것이다."

공식적으로 존 스토트는 1974년 로잔언약을 위한 기초위원회의 의장이었다.(Groover, 1988:87, 88) 여기에서 복음주의는 다음과 같이 정의된다. "복음화한다는 것은 예수 그리스도께서 우리의 죄를 대신하여 죽으셨고 성경에 이른 것처럼 죽음에서 부활하셨으며 지금도 통치하시는 주님으로서 회개하고 믿는 모든 이에게 죄의 용서와 성령으로 인한 해방을 선물로 주신다는 복된 소식을 전파하는 것이다. 이 땅에서 우리 기독인의 존재는 복음주의에 필수 불가결하며 따라서 상호 이해를 위한 조심성 있는 경청을 목표로 하는 대화 또한 그러하다. 그러나 복음전도 자체는 사람들이 개인적으로 주님께 다가가도록, 그래서 하나님과 화목하도록 하려는 설득의 관점에서 우리의 구세주와 주인이 되시는 역사적이고 성경적인 그리스도를 선포하는 것이다. 복음에로의 초청에 있어서 우리에게는 제자도의 대가를 숨길 자유가 없다. 예수께서는 여전히 자기 자신을 부인하고 그를 따르며, 자기 십자가를 지고, 자신을 그의 새로운 공동체의 일원으로 여기는 모든 사람들을 부르신다. 복음주의의 결과는 그리스도에 대한 순종, 그와 교회와의 결합, 그리고 세상을 향한 책임있는 봉사를 포함한다."(Lausanne Covenant, Para.4)

존 스토트(1975a:71)는 그의 글 「복음전도의 성경적인 기초」(The biblical basis of evangelism)에서 복음전도를 보다 명확하고 간결하게 정의한다. "이것은 복음을 다른 사람들과 공유하는 것이다. 복음은 예수이며 우리가 전하는 예수께 대한 복음은 신·구약성경에 쓰인 대로 예수께서 우리의 죄를 위해 죽으셨고 하늘 아버지에 의해서 죽음에서 부활하셨다는 것이다. 그리고 그의 죽음과 부활로 인해 회개하고 믿고 세례받는 모든 이에게 죄의 용서와 성령을 선물로 주신다는 것이다." 따라서 존 스토트의 '복음전도'는 교회적 사명의 본질적인 부분이며 '복음주의적 설교'는 지역교회 사역의 중요한 요소이다.

## 2) 대표적인 실례

존 스토트의 복음주의적 설교를 이해하기 위해서 그가 올 소울즈 교회에서 했던 세 편의 설교 개요를 살펴보기로 한다.

● 요한복음 3장 1-15절/ 예수님과의 만남 - 니고데모(부록 1 참조)

서론:

예수님은 누구나 만나기를 원하신다. 그는 이 땅에서 살아가는 동안 사람들과 직접 대면하면서 시간을 보내셨다. 예수님은 니고데모를 만나고 '거듭남'에 대해서 그에게 말씀하신다. 그들의 대화 중에 어떤 일이 일어났는가?

본론 :

1. 거듭남의 본질은 무엇인가?

    1) 두 번째의 출생이 아니다.

    2) 도덕적인 자기 개혁이 아니다.

    3) 세례처럼 모두 동일한 것이 아니다.

    4) 영적인 출생이다.

2. 천국에 들어가기 위해 우리는 어떻게 다시 태어날 수 있는가?

    1) 물로: 이것은 세례 요한의 세례에 의한 회개의 세례를 의미한다.

    2) 성령으로: 이것은 성령이다.


3. 새로운 출생의 필요성 - 이것은 정말로 필요한가?

    1) 대답은 '예'이다.

    2) 예수께서는 '거듭나야 한다'고 말씀하셨다.

    3) 만약 우리가 예수의 당당한 추종자가 되려면 필수 불가결한 사항이다.


4. 거듭남은 어떻게 일어나는가?

    1) 하나님의 관점에서 이것은 커다란 비밀이다.

    2) 거듭남은 하나님 자신의 시작과 활동과 능력에 의해 위로부터 온
    출생이다.

    3) 우리는 회개하고 예수 그리스도를 의지해야 한다.


결론:

예수 그리스도는 그를 찾는 사람들을 만나기 원하신다. 하나님은 세상을 너
무 사랑하셨기에 그의 독생자를 보내사 십자가 위에서 죽게 하셨다. 그는

필요한 모든 것을 해 놓으셨다. 이제 그분은 우리가 회개하기를 기다리신다. 그를 믿고 의지하는 자는 누구든지 새로 태어날 것이며 그가 제공하는 새로운 삶을 시작하게 될 것이다. 그리고 그들은 현재와 장래에 하나님의 나라를 볼 것이며 그곳에 들어갈 것이다.

평가 :

이 설교의 각 요점은 선택된 성경 본문으로부터 직접 발췌된 것이며, 본문의 어떤 중요한 요지도 무시되지 않았다. 여기서 우리가 찾을 수 있는 것은 존 스토트는 항상 본문으로부터 주제와 아이디어를 얻는다는 것이다. 다른 말로 하면, 그의 설교 주제는 본문에 근거한다. 그리고 본문의 단 하나의 주제인 '거듭남'과 그 결과에 초점을 맞춘다. 따라서 존 스토트는 불신자인 청중들에게 예수 그리스도를 자신들의 구주로 영접할 것을 자연스럽게 촉구할 수 있다.

설교의 결론에서 그는 다양한 방법으로 청중들에게 예수 그리스도를 영접할 것을 요청했다. 이 설교에서 그는 간접적으로 그의 청중들이 새로 태어나 새 삶을 시작할 수 있도록 예수를 의지하고, 믿고, 영접할 것을 요청했다.

● 요한복음 4장 1-42절/ 네가 만일 알았다면 - 사마리아 여인(부록 2 참조)

서론:

사람들이 예수 그리스도를 무시하거나 그의 메시지를 은폐시키더라도 언젠가는 그들도 그분께 돌아오게 된다. 당신은 예수와 무엇을 할지 결심해야 한다. 정확히 그가 누구였으며, 누구인지 '당신이 알았다면' 그를 따르려고 결심했을 것이다. '예수는 진짜 누구인가?'

본문:

1. 예수는 인성과 신성을 동시에 가지셨던 분이다. 그는 굶주렸고 목마르셨고 고통당하셨다. 그는 사마리아 여인의 너저분한 가정 생활을 모두 아셨고, 그녀에게 영원한 생명의 상징인 생명수를 제공하셨다.

2. 예수는 보수적이면서도 진보적이시다. 특별히 성경에 관해서 그는 보수적이셨다. 그러나 세습된 전통에 관해서는 비판적이셨다.

3. 예수는 충족시키시며 혼동시키신다. 생명수의 내적인 샘을 선물로 주셔서 우리를 충족시키시지만 우리의 죄를 상기시킴으로 우리로 하여금 깊이 고민하고 회개에 이르게 하신다.

결론:

예수는 우리를 대신하여 죽으신 참 인간이시며 참 하나님이시다. 그는 우리 안에 생명수 샘을 선물로 제공하신다. 그가 주는 생명수를 마시는 자마다 영생을 얻을 것이다.

평가:

이 설교에서 본문은 존 스토트의 전형적인 세 가지 요점 형식을 나타낸다. 마지막 부분에서 어떤 내용이 전개될지 간단히 언급된 서론을 제외하고 이 설교의 각 요점은 본문으로부터 직접 도출되었으며 각각 '만약 그대가 단지 무엇을 알았더라면?'이라는 질문을 다루고 있다. 이 질문에 대한 대답에 실마리가 되는 본문의 모든 부분이 효과를 위해 인용되었다.

● 누가복음 15장 11-32절/ 잃은 것과 찾은 것(부록 3 참조)

서론:

당신이 잃거나 찾을 수 있는 모든 것들 중에 당신 자신을 잃는 것보다 더 심각한 일이 없고, 당신 자신을 찾는 것보다 더 중요한 일이 없다. 자아발견의 필요성은 보편적으로 인식되어 왔다. 예수님은 인류가 필요로 하는 것이 무엇인지를 아신다. 그는 인간의 본질에 대해 깊이 이해하신다.

본론:

1. 세리의 표본으로서의 동생 - 그의 탈선에는 네 가지 단계가 있다.

　　1) 첫 번째 단계는 독립을 위한 시도이다.

　　2) 두 번째 단계는 자기방종이다.

　　3) 세 번째 단계는 몰락 - 배고픔과 모욕으로 이어진다.

　　4) 네 번째 단계는 소외이다.

2. 그가 아버지의 집으로 돌아왔다.

　　1) 그는 정신을 차리면서 자신을 발견했다.

　　2) 그는 일어나서 집으로 갔다.

　　3) 그는 받아들여졌다. 그가 아버지의 집으로 돌아갔을 때 그의 아버지는 진심으로 그를 환영했다.

　　4) 십자가와 예수 그리스도의 대속 때문에 우리는 천국에서 있을 환영 만찬을 확신할 수 있다.

3. 바리새인의 상징으로서의 형

    1) 그는 자기의 진실한 자아로부터 멀리 떠나 있었다.

    2) 그는 아버지의 마음으로부터 아주 멀리 떨어져 있었다.

우리 모두는 동생과 형처럼 하나님과 우리 자신으로부터 소외되어 있다.

결론:

우리 중의 몇몇은 탕자와 같고 몇몇은 형과 같다. 몇몇은 세리와 죄인과 같고 몇몇은 바리새인과 같다. 우리 중의 몇몇은 부도덕과 술취함과 야만적인 형태의 죄를 범하고, 다른 이들은 교만, 부러움, 악의와 위선으로 죄를 범한다. 종교인도 죄를 짓는다. 그들(형과 아우)은 소외되었으며 모두 하나님의 용서를 필요로 한다. 이 비유를 통한 말씀의 주요 교훈은 하나님의 꺼지지 않는 사랑이며, 우리는 스스로에게 '나는 어디에 있는가?'라고 물어야 한다.

평가:

이 설교는 비유를 통한 말씀의 메시지가 아버지의 사랑이라고 말하는 다른 많은 설교들과 비슷하지만, 동생의 죄에 관심을 집중시킨다. 물론 형의 죄도 동생 못지 않다. 이야기의 핵심은 케리그마의 강조, 즉 하나님의 사랑, 용서, 진정한 환영과 예수 그리스도의 십자가에 대한 강조에 있다. 비록 이 설교가 매우 독창적인 것은 아니지만 확실한 내용으로 구성된 강해 설교라 할 수 있다. 각각의 요점은 직접적으로 선택된 본문 외에도 성경 전체의 지지를 받고 있다.

## 3) 초청

복음주의적 설교는 응답의 기회를 제공한다. 즉 복음전도 설교에서는 일종의 초청이 행해진다. 알렌(Allen, 1964:12)은 이렇게 표현한다. "초청은 영혼을 포착하는 장치나 결과를 보장하는 수단이 아니다. 또한 이것은 정통주의에 맞추기 위한 의식도 아니다. 이것은 단지 사람들을 그의 구원, 그의 주되심, 그리고 그를 따르는 데 수반되는 특권과 직면하도록 부르시는 예수 그리스도의 초청이다." 바우만(Baumann, 1978:209)은 "만약 회중이 정규적으로 신앙 밖에 있는 사람을 합류시킨다면 이것은 적절한 것이 될 수 있다. … 다양한 초청의 형태가 관심있는 목회자에게 제시되고 있다."라고 말한다. 존 스토트는 복음주의 설교의 결론에서 결단을 요청하는 다양한 방법의 초청을 사용한다. 그는 '왜 십자가에 매달리셨나?'라는 로마서 5장 8절의 강해에서 청중들에게 자신을 낮추고 예수 그리스도를 영접할 것을 요청한다. 또한 그(1986a:163)는 감동을 주기 위해서 찬송가 494장 '만세 반석 열리니'(Rock of Ages)의 가사를 인용한다.

빈 손 들고 앞에 가
십자가를 붙드네
의가 없는 자라도
도와주심 바라고
생명샘에 나가니
맘을 씻어 주소서

'만세 반석 열리니'(Rock of Ages)의 가사를 초청의 형태로 사용한 것은 전통적인 교회의 시적 언어에 친숙한 사람들에게 훨씬 더 효과적일 수 있다.

존 스토트(1983:91)는 때때로 몇 분 동안 묵상기도 시간을 주고 그의 청중들이 자신을 겸손히 낮추어 질문에 대해 스스로 답할 수 있도록 기도하게 한다. 설교와 공적인 초청 뒤에 그는 모든 회중이, 특별히 방문객들은 마지막 찬송이 끝나면 커피가 준비된 친교실로 가도록 초청에 대한 광고를 한다. 그리고 그는 또 다른 초청의 말을 덧붙인다. 그는 기도시간에 최선을 다해 기도한 사람들은 강대상 옆으로 나와 자신과 만날 것을 요청한다.

이러한 '후속 예배'로의 초청은 청중들에게 놀라운 일은 아니다. 올 소울즈 교회에서는 '광고' 중에 이 모임을 알린다. 거기에는 존 스토트의 명료성과 통일성에 어울리게 숨겨진 기교나 강요가 없다. 그들에게 강요하는 것은 '잘못된 만큼 해로운 것'이기 때문에 청중들은 자신들이 스스로 결단하도록 요청받는다.(Stott, 1983:90, 91)

존 스토트(1982a:334)는 1958년 6월 시드니대학교에서 일주간 선교사역 세미나에 초청을 받았던 경험을 회상한다. "어떻게 예수님을 만날 수 있는가에 대한 거짓 없는 소개 후에 끝으로 나는 초청을 공표했으며 즉각적이고 꽤 큰 응답을 얻었다." 따라서 존 스토트(1983:93)는 설교의 결론 부분에서 설교자는 그들의 개인적인 주님과 구세주로 예수 그리스도를 영접하도록 구원받지 않은 청중들에게 호소하는 메시지를 넣어야 한다고 강조한다. 초청은 사람들이 응답하는 시간이다. 복음전도 설교의 결론은 확실한 초청을 포함해야만 한다.

## 5. 강해 설교의 특징인 '다리 놓기'

1세기와 우리 사이에는 여전히 간격이 존재하지만 그것은 가늘고 불안한 밧줄이 아니라 거대하고 견고한 세대라는 다리로 연결되어 있다. 설교는 고대언어, 역사, 문화와 관습에 대한 이해에서 멈추는 것이 아니다. 과거의 수십 세기가 메시지를 통해서 현대적인 관련성을 갖지 못한다면 설교의 경험은 교실의 체험과 다를 바가 없다. 라이펠트(Liefelt, 1984:107)는 이러한 점을 강조한다. "세심하고 호의적이며 설득력 있고 정확한 적용을 하지 않는다면 우리는 강해 설교가 아닌 단순히 강해만을 하는 것일 뿐이다." 우리는 첫째 본문의 원래 의미에 접근해야 하고, 그 후 현실에의 적용을 위해 본문을 도식화해야 한다.

컨리프 존스(Cunliffe-Jones, 1953:5)는 이 문제를 이렇게 지적한다. "우리는 '이 구절이 원래 의미했던 것은 이것이다'라고 말할 수 있어야 할 뿐만 아니라 '이 메시지는 우리에게 20세기를 살아가는 이러한 점에서 실제적이다'라고도 말할 수 있어야 한다." 그레이다누스는 이 점을 다음과 같이 설명한다. "성경의 의도를 정확하게 반영하기 위해서 설교자는 당시 사람들에게 적용되도록 본문에 반영된 성경적 원칙들을 파악해야 하며 동일한 원칙들을 현 시대 사람들에게도 자신들의 행동, 태도와 신념들을 위하여 적용시켜야 한다.

타우너(Towner, 1994:182)는 이 문제를 보다 강하게 말한다. "원래의 메시지가 수십 세기를 거쳐서 우리의 현실에 새롭게 적용되어질 때까지 설교자의 임무는 끝나지 않는다. 이것은 혼자만의 임무가 아니다. 이러한 과업은 여러 시대를 거쳐 현재에 이른 교회에 대한 이해를 바탕으로 성령에 의지해서 교회 안에서 수행되어야 한다."

존 스토트(1982a:137)는 특징적인 용어, 즉 오늘날 회중의 현실에 본문의 메시지를 적용하기 위해서 성경적인 것과 현대적인 것과의 간격을 좁히는 '다리 놓기'라는 말을 사용한다. 동시에 그는 성경적 세계와 현세계 사이에 다리를 놓는 것이 설교자의 임무라고 주장한다. 따라서 존 스토트는 설교가 두 부분으로 구성되어야 한다고 강조한다. 즉 설교의 첫 번째 부분은 설명이며, 두 번째 부분은 적용이다. 「참 설교자의 초상」에서 존 스토트(1961a:31, 32)는 "본문이 이해되더라도 설교자는 단지 임무의 반을 수행했을 뿐이다. 왜냐하면 의미의 설명 다음에는 오늘날 인류의 삶에 있어서 실제적인 현 상황에 맞는 적용이 뒤따라야 하기 때문이다."라고 말한다. 맥골드릭(McGoldrick, 1989:7) 역시 "설교는 하나님의 말씀에 대한 충실한 강해와 실제적인 적용이어야 한다."라고 말한다.

## 1) '다리 놓기' 이론

### 정의

존 스토트는 설교에서 '적용'보다는 '다리 놓기'라는 용어를 선호한다. 그의 저서 「현대 교회와 설교」 4-8장에는 설교의 실제에 대한 균형 잡힌 현명한 지침이 제시되어 있다. 이같은 "다리 놓기 설교는 성경적인 원칙들을 설명하는 데 있어서는 신뢰할 만한 것이지만 오늘날의 복잡한 문제에 그것들을 적용하는 데 있어서는 한정적이다. 믿을 만한 것과 한정적인 것, 교리적인 것과 불가지론적인 것, 확신과 개방성, 사람들을 가르치는 것과 그들에게 자신의 마음을 결정할 자유를 주는 것 등의 조화는 유지되기 매우 어렵다. 그러나 이것이야말로 하나님의 말씀을 정직하게(명백한 것을 선언하지만 그렇지 않을 때에라도 가장하지 않는) 섬기고 하나님의 사람들을 성숙으로 인도하는(그들에게 기독인의 마음을 개발하고 사용하도록 격려함으로써) 유일한 방법처럼 보인다."(Stott, 1982a:178)

무엇보다도 존 스토트(Stott, 1982a:137-138)는 '다리 놓기'라는 용어를 다음과 같이 정의한다. "다리는 강이나 협곡에 의해 서로 떨어져 있는 두 장소 간의 교류의 수단이다." 다리는 불가능했던 교역의 흐름을 가능하게 한다. 그렇다면 골짜기나 간격은 무엇을 나타내는가? 그리고 그것을 잇는 다리는 무엇인가?

간격은 성경의 세계와 현대 세계 간의 깊이 갈라진 틈을 의미한다. 1955년에 발간된 유명한 에세이에서 로드 스노우는 '2가지 문화'-과학과 예술-에 관해 말하면서 문학적 지성인들과 과학적 지성인들의 증대되는 상호 소외를 애도했다. 그는 그들 사이에 놓인 '상호 몰이해의 심연'에 관해 말했다.

그러나 만약 두 현대 문화 사이의 차이가 그렇게 크다면 그 두 가지와 고대 세계와의 차이는 더욱 클 것이다. 2000년 간(물론 구약의 경우에는 더 길지만)에 걸친 크고 깊게 분리된 문화 사이에 설교자는 다리를 놓아야 한다. 우리의 임무는 성경으로부터 현대인의 삶 속으로 하나님의 계시된 진리를 전달하는 것이다." 한 마디로 말하면, 본문과 성경 안의 세계, 그리고 메시지와 현 세계 사이에는 다리가 있어야 하는 것이다.(Halvorson, 1982:76; Lloyd Jones, 1975:66, 244; Jung, 1986:170)

따라서 다리 놓기는 영원한 진리와 개인의 일상생활 사이에 밀접한 관계를 형성시키기 위해서 필요하다. 그것은 다리 놓기가 성경의 그 당시로부터 오늘의 지금 여기로 오는 결정적인 이동을 의도하기 때문이다.(Bae, 1991:133) 따라서 설교자는 과거와 현재, 그때와 지금이라는 두 배경 모두에 주의를 기울여야 한다.

### 다리 놓기의 개념에 대한 오해

존 스토트는 어떻게 하나님 말씀의 진리를 현대 회중에게 적용시키는지에 관해 몇 가지 유용한 제안들을 한다. 그는 적용으로서의 다리 놓기는 강해에 있어서 기본적인 것이라고 확언한다. 정확하고 건전한 적용을 통해 모든 설교자들은 성경의 세계와 오늘의 세계 사이에 존재하는 간격을 메울 수 있다. 그러나 두 세계 사이에서 의사소통의 장애에 직면한 설교자는 종종 강해 설교에서 두 가지 실수를 한다.

## 보수주의

성경시대와 현대는 현격한 차이가 있다. 이 사실은 아마도 보수적인 설교자가 직면하는 위험일 것이다. 그는 성경의 메시지를 정확하게 찾는 데는 지대한 관심이 있으나 그것을 현실화시키는 것에는 무관심할 수 있다. 그는 현 세계로 다리를 놓는 것에 실패한다. 그러한 설교는 분명히 성경적이지만 현대적 적용은 부족하다. 존 스토트(1982a:140)는 "만약 우리가 보수적(우리의 신학을 언급할 때)이거나 역사적으로 기독교 정통주의의 전통 아래 있다면 우리는 성경적인 편에 서 있는 것이다. 우리는 그곳을 편안하고 안전하게 느낀다. 우리는 성경을 믿고, 사랑하고, 읽고, 연구하고, 강해한다. 그러나 우리는 균열의 다른 편인 현대 세계에는 익숙하지 않다. 특별히 만약 우리가 중년기에 도달했거나 지났다면 더욱 그렇다. 그래서 우리는 현실로부터 우리 자신을 격리시키곤 한다."라고 말한다.

따라서 적용 없는 설명은 결코 현대인들에게 접근할 수도 없다. 존 스토트의 제안에 우리는 특별한 관심을 기울여야 한다. 우리 자신들이 신학적으로 보수적이기 때문에 우리는 너무 자주 성경의 메시지를 오늘을 사는 사람에게 적절하게 적용시키는 데 실패해 왔다.


## 진보주의

반면에 어떤 크리스천들은 현실적인 면에만 치중하는 실수를 한다. 진보주의 설교자들은 종종 현대적이기는 하지만 성경적 기초가 부족하다. 존 스토트는 "그들(진보주의적 설교자들)은 그 큰 간격에서 현대 세계의 편에 서 있을 때에만 편하다고 느낀다. 그들은 현대 세계에 속한 현대인들이다. 그들은 최근의 분위기에 민감하고 그들 주위에서 행해지는 일을 이해한다. 그들은 현대시와 철학을 읽는다. 그들은 생존한 소설가의 작품들과 현대 과학 이론의 습득에 친숙하다. 그들은 극장이나 영화관에 가며 TV를 본다.… 그들의 모든 설교는 실제적인 세계에 뿌리를 두지만 그것의 출처는 아무도 모른다. 그들은 성경에 근원을 두고 있는 것처럼 보이지는 않는다. 오히려 이러한 설교자들은 성경적 계시가 그들의 손가락 사이로 빠져나가도록 한다."라고 말한다.

이것은 존 스토트(1982a:144)가 했던 진보주의적 설교자에 대한 비평이다. "그들은 자신들의 세속적인 동료들과 친구들에게 지적이고 의미 있고 믿을 만한 용어들로 기독교 신앙을 재진술한다." 따라서 "오래된 형식들을 제거하는 가운데 그들은 또한 그 안에 형성된 진리를 제거하곤 한다. 그래서 목욕물과 함께 아기까지 버리는 것이다." 그는 진보주의적 설교자는 현대적인 삶의 최신판 그림을 제공할 수 있을지는 몰라도 그의 회중에게 권위 있는 진리를 전달하는 데는 실패할 것이라고 말한다. 그러한 설교는 문제에 대한 지식만 증명한다. 그들에게 부족한 점은 그러한 문제점들에 대해 생생한 해결책으로 하나님의 신선한 말씀을 제공할 능력이다.

결론적으로, 존 스토트(1982a:144)는 "보수주의자는 성경적이지만 현대적이지 않고, 반면에 자유주의자나 급진주의자는 현대적이지만 성경적이지 않다."라고 한다. 그래서 그는 보수주의와 진보주의의 관심을 결합시키기를 원한다.

존 스토트의 제안은 실제로 우리의 특별한 메시지와 현대적 상황을 연결시키는 데 도움을 줄 것이며 하나님의 말씀을 '역사화'하는 것을 가능하게 할 것이다.(Vines, 1985:100)

## '다리 놓기'의 전형인 성육신

많은 설교자들(Brooks, Tillich, Howe, Clark, Abbey 등)은 설교에서 전달의 전형으로 '성육신'이란 용어를 사용한다. 그러나 존 스토트(1982a:150)는 다른 의미로 이 용어를 사용한다. 즉 성육신은 한 세상을 다른 세상과 맞바꾸는 것으로 이해한다.

존 스토트(1982a:145; 1992:194)는 다리 놓기의 전형으로 두 가지 성경상의 선례들을 지적한다. 첫째, 성경에서 하나님은 분명히 역사적이고 문화적인 상황에 처한 인간들에게 인간의 언어로 말씀하셨다. 그는 탈문화적 보편성 안에서 말씀하지 않으셨다. 둘째, 그의 영원한 말씀은 1세기 팔레스타인 유대인의 모든 특성을 가지고 육신이 되었다. 이 두 가지 경우 모두 하나님은 그가 선택한 사람을 통해서 사람들에게로 내려오셨다. 그는 인간의 언어로 말씀하셨고, 인간의 몸으로 나타나셨다.

따라서 존 스토트(1982a:145)는 우리에게도 하나님께서 하셨던 것처럼 할 것을 강권한다. "메시지의 신성한 내용을 손상시키거나 그것과 관계된 인간적 상황이 무시되는 것을 거부함으로써 우리의 다리는 양쪽에 확고히 뿌리내리고 있어야 한다. 우리는 두 세계, 즉 고대와 현대, 성경의 세계와 현대 세계에 과감하게 뛰어들어 두 세계 모두에 주의 깊게 귀기울여야 한다. 왜냐하면 그럴 때에 우리는 비로소 각 진영이 말하는 것을 이해하고 현 세대에 전하는 성령의 메시지를 깨달을 수 있기 때문이다."

그의 유명한 설교 「산상수훈」에서 우리는 실제로 성경적 세계와 현 세계간에 다리를 놓으려는 존 스토트의 노력을 볼 수 있다. 그는 "산상수훈은 신약성경 어느 곳에서도 찾아볼 수 없는 기독교 역기능문화에 대한 가장 완벽한 묘사이다. 이것은 기독교의 가치체계, 도덕적 기준, 종교적 헌신, 돈에 대한 태도, 야망, 생활방식과 관계형성을 구축한다. 이것들 모두는 비기독교 세계의 그것들과는 전혀 다르다. 그리고 이러한 기독교 역기능문화는 하나님 나라에서의 생활이며 완전히 인간적인 삶이지만 동시에 신적 규율 아래에 있는 삶이기도 하다."(Stott, 1978a:19)

## 다리 놓기의 내용이 되시는 예수 그리스도

존 스토트는 예수 그리스도가 인간 삶의 주요 문제들에 대한 해답이라고 강조한다. 그래서 다른 무엇보다도 설교자는 그리스도를 전파해야 하는데 이는 예수께서 진정으로 모든 인간적 열망의 완성이시기 때문이다.

'악한 시대를 어떻게 직면할 것인가?'(How to Meet the Evils of the Ages)라는 제목의 연설에서 스펄전(Spurgeon, 1960:117, 127)은 동료 기독교인들에게 "점점 더 복음을 따르기를! 사람들에게 그리스도만을, 단지 그리스도만을 전하라!"라고 촉구한다. 그리고 현재의 악에 대한 설명 이후에 그는 "우리에게는 이것들에 대한 유일한 처방만이 있을 뿐이다. 예수 그리스도를 전파하며 더욱 더 전파하자. … 모든 곳에서 그리스도를 전파하자."라고 결론을 내린다. 존 스토트는 그의 저서들을 통해서 예수 그리스도의 중요성을 강조할 뿐만 아니라 실제로 그의 설교들을 통해서 그리스도만을 선포한다.

"예수 그리스도는 우리와 동시대인이시다. 이 세상에 오셔서 1세기 팔레스타인에서 사셨고 죽으셨던 그는 또한 죽음에서 부활하셨으며 이제 영원히 살아 계시고 그의 백성 가까이에 계신다. 예수 그리스도는 다른 종교 지도자들처럼 역사나 역사책 속으로 사장되지 않으신다. 그는 죽은 후 떠나버리거나 모든 것이 끝나 화석화된 것이 아니다. 그는 지금도 살아 계시며 활동하신다. 그는 자신을 따르도록 우리를 부르시며 우리 안에 거하시며 우리를 변화시키시는 구세주로 나타내신다."(Stott, 1992:313, 314)

"우리가 선포하는 그분은 진공상태의 그리스도가 아니며 더욱이 고대 역사 속의 예수가 아니다. 오히려 한 번 사셨고 죽으셨으며 오늘날 모든 인간의 필요를 충족시켜 주시기 위해 살아 계시는 현재의 그리스도이다. 그리스도를 만난다는 것은 현실을 접하고 초월을 경험하는 것이다."(1982a:154)

따라서 존 스토트에게 그리스도는 인간 존재의 모든 문제에 대한 해결의 열쇠일 뿐만 아니라 다리 놓기의 내용 자체이다. 따라서 어떻게 예수께서 우리의 공허함을 채우시며 어둠을 밝히시고 빈곤을 부요케 하시며 우리 인산의 열망을 성취케 하시는지를 증거하기 위해 모든 설교자들은 타락한 인간의 공허함과 예수 그리스도의 완전함을 동시에 탐구해야만 한다. 그리스도의 풍성함은 측량할 수 없다(엡 3:8).(Stott, 982a:154)

## 기독교 삶의 전체를 채우는 다리 놓기

현대 설교의 목표에는 회중의 현재 상황에 대한 분석과 이해가 포함되어야 한다. 더욱이 설교자는 자신의 교인이 처한 특별한 상황에 대해 해박한 지식을 가져야 한다. 회중이 처한 현실에 대한 분석은 주제의 선정, 전개 방법, 주석과 설명에 영향을 끼치기도 하지만 모인 청중들과의 연계를 위한 메시지의 다리 놓기에 가장 중요하다.(Liefelt, 1984:106) 기독교적 상황 분석은 다리 놓기와 같은 적절한 적용 이전에 반드시 필요하다. 진리가 도움이 될 수 있도록 회중이 드러내는 상황의 본질과 문제점이 자세하게 파악되어야 한다. 따라서 존 스토트는 회중의 현 위치와 사회 전체를 감싸고 있는 모든 포괄적인 문제에 관해서 주의를 기울인다.

그는 사회 정치적인 문제들뿐만 아니라 기독인의 윤리, 교회와 가정의 문제들을 다루고 논쟁적인 질문들을 처리한다. 여러 다른 실례들도 있지만, 존 스토트(1982a:160, 161)의 성도덕은 좋은 예가 된다. "성경은 성도덕의 기준을 분명하게 가르친다. 예를 들자면, 평생 이성간의 결혼만이 허락되며 '색욕'과 반대되는 '존귀'만이 성교를 즐기는 기초가 된다."(창 2:24; 막 10:5-9; 살전 4:3-5) 더욱이 결혼은 구원의 의식이라기보다는 창조의 의식이기 때문에 이러한 신적인 기준은 단순히 감소해 가는 종교적 잔류자들에게 뿐만 아니라 전 인류사회에 적용

된다. 따라서 성윤리에 대한 성경의 신실한 교훈에 만족하여 문제를 회중에게
만 맡겨 둘 수는 없다(비록 이것이 아주 드문 일이어서 그 자체가 환영받을 만한 개선이라고
할지라도).

또한 우리는 결혼(이것은 아직도 필요한가?), 이혼과 이혼한 사람들의 재결합(왜
이러한 문제들에 열을 올려야 하는가?), 동성연애(만약 문란한 것이 아니라 신실한 것이라면 이
성간 결합의 대안으로 용인될 수 있지 않은가?)에 대한 대중적인 논쟁에 주의를 기울여
야만 한다. 기독교인은 이러한 논쟁들에 적극적으로 참여해야 하며, 그러기 위
해서는 강단에서 담대히 외쳐야 한다. 우리는 명료성과 용기를 가지고 타협 없
이 하나님의 기준을 상세히 설명하여 우리의 회중들이 기쁘고 신실하게 이러
한 기준들을 지키고 증거하도록 권유할 뿐만 아니라 세속을 향해서 그러한 문
제를 논평할 수 있어야 한다.

창조, 타락, 구속과 성취 네 가지의 성경적 계획을 확고히 이해하고 그 빛에
의해서 삶의 현상들을 평가할 수 있을 때 그리스도인이라고 말할 수 있다. 그
래서 우리의 모든 설교는 '하나님의 전적인 섭리'를 점진적으로 드러내야 하며
회중에게 그리스도인의 마음이 자라나도록 해야 한다.(Stott, 1982a:170)

따라서 청중들에게 하나님의 말씀을 적용하기 위해서 설교자는 그의 청중
들의 구체적인 현실과 하나님의 전적인 섭리가 선포되어야 할 현 세상을 이해
하고 있어야 한다.

## 2) '다리 놓기'의 사용 방법

### 직접적인 적용

적용은 여러 형태로 나타날 수 있다. 설교자는 그러한 것들을 모두 효과적
으로 사용할 수 있어야 한다. 우리는 존 스토트의 직접 적용을 우선적으로 다

룰 것이다.

와이트셀(Whitesell, 1963:92)은 "암시를 하거나 힌트를 주는 것보다 확실하고 진지한 적용을 하는 것이 낫다."라고 말한다. 우리는 존 스토트의 설교 어디에서나 직접 적용을 찾아볼 수 있다. 그는 그의 청중들에게 직접적으로 진리를 적용하는 것을 좋아한다. 현대 기독교인들은 정확하고 동일한 원칙들을 자신들의 일과 고용관계에 적용할 수 있다. 오늘날 노동관계에서 동일한 기본적인 원칙은 상호권리에 근거한 정의의 차원에서 유효하다.(1979b:252, 258)

### 필연성

필연성의 특징은 그의 적용에 항상 나타난다. 갈라디아서 4장 12-20절에 근거한 설교에서 존 스토트(1986b:115)는 다음과 같이 호소한다. "여기에 중요한 교훈이 있다. 갈라디아인들이 바울의 사도적 권위를 인식했을 때 그들은 바울을 예수 그리스도나 천사를 대하듯 했다. 그러나 그들에게 바울의 메시지가 기꺼워지지 않자 그들은 그와 적이 되었다. 얼마나 변덕스러우며 어리석은가! 그러나 듣기 싫은 진리를 가르친다고 해서 사도의 권위가 떨어지는 것은 아니다. 우리는 신약의 사도적 교리를 묵상하면서 우리에게 맞춰 선별할 수는 없다. 사도의 가르침이 좋다고 그를 천사처럼 따르다가 그의 가르침이 싫어지면 그를 적으로 미워하거나 거부할 수 없다. 예수 그리스도의 사도는 우리가 좋아하거나 싫어하거나 관계없이 자신이 가르치는 모든 것에 권위를 가진다."

그리고 다른 경우에도 그(1986b:137, 138)는 "신약성경의 종교는 이러한 정신적 조망과는 매우 다르다. 기독교는 우리로 하여금 형세를 관망하게 하거나 희미한 가운데 살게 하지 않는다. 우리가 확실하게 결단하기를 특별히 그리스도와 할례 사이에서 선택을 하도록 촉구한다. '할례'는 자기 자신의 선한 행위를 통해 사람이 이룰 수 있는 것, 즉 인간 성취의 종교를 상징한다. '그리스도'는 그리스도의 완성된 사역을 통해 하나님께서 이루신 것, 즉 신적 성취의 종교를 상징한다. '할례'는 율법, 행위, 그리고 속박을 나타낸다. '그리스도'는 은총, 믿음 그리고 자유를 나타낸다. 모든 사람은 선택해야만 한다.… 더욱이 이러한 선택은 교회의 회중과 사역자, 종교를 실천하는 사람들과 널리 전파하는 사람들 모두를 통해서 결정되어야 한다. 사람들이 '받아들이는' 것은 예수 그리스도가 아니면 할례이며 사역자들이 '선포하는' 것 또한 예수 그리스도가 아니면 할례이다. 원칙적으로 제3의 대안은 없다."라고 말한다.

## 경고

존 스토트의 직접 적용에 포함되는 또 다른 측면은 회중의 스팩에 대한 그의 경고이다.

마태복음 7장 15-20절에 대한 그의 설교의 결론에서 존 스토트(1978a: 200)는 다음과 같이 경고한다. "조심하라! 예수께서 경고하신다. 우리는 조심해야 하며 분별력을 위해 기도해야 하고 우리의 비판력을 사용해야 하며 결코 경계를 늦추지 말아야 한다. 우리는 사람의 겉모습-매력, 학식, 학위와 종교적 명성-에 현혹되지 말아야 한다. 우리는 박사 혹은 의사, 그리고 교수나 주교이기 때문에 그가 예수님의 참되고 정당한 사도라고 판단할 만큼 어리석어서는 안 된다. 우리는 겉모습 안에 감추어져 있는 실체를 볼 수 있어야 한다. 안에 있는 것이 무엇인가? 양인가 아니면 늑대인가?" 따라서 존 스토트는 때때로 사람들을 게으름과 나태함으로부터 일깨우기 위해 경고의 방법으로 하나님의 진리를 청중들에게 적용한다.

## 질문

진리를 청중에게 적용하는 데 있어서 존 스토트가 가장 자주 사용하는 방법은 질문이다. 데살로니가후서 3장 1-18절에 관한 설교에서 그는 묻는다. "우리는 어떤 종류의 교회에 속해 있나? 그 비전은 우주적인가 혹은 지역적인가? 성경에 대한 태도는 옳은가 혹은 그른가? 순종적인가 혹은 불순종적인가? 역사는 종말로 치닫고 우리는 그리스도의 계시를 위장한 적그리스도의 반역을 기다리면서 '주의 말씀이 전 세계를 통해 전파되고 영광 받을지어다', '주의 말씀이 교회 안에서 영광 받고 지켜질지어다'라고 말할 수 있을까?" 그리고 다른 경우에서도 여전히 그는 구체적이고 개인적이며 직접적인 방법으로 청중들에게 메시지를 적용한다.

"우리는 그것들에 관해서 우리 자신에게 이야기할 필요가 있으며, '네가 그리스도와 하나인 것을 알지 못하느냐? 죄에 대해서 죽었고 하나님께 대해 새롭게 나지 않았느냐? 너는 하나님의 종이며 따라서 그를 향한 순종에 헌신해야 한다는 사실을 알지 않느냐? 너는 이러한 일들을 알지 못하느냐?'라고 물을 필요가 있다. 그리고 '그렇다. 나는 확실히 알고 따라서 하나님의 은총에 의해서 그렇게 살 것이다'라고 대답할 때까지 이러한 질문들을 계속해서 자신들에게 던져야 한다." 존 스토트는 바울이 사용했던 것처럼 일련의 질문을 하는 것이 진리를 전달하고, 그러한 진리를 청중들의 생각과 가슴에 심어줄 수 있는 특별히 좋은 방법이라고 믿는다.(고전 1:12, 20; 2:4-5, 16 등)

### 간접적인 적용

간접적인 적용도 모든 면에서 직접적인 적용에서와 같은 규칙을 따라야 한다. 본문에 새로운 것을 덧붙여서는 안 되며 본문이 포함하고 있는 신적인 진리만을 단순하게 드러내고 적용시키는 것이다. 간접 적용은 특별한 방법으로 자극을 주기도 하지만 청중들로 하여금 자기 스스로 구체적인 결단을 내릴 수 있도록 기다린다. 또한 모든 상황의 독특성을 인정하고 성령께서 설교로 시작된 것을 완성시키시도록 기다린다.

바우만(Baumann, 1978:250)은 "좋은 설교는 반드시 명백한 적용을 유도할 필요는 없다. 도리어 때때로 암시적이고 은밀하며 권유적인 적용을 통해 목적을 더욱 효과적으로 달성할 수 있다. 설교자는 하나님과 인간과의 만남을 돕는 산파가 되는 것이다."라고 정한다. 인간은 응답해야 한다. 이때 설교자의 과업은 대신 응답하는 것이 아니라 응답하도록 돕는 것이다.

존 스토트는 청중들이 진리가 자신들에게 독특하게 적용되는 방법을 생각할 수 있도록 유도하는 것과 같은 간접 적용을 제안한다. 예를 들어, 산상수훈(마 5:21-30)의 강해에서 그는 "예수께서는 그것에 대해서 아주 분명하셨다. 그는 한 사람이 완전한 채 지옥으로 가는 것보다 불구가 된 채 천국으로 가는 것이 낫다고 말씀하셨다. 말하자면 참 생명에 들어가기 위해서 이 세상이 제공하는 어떤 경험들은 포기하는 것이 나으며, 다음 세상에서 마지막 멸망을 감수하는 것보다 이 세상에서 어떤 문화적인 단절을 수용하는 것이 낫다는 것이다. 물론 이러한 교훈은 현대 자유주의 기준에 분명히 위배될 것이다. 그러나 이것은 영원은 시간보다, 순수는 문화보다 훨씬 중요하며 어떠한 희생도 그것이 만약 다음 생을 보장해 줄 수만 있다면 가치 있는 것이라는 원칙에 근거한다. 우리는 이 세상을 위해서 살 것인지 혹은 다음 세상을 위해서 살 것인지, 대중을 따를 것인지 예수 그리스도를 따를 것인지 확실히 결단해야 한다."라고 전한다.


때때로 존 스토트는 설교의 결론에서 실례를 통해 하나님의 말씀을 청중들에게 적용시킨다.(1979b:58, 152-153, 183) 갈라디아서 4장 1-11절에 대한 설교의 결론에서 그는 존 뉴턴을 적절한 예로써 제시한다. "그는 외동아들로 일곱 살 때 어머니를 잃었다. 11살의 어린 나이로 그는 바다로 나갔으며 그의 자서전 중의 한 구절을 인용하자면 '아프리카 노예제도의 말로 형용할 수 없는 잔혹행위'에 개입하게 되었다. 그는 인간의 깊은 죄와 타락에 대해서 알게 되었다. 그가 23세 때인 1748년 3월 10일, 배가 무서운 폭풍으로 침몰될 절박한 위기에 처했을 때 그는 하나님께 자비를 간구했으며 그것을 얻었다. 그는 참 개종자가 되었으며 이전에 배교자이던 사신에게 하나님께서 어떻게 자비를 베푸셨는지를 결코 잊지 않았다. 그는 자신의 이전 모습과 하나님께서 그를 위해 행하신 일을 기억하기 위해 부지런히 노력했다. 그리고 그것을 기억하기 위해서 신명기 15장 15절 말씀을 크게 써서 그의 서재 벽난로 위에 붙였다. '너는 애굽 땅에서 종 되었던 것과 네 하나님 여호와께서 너를 속량하셨음을 기억하라.' 만약 우리가 한때 어떠했으며 지금은 어떠한지에 대한 사실들을 기억한다면 우리 안에는 그리스도에 의해서 자유함을 얻은 하나님의 자녀로 살고자 하는 끊임없는 욕구가 생길 것이다."

따라서 존 스토트는 직접적인 적용으로 마음의 정문을 통과하든지 아니면 간접적인 적용을 통해 후문을 통과하든지 청중의 양심에 호소해야 한다고 확신한다.

### 적용의 목적으로서의 설득

적용은 설교 전체를 통해서든 결론 부분에서든 청중을 설득시키는 데 초점을 두어야 한다. 강단에서의 발언은 기술과 목표 두 가지를 모두 갖추어야 하기 때문에 설득은 설교의 주요 관심사가 된다. 설교는 말씀을 받아들이고 행동으로 실천할 수 있도록 하기 위해 정보와 영감을 의도적으로 사용한다. 설교자가 그의 회중에게 설교할 때 각 사람은 설교자의 메시지에 다르게 반응하게 되는데, 존 스토트는 이 점을 매우 중시한다.

존 스토트(1982a:253)에 의하면 회중은 서로 다른 여과 장치를 통해서 설교를 듣는다. 어떤 이는 메시지를 수용할 것이며, 다른 이들은 똑같은 메시지를 자신들의 세계관, 문화, 가족, 개인적인 자기존중, 죄에 빠진 생활, 또는 경제적인 생활양식에 대한 위협으로 인식한 채 그것에 저항할 것이다. 이러한 지적, 영적 장애 때문에 결론 부분에서 사도들의 선포를 평이하게 설명하는 '설득'이 필요한지도 모른다. 설득은 주어진 말씀에 대한 공유된 이해에 기초한다. 부르심은 최종적으로 말씀의 의미와 그 중요성을 자각할 수 있도록 행해져야 하는데 그 결과 진리에 관한 주장이 회중의 이익에 부합될 수 있어야 한다. 본문과 메시지를 다루는 이 모든 과정에 있어서 설교자가 만드는 호소의 종류는 아주 전략적인 것이다.

존 스토트(1982a:251, 252)는 "설교자는 본문에 나타난 주요 사상과 주제를 깨달을 때까지 묵상했다. 이제는 사람들이 그것을 행위로 실천할 것을 결단하며 떠나갈 수 있도록 역설해야 한다. 본문은 회개나 믿음을 촉구하는가? 예배할 마음을 불러일으키고 순종을 요구하며 증거의 소명을 주고 혹은 봉사를 촉구하는가? 그 본문 자체가 우리가 원하는 구체적인 응답을 결정한다."라고 말한다.

설교의 최종 적용을 위해서 사용할 수 있는 다양한 수사학적인 수단들이 있다. 하나는 그가 들은 메시지에 따라서 행동하는 것의 중요성을 직접적인 진술로 단순화하는 것이다. 다른 방법은 메시지의 요점을 그 결과의 극적인 예들을 통해서 강화함으로써 확대하는 것이다. 또 다른 방법은 효과적으로 나열된 어휘들의 의도적인 강조와 절정을 향한 점진적인 어구의 전개를 통해 메시지를 품위 있게 함으로써 설교자의 열정과 열심이 청중의 감성에 보다 친밀하게 전달되고 청중들이 스스로를 메시지에 완전히 일치시킬 수 있게 하는 것이다. 이러한 것은 청중을 감동시켜 자신이 믿을 뿐만 아니라 느낄 수 있는 진리에 긍정적이고 개인적이며 열정적으로 헌신하게 하는 데 효과적이다.(Dutuit, 1992: 213)

결론적으로, 존 스토트(1982a:253, 254)의 관점에서 설교자는 논쟁(사람들의 반대를 예상하고 대답하는), 훈계(그들에게 불순종의 결과를 경고하는), 간접 선고(나단 선지자가 다윗에게 한 것처럼 처음에 도덕적인 판단을 일깨우고 난 뒤 그들 자신들을 살피도록 하는) 혹은 호소(하나님의 사랑의 온화한 압력을 가하는)를 통해 설득해야 할 것이다.

## 설교 내에서 적용의 위치

많은 설교들은 메시지 전체를 통해서 어떤 간접적인 혹은 직접적인 적용을 시도한다. 로이드 존스(1981:58)는 특별히 그의 설교 전체를 통해서 진리를 적용한다. 그러나 존 스토트의 설교는 결론에 이르기까지 적용을 보류한다. 그러나 모든 적용이 마지막까지 보류되어서는 안 되는데, 이는 본문이 진행 과정에서 적용될 필요가 있기 때문이다. 그럼에도 불구하고 결론을 너무 일찍 밝히는 실수는 하지 말아야 한다. 만약 우리가 그렇게 한다면 사람들은 기대감을 상실하게 된다. 도리어 어떠한 것은 몰래 준비하고 있는 것이 낫다. 그러면 성령의 능력에 의해 사람들이 행동을 취하도록 설득하는 일을 마지막까지 보류할 수 있을 것이다.

그는 설교 전체를 통해서 결론을 향해 꾸준히 나아가며 신중하게 선택된 마지막 요점이 설교를 목적지, 즉 목적된 결과들에 이르게 한다.

## 성령과 다리 놓기에 관한 그의 견해

설교자가 열렬한 호소나 진지한 경고를 하건 최고의 충성심을 가지고 말씀을 전파하건 성령께서 메시지에 활력을 불어넣고 개인들의 마음을 감동시키지 않으신다면 그 설교는 실패한 것이 된다.(Braga, 1981:210) 성령의 능력은 설교를 효과적이고 적용 가능하게 한다. 바울은 데살로니가전서 1장 5절에서 "이는 우리 복음이 말로만 너희에게 이른 것이 아니라 오직 능력과 성령과 큰 확신으로 된 것이니 우리가 너희 가운데서 너희를 위하여 어떠한 사람이 된 것은 너희

아는 바와 같으니라"라고 말한다.

존 스토트(1992:68)는 다음과 같이 고린도전서 2장 4-5절에 언급된 바울의 능력의 근거를 설명한다: "그의 확신은 '현명하고 설득적인 말'(NIV)이나 '지혜의 권하는 말'(RSV)에 있지 않았다. 즉, 그는 세상의 지혜나 웅변술에 의지하지 않았다. 세상의 지혜 대신에 그리스도와 그의 십자가(1-2절)를 선포했고, 세상의 수사학 대신에 성령께서 말씀해 주시는 강력한 증거를 믿었다. 왜냐하면 오직 성령께서만 사람들에게 그들의 죄와 필요를 확신시키시며, 십자가에 달리신 그리스도의 진리를 보도록 눈을 열어주시고, 그분에게 순종하도록 자만심을 꺾으시며, 그분을 믿을 수 있도록 자유롭게 하시고 그들에게 새 삶을 주실 수 있기 때문이다. 이것은 성령께서 인간의 연약함을 통해 선포된 말씀에 주시는 강력한 '증거'이다."

로이드 존스는 복음의 일반적인 가르침은 성령에 의해 특별한 경우에 구체적으로 적용된다고 강조한다. 다른 말로 하면, 성령의 영향력 아래 사람들은 각기 다른 단계에서 그들이 필요로 하고 그들에게 유익한 것을 얻을 수 있다. 말씀의 진리를 적용하는 것은 항상 성령에 의해 이루어졌다.(Jung, 1981:186) 존 스토트는 성령께서 말씀 선포를 통해 영원한 진리를 실제적인 방법으로 도움이 필요한 사람들의 삶에 적용시키신다고 믿는다. 사역의 초기시절 그의 설교 이론과 실천은 성경 본문을 강해하고 적용은 성령께 맡겨두는 것이었다.

더욱이 이러한 방법은 들리는 것처럼 비효과적인 것이 결코 아니며 거기에는 두 가지 이유가 있다. 첫째, 성경 본문은 원래 놀라울 정도로 현대적이다. 둘째, 성령은 그것을 통해 청중들을 죄의 고백, 그리스도에 대한 믿음, 그리고 성화를 통한 성장으로 인도한다. 반면에 복음의 영원한 시대성과 성령의 현대적 사역을 의사소통의 문제를 회피하기 위한 변명의 수단으로 이용하는 것은 절

대 허용될 수 없다.(Stott, 1982a:142)

물론 우리는 설교의 실천적인 성격을 강화하기 위해서 할 수 있는 최선을 다해야 한다. 그러나 또한 우리가 설교에서 자신의 기술과 능력에 의지해서는 안 된다는 사실을 예리하게 인식해야 한다. 설교자가 설교를 할 때 능력 있게 말씀을 적용시키시는 분은 성령이시다.(Vines, 1985:102)

따라서 존 스토트에 의하면, 진리의 영은 홀로 양심을 동요시키고 의지를 움직이며 영혼을 신성케 하고 하나님의 율법을 마음에 기록하며 하나님의 형상을 인격에 새길 수 있다.

6장

# 결론

# 6장
## 결론

## 1. 전기적 배경

우리는 존 스토트와 그의 생애에 영향을 미친 문제들에 관하여 특별한 관심을 가지고 그의 전기를 간략하게 다루었다. 그의 가정과 그가 다녔던 다양한 학교들로부터의 영향들은 예비된 젊은이를 형성하는 데 도움을 주었고, 다른 중요한 요소들(Nash, Simeon, Ryle, Morgan 등에 영향받음)은 그가 위대한 설교가로서의 특성과 20세기 후반의 가장 열정적인 복음주의자들 중의 한 사람으로 만들어지는 데 영향을 미쳤다.

이런 영향들이 존 스토트의 경력과 사역, 그리고 더 나아가서는 그의 생각에까지 미치는 두 가지 특징이 있다. 첫째, 건전하고 교리적인 강해 설교에 그가 부여한 높은 위치는 출발부터 그와 함께 해 왔던 것이며, 성경에 대한 사랑은 초기부터 그에게 스며져 있었다. 둘째, 성경 해석에서는 보수적이고 또한 사회 문제들을 해결함에 있어서는 능동적으로 대처했다는 사실은 최근에 좀 더 확증되었고 또한 복음주의 안에서 논쟁을 일으켜왔다.

그러므로 설교자들의 영적인 경험에 관해 최근에 출판된 그의 저서들에서는 하나님의 말씀과 설교자 개인의 영성 사이의 긴밀한 관계를 설명해 준다. 더욱이 그의 모든 생애와 사역의 배경에는 반복적으로 근본적인 복음주의의 원리들이 있다. 즉 그리스도의 유일성과 개인적 회심의 필요성, 성경의 살아 있는 말씀, 그리고 십자가 중심이다.


## 2. 석의적 관점

존 스토트에 의하면 성경에 대한 기본적인 이해 없이는 석의의 원리들과 방법들은 문맥의 원래 의미를 발견하려는 설교자에게 별다른 도움이 되지 못한다.

성경은 언어와 문자로 나타난 하나님의 자기 계시이며 성경 저자에 의해 기록된 신적 자서전이다. 성경은 하나님의 기록된 말씀이며, 그의 계시의 결과이며, 영감과 섭리이다. 여기서 하나님은 스스로 우리에게 말씀하신다. 따라서 성경의 이러한 이해는 해석과 설교자들에게 필수 불가결하다.

존 스토트의 관점은 적어도 세 가지의 기본적인 특징들에 의해 결정된다.
① 해석자는 포괄적인 방법을 이용하여 성경을 연구해야 한다.
② 설교자는 가능한 한 공정하고, 열린 마음으로 성경을 대해야만 한다.
③ 목회자는 성경 연구에 있어서 기대하는 마음을 가져야 한다. 예를 들면, 하나님이 성경의 본문을 통해서 그에게 말씀하실 것이다.

우리는 존 스토트의 모든 성경 해석의 특징적인 원리들을 세 가지로 요약할 수 있다.

① 성경은 성경이 해석자이다.(Scriptura sui ipsius interpres) 이는 형식이나 기술적인 법칙을 말하는 것이 아니다. 성경의 애매하고 불분명한 구절은 명확하고 확실한 다른 구절에 의해 해석되어야 한다.

② 해석자는 성경을 읽기 전에 성령의 조명을 위해 반드시 기도해야 한다. 그 이유는 기도 없이는 하나님의 말씀을 이해할 수 없기 때문이다. 그러므로 존 스토트는 '성경 해석에 대한 중요한 열쇠는 성령이 성경의 참 해석자'(Spiritus Sanctus est Verus Interpres Scripturae)임을 고백한다.

③ 설교자는 문자적이든지 비유적이든지 간에 원래의 의미나 자연스러운 의미를 발견함으로써 원 저자가 무엇을 말하는지를 파악해야 한다. 그리고 설교자는 성경 저자에 의해 의도된 본문의 명확한 의미를 표현해야 한다. 거기에는 각각 역사적인 원리들과 단순성의 원리들이 있다.

끝으로, 존 스토트는 새로운 해석 방법을 사용하지 않고 전통적인 해석적 적용을 새롭게 상기시킨다.

① 설교자는 성경에서 그의 설교의 본문이 나와야 한다.

② 강해자는 가능한 오랫동안 본문을 묵상해야 한다.

③ 해석자는 귀납적으로 성경에 접근해야 한다. 존 스토트는 이것을 본문의 원래의 의미를 발견하기 위한 기술이라 부른다.

④ 마지막으로 해석적 보조 도구(즉 의미론적 언어 분석)는 설교자가 단어의 시제, 격, 수를 분석하는 것을 도와준다. 그래서 그것의 특별한 문법적 특징들이 문법적인 도움이나 어휘 목록에 의해 정해지거나 연구될 수 있게 한다. 해석의 도구들은 설교자들을 원어의 의미와 성경 단어들의 사용 목적으로 안내할 것이다. 그리고 그것들은 성령이 목회자들에게 말하기 원하는 것을 설교하고 있다는 확신을 목회자들이 가질 수 있도록 도와주

는 것이다.

## 3. 성경 해석학 관점

성경 해석학에 대한 존 스토트의 접근에서 그의 탁월한 공헌들은,

① 성경 해석학에 대한 그의 원리들과 방법들은 개혁주의자들의 전통적인 해석의 관점을 지지한다. 그러한 점에서 존 스토트는 하나님이 우리에게 말씀하시는 성경 구절의 의미를 이해하는 데 전심전력한다.

② 그의 가장 깊은 관심은 어떤 본문의 일부로서 문맥을 고려하는 것이다. 성경 해석학의 첫 번째 과제는 그 문맥에서 성경 저자의 진술이 무엇인지 정확하게 해석하는 것이다.

존 스토트의 특별한 성경 해석학적 공헌은,

① 성경 해석학의 원리들은 세 교사 즉 성령, 설교자, 교회에 따른 지침들에 의해 좌우된다. 그것은 성령의 조명을 받아들이고, 우리 자신의 이성을 사용하고, 성경에 대한 이해력을 성장시키는 교회에서 다른 사람들의 가르침에 귀를 기울이는 것이다.

② 존 스토트는 해석의 기본적인 방법들을 무시하지 않고 그것들을 충실히 준수한다. 본문의 의미에 대한 고려로 문맥적, 문법적, 그리고 언어학적인 접근의 탁월함을 강조한다. 본문의 중요성에 대한 경우에 그는 신학적이고 문화적인 이해를 강조한다.

③ 그의 성경 해석학의 뚜렷한 특징적인 원리는 그리스도 중심적인 접근이다. 그는 성경의 모든 부분에서 구속사적 진리를 끌어내기 위해서 끊임

없이 시도한다. 그래서 본문의 메시지를 믿음과 삶의 모든 문제와 관계되어 있는 구속이라는 중심 주제와 연결한다. 성경은 그리스도를 우리에게 소개시켜 주는 진정한 요람이다.

④ 존 스토트는 개신교 개혁주의자들이 그러했듯이 그의 성경 해석학을 안내하기 위해 믿음의 유추에 대한 원리를 즐겨 사용한다. 이 표준은 설교자들이 기본적으로 그들의 설교를 위해 오직 성경만을 사용하기를 요구한다. 그는 성경의 진리들이 본문에 연루된 사람들을 위해 의도된 것으로 정한다. 따라서 동일한 진리의 정확한 적용을 요구하는 우리의 현재 상황 안에서도 유사성을 일치시킨다.

⑤ 존 스토트의 성경 해석학의 목적은 그 실례들로 인하여 우리를 고무시킬 뿐만 아니라, 과거의 개혁주의자들이 그러했듯이 그의 생전에 해 왔던 바를 오늘날의 교회가 할 수 있도록 성경 해석에 대한 원리들과 방법들을 제공한다.

존 스토트는 이런 원리들이 해석학의 세 요소의 원칙들, 즉 자연스러운 의미, 원래의 뜻, 일반적인 의미에 의해 좌우될 수 있다고 강조한다. 해석학의 이러한 특징적인 원리들 하나하나는 일반적일 뿐만 아니라 성경 해석에 있어서 불변의 원칙이다. 그것의 정당성을 반박할 수 있는 사람은 아무도 없다. 그러나 존 스토트의 경우에 있어서 특성이라는 것은 그의 설교사역에서 해석학 분야에 그것들을 적용하는 것이다.

존 스토트의 원리와 방법을 지배하는 중요한 특징 중의 하나는 본문에서 독자의 관점을 포함시키려고 하는 현대 자유주의 신학의 영향을 결코 용납하지 않았다는 것이다. 반면에, 존 스토트는 성경의 비평적 재해석을 통해서 자유주의자들의 해석 원리와 방법을 비판한다. 따라서 그는 성경의 가르침 위에 어떤 교리, 비평원리, 또는 현대신학의 원리들을 놓지 않았다.


## 4. 해석 과정의 관점

존 스토트의 성경 해석 과정의 목적은 단지 설교자들이 성경이 무엇을 말하는지를 설명하도록 의무를 지우는 것이 아니다. 해석 과정의 목적은 오늘날 사람들의 삶에서 성경이 무엇을 말하는지를 설명하도록 촉구하는 데 있다. 그래서 그는 항상 현재 상황에 본문의 원래의 의미를 적용하려고 노력한다.

해석의 과정에서 존 스토트의 본질적인 요소에 관한 연구는 다음과 같이 결론지을 수 있다. 강해자는 본문에서 하나님(성부, 성자, 성령)의 계시뿐만 아니라 본문이 말하고 있는 설명, 명령, 약속을 고려해야 한다. 왜냐하면 해석학은 '현재'와 과거 사이의 간격에 다리를 놓아서 '그때'의 의미를 다루기 때문이다.

해석의 중심에는 설명, 명령, 그리고 약속이 있다. 그뿐 아니라 저자가 알고자 하는 삼위일체 하나님에 대한 계시가 있는데, 이것은 곧 하나님의 의지, 은혜, 진노 등과 그리스도 안에서의 하나님 은혜, 우리 안에 함께하는 하나님의 성령이다.


## 5. 설교학 관점

그는 강해 설교가 건전한 신학적 기초 위에 세워져야 한다고 강조한다. 신학적 기초의 원리들은 신론, 성경론, 교회론, 목회론, 그리고 기초 작업으로서의 설교이다. 그러므로 그에게 있어 설교자가 현대 세계에서 효과적으로 강해할 수 있으려면 적어도 이와 같은 다섯 가지 신학적 기초들이 필요하다고 결론 짓는다.

설교의 실제는 설교자의 인격과 분리될 수 없다. 왜냐하면 설교자의 전 신학이 그의 설교의 실제 사역 아래 깔려 있고, 그리고 전 생애의 삶의 방식 역시 설교의 이면에 있기 때문이다. 그러므로 설교자의 인격과 자질은 설교 전달에 있어서 그만큼 절대적으로 중요한 것이다.

설교에 대한 존 스토트의 특징적인 형식에 대한 연구에서 그의 설교는 다음과 같은 몇 가지 기본적인 설교 원리에 의해 결정된다.

① 설교는 설교자가 선택한 본문에서 나와야 한다. 설교에서 그는 본문이 좌우하는 생각에 전념한다. 그는 본문이 본문의 길이와 상관없이 항상 설교의 메시지와 주제를 제공해야 한다고 강조한다.

② 설교는 도입, 본문, 결론이라는 기능적인 구조가 필요하다. 존 스토트에게 있어서 설교를 조직하는 것은 좋은 설교 구조를 구성하는 데 매우 중요하다. 그는 또한 구조가 튼튼하지 못한 설교는 실제로 힘이 없다고 단호하게 말한다. 이는 살 없는 뼈가 골격을 만드는 것같이 뼈 없는 살이 기골이 없는 사람을 만드는 것과 같다.

③ 존 스토트에 있어서 설교 구성의 목적은 본문의 메시지를 전달하는 것이고, 청중들이 하나님을 만나도록 인도하는 본질적인 과정이다. 이 목적을 위해서 설교자는 그의 설교를 연구하고 발전시켜야 한다. 그 다음 설교자는 자신의 기술에 의존하는 것이 아니라 성령을 의지해야 함을 항상 상기해야 한다.

회중 가운데는 몇몇 불신자들이 있기 때문에 설교자는 복음의 메시지

(kerygma)를 전달할 뿐만 아니라 그리스도 중심으로 성경을 해석해야 한다고 강조한다. 게다가 그는 설교하는 것이 예수 그리스도에 대하여 말함은 물론 기독교 공동체 안에서 그의 임재하심을 강조해야 한다고 생각한다. 이것은 그의 삶과 메시지의 가장 핵심이 되어 왔다.

존 스토트의 해석 방법에 있어서의 핵심은 설교의 적용으로써의 '다리 놓기'이다. 그는 성경의 세계와 현대 세계 사이의 깊은 간격을 설명한다. 그래서 강해 설교자는 아주 정확하고 명료하게 성경을 해석하고 진리가 다리를 건너도록 하여 그것을 아주 효과적으로 적용하기 위해서 최선을 다해야 한다. 강해 설교는 바로 정확한 주해, 해석, 설교에 기초하기 때문에 청중들에게 그들의 근접한 상황에서 설교하는 본문 그 자체는 해석되고, 설명되고, 적용된다.

그의 설교적 실제로써의 '다리 놓기'의 특별한 관심은 다음과 같이 요약할 수 있다.

① 설교자는 '다리 놓기'를 위해 본문의 문화적인 배경을 이해해야 한다.
② 설교자는 또한 그에게 포괄적인 '다리 놓기'를 하기 위해서 청중의 동시대적인 상황(문화, 정치, 윤리)을 이해해야 한다.
③ 설교에서 '다리 놓기'의 모델은 예수 그리스도의 성육신이다.
④ 설교에서 적용으로써 '다리 놓기'의 방법들은 설교 내용의 전반에 걸친 적용의 직접적이고 간접적인 방법에 의해 결정된다.
⑤ 적용으로써 '다리 놓기'는 본문의 결론과 일치해야 한다.
⑥ '다리 놓기'의 마지막 목적은 하나님의 백성들을 성숙으로 인도하는 것이다.

강해 설교를 향상시키는 방법은 존 스토트의 성경 해석 원리와 방법들을 직접적으로 흉내내는 것이 아니라 하나님의 백성을 향한 뜨거운 열정과 사랑하는 마음을 본받는 것이다. 무엇보다 그의 설교의 진정한 비결은 어떤 해석의 원리와 방법들을 통달하는 데 있지 않다. 그 비결은 그가 설교하는 사람들에 대해 얼마나 애타는 목자의 사랑을 가지고 있는가에 달려 있는 것이다.


## 6. 최종적인 결론

개혁주의자들의 설교 습관에 대한 존 스토트의 시각은 다음과 같이 요약할 수 있다.

① 존 스토트는 개혁주의자들이 그들의 설교에서 본문에 나타난 하나님의 중심 계시와 성경 본문에서의 설명, 명령, 약속을 해석 과정의 가장 중요한 것 중 하나로 간주한다고 보았다.

② 그러나 존 스토트는 설교를 구성하는 데 있어서 개혁주의자들을 따르지 않는다. 대신 그는 좀 더 많은 원리들과 방법들 즉 성경, 전통과 이성을 따르면서 자신의 주해, 해석, 설교들을 발전시켜 왔다. 그에게는 성경만이 일관된 최고의 권위를 가진다.

③ 존 스토트의 설교는 우선 신적 의도의 견지에서 성경이 무엇을 말하고 있는지, 무엇을 의미하는지를 고려한다. 그는 설교의 조직과 구조뿐만 아니라 성경의 내용도 강조한다. 그래서 그의 설교들의 내용은 성경 계시의 전체적 중요성에 기여하도록 한다.

④ 개혁주의자들이 했던 것처럼 존 스토트도 항상 강해 설교만을 하는 것은 아니다. 가끔 주제별 설교로 바꾸기도 한다. 예를 들면 「그리스도의 십자가」와 평소 설교를 비교해 볼 때 책은 주제별로 되어 있고 설교들은 강해식이다. 개혁주의 전통은 설교의 주제적 스타일을 항상 강조해 왔다.

⑤ 설교는 그리스도 안에서 선택된 자들의 마음에 은혜로 역사하시고 그들을 영원한 삶과 영광에 이르기까지 보호하시는 성령 하나님에 의해 고안된 중요한 방법이다.

⑥ 개혁주의 설교 습관에 대한 그의 시각을 고려해 보았을 때 설교는 간단명료하게 설명해야 하지만, 그러면서도 궁극적으로는 말씀이 삶의 모든 영역에 적용되며, 자녀의 모든 필요를 채우는 하나님 아버지의 말씀으로서의 심오한 의미도 설명되어야 한다.

## 설교 스타일에 대한 교정

① 존 스토트 설교의 원리와 방법은 성경의 본문과 분리된 설교의 어떤 스타일을 수정하기 위한 모델로서도 사용될 수 있다. 그러한 본문과 유리된 설교들은 설교에서 가장 중요한 요소들인 주해, 해석, 그리고 설교와 관련하여 존 스토트의 생각과 반대되는 것이다.

② 게다가 본문과 유리된 설교가 점차 더 확산된다면 석의적으로, 해석적으로 빈약한 설교를 하는 일부 설교자들을 양산할 수 있다. 존 스토트의 설교에 있어 원리와 방법에 대한 연구는 설교자를 좀 더 광범위하게 강해 설교의 본질적인 요소들을 갖출 수 있도록 보다 나은 방향으로 이끌어 준다.

③ 존 스토트의 설교에서 적용으로써 '다리 놓기'는 설교 내용에 있어서 매우 중요한 것이므로 본문의 적절한 설명과 건전한 적용을 고려하지 않은 설교를 교정할 수 있을 것이다.

④ 존 스토트 설교의 영적인 원리와 방법은 목회자들이 그들의 설교를 준비하고 설교할 때 좀 더 효과적으로 성령의 능력을 힘입도록 이끌어 준다.

마지막으로 강단(Stott, 1982a:340)에 오르기 전에 과거 수년 동안 기도해 왔던 존 스토트의 기도를 인용함으로 이 책의 결론을 내리고자 한다.

하늘에 계신 아버지! 당신의 임재 앞에 엎드립니다.
하나님의 말씀이 우리의 교훈이 되시고
하나님의 영이 우리의 교사가 되시고
우리의 위대한 영광, 우리의 최고의 권위가 되시옵소서.
우리 주 예수 그리스도 이름으로 기도드립니다.
아멘.

PRINCIPLES AND METHODS
IN THE HOMILETICS OF
JOHN R.W. STOTT

# 부록 – 존스토트의 설교

1. 예수님과의 만남 – 니고데모(요한복음 3장 1-15절)

2. 네가 만일 알았다면 – 사마리아 여인(요한복음 4장 1-42절)

3. 잃은 것과 찾은 것(누가복음 15장 11-32절)

4. 모델 – 더욱 그리스도를 닮는 것

# 예수님과의 만남 - 니고데모
### 요한복음 3장 1-15절

예수님께서 개인들을 위해 시간을 투자하신다는 것은 매우 놀라운 일입니다. 복음서 기자들은 예수님이 군중에게 설교하시고 열두 제자를 훈련시키는데 시간을 보내었다고 말하고, 또한 예수님이 일대일의 원리로 사람들과 시간을 보내었다고 말해 주고 있습니다. 예수님은 사람들에게 그와 인격적으로 만날 수 있는 기회를 주셨습니다.

'예수님과의 만남'은 오늘 시작하는 이 설교와 같은 시리즈들의 전체 제목이고, 다음 주일과 그 다음 주일까지 계속될 것입니다. 우리는 이 설교들을 통해 니고데모와 사마리아 여인, 그리고 젊은 부자 관원에 대하여 생각해 보려합니다.

오늘 아침 우리는 1세기 예루살렘에서 일어난 예수님과 니고데모의 대화를 귀담아 듣게 될 것입니다. 요한복음 3장 1-2절을 봅시다. "바리새인 중에 니고데모라 하는 사람이 있으니 유대인의 관원이라 그가 밤에 예수께 와서 가로되 랍비여 우리가 당신은 하나님께로서 오신 선생인 줄 아나이다 하나님이 함께 하시지 아니하시면 당신의 행하시는 이 표적을 아무라도 할 수 없음이니이다" 니고데모는 매우 호감이 가는 인물이었습니다. 사실 그는 진리를 좇는 신실한 구도자의 뛰어난 모범이었습니다. 그는 어느 날 밤 아무도 모르게 예수님께 왔지만, 그것 때문에 그를 비난해야 할 이유는 없다고 봅니다. 그는 예수님을 개인적으로 만나기를 원했었고 그가 예수님을 찾아 갔었다는 사실은 훌륭한 일입니다. 그는 자기를 대신하여 예수님을 만나도록 다른 사람을 보내지 않았고, 아직 듣지 못한 나사렛 예수의 명성과 관계된 이 새로운 운동을 비난하지도 않았습니다.

다른 종교지도자들이 예수님에 대해 불만을 품었다는 사실은 니고데모에게는 문제가 되지 않는 것처럼 보입니다. 그는 독자적인 생각을 가지고 있었던 것입니다. 여러분들도 그렇게 생각하십니까? 우리들 중 많은 사람들은 단지 대중이 하는 것을 따라 합니다. 우리는 근본적으로 순응주의자들입니다. 그러나 니고데모는 그렇지 않았습니다. 게다가 그는 성실한 사람이었습니다. 그는 그의 질문에 대한 답을 얻기로 결정했습니다. 예수님이 가끔 대중들에게 가르치시는 것을 들었고 목격했던 그는 지금 예수님과의 개인적인 면담을 위해 온 것입니다.

이 아침에 나는 정직한 대화자로서 니고데모를 여러분께 소개하고자 합니다. 이 아침에 교회 안에 그와 같은 사람들이 있기를 바라고 확신하는 바입니다. 그는 편협한 사람도, 사기꾼으로 허튼 소리 하는 사람도, 겁쟁이도 아니었습니다. 그는 진리를 쫓는 편견 없는 열린 마음을 지닌 구도자였고, 진리에 대한 그의 추구가 성취된 것을 봅니다.

복음서의 후반에서 우리는 그가 예수님의 제자들 중에 포함된 것을 알 수 있습니다. 나는 오늘날 세상에 더 많은 니고데모들이 있다고 여러분에게 말하고 싶습니다. 그들의 무관심, 편견, 두려움들을 제쳐놓을 준비가 된 사람들과 정직하고 겸손한 마음으로 진리를 말하도록 준비가 된 사람들이 있다는 것입니다. 그들의 열망은 결실을 맺을 것입니다. 왜냐하면 사모함 없이는 하나님을 찾을 수 없기 때문입니다.

예수님은 산상설교를 통해 말씀하십니다. "구하라 그러면 너희에게 주실 것이요 찾으라 그러면 찾을 것이요 문을 두드리라 그러면 너희에게 열릴 것이니"(마 7:7). 하나님은 열심히 그를 찾는 모든 사람들에게 응답하십니다. 하나님은 어느 누구의 채무자도 아니십니다. 만약 이 아침에 성령 하나님을 통해 예수 그리스도 안에서 하나님을 알지도, 발견하지도 못한 분들이 있다고 한다면, 그 이유는 온 맘을 다해 진정으로 그를 구하지 않았기 때문이라고 저는 생각합니다. 그러나 여러분이 단지 마음에 내키지 않는 모습으로 그를 구하였다면 하나님을 발견하지 못할 것입니다.

예수님은 거듭남에 관하여 그에게 말함으로서 니고데모를 깜짝 놀라게 하셨습니다. 이 대화의 요지는 다시 한 번 태어나야 한다는 필요성에 관한 것입니다. 예수님은 적어도 네 번씩이나 그것을 말하셨습니다. 3절 "진실로 네게 이르노니 사람이 거듭나지 아니하면 하나님 나라를 볼 수 없느니라", 5절 "진실로 네게 이르노니 사람이 물과 성령으로 나지 아니하면 하나님 나라에 들어갈 수 없느니라", 7절 "내가 네게 거듭나야 하겠다하는 말을 기이히 여기지 말라".

예수님이 의미하는 것이 무엇입니까? 1976-1977년 대통령 선거 캠페인에서 카터 대통령은 나는 '거듭난 그리스도인'이라고 선언하였습니다. 다음에 척 사리선은 「거듭남」이란 제목 아래 그의 훌륭한 전기를 썼습니다. 그리고 빌리 그래함은 그의 「거듭나는 법」이란 베스트셀러 책으로 유명해졌습니다. 저널리스트들은 '회심 운동'이 일어난 때를 가리켜 미국에서의 복음주의 르네상스라고 말하기 시작했고, 모든 사람이 거듭남의 흐름에 편승한 것 같았습니다.

우리는 우리의 질문으로 다시 돌아가서 "그것이 무엇을 의미하는 것인가?", 사람들의 다수가 그것을 충분히 이해하지 않고 그 구절을 사용합니다.

첫째, 거듭남의 본질을 생각해 봅시다.

이를 위해 약간의 부정적인 배경을 명확하게 하는 것이 좋을 것입니다. 그리고 그것에 대한 부정적인 면을 분명히 하는 것이 좋을 것입니다. 물론 거듭남은 두 번째 육체적 태어남이 아닙니다. 니고데모는 그 점이 의문스러웠습니다. 그는 사람이 어머니 뱃속에 다시 들어가 다시 태어나는 것이 불가능하다고 말하였습니다. 예수님은 그것에 대하여 말씀하지 않으셨습니다. 육으로 난 것은 육이요, 영으로 난 것은 영입니다. 육체적인 태어남은 한 유형이고 영적으로 태어남은 다른 유형입니다.

거듭남은 두 번째 육체적인 태어남이 아닙니다. 이는 영적인 탄생입니다. 그것은 자아 개선이 아닙니다. 사실일지라도 그것은 단편적인 것입니다. 거듭남은 마음을 고쳐먹거나 자신을 개혁하려는 굉장한 노력이 아닙니다. 나는 3-7절에 두 번 사용된 헬라어 형용사가 처음부터 전적으로 '다시'(again)를 의미할 수 있다는 것을 아는 것이 중요하다고 생각합니다. 또한 그 의미는 '위로부터'(from above)의 의미가 있습니다. 이는 우리 자신의 인간적 노력에 의해 땅으로부터 새로운 출발이 아니라 하나님, 성령 하나님의 활동에 의한 위로부터의 거듭남입니다.

그래서 거듭남이란 우리 스스로 노력하는 것이 아니고, 성령 하나님이 우리 인격에 들어오도록 허락하는 것이고, 우리 안에서부터 우리를 변화시키도록 허락하는 것입니다. 거듭남은 자아 개선도, 세례도 아닙니다. 다수의 성공회 교회는 만일 그들이 세례를 받았다면 다시 거듭나는 것으로 간주하는 실수를 범하곤 합니다. 그러나 우리에게는 그렇지 않습니다. 세례는 매우 중요합니다. 왜냐하면 우리 주 예수님이 그것을 제정하셨기 때문입니다. 예수님께서 부활하신 후에 그의 제자들에게 대위임령을 말씀하시는 가운데 가서 제자 삼고 세례를 베풀도록 재촉하신 것이 포함되었음을 기억해야 합니다.

니고데모와의 대화가 역사적인 것이라고 한다면, 그것이 실제로 일어난 것이라고 한다면, 예수님은 세례를 언급하고 있는 것이 아닙니다. 왜냐하면 그것은 그 당시 존재하지 않았기 때문입니다. 그것은 아직 제정되지 않았습니다. 니고데모는 예수님이 무엇에 관하여 말하고 있는지 이해할 수 없었을 것입니다. 세례는 3년 뒤에야 제정되었기 때문입니다. 그래서 그가 물과 성령으로 태어나는 것을 언급했을 때, 그는 다른 것을 의미했습니다.

그리스도인의 세례는 가시적인 표시이며 보증이며 거듭남의 거룩한 예식입니다. 거듭남 그 자체는 비밀스럽고 비가시적인 것이지만, 세례는 그것의 공적인 의식입니다. 세례란 본질적으로 은밀하고 숨겨져 있고 비밀인 거듭남을 대중 앞에 내어놓고 보증하는 것입니다. 거듭남은 제2의 육체적 태어남도 아니고, 그것은 도덕적 자아 개선도 아닙니다. 그것은 세례와 같은 것이 아닙니다.

그러면 거듭남이란 무엇입니까? 그것은 영적인 태어남, 새로운 사람의 출생입니다. 사람은 동일한 육체와 동일한 얼굴과 동일한 신분, 동일한 여권, 동일한 기질을 가진 동일한 사람입니다. 모든 것이 동일하지만, 이 사람은 새로운 삶, 새로운 마음, 새로운 욕구, 새로운 열망, 새로운 야망, 그리고 하나님과 다른 사람과의 새로운 관계를 가지는 새로운 사람입니다. 영적인 실제의 새로운 감각을 가진 사람입니다.

기독교 상담 정신과 의사인 기우스 데이비스(S. Davis) 박사는 그의 저서 「천재와 은혜」에서 우리의 본성적 재능과 하나님의 은혜의 활동의 상호관계에 대하여 썼습니다.

"은혜는 우리의 기질 자체를 변화시키지 않습니다. 우리의 신체, 우리의 지성, 그리고 우리의 본능적 성격은 그대로 남아 있습니다. 은혜는 우리의 기질을 변화시키지 못합니다. 새로운 피조물인 새로운 삶은 동일한 옛 성격을 통해 그 자체를 표현하는 것입니다. 행동들, 태도들, 그리고 동기들은 변하지만, 기본적인 성격은 변화하지 않습니다." 만약 여러분이 거듭나기 전에 외향적이었다면, 그 후에도 외향적일 것입니다. 하지만 여러분은 더불어 사는데 더 쉬워질 것입니다. 만약 여러분이 거듭나기 전에 내성적이었다면, 그 후에도 내성적일 것입니다. 그러나 여러분은 당신 자신의 삶이 더 편해진다는 것을 알게 될 것입니다. 그것이 우리가 거듭났을 때 따라오는 변화의 종류입니다.

육체적 탄생에 대한 가장 중요한 것이 새로운 삶의 시작이듯이 영적인 탄생에 대한 가장 중요한 것도 영적인 삶의 시작입니다. 이것이 거듭남의 두드러진 결과입니다.

거듭남으로서 우리가 받는 새로운 삶의 중요한 특징은 무엇일까요? 본문 3절에서 예수님은 먼저 우리가 '거듭날 때 하나님의 나라를 볼 수 있다'고 말씀하십니다. 즉 사람들이 거듭남이 없으면 하나님의 나라를 볼 수 없습니다. 왜 냐하면 그들은 영적으로 소경이기 때문입니다.

사람들이 거듭날 때, 그들은 영적 눈을 뜨게 됩니다. 거듭난 사람은 그들이 이전에 전혀 볼 수 없었던 것을 보게 됩니다. 특히 하나님 통치의 실체, 하나님 의 나라, 즉 하나님이 성령에 의해 그리스도를 통하여 그의 백성들을 통치하 고, 다스리는 것을 보게 되는 것입니다.

그것은 제 자신의 경험이었다고 감히 말할 수 있습니다. 저는 어렸을 때 성 경을 읽곤 했습니다. 그 이유는 저의 어머니께서 누이와 저에게 그렇게 하라 고 가르치셨기 때문입니다. 저는 성경을 잘 이해할 수 없었습니다. 저는 교회 에 출석했고, 자주 이 교회에도 왔었지만 저의 주변에 무엇이 일어나고 있는지 몰랐습니다. 저는 기도를 하곤 했지만, 한 번도 하나님께 응답받지 못했습니다. 청소년 시절의 어느 때에 저는 '오늘날 아무도 삼위일체를 믿지 않는다'고 말 했던 적이 있습니다. 저는 영적으로 소경이었습니다. 이것이 저의 경험입니다. 진리의 아름다움에 눈 먼 자, 그러던 어느 날 예수 그리스도께 저의 삶에 찾아 오셨습니다. 비늘이 눈에서 떨어졌다고 말하는 것은 과장이 아닙니다.

성경은 새로운 책으로 저에게 다가왔습니다. 성경을 이해하는 것이 순탄한 항해와 같다고 말하려는 것이 아닙니다. 거기에는 여전히 제가 이해하지 못하 는 것들이 있었지만 모든 것이 의미가 있기 시작했고, 지금도 계속적으로 의미 가 계승되고 있습니다. 우리가 거듭날 때 우리는 하나님의 나라를 볼 수 있을 것입니다.

두 번째로 우리는 하나님 나라에 들어가게 됩니다. 우리가 물과 성령으로 거듭나지 않는다면 우리는 하나님 나라에 들어갈 수 없습니다. 거듭남으로 우 리 삶 속에서 하나님의 주권의 간섭을 거부하지 않고 그것을 환영하게 됩니다.

우리는 그의 다스림 가운데 즐거워하고, 그의 예배 가운데 자유를 발견하게 됩니다.

셋째는 거듭남의 필요성입니다. "그것이 정말 필요한 것인가?"라고 말할 때 어떤 사람은 "거듭나는 것은 소수의 사람에게 극히 제한된 예외적인 경험이 아닌가?"라고 말합니다. "그것은 단지 여러분과 나 사이에서만 약간 열광적인 것이 아닌가? 그것은 아마도 세례의 영역이 아닌가? 성공회 교인들도 거듭나야만 하는가?" 이와 같은 질문들을 해주신 것에 감사드립니다. 대답은 '그렇다'입니다. 우리는 예수님께서 그렇게 말씀하셨기에 그러하다는 것을 알고 있습니다. 우리 모두 그것이 필요합니다. 예수님께서 "너희는 거듭나야만 한다."라고 말씀하셨습니다. 우리가 만일 예수님을 진정으로 따르는 자들이 되어야 한다면, 그것은 필수 불가결한 것입니다. 저는 우리 모두가 동일한 방법으로 그리스도께 와야 한다는 것을 말하는 것이 아닙니다. 회심의 경험들은 매우 다양합니다. 우리 모두가 동일한 극적인 체험을 가지는 것을 말하는 것이 아닙니다.

더욱이 우리 모두가 언제 거듭남이 일어났는지를 알아야 한다고 말하는 것도 아닙니다. 솔직히 우리 부모님들이 우리에게 말하지 않는다면 우리가 육체적으로 언제 태어났는지 모를 것입니다. 우리는 그것을 잊어버릴 경우를 대비해 노트를 꺼내거나 날짜를 노트에 기록하지는 않습니다. 부모님이 우리에게 말해주었기에 우리가 태어난 날짜를 압니다. 만약 여러분이 언제 거듭 났는지 알지 못해도 걱정하지 마십시오. 하늘에 계신 아버지께서 여러분들에게 말해주실 날이 올 것입니다. 비록 우리가 모를지라도 그분은 알고 계십니다. 다양한 경험들이 있을 수 있습니다. 누구든지 이것을 말할 수 있어야 한다고 생각합니다. 즉 상속자들로서 육체적으로 태어났다는 것을 알고 있습니다.

왜냐하면 우리는 육체적 탄생에서 시작된 분명한 육체적 삶을 우리가 가지고 있기 때문입니다. 우리는 거듭남으로써 시작된 분명한 영적인 삶의 소유자이기 때문에 거듭났음을 알고 있습니다. 사람과 그리스도인의 경험에는 많은 다양성이 있습니다. 예수님께서 그것을 말씀하셨기에 감히 말하려는 것은 우리는 거듭나야 한다는 것입니다.

중생의 필연성은 우리가 이미 살펴본대로, 니고데모가 매우 호감이 가는 인물이라는 사실에서 더욱 분명해집니다. 그는 유대인으로 하나님의 언약 백성 중의 한 사람이었습니다. 그는 의로운 삶을 사는 바리새인이었습니다. 그는 산헤드린의 일원이자 공동체의 리더였고 교사이자 학자이며 교양 있는 사람이었습니다. 예수님의 사역을 예의 있고 정중하게 평가한 사람이었습니다. 이보다 더 훌륭한 사람을 상상하기란 어려울 것입니다.

니고데모는 유대교에서 가장 고상하고 최고를 대표하는 인물이었습니다. 그는 종교적으로도 도덕적으로도 고결한 성품의 소유자였습니다. 그는 예수님의 신성을 의심하지 않았습니다. 우리가 그 위에 더 바랄 수 있는 것이 있다면 그것은 바로 '거듭남'입니다. 그는 분명히 거듭나야만 했습니다. 예수님께서는 "내가 너에게 말하는 것으로 놀라지 말라, 너는 거듭나야 하느니라"라고 덧붙여 말씀하셨습니다.

마귀의 가장 교묘하고 왕성한 활동 중의 하나는 실제에 대한 모조품을 만드는 것이라고 나는 확신합니다. 마귀는 '사람들을 고결하고 정직하게 되라, 공동체의 리더가 되라. 그리고 교회에서 기도도 하고, 성경을 읽으라'고 말합니다. 그러나 마귀는 그들을 잠들도록 만들고, 그러한 사람들은 베개 위에서 천국 가는 일등석 티켓을 가지는 꿈을 꾸면서 살아갑니다.

친구들이여! 그러나 속지 마십시오. 그러한 모든 것들과 그 이상의 것을 가진 니고데모에게 "너는 거듭나야 한다."라고 예수님은 말씀하셨습니다. 지금까지 우리는 거듭남, 깊은 내면의 근본적인 변화, 새로운 마음, 새로운 삶의 본질에 대해 고찰해 보았습니다. 우리는 어떻게 하면 하나님 나라를 볼 수 있으며 들어갈 수 있는지에 대해서 살펴보았고, 거듭나야 하는 필요성에 대해서도 생각해 보았습니다.

마지막으로, 거듭남의 조건은 무엇인가에 대한 것입니다. 즉 거듭남은 어떻게 일어나는가? 우리는 니고데모의 질문을 다시 반복합니다. "어떻게 이러한 일이 있을 수 있나이까?" 사람의 시각에서는 그것은 대부분 신비입니다. 우리는 하나님이 어떻게 일하시는지 다 이해할 수 없습니다. 인간의 출생은 부모님의 이전 결정이나 계획을 항상 내포합니다. 그 누구도 자신이 자신의 부모가 될 수 없고, 스스로 출생을 결정할 권한 역시 없습니다. 마찬가지로 거듭남은 하나님 자신의 주도권과 활동과 능력에 의해 위로부터의 태어남입니다.

우리는 8절에서 예수님께서 '바람이 임의로 분다'고 말씀하신 것을 읽었습니다. 여러분은 그것이 어디로부터 와서 어디로 가는지 모릅니다. 모두가 영으로 태어날 수 있다는 것은 하나의 신비입니다. 하나님이 하시는 일을 우리는 완전히 이해할 수 없지만 우리가 행해야 할 의무가 없다는 것을 의미하는 것은 아닙니다. 우리의 편에서 우리는 회개하고 예수 그리스도를 전적으로 신뢰해야 합니다. 예수님은 그것을 니고데모에게 매우 명백하게 말씀하셨습니다. 회개하는 것은 우리 삶의 모든 잘못으로부터 돌아서고 그것을 과감하게 포기하는 것을 의미합니다.

문맥상에 논리적 해석이 있습니다. 우리는 회개해야 하고, 믿고, 예수님을 신뢰해야 합니다. 이것의 의미를 설명하기 위해 예수님은 구약성경 민수기 21장을 선택하셨습니다. 애굽과 약속의 땅 가나안 사이에 이스라엘의 자손들은 호르산에 있는 거친 에돔땅을 건너고 있었습니다. 다시 한 번 그들은 모세를 대적했습니다. 그때에 하나님은 그 지역에서 서식하던 독뱀을 통해서 재앙을 내리셨고, 그로 인해 많은 사람들이 죽었습니다. 모세가 그들을 심판하셨던 하나님께 긍휼을 구하자 늘 하시는 것처럼 하나님은 그들의 구원자가 되셨습니다.

하나님은 모세에게 놋으로 독뱀의 모양을 만들어 그것을 모두가 볼 수 있는 장막 한가운데의 장대에 매달도록 지시하셨습니다. 뱀에게 물린 이스라엘 백성은 누구든지 놋뱀을 쳐다보면 살리라고 약속하셨습니다. 예수님은 14절과 15절에서 "모세가 광야에서 뱀을 든 것같이 인자도 들려야 하리니 이는 저를 믿는 자마다 영생을 얻게 하려 하심이니라"라고 하셨습니다. 장대 위의 놋뱀이 뱀에 물린 자를 위한 하나님의 치료의 방편이었던 것처럼, 십자가 위의 그리스도는 죄와 죄책감에 대한 하나님의 치료책이었습니다. 뱀에게 물린 모든 이스라엘 백성이 살기 위해 쳐다보아야 했던 것처럼, 우리 죄인들도 영원한 생명을 얻기 위해 그리스도를 바라보아야 합니다.

윌리엄 하슬렘(W. Haslam) 목사님에 대해 들어 본 적이 있으십니까? 그는 지난 세기에 콘웰에 있었던 영국 국교회의 목사였습니다. 그에 관하여 가장 괄목할 만한 것 중의 하나는, 그가 목사 안수를 받은 후에 회심하였다는 사실입니다. 그는 자신의 설교 강단에서 자신의 설교에 의해 회심되었습니다. 그 후 하슬렘은 성직자들을 그리스도께로 이끄는 놀라운 사역을 시작하셨습니다. 그는 가는 곳마다 하나의 화려한 그림을 가지고 다녔습니다. 그 그림은 현재 옥스퍼드에 있는 보들레인 도서관에 소장되어 지금도 볼 수 있는 15세기의 필사본으로 모세의 율법과 광야에 있는 장대, 그리고 뱀에 물린 사람 등을 묘사하고 있는 그림입니다.

그리고 그 그림에는 네 명의 희생자들이 나타나 있습니다. 첫째 사람은 십자가 앞에 무릎을 꿇었지만 십자가나 뱀을 보는 대신에 모세를 쳐다보고 있었고, 모세가 마치 제사장인양 그에게 자백하고 있습니다. 두 번째 사람은 뱀에 물린 사람처럼 땅을 등지고 누워있습니다. 세 번째 사람은 고통받는 동료의 상처를 싸매 주는 간호사 일을 하면서 슬픈 표정을 짓고 있습니다. 그러나 그 자신이 동일한 위험에 속해 있다는 것을 잘 모르고 있습니다. 네 번째는 그를 끊임없이 공격하는 뱀과 싸우는 용감한 사람을 그리고 있습니다.

하슬렘은 "나는 네 사람 모두가 누구에게 명령을 받은 사람처럼 놋뱀을 바라보고 있지 않다는 것을 알게 되었다."라고 말하셨습니다. 하슬렘은 이것을 그 자신의 경험에 적용하면서 "첫째, 나는 자신의 힘으로 죄와 싸우려고 애썼습니다. 둘째, 나는 선한 일을 하기 위해 노력했습니다. 셋째, 구원을 위해 교회에 의지했고, 넷째는 제사장의 손에 용서를 구했습니다. 그러나 아무것도 소용이 없었습니다."라고 말했습니다. 그는 "결국 나는 상처 입어 죽어가는 죄인같이 하나님의 영에 이끌려 갔습니다. 십자가에 못 박힌 한 분을 바라봄으로 나는 용서와 평안을 찾았습니다."라고 말하셨습니다.

그러므로 여러분은 성직자나 어떤 인간을 바라보아도 소용이 없습니다. 우리는 여러분을 구원할 수 없습니다. 교회나 어떤 종교적인 조직을 의지하는 것도 유용한 것이 될 수 없습니다. 왜냐하면 그것 또한 여러분을 구원할 수 없기 때문입니다. 당신 자신이나 선한 공적들을 바라보는 것도 무의미합니다. 왜냐하면 여러분은 스스로를 구원할 수 없기 때문입니다. 우리가 마땅히 해야 할 것은 우리가 함께 살도록 하기 위해 그 자신이 죄 없는 인간으로서 우리 자신의 죄와 허물을 짊어지기 위해 십자가에 높이 들린 그리스도를 바라보는 것입니다. 오래된 찬송이 그것을 설명합니다:

십자가에 못 박힌 분을 바라보는데 생명이 있네
십자가에 못 박힌 이 순간에 생명이 있네
그러니 그리스도를 바라보고 구원받으시오
나무에 못 박힌 그리스도를 바라보시오

내가 잘못 이해한 것이 아니라면, 그리스도를 바라보는 것과 그리스도를 개인적으로 신뢰하는 것을 많은 사람들이 놓치고 있다는 것입니다. 왜냐하면 자연적으로 그리스도가 십자가 위에서 죽으심으로써 전 세계가 정상으로 회복되어야만 했기 때문입니다. 그러나 그렇게 되지 않았습니다. 나는 한 때 그와 같이 생각하곤 했었습니다. 그러나 하나님이 우리를 다루시는 것에는 자동적인 것이 아무것도 없습니다.

하나님은 그의 입장에서는 필요한 모든 것을 해 주셨습니다. 하나님은 그의 독생자를 십자가상에서 죽도록 하시기까지 세상을 너무나 사랑하셨습니다. 그는 필요한 것이라면 모든 것을 아낌없이 주셨습니다. 지금 그는 우리가 회개하기를 기다리고 계십니다. 그를 믿는 누구든지, 어른이든지, 젊은이든지, 아이들이든지, 남자든지, 여자든지, 영국인이든지, 외국으로부터 온 누구든지, 구세주이며 십자가에 못 박히신 그리스도를 믿으면 살 것이고, 영생을 얻을 것이고, 거듭날 것이며, 그가 주시는 새로운 삶을 시작할 것입니다. 그것을 놓치지 맙시다. 그것은 여러분을 위한 것입니다. 아멘.

# 네가 만일 알았다면 - 사마리아 여인

## 요한복음 4장 1-42절

우리는 주일 아침에 예수님의 생애와 그의 공적 사역 동안 예수님을 만났던 세 사람에 관해 3주간에 걸쳐 살펴보고 있습니다. 우리는 지난 주일에 니고데모로 시작했고, 오늘 아침에는 사마리아 여인에 대해서 말씀을 나누려고 합니다. 이 두 사람은 서로 차이점을 가지고 있었는데 그것은 니고데모는 남자였고, 그녀는 여자였다는 것입니다. 그는 유대인이었고, 그녀는 사마리아인이었습니다. 그는 잘 알려진 관원이었고, 그녀는 알려지지 않은 무명인이었습니다. 그는 고결한 바리새인이었고, 그녀는 평판이 나쁜 죄인이었습니다. 그러나 그들은 하나님 앞에서는 동일하였습니다. 두 사람 다 새로운 시작 또는 거듭남의 동일한 필요성을 가지고 있었고, 예수님은 두 사람과 각각 시간을 보내셨습니다.

이 아침에 한번 물어보고 싶습니다. 예수님과 신원 불명의 사마리아 여인의 대화에서 예수님에 관하여 우리는 무엇을 배울 수 있을까요? 오늘날 교회가 직면하고 있는 가장 중요한 질문들 중의 하나는 예수 그리스도의 근본적인 정체성에 관계된 것입니다. 디트리히 본너(D. Bonner)에 따르면, 첫째로, 그는 나치 사람으로서 번뇌하면서, "예수님이 오늘날 우리에게 어떤 존재인가? 하는 질문이 끊임없이 나를 괴롭게 하고 있다."라고 말했습니다. 그의 말은 정당하고 또한 이것은 매우 괴롭게 하는 질문입니다. 세상의 종교적 시장에서 제공하는 '예수'들이 많다는 것은 사실입니다. 거기에는 종교적인 어릿광대인 예수가 있습니다. 환상적인 슈퍼 스타 예수 그리스도도 있습니다. 1세기 자유의 투사인 예수 외에도 많은 예수들이 있습니다. 모두가 현대의 의상으로 동시대의 상황에 맞게 예수를 드러내기 위해 노력하고 있습니다. 그러나 모두가 그의 역사적 확실성에 대해 충실하지 못하므로 실패하고 있습니다.

다시 묻겠습니다. "진정으로 예수님이 누구십니까?" 우리가 사마리아 여인과 예수님의 만남과 대화에서 그에 관하여 배울 수 있는 것이 무엇입니까?

이 아침에 예수님과 그 여인의 만남은 예수님의 진면목을 드러내는 데 실제적으로 기여하고 있다고 여러분에게 감히 말하고 싶습니다.

오늘 본문 10절에 예수님은 그녀에게 대답하시기를 "네가 만일 하나님의 선물과 또 네게 물 좀 달라 하는 이가 누구인 줄 알았더면 네가 그에게 구하였을 것이요 그가 생수를 네게 주었으리라"라고 말씀하십니다.

'누구인가? 누구였을까? 그녀는 예수님에 관하여 무엇을 알아야 했나? 우리는 예수님에 관하여 무엇을 알아야 하나?' 이 이야기에서 분명히 나타나는 몇 가지 사항을 여러분에게 제시하고자 합니다.

첫째, 이 본문에서 예수님은 인간이시면서 신이시고, 그의 인성과 신성 두 가지가 분명하게 드러납니다. 그의 참된 인성은 의심할 여지가 없습니다. 약 2000년 전에 야곱이 그 땅의 일부를 샀었고, 우물을 판 후에 그의 아들 요셉에게 이것들을 물려주었던 역사적인 장소인 사마리아 땅에 예수님과 제자들이 도착했다는 것을 여러분은 기억할 것입니다. 예수님이 이 역사적인 배경을 가진 우물에 도착했을 때는 정오였고, 태양은 뜨겁게 내리쬐고 있었습니다. 첫째로 우리는 예수님이 그의 오전 여행 후에 피곤해 지쳐 쉬기 위해 우물가에 앉으셨다는 것을 알게 됩니다. 둘째로 그가 그의 제자들을 근처 마을에 음식을 사러 보내신 것으로 보아 그가 시장하셨다는 것을 알게 됩니다. 셋째로 그는 덥고 목이 말라서 사마리아 여인에게 물을 달라고 요청했습니다.

이 세 가지 증거는 나사렛 예수님도 우리와 동일하게 인간의 연약함을 지닌, 초월적인 존재가 아니었다는 것을 가르쳐 줍니다. 그와 반대로 그는 덥고, 땀나고, 피곤하고, 배고프고, 목말랐습니다. 그는 우리가 복음서의 다른 구절에서 보는 바와 같이 실제 육신의 몸을 입은 참 인간이셨습니다.

그는 또한 우리처럼 온갖 유혹을 받는 동일한 시험의 대상이 되셨습니다. 이러한 모든 것은 그가 인성을 지닌 참 인간이었다는 실제적인 증거입니다. 우리가 그의 신성을 확인하기를 열망할 때, 우리는 그의 인성을 종종 잊어버리게 됩니다. 그의 인성을 의심할 바 없지만, "만일 네가 너에게 말하고 있는 이가 누구인줄 알았더라면" 말씀 속에서 그가 또한 신이라는 충분한 증거를 찾을 수 있습니다.

'그가 하신 일이 무엇인가?' 그는 우리에게 영원한 생명을 제공해 주셨습니다. 그는 그녀에게 영생의 상징인 생수를 제공하셨습니다. 하나님 한 분 외에는 그 누구도 영생을 줄 수가 없습니다. 그가 그 여인에게 생명의 물을 주었다는 사실은 그가 그 자신에 관하여(하나님이라는 사실) 생각한 바를 나타낸 것입니다. 그는 우리에게 영생을 선물로 주실 수 있습니다. 그는 또한 초자연적인 지식을 가지고 계십니다. 분명히 그는 그녀에 관해 묻지 않아도, 그녀의 부도덕한 가정 생활에 관하여 모든 것을 알고 있었습니다. 그는 또한 하나님과 자신의 관계가 아버지와 아들의 관계에 있었기 때문에 그녀의 사생활에 대한 은밀함을 모두 알 수 있었습니다. 거기에 그의 신성에 대한 명백한 증거가 나타납니다.

기독교 역사를 통해 교회는 예수님의 인성과 신성을 함께 말하는 점에서 어려움을 겪어왔지만 그것은 명백한 진리입니다. 때때로 교회는 그의 인성만을 주장해 왔습니다. 분명히 그는 인간이었지만 신적인 자질들을 가졌어야만 했습니다.

그는 또한 하나님만이 될 수 없었습니다. 만일 그가 하나님이었거나 또는 그들이 상반된 의견을 주장하는 실수를 했다면, 그리고 그가 신성을 가졌고 그가 하나님이라는 증거만을 고집했더라면, 그는 또한 인간이 될 수 없었을 것입니다. 단순히 그는 실제 인간이 아니라 인간처럼 보이기 위해 인간의 탈을 쓴 하나님이었을 것입니다. 정통주의 입장은 그가 하나님이자 사람이라고 말하는 것입니다. 우리는 그의 인성을 부인하는 그와 같은 방법으로 예수님의 신성을 결코 강조해서는 안 됩니다. 또한 예수님의 신성을 부인함으로써 예수님의 인성을 결코 강조해서는 안 됩니다. 진정한 예수님은 완전한 인간이자 완전한 하나님이십니다. 그들은 두 가지의 증거가 매우 확실하기에 그것을 강조하기를 두려워하지 않습니다.

둘째, 진정한 예수님은 보수적이면서 진보적이십니다. 그것이 가능할까요? 그렇습니다. 처음부터 그는 보수적이셨습니다. 성경과 관련해서는 특히 그러하셨습니다. 그는 성경을 하나님 아버지의 말씀으로 간주하셨습니다. 그는 성경의 권위에 순종하시기로 작정하셨고, 하나님의 말씀으로써 성경에 대한 그의 태도는 매우 보수적이었습니다.

그의 윤리적인 표준들과 그의 사역의 이해는 구약성경으로부터 가져왔습니다. 그것 또한 사마리아 여인과의 대화에서 분명히 드러납니다. 그 이야기는 구약의 역사와 신학에 뿌리를 두고 있습니다. 예수님은 구약을 하나님의 언약 백성의 이야기로서 강조합니다. 소위 이것이 구속사인데, 그의 언약 백성을 위한 하나님의 구원 사역의 이야기입니다.

우리는 22절에 "우리는 아는 것을 예배하노니"라고 예수님이 말씀하신 것을 읽었습니다. 우리는 하나님이 우리에게 그것을 계시하셨기에 아는 것입니다. 그것은 계시에 대한 아주 명백한 주장이며, 그는 계속해서 구원은 유대인에게서 난다고 하십니다. 왜냐하면 메시야의 구원은 하나님이 그들의 메시야와 그들의 구세주의 오심을 준비하셨던 유대 백성의 긴 역사의 절정이기 때문입니다. 그래서 여인이 25-26절에서 "메시야 곧 그리스도라 하는 이가 오실 줄을 내가 아오니"라고 말하였던 것입니다. 예수님은 여인의 이와 같은 말에 26절에서 "네게 말하는 내가 그로라"라고 말씀하셨습니다. 예수님은 자신이 구약의 메시야에 대한 대망을 이루셨음을 주장하신 것입니다.

그는 여러 선지자 중에 한 사람이 아닙니다. 놀랍게도 얼마나 많은 사람들이 예수님을 선지자로 논하려 하는지 모릅니다. 이전에 살았던 가장 위대한 선지자들 중에 한 사람처럼 말입니다. 그러나 예수님은 결코 선지자라고 주장하지 않으셨습니다. 그는 예언을 성취하신 분이라고 주장하셨습니다. 그는 그가 이 모든 과정의 클라이맥스이며, 구약의 모든 예언적 증거들이 요한복음의 '나에 대한 성경의 드러난 증거'라는 말씀처럼 자신에게 적중되었다는 것을 주장하셨습니다. 그는 예언의 성취였고, 몇 세기의 긴 역사에서 출현한 또 다른 하나의 예언자가 아니었습니다. 이는 나사렛 예수 안에서, 그와 더불어 하나님의 나라가 이미 도래했다는 것을 의미합니다.

성경에 대한 그의 입장과 하나님의 말씀을 지키고 보존하려는 그의 열정에서 그가 매우 보수적이었다는 것을 여러분들은 결코 부정할 수 없을 것입니다.

그는 또한 진보적이었습니다. 무엇이 그에게 진보적이었을까요? 진보적이란 것은 제도에 대하여 거부감을 가지고 부정적인 태도를 보이는 사람을 말합니다. 진보적이란 전통과 관습에 비판적인 사람이며, 과거로부터 내려왔기 때문에 단순히 어떤 전통을 이어받기를 거부하는 사람이며, 전통이 '정치적으로 옳다'라고 여겨지는 어떤 사회적 관습을 이어받기를 거부하는 사람입니다. 예수님은 '정치적으로 옳다'는 것이 존재하는 것을 거부하셨습니다. 그는 인간 전통과 사회적 관습에 대한 비평가였습니다. 사실 예수님은 한편으로는 하나님의 말씀인 성경과 다른 한편으로는 인간 존재의 말씀인 전통과 관습 사이를 명백하게 구분 지으셨습니다. 그는 성경에 복종하셨습니다. 그는 결코 성경을 논쟁하지 않으셨지만, 장로들의 유전에 대해서는 논쟁하셨고, 많은 사회적인 관습들에 대해서 강경하게 대항하셨습니다. 여인은 이러한 것에 대한 좋은 예입니다. 왜냐하면 그 여인은 세 가지의 전통으로부터 오는 불리한 조건으로 인하여 고통을 받고 있었기 때문입니다.

첫째로, 그녀는 여자였고, 남자는 공적으로 여자에게 얘기를 할 수 없었습니다. 예수님은 그와 같은 것을 알고 계셨습니다. 그녀의 다른 걸림돌은 그녀가 사마리아인이었다는 점입니다. 우리는 9절에서 유대인은 사마리아인과 상종치 아니한다는 것을 읽었습니다. 예수님은 금지된 것을 깨뜨리셨습니다.

두 번째로, 그 여인은 죄인이었습니다. 그 여인은 다섯 명의 남편이 있었고 지금 그녀와 함께 살고 있는 남자는 남편이 아니었습니다. 그녀는 결혼하지 않고 동거하고 있었던 것입니다. 당시 랍비와 같은 존경받는 사람들은 죄인들과 상종하지 않았습니다. 예수님은 금지된 행동을 하셨습니다. 예수님은 의도적으로 장로들의 유전과 사회의 관습을 깨뜨리셨습니다. 예수님은 성적 차별, 인종적 편견, 그리고 도덕적 자기만족에서 완전히 자유하셨습니다. 그는 모든 사람을 사랑하셨고, 존중하셨고, 어느 누구도 두려워하지 않으셨습니다. 그는 심지어 몇 번씩이나 버림받은 여인에게 물 한 잔 줄 것을 요청하셨습니다. 그것은 그에 대한 여인의 책임을 물으신 것이고, 그녀에 대한 그의 호의였습니다.

저에게 있어서 "저는 여러분의 친구입니다."라고 말하는 것은 매우 이상한 일입니다. 얼마나 많은 그리스도인들이 자신들을 보수적이거나 급진적으로 여길까요? "전 매우 급진적입니다."라고 어떤 사람들은 말합니다. 극단적인 보수는 성경을 보수하려고 할 뿐만 아니라 또한 교회의 모든 전통들을 보수하려고 합니다. 그들은 모든 변화에 저항합니다. 과거에 그들의 가장 좋아하던 인용문은 시작부터 지금까지 영원히 있어야 한다는 것이었습니다. 그들의 슬로건은 '변화는 없다'(No change)와 '내가 죽을 때까지'(Over my dead body)였습니다. 오늘날 교회에는 상당한 수의 극단적 보수주의자들이 있지만, 또한 극단적 급진주의들도 있습니다. 그들은 성경을 포함해서 모든 것을 비난합니다.

어떤 사람은 기독교 교리의 어떤 부분도 과감하게 바뀌어야 한다고 말합니다. 오히려 그들의 개혁적 열성이 우려가 됩니다. 그들의 슬로건은 '모든 것이 변화한다'(All change), '변화하지 않는 것은 없다'(not No change)입니다. 심지어 하나님의 말씀까지 그렇게 해야 한다고 생각합니다. 제가 여러분께 묻고자 하는 것은 "왜 우리는 항상 극단주의자가 되어야 하는가?", "왜 우리는 항상 양극단 사이를 분극화시켜야 하는가?" 하는 것입니다.

예수님은 성경과 하나님의 관계에서 보수적이고 전통과 관습에 대해서는 급진적이셨습니다. 제가 여러분들에게 말하려는 것은 우리는 RC의 전반적인 새로운 세대가 필요하다는 것입니다. 이것은 로마 카톨릭(Roman Catholic)을 상징하는 것이 아니라 급진적인 보수주의(Radical conservatives)를 의미합니다.

여러분은 급진적인 보수주의자들입니까? 우리가 해야 할 것은 하나님의 말씀을 굳게 붙잡으면서 말씀의 적용에 있어서는 진보적인 태도를 갖는 것입니다. 왜냐하면 예수님은 인성과 신성을 가지셨고, 보수이면서 진보적인 분이셨기 때문입니다.

셋째, 예수님은 만족을 주시고 도전을 주시는 분으로 우리의 배고픔을 만족시키시고 우리의 목마름을 해갈시키는 분이십니다. 실제로 사마리아 여인 이야기의 본질은 예수님이 그녀의 목마름을 만족시키시고 갈증을 해소할 수 있다는 것을 보여 주신 것입니다. 그가 여인에게 마실 것을 달라고 요청함으로 만남을 시작했음에도 불구하고, 그는 그녀에게 마실 것을 주겠다고 제안하십니다. 여러분은 그 여인이 예수님의 말씀으로 어리둥절하게 되었다는 것을 이해할 수 있습니까? 어떻게 그가 그녀에게 마실 것을 달라고 요청하는 것과 동시에 그녀에게 마실 것을 주겠다고 할 수 있습니까? 그럼에도 불구하고 그녀는 그에게 "물 길을 그릇도 없고 이 물은 깊은데 어떻게 당신이 주실 수 있습니까?"라고 말하였습니다.

여러분이 보시는 대로 그녀는 성경의 문자주의자였습니다. 여기서 성경의 문자주의에 반하는 요한복음의 위대함이 있습니다. 우리는 예수님과 니고데모의 대화를 보았습니다. 예수님은 그에게 "너는 다시 거듭나야 한다."라고 말씀하셨고, 그는 "어떻게 제 어미 뱃속에 들어가 다시 태어날 수 있나이까"라고 물었습니다. 그는 그것을 문자적으로 생각했던 것입니다. 예수님은 "내가 너에게 생수를 주겠다."라고 말했을 때 그 여인은 "당신은 물 길을 그릇도 없나이다."라고 응수했습니다.

그녀는 그것을 액면 그대로 생각했지만, 예수님께서는 비유적으로 말씀하셨습니다. 우리는 분별력을 지녀야 합니다. 성경에서 문자적인 것과 비유적으로 의도된 것 사이의 분별의 영을 우리에게 달라고 하나님께 기도해야 하겠습니다.

그는 여인에게 두 가지의 다른 목마름이 두 가지의 다른 물을 요구한다는 것을 설명해야 했습니다. 우리의 육체적인 갈증을 위해서는 $H_2O$로 된 우물물이나 수돗물이 필요하며, 다른 한편으로는 우리의 영적 갈증을 위한 생수가 필요합니다. 예수님은 그녀가 그녀이 성적 쾌락이 만족을 줄 수 없고, 단지 그가 이 목마름을 해소하기 위해서는 내적인 갈증을 가지고 있음을 암시하셨습니다.

13-14절의 말씀을 살펴보면 다음과 같습니다. "이 물을 마시는 자마다 다시 목마르려니와 내가 주는 물을 먹는 자는 영원히 목마르지 아니하리니 나의 주는 물은 그 속에서 영생하도록 솟아나는 샘물이 되리라"

예수님이 성령을 통해 우리 인격에 들어오실 때, 우리는 지속적으로 언제든지 마실 수 있는 생명수의 영원한 샘을 가질 수 있습니다. 그래서 우리는 결코 다시 목마를 필요가 없는 것입니다.


저는 2년 전에 죽은 말콤 머그리지보다 더 설득력 있게 이 진리를 설명했던 사람을 알지 못합니다. 약 25년 전 애버딘의 한 설교에서 그는 "저는 목사로서 제 자신을 비교적 성공한 사람이라고 생각합니다. 사람들은 가끔 거리에서 저를 쳐다봅니다. 그것이 명성이죠. 나는 국내 수익의 높은 임금에 걸맞는 충분한 돈을 정직하고 쉽게 벌 수 있습니다. 그것이 성공입니다. 벌어들인 돈과 명예는 심지어 저 같이 늙어도 그들이 원한다면 쓸모 있는 곳에 투자하고 유용하게 쓸 수 있을 것입니다. 그것이 즐거움입니다. 그렇습니다. 제가 여러분께 말하는 것을 믿기 원합니다. 이런 작은 성공들을 크게 부풀려 모두 더한다고 해도 그것들은 아무것도 아닙니다. 아무것도 아닌 그 이하입니다. 궁극적인 장애물은 그들이 누구이고 무엇인가에 상관없이 그리스도가 영적 갈증을 해갈시키는 생수 한 그릇에 의해 판단되는 것입니다."라고 말하였습니다.

자문하자면, 삶의 무엇을 지탱해야 합니까? 과거, 현재 혹은 미래의 시간 속에서 그 물을 마심으로 회복에 역행하는, 균형 잡히지 못하게 하는 어떤 일들이 있습니까? 여러분, 제가 말하고자 하는 것은 '갈증을 해소하는 물이 무엇을 의미하는가?' 하는 것입니다. 여러분은 알고 있습니까? 여러분은 그리스도께 온 적이 있습니까? 여러분은 그분을 여러분 안에 초청해 본 적이 있습니까? 여러분 안에 성령으로 말미암아 생명수의 영원한 샘이 되도록 그분을 초청해 본 적이 있습니까? 여러분은 이 말씀에서 만족을 얻을 수 있습니다. 여러분은 사마리아 여인의 경험이 여러분의 것이 되는 것을 알게 될 것입니다.

본문으로 다시 돌아가 봅시다. 예수님은 단지 우리의 만족과 갈증만 해소해 주시는 분이 아닙니다. 그는 그 여인의 양심에 호소하셨습니다. 그녀가 15절에 "이런 물을 내게 주사 목마르지 않고 또 여기 물 길으러 오지도 않게 하옵소서"라고 말했을 때 16절에 "가서 네 남편을 불러 오라"라고 하셨습니다. 그러나 남편이 없다고 대답하는 여인에게 "네가 남편 다섯이 있었으나 지금 있는 자는 네 남편이 아니니 네 말이 참되도다."라고 말씀하셨습니다. 그녀는 아침 저녁으로 시원할 때 왔었다면 만날지도 모르는 조소자들의 비난과 손가락질을 피하기 위해 한낮의 열기도 아랑곳하지 않고 우물물을 길러 왔습니다. 그녀는 그들을 피하기 위해 의도적으로 정오에 온 것입니다. 그때 여인은 예수님을 만났고, 그녀가 자신의 죄를 직시하고 해결 받아야 한다고 생각했습니다.

친구들이여, 저는 여러분과 제가 예수님이 하셨던 것, 즉 그 여인의 죄와 죄책감을 돌아보도록 하기 위해 우리를 부르신 것을 실천해 왔는지 매우 의심스럽습니다. 우리는 그렇게 하지 못했습니다. 오늘날 동정은 하나의 게임 이름입니다. 동정이라는 미명 아래 우리는 죄를 관망하고 그것을 용서합니다. 우리는 그것을 어떤 별칭으로 부릅니다. 우리는 엄격한 기준들을 느슨하게 다루고, 심지어는 교회 안에서조차도 제자도를 멀리합니다. 우리는 어떤 당면된 상황의 난처함에서 우리 자신들을 구출해 보려고 합니다. 우리는 잘못된 행동을 하는 사람과 맞부닥치기보다는 오히려 더 멀리 피하려고 합니다.

결과적으로, 삶은 우리가 덮어버리도록 타협하게 만듭니다. 그것은 심지어 오늘날 교회 안에서의 처세술이기도 합니다. 그 여인이 전에 행한 바 우리는 값싼 은혜를 제공합니다. 우리는 회개 없이 용서를 주고, 성실함 없이 동정을 베풀고, 징계 없이 관용을 베풀고 있습니다. 그것이 우리가 하는 것입니다. 그러나 그것은 예수님이 하셨던 것이 아닙니다.

예수님은 그 여인이 그녀의 죄의 실체에 직면하고, 그녀의 양심이 그리스도의 용서에 의해 깨끗해질 때까지, 그리고 그렇게 되지 않는다면, 그 여인의 끓어오르는 내적 갈증이 결코 해소되지 않을 것이라는 것을 알았습니다. 예수님은 우선 그녀의 양심을 찌르고, 그녀의 갈증을 해소하셨습니다. 예수님은 항상 괴로움을 위로하기 전에 평온함을 혼란스럽게 만드십니다. 그는 그러한 방법으로 두 가지를 함께 하십니다.

예수 그리스도에 대한 우리의 입장은 무엇입니까? 모든 비성경적이고 불균형적인 모방을 거부하는 용기를 가져야 합니다. 우리 자신의 상상과 사색으로 예수님을 만들려는 유혹을 뿌리쳐야 합니다. 신약의 진정한 예수님은 인간이시면서 신이시고, 보수적이시면서 진보적이시고, 혼란을 일으키시면서 위로하시는 분이심을 기억해야 합니다. 예수님은 여전히 "네가 너와 이야기하는 이가 누구인지 알았다면…" 하고 말씀하십니다.

하나님, 진정한 예수님에 대한 참된 믿음을 지키게 하소서. 아멘

# 잃은 것과 찾은 것

### 누가복음 15장 11-32절

　우리들 대부분은 상습적으로 잃어버리는 자이며 찾는 자입니다. 적어도 제 자신에 대하여 말할 때 그것은 사실입니다. 저는 여러 번 분실물 보관소에 가야 했습니다. 미국인들은 그것을 '분실물 찾는 곳'(the lost and found department)이라고 부릅니다. 협회든지 가계나 영국 기차역에 가면 찾아볼 수 있습니다. 여러분이 잃어버리거나 찾을 수 있는 모든 것들 중에서 여러분 자신을 잃어버리는 것보다 더 심각한 것은 없습니다. 또한 여러분 자신을 찾는 것보다 더 중요한 것은 없습니다.

　만약 제가 제 자신을 잃어버린다면 저는 아무것도 발견하거나 찾을 수 없을 것입니다. 여러분이 사람들에게 말할 수 있고 제가 한 두 사람에 관하여 들은 적이 있는 가장 슬픈 소문 중에 하나는 '그는 결코 진정한 자기 자신을 찾을 수 없고, 그녀는 결코 진정한 자기 자신을 찾을 수 없다'는 것입니다.

　자아 발견의 필요성은 보편적으로 인정되는 것입니다. 고대 세계에서부터 그것은 인정되었습니다. 플라톤과 소크라테스와 그 유명한 델타 신탁과 관계된 고대 그리스에서 가장 유명한 말들 중의 하나는 "너 자신을 알라"라는 명언이었습니다. 알렉산더 교황은 인간에 대해 18세기 그의 유명한 수필에서 이것에 대해 이야기했습니다. 그는 "그리고 네 자신을 알라. 하나님이 간과하신다고 짐작하지 말라. 인류에 대한 마땅한 연구는 인간이다."라고 썼습니다.

　19세기에 살았던 쇼펜하우어는 항상 머리카락을 흐트러뜨리고 가끔씩 초라

한 모습을 하는 유명한 독일 철학가였습니다. 그는 어느 날 프랑크푸르트에 있는 비어 가르텐(Beer Garten) 공원 의자에 앉아 있었습니다. 공원지기가 그에게 와서 퉁명스럽게 "당신 누구요?"라고 물었을 때 그 철학가는 "그걸 알면 내가 하나님이세요?"라고 내답했습니다.

현대 심리학은 진정한 자아 의식이 정신 건강과 정신적 성숙을 위해 필요하다고 인정합니다. 제가 여러분께 묻겠습니다. 여러분은 누구입니까? 여러분은 자신을 발견하셨습니까? 여러분은 자신이 누구인지 알고 있습니까? 청소년 시기에 오는 미숙한 정체성의 위기가 성인이 되었을 때 여기 앉아 있는 몇몇 사람들에게 계속 되어질 수 있습니까? 여러분은 여전히 십대들이 하는 질문을 하고 있지는 않습니까? 난 어디서 왔는가? 난 어디로 가고 있는가? 삶은 어떤 의미를 지니고 있는가? 어떤 존재 가치를 가지고 있는가?

그 질문들에 대해 아주 냉소적인 대답들을 하는 사람들이 있습니다. 내가 알고 있는 가장 냉소적인 대답은 마크 트웨인이 한 말입니다. "만약 사람과 고양이를 교배시킬 수가 있다면, 사람은 개량되겠지만 고양이는 퇴화될 것이다." 나는 오늘날 그 정도로 심한 냉소주의자들이 많지 않기를 바랍니다. 우리들 대부분은 우리에게 다른 면을 가졌다는 것을 알고 있습니다. 우리는 고귀한 측면을 가지고 있습니다. 앤디 휴즈가 말하고 있는 것과 같이 우리에게는 숨겨진 면이 있습니다. 그는 십 년 간의 무신론 혹은 반 무신론 기간 동안에도 이미 이 숨겨진 면에 대해서 알고 있었습니다.

여러분들은 매튜 아놀드가 '묻혀진 사랑'이라 부른 시를 아는지 모르겠습니다. 그 시는 다음과 같습니다.

때때로 세계의 가장 번화가에서
때때로 큰소리로 다투는 소리 가운데서도

우리의 묻혀진 삶의 지식 뒤에서부터

말할 수 없는 욕망이 끓어오른다.

우리의 정열을 잠재우려는 갈망과

비록 우리의 참된 원래의 길을 찾지만 불안한 마음,

이 마음의 비밀을 찾으려는 욕구

이것은 우리 안에 너무나 강렬하게, 너무나 깊게 휘젓는다.

우리의 삶이 어디로부터 와서 어디로 가는지 안다면

우리는 그곳으로 갈 것입니다.


나는 그것은 많은 사람들의 가슴속에 숨겨진 질문이라고 믿고 있습니다. 이 아침에 여러분이 듣고 있는 것과 같이 여러분은 스스로 왔을 수도 있고, 친구가 여러분을 초대했기에 왔을 수도 있으며, 정기적인 예배자로 나와 앉아있을 수도 있습니다. 그래도 여전히 인정받고, 나타나고, 태어나기 위해서 울부짖고 있는 묻혀진 삶이 있습니다.


우리가 예수님의 가르침을 볼 때, 그에 관하여 들었기 때문에 우리는 인간 속에 무엇이 있는지 알고 있고, 남자와 여자는 하나님의 형상으로 지음 받았다는 것을 알고, 그저 구원받아야 할 필요가 있다는 것을 알고 있습니다.

예수님은 인간의 내면 속에 무엇이 있는지를 알고 계셨습니다. 그는 인간의 본성에 대한 깊은 이해심을 가지셨습니다. 우리는 누가복음 15장 14절의 매우 잘 알려진 이야기를 살펴볼 것입니다. 탕자에 관한 이야기의 핵심은 매우 간단합니다. 한 남자에게 두 아들이 있었습니다. 집을 떠나 그의 유산을 허비해 버린 작은 아들은 빈곤하게 되어 그의 어리석음을 인정하고 집에 돌아와 그의 예상을 넘어선 환대를 받았습니다.

그러나 그의 귀향은 다른 사람들과 함께 기뻐할 수 없었던 불만으로 가득한 그의 형에 의해 분위기가 망쳐졌습니다. 그는 집에 머물러 있었지만, 실제로 그의 동생보다도 오히려 마음과 생각은 아버지로부터 더 멀어져 있었던 것입니다. 여러분은 이 이야기를 잘 알고 있겠지만, 저는 여러분이 이 이야기가 암시하는 바를 이해하셨으면 합니다.

우리는 이 비유를 '탕자의 비유'가 아닌 '두 아들의 비유'라고 불러야만 합니다. 왜냐하면 탕자의 비유뿐만 아니라 위선자 아들의 비유이기도 하기 때문입니다. 이는 문맥 속에서 매우 분명하게 나타납니다. 누가는 우리에게 이것이 무엇인지를 복음서의 첫 두 구절에서 말하고 있습니다. 세금 징수원 혹은 세리들과 죄인들이 모두 예수님의 말씀을 듣기 위해 가까이 나아왔을 때 바리새인과 군중들이 웅성거리고 있었습니다. 그들은 "이 사람이 죄인을 영접하고 음식을 같이 먹는다 하더라"라고 말하였습니다.

그래서 여러분이 보듯이 예수님의 주변에는 두 그룹의 사람들이 모여들었습니다. 자신들이 어떤 사람인지를 잘 아는 세리들과 죄인들은 의에 대해서 자만하지 않았습니다. 그들은 확실히 죄인들이었습니다. 그들은 예수님께 가까이 나아왔고, 예수님은 비유에서 아버지가 탕자 아들을 받아들이는 것과 같이 그들을 받아들이셨습니다. 반대로 사두개인과 바리새인은 이 이야기의 형처럼 분개했습니다.

저는 이 비유가 모든 사람의 이야기를 대변하는 것이라고 여러분들에게 감히 말하고 싶습니다. 여기에 있는 모두는 세리든지 아니면 바리새인입니다. 동생 같든지 아니면 형과 같을 것입니다. 제3의 선택은 없습니다. 우리는 두 범주에서 이쪽 아니면 저쪽에 속해 있습니다.

좀 더 자세히 살펴보겠습니다. 탕자의 먼 나라의 여정과 그의 점진적인 타락은 이미 예수님에 의해 단계적으로 윤곽이 그려지고 있습니다. 첫째로 그 여정에는 자기 중심적이고, 고집스러움이 있습니다. 그가 집을 떠난 것은 아무런 잘못이 없습니다. 모든 젊은이들은 때가 되면 집을 떠나야 하고, 실제로 우리가 집을 떠나는 것은 성장과정의 일부분입니다.

성경 본문은 "그리하여 남자가 그 부모를 떠나 그 아내와 연합하여 한 몸이 될지니"라고 말하고 있습니다. 집을 떠나는 것은 매우 자연스러운 일입니다. 그의 유산 분배에 대한 요구에도 또한 아무런 도덕적인 잘못이 없습니다. 결국 그것은 언젠가는 그의 것이 될 것이기 때문입니다. 잘못된 것은 그의 자기 중심적인 동기입니다. 그는 그의 아버지의 노년에 대해서는 전혀 고려하지 않았습니다. 그는 미래의 그의 아내와 가족에 대해서도 배려하지 않았습니다. 그는 그가 속한 공동체 안의 가난하고 궁핍한 사람에 대해서도 생각하지 않았습니다. 그는 단지 자신만 생각하고, 부가 그에게 가져다 줄 쾌락적인 시간만을 생각했습니다. 그는 아버지에게 "내게 돌아올 분깃을 내게 주소서"라고 단호하게 요구했습니다.

그는 그의 의무를 쉽게 잊어버릴 수 있는 먼 나라로 갔습니다. 그것은 명백하게 하나님에 대한 우리가 가진 태도와 같습니다. 이와 같이 하나님은 우리가 그분의 집을 떠나기를 원하신다는 의미가 있습니다. 그분은 우리가 성년이 되기를 원하고 계십니다. 우리는 미성숙에서 성년의 성숙으로 자라야 합니다. 그러나 우리는 책임을 맡아야 하고, 그것을 주저해서는 안 됩니다. 거기에는 잘못된 것이 없습니다. 잘못된 것은 우리가 하나님 없이 우리의 삶을 살기 위한 독립의 몸부림을 치는 데 있습니다.

죄의 본질은 내 자신의 자치권에 대한 선언입니다. 내가 하나님 없이 살 수 있다고 생각하는 것은 어리석은 일입니다. 왜냐하면 나의 호흡조차도 그의 손에 달려 있기 때문입니다. 만일 그가 우리의 호흡을 거두어 가신다면 저와 여러분은 모두 죽게 될 것이고, 흙으로 돌아갈 것입니다. 오직 홀로 계시며 혹은 스스로 계시는 분은 하나님 자신뿐이십니다. 우리가 뜻하고자 하는 바는 하나님은 홀로 존재하시는 최고의 창조자시라는 점입니다.

그는 어느 누구에게도 의존하지 않으십니다. 그의 존재의 비밀은 그 자신 안에 있습니다. 그는 자존하시는 분입니다. 모든 존재나 피조물은 창조주 하나님께 의존하지만, 죄는 나의 피조물의 위치를 인정하기를 거절합니다. 그것은 자기 정체성의 자율권을 확보하고자 하는 시도입니다. 한 신학자가 설명한 것처럼 '죄'는 주 하나님을 배제시키는 것입니다. 죄란 그의 다스림에 반항하는 것이며, 사랑을 거절하는 것이고, 쉽게 잊을 수 있는 먼 나라로 여행하는 것입니다.

독립을 위한 시도 후에는 방종이라는 단계가 필연적으로 뒤따릅니다. 그는 유산을 술을 마시고 노는 방탕한 삶에 허비했습니다. 헬라어 형용사는 그가 지금 모든 자아 통제력을 상실했다고 지적합니다. 그가 집을 떠난 이유는 명백합니다. 그것은 책임 있는 자립을 요구하기 위해서가 아니었습니다. 그의 훈계의 가치와 기준들을 거부하기 위해서였습니다. 그는 무모한 지출로 유산을 잃어버렸고, 성적인 난잡함으로 순결을 잃어버렸습니다. 그는 자유롭게 될 것이라고 생각했지만 도리어 정욕의 포로가 되어가는 자신을 발견했습니다. 그것은 속박을 내던져버리려는 보편적인 경향입니다. 그것은 자유롭게 되는 방법이 아니라 노예가 되는 첩경입니다.

몰락의 세 번째 단계가 나오는데, 그것은 배고픔과 굴욕의 단계입니다. 그가 모든 것을 탕진해 버렸을 때 그 땅에는 심한 가뭄이 있었고, 그는 굶주리기 시작했습니다. 빈곤함과 배고픔 때문에 유대인으로서 최고의 모멸감을 느끼게 하는 돼지를 치는 고정된 일자리를 한 농부로부터 얻게 됩니다. 구약성경이 유대인들에게 말했던 것은 이러한 부정한 동물과는 상관해서는 안 된다는 것이었습니다. 그러나 그는 서서히 몰락해 가고 있었기에 기꺼이 돼지먹이인 쥐엄 열매를 먹겠다고 말했습니다. 어느 누구도 그에게 먹을 것을 주지 않았으므로 아무도 보지 않을 때 그는 그렇게 했었던 것입니다.

배고픔과 굴욕. 그것들은 바뀌지 않았습니다. 먼 나라에서 그 무엇도 그를 만족시키지 못합니다. 뛰어난 현대의 본보기인 말콤 머그리지는 그의 자서전에서 말하였습니다. "인간은 그들이 추구하는 끝이 그들에게 아무런 만족을 줄 수 없음을 알면서도 그것을 열심히 쫓아간다는 점에서 특이합니다. 그들은 영양가가 없는 음식과 참된 기쁨이 아닌 것으로 그들 자신을 배불립니다. 나는 알고 있습니다. 왜냐하면 내가 그 최고의 본보기이기 때문입니다." 그는 먼 나라에 가서 그 자신의 경험으로 우리에게 말합니다.

그의 몰락의 네 번째 단계는 고독입니다. 그가 부자로 있었을 때에는 파리떼와 같이 그의 주변을 분주히 쫓아다녔던 친구들은 모두 떠나버렸습니다. 심지어 창기들도 그가 더 이상 돈을 지불할 수 없게 되자 그를 버렸습니다. 그는 그들의 사랑이 진실된 사랑이 아니라는 것을 알게 되었습니다. 탕자가 여행한 먼 나라는 자아 독립에서 자아 몰락, 배고픔, 창피와 극한 외로움으로 가득 차 있었습니다.

먼 나라는 인간 소외의 상징입니다. 그 젊은이는 그의 친구들로부터 소외되었고, 그의 아버지로부터 소외되었으며, 그의 진정한 자아로부터 소외되었습니다. 소외는 가장 근본적이고 가장 비극적인 모든 인간의 환경입니다. 우리는 적대적인 환경에서는 방랑자나 부랑아 같이 집 없는 자처럼 여깁니다. 우리는 어느 곳에도 속해 있지 않은 것처럼 보입니다. 우리는 삶에서나 우리 자신에게 서 어떤 의미를 발견할 수 없게 됩니다. 그곳에서 삶을 발견하는 대신 우리는 사실상 죽음의 상태에 있게 됩니다. 먼 나라로의 젊은이의 여행처럼 말입니다.

탕자의 귀향에 대한 두 번째 이야기에 귀를 기울여 봅시다. 몰락이 네 단계 였다면 귀향은 단지 두 단계입니다. 첫째, 그가 자신을 발견했을 때 그는 허망 한 꿈에서 깨어났습니다. 그에게는 오직 자기 자신밖에 없었습니다. 흥청망청 한 술잔치와 공허한 큰 웃음소리는 그의 양심을 침묵시켰지만, 다시금 양심의 가책을 받기 시작했습니다. 집에 대한 추억들은 그를 괴롭혔습니다. 그는 소년 시절의 안전함과 부모님의 사랑, 그리고 가정의 편안함을 기억했습니다. 그 옛 날 농장의 풍경과 소리, 그리고 냄새들이 떠올라 그는 엄청난 향수에 잠기게 되었습니다.

며칠 전에 그는 부러움으로 돼지들을 떠올렸습니다. 그러나 지금은 더 큰 부러움으로 그의 아버지 집에 있는 종들을 생각해 보게 됩니다. 그는 아버지의 아들이었습니다. 종들은 지금 그보다 더 많은 사랑을 받고 있습니다. 그들은 풍족한 삶을 살고 있습니다. 그러나 아버지의 아들은 배고픔으로 죽어가고 있 습니다. 그는 스스로 깨닫고 돌이켰습니다. 그는 현재의 상태와 이전의 모습을 비교해 보았습니다. 그는 집과 유산과 명예와 친구들을 잃어버렸을 뿐만 아니 라 그 자신 또한 잃어버렸다는 것을 깨닫고 고독과 쥐엄 열매보다 더 나은 삶 이 있다는 것을 알게 되었습니다. 그는 자신이 얼마나 어리석었는지를 깨닫고 결심했습니다. "내가 일어나 아버지께 가서 이르기를 아버지여 내가 하늘과 아 버지께 죄를 얻었사오니 지금부터는 아버지의 아들이라 일컬음을 감당치 못하겠나이다 나를 품꾼의 하나로 보소서 하리라 하고"

회복의 길은 언제나 동일한 첫 걸음으로 시작됩니다. 여러분이 하나님께 다가가기 전에 여러분 자신을 알아야 합니다. 우리는 살아 계신 하나님의 아들과 딸로 지음을 받은 몸이라는 것을 기억해야 합니다. 우리는 우리 자신의 죄와 어리석음으로 어떤 모습이 되었는지를 기억해야 합니다. 자유를 찾는 대신 우리는 공허함과 허망함과 속박을 얻었습니다. 저는 제가 무엇을 말하고 있는지 정확히 알고 있습니다. 단지 예수님께서 말씀하셨기 때문이 아니라 저의 경험으로 알기 때문입니다. 저는 이미 십대에 제 자신을 잃어버렸었습니다. 저는 제가 무엇인지를 알았고, 무엇을 해야 하는지를 알았지만, 그 두 가지 사이에는 커다란 단절이 있었습니다. 저는 실재와 이상 사이의 심한 갈등으로 괴로워했습니다. 그리고 멀리 달아났던 곳에서 하늘 아버지의 집을 흘끗 바라보았습니다. 돼지밥은 저를 만족시키지 못했습니다.

'나를 괴롭히는 내적 공허함은 무엇인가? 삶이 돼지밥과 공허함 이상이라고 하면 그 의미는 무엇인가? 밖의 어떠한 것, 좀 더 나은 것, 좀 더 고귀한 어떤 것, 자신을 발견하기 위한 어떤 곳에 대한 내적 열망은 무엇인가?' 저는 그것이 무엇인지 여러분께 말씀드리고 싶습니다. 그것은 영적인 표시들입니다. 그것은 여러분이 먼 나라에 있다는 것을 여러분에게 경고합니다. 그것은 아버지께서 여러분을 집으로 부르고 계신다는 신호입니다.

그는 제 정신이 들었고, 돌아가기를 결심할 만큼 연약했지만 일어나서 아버지께로 돌아가야만 했습니다. 집에 돌아가는 길 내내 그는 무슨 말을 할 것인지 되새겼습니다. "내가 하늘과 아버지께 죄를 얻었사오니 지금부터 아버지의 아들이라 일컬음을 감당치 못하겠나이다 나를 품꾼의 하나로 보소서" 그는 이 구절들을 완벽하게 외울 때까지 계속해서 반복했습니다. 그는 회복에 대한 어떠한 기대도 가지지 않았습니다. 그가 바랄 수 있는 최고의 생각은 더 이상 아들이 아닌 종으로서 아버지 집에서 고용되는 것입니다. 참으로 아버지는 인자했지만 그는 다시 집에서 환영을 받아야 할 모든 권리를 상실했습니다.

그는 계속 암송했습니다. "내가 하늘과 아버지께 죄를 얻었사오니 지금부터 아버지의 아들이라 일컬음을 감당치 못하겠나이다 나를 품꾼의 하나로 보소서" 그의 귀향은 그가 떠날 때와는 매우 다르게 극적이었습니다. 그는 건강해서 집을 떠났지만, 파산해서 되돌아왔습니다. 그는 멋지고 아름다운 옷을 입고 떠났지만, 지금은 누더기와 헤어진 옷차림새로 돌아왔습니다. 그는 자신감에 차서 떠났지만, 돌아올 때는 뉘우치는 겸손의 모습이었습니다. 그가 몰랐던 것은 그가 떠나 있었던 시간 동안 그의 아버지는 그를 기다리고 있었다는 사실입니다. 그는 아버지를 잊고 있었지만, 아버지는 결코 그를 잊을 수가 없었습니다. 그의 아버지는 마음에서 아들을 지울 수가 없었습니다.

그는 낮에는 아들을 생각하고 밤에는 그의 꿈을 꾸었습니다. 아버지는 나이가 들었음에도 불구하고 가끔 농장 밖으로 이어지는 돌계단을 올라가서 평평한 지붕 위에서 눈물이 가득한 눈에 한 손을 얹고 아들이 다시 돌아올 길모퉁이를 유심히 바라보았습니다. 아버지가 느꼈던 고통은 작은 아들이 먼 나라에서 겪었던 그 어떤 고통보다도 더 큰 것이었습니다.

아들은 고향 집 가까이 왔을 때 그가 받은 환영으로 인해 말문이 막혔습니다. 그가 아직 먼 거리에 있었음에도 불구하고 그의 아버지는 그를 보고 측은히 여기며 그를 맞이하기 위해 달려왔습니다. 아버지는 꾸짖지 않았습니다. 아들의 얼굴에 나타난 회개가 진정한 회개였음을 단번에 알 수 있었습니다. 무엇보다 그의 아버지는 쌓인 감정들을 말로 표현할 수 없었습니다. 그가 할 수 있는 모든 것은 포옹과 키스를 숨막히도록 퍼붓는 것이었습니다. 아들은 그의 마음에 준비된 생각을 털어놓았습니다. 그는 외운 대사를 시작했습니다. "내가 하늘과 아버지께 죄를 얻었사오니" 그러나 그의 아버지는 아들이 "나를 품꾼의 하나로 보소서"라고 말하기 전에 그를 가로막았습니다. 아버지는 "아버지의 아들이라 일컬음을 감당치 못하겠나이다."라고 말한 아들의 의도와는 반대로 생각하셨습니다. 아버지는 그에게 입힐 좋은 옷과 손가락에 끼울 반지와 그에게 신길 신발을 가져오라고 지시했습니다. 그는 음악과 춤이 곁들인 잔치를 베풀도록 명했습니다. "내 아들이 죽었다가 다시 살아났으며 내가 잃었다가 다시 얻었노라"라고 울먹이며 말했습니다.

여러분도 동일한 환영을 확신할 수 있습니다. 사실, 여러분은 더 큰 환영을 확신할 수 있습니다. 왜냐하면 우리는 십자가의 은혜 가운데 살고 있기 때문입니다. 우리는 하나님의 사랑이 더 깊다는 것을 알고 있습니다. 탕자의 비유에 십자가를 언급한 곳은 없지만, 그것을 여러 곳에서 추측할 수 있습니다. 십자가는 아버지가 아들을 멀리서 보고 측은히 여겨 만나기 위해 달려가서 환영한 지점입니다. 그의 달려감은 그를 십자가로 데려가는 행위였습니다. 십자가 위에서 그리스도이신 하나님이 우리와 같은 죄인들을 위해 죽으셨습니다. 하나님은 우리 죄와 어리석음의 결과로 고통 당하는 것을 견딜 수 없어서 그것을 자신이 감당하기로 결심하셨습니다. 그는 우리를 대신하여 죽으셨습니다. 그는 우리의 신분을 취하셨습니다. 자신의 사랑과 무죄한 인간으로서 우리 죄의 형벌을 담당하셨습니다. 그것 때문에 여러분은 환영받을 수 있음을 확신할 수 있습니다. 하나님은 우리를 포옹하고 입맞추시고 아들과 딸로서 다시 회복시키시고 우리의 죄를 용서하시고 반지를 끼워주시고 잔치를 명령하실 것입니다. 기쁨과 음악이 넘치는 잔치가 될 것입니다. 회개하는 한 죄인을 위해 천국에는 기쁨이 있습니다.

그러나 안타깝게도 이 땅에는 회개한 한 영혼에 대한 기쁨이 항상 있는 것이 아닙니다. 형은 우리가 표현할 수 없을 정도로 불만이 가득했습니다. 비록 그가 그의 아버지와 머물러 있었을지라도, 그는 아버지의 마음과 생각으로부터 멀어져 있었습니다. 그는 동생이 돌아와 성대한 환영이 그에게 베풀어졌다는 것을 들었을 때 몹시 화를 냈습니다. 그는 깊은 시기심에 빠져 잔치에 가기를 거절했습니다. 어떤 사람들은 형에게 은근한 동정심을 가질 것입니다. 그들은 "무엇보다도 그는 집에 머물러 있으면서 충실했을 뿐 아니라 그 이상이었다."라고 말합니다. 그러나 그를 위해 어떠한 동정도 가지지 말아야 합니다. 그는 스스로 먼 나라로 아주 멀리 여행을 했습니다. 그는 그의 동생처럼 아버지로부터 멀어져 있었습니다. 비록 그의 몸은 아버지 곁에 있었지만 마음은 소외감으로 가득 차 있었습니다. 그것은 탐욕과 정욕으로부터 오는 것이 아니라 오히려 교만에서부터 비롯된 소외감이었습니다.

우리 모두가 하나님으로부터, 그리고 우리의 진실한 자아로부터 멀리 벗어나 있습니다. 몇몇은 탕자와 같고, 몇몇은 형과 같습니다. 더러는 세리와 죄인 같고, 더러는 바리새인과 같습니다. 어떤 이들은 음란과 술취함의 죄와 미숙한 죄를, 또 다른 이들은 교만과 질투와 악의와 위선으로 죄를 짓고 있습니다. 종교적인 죄들입니다. 둘 다 소외되었고, 하나님의 용서가 필요합니다.

결론적으로, 예수님의 비유는 하나님과 인간 존재에 대한 가장 놀라운 계시입니다. 그것은 우리가 자기 중심적이고, 소외되고, 잃어버린 자라는 것을 말합니다. 이 비유는 하나님이 사랑하시고, 용서하시고, 용납하시는 분이라는 것을 말합니다.

우리가 함께 살펴본 이 비유의 중요한 교훈은 죄의 여러 가지 추악함을 드러낸 것이 아니라 하나님의 억제할 수 없는 사랑을 표현한 것에 있습니다. 하나님은 우리를 사랑하십니다. 그가 우리에게 그를 거부하는 자유와 속박으로부터 벗어날 수 있는 자유와 먼 나라로 여행할 수 있는 자유를 허락하신 것은 우리를 향한 하나님의 사랑입니다. 우리가 먼 나라에서 그의 법을 어기고 죄와 수치와 슬픔에 빠져 있을 때에도 여전히 사랑하십니다. 하나님께서 그의 손을 우리에게서 거두시길 거부하시는 것도 우리를 사랑하시기 때문입니다. 그는 우리를 한시도 잊지 않으시고, 우리를 그리워하십니다. 그는 우리가 느끼는 것보다 더 깊은 소외감의 고통을 느끼고 계십니다. 그는 우리의 귀향을 학수고대하십니다. 우리가 먼저 깨닫고 그에게 왔을 때 그의 기쁨이 한이 없다는 것은 사랑하신다는 증표입니다.

여러분은 그분에게 돌아가길 원하십니까? 여러분 역시 하나님을 떠나 먼 나라에서 방황하고 있습니다. 여러분은 매우 노골적인 죄나 종교적이고 흉하지 않은 죄에서 방황할 수도 있습니다. 여러분은 매우 존경할 만한 사람일 수도 있지만, 여러분 자신의 마음은 먼 나라에 있고, 하나님으로부터 멀리 떨어져 있을 수도 있습니다. 여러분이 먼 나라에 있다는 것을 솔직하게 인정하시길 바랍니다. 내가 예수님의 이름으로 여러분께 권면합니다.

"집으로 돌아오라. 정신을 차리고, 여러분의 아버지께로 돌아오라. 그리고 하나님이 회개하고 돌아오는 모든 자에게 약속하신 환영을 받으라. 아멘."

# 모델 - 더욱 그리스도를 닮는 것

## 제직사경회고별 설교 [2007. 7. 17]

저는 오래 전에 유아적 그리스도인으로서 (제 친구들도 마찬가지였는데) 어떤 문제를 놓고 깊이 갈등하며 씨름했던 것을 생생하게 기억하고 있습니다. 그 문제는 '하나님께서 당신의 백성을 위해 품고 계신 목적이 무엇인가?' 하는 점이었습니다. 우리가 회심했고, 예수 그리스도 안에서 구원받고 새 생명을 얻었다면, 그 다음 단계는 어떠해야 할까요? 물론 우리는 '사람의 제일가는 목적은 하나님을 영화롭게 하고 영원토록 그분을 즐거워하는 것입니다'라는 웨스트민스터 대소요리문답의 유명한 문항을 알고 있었습니다. 우리는 그것이 참이며 진리라는 것을 알았고, 믿었습니다. 또한 그보다 더 간략한 문항들, 예를 들면 '하나님을 사랑하고 네 이웃을 사랑하라'는 식의 겨우 다섯 마디로 이루어진 문항을 생각해보기도 했습니다. 그러나 이것들은, 그리고 우리가 생각해 낼 수 있는 다른 것들도, 어쩐지 충분하게 만족스럽지 못했습니다. 그래서 저는 지상에서 제 인생 여정의 마지막 순간이 다가오는 이때 제 마음이 머물게 된 그 핵심을 여러분과 함께 나누고 싶습니다. 그것은 바로 하나님은 자기 백성이 그리스도처럼 되기를 원하신다는 것입니다. 그리스도를 닮는 것이야말로 하나님의 백성을 위한 하나님의 확고한 뜻입니다.

이 말이 진리라면 저는 다음과 같이 말씀을 나누고자 합니다. 먼저 그리스도를 닮도록 우리를 부르신 그 소명의 성경적 근거를 제시할 것입니다. 둘째로 저는 그리스도를 닮는 것에 대한 몇 가지 신약의 예들을 살펴볼 것이고, 마지막으로 몇 가지 실제적인 결론을 돌출해 내고자 합니다. 이 모든 것이 그리스도를 닮는 것과 관련되어 있습니다.

# 1. 성경적 근거

먼저 그리스도를 닮도록 부르신 성경적 근거는 하나의 본문에 국한되지 않습니다. 이 근거는 하나의 본문에 담길 수 있는 내용보다 훨씬 더 풍부합니다. 이것은 우리가 그리스도인으로서 생각하고 살아갈 때 함께 붙들어야 할 세 개의 본문으로 이루어져 있습니다. 로마서 8장 29절, 고린도후서 3장 18절, 요한일서 3장 2절입니다. 이 세 본문을 간략하게 살펴봅시다.

첫째, 로마서 8장 29절은 하나님이 당신의 백성을 그 아들의 형상을 본받게 하시려고, 다시 말해서 예수님처럼 되게 하시려고, 예정하셨다고 말합니다. 우리는 모두 아담이 타락했을 때 그가 지으심 받은 하나님의 형상의 많은 부분-전부는 아니지만-을 상실한 것을 알고 있습니다. 하지만 하나님께서는 그 형상을 그리스도 안에서 회복시켜 주셨습니다. 하나님의 형상을 본받는 것은 예수님처럼 되는 것을 의미합니다. 그리스도를 닮는 것은 하나님이 영원히 예정하신 목적입니다.

둘째, 고린도후서 3장 18절입니다. "우리가 다 수건을 벗은 얼굴로 거울을 보는 것 같이 주의 영광을 보매 그와 같은 형상으로 변화하여 영광에서 영광에 이르니 곧 주의 영으로 말미암음이니라" 우리가 영광으로 영광에 이르는 것은 우리 안에 내주하시는 성령님에 의해 이루어집니다. 이것은 놀라운 비전입니다. 그리스도처럼 되는 이 두 번째 단계에서 여러분은 관점이 과거에서 현재로, 하나님의 영원한 예정에서 성령에 의한 우리의 현재적 변화로 옮겨온 것을 주목할 것입니다. 장면이 우리를 그리스도처럼 만드시려는 하나님의 영원한 목적에서 성령을 통해 우리를 그리스도의 형상으로 변화시켜 가시는 역사적 사역으로 바뀐 것입니다.

셋째, 요한일서 3장 2절입니다. "사랑하는 자들아 우리가 지금은 하나님의 자녀라 장래에 어떻게 될 것은 아직 나타나지 아니하였으나 그가 나타내심이 되면 우리가 그와 같을 줄을 아는 것은 그의 계신 그대로 볼 것을 인함이니" 우리는 마지막 날 우리가 과연 어떻게 될 것인지 자세한 내용을 모릅니다. 그러나 우리는 우리가 그리스도처럼 될 것을 압니다. 사실상 우리가 이보다 더 알아야 할 필요는 없습니다. 우리는 우리가 영원히 그리스도와 함께 있고 그리스도를 닮게 되리라는 영광스러운 진리를 아는 것으로 만족합니다.

여기에 과거, 현재, 미래의 세 가지 관점이 있습니다. 이 관점들은 모두 같은 방향을 가리킵니다. 하나님의 영원한 목적 안에서 우리는 예정되었습니다. 하나님의 역사적 목적 안에서 우리는 성령님에 의해 변화되어 가고 있습니다. 하나님의 마지막, 종말론적 목적 안에서 우리는 그의 계신 그대로 봄으로써 그분처럼 될 것입니다. 영원한 목적, 역사적 목적, 종말론적 목적, 이 셋은 모두 그리스도를 닮는 모습이라는 같은 목표를 지향하고 있습니다. 바로 이것이 하나님의 백성을 위한 하나님의 계획입니다. 이것이 우리가 그리스도를 닮아야 할 성경적 근거입니다.

## 2. 신약의 예들

이제 저는 신약의 몇몇 예를 가지고 이 진리를 예증하고자 합니다. 먼저 저는 사도 요한이 요한일서 2장 6절에서 했던 것처럼 전체적인 진술을 밝히는 것이 중요하다고 생각합니다. "그의 안에 산다고 하는 자는 그의 행하시는 대로 자기도 행할지니라" 다시 말해서 우리가 그리스도인이라고 자처한다면 우리는 그리스도를 닮아야 한다는 것입니다. 여기에 첫 번째 신약의 예가 있습니다. 우리는 성육신에 있어서 그리스도를 본받아야 합니다.

여러분 중에는 이런 생각에 즉각 소스라치며 반발하는 분도 있을 것입니다. 성육신은 전적으로 유일한 사건이었고, 따라서 어떤 방식으로든 흉내 낼 수 없는 것 아니냐고 하실 것입니다. 그 질문에 대한 제 대답은 네와 아니오 둘 다입니다. 네, 그것은 하나님의 아들이 나사렛 예수 안에서 단번에 영원히 인성을 입으셨다는 점에서는 반복될 수 없는 유일한 사건입니다. 그 말은 사실입니다. 그러나 또 다른 의미에서 성육신은 유일한 사건이 아닙니다. 그리스도의 성육신에 나타난 하나님의 놀라운 은혜는 우리 모두가 따라야 할 본입니다. 그런 의미에서 성육신은 유일한 현상이 아니라 보편적인 현상입니다. 우리는 모두 하늘에서 지상으로 내려오신 그분의 위대한 겸손의 본을 따르도록 부르심 받았습니다. 그래서 바울은 빌립보서 2장 5-8절에서 다음과 같이 기록하고 있습니다. "너희 안에 이 마음을 품으라 곧 그리스도 예수의 마음이니 그는 근본 하나님의 본체시나 하나님과 동등됨을 취할 것으로 여기지 아니하시고 오히려 자기를 비어 종의 형체를 가져 사람들과 같이 되었고 사람의 모양으로 나타나셨으매 자기를 낮추시고 죽기까지 복종하셨으니 곧 십자가에 죽으심이라" 우리는 성육신 뒤에 깔려있는 이 놀라운 자기비하에 있어서 그리스도를 닮아야 합니다.

둘째로 우리는 그분의 섬김에 있어서 그리스도를 본받아야 합니다. 우리는 이제 성육신에서 그분의 봉사의 삶으로, 그분의 출생에서 삶으로, 시작에서 끝으로 옮겨갑니다. 저는 여러분이 저와 함께 예수님이 요한복음 13장에 기록된 대로 제자들과 함께 마지막 저녁을 보내신 그 다락방을 방문해 보기 원합니다. "저녁 잡수시던 자리에서 일어나 겉옷을 벗고 수건을 가져다가 허리에 두르시고 이에 대야에 물을 담아 제자들의 발을 씻기시고 그 두르신 수건으로 씻기기를 시작하여… 저희 발을 씻기신 후에 옷을 입으시고 다시 앉아 저희에게 이르시되 내가 너희에게 행한 것을 너희가 아느냐? 너희가 나를 선생이라 또는 주라 하니 너희 말이 옳도다. 내가 그러하다. 내가 주와 또는 선생이 되어 너희 발을 씻겼으니 너희도 서로 발을 씻기는 것이 옳으니라. 내가 너희에게 행한 것 같이 너희도 행하게 하려 하여 본을 보였노라.", "내가 너희에게 행한 것 같이 너희도 행하게 하려 하여." 이 말에 주의를 기울이십시오.

어떤 그리스도인들은 예수님의 명령을 문자적으로 받아들여서 한 달에 한 번 또는 고난주간의 목요일 저녁에 성찬식을 나누면서 발을 씻기는 예식을 행합니다. 물론 그들은 얼마든지 그렇게 할 수 있습니다. 그러나 제 생각에 우리들 대부분은 예수님의 명령을 문화적으로 재적용해야 합니다. 다시 말해서, 예수님이 그분의 문화권에서 노예들이 하는 일을 행하신 것처럼 우리도 우리의 문화권에서 서로를 위한 그 어떤 일도 비속하다거나 천하다고 여겨서는 안 된다는 것입니다.

셋째로 우리는 예수님의 사랑에 있어서 그분을 닮아야 합니다. 저는 특별히 에베소서 5장 2절을 생각하고 있습니다. "그리스도께서 너희를 사랑하신 것 같이 너희도 사랑 가운데서 행하라 그는 우리를 위하여 자신을 버리사 향기로운 제물과 희생제물로 하나님께 드리셨느니라" 이 본문이 두 부분으로 이루어진 것을 주목하십시오. 첫 번째 부분은 "사랑 가운데서 행하라"는 것으로서 우리의 모든 품행이 사랑으로 특징 지어져야 한다는 명령입니다. 두 번째 부분은

"그는 우리를 위하여 자신을 버리사"로 이것은 지속적인 행동이 아니라 부정과거형으로 되어 있으며 십자가를 가리키는 것이 분명합니다. 바울은 우리가 그리스도의 죽음에 있어서 그분을 본받아서 갈보리의 자기희생적 사랑으로 사랑해야 한다고 말합니다. 이 예들이 어떻게 발전해 가는지를 주목하시기 바랍니다. 바울은 우리가 성육신하신 그리스도를 본받아야 하고, 발을 씻기신 그리스도를 본받아야 하고, 십자가를 지신 그리스도를 본받아야 한다고 말합니다. 그리스도의 생애의 이 세 사건은 그리스도를 닮는 것이 실제적으로 무엇을 의미하는지 분명히 보여줍니다.

넷째로 우리는 그리스도의 오래 참고 견디시는 모습을 본받아야 합니다. 이번 예에서 우리는 바울이 아니라 베드로의 가르침을 생각해 보려고 합니다. 베드로전서의 각 장에는 우리의 고난을 그리스도에 대해 언급하는 내용이 나오는데, 그것은 이 서신의 배경이 핍박이 시작되는 시기이기 때문입니다. 특별히 베드로전서 2장에서 그는 그리스도인 종들에게 애매히 고난을 받아도 참고 견디며 악을 악으로 갚지 말라고 권합니다. 왜냐하면 여러분과 저는 이 일에 부르심 받았으며 그리스도께서도 고난을 당하심으로써 우리가 그분의 발자취를 따르도록 우리를 위해 본[다시 이 단어가 등장함]을 남기셨기 때문입니다. 불의한 고난에 있어서 그리스도를 본받으라는 이 부르심은 오늘날 세계의 곳곳에서 핍박이 증가되어 감에 따라 갈수록 더 연관성을 가지고 있습니다.

마지막 신약의 예는 그분의 선교에 있어서 그리스도를 본받아야 한다는 것입니다. 바울과 베드로의 가르침을 살펴보았는데, 이번에는 요한이 기록한 예수님 자신의 가르침을 살펴보고자 합니다. 요한복음 17장의 기도에서 예수님은 "아버지께서 나를 세상에 보내신 것 같이 나도 저희를 세상에 보내었고"라고 말씀하셨습니다. 여기서 '저희'는 우리를 포함합니다. 또 요한복음 20장에서 제자들에게 위임령을 주실 때도 이렇게 말씀하셨습니다. "아버지께서 나를 보내신 것 같이 나도 너희를 보내노라" 이 말씀은 매우 의미심장합니다. 이것은 지상사명의 요한식 표현일 뿐 아니라 세상에서의 제자들의 선교가 그리스도의 선교를 본받아야 함을 보여줍니다. 어떤 점에서 그렇습니까? 이 본문의 핵심단어는 "세상으로 보냄 받았다"입니다. 그리스도께서 우리의 세상에 오신 것처럼 우리는 다른 사람들이 살고 있는 다른 세상으로 들어가야 합니다. 대주교 마이클 램지(Michael Ramsey)는 오래 전에 이 점을 다음과 같이 웅변적으로 설명했습니다. "우리는 의심하는 사람들의 그 의심 속에, 질문하는 자들의 그 질문 속에, 그리고 길을 잃어버린 외로운 자들의 그 외로움 속에 우리 자신이 찾아가 기꺼이 사랑의 연민을 가지고 동참할 때에만 우리의 믿음을 진술하고 전하는 것입니다."

다른 사람들의 세상에 들어가는 이 일이야말로 바로 성육신적 전도가 시사하는 바입니다. 모든 진정한 전도는 성육신적 전도여야 합니다. 우리는 그분의 선교에 있어서 그리스도를 본받아야 합니다. 그리스도의 성육신, 섬김, 사랑, 인내, 선교는 우리가 그리스도를 본받아야 할 다섯 가지 방식입니다.


## 3. 실제적 결과

이제 저는 여러분에게 그리스도를 닮는 것의 실제적 결과를 세 가지로 간략하게 말씀드리겠습니다. 첫째, 그리스도를 닮는 것과 고난의 신비의 관계입니다. 고난은 그 자체로 거대한 주제이며, 그리스도인들이 그것을 이해하는 방식도 매우 다양합니다. 하지만 한 가지 설명이 두드러지는데, 그것은 고난은 하나님께서 우리를 그리스도를 닮게 만드시는 과정의 일부라는 것입니다. 우리가 실망이나 좌절, 또는 그 어떤 고통스러운 비극으로 인해 고난을 당하든지 우리는 고난을 로마서 8장 29-20절의 빛 아래서 보아야 합니다. 로마서 8장 28절에 의하면 하나님은 모든 것이 합력하여 당신의 백성의 선을 이루게 하십니다. 그리고 로마서 8장 29절에 의하면 그 선은 바로 우리가 그리스도를 본받는 것입니다.

둘째, 그리스도를 닮는 것과 전도의 관계입니다. 당신도 저처럼 이렇게 묻고 싶을 것입니다. "왜 많은 경우 우리의 전도는 종종 실패로 끝나고 마는가?" 몇 가지 이유를 댈 수 있을 것입니다. 저는 지나치게 단순화하지 않기를 원하지만, 한 가지 주된 이유는 우리가 전파하는 그리스도를 우리가 닮지 않았기 때문이라고 생각합니다. 존 포울튼(John Poulton)은 "오늘날의 전도(A Today Sort of Evangelism)"라는 제목이 붙은 통찰력 있는 작은 책자에서 이 점에 대해 이렇게 쓰고 있습니다.

"가장 효과적인 설교는 자신이 말하는 것을 그래도 실천하는 자들에게서 나온다. 그들은 그들 자신이 메시지다. 그리스도인들은 그들이 말하는 것처럼 보여야 한다. 말이나 생각이 아니라 무엇보다도 사람들 자신이 커뮤니케이션을 하는 것이다. 진정성은 주변의 사람들에게 반드시 깊이 전달된다. 참으로 전달되는 것은 기본적으로 인격의 진정성이다."

바로 이것이 그리스도를 닮는 것입니다. 또 다른 예를 말씀드리겠습니다. 예전에 인도의 한 힌두교 교수가 자신의 제자 중에 그리스도인이 있는 것을 보고 그에게 말했습니다. "너희 그리스도인들이 예수 그리스도처럼 산다면, 인도는 내일 너희들 발 앞에 무릎을 꿇을 것이다." 저는 우리 그리스도인들이 그리스도처럼 살아간다면 인도는 오늘 우리 발 앞에 무릎을 꿇을 것이라고 생각합니다. 이슬람권에서 온, 이전에 아랍 무슬림이었던 이스칸다르 자디드(Iskandar Jadeed) 목사는 이렇게 말했습니다. "모든 그리스도인들이 참으로 그리스도인답다면-다시 말해서 그리스도 같다면- 오늘 이슬람은 더 이상 존재하지 않았을 것입니다."

이 점은 제가 말씀 드리려고 하는 세 번째 요점인 그리스도를 닮는 것과 내주하시는 성령님의 관계로 이어집니다. 저는 오늘 밤 그리스도를 닮는 것에 대해 많은 말을 했습니다. 하지만 그것은 성취 가능한 일입니까? 우리들 자신의 힘으로는 분명히 불가능합니다. 그러나 하나님께서는 우리 안에 그분의 성령님을 보내 주셔서 우리를 내면에서부터 변화시켜 주십니다. 1940년대에 대주교 윌리엄 템플(William Temple)은 셰익스피어의 예를 들어 이 점을 설명했습니다.

"나에게 햄릿이나 리어 왕 같은 희곡을 주면서 그와 같은 희곡을 쓰라고 말해보았자 헛될 뿐이다. 나는 할 수 없다. 나에게 예수님의 삶과 같은 삶을 보여주면서 그렇게 살라고 말한다면 그것도 헛일일 뿐이다. 예수님께서는 그렇게 하실 수 있었지만 나는 할 수 없다. 그러나 셰익스피어의 천재성이 내 안에 들어와 거할 수 있다면 나는 그런 희곡을 쓸 수 있을 것이다. 그리고 성령님이 내 안에 들어와 사신다면 나는 그분과 같은 삶을 살 수 있을 것이다."

# 결론

이제 저는 우리가 지금까지 함께 생각해 온 내용을 간략히 요약하고자 합니다. 하나님의 목적은 우리를 그리스도처럼 만드시는 것입니다. 하나님께서 우리를 그리스도처럼 만드시는 방법은 우리를 그분의 성령으로 충만케 하시는 것입니다. 다시 말해서, 결론은 성부, 성자, 성령의 삼위일체적 사역이라는 것입니다.

\* 존 스토트 목사님은 이 설교를 마치신 후 청중에게 눈을 감고 침묵기도를 하도록 부탁하셨습니다. 청중이 기도를 마치고 눈을 떴을 때 목사님께서는 이미 그곳에 계시지 않았습니다. 그는 청중의 주의를 온전히 주님께만 향하게 하고 자신은 조용히 사라지고자 하셨던 것입니다. 청중은 목사님의 이 행동에서 참으로 그리스도를 닮은 모습을 보고 설교에서보다 더 큰 은혜를 받았다고 합니다.

# 참고 문헌

ADAMS, J.E. 1982. Preaching with purpose : The urgent task of homiletics. Grand Rapids, Michigan : Zondervan.

ADAMS, J.E. 1983. Essays on biblical preaching. Grand Rapids, Michigan : Zondervan.

ADAMS, J.E. 1990. Truth applied : Application in preaching. Grand Rapids, Michigan : Zondervan.

ALLMEN, J.J. VON. 1962. Preaching and congregation. London : Lutterworth Press.

BARCLAY, W. 1955. The Acts of the Apostles, in The Daily Study Bilbe. London : St. Andrew Press.

BARTH, K. 1963. The preaching of the gospel. Philadelphia : Westminster Press.

BLOCHER, H. 1987. The analogy of faith. Scottish Bulletin of evangelical theology. 5(1) : 17-38.

BOUNDS, E.M. 1978. Power through prayer. London : Marshall Brothers.

BROADUS, J.A. 1991. On the preparation and dilivery of sermons. San Francisco : Harper and Row.

BROWN, H.C., CLINARD, G. & NORTHCUTT, J. 1991. A thorough, practical guide for pastors into the what, how and when of steps to the sermon. Nashville : Broadman Press.

BULTMANN, R. 1941. Kerygma and myth. London : SPCK.

CADIER, J. 1960. The man God mastered : A brief biography of John Calvin. Leicester : IVP.

CALVIN, J. 1964 Commentaries on the Epistles of Paul to the Galatians and Ephesians. Grand Rapids, Michigan : Eerdmans.

CALVIN, J. 1967a. Institutes of the Christian religion I-IV. Translated from the German by F.B. Battles. Philadelphia : The Westminster Press.

CAPON, J. 1974. "We must begin with the glory of God:John Capon talks to John Stott, rector, All Souls, Langham Place". Crusade, May. p.34-36.

CATHERWOOD, C. 1985. Five evangelical leaders.Wheaton Illinois : Harold Shaw Publishers.

CHAPELL, B. 1994. Christ-centered preaching : redeeming the expository sermon. Grand Rapids, Michigan : Baker Books.

COETZEE, J.C. 1985. Die wesenlike elemente van egte prediking : indikatief, imperatief en belofte. (In Van der Walt, J.J. ed. God an die woord. Potchefstroom : Departement Diakoniologie _ PU vir CHO. p.17-28.)

COETZEE, J.C. 1990. Die Skrif en die wetenskap : Hermeneutiesereels (In Die Skrif en die wetenskap. Potchefstroom : Department Wetenskapsleer. Potchefstroom. p.15-32.)

COETZEE, J.C. 1995a. Hermeneutics and exegesis of the New Testament : Hermeneutical rules. Part 1. Potchefstroom : Mini Publisher. Potchefstroom : Mini Publisher.

COETZEE, J.C. 1995b. Hermeneutics and exegesis of the New Testament : Thought structure analysis and the exegesis of the Holy Scripture. Part 2.

COGGAN, D. 1978. On preaching. London : SPCK

CROSS, F.C. ed. 1984. The Oxford dictionary of the Christian church., Oxford : Oxford University Press.

DARGAN, E.C. 1985. A history of preaching, Vol. 1. London : Hodder & Stoughton.

DAVIES, W.D. 1964. The setting of the Sermon on the Mount. Cambridge : Cambridge University Press.

DICKINSON, B.A. 1976. The hearing of the Word. Ann Arbor, Michigan : The School of Theology at Claement. (Ph.D. thesis.)

DOUGLAS, J.D. ed. 1974. The new international dictionary of the Christian church. Grand Rapids, Michigan : Zondervan.

DUDLEY-SMITH, T. 1991. John Stott : An introduction. (In Eden, M. & Wells, D.F. eds. The gospel in the modern world : A tribute to John Stott. Leicester : IVP. p.11-26.)

DUDLEY-SMITH, T. 1995. John Stott : A comprehensive bibliography. Leicester : IVP

DUNN, J.D.G. 1982. The authority of Scripture according to Scripture. Churchman, 96 (1) : 104 : 124.

EDDISON, J. ed., 1983. 'Bash' : a study in spiritual power. London : Marshalls.

EDWARDS, D.L. 1988. Essentials : A liberal-evangelical dialogue. London : Hodder & Stoughton.

FAIR, I.A. 1986. The preacher and his sermon. Dayton : United Brethren.

FERGUSON, D.S. 1982. The Bible and Protestant Orthodoxy : the hermeneutics of Charles Spurgeon. Journal of the evangelical theological society. 25(4) : 455-466.

FORSYTH, P.T. 1967. Positive preaching and the modern mind. London

GILL, D.W. 1982. Jacques Ellul's view of Scripture. Journal of the evangelical theological society. 27(1) : 3-17.

GORDON, J.M. 1991. Evangelical spirituality : From Wesleys to John Stott. London : SPCK.

GRANT, R.M. 1972. The Bible in the Church. New York : Macmillan.

GREEN, M. 1979. Evangelism Now and Then. Leicester : IVP.

GREEN, M. ed., 1982. The truth of God incarnate. London : Hodder & Stoughton.

GREIDANUS, S. 1970. Sola Scriptura : Problem and principles in preaching historical texts. Toronto : Wedge Publishing Foundation.

GREIDANUS, S. 1988. The modern preacher and the ancient text : Interpreting and preaching biblical literature. Leicester : IVP.

GROOVER, W.A. 1988. The theology and methodology of John R.W. Stott as a model for pastoral evangelism. The Southern Baptist Theological Seminary.(Ph. D. thesis.)

HASEL, G. 1978. New Testament theology : Basic issues in the current debate. Grand Rapids, Michigan : Eerdmans.

HENRY, C.F.H. 1980. Martyn Lloyd Jones : from Buckingham to Westminster : an interview.

Christianity today, 24(8) : 155-162

HIRSCH, E.D. 1967. Validity in Interpretation. New Haven : Yale University Press.

HOPKINS, H.E. 1979. Charles Simeon : Preacher extraordinary. Bramcote Nottingham : Grove Books.

HORNE, C.F. 1983. Dynamic preaching. Nashville : Broadman.

JEFFS, E.H. 1981. Princes of the modern pulpit. London : Sampson Low, Marston and Company.

JONES, I.T. 1946. Principles and practice of preaching. Nashville : Abingdon Press.

KAISER, W.C. 1981. Toward an exegetical theology. Grand Rapids, Michigan : Baker Book House.

KAISER, W.C. & SILVA, M. 1994. An introduction to Biblical hermeneutics. Grand Rapids, Michigan : Zondervan Pub. Co.

KANTZER, K.S. ed. 1978. Evangelical roots. Nashville : Thomas Nelson Inc., Publishers.

KILLINGER, J. 1985. Fundamentals of preaching. Philadelphia : Fortress Press.

KNOTT, H.E. 1982. How to prepare an expository sermon. Eugene : The Standard Publishing Co.

LENSKI, R.C.H. 1968. The sermon : its homiletical construction. Grand Rapids, Michigan : Baker Book House.

LLOYD JONES, D.M. 1973. Romans : the Law. Edinburgh : The Banner of Truth Trust.

LLOYD JONES, D.M. 1975a. The Law : its function and its limits. an exposition of Romans 7:1 to 8:4. Edinburgh : The Banner of Truth Trust.

LLOYD JONES, D.M. 1975b. The final perseverance of the Saints : an expository of Romans 8:17-39. Edinburgh : The Banner of the Truth Trust.

LLOYD JONES, D.M. 1977. Christian soldier : an exposition of Ephesians 6:10 to 20. Edinburgh : The Banner of the Truth Trust.

LLOYD JONES, D.M. 1978. The new man : an exposition of Romans chapter 6. The Banner of Truth Trust.

LLOYD JONES, D.M. 1982. Preaching and preacher. Grand rapids, Michigan : Zondervan.

LLOYD JONES, D.M. 1983. Evangelical sermon at Aberavon. Edinburgh : The Banner of the Truth Trust.

LOANE, M.L. 1967. Makers of our heritage. London : Hodder & Stoughton.

LOGAN, S.T. ed. 1986. The preacher and preaching. Phillipsburg : Presbyterian and Reformed Publishing Co.

MACARTHUR, J. 1992. Rediscovering expository preaching. Dallas : Word Publishing.

MANWARING, R. 1985. From controversy to co-existence. Cambridge : Cambridge Press.

MARSHALL, I.H. 1980a. How do we interpret the Bible today? Themeios. 5 (2):4-12.

MARSHALL, I.H. 1980b. The Acts of the Apostles : An introduction and commentary, in Tyndale New Testament commentaries. Leicester : IVP.

MORGAN, J. 1972. A man of the word. Grand Rapids, Michigan : Baker Book House.

MORRIS, L. 1988. The Epistle to the Romans. Grand Rapids, Michigan : Eerdmans.

MOULE, C.F.D. 1971. Preface to Christian studies. (In Healey, F.G., ed. The New Testament. London : A. and C. Black. p.50f.)

MOUNCE, R. 1960. The essential nature of New testament preaching. Grand Rapids:Eerdmans.

NEIL, W. 1973. The Acts of the Apostle, in the New Century Bible. London : Oliphnats.

NEWBY, J. 1991. The theology of John Charles Ryle. Potchefstroom : PU for CHE. (Ph.D. thesis.)

NIODA, E. 1954. Customs, culture and Christianity. London : Tyndale.

OBERMAN, H.A. 1960. The preaching of the Word in the Reformation. Harvard Divinity Bulletin, 25(10):11.

PACKER, J.I. ed. 1959. John Charles Ryle, practical religion : Being plain papers on the duties, experience, dangers, and privileges of professing Christians. New York : Thomas Y. Crowell Co.

PACKER, J.I. 1984. Exposition on biblical hermeneutics. (In Radmacher, E.D. & Preus, R.D., eds. Hermeneutics, inerrancy, and the Bible Grand rapids, Michigan : Zondervan. p.905-914.)

PACKER, J.I. 1991. Authority in preaching. (In Eden, M. & Wells, D.F., eds. The gospel in the modern world : A tribute to John Stott. Leicester : IVP. p.198-212.)

PIKE, G.H. 1992. Charles Haddon Spurgeon : Preacher, Author and Philanthropist. New York : Funk and Wagnalls Co.

PIETERSE, H.J.C. 1984. Contextual preaching : to Gerhard Ebeling on his seventieth birthday. Journal of theology for Southern Africa. 46(1):4-10.

RAMM, B. 1989. Protestant Biblical interpretation. Grand Rapids, Michigan : Baker Book House.

REYMOND, R.L. 1990. Dr. John Stott on hell. Presbyterian. 16(1):41-59.

RICOEUR, P. 1976. Interpretation theory : Discourse and surplus of meaning. Fort Worth:Texas Christian University.

ROBINSON. 1980. Biblical preaching : The development and delivery of expository message. Grand Rapids, Michigan : Baker Book House.

SHERWIN-WHITE, A.N. 1978. Roman society and Roman law in the New Testament. Grand Rapids, Michigan : Baker Books.

SIMEON, C. 1959. Let wisdom judge. ed. Arthur Pollard. London : IVP.

SIMEON, C. 1979. Horae Homileticae, in 11 volumes. Leicester : IVP.

SIMONIAN, V. 1970. The quest for biblical preaching. Claremont : School of Theology. (Th.D. Thesis.)

SILVA, M. 1994. Contemporary approaches to biblical interpretaion. (in Kaiser, W.C., 7 Silva, M, eds. An introduction to biblical hermeneutics. Grand Rapids, Michigan : Zondervan Publishing House. p.229-248.)

SMALLEY, S.S. 1977. Redaction criticism. (In Marshall, I.H., ed. New Testament interpretation: essays on principles and methods. Carlisle:The Pateroster Press. p. 181-195.)

SPROUL, R.C. 1979. Knowing Scripture. Downers Grove : IVP.

SPURGEON, C.H. 1893. Commenting and commentaries. New York : American Tract Society.

STEWART, J. 1946. Heralds of God. London:Hodder & Stoughton.

STOTT, J.R.W. 1958a. Basic Christianity. Leicester : IVP.

STOTT, J.R.W. 1958b. What Christ thinks of the Church : Insight from Revelation 2-3. Grand Rapids, Michigan : Eerdmans.

STOTT, J.R.W. 1959a. Fundamentalism and evangelism. Grand Rapids, Michigan : Eerdmans.

STOTT, J.R.W. 1959b. Christ and the Scriptures. Christianity Today. 4(2):6-10.

STOTT, J.R.W. 1961. The preacher's portrait. Grand Rapids, Michigan : Eerdmans.

STOTT, J.R.W. 1964. The Epistles of John : An introduction and commentary. London : Tyndale.

STOTT, J.R.W. 1966. Men made new : An exposition of Romans 5-8. Grand Rapids, Michigan : Baker Books.

STOTT, J.R.W. 1970. Christ the controversialist : A study in some essentials of evangelical religion. Downers Grove : IVP.

STOTT, J.R.W. 1971. Christ the liberator. Downers Grove : IVP.

STOTT, J.R.W. 1972a. Understanding the Bible. Grand Rapids, Michigan : Eerdmans.

STOTT, J.R.W. 1972b. Your mind matters. London : IVP.

STOTT, J.R.W. 1972c. The Bible and the crisis of authority. London : Falcon.

STOTT, J.R.W. 1973. Guard the Gospel : The message of 2 Timothy. Leicester : IVP.

STOTT, J.R.W. 1975a. The biblical basis of evangelism. (In Douglas, J.D. ed. Let the earth hear His voice : International Congress on the world evangelization, Lausanne, Switzerland. Minneapolis, Minn : World wide Publication. p.3-9.)

STOTT, J.R.W. 1975b. Christian mission in the modern mind. Downers Grove : IVP.

STOTT, J.R.W. 1976a. Baptism & fullness : The work of the Holy Spirit today. Downers Grove : IVP.

STOTT, J.R.W. 1976b. The authority and power of the Bible. (In Padilla.R., ed. The newface of evangelicalism. Downers Grove : IVP.)

STOTT, J.R.W. 1978a. The message of the Sermon on the Mount. Leicester : IVP.

STOTT, J.R.W. 1978b. Biblical preaching is expository preaching. (In Kantzer, K.S., ed. Evangelical roots. Nashville : Thomas Nelson Inc., Publishers. p.159-172.)

STOTT, J.R.W. 1979b. The message of Ephesians : God's new society. Leicester IVP.

STOTT, J.R.W. 1981a. Scripture : The light and heat for evangelism. Christianity today. 25(1):26-30.

STOTT, J.R.W. 1981d. Setting the Spirit free : We can reclaim the power of Pentecost to renew the church. Christianity Today. 25(1):17-21.

STOTT, J.R.W. 1981e. Paralyzed speakers and hearers : The cure is recovery of Bible exposition. Christianity Today. 25(1):44-45.

STOTT, J.R.W. 1981f. Understanding Christ. Grand Rapids, Michigan : Zondervan

STOTT, J.R.W. 1982a. I believe in preaching. London Hodder & Stoughton.

STOTT, J.R.W. 1982b. You can trust the Bible : Our foundation for belief and obedience. Grand Rapids : Discovery House.

STOTT, J.R.W. 1982c. The counselor and friend. (In Eddison, J. ed. Bash : A study in spiritual power. Basingstoke : Marshalls Paperbacks.)

STOTT, J.R.W. 1982d. One people : Helping your church become a caring community. Old Tappan : Revell Co.

STOTT, J.R.W. 1983. Our Guilty Silence. Grand Rapids : Eerdmans.

STOTT, J.R.W. 1984. Issues Facing Christians Today. London : Marshalls Pickering.

STOTT, J.R.W. 1985. The authentic Jesus. Downers Grove : IVP.

STOTT, J.R.W. 1986a. The cross of Christ. Leicester : IVP.

STOTT, J.R.W. 1986b. The message of Galatians. Leicester : IVP.

STOTT, J.R.W. 1986c. Charles Simeon: A personal appreciation. (In Simeon, C. Evangelical preaching. Oregon : Nultuomah Press. p.27-40).

STOTT, J.R.W. 1988. Favourite Psalms. London : Angus Hudson Ltd.

STOTT, J.R.W. 1989. Evangelical essentials. Downers Grove : IVP.

STOTT, J.R.W. 1990. The message of Acts : To the ends of the earth. Leicester : IVP.

STOTT, J.R.W. 1991a. The message of Thessalonians. Leicester:IVP.

STOTT, J.R.W. 1991b. Your confirmation. London : Hodder and Stoughton.

STOTT, J.R.W. 1992. The contemporary Christian : Applying God's word to today's world. Downers Grove : IVP.

STOTT, J.R.W. 1994a. The message of Romans. Leicester : IVP.

STOTT, J.R.W. 1994b. Scripture : God's Word fo contemporary Christians. Downers Grove : IVP.

STOTT, J.R.W. 1994c. Men with a message. Grand Rapids : Eerdmans.

TERRY, M. 1964. Biblical hermeneutics : A treatise on the interpretation of the Old and New Testament. Grand Rapids, Michiga : Zondervan Publishing House.

THISELTON, 1980. The two horizons : New Testament hermeneutics and philosophical description with special reference to Heidegger, Bultmann, Gadamer and Wittgenstein. Exeter : The Paternoster Press.

THISELTON, 1992. New hermeneutics. (In Marshall, I.H., ed. New Testament interpretation. Carlisle : The Paternoster Press. p.308-333.)

THOMPSON, W.D. 1981. Preaching biblically : Exegesis and interpretation. Nashville : Abingdon Press.

TORREY, R.A. 1923. Why God used D. L. Moody. Chicago, Illinois : The Bible Institute Colportage Association.

VENTER, C.J.H. 1991. Metodiese riglyne in die process van preekmaak. Potchefstroom : Teologiese Skool.

VENTER, C.J.H. 1995. Methodological guidelines in the sermon-writing process : Directional guidelines for students. Potchefstroom : Theological School. (Unpublished.)

VINES, J. 1985. A practical guide to sermon preparation. Chicago : Moody Press.

VIRKLER, H.A. 1982. Hermeneutics : Principles and processes of biblical interpretatin. Grand Rapids, Michigan : Baker Book House.

WHITESELL, F.D. 1963. Power in expository preaching. Old Tappan : Revell Press.

WILLIAMS, H. 1973. My word. London : SCM.

WINGREN, G. 1960. The living Word. London : SCM.

ZUCK, R.B. 1991. Basic Bible interpretation : A practical guide to discovering biblical truth. Illinois : Victor Books.

# 존 스토트 저서의 한국어 번역서들

STOTT, J.R.W. 1958. Basic Christianity. Leicester : IVP. (기독교의 기본진리, 생명의 말씀사)

STOTT, J.R.W. 1958. What Christ thinks of the Church : Insight from Revelation 2-3. Grand Rapids, Michigan : Eerdmans. (그리스도가 보는 교회, 생명의 말씀사)

STOTT, J.R.W. 1961. The preacher's portrait. Grand Rapids, Michigan : Eerdmans. (설교자상, 개혁주의신행협회)

STOTT, J.R.W. 1964. The Epistles of John : An introduction and commentary. London : Tyndale. (요한서신, 틴데일주석시리즈)

STOTT, J.R.W. 1966. Men made new : An exposition of Romans 5-8. Grand Rapids, Michigan : Baker Books. (새사람, 엠마오)

STOTT, J.R.W. 1970. Christ the controversialist : A study in some essentials of evangelical religion. Downers Grove : IVP. (변론자 그리스도, 성서유니온)

STOTT, J.R.W. 1972. Understanding the Bible. Grand Rapids, Michigan : Eerdmans. (성경연구입문, 성서유니온)

STOTT, J.R.W. 1972. Your mind matters. London : IVP. (그리스도인의 사고활용과 성숙, 한국 IVP)

STOTT, J.R.W. 1973. Guard the Gospe : The message of 2 Timothy. Leicester : IVP. (복음을 지키라, 엠마오)

STOTT, J.R.W. 1975. Christian mission in the modern World. Downers Grove : IVP. (현대 기독교 선교, 성광문화사)

STOTT, J.R.W. 1976. Baptism & fullness : The work of the Holy Spirit today. Downers Grove : IVP. (오늘날의 성령의 사역, 한국기독교교육연구원)

STOTT, J.R.W. 1976. The authority and power of the Bible. (In Padilla.R., ed. The new face of evangelicalism. Downers Grove : IVP. (성경의 권위, 한국 IVP)

STOTT, J.R.W. 1978. The message of the Sermon on the Mount. Leicester : IVP. (예수님의 산상설교, 생명의 말씀사)

STOTT, J.R.W. 1979. The message of Ephesians : God's new society. Leicester : IVP. (하나님의 새로운 사회, 아가페 출판사)

STOTT, J.R.W. 1981. Understanding Christ. Grand Rapids, Michigan : Zondervan (그리스도를 이해하라, 보이스사)

STOTT, J.R.W. 1982. I believe in preaching. London : Hodder and Stoughton. (현대 교회와 설교, 풍만)

STOTT, J.R.W. 1982. You can trust the Bible : Our foundation for belief and obedience. Grand Rapids : Discovery House. (왜 성경이 필요한가, 엠마오)

STOTT, J.R.W. 1982. One people : Helping your church become a caring community. Old Tappan : Revell Co. (현대 교회와 평신도 훈련, 엠마오)

STOTT, J.R.W. 1983. Our Guilty Silence. Grand Rapids : Eerdmans. (전도하지 않는 죄, 기독교문서선교회)

STOTT, J.R.W. 1984. Issues Facing Christians today. London : Marshalls Pickering. (현대 사회문제와 기독교적 답변, 기독교문서선교회)

STOTT, J.R.W. 1986. The cross of Christ. Leicester : IVP. (그리스도의 십자가, 한국 IVP)

STOTT, J.R.W. 1986. The message of Galatians. Leicester : IVP. (자유에 이르는 오직 한길, 신앙계사)

STOTT, J.R.W. 1988. Favourite Psalms. London : Angus Hudson Ltd. (그 이름은 여호와시니, 홍병창, 엠마오)

STOTT, J.R.W. 1990. The message of Acts : To the ends of the earth. Leicester : IVP. (땅끝까지 이르러, 한국 IVP)

STOTT, J.R.W. 1991. The message of Thessalonians. Leicester : IVP. (복음 종말 교회, 한국 IVP)

STOTT, J.R.W. 1991. Your confirmation. London : Hodder and Stoughton. (그리스도인의 확신, 김영배, 엠마오)

STOTT, J.R.W. 1992. The contemporary Christian : Applying God's word to today's world. Downers Grove IVP. (현대를 사는 그리스도인, 한국 IVP)

STOTT, J.R.W. 1994. The message of Romans. Leicester : IVP. (로마서 강해, 한국 IVP)

STOTT, J.R.W. 1994. Men with a message. Grand Rapids : Eerdmans. (로마서 5-8장 강해 : 새사람, 김유배, 엠마오)

Timothy Dudley-Smith, 1999. John Stott : The making of a Leader. Leicester : IVP. (탁월한 복음주의 지도자 존 스토트, 한국 IVP)

# 색인 - 성경

# 색인 - 인명

# 색인 - 주제

# PRINCIPLES AND METHODS IN
# THE HOMILETICS OF
# JOHN R.W. STOTT

**BYEONG MAN AN** (TH.M)

Thesis submitted in fulfilment of the requirements for the degree of

THEOLOGIAE DOCTOR in the Faculty of Theology of the

POTCHEFSTROOM UNIVERSITY for CHRISTIAN HIGHER EDUCATION

Promoter:

Prof. C.J.H. Venter Potchefstroom

May 1997

# ACKNOWLEDGEMENTS

\* First of all, I wish to express my heartfelt gratitude to my promoter, Prof. C.J.H. Venter for his guidance and constructive advice, as well as for his Christian care and encouragement. His personality and his scholarship have inspired me and directed me throughout my study. His acumen and invaluable comments have guided me to a deeper, sharper and clearer understanding of my thesis.

\* My deep appreciation goes to Dr. John Stott for his kindness and encouragement. With the consent of my promoter, I contacted John Stott, and he graciously agreed to allow me to study his work. He granted me interviews (8 August 1995), wrote me letters, and arranged for me to buy most of his books and tapes of his sermons. I especially appreciate it that he openly answered my questions on his significant contributions in the field of homiletics and on his early life when I interviewed him. His secretary, Frances Whitehead, helped me gather much information.

\* I want to express a word of thanks to Mr. Willem Lessing, my good English tutor, for his brave efforts in trying to improve my command of English and in checking my thesis in English, as well as for his translation into Afrikaans of these acknowledgments. I owe a great debt to Prof. Annette Combrink for her painstaking proof-reading of the whole draft of my dissertation and to her husband for his good relationship with our family in Christ Jesus. And also, a word of thanks to Mrs. Anna Geyser for her transcription of some tapes of Stott's sermon and for her translation into Afrikaans of the abstract of my thesis. And then I wish to thank Dr. Ben De Klerk who is the minister of our congregation for his constant care and prayer for my study and my family.

* To some Presbyterian Churches (Chang-Won Han Bit, Se-Sun, Myeong-Kok and Ma San San-Ho) and a private group of sponsors that I cannot mention all the names but remember Mr. Joo Un Sun who has been in charge of this group from beginning to end, and Mr. Woo Young Jun who remitted money to me up to the end. My thanks for their financial support and prayers.

* But my deepest and sincerest gratitude is due to my lovely wife, Soon Deog, An Hur (Gloria) and our children Bo-Hye, Hee-Rak and Bo-Eun. Gloria has attended to all of the family responsibilities so that I could work on this project, and she has done a lot of clerical work for me. Then I am also indebted to my parents-in-law, my brothers and sisters, and brothers-in-law and sisters-in-law in Korea for their continual offering of warm encouragement, prayers and financial support. Without their continual aid and love, this study could never have been completed.

* Above all, I must acknowledge that God our Father, Jesus Christ our eternal Saviour, has given me the strength and wisdom which enabled me to complete this study for my future ministry. Furthermore, the Holy Spirit has been my great Helper and Guide in the whole process of writing the thesis as well as in my Christian way of life.

Sola Deo Gloria!

Byeong Man An

Potchefstroom

May 1997

# BEDANKINGS

* In die eerste plek wil ek my hartgrondige dank betuig aan my promotor, Prof. C. J. H. Venter, vir sy leiding en konstruktiewe raad, asook vir sy Christelike besorgdheid en bemoediging. Sy sterk persoonlikheid en vakkundigheid het my geinspireer en rigting gegee aan my studies in hierdie tyd. Sy skerpsinnigheid en waardevolle kommentaar het my deurgaans gelei tot 'n dieper en duideliker insig in die inhoud van my proefskrif.

* Ek wil ook graag my opregte waardering uitspreek teenoor Dr. John Stott vir sy goedgesindheid en aanmoediging. Ek het met die toestemming van my promotor in aanraking gekom met Dr. Stott, en hy het goedgunstig ingestem dat ek sy werk mag bestudeer. Hy het aan my onderhoude toegestaan (8 Augustus 1995), briewe aan my geskryf en die nodige reëlings getref sodat ek die meeste van sy boeke en bandopnames van sy preke kon bekom. Ek waardeer veral die openhartigheid waarmee hy al my vrae oor sy betekenisvolle bydraes tot die homiletiek en oor vroeëre lewe beantwoord het tydens ons ouderhoud. Sy sekretaresse, Frances Whitehead, was my baie behulpsaam in die versameling van hierdie inligting.

* Ek wil graag 'n woord van dank uitspreek teenoor Mnr. Willem Lessing, my bekwame Engelse dosent vir sy heldhaftige pogings om my

vaardigheid in die taal te verbeter en vir die voorlopige taalversorging van my tesis in Engels. Daarbenewens het hy hierdie dankbetuiging in Afrikaans vertaal. Ek ook wil graag 'n woord van dank uitspreek teenoor Mcv. Anna Geyser vir haar transkripse van die prediking van Stott en vir die vertaling van die opsomming van my proefskrif in Afrikaans.

Verder is ek ook baie dank verskuldig aan prof. Annette Combrink vir haar sorgvuldige proeflees van my proefskrif. Ook teenoor haar eggenoot moet ek waardering uitspreek vir sy goeie verhouding met ons as gesin in Jesus Christus. Aan Dr. Ben de Klerk kom ook 'n woord van dank toe - hy is die predikant van ons gemeente, en bet gedurig my studie die diepste besorgdheid aan die dag gelê en gebede gedoen vir my studies en my gesin.

* 'n Paar Presbeteriaanse Kerk (Chang-Won Han Bit, Se-Sun, Myeong-Kok and Ma San San-Ho) en 'n groep privaatborge lê my na aan die hart vanweë hulle finansiële hulp en gebede. (Ek kan nie al die name noem nie maar wil tog twee uitsonder: Mnr Joo-Un, Sun wat in beheer van hierdie groep was van die begin af, en Mnr Woo-Young, Jun wat voortdurend aan my geld gestuur het).

* Maar my diepste en innigste dankhaarheid kom my lieflike vrou Soon-Deog, An Her(Gloria) toe, asook ons kinders, Bo-Hye, Hee-Rak, en Bo-Eun. Gloria het volgehou om al die verantwoordelikhede van die gesin

te hanteer sodat ek ongesteurd aan hierdie projek kon werk, en het ook 'n groot hoeveelheid administratiewe werk hanteer.

* Verder is ek baie dank veskultig aan my skoonouers, my broers en susters, swaers en skoonsusters in Korea vir hulle voortdurende en opregte bemoediging, gebede en geldelike hulp. Sonder hulle aanhoudende bystand en liefde sou hierdie studie nooit voltooi kon word nie.

* Maar bowenal moet ek bely dat God, ons Vader, en Jesus Christus, ons ewige Verlosser, my die krag en wysheid gegee het om hierdie verhandeling te voltooi om so beter bekwaam te word vir die taak waartoe Hy my geroep het.

* Daarbenewens was die Heilige Gees my groot Helper en Begeleier nie net gedurende hierdie tyd nie maar ook om hier as oortuigde gelowiges te kom leef.

Sola Deo Gloria!

Byeong-Man, An

Potchefstroom

Mei 1997

# TABLE OF CONTENTS

# CHAPTER 3: THE EXEGETICAL PRINCIPLES OF JOHN R.W. STOTT'S PREACHING

# CHAPTER 4: THE HERMENEUTICAL PRINCIPLES AND THE THE PROCESS OF HERMENEUSIS IN JOHN R.W. STOTT'S PREACHING

# CHAPTER 5 THE HOMILETICAL PRINCIPLES AND METHODS OF JOHN R.W. STOTT'S PREACHING

5.1     HIS HOMILETICS IN GENERAL

5.1.1     Preamble

5.1.2     His General View on Preaching

5.1.2.1     The Importance of Preaching

5.1.2.2     Preaching as a Divine Activity

5.1.2.3     Preaching as a Human Activity

5.1.3     His Definition of Expository Sermon

5.1.4     The Advantages of the Expository Sermon

5.1.5     The Theological Foundations of his Preaching

5.1.5.1     The Doctrines of God

5.1.5.1.1     God is the Light (I Jn. 1:5)

5.1.5.1.2     His Action

5.1.5.1.3     God has spoken

5.1.5.2     The Scriptures

5.1.5.2.1     The Scripture is God's Written Word

5.1.5.2.2     God still says Today what He Has Spoken Throughout the Ages since Creation

5.1.5.2.3     God's Word is Powerful

5.1.5.3     The Church

5.1.5.3.1     The Word of God created the Church

5.1.5.3.2     The Word of God sustains the Church

5.1.5.4     The Pastorate

5.1.5.5     Preaching

5.1.5.5.1     Exposition Sets us Limits

5.1.5.5.2     Exposition Demands Integrity

5.1.5.5.3     Exposition Identifies the Pitfalls

# CHAPTER 6:  CONCLUSIONS

# CHAPTER 1: INTRODUCTION

## 1.1 TOPICALITY AND PROBLEM

### 1.1.1 Introduction

Preaching has been recognized throughout the church's history as central and distinctive to Christianity, but in the tide of preaching, in the entire process of ebb and flow, the general level is low today. It is stated by Stott (1982a:7) that "the standard of preaching in the modern world is deplorable". Williams' (1973:1-17) verdict is even harsher: "The sermon is out". The reason for this is to be found not only in the lack of confidence in preaching that comes from the biblical text but also originates in ignorance of the form and content of the expository sermon.

In fact, it is very difficult to determine how an expository sermon should be conducted in modern preaching. But if we give due consideration to the exegetical, hermeneutic and homiletic principles and methods of John Stott's homiletics, a solution can be found and this can help to restore the power of the pulpit in today's world.

### 1.1.2 The Content and Extent of John Stott's Homiletics in His Books

The closing decades of the twentieth century cry out for preaching that is genuinely biblical. The constant threat of nuclear war, the rising number of broken families, and the bewildering dilemmas occasioned by technology, combined with a thousand other contemporary problems, demand an encouraging word from pulpits that can be heard as the authentic word from the God who reveals Himself in the pages of the Scriptures (Thompson, 1981:9). But the message flowing from the pulpit has no meaning to the congregation if the content of the sermon has no connection with their own lives and simply bypasses many burdensome and unavoidable issues.

### 1.1.2.1 John Stott Emphasises Expository Preaching

The type of preaching that could best carry the force of divine authority is expository preaching. We find that John Stott stresses expository preaching: "It is my contention that all Christian teaching is expository preaching" (1982a:125). However, in spite of the clear importance of the expository sermon, it is rare in today's church. The major reason can be a lack of conviction (Stott, 1978b:160). John Stott tries to marshall the major theological convictions which underlie and guide the practice of preaching. They concern the doctrines of God and of Scripture, of the church and the pastorate, and the nature of preaching itself (Stott, 1978b:160-169). Any one of them on its own is really enough to invoke our obedience; the five together leave us without any excuse. He is confident that these arguments will reinforce our trembling resolve so that nothing will deter us from devoting ourselves to our main task of biblical, or expository, preaching.

### 1.1.2.2 John Stott Emphasises Preaching as Bridge-Building

Stott is known as one of the greatest and most effective preachers of the twentieth century because he is an expert expositor who accentuates the bridging of the gap between the biblical and the modern worlds. In the message of Ephesians, for example, he displays to an excellent degree his gift for lifting out the central thought from a passage and looking at the whole in perspective, before guiding the Bible student along the finer exegetical points as well, in order to apply the whole forcefully to contemporary church life (1979:89-173). He always concentrates on bridging the gap between the text and its context. So, the preacher must do both, being faithful in working at the meaning of a text and then being sensitive in discerning its message for today (Stott, 1992:216). In The Preacher's Portrait he states his own conviction that "we need to gain in the Church today a clearer view of God's revealed ideal for the preacher, what he is and how he is to do his work" (Stott, 1961a:vii).

Up to the present, apart from odd reviewers' brief comments on his published sermons and his books, there has not been an adequate study of the whole body of John Stott's homiletics.

### 1.1.3 Lack of Research Specifically on the Homiletics of John Stott

No previous detailed research has been done in this specific area. Although this is the case, it does not, however, suggest that Dr. John Stott is unknown in evangelical circles. In 1988, one study was done by Groover for his dissertation under the title The Theology and

Methodology of John Stott as a Model for Pastoral Evangelism (England). However, the purpose of his dissertation was to examine the work of John Stott as a pastoral evangelist and theologian in order to begin documenting his contributions to the field of evangelistic studies, even though in chapters 5 and 6 he dealt with his preaching and significant contributions as an expositor in his (Groover's) critical viewpoints. Groover's research concentrated on the matter of John Stott's evangelism but not on his homiletics.

Therefore, the principles and methods of his view on expository preaching, the praxis of preaching, as well as the role of the Holy Spirit in preaching, have to be investigated more thoroughly.

Although these principles are going to be dealt with in more detail as this study progresses his principles of preaching are stated specifically here briefly for the sake of the contexts and situation for this study.

### 1.1.3.1 Principles of Preaching

Throughout so many of his published books and articles (more than one hundred) John Stott particularly emphasises expository preaching as follows: "It is my contention that all Christian teaching is expository preaching" (1982a:125). Expository preaching familiarises both the preacher and the congregation with the Bible because of the emphasis on the text and its context. When he composes his sermons, he always has in mind the main principles of preaching, that is, the triangle of Scripture, tradition and the modern world. His first concern is to be true to the

Word of God, allowing it to say what it has to say and not asking it to say what he might want it to say. There is no alternative to the careful exegesis and hermeneusis of the text. He has always tried to understand Scripture, not only in its own light and in the light of tradition, but also in relation to the contemporary world (Stott, 1986a:11,12).

Groover's research is limited to one main point of John Stott's pastoral evangelism. Therefore, it is justified to give full attention to Stott's view on the principles of preaching, both the exegetical principles and the hermeneutic principles of his preaching, because these principles are part and parcel of John Stott's homiletics. The terms exegesis, hermeneusis, hermeneutics, and homiletics will be defined and dealt with more extensively in chapters 3 and 4.

### 1.1.3.2 Praxis of Preaching

All his sermons are situational preachings. They must be studied in a cultural, historical, sociological and personal context. His preaching pertains to what is significant in the Christian faith in today's world; he consistently shows the ability to involve one as a human being in an attempt to understand one's self in the light of what God has created one to be and one's commitment to Jesus Christ as the Lord of life, as well as stimulating one to think for oneself in life situations.

Though Goover's investigation touched the praxis of his preaching and significant contributions as an expositor, he did not present concrete data from Stott's sermons. It is therefore considered that this investigation of the praxis of Stott's preaching may make up for a grave omission in Groover's research.

### 1.1.3.3 The Work of the Holy Spirit

The genius of the Reformation is best described as the rediscovery of the Holy Spirit, the present Christ (Oberman, 1960:11). All Reformed preachers, from Calvin to Kuyper, even modern preachers, have agreed that preaching should be guided by the wisdom and power of the Holy Spirit (Adams, 1982:27). The work of the Holy Spirit makes preaching effective and applicable (Whitesell, 1963:145). John Stott (1990:60) says that "there cannot be understanding without the Spirit of truth and no effective witness without the power" of the Holy Spirit. In his homiletic book, / Believe in Preaching, he emphasises it again: "...our greatest need as preachers is to be 'clothed with power from on high' (Lk. 24:49), so that, like the apostles, we may 'preach the gospel... by the Holy Spirit sent down from heaven' (1 Pe. 1:12), and the gospel may come to people through our preaching, 'not only in word, but also in power and in the Holy Spirit and with full conviction' (1 Th. 1:5)". Therefore, in order to receive His power, (1) we first have to acknowledge our own emptiness, (2) we must humble ourselves under His mighty hand, and (3) we should admit, and even revel in, our own weakness (Stott, 1982a:329-330).

Therefore, undoubtedly, it is the Holy Spirit who renews the church, but the Spirit's sword is the Word of God (Eph. 6:17). Through the work of the Holy Spirit and the Word of God together it is possible to recover serious biblical preaching. So, it is very important to deal with the role of the Holy Spirit in Stott's preaching because an absolute need of the Holy Spirit is the essence of true preaching. The research of Groover and some others did not treat the work of the Holy Ghost as an important element in the theory and practice of Stott's preaching. Stott makes it clear that in the act of preaching, or the communication of the sermon, an unshakeable reliance upon the power of the Holy Spirit is the most crucial factor.

In conclusion, we will concentrate in this study on the following main questions:

(1) What are the principles and methods of exegesis, hermeneusis and homiletics in his sermons? And subsequent to this, what are the implications of the principles and methods of exegesis, hermeneusis and application in his sermons?

(2) In particular, what does application in a sermon, that is, 'Bridge-building' in his sermons mean and what are the implications for preaching?

(3) How can we evaluate and apply his homiletic principles and methods of preaching in the contexts of biblical and Reformed theology?

### 1.1.4 Possible Contribution of this Study to Existing Knowledge.

A further result of this study may be to elicit from this material, some principles and methods of homiletics which he holds in his books.

Since he is evaluated as a great preacher of this century in Reformed and evangelical circles, it should be accepted that his sermons deserve more attention than they have received up to now.

Finally, this research can give fresh impetus to all preachers to appraise the principles and methods of their own homiletics.

## 1.2 PURPOSE OF THIS STUDY

The purpose of this study is threefold:

1.2.1 to undertake a closer investigation of and to describe Stott's exegetical, hermeneutic and homiletic principles and methods;

1.2.2 to arrive at a descriptive analysis of his homiletic principles and especially, to examine his views concerning the application in a sermon - "BRIDGE-BUILDING"; and

1.2.3 the final objective is not to stop at a descriptive analysis of his principles and methods of preaching but to try to evaluate them in the context of both biblical and Reformed theology.

## 1.3 BASIC HYPOTHESIS

Firstly, the basic hypothesis for this study is that the theories and methods of

Dr. John Stott's homiletics have been founded on the Holy Scripture and this foundation deserves closer investigation, also for the praxis of preaching.

Secondly, a study of the way in which Stott handles the relationship between exegesis and hermeneutics may shed new light on the process of homilesis.

Finally, the result of an investigation of his homiletics could possibly reveal a model of the expository sermon for modern preachers.

## 1.4 METHOD OF RESEARCH

The method of this study is to identify, interpret, analyse, evaluate and synthesise John Stott's principles from writings, sermons, commentaries, articles and other published data or material applicable to this subject.

The main method of this study is to investigate John Stott's works by way of analysis and interpretation.

Secondly, the method of this study is especially to study the recorded tapes of his sermons, personal interviews with him and members of his staff, and the close scrutiny of all materials published by him on the overall subject of preaching.

Thirdly, in our presentation it is sometimes inevitable that many quotations and examples have to be used in order to elucidate his principles and methods. Occasionally, when the matter concerned is not so all-important as the others, the citations are not given in the text of this thesis; in that case we will only refer to where they can be found.

In connection with the method of our evaluation the following remarks are necessary: Where no elucidation is given, it should be assumed that the writer agrees with John Stott's position. Secondly, when the writer judges that certain matters are more important or relevant than others, an explicit evaluation, either in the positive or the negative, will be presented. These methodological principles will consistently be applied throughout this dissertation.

# CHAPTER 2:  A SKETCH OF JOHN STOTT'S
## BIOGRAPHICAL BACKGROUND

## 2.1 A GENERAL SKETCH OF HIS PILGRIMAGE

### 2.1.1 Early Life

#### 2.1.1.1 Preamble

The primary factor in the development of man's preaching is the process of growth of the man. All preachers recognize the importance of the developmental process. First of all, we need to study Stott's background of life.  Because an understanding of the process of his growth facilitates an interpretation of Stott and of the relevance of his sermon for contemporary preaching.

John Stott requested that no biography be written about him while he was living. This requirement stems from his conviction that no objective biography of a living person should be written. On his 70th birthday, four years ago, his friends produced a book, The Gospel in the Modern World, the opening chapter of which contains a very short biographical summary of his life (Eden & Wells, 1991:11-26).

Because a biography is important to gain perspective on his thoughts, we will give a brief general sketch of his pilgrimage.

### 2.1.1.2 His Family Background

John Robert Walmsley Stott was born on April 27, 1921, and was named after his grandfather (John Robert Stott) and his father (Gordon, 1991:294). He was raised at home with his two older sisters. They lived in West Kensington, in London and later in Harley Street, known for its consulting rooms of prominent physicians. It was not far from All Souls' Church, Langham Place, where he worshipped, strategically located near the British Broadcasting Corporation (BBC) headquarters and all the major department stores of Oxford Street and Regent Street (Capon, 1974:34; Catherwood, 1985:13).

His father was Sir Arnold Walmsley Stott, a distinguished physician (heart specialist) (Dudley-Smith, 1991:13). He was educated at Rugby School, Trinity College, Cambridge, and St. Bartholomew's Hospital, London, and was honoured by being named Extra Physician to Her Majesty's Household, Consulting physician to Westminster Hospital, the Army, and the Royal Chest Hospital (Stott, 1995: interview with author; Gordon, 1991:294).

He was knighted for his service to the Army during World War II. He passed away on June 15, 1958 (Stott, 1964:1051). He was not a believer and only went to church twice a year, at Christmas and on Easter Day to show solidarity with his family (Stott, 1995:interview with author).

John Stott describes his father as "a self-styled agnostic brought up under the influence of scientific secularism" (Capon, 1974:34). His father's embodiment of scientific methodology and analytical thinking can be seen today in John Stott's work. The attention to detail and orderly thinking was no doubt learned as much at home as at Cambridge. The fact that his father was a very learned agnostic may be the reason why Stott felt a strong urge to reach this type of person. Many Christians exhibit great concern for the 'down and out' but neglect the upper classes as though these people can take care of themselves. Stott, as seen, has had empathy for all of humanity. His parish included many middle and upper-class people, and he accepted the pastoral burden for these people.

Stott's mother, Emily Caroline Holland, married his father in 1911 (Groover, 1988:53). She was a Lutheran. Since there was no Lutheran church in the Langham Place section of London where they lived, she took her children to an Anglican church, All Souls' (Stott, 1995:interview with author). This early blending of Lutheran and Anglican influences are still seen in Stott's ecumenical openness. Stott says of his mother: "My mother had been brought up as a devout Lutheran ⋯ she taught my sisters and I [sic] to go to church on Sundays, and to read the Bible and 'say our prayers' daily (Eddison, 1983:57). She was fluent in German and French, being a German who had lived in Belgium (Stott, 1995:interview with author). Thus, Stott was brought up in an international home, aware of his being as a world citizen as well as a British subject.

### 2.1.1.3 His School Background

From 1935 to 1940, John Stott attended the secondary school, the well-known Rugby School, famous for the origin of the British game with the same name. Under its distinguished headmaster, Dr. Arnold, it became known for founding not only the popular sport named after it, but also the public-school tradition of the 'stiff upper lip', the scorning of emotion, and the cultivation of the gentlemanly image that so long marked the English middle and upper classes. Needless to say, as one older man has recalled, such a school was far from sympathetic to evangelical Christianity (Catherwood, 1985:14).

Following completion of his studies at Rugby he attended Trinity College, Cambridge, from 1940 to 1944. There he studied the Modern Language Tripos [an examination for an honour's degree at Cambridge University] (Stott, 1995: interview with author). This school seemed to have been a very suitable background for a career in the Diplomatic Service for which John's natural gifts, and his talent for languages, fitted him admirably. There is a photograph of him as the head boy at Rugby in which one can discern a certain patrician cast of countenance before the grace of Christian humility had been long at work (Dudley-Smith, 1991:13-14). He received a Bachelor of Arts degree in 1943, and was elected a Senior Scholar. It is interesting to note that these are the same schools to which his father went.

Following these academic accomplishments, Stott entered what is called a theological college known as Ridley Hall, at Cambridge. From 1944 to 1945 he studied theology to prepare himself to be ordained into the Church (Stott, 1995:interview with author). He took a Master of Arts degree in 1947 with honours. In 1971, the Trinity Evangelical Divinity School in

Deerfield, Illinois, proclaimed him a Doctor of Divinity. He also received a Lambeth D.D. in 1983 (Groover, 1988:55). Stott could have remained at Cambridge for further formal academic training. Charles Raven, Master of Christ's College, encouraged him to do doctoral work there, but a strong call to pastoral ministry and the opportunity to return as curate to his home parish prevailed in 1945 (Capon, 1974:35),

## 2.1.2 Conversion and Glorious Calling

### 2.1.2.1 His Conversion

A basic urge to be a Christian is a prerequisite to heeding a particular call to be a preacher (Jung, 1986:9). This cannot be disputed. But our contemporary understanding of the pulpit ministry demands that we take into consideration John Stott's conversion before his calling as a preacher. It was his own conviction that, "the preacher's words, however clear and forceful, will not ring true unless he speaks from conviction born of experience" (Stott, 1961:76). In addition, Lloyd-Jones (1982:103) says that "obviously the preacher is a Christian like every other Christian. That is basic and an absolute essential". As we have seen, John Stott was born and brought up by a pious mother who was a devout Lutheran. He regularly attended the All Souls' Church, read the Bible and prayed daily. He had by then already professed his faith and was a communicant member. Everybody assumed him to be a real Christian. But Stott confesses that "in fact, I found the whole exercise extremely unsatisfying.

Convinced that there was more to religion than I had so far discovered, I was used on half-holiday afternoons to creep into the Memorial Chapel by myself, in order to read religious books, absorb the atmosphere of mystery, and seek for God" (Eddison, 1983:57) who seemingly continued to elude him.

He also attended various Christian meetings on occasion. In his case, his conversion was progressive. But Groover (1988:56) points out that John Stott experienced conversion prior to his sixteen birthday in 1938, while a student at Rugby School. There were some irresistible influences which gradually prepared his way to accepting the Christian faith. One of these was the sermon of the Rev. Nash of the Scripture Union. He was a visiting speaker. When he had been invited by a friend, John Bridger, a year senior to him, to attend a meeting of the school Christian Union, Stott wrote as follows: "He was nothing much to look at and certainly no ambassador for muscular Christianity. Yet as he spoke, I was riveted. His text was Pilate's question: 'What then shall I do with Jesus, who is called the Christ?' That I needed to do anything with Jesus was an entirely novel idea to me, for I had imagined that somehow, he had done whatever needed to be done, and that my part was only to acquiesce.

This Mr. Nash, however, was quietly but powerfully insisting that everybody had to do something about Jesus, and that nobody could remain neutral. Either we copy Pilate and weakly reject him, or we accept him personally and follow him" (Eddison, 1983:57; Gordon, 1991:295). Stott went on saying "that night I came to Christ on my own, on my knees by my bedside. No, I did not have an emotional experience; it was only gradually that I came to understand what had happened to me. That was in 1938 when I was 17" (Stott, 1995:interview with author).

Significantly, however, Nash did not even then press for a decision. He had sensitivity and wisdom. Stott remembers, "to let me go, so that I could 'open the door' to Christ by myself, which I did that very night by my bedside in the dormitory while the other boys were in bed and asleep" (Catherwood, 1985:16).

During the third period in Stott's spiritual growth, Nash began writing letters to him weekly and continued to do so for seven years. Stott has written that Nash's expectations, "for all those whom he led to Christ were extremely high. He could be easily disappointed. His letter to me often contained rebuke, for I was a wayward young Christian and needed to be disciplined. In fact, so frequent were his admonitions at one period that, whenever I saw his familiar writing on an envelope, I needed to pray and prepare myself for half an hour before I felt ready to open it" (Catherwood, 1985:17). Nash had given Stott a great love for the Bible, but he had now advanced considerably beyond the rather basic kind of Christianity represented by Nash (which, to the more doctrinal Evangelical, seemed rather too pietistic in approach and divorced from reality), while fully retaining his evangelical faith.

On Stott's expository sermon, The message of 2 Timothy, he (1973:29) remembers his spiritual fellowship with Mr. Nash by saying the following: "I thank God for the man (Nash added by writer) who led me to Christ and for the extraordinary devotion with which he nurtured me in the early years of my Christian life. He (Nash) wrote to me every week for, I think, seven years. He also prayed for me every day. I believe he still does. I can only begin to guess what I owe, under God, to such a faithful friend and pastor".

Stott later became secretary and treasurer of Nash's Varsity and Public Schools camps (Capon, 1974:34: Gordon, 1991:295). There was a further powerful factor in his conversion. Using the third person, he told the story of his conversion in his bestselling book, Basic Christianity, published twenty years later in 1958. "A boy in his late teens knelt at his bedside one Sunday night in the dormitory of his school. It was about 10 p.m. on 13 February 1938. In a simple, matter-of-fact but definite way he told Christ that he had made rather a mess of his life so far; he confessed his sins; he thanked Christ for dying for him; and he asked Him to come into his life. The following day he wrote in his diary: 'Yesterday really was an eventful day··· Up until now Christ has been on the circumference and I have but asked Him to guide me instead of giving Him complete control. Behold, He stands at the door and knocks. I have heard Him and now He has come into my house. He has cleansed it and now rules in it ...' and the day after: 'I really have felt an immense and new joy throughout today. It is the joy of being at peace with the world and of being in touch with God. How well do I know now that He rules me and that I never really knew Him before···?' These are extracts from my own diary. I venture to quote them because I did not want you to think that I am recommending to you a step which I have not taken myself" (Stott, 1958a:128-129).

John Stott was really converted and overwhelmed by the power of God to change men's lives through the Word of God (preaching). Thus, he was becoming aware that God acts and intervenes in human history.

Later, in his famous book titled, The Contemporary Christian, Stott (1992:167) says that "God's purpose in Scripture is not real facts which can be discovered by the scientific method of observation and experiment, but rather to reveal truths which are beyond the scope of science, in particular God's way of salvation through Christ. This is why Jesus Christ is Himself the centre of the biblical revelation, since it bears witness to him (Jn. 5:39; 20:31). As Von Allmen has expressed it, "the heart of the Scripture (what sums it up and makes it live) or the head of the Scripture (... what explains it and justifies it) ... is Jesus Christ. To read the Bible without meeting Him is to preach it falsely" (Von Allmen, 1962:24). It is because Scripture instructs us for salvation that it instructs us about Christ by faith to whom salvation is received.

### 2.1.2.2 His Vocational Calling

Stott (1992:132) points out that "we have to make a similar distinction to the one we made with regard to guidance, namely between our 'general' calling and 'particular' calling. Our general calling is that of all God's people, and that therefore is the same to all. But our particular calling is different to each of these, and is therefore not the same. We all share in the same general call of God; we have each received a different particular call from God". We can clearly deduce two meanings of the word for calling from the Bible. God's general call to us is not so much to do something like a job, as to be something like a person, that is, to be free and holy and Christlike. On the other hand, God's particular calling is to relate highly to the individual details of our lives. Stott (1992:136) points out that this is true Reformational thought about the particular calling. They insisted that every Christian man and woman has a divine 'calling' ... and affirmed that God is interested in the whole of life, and that to be a farmer, craftsman, magistrate or housewife was just as divine of a calling as to be a 'priest' or 'pastor'. All those who in their own field have also been 'consecrated' like priests, each to 'the work and office of his trade'. Calvin (1967a:III.x.6) supports this claim as follows: "The Lord commands every one of us, in all the actions of life, to regard his calling ... there will be no employment so mean and sordid (provided we follow our calling) as not to appear truly respectable, and be deemed highly important in the sight of God".

John Stott also thinks that our glorious vocations belong to the category of the 'particular calling', like the Reformers did. He does not seem to have had the experience of a calling from God directly. He originally thought that "the pastorate was the only ministry but he repented of his opinion, and therefore of this language, about twenty-five years ago later always" (Stott, 1992:140). All Christians without exception are called to the ministry so that they will serve the Church and the world through their gifts. Stott (1992:144) confesses that "by the grace of God I am who I am", that is, he became a pastor of the Church only by the total grace of God. Although he does not think that the word ministry is a generic term, neither is the pastoral ministry less important than the others.

One of the things he never did was to encourage anybody to consider the pulpit ministry because he firmly believes that all Christians are called to spend their lives in the ministry, that is, there are many different ways in which we can serve God and people, and a decision to join the pastoral ministry must be a personal call from God (Stott, 1992:141). Stott was concerned about the ministry in the church and especially of evangelism while he was a student at Trinity College, Cambridge. He was strongly influenced by evangelism and to be a minister in the campus movement, namely the Cambridge Inter-Collegiate Christian Union (CICCU). The evangelical emphasis upon preaching obviously influenced the young John Stott deeply.

While he was working late as secretary and treasurer for Nash's Varsity and Public Schools Camps in 1938, he expressed his desire to the Headmaster at Rugby to be ordained and enter the pastoral ministry. He believed that God had called him to work in these schools, and that the reason for his divine call was that the future leadership of church and state was to be found there. This was certainly very true of Stott's own generation (Catherwood, 1985:19).

Thus, when war broke out and military deferments were available to clergy and to those who could document a pre-war intention to be ordained, Stott was granted exemption. His father, Arnold Stott, at the time a Major-General in the Army Medical Service, did not accept John's unwillingness to fight and did not speak to his son for two years. He threatened to cut off financial support for John at Cambridge but he never carried out his threat (Capon, 1979:34).

In the months following World War II, Stott accepted a position as curate under Harold Earnshaw-Smith at All Souls' Church, Langham Place. Within six months, after he became a curate, Earnshaw-Smith became seriously ill and could not work full-time. During this time additional duties and responsibilities fell on the shoulders of his young curate.

Although it was unusual for a curate to stay in one position for as long as five years, and though he had been offered other positions including chaplaincies at Eton and the Mayflower Family Centre in the East end of London, Stott stayed at All Souls' to maintain stability while the rector was ill. During this period, he became "impatient with the Lord" and wanted to continue with his own career (Groover, 1988:58).

When Earnshaw-Smith passed away, All Souls' Church decided to invite John Stott as his successor. So, he accepted the call from the All Souls' Church to be a minister. On September 26th, 1950, Stott was appointed as the new rector at All Souls' Church. Thus, he confirmed the glorious vocation, that is, his particular calling to the ministry by the Church and at the age of twenty-nine, began the pastoral ministry at one of London's leading Anglican churches.

## 2.1.3 The Ministry in All Souls' Church from 1950 to 1975

When John Stott became curate at All Souls', Langham Place, in 1945, the congregation had to meet several blocks away in a smaller church building, St. Peter's, Vere Street, now the headquarters of Christian Impact, a part of the London Institute of Contemporary Christianity. The need for this relocation was documented in the records of All Souls' Church: "On the evening of December 8th, 1940, the Church was rendered unusable by aerial bombardment. The following Sunday the whole congregation moved to St. Peter's Vere St., W1, where they continued to worship until the Church was reopened by the Right Rev. J.W.C. Wand, D.D., Lord Bishop of London, on Sunday, April 29th, 1951" (Groover, 1988:81). The congregation had dwindled during the war years, and by the time they were back in their facilities at Langham Place there were only 220 communicants in three services (Service Record Book, All Souls' Church, entry for Apr. 29, 1951).

John Stott was appointed rector in 1950, following the illness and death of the much-loved Harold Earnshaw Smith. On September 26 of that year, the new rector was instituted and inducted (Dudley-Smith, 1991:16). Following the return to All Souls' and his installation as rector, Stott began a comprehensive Program of Ministries designed to reach his parish. He continued in this role until 1975 when, upon the urging of several people close to him, Stott became rector emeritus in order to spend more time. Suffice it to say, in time, All Souls' was rivalled to Westminster Chapel as the leading Evangelical pulpit in London, and under Stott's leadership, All Souls' Church became the most attended Anglican Church in downtown London. During the years John Stott was rector, All Souls' Church expanded considerably, due to his preaching. Oliver Barclay points out that it was the preaching ministry that brought the people's attention to the Church. Stott was at the height of his preaching powers at Westminster Chapel. The chapel was to remain London's main preaching centre for some time to come. But in Anglican circles, expository sermons given at All Souls' Church were a new phenomenon because of the sad decline of preaching in the Church of England that had continued since the end of the nineteen century (Catherwood, 1985:21).

Many young people, especially new converts, were deeply influenced by hearing expository preaching that expressed a thorough, careful discussion of the biblical text, a characteristic of Stott. As a result, many of these men went into the ministry themselves, deliberately adopting the same style of doctrinal yet challenging preaching through which they themselves had become Christians or had their Christian lives changed.

He was rector of All Soul's Church at Langham Place in London for twenty-five years from 1950 to 1975. During his ministry in All Soul's Church, he was invited to be an honorary chaplain to Her Majesty by the Queen of England in 1959 (Dudley-Smith, 1991:21).

### 2.1.4 His Activities as Evangelist

Evangelism is not only the labour of the professional, it was the primary task laid upon the whole early church, and it still is. Green (1979:14) expresses it this way: "Evangelism is not an optional extra for those who like that kind of thing. It is not an acceptable pastime for the person who likes making a fool of himself on a soap box in the open air, or titillating his ego by addressing a large gathering in a public hall. Evangelism is sharing the good news of what God has done for us all. It is the sacred duty of every Christian".

John Stott is known very well as one of the most famous evangelists of modern times having been involved in a number of professional organisations, evangelical fellowships, and service groups.

It is an undeniable fact that, unlike Lloyd-Jones, Stott has given the Bible readings at Keswick. Indeed in 1965 he expounded Romans chapter 7 in the Keswick convention (Lloyd-Jones, 1973:238-57). As a Church of England clergyman, Stott expressed deep, though not unquestioning, loyalty to his own tradition. It is his contention that evangelicalism can offer a vision for the Church that is biblical, intellectually coherent, socially and ethically aware, and humbly open to the insights of the other Christians (Gordon, 1991:282).

Gordon (1991:284) distinguishes two different perspectives of evangelism, that of Lloyd-Jones and the other of Stott as follows: "The influence these two leading figures have exerted within their respective spheres has been enormous; Lloyd-Jones amongst Evangelicals who endorse principled separatism and Stott amongst Evangelicals across the denominations seeking dialogue with the wider Christian world. Theological consistency, biblical thinking and personal integrity have been the common and constant features of two ministries characterised above all by Christ-centred devotion".

Dudley-Smith (1991:26) points out Stott's opinion on the evangelical spiritual tradition as such: "John Stott, who stands as one example of the vitality of the tradition at its best, has always insisted that Evangelical spirituality is by definition Christ-centred: 'The hallmark of authentic Evangelicalism has always been zeal for the honour and glory of Jesus Christ. With that, I think we shall be safe' ".

### 2.1.4.1 His Activities as Evangelist in England

John Stott himself has briefly sketched the story of the founding of the Church of England Evangelical Council (1960), and then of the Evangelical Fellowship in the Anglican Communion (1961) in his chapter in Evangelical Today - though in a typically self-effacing manner (Stott, 1973:2). In the mid-60s, he also devised and inspired the series of twenty-two small books, Christian Foundations, which was another indication of a desire among Anglican evangelicals to address themselves to themes, theological and practical, which are of vital significance for the Christian Church (Dudley-Smith, 1991:20).

It would be difficult to overestimate his contribution to the two national Evangelical Anglican Congresses at Keele (1967) and at

Nottingham (1977), which were organised by a committee whose chairman was John Stott (Gordon, 1991:283). Following the first of these, David Edwards remarked that if evangelicals were going to take the Church of England seriously, the Church would need to return the compliment; and following the second, Clifford Longley wrote in The Times of 'the growing power and influence' of evangelicals in the Church of England. It would be an exaggeration, but not wholly wide of the mark, to see in such growing power and influence, the lengthened shadow of one man.

But all this - and much more - was to lie ahead in the future with the Langham Trust, the London Lectures in Contemporary Christianity, Care and Counsel, the Evangelical Literature Trust and an important role in the International Congresses

on World Evangelisation at Lausanne (1974) and Manila (1989).


### 2.1.4.2 His Activities as World-Wide Evangelist


2.1.4.2.1 International Congress on World Evangelism

His association with Dr. Billy Graham in the campaigns of evangelism began in 1974. He had no hesitation in giving public support to the Billy Graham campaigns and ensured that 150 people referred to his church were given adequate spiritual guidance (Manwaring, 1985:98).

But Lloyd-Jones habitually appealed to the past to find truth which would provide a corrective to the unbalanced and unhealthy emphases in contemporary Evangelical Christianity. He refused to be identified with the 'decision' style of evangelism associated with Billy Graham campaigns, arguing that such a practice oversimplified doctrine and turned the scriptural example of Christ receiving sinners into the more man centred theology of sinners receiving Christ.

Even though John Stott had cooperated closely with Lloyd-Jones during the 1950's when both were involved in university missions, they had significant differences of view about evangelism. Stott does not share Lloyd-Jones' fears that cooperation with non-Evangelicals would seriously compromise the gospel (Gordon, 1991:282). It is his contention that Evangelicalism can offer a vision for the Church that is biblical, intellectually coherent, socially and ethically aware, and humbly open to the insights of other Christians.

### 2.1.4.2.2 Lausanne Congress on World Evangelism

Officially John Stott was the chairman of the Drafting Committee for the Lausanne Covenant. Unofficially, he has been called 'chief architect' (Wang, 1987:1). Stott's committee had the responsibility in the months prior to the Congress of reading the papers which were to be presented and distilling a consensus statement for participants to endorse.

This first draft was mailed to 'a number of advisors' a couple of months prior to the meeting. The committee took the suggestions received back from the first draft and had a second draft ready at the opening of the convocation (Stott, 1975:1).

John Stott personally worked day and night during the congress so that by the middle of the meeting the third draft was ready for signing. The great importance of Lausanne '74 for John Stott was not the covenant but the movement which grew out of the Congress. The covenant did help to originate the movement and define some crucial terms, but writing a covenant was not the main purpose of the Lausanne Committee for World Evangelisation (Groover, 1988:89). Stott was in charge of four groups, that is Strategy, Intercession, Communications, and the Working group of theology and education in the Lausanne Congress, for several years, but stepped down as chair of these groups in 1981 (Reid, 1981:10).

### 2.1.4.3 His Activity in The London Institute for Contemporary Christianity

Stott still has a world-wide ministry through preaching, lecturing and writing. Moreover, he continued his efforts to spread evangelisation to the world. He founded the London Institute for Contemporary Christianity in order to disseminate the Gospel to the whole world. The London Institute for Contemporary Christianity opened its doors in 1982 at St. Paul's Church, on Robert Adam Street, with a ten-week course. In July, of the following year Stott moved the school to St. Peter's Church, on Vere Street, with permission to use that property from All Souls' Church. The Institute has remained there since then (Eden & Wells, 1991:26).

Since its inception, the purpose of the Institute has been to help thoughtful lay-people to relate their faith in Christ to every area of life. The Institute met its goal of relating Christianity to the modern world by maintaining four objectives. First, they seek to interpret the Bible and defend its authority. Second, they seek to understand the modern world and criticise its assumptions, values, and standards. To live as Christian disciples is the third objective, or put in other words, "God calls us to live under his Word in his world". The final goal involves mission, or the "combination of evangelism (proclaiming the biblical gospel to the real world), apologetics (defending and arguing it) and social activity (demonstrating it by good works of love)". The purpose can be summed up in two words: 'integration' and 'penetration' (Pamphlet, introducing the L.I.C.C.).

## 2.2 THE FORMATIVE INFLUENCES ON HIS THEOLOGY AND PREACHING

### 2.2.1 Preamble

The itinerary of one's life, i.e., everything that happens to one, is in the hands of the God of providence, and all these things influence one's life. We can clearly see it in John Stott's life as well. He is the product of a number of influences. There are some events in his life that irresistibly influenced his character, thoughts, theology, preaching and convictions. We cannot fail to notice the influence of his parents that has already been documented in the previous paragraphs (2.1.1.2).

Stott names several Evangelical preachers who have had a strong influence on him: Charles Simeon, J.C. Ryle, David Martin Lloyd-Jones, D.L. Moody, Ted Schroder, and the man responsible for his conversion,

Eric Nash (Groover, 1988:59).

This section will deal with two main influences which include the individual persons and groups, that is, some preachers who gave strong influences to him and theology of the Church of England.

## 2.2.2 The Influence of Anglican Theology

John Stott grew up in, studied theology, was ordained by, and has served his adult life in the Church of England. In a word, he was deeply influenced by his lifelong interest in the history of the Church of England, especially in the annals of the great revivals and in the biographies of the great saints and preachers. As we have seen in his biographical background, he has never left the Church of England since his childhood.

When we know the reasons why he has remained in the Church of England, we can obviously understand the influences of his theology on that Church. In his article, 'I believe in the Church of England', he clarifies four reasons. Firstly, the Church of England is a historical church. As other historians noted, he traced the origin of the Church past Henry VIII back to the first century. The Church of England is the original bastion of Christendom in England.

Secondly, the Church of England is a confessional church, and he confirms the historical confessions as they are found in the Book of Common Prayer and the Thirty-Nine Articles. These confessional statements affirm the supremacy and the sufficiency of Scripture, and the justification of sinners by grace through faith in Christ. Stott's third reason was, the Church of England is a national church. Here, Stott differentiated between a state church and a national church. The Church of England is national because it has a national mission to serve England and bring the English nation to Christ. Finally, the Church of England is a liturgical church. Stott has found the biblical examples of the liturgical forms in the Prayer Book to be doctrinal safeguards, to give a sense of historical continuity, to protect the congregation from excesses, and to aid in participation (Stott, 1978b:18-21).

The foundation of Stott's faith and theology is especially authenticated in the Thirty Nine Articles. We can frequently find his statements in his many books about the Thirty-Nine Articles to support his arguments. Thus, for the purpose of defining 'Anglican Theology' in a manner such as using 'The Westminster Confession' to define Presbyterianism, all one can really conclude is that the Thirty-Nine Articles were intended to represent Christian orthodoxy.

### 2.2.3 The Direct Influences on Him by Some Famous Preachers

#### 2.2.3.1 Charles Simeon

Charles Simeon was one of the greatest and most persuasive preachers the Church of England has ever known. He was born in 1758, the same year as his lifelong friend William Wilberforce, the champion of the slaves (Stott, 1986c:27). He was educated at Eton and King's College, Cambridge, where he remained a Fellow until his death. He served as vicar at

Holy Trinity Church in Cambridge, for fifty-four years (Hopkins, 1979:3). His publications include the twenty-one volume Horae Homileticae, numbering about 2,500 on the entire Bible (Stott, 1986c:27). Simeon's career got off to a quick start. He was converted in his first year at Cambridge. Within three years, he was ordained and appointed vicar of St. Edward's Church (Hugh Latimer's pulpit). Within a year of this appointment, he became vicar at Holy Trinity Church, the church that was strategically located in the centre of Cambridge University. This church is where Richard Sibbes and Thomas Goodwin preached (Stott, 1986c:30). Stott (1986c:31) declares: "Simeon's uncompromising commitment to Scripture, as the Word of God to be obeyed and expounded, has captured my admiration and has held it ever since". Simeon's influence did not predate Eric Nash's, but it certainly strengthened Nash's influence.

Stott (1983:37) refers to Simeon's stormy ministry in Our Guilty Silence as follows: "One man who followed in the footsteps of Paul, even against the fierce opposition of men, was Charles Simeon, of Cambridge, at the beginning of the nineteenth century". A tablet on the south wall of the church commemorates him as one who, "whether as the ground of his own hopes or as the subject of all his ministrations determined to know nothing but Jesus Christ and him crucified ..." (Stott, 1986a:8).

Some statements about Simeon's effectiveness as a preacher appear significantly in Stott's two main homiletic books, I Believe in Preaching and The Preacher's Portrait. Simeon's exhortation for the preacher to have a steadfast personal faith in Christ echoes through everything

Stott wrote, particularly in relation to preaching: "The main objective of preaching is to expound Scripture so faithfully and relevantly that Jesus Christ is perceived in all His adequacy to meet human need. The true preacher is a witness; he is incessantly testifying to Christ" (Stott, 1982a:325). And then Stott (1961a:25-26) quoted Simeon on the importance of not only preaching from the Bible but also the importance of preaching all of the Bible as follows: "The household of God urgently needs faithful stewards who will dispense to it systematically the whole Word of God, not the New Testament only but the Old as well, not just the passages which favour the preacher's particular prejudices, but those which do not! We need more men today of the calibre of Charles Simeon of Cambridge, who wrote in his preface to the Horae Homileticae: 'The author is no friend to systematisers in theology. He has endeavoured to derive from the Scriptures alone his views on religion, and to them it is his wish to adhere with scrupulous fidelity'... Only such a faithful exposition of the whole Word of God will deliver us and our congregation from little whims and fancies (whether ours or theirs), and from a more serious fanaticism and extravagance".

Stott (1982a:26) again used Simeon in I Believe in Preaching as an example of continuing the tradition of exposition of Chrysostom, Augustine, Luther, Calvin, Matthew Henry, and others. Clearly John Stott devoted himself to his pulpit ministry; the only question is whether Stott's view of preaching was as high as Simeon's. Simeon (1959:188-189) said that "Ministers are ambassadors for God, and speak in Christ's stead.

If they preach what is founded on the Scriptures, their word, as far as it is agreeable to the mind of God, is to be considered as God's: this is asserted by our Lord and His apostles. We ought therefore to receive the preacher's word as the Word of God Himself'.

Stott stopped short of being convinced by Simeon, though the disagreement is more of degree than substance: "The Christian preacher, therefore, is not a prophet. No original revelation is given to him; his task is to expound the revelation which has been given once for all. And however truly he preaches in the power of the Holy Spirit, he is not 'inspired' by the Spirit... Now that the written Word of God is available to us all, the Word of God in prophetic utterance is no longer needed. It has come for all; men must now come to it" (Stott, 1961a:12-13).

During his whole life Stott followed in the footsteps of Charles Simeon about the life of prayer and of the devotional study of Scripture. Stott devoted four hours every morning to prayer and Bible study (Stott, 1995:interview with author). Gordon describes it as follows: "Mr. Simeon invariably rose every morning, though it was the winter session, at four o'clock; and, after lighting his fire, he devoted the first four hours of the day to private prayer, and the devotional study of the Scriptures".

In conclusion, Stott took lessons from a past master, and applied the lessons in his ministry, especially his preaching. Stott (1986c:27) confessed that on many occasions "I have had the privilege of preaching from his pulpit in Holy Trinity Church". Thus, the "influence of Charles Simeon on John Stott is clearly demonstrable, especially his preaching. Stott

(1986c:27) confessed that on many occasions "I have had the privilege of preaching from his pulpit in Holy Trinity Church". Thus, the influence of Charles Simeon on John Stott is clearly demonstrable.

### 2.2.3.2 Eric Nash

In the introduction to I Believe in Preaching, Stott (1982a:12) thanked those who helped him along the way: "I begin with the Rev. E. J. H. Nash (a.k.a. Bash) who showed me the way to Christ when I was almost seventeen, nurtured me and prayed for me with astonishing faithfulness, developed my appetite for the Word of God, and gave me my first taste of the joys of expounding it".

Eric Nash was born on April 22,1889, and died April 4,1982. His father was the vicar of St. Mary's Church, Maidenhead. Nash attended an independent day school for boys, Maidenhead College. Following his secondary education, he went to work for an insurance firm. Then, in 1917, while riding a train home, "he finally faced and responded to the claims of Christ upon his wife" (Eddison, 1982:7-8). It was not until 1922, that Nash began to further study at Trinity College and Ridley Hall, Cambridge, the same schools where John Stott later studied. He was ordained in 1927, served two curacies, and became chaplain at Wrekin College, Shropshire. In 1932, he joined the staff of the Scripture Union with the responsibility of leading camps for boys from England's most prestigious schools. Nash held this position until his forced retirement in 1965 (Eddison, 1982:8).

Nash's concern for the future leaders of society can be seen in Stott's later concern. While Stott did not limit his ministry or the ministry of All Souls', Langham Place, it can be said that he reached out to the students at the universities and the young professionals in London. All Souls', however, did sponsor a day school and the All Souls' Clubhouse which focused on the working-class children in the parish: Stott's current international ministry and social concerns can hardly be criticised for being elitist.

As we have seen earlier in this chapter, Nash's influence on the young Stott began immediately following John's conversion. The letters from Nash were generally long, with heavy theological paragraphs, some broken down with subheadings, expounding doctrines or ethical issues. Nash, while leading the young disciple into seriousness, did not want him to take himself too seriously. Humour, the veteran camp leader knew, was still a good door into the heart and mind of a schoolboy (Stott, 1982c:58).

While Stott was at Cambridge, he served Nash as camp secretary. Not only did this position give John the opportunity to preach but it kept the two men in close contact. Nash's influence on Stott and others was summed up by his former study assistant, Mark Labberton, an American who wrote that "... single-minded commitment to Christ, passionate concern for sharing the gospel, disciplined devotion to the Word, simple and direct preaching were all hallmarks of Bash's influence on Stott and many other ... evangelical preachers in the Church of England" (Catherwood,

1985 :18-19). Many leading Anglicans such as Stott himself, Michael Green of Oxford, Mark Ruston of Cambridge, and Dick Lucas of London are former Bash campers, as are several influential non-Anglican Christian laymen, such as two successive chairmen of the Inter-Varsity Fellowship (IVF) (now UCCF): Fred Catherwood, the industrialist and politician, and John Marsh, the surgeon, both of whom were also Cambridge contemporaries of John Stott (Catherwood, 1985:19).

Moreover, Stott, as a former Bash camper, emulating the model set by Nash himself, has remained a bachelor. He never married, and many have attributed this partly to the influence of Nash, who's ideal of the celibate clergyman, giving his whole life lo Christian service without the distraction of family, motivated several deliberately to remain single (Catherwood, 1985:19). Stott was especially influenced by Nash's evangelical concerns and the perspective of the biblical preachings. Stott (1995:interview with author) finally says "I had my early experience of speaking and of getting biblical expositions under Nash's leadership".

### 2.2.3.3 J.C. Ryle

Charles H. Spurgeon called John Charles Ryle "the best man in the Church of England" (Packer, 1959:vii). He was born on May 10, 1816, into a home that provided both wealth and security. Ryle, like Simeon, was educated at Eton and Christ Church, Oxford (B.A., 1838; M.A.,1841), and excelled both academically (he obtained an outstanding 'First Class' degree in 1837) and on the sports-field, where he captained the University cricket XI for two years (Newby, 1991:5). He worked his way up through the ranks as curate, rector, vicar, rural dean, honorary canon, dean, and finally Bishop of Liverpool from 1880-1890 (Newby, 1991:6). He was much in demand as a preacher and lecturer, and began to devote more time to writing. The publication of his tracts, of which literally millions were distributed, dates from this time, but his most valuable written works of the 1850's were undoubtedly his Expository Thoughts on the Gospel (Loane, 1967:29; Gordon, 1991:223). These books had enormous popularity and drew enthusiasm as a qualified prize from Spurgeon: "We prize these volumes. They are diffuse, but not more so than family reading requires" (Spurgeon, 1893:149).

Utterly loyal to Ryle's understanding of the historic reformed Church of England, and standing on the theological foundation of the Thirty-Nine Articles, the Prayer Book and the Bible, Ryle fought tirelessly against any perceived weakening of the old faith (Gordon, 1991;217-218). In other words, Ryle fought for limits to the inclusiveness of the Church of England and encouraged Evangelicals to stay within the Church to reform it.

Indeed, Stott read Ryle's great book, Holiness, and his historical books about the Reformation and the 18th century evangelistic leaders. So, John Stott has credited Ryle for influencing his own decision to stay in the Church (Groover, 1988:72).

### 2.2.3.4 David Martin Lloyd-Jones

David Martin Lloyd-Jones, recognized as one of the most famous preachers in the twentieth century, was the pastor of Westminster Chapel at Buckingham Gate in London. G. Campbell Morgan extended to Lloyd-Jones the invitation to join him in a joint ministry there in 1939 and Lloyd-Jones remained at Westminster Chapel until his own retirement in 1968 (Catherwood, 1985:67,69). Lloyd-Jones was born in Cardiff, South Wales, on December 20, 1899. After his 81 years of pilgrimage in this world he had "an abundant entrance into glory" (2 Pe. 1:11) on Saint David's Day, Sunday, March 1, 1981 (Jung, 1986:5). Lloyd-Jones attended the St. Marylebone Grammar School at St. Bartholomew's Hospital, London (where Stott's father had studied). He left a promising medical career in 1926 to accept the call to pastor a Presbyterian church, the Bethlehem Forward Movement Mission Church in Sandfields, Aberavon, Wales (Catherwood, 1985:53-58).

Lloyd-Jones is widely known and respected as an expository preacher and a "pastor to pastors". His books on preaching the Sermon on the Mount, and Ephesians, and his Friday night Bible study on Romans are all classics in their own fields. Stott (1986a:9) said of Lloyd-Jones he "... occupied an unrivalled position of evangelical leadership in the decades following the Second World War". One influence Lloyd-Jones had on John Stott was to introduce the younger pastor to Robert Murray M'Cheyne's Bible Reading Calendar (Stott, 1982a:183-184). Though Stott already had a deep love for Scripture before using this "new" plan of reading the Bible through the Old Testament once and the New Testament and Psalms twice yearly, he adopted this method, continues to use it and recommends it. Indeed, copies may be obtained at the London Institute of Contemporary Christianity, or from in his London flat (Groover, 1988:74; Gordon, 1991:299). There is one remarkable issue that caused a confrontation between the two preachers.

The confrontation between Lloyd-Jones and Stott over the issue of ecumenism has tended to obscure the many areas in which they found agreement and to eclipse other real differences between them. The emphasis on the primacy of the mind in spirituality was originally given powerful support by Lloyd-Jones. His influence was already being felt in the circles in which the young John Stott moved. In the 1950s and 1960s, they were the two most influential Evangelical preachers in London and often followed the same university mission trail. Central to their spirituality is the conviction that the ability to think and study is a God-given gift, making them persuasive exponents of 'scholarly evangelism'.

The focal point of their spirituality, drawing all else together, is Christ and His cross. Lloyd-Jones laboured to preach a 'felt Christ', to communicate not only truth, but also truth soaked in fellowship with Christ, truth on which life's ultimate issues depended. The same passion glows in Stott, tempered by a similar sense of privilege.

His most recently published words on the spiritual experience of the preacher illustrate the intimate connection between the Word of God and the personal spirituality of the preacher (Gordon, 1991:306). Still, John Stott continued to hold Lloyd-Jones in highest esteem (Groover, 1988:76).

### 2.2.3.5 Edward A. Schroder

John Stott gave credit to one of the curates who served with him at All Souls' Church for having a significant influence on his preaching. Edward Amos Schroder, or 'Ted' as he is referred to in Stott's writings, served with Stott from 1967 until 1971, when he became Dean of the Chapel at Gordon College in the United States (Stott, 1982a:12). Originally from a small town, Hokitika, New Zealand, Schroder was converted in 1953, at the age of thirteen when a revival team led by J. Edwin Orr and Corrie ten Boom came to New Zealand. He was called to preach shortly after his conversion. Schroder was educated at the University of Canterbury, Christ Church, New Zealand, and the University of Durham in England (Groover, 1988:76).

Schroder is quoted by Stott as having challenged him "to relate the gospel to the modern world" (Stott, 1982a:12). Schroder's emphasis on relevance came from his involvement with university students in London in the late 1960's. While a curate at All Souls', he was also chaplain of the Polytechnic of Central London, a ministry to students. In this context, Schroder dealt with many radicals, 'flower children', Maoists and Marxists. Evangelicals had long since discredited the social gospel, but these people to whom Schroder was ministering demanded relevance (Catherwood, 1985:32). The titles of the sermons he preached during the '60's, such as 'The Cosmic Revolution', and 'Christ's Attitude to Hippie', illustrate Schroder's almost radical relevance (Groover, 1988:77).

Because of the younger preacher's encouragement, Stott began to speak out on social issues and he became very involved with these matters. As a result of Ted Schroder's influence on Stott, he eventually wrote Issues Facing Christians Today, founded the London Institute for Contemporary Christianity, and made social issues a major emphasis in pastoral preaching (Stott, 1995:interview with author). Stott discovered the Bible is most effective when it is allowed to speak to the problems people face in contemporary society.

### 2.2.4 The Indirect Influences on Stott by Some Preachers

#### 2.2.4.1 The Puritans and Richard Baxter

First of all, while he read the historical books, which were the Reformational and the evangelical books of the eighteenth century, he especially observed the leaders of the Reformation and the people who were called Puritans. He was more interested in some works which were written by Puritans than the others. For example, the famous book, A Treatise on the Vocations or Callings of Men (published in 1603) was written by William Perkins who had a very influential ministry in Cambridge, and then a century later, and on the other side of the Atlantic, Cotton Mather, the Harvard Puritan, wrote A Christian at His Calling (1701) (Stott, 1982a:30; 1992:136-38). He especially concentrated on reading the great book by Richard Baxter, the Puritan, called The Reformed Pastor (published in 1656). Baxter stands out as consistently exemplifying the ideas which the Puritan tradition and his own book set forth. Then, shortly before he was ordained, he read it, and found it to be "a beautiful and wonderful book" (Stott, 1995:interview).

The influence of the Puritans, in general, and of Richard Baxter, in particular, on John Stott was definitely decisive. Stott has cited a lot of verses from Baxter's book, The Reformed Pastor, in his book on homiletics, I Believe in Preaching (28-33; 152; 226; 248; 257; 268; 286; 321).

### 2.2.4.2 Dwight L. Moody

The change of Stott's evangelistic technique was due to the influence of the American Dwight Lyman Moody, who was born in the agricultural township of Northfield, Massachusetts, in 1837 (Gordon, 1991:177). Moody's educational attainments were modest and throughout his life he felt the inadequacy of his early schooling.

In 1885, he became a shoe salesman in Boston. He joined the Y.M.C.A mainly for the social contact it provided. Some months later, his Sunday School teacher told him of Christ's love for him and the love Christ wanted in return. Moody made a simple 'decision' for Christ, and "the following day the old sun shone a good deal brighter than it ever had before ... I fell in love with the birds ... It seemed to me I was in love with all creation" (Findlay, 1969:49-50).

He became increasingly involved in evangelistic activity, starting an independent Sunday School which soon developed into a vigorous church. The revival of the late 1950's, his growing success as a preacher and personal evangelist as well as growing skills in organisation, publicity, fund-raising and motivation, were among the factors which determined Moody's career (Gordon, 1991:178). In the sphere of Christian social concern, education, ecumenical co-operation in evangelism and Christian publishing, Moody exerted an enduring influence.

When Stott was in his late teens, he used to read the books of some American Evangelists. There was a man who was called Reuben A. Torrey. Stott read all of his books on evangelistic addresses, so called: A Revival Addresses, Real Salvation, Why God Used D. L. Moody (1923). Stott lapped up all his books (Stott, 1995:interview with author). He has continued to consult its pages for encouragement. He said he had practically memorised its content so far (Groover, 1991:78).

Torrey offered seven reasons to answer the question his title raised. John Stott, also wanting to be used by God, has modelled his life on these characteristics. They are (1) a fully surrendered man, (2) a man of prayer, (3) a deep and practical student of the Bible, (4) a humble man, (5) his entire freedom from the love of money, (6) his consuming passion for the salvation of the lost, and (7) definitely imbued with power from on high (Torrey, 1923:8-51).

Much of what Torrey said about Moody could be said of Stott. John Stott, too, is a fully surrendered person and a man of prayer. The fact that he has been a practical Bible student is clearly seen in the books he has written on Bible study and on books of the Bible. Stott's humility and his commitment to a simple lifestyle are documented elsewhere in this chapter. His passion for the lost has been shown clearly in his career.

While 'power from on high' is a highly subjective proposition, a similar statement may be made comparing Stott's effectiveness to his contemporaries.

The centre of Moody's preaching is Christ as the expression of the love of God. Stott's preaching also centred on Christ's death on the cross and His resurrection. Stott (1992:167) emphasises it as "... Jesus Christ Himself is the centre of the biblical revelation ... and to preach the Bible without proclaiming Him (Jesus Christ) is to preach it falsely". Thus, while the personalities and methods of preaching of D.L. Moody and John Stott may differ, there is much similarity to be found in comparing R.A. Torrey's description of D.L. Moody with that of John R.W. Stott.

### 2.2.4.3 William Temple

Fletcher (1963:248) quotes the following from Punch's statement such as "in dark days of post-war doubts and premonitions" (1948), "If Christian sanity services the modern world, none will deserve a greater share of the credit than William Temple". William Temple was born on October 15, 1881, in the Bishop's Palace in Exeter. He was the second of Frederick's two children, both born in the Palace at Exeter.

Before he was four years old his father went from Exeter to Fulham Palace as Bishop of London, and there young William lived until he was fifteen years old. He was educated at Colet Court in Hammersmith, London, and finished school in 1894. After that he entered Rugby in the Fall of 1894 and remained, studying hard and profitably, until he went up to Oxford in 1900 (Fletcher, 1963:243). He studied at Balliol College in Oxford, from 1902 to 1904. After he took his degree in 1904, he was chosen as Fellow and Lecturer in philosophy at Queen's College, a position which he held for six years. He was ordained by Archbishop Davidson as Deacon, in December 1908, and priest, in December 1909, at Canterbury. In 1910, he became headmaster of Repton School in Derbyshire, an ancient foundation refounded in 1557, ten years before Rugby, as well as contributed to the volume Foundations (Douglas, 1974:957).

William left Repton to become rector of St. James' Piccadilly in 1914, in London's West End. In 1920, he was appointed Bishop of Manchester, and in 1929, the Archbishop of York. As Archbishop of York (1929-42) he became increasingly prominent in national life, especially through his lively concern with social, economic, and international questions, though remaining independent of organised parties, both political and religious (Cross, 1984:1347). He also gave his whole-hearted support to the Faith and Order and Life and Work Movements and to the Ecumenical Movement generally. He was finally enthroned at Canterbury on St. George's Day in April, 1942. His death came in the morning of October 26, a few hours after the death of Princess Beatrice, the last surviving child of Queen Victoria. On his 80th birthday, October 31, Cosmo Gordon Lang, his predecessor as Primate (Archbishop), officiated the funeral in Canterbury (Fletcher, 1963:283).

He wrote a lot of books which are incalculable that left a precious Christian heritage to the Anglican Church. His principal works include

Mens Creatrix (1917), Christus Veritas (1924), and Nature, Man and God (1934), Reading in St. John's Gospel (1939) and Christianity and Social Order (1942) (Cross, 1984:1347).

When Stott was young, he liked to read William Temple's books, especially Reading in St. John's Gospel (Stott, 1992:322). The influence of Archbishop William Temple in particular on John Stott was almost incalculable. Stott delighted in his theology which was based on Scripture with an exegetical precision and combined with devotional emphasis. Temple gave him a profound impression of the gravity of the sins of humanity, the wonder of the greatness of salvation.

Stott gained some insight into the necessity for Christian doctrinal teaching through Temple's book. Stott (1992:50) confesses that "I can myself remember what revelation it was to me to learn, especially through the teaching of Archbishop William Temple, that what the Bible means by 'sin' is primarily self-centredness". When Stott insisted on the unity of Christians, he (1992:267) quotes some verses from William Temple's writing, Reading in St. John's Gospel, such as: "the way to the union of Christendom does not lie through committee-rooms, though there is a task of formulation to be done there. It lies through personal union with the Lord so deep and real as to be comparable with his union with the Father" (Temple, 1947:327). Besides citing Stott's above mentioned, Stott also quotes widely from Temples' books in all his books (1992: 242,322,369; 1984:192: etc.).

## 2.2.4.4 G. C. Morgan

We finally cannot help studying about Dr. Morgan's influence on Stott. Morgan was born on December 9, 1863, at Tetbury, in Gloucestershire, England. He was the youngest of two children born to George Morgan, a Baptist preacher, and Elizabeth Farm Brittan. His older sister, Lizzie, was his companion until her death when George was only eight (Morgan, 1972:24-25).

Four months after his birth, the Morgan family moved to Cardiff, Wales. While here George attended elementary school at Chepstow and later Cheltenham. It was during this early period that Morgan felt a personal desire to preach, and on August 15, 1876, at the age of thirteen, he preached his first sermon before an audience in the schoolroom of the Wesleyan Chapel at Monmouth (Jeffs, 1981:171). Without academic training, he joined the staff of a Jewish school, learning much from the headmaster, a rabbi. After being rejected by the Salvation Army and the Methodists, he was accepted by the Congregationalists as a full-time minister and was pastor of many churches, including Westminster Chapel, London (1904-17 and 1933-45). He assumed the position of President of Chestnut College in Cambridge (1911-14) along with his regular duties at Westminster. Morgan travelled much, especially during the period of 1919 through 1932; his preaching and biblical expositions attracted great crowds with numerous concessions. His literary output of Bible notes, sermons, and commentaries was immense (Douglas, 1974:677).

Campbell Morgan was a preacher of one book, and that book was the Bible. The Bible became his only authority for preaching. He was committed to the authority of the Scripture. Stott follows Morgan's viewpoint on theology and especially the doctrine of Reformed faith. Like Morgan, he believes that the whole of Scripture is the Word of God and is essentially a revelation of God (Stott, 1972a:123). And then, Stott thoroughly read Morgan's book, Evangelism, when he was young. After he read that book, he decided to preach the love of Jesus Christ. Stott ends his great book, The Cross of Christ, quoting Morgan's statement (1972:59-60) "It is the crucified man that can preach the cross ... It is the man who has died with Christ, that can preach the cross of Christ".

### 2.2.5 Conclusion

So far, we have dealt with the direct and indirect influences on John Stott's character, ministry, and his theology. Though this treatment has been incomplete, practicality and the purpose of this thesis demand that the discussion of influences be stopped and left for another work.

Certainly, the influences of home and schools helped to shape the reserved young gentleman. Rev. Nash, who introduced Stott to Christ and continued to discipline him, may stand as the major influence on shaping Stott's theology. This has been well summarised by his former study assistant, Mark Labberton, an American who wrote that "single-minded commitment to Christ, passionate concern for sharing the gospel, disciplined devotion to the Word, simple and direct preaching were all hallmarks of Bash's influence on Stott and on many others ...

evangelical leaders in the Church of England" (Catherwood, 1985:19). The other influences, that is, Simeon who helped teach Stott to preach, Ryle and Temple who helped give credibility to evangelical Anglicanism and doctrinal thoughts, Torrey's book on Moody which is so clearly seen again in the life of Stott, Morgan who helped him to realise the love of Christ's cross, and even one of his younger assistants who challenged him to address contemporary issues, all did their part to mould the person who has helped shape good preachers and evangelists in the late twentieth century.

# CHAPTER 3: THE EXEGETICAL PRINCIPLES IN JOHN R.W. STOTT'S PREACHING

## 3.1 PREAMBLE

In general, the preacher's task in its broadest definition is to understand both what Scripture has meant historically, literally and theologically and what it means to us today, that is, how it has a bearing on our lives. This task involves three constant activities.

First comes the process of exegesis, the extracting from the text of what God, through the human author, was expressing, for example, to the letter's envisaged readers. This involves extracting from the passage what the passage actually says. Jn. 1:18 says, that "no man hath seen God at any time; the only begotten Son, which is in the bosom of the father, he hath declared (ἐξηγήσατο) him" (Vines, 1985:67).

Second comes the process of hermeneusis, the correlating of what God says through this text-of-then to us today in our concrete situation, here-and-now. A hermeneutical meeting between the text of Scripture and the text of life takes place (Venter, 1991:4). Thus, the original meaning of the text is transposed to and made applicable for the concrete reality of today (Coetzee, 1995a:3). Of course, the process of hermeneusis will be distinguished from the hermeneutics, which is regarded in this study as the science supplying the principles for the exegesis (In the next chapter, we will deal with the principles and methods of hermeneutics and the process of hermeneusis in Stott's preaching.)

Third comes the process of homilesis which means here the building of the sermon, using the building blocks provided by the exegesis and hermeneusis (Venter, 1995:16). This especially involves an application - in congruence with the exegesis and hermeneusis - as the source of correcting and directing thought and action (Chapell, 1994:199). Application is based on the knowledge that God's will, man's nature and need, the saving ministry of Jesus Christ, the experiential aspects of Godliness, which embrace the common life of the church and the many-sided relationship between God and His world, His plan for its history, are realities which do not change with the passing years. It is with these matters that both testaments constantly deal (Packer, 1984:909).

We know that since the time of the Protestant scholastics, sermons have been designed according to a conventionalised schema: Subtilitas intelligendi, subtilitas explicandi, subtilitas applicandi - careful understanding, explication, and application. Procedurally, a text is exegeted, interpreted, and applied in what I often call a tri-part sermon (Buttrick, 1981:46).

Thus, the process of exegesis, the process of hermeneusis and homilesis will be divided into three subsections that each in turn points towards a certain process in the total action of writing a sermon. These processes should be regarded as a strong unity in the process of constructing a sermon.

In this chapter, we will deal especially with the principles and method of exegesis in Stott's preaching and his homiletical books. In this step, we will not deal directly with the content of Stott's preaching, because the theological content of preaching cannot be guaranteed without correct exegetic and hermeneutic principles and methods. In other words, exegesis and hermeneusis may be regarded as the theory that guides sound preaching.

## 3.2 STOTT'S DEFINITION OF EXEGESIS

First of all, it is important that we study his definition of exegesis. The terms 'exegesis' and 'hermeneutics' or 'interpretation' have often been used interchangeably. Coetzee differentiates between exegesis and hermeneusis. He distinguished two stages within the practical process of explanation. The exegete in the first stage asks what the author of the text said at that time to the readers of that time period in their concrete situation. This first stage is called exegesis (confined, in a narrow sense).

The exegete in the second stage asks what God says through this text of then to us of today in our concrete situation, here and now. This is called hermeneusis (Coetzee, 1990:15).

Kaiser (1981:47) also makes clear distinctions between exegesis and hermeneutics: "While hermeneutics (hermeneusis added by writer) will seek to describe the general and special principles and rules which are useful in approaching the biblical text, exegesis will seek to identify the single truth-intention of individual phrases, clauses, and sentences as they make up the thought of paragraphs, sections, and, ultimately, entire books.

Accordingly, hermeneutics may be regarded as the theory that guides exegesis; exegesis may be understood in this work to be the practice of and the set of procedures for discovering the author's intended meaning".

Stott also attempts to distinguish between exegesis and hermeneusis as Coetzee and Kaiser do. Stott emphasises that exegesis is the process of determining the original meaning of a biblical text and what the author was trying to convey to his readers, but hermeneusis is the attempt to apply the meaning of the text to modern-day hearers. Stott (1992:214) says that "In practice, as we study the text, we need to ask ourselves two distinct questions, and to ask them in the right order. The first is 'what does it mean?' and second, 'what does it say?' Imposing these two questions, our concern begins with the original meaning of the text, when it was first spoken or written, and then moves on to its contemporary message, as it addresses people today". He continuously warns us: "... we must neither confuse these two questions, nor put them in the wrong order, and must not ask either without also asking the other" (Stott, 1992:214).

In the light of his statement above, we can understand his definition of exegesis and hermeneusis. That is, there apparently are two stages. In the first stage, he asks 'what did it mean?', which could also be worded as 'what does it mean?' This stage is called exegesis. In the second stage, he asks 'what does it say?', that is, having discerned its original meaning which is fixed by its author. This is called hermeneusis.

Thus, Stott (1992:214) has defined exegesis as the first stage that includes an effort to determine what that text said and meant in the framework of its own original objective, that is, what it meant when it was first written. Perhaps better, what did it mean when first spoken or written. Hirsch (1967:1) is right to emphasise that "a text means what its author meant".

## 3.3 HIS UNDERSTANDING OF THE TASK OF EXEGESIS

The task of exegesis is never a simple one, as the exegete seeks to bridge the centuries between the text and his own historical context. The difficulty of the task, however, is neither new nor unique, nor one that should cause the exegete to retreat in dismay. Stott (1992:212) acknowledges that the task of exegesis is very difficult because the biblical text is partially closed "and a wide and deep cultural gulf yawns between the ancient world in which God spoke His Word and the modern world in which we listen to it".

So, Stott (1992:212) suggests that we have to accept the discipline of exegesis, that is, of thinking ourselves back into the situation of the biblical authors, into their history, geography, culture and language. This task has long been graced with the name "grammatico-historical exegesis".  In addition, we cannot avoid the discipline of thinking of ourselves back into its cultural milieu, into its word and images, and so into the mind and purpose of its author (Stott, 1982a:221).

In fact, the task of exegesis begins with a careful, critical examination of the text in its historical context, paying attention to the political, cultural, religious and philosophical milieu.  Since language is an integral part of the historical milieu of a text, another dimension of this historical investigation must always include an analysis of the language of the text.

Moreover, Stott (1992:212) points out some risks of exegesis, such as the worst blunder that we can commit is to read back our twentieth-century thoughts into the minds of the biblical authors (which is 'eisegesis'), to manipulate what they wrote in order to make it conform to what we want them to say, and then to claim their approval for our opinion.

We can listen to a similar warning from two great preachers, John Calvin and Charles Simeon.  Calvin said that "it is the first business of an interpreter to let his author say what he does say, instead of attributing to him what we think he ought to say" (Farrar, 1986:347).  And then Simeon enunciated the same principle:  "My endeavour is to bring out of Scripture what is there, and not to thrust in what I think might be there" (Hopkins, 1979:57).  We can also hear a similar warning from a modern preacher, Nicholls (1980:30) who says that "faithful eisegesis is far to be preferred, on theological grounds, than careless or routine".  Eisegesis is the opposite of exegesis, in which we twist a text out of shape to suit one's own ends.  He continues that "If anything stands in homiletics as an undoubtedly pure evil, it surely must be eisegesis, the dastardly process of (1) reading into a biblical text whatever it is one wants to find, or more delicately, (2) of starting sermon preparation with an idea and then finding a text to match" (Nicholls, 1980:26).

Therefore, the task of the exegete must be to seek and find the meaning of a text in the words themselves, and not in the exegete's thoughts and feelings. In our day we urgently need both the integrity and courage to work by this basic rule, to give the biblical authors the freedom to say what they do say, however unfashionable and unpopular their teaching may be. It is a basic attitude and obligation of the exegete for the efficient conduct of the task of exegesis in the text.

## 3.4 HIS UNDERSTANDING OF THE BIBLE AS THE FOUNDATION OF EXEGESIS

Stott's view of the principles of the inspiration of Scripture has a direct bearing upon the way in which he interprets the Bible and upon contemporary meaning he finds in it. This description of his view of the Bible begins to demonstrate that relationship.

Although Stott has not claimed to make any systematic statement concerning the doctrine of Scripture, he has published two works, You Can Trust the Bible (1982b), and Understanding the Bible (1972a), which both reveal his viewpoint. In addition, his expository sermons, books and articles give some insights as well.

### 3.4.1 Scripture as Revelation

John Stott understands the nature of Scripture primarily in the light of his Reformed heritage. Stott (1992:209) confesses that "we believe God has revealed Himself: Not only in the glory and order of the created universe, but supremely in Jesus Christ his incarnate Word, and in the written Word which bears a comprehensive and variegated witness to him". And then Scripture is 'God's Word written', His self-disclosure in speech and writing, the product of His revelation, inspiration and providence. This first conviction is indispensable to preachers (Stott, 1992:210).

Stott (1982b:22) summarises three points about revelation in his exposition of Isaiah 55, such as (1) divine revelation is not only reasonable, but indispensable; without it we could never know God; (2) divine revelation is through words, God spoke through human words and in doing so was explaining His deeds; (3) divine revelation is for salvation ... it points us to Christ as Saviour.

Therefore, Stott understands that the revelation of Scripture is the biblical theme for biblical exposition.

### 3.4.2 The Inspiration of Scripture

Every appropriate exegesis of the Bible must be grounded upon the principle that all Scripture is given by "the inspiration and guidance of

God through the Holy Spirit" (Ames, 1969:185). But unfortunately, there are some differences of opinion about inspiration, i.e., rational, fractional and mechanical theories.

From his sermons we are able to discern a clear and well-defined view of the origin, nature or character, and authority of the Holy Scripture. He believed that the Scriptures were divinely inspired and therefore contained no errors. The Scriptures are the final authority for the faith and life of the Christian. These strongly-held convictions determined John Stott's view of preaching (1973:101).

While rejecting what he calls rational, fractional and mechanical theories of inspiration, Stott (1972a:138-140) himself holds to a dynamic, plenary, verbal and

supernatural theory. The inspiration is dynamic because in producing the Bible, God used the minds and personalities of men instead of mechanically manipulating them.

By the process of inspiration, we mean that human authors, even while God was speaking to and through them, were themselves actively engaged in historical research, theological reflection and literary composition. For much of Scripture is historical narrative, and each author has his own particular theological emphasis and literary style. Therefore, divine inspiration did not dispense with human cooperation, or iron out the peculiar contributions of the authors (Stott, 1992:168). Furthermore, the language, style and content are foreign to humanity because these have been influenced by human thought form and style.

Thus, on the one hand God spoke, determining what he wanted to say, yet without smothering the personality of the human authors. On the other hand, human beings spoke, using their faculties freely, yet without distorting the truth which God was speaking through them (Stott, 1992:169; 1982a:97). Stott, likewise, accepts the plenary inspiration of the Bible. Here, he is satisfied to make a distinction between different books of the Bible or different passages by saying that they differ only in degree of worth, not in degree of inspiration. Though the reader may find some parts of more value, all parts are equally inspired.

Stott (1972a:139) points out that the reason why the notion of 'verbal inspiration' is unpopular today is that people misunderstand it. In consequence, what they are rejecting is not its true meaning, but a caricature. So, Stott (1982b:50-51) tried to clear the concept of some major misconceptions. To sum it up, (1) 'Verbal inspiration' does not mean that 'every word of the Bible is literally true', (2) it does not mean verbal dictation, (3) it does not mean that every sentence of the Bible is God's Word, even in isolation from its context (4) but it does mean that the Holy Spirit has spoken and still speaks through the human authors, understood according to the plain, natural meaning of the words used, and is true and without error.

Stott (1972a:139) especially emphasises that inspiration was 'verbal inspiration', in that it expanded to the very words used by the human authors. This is what they claimed. The apostle Paul, for example, could declare that in communicating to others what God had revealed to him, he used 'words not taught by human wisdom but... taught by the Spirit' (1 Cor. 2:13). Finally, the inspiration is supernatural. The Bible is the revelation of God in which God makes known to us a special message (Stott, 1972a:123).

Furthermore, the effect which the Bible has upon those who read it and hear it is supernatural. The Bible is not the result of rational power from any person or persons, but is sent from God in heaven to man on earth.

So, John Stott (1992:168-170; 1972a:140) accepted the dual authorship of the Bible, that is, Scripture is equally the Word of God and the word of human beings. Even better, as it is the Word of God through the words of human beings, he strongly suggests that its double authorship should demand a double approach. Because Scripture is the Word of God, we should read it as we read no other book on our knees, humbly, reverently, prayerfully, looking to the Holy Spirit for illumination. But because Scripture is also the words of human beings, we should read it as we read every other book, using our minds, thinking, pondering and reflecting, and paying close attention to its literary, historical, cultural and linguistic characteristics. This combination of humble reverence and critical reflection is not only not impossible; it is indispensable (2 Tim. 2:7) (Stott, 1992:170).

Though Stott makes a major point of the inspiration of the Bible, he carefully limits himself to the original documents, not to translations, since translations are affected by human error (Stott, 1992:142). Furthermore, having limited access to the original manuscripts, none of which scholars have in their possession, Stott (1972a:142) is left without a 'genuinely' inspired document. Here, he presents a simplistic and thoroughly optimistic opinion concerning the work of textual criticism. First of all, he boldly states that the thousands of variant manuscripts are God's way of protecting the Bible. Their vast number gives the scholars more of a chance to compare readings and find errors (Stott, 1992: 143). Secondly, he says that the older manuscripts will invariably contain the correct reading.

Copyists' mistakes will show up in the recent manuscripts but not in the older ones. Stott's (1992:143) final statement is the most optimistic: "... we possess a great many more early copies of the original text than of any other ancient literature. By comparing these with each other, with the early 'versions' (i.e., translation) and with biblical quotations in the writing of the church fathers, scholars (called 'textual critics') have been able to establish the authentic text (especially New Testament) beyond any reasonable doubt".

### 3.4.3 The Infallibility of Scripture

Following directly upon this view of inspiration, comes the infallibility of the Bible. God's Word is infallible, for what He has said is true. By this, Stott (1972a:156) really means the inerrancy of the Bible. In The Lausanne Covenant, Stott (1975a:4) affirms that "the divine inspiration, truthfulness and authority of both Old and New Testament Scriptures in their entirety as the only written Word of God, without error in all that it affirms, and the only infallible rule of faith and practice". For Stott (1972a:145-146), the most convincing proof of the inspiration and infallibility of the Bible is the "fact that the Lord Jesus Christ regarded it and treated it as such". Stott does not hesitate to say that Jesus taught that the Bible is infallible. With regard to the Old Testament, he says that the frequent quotations from it by Jesus are sufficient proof of its infallibility (Stott, 1972a:145).

Furthermore, His personal attitude towards the Old Testament Scripture was one of reverent submission, for He believed that in submitting to the written Word, He was submitting to his Father's Word. Regarding the writings of the New Testament, Stott (1971:42-43) says that Jesus anticipated the inspiration of the apostles before they began to write. Nevertheless, the ministry of the Spirit which Christ promised the apostles was something quite unique, as should be clear from these words: "All this I have spoken while still with you. But the Counsellor, the Holy Spirit, whom the Father will send in my name, will teach you all things and will remind you of everything I have said to you" (Jn. 14:25,26) (Stott, 1972a:150).

Stott's other important proof of the infallibility of Scripture is the internal witness of the Bible itself. He (1973:101) states that "2 Timothy 3:16 means that all Scripture (from Genesis to Revelation) is verbally inspired and profitable", that several times Paul claims to be speaking in the name and with the authority of Christ (e.g., 2 Cor.

2:17; 13:3; Gal. 4:14), and calls his message 'the Word of God' (e.g., 1 Th. 2:13), and Peter clearly regarded Paul's letters as Scripture, for in referring to them he calls the Old Testament 'the other Scriptures' (2 Pe. 3:16).

As a result of his insistence not only on biblical infallibility but also on biblical inerrancy, Stott must state that besides being the church's infallible rule or authority in matters of faith and practice, the Bible is also at all times historically and scientifically accurate.

Therefore, Stott (1972a:123) insists that we should not hesitate to claim God Himself as the ultimate author of both Testaments or to designate the whole of Scripture 'the Word of God'. It does not reflect the scientific background of the day in which it was written. The Bible is a historical book, but it has been kept error-free by the Holy Spirit of God. The purpose of the Bible is not scientific. This is not to say that the teaching of Scripture and of science are in conflict with one another for when we keep each to its proper sphere and discern what each is affirming, they are not. Nor is it to say that the two spheres never overlap and that nothing in the Bible has any scientific reference, for the Bible does contain statements of facts which can be scientifically verified (Stott, 1972a:11). Stott (1972a:142) concludes that "whatever Scripture affirms is true, whether in the field of religion or ethics, history or science, its own nature or origin".

Finally, the Bible is truthworthy, because it has been communicated to us without error and unique in its claim to instruct us for 'such a great salvation' (Heb. 2:3).

### 3.4.4 The Authority of the Bible

The authority of God, Jesus, and the Holy Spirit is the source of the authority of the Bible. The inevitable conclusion to John Stott's views of the inspiration, and allsufficiency of Scripture is that Scripture is the final authority. The authority of Scripture is defined by Stott (1972a:139) as "the power and weight which Scripture possesses because of what it is, namely a divine revelation given by divine inspiration". In a word, Stott grants authority to the Bible based on 'revelation' and

'inspiration'. If it is a word from God, it has authority over men. So, God's word carries God's authority.

Stott (1982b: 56) exhorts us to "accept the supreme authority of Scripture, and earnestly desire to submit to it". Stott (1982b:57) differs from the creed of the Roman Catholic Church about the authority of Bible: Their official position is still that "both Sacred Tradition and Sacred Scripture are to be accepted and venerated with the same sense of devotion and reverence". Of course, Stott can accept the tradition which is consistent with Scripture. But when Scripture and Tradition are in collision, we must allow Scripture to reform Tradition, just as Jesus insisted with the 'traditions of men' (cf. Mk. 7:1-13). If the Church of Rome were to have the courage to renounce unbiblical traditions (e.g., its dogma about the immaculate conception and bodily assumption of the Virgin Mary), immediate progress would be made towards agreement under the Word of God (Stott, 1982b:57; 1992:182). This statement sets out Stott's adherence to Biblical authority; and it also defines its term. It is the Bible above the church, whether the church is dogma, the church is history or the church is liturgy. It is also the Bible above human opinion, whether considered cognitively or intuitively.

We have to mention the Reformer's viewpoint of the authority of the Bible, because John Stott has thoroughly followed their views on the authority of the Bible. He also has believed that the authority of the Bible is a vital basis for exegesis and hermeneutics. We especially state two representative Reformers' opinions, Martin Luther and John Calvin, by the following statement: Martin Luther (1483-1546) is one of the most heroic and fascinating figures of history. For Luther, the authority of Scripture was a constant theme in all his lectures, commentaries, treatises, and sermons. So, it is the best way of explaining Luther's theological foundation. He thoroughly believed in the Bible as the Word of God (Godfrey, 1992:227). He proves it by his statement: "We make a great difference between God's Word and the word of man. A man's word is a little sound, that flies into the air, and soon vanishes; but the Word of God is greater than heaven and earth, yea, greater than death and hell,

for it forms part of the power of God, and endures everlasting" (William, 1990:20). The Bible was a compass used by Luther and other Protestant Reformers in their day-to-day journey amidst the turmoil and unrest caused by the Reformation of the

church. Watson (1994:175) sums up Luther's understanding of authority: "For Luther, all authority belongs ultimately to Christ, the Word of God, alone, and even the authority of the Scriptures is secondary and derivative, pertaining to them only inasmuch as they bear witness to Christ and are the vehicle of the Word". Althaus (1966:3) starts his standard work on Luther's theology with the following statement: "All Luther's theological thinking presupposes the authority of Scripture. His theology is nothing more than an attempt to interpret Scripture. Its form is basically exegesis".

John Calvin (1509 -1564) was the most brilliant light of the second generation of the Reformers. Concerning the authority of Scripture, as Calvin's famous words in the Institutes (I, vii, 1) show: "Hence the Scriptures obtain full authority among believers only when men regard them as having sprung from heaven, as if they were the living words of God were heard". Calvin (1967:I.vii,iv) also says that "the principal proof of the Scriptures is everywhere derived from the character of the divine speaker". It is God Himself who speaks through the Scripture and therefore from the Scripture. This is the basis for its authority. In another passage, Calvin (1967:I.vii) says that by faith we hear from the Scriptures "the very words pronounced by God Himself". He (1967:I. vii,iv) continues: "As God alone is a sufficient witness of Himself in His own word, so also the word will never gain credit in the hearts of men, till it be confirmed by the internal testimony of the Spirit". Here Calvin indicates the decisive testimony and verification of Scripture. Calvin (1967:1.vii) adapts the traditional formula that "God is the author of Scripture" as his famous words in the Institutes show: "Hence the Scriptures obtain full authority among believers only when men regard them as having sprung from heaven, as if they were the living words of

God were heard". Scripture, therefore, is the sole authority in the life of the church, not with regard to its proclamation, but also with regard to all the other aspects of its life. This authority is not finally dependent on

the interpretation of scripture by the church; to the contrary, the church in all its interpretation is bound to the clear message of Scripture, for it is here that the Spirit speaks to us (Runia, 1984:144). So, Calvin believed that every word of the Bible was God's Word and that every word was true in all that it says.

In a word, in line with the Reformers, Stott holds to the classical Protestant position of 'Sola Scriptura' which was one of the ringing cries of the Reformation.

After briefly discussing recent attacks on the authority of the Scriptures, Stott presented what he considered the 'right approach' to the authority of the Bible. The 'right approach' includes five arguments. First, the historic churches have consistently maintained and defended the divine origin of Scripture. Second, the historic churches have consistently taught what the biblical writers themselves claimed. For example, Moses received the law from God. Third, the authority of Scripture is supplied not by the writers but the readers of Scripture. For there are certain characteristics of the Bible which cannot fail to strike the observant reader. There is, for instance, the book's remarkable unity and coherence. Fourthly, there is the power which the Bible has had in human lives, disturbing the complacent and comforting the sorrowful, humbling the proud, reforming the sinful, encouraging the faint-hearted, bringing hope to the bereaved and giving direction to those who have lost way (Stott, 1982b:143-144). Fifthly and most importantly, Jesus testified to the authority of Scripture. Christ Himself thought of Scripture in terms of a divine Word or testimony (Stott, 1970:94; 1972a:9).

However, Stott (1982b:145; 1972a:12) affirms that the first and foremost reason why Christians believe in the divine inspiration and authority of Scripture is not because of what the churches teach, the writers claimed or the reader's sense, but because of what Jesus Christ himself said. Since He endorsed the authority of Scripture, we are bound to conclude that His authority and Scripture's authority either stand or fall together. For Stott, the authority of the Bible rests in the revelation of God through the experiences recorded in it, rather than in a revelation found in its words.

### 3.4.5 Summary

Stott's view of the Bible as the foundation of exegesis, therefore, consists of the following elements: (1) Scripture is the revelation of God, that is, God has disclosed Himself in the written Bible; (2) the Bible is the record of God's speech to man; (3) not only was the truth inspired or the biblical writers inspired, but also the very words were inspired; (4) the Bible contains no error; and (5) the Bible has the supreme authority because it came from the living God.

These strongly-held convictions had everything to do with John Stott's view of the process of exegesis and preaching. From a negative point of view, he feels very strongly that the chief reason for the decline in preaching is the loss of belief in the authority of the Scripture and due to what Amos called "a famine ... of hearing the words of the Lord" (Amos 8:11). On the other hand, Stott (1992:173) believes that the submission to God's self-revelation in Christ and in the full biblical witness to Christ, far from inhibiting the health and growth of the church, is actually indispensable to them.

Therefore, Stott (1982b:69) is convinced that the principles we need to guide ourselves are there in the Bible - theological and ethical principles - and together we can discover through the illumination of the Holy Spirit how to apply them to our lives in the contemporary world.


## 3.5 HIS THREE CHARACTERISTIC ATTITUDES FOR BIBLE STUDY


Bible study is a basic step for proper exegesis and an indispensable element for preparing a sermon. Stott treats Bible study as one of the most important duties of a pastor who is called by God. He (1982a:181) says "Since the Christian pastor is primarily called to the ministry of the Word, the study of Scripture is one of his foremost responsibilities, to which he commits himself at his ordination".

The higher our view of the Bible, the more painstaking and conscientious our study of it should be. If this book is indeed the Word of God, then away with slovenly, slipshod exegesis! We have to make time to penetrate the text until it yields up its treasure. Only when we have ourselves absorbed in its message, can we confidently share it with others (Stott, 1982a:182).

Therefore, Stott suggests at least three maxims for Bible study.

### 3.5.1 Comprehensiveness

Stott (1982a:182) stresses the vital importance of the right approach to the Bible. Because it is unique, it must not be studied as any other book is approached. We should never read the Bible except comprehensively. As we read the other book, sporadic and haphazard dipping into the Scriptures is not enough. Nor must we limit ourselves to our favourite passages, or concentrate on the microscopic examination of a few key texts. Lloyd-Jones (1975a:189) advises us "not to be impatient with ourselves when studying a difficult passage in Scripture; keep on reading or listening; and suddenly we will find that not only do you know much more than you thought you knew, but you will be able to follow and understand".

He (1979:253-4) keeps on advising that "we must read, we must study, we must meditate, we must exercise our faculties, we must ... struggle with truth. Insist upon getting an understanding of truth. If you have a willing heart, and a true desire, you can be certain that the Spirit will always come to your aid".

If we hope to help our congregation to develop a Christian mind, we have to develop one ourselves. And the only way to do this is to soak our mind in the Scriptures. "Be masters of your Bibles, brethren", said Spurgeon (1977:25) to his students; "Whatever other works you have not searched, be at home with the writings of the prophets and apostles. Let the Word of God dwell in you richly". 'To understand the Bible should be our ambition; we should be familiar with it, as familiar as the housewife with her needle; the merchant with his ledger; the mariner with his ship' (Spurgeon, 1977:1956). Again, "it is blessed to eat into the very soul of the Bible until, at last··· your blood is Bibline and the very essence of the Bible flows from you" (Day, 1934:131). This steeping of the mind in Scripture was a major secret of the powerful preachers of the past.

Stott always studies the whole Bible through the comprehensive method. It is helpful to survey the rolling landscape of Scripture, and to grasp its underlying and recurring themes.

### 3.5.2 Open-mindedness

Stott (1982a:184) asserts that if our study of the Bible is to be comprehensive, it must also be open-minded, that is, we must genuinely desire through our Bible reading to hear and heed God's Word, without distorting its meaning or avoiding its challenge.

In Bible study, there is one absolutely vital necessity, according to John Stott (1982a;185): Though we cannot altogether rid ourselves of our cultural inheritance, we should be aware of our cultural bias. We also have to put in an effort to get rid of the prejudices from our mind, because prejudice is one of the greatest enemies of true exegesis. Prejudice is a power that pre-judge issues and it does it by shutting out all aspects of truth except one. The result is that we are blind to every other facet.

Rather than do that Stott (1982a:186) says "we have to transport ourselves back, by the use of both our knowledge and our imagination, into the biblical writer's context, until we begin to think what he thought and feel what he felt. Our responsibility is not to assimilate his view to ours, by reading our opinions back into what he wrote, but to assimilate our views to his, by struggling to penetrate into his heart and mind".

Therefore, the exegete should face Scripture as far as possible with fairness and an open mind. We have to be willing to do it this way for God Himself laid down the ground rules, and we must decide what He wants to say to us, however uncongenial we may find it. We have no liberty to circumscribe Him, or to suggest lines of demarcation within which we are prepared to negotiate. No, we have to break down the cultural barriers, and struggle to open our hearts and minds to listen to whatever He has to say (Stott, 1982a:187).

### 3.5.3 Expectant Study

Our Bible study needs to be expectant. Stott (1982a:188) points out at least two conditions which are hostile to the joyful expectancy when we come to the Scriptures. The first is pessimism, aroused in some by the current hermeneutical debate itself. The interpretation of Scripture now appears so complicated to them that they become cynical, and despair of ever gaining a true and balanced understanding of God's Word. But if we limit only the professional person to exegesis and study of the Bible, it must be condemned as a dangerous aberration, because Scripture is intended for ordinary people like us. For example, even the first book of Corinthians, with all its profound teaching on doctrine, ethics and church order, was addressed to a Christian community to which 'not many wise' belonged.

The second condition which militates against expectancy is spiritual stability, and this can be a major problem for all pastors. We can be proud if we read regularly through the whole Bible. And then after a few years we feel we know it fairly well. So, it will bring the repugnance of reading the Bible and our daily reading with no very lively expectation that God is going to speak to us through it. We need to "cry out for insight and raise our voice for understanding", to "seek it like silver and search for it as for hidden treasures', for then we shall understand and 'find the knowledge of God" (Pr. 2:3-5). It is this spirit of eager and determined expectation which God honours. He promises to fill the hungry with good things. Therefore, we must not give in to spiritual stableness as if it were normal or even tolerable, but must pray for the refreshment of the Holy Spirit so that, if our appetite is blunt, He will sharpen it, and if our heart is cold, He will rekindle within us the fires of expectancy.

Although the Bible itself is always our textbook, we shall, of course, take advantage of the many aids to biblical understanding which are available to us today, as Stott encourages us in this comprehensive, open-minded and expectant study. Books are the preacher's stock-in-trade. How widely we spread our theological reading will depend on the time we have available, and where we concentrate our studies

will depend on our individual interests (Stott, 1982a:188).


## 3.6 THE CHARACTERISTIC PRINCIPLES OF HIS EXEGESIS

### 3.6.1 The Bible as its Own Interpreter

The golden rule of all Reformed Scriptural elucidation for more than five centuries has been and remains (in Latin): Sacra Scriptura sui ipsius interpres. In English, this means that the Holy Scripture is its own interpreter (Coetzee, 1995a:13), or "the Bible is its own expositor", is derived fully from Scripture (Lk. 24:27; 1 Cor. 2:13; 2 Pe.1:20).

The Roman Catholic Church claimed that it possessed the mind of Christ and the mind of the Spirit in its teaching magisterium so that it could render obscure doctrines clear. But the Reformers rejected this assertion of the Catholics that they had the gift of grace and illumination to know what the Holy Scripture taught (Ramm, 1989:104).

Thus, Calvin and Luther emphasised that 'Scripture interprets Scripture'. Consequently, they placed a strong emphasis on grammatical exegesis and the need for examining the context of each passage (Zuck, 1991: 47; Pink, 1990:42; Evans, 1979:36). They believed that Scripture possesses a unity given it by the mind of God, that it must therefore be allowed to interpret itself, one passage throwing light upon another, and that the Church has no liberty so to "expound one place of Scripture that it be repugnant to another" (Stott, 1982a:128). Lloyd-Jones (1976:106; 1981:102) states that "Scripture must be taken with Scripture. Defining it negatively means that one must never interpret any part of Scripture in such a manner as to contradict other parts of Scripture. Defining it positively, means that one must compare Scripture with Scripture, in order to expound and to elucidate Scripture".

Stott's principles of exegesis stand firmly within this Reformed tradition, that is, the golden rule of all Reformed Scripture elucidation.

With regard to the Bible as its own interpreter, Stott (1991:116) writes that "we will be right to seek harmony by allowing Scripture to interpret Scripture" and "it is always important to allow Scripture to interpret Scripture" (1978a:167). Moreover, he urges us to interpret each text in the light both of its immediate context in the chapter or book concerned and of its wider context in the Bible as whole (Stott, 1972a:116).

Therefore, Stott thinks there is no better rule than to compare Scripture with Scripture when one has a difficult passage to interpret. For example, if a given text is capable of two variant interpretations and one of those interpretations goes against the rest of Scripture while the other is in harmony with it, then the latter interpretation must be used. He thoroughly holds fast to the Reformer's stance about the principles of exegesis (Stott, 1970:40).

### 3.6.2 With Much Prayer, a Priori of Exegesis

It is very important to pray before we use some principles and methods of exegesis, because we have a responsibility in the study and exegesis of a text for preaching, through the presence and work of the Holy Spirit. Venter (1995:11) endorses the above-mentioned point: "the absolute requirement for the whole process of a sermon is prayer for the guidance of the Holy Spirit".

Stott (1982a:22) emphasises that we should pray regularly in all kinds of situations, supplicating God for illumination by the Spirit of truth. We shall repeat Moses's petition "I pray you, show me your glory" (Ex. 33:18) and Samuel's "Speak, Lord, for your servant is listening" (1 Sa. 3:9,10). Because we cannot understand the meaning of the text which has been inspired by the Holy Spirit without involving the help of the Spirit of God (2 Tim. 3:16). So then, before we preachers prepare, before a congregation listens, before an individual or a group begins to read the Bible - in these situations we must pray for the Holy Spirit's illumination (Stott, 1982b:60,61).

Stott (1982b:60) says the following: "We need to acknowledge that the truths revealed in the Bible are still locked and sealed until the Holy Spirit opens them to us and opens our mind to them". So, we can catch the original meaning of the text by the help of the Holy Ghost through our prayer. When we have faithfully discharged our full range of duties as exegetes and when we have also pressed on to apply that exegesis by principlizing the text paragraph by paragraph into timeless propositions which call for an immediate response from our listeners, we need the

Holy Spirit to carry that word home to the mind and hearts of our hearers if that word is ever going to change men's lives (Kaiser, 1981:236). It is the Spirit of God who teaches us to pray for the exegesis and for all who will hear that Word of God.

Therefore, whenever John Stott has Bible study, he first begins to think about the text and prays about it again and again in order that he can realise the original meaning of the Word of God through the help of the Holy Spirit (Stott, 1995:interview with author).

### 3.6.3 Simplicity

The principle of simplicity - or perspicuity, as it is sometimes called - is not to be understood as meaning that the exegesis of Scripture is simple, that it is to be interpreted literally, or that each text has a single meaning; it is to say that much of the time, the meaning of Scripture is powerful and clear without digging or distorting, and that simple common sense is to be exercised in the process of exegesis (Thompson,1987:48). So, Blackman (1957:118) says that "Scripture too is simple, and preacher must expound not its multiplicity of meaning, but its single fundamental meaning: Simplicissimae Scripturae simplicissimus sensus".

In his commentary on Galatians, Calvin (1964:573) says: "Let us know, then, that the true meaning of Scripture is the natural and obvious meaning; and let us embrace and abide by it resolutely. Let us not only neglect as doubtful, but boldly set aside as deadly corruptions, those pretended expositions which lead us always from the natural meaning".

Stott also emphasises the principle of exegesis of the Bible. His principle of exegesis is very simple, that is, exegesis looks for the natural sense of the biblical text. Stott firmly rejects that the exegete allows his imagination and wishful thinking to put meaning into a text. So, he (1972a:166) says "in reading the words and sentences of the biblical text we must look first of all for their obvious and natural meaning". The exegete needs to begin with a disciplined study of the text, preferably in the original language, Hebrew and Greek, and a good translation such as the Revised Standard Version (RSV) or the New International Version (NIV) (Stott, 1972a:167).

Thus, reading and meditation upon the text, looking for the simple, natural meaning of the text, is the first step. This natural meaning may be literal, figurative, or even allegorical, though never an elaborate allegorical contraction as were the common finding of the Alexandrian exegetes of the fourth century. Stott warns that an exegetical way to abuse the principle of simplicity which is not to deal honestly with obviously figurative language or to refuse to take into account the cultural conditioning of a particular text. For example, Stott rejected allegorical interpretations which suggest that the two denarii given to the innkeeper represent the two sacraments, etc. (Stott, 1972a:168-170). But he called the good shepherd in John 14, the vine and the branches in John 15, and the sower in the Mark 4 allegories. His explanations do not follow the pattern of excess that has allegorical interpretation so distasteful to modern scholars, but rather follow the pattern of interpreting metaphor.

The vast amount of metaphorical language in the Bible forces the question, "how can one tell the literal from the figurative language?" At this point, Stott advises one to read the context, both of the verse and of the passage, and listen to the second teacher, reason. "Common sense will usually guide us. In particular, it is wise to ask ourselves what the intention of the author or speaker is" (Stott, 1972a:169).

Therefore, even though Stott does utilise some limited allegorical exegesis, his intention is to find the simple, natural, and most obvious exegesis of a passage.

Stott's principles of exegesis are not complicated but simple and straightforward. The only original idea shown is in the terminology, "the Bible interprets Scripture, Prayer is a priority of exegesis", and "the principle of simplicity". His description of his principles is well explained; they reflected his keen, analytical mind and seasoned practice of trying to explain complicated truths in a simple manner. Stott is to be commended for trying to help modern expositors, and not for attempting to impress and confuse them.

It seems as if something is lacking in his exegesis in that he does not mention any particular doctrine that governs the principles of exegesis. For example, it could be said John Calvin always exegeted a text as being consistent with God's sovereignty.

# 3.7 THE CHARACTERISTIC METHODS OF HIS EXEGESIS

## 3.7.1 The Selection of the Text

The idea of selecting a text as the basis for spoken discourse is an ancient one. So, we take it for granted that there must be a text, because preachers are not speculators, but expositors. But then the question arises: how we shall choose our text for a particular sermon. It is possible to do so, if one is fairly saturated with biblical concepts, without actually speaking from a specific text, just as it is possible, if one is not saturated, to employ a text and then preach a non-biblical sermon. Merely quoting the Bible is no guarantee of doing biblical preaching. Some of the most ignorant and misleading preaching one hears is peppered with scriptural quotations. But normally the preacher who wishes to preach biblically will launch his sermon from a particular segment of Scripture (Daane, 1980:50; Vos, 1995:438). This has the advantage, if the segment is faithfully dealt with, of providing a biblical focus to the sermon; and it may unless the sermon is given as a mere exposition or running commentary on the text, provide valuable hints about the shape the sermon should assume (Killinger, 1985:14; Liefelt, 1984:6).

How, then, shall we make our selection? The choice of a text for a sermon can be influenced by numerous factors, for example, Bible Study, the situation in the congregation, circumstances in the country and the world, etc. It is important to make a sharp distinction here. Choice of the text can be determined by situation, but the elucidation of the text cannot be thus determined. A text must be allowed to say what it has to say and from there throw light on the situation - not the other way around (Venter, 1995:11). Ferguson (1986:196) says the following about it:

"the first principle must be to recognize that the preacher operates with two horizons: (1) the text of Scripture and (2) the people of God and their environment in the world He ought not normally to make his selection without consciously bringing these two horizons together".

Here Stott (1982a:214-219) concretely suggests four main factors which will influence our choice.

The first is liturgical. In general, one can assume that the periscopes which form the lectionary are legitimate preaching units. Therefore, large sections of Christendom (in particular, Roman Catholic. Orthodox, Lutheran and Anglican) continue to observe the seasons of the Church year, which are set out in a calendar and supplied, Sunday by Sunday, with appropriate lections.

Since the set lessons (the Old Testament reading, the Epistle, the Gospel and others) are appropriate to the season in the Church's calendar, the preacher may sometimes, even often, take his text from one of these readings. A slavish attachment to the prescribed lections can be an unnecessary bondage, however. It is better to regard them rather as suggestive pointers to the day's theme. To be sure, one must not be in bondage to the church calendar either. For then one would feel inhibited, for example, from preaching on the Incarnation except at Christmas or on the Resurrection except at Easter. At least two warnings are in order for users of lectionaries. One is the theological filter through which they are modified. The other is the cultural filter that omits passages which challenge comfortable, Western life-styles (Thompson, 1987:20).

Nevertheless, the value of the calendar is obvious. James Stewart (1946:110-111) who is one of the most popular contemporary preachers has commended 'a due observance of the Christian Year' in these words: "The great landmarks of the Christian Year - Advent, Christmas, Lent, Good Friday, Easter, Whit Sunday, Trinity - set us our course, and suggest our basic themes. They compel us to keep close to the fundamental doctrines of the faith. They summon us back from the by-paths where we might be prone to linger, to the great highway of redemption. They ensure

that in our preaching we shall constantly be returning to those mighty acts of God which the Church exists to declare".

The second factor which helps us to determine our text we will call external, by which we mean some event in the life of our nation (e.g., an election, the death of a public figure or a national scandal), some issue of public debate (e.g., the arms race, abortion, capital punishment, unemployment, homosexual practice, or divorce), a natural disaster (flood, famine or earthquake) or some other catastrophe (a plane or train crash). Preachers need to be sensitive to the momentous public questions and issues in people's minds (Greidanus, 1988:106,110-111).

Thirdly, there is the pastoral factor, that is, some discovered need in the congregation's spiritual pilgrimage. The pastor is aware of the ever-present needs of his congregation. The best preachers are always good pastors, for they know the needs and problems, doubts, fears and hopes of their people. Thompson (1987:21) says that "pastoral sensitivity should also lead the preaching pastor to examine with the congregation just what needs they perceive in their individual and communal life and what life-style they would like to achieve as a result of hearing the gospel week after week".

The fourth factor to guide us in our choice of text is personal. Without doubt the best sermons we ever preach to others are those we have first preached to ourselves. Or, to put the same truth somewhat differently, when God Himself speaks to us through a text of Scripture, and it becomes luminous or phosphorescent to us, it is then that it continues to glow with divine glory when we seek to open it up to others.

To sum up, when Stott selects the portion of Scripture as the basic aspect of a sermon, he always considers these four factors - liturgical, external, pastoral and personal - which will help the expositor to choose his sermon text.

### 3.7.2 The Meditation of the Text Selected from Bible

After the choice of the text, Stott deeply meditates on the selected passage he wants to preach on. He likes to meditate on the text for as long a time as he possibly can. Because he wants to understand the full meaning and attention of the author from the text. So, Stott (1982a:220) calls the meditation, "a long period of subconscious incubation or maturation". He (1982a:220-224) asserts that when we have done meditation of the text there are some steps as follows:

1 Read the text:  Re-read it, re-read it, and re-read it again.

2 Probe the text:  Turn it over and over in your mind like Mary, the mother of Jesus, who wondered at all the things the shepherds had told her, 'pondering them in her heart' (Lk. 2:18,19).

3 Ask two questions of the text:  First, what does it mean?  Perhaps better, what did it mean when first spoken or written, for Hirsch (1967:1) is right to emphasise that "a text means what its author meant".  Second, what does it say?  That is, what is its contemporary message?  How does it speak to us today?  This is a different question.  It involves the further 'bridge-building' discipline of relating the ancient Word to the modern world, and translating it into today's cultural terms.

4 Use an auxiliary aid:  As we are addressing our two questions to the text, respecting its meaning and its message, we may well need to turn to a lexicon, concordance or commentary for help.  They can save us from misinterpreting the passage, illuminate it and stimulate our thinking about it.  But, they can never be more than aids.

5 Pray:  All the time we shall be praying, crying humbly to God for illumination by the Spirit of truth.  Christian meditation differs from other kinds in being a combination of study and prayer.

Stott always probes for the truth from the selected passage through using the abovementioned method of meditation on the text.  The task of asking questions is especially used as a fruitful method and treasured in the tradition of biblical exegesis (Lenski, 1968:50; Pieterse, 1984:8-9).

### 3.7.3 An Inductive Method

What is the best approach of exegesis to the text? Traina (1982:53) answers this question by stating: "The genuine way of an inductive approach to Scripture is its open-ended, experimental nature... It is neither a method nor the method. It is epistemology, a way of knowing truth".

How does Stott arrive at the message from the exegesis of his text? Between two possible procedures Stott prefers the inductive method to the deductive: "Biblical induction is the only safe way to begin theology, moving that is, from a wide variety of particular texts to general conclusions. But it presupposes a thorough knowledge of the diverse particularities of Scripture. It is, in this way, that the grand themes of Scripture emerge. Only then are we ready for a more deductive approach, as we view each part in the light of the whole" (Stott, 1982a:183).

His method of approaching the text harmonises with Lloyd-Jones's emphasis on the exegetical approach. Lloyd-Jones (1975a:179) says that, "the inductive method is undoubtedly the better way to be followed in any realm and department of thought. It is always right to listen to the evidence before you give a verdict. He is a very poor judge who starts with his verdict, and then proceeds to turn down everything that opposes it, instead of listening first to all the arguments, and giving them their full value. And any ordinary fair-minded man would follow the same procedure".

Stott consistently uses this inductive method. After first considering the various words in the text one-by-one, he ascertains the meaning of each from the text and catches the theme of the text. In other words, he does not fasten a meaning on the words of the text but grows it from the words of the text. He (1982a:185) urges that

we have to transport ourselves back, by the use of both our knowledge and our imagination, into the biblical writer's context, until we begin to think what he thought and feel what he felt. Our responsibility is not to assimilate his views to ours, by reading our opinions back into what he wrote, but to assimilate our views to his, by struggling to penetrate into his heart and mind.

### 3.7.4 His Use of the Lexical Semantics

Books of word studies are a valuable resource. While the richest and most extensive works cover the Greek of the New Testament and Septuagint, many valuable volumes are also available to provide insight into Old Testament Hebrew. The exegete can choose from a wide range of books, exhaustive, multi-volume works or relatively simple books designed for preachers (Craddock, 1985:107-109). Stott puts some valuable lexicons of Greek and Hebrew near him and always uses them.

When he exegelizes the portion of the text, his dominant method is to use the lexical semantics in order to come to a proper understanding of the meaning of individual words.

In his sermons he sometimes quotes definitions from the Greek/ English Lexicon by Arndt and Gingrich explaining "the actual root meaning of the Greek word" (1987:42;164; 1973:30;37). For determining the meaning of Greek words John Stott uses not only diachronic linguistics but also synchronic linguistics. In his famous book, The Cross of Christ, 'satisfaction for sin' in chapter 5 (1986a:126), a good example is found of a proper diachronic study where Stott considers the total teaching of the Scriptures, not just a possible meaning of a word. In the latter case, although Stott does not use these technical terms, his practice in this line is prevalent in his sermons. We can find a good example of the latter in his sermon on the Sermon on the Mount. He comes to an understanding of this one by looking at some other examples of the use of the same word in the New Testament: Worry (Mt. 6:25-30) is the meaning of the command 'μη μεριμνατε' in Greek. It is the word used of Martha who was "distracted" with much serving, of the good seed sown

among thorns which was choked by the 'cares' of life, and by Paul in his injunction, 'Have no anxiety about anything' (Lk. 10:40; 8:14; Php. 4:6).

Furthermore, Stott (1986b:166) explains the meaning of the "not mocked" with its paradigmatic relation to 'sneer at' or 'treat with contempt' as well as its syntagmatic relations to 'fool' or to 'outwit'. Stott tries to discover the original meaning of a word in terms; its semantic relations of sameness or of opposition. It is the unique method of his exegetical approach to the text.

### 3.7.5 An Effort to Grasp the Dominant Thought of the Text

Stott does make a real effort to grasp the dominant thought when he proceeds to study one particular portion of a text. A final procedure in his exegetical approach is to find the dominant thought, i.e., a main theme of a particular text. Stott (1982a:224) says that "we should be looking for our text's dominant thought after we study and pray for the text". He continuously explains its reasons as follows: (1) because every text has a main theme. God speaks through what He has spoken, then it is essential to ask ourselves, "What is He saying? Where does His emphasis lie?" (2) because one of the chief ways in which a sermon differs from a lecture is that it aims to convey only one major message.

There can be several legitimate ways of handling a text, and several different lessons to learn from it (Robinson,1980:93), but Stott always asks which one is the main thrust of the text and asserts that every text has an overriding force. If the main drive of the text is found, his exegetical task is virtually completed.

In addition, we have to concentrate our attention on Venter's statement (1995:13): "After all methodological steps of exegesis, set the sermon text finally and determine the telos of the sermon text; in other words, answer the question: Why did the Holy Spirit have this text written in this place in this Bible book? The answer to this question brings us to what is the reader unique in the sermon test. The telos of the text has to be dealt with or accounted for in the sermon. Put differently: The preacher may not formulate a theme from a specific text for his sermon that does not comply with the aim of the Holy Spirit for this particular text!"

### 3.7.6 His Analysis of the Sermon on the Mount (Mt. 5:1-7:29)

For Stott (1972a:165) it is clear that the analysis in exegesis should be a natural, not artificial, outgrowth of the passage. The analysis should be as detailed as one can make it without seeming forced or artificial. From this analysis, Stott goes on to make observations about the overall structure.

Stott provides analysis everywhere in his sermons. The function of an analysis in his sermon is to furnish the background and the interpretative context of his text.

As to his procedure in exegesis, Stott recommends that it is always wise to make a general analysis before one proceeds to a particular analysis - firstly a general analysis of the whole, then a broad analysis of the section and lastly a detailed analysis of the section or sub-section. An example of his analyses on several levels is supplied:

| 1 | A general analysis of the whole sermon | |
|---|---|---|
| 1.1 | Introduction: What is this sermon? | 5:1-2 |
| 1.2 | A Christian's character: The beatitudes | 5:3-12 |
| 1.3 | A Christian's influence: Salt and light | 5:13-16 |
| 1.4 | A Christian's righteousness: Christ, Christian and the law, etc. | 5:17-48 |
| 1.5 | A Christian's religion: Not hypocritical but real | 6:6,16-18 |
| 1.6 | A Christian's prayer: Not mechanical but thoughtful | 6:7-15 |

## 2     A broad analysis of the section

## 3     A detailed analysis of the sub-section (1978:174-204)

## 3.8 STOTT'S CONTRIBUTION TO EXEGESIS

3.8.1  From our study of John Stott's exegetical principles in general (3.2) it can be said that exegesis is the process of determining the original meaning of a biblical text and what the author was trying to convey to his readers.  First of all, Stott always tries to find the intention of the author from the text by asking a question, i.e., what does it mean?  Traditionally, exegesis focuses on the text itself in an effort to determine what the text said and meant in its own original objective.  The sole object of the expositor is to explain as clearly as possible what the writer meant when he wrote the text under examination (Kaiser, 1981:45).  In other words, the aim of exegesis is to discover as precisely as possible what God meant by each of the words and sentences, He included in the Scriptures.

Stott's contribution on this point is to persist in the traditional viewpoint of exegesis as the Reformers did.  We can fully understand his principles of exegesis as being not to follow the current tendency of interpretation circles, although he has lived in the end of the twentieth century, in which all the traditional values are being questioned.  There are some tendencies of eisegesis today, that is, "a reading into" a text what the reader wants it to say.  In other words, it is eisegesis - bringing a meaning to the text.  As Luther puts it:  "The best teacher is the one who does not bring his meaning into the Scripture but gets his meaning from the Scripture" (Das ist der beste Lehrer, der seine Meinung nicht in die sondem aus der Schrift bringt) (Ramm, 1970:115). Calvin also stated that "it is the first business of an interpreter to let his author say what he does, instead of attributing to him what we think he ought to say" (Zuck, 1991:99). In the light of Stott's exegetical principles, he points out that many modern exegetes fail in their task before really beginning it, because their very initial approach is at fault.

3.8.2 From our study of John Stott's exegetical task (in 3.3 and 3.7) it can be concluded that Stott never neglects to combine the exegesis and the hermeneusis. He emphasises that we must ask both questions; what does it mean and what does it say, first being faithful in working at the text's meaning and then being sensitive in discerning its message for today. He insists not only on giving primacy to textual meaning in an exegesis, but also goes on to show its significance in the Christian life.

His faithful observation of these basic proceedings in exegesis helps him to be the famous preacher he is. Here again, the strong point of Stott is not to list the basic methods, but to show how a preacher moves from exegesis to application in his preaching. For him, the process of exegesis is the opening of the text to establish what an author wanted to communicate to his hearers (Ferguson, 1986:200).

3.8.3 From our study of Stott's use of the Bible as the foundation of exegesis (in

3.4) it can be concluded that John Stott insists that the Bible was the book for yesterday. Without doubt it will be the book for tomorrow. But for us, it is the book for today. It is God's Word for today's world. The Bible is God's self-disclosure in speech and writing, the divine autobiography through the biblical authors. Scripture is God's written Word, the product of His revelation, inspiration and providence. Therefore, the understanding of the Bible is indispensable to exegetes and preachers.

3.8.4 From our study on Stott's characteristic principles of exegesis (in 3.6) it can be concluded that John Stott does not use new exegetical principles, but he reminds one afresh of the time-honoured principles of exegesis as follows:

1 Holy Scripture is its own interpreter. In other words, the Bible is its own expositor.

2 Before we begin to read the Bible, to interpret and to preach the message, we must pray to God for the Holy Spirit's illumination. "Open my eyes that I may see wonderful things in your law" (Ps. 119:18).

3 Above all, we have to seek both the original sense according to the biblical author's intention, and the natural sense, which may be either literal or figurative, again according to the author's intention. These are respectively the principles of history and of simplicity.

Each of his basic principles is an axiom in Biblical exegesis. Nobody dares to refute its validity; however, what is characteristic in Stott's case is that he does apply them to the exegetical practice in his actual preaching.

3.8.5 From our study of the exegetical principles of John Stott's preaching in this chapter we can find his particular exegetical contributions as follows:

1 To John Stott it is very clear that a preacher needs to have confidence in the biblical text, that is, it is an inspiration and the inspired text is a partially closed text. If the aim of the task of exegesis is "to open up the inspired text", then it must be partially closed or it would not need to be opened up. No exegesis can take place without it (3.4.1;3.4.2).

2 John Stott is convinced that the final goal of exegesis is not to read back our twentieth-century thought into the minds of the biblical authors (which is eisegesis), but to let an author say what he does say, instead of attributing to him what we think he ought to say, or to bring out of Scripture what is there. We must ask both questions, - what does it mean? and what does it say? first being faithful in working at the text's meaning and then being sensitive in discerning its message for today (3.6.1;3.7.2. (3)).

3 Consequently, John Stott makes it clear that prayer is indispensable in the exegetical process. For him a humble hearing through prayer is God's normal channel to illuminate His recorded will to man (3.6.2;3.7.2.(5)).

4 One of the most practical contributions made by Stott to a preacher is his inductive method, which he calls the art of discovering the original meaning from the text like a digger trying to dig gold from a mine (3.7.3).

5 Finally, from our study of this chapter as a whole we can learn that the sound exegetical principles and methods followed by John Stott are of great importance because they give us a means for discovering more accurately the truths, we believe Scripture possesses. If a preacher gives enough time and attention to the exegetical principles and methods of John Stott, he will fearlessly stand in the pulpit with God's Word and God's people before his eyes, waiting expectantly for God's voice to be heard and obeyed without hesitation.

# CHAPTER 4:
# THE HERMENEUTICAL PRINCIPLES AND THE PROCESS OF HERMENEUSIS IN JOHN R.W. STOTT'S PREACHING

## 4.1 STOTT'S HERMENEUTICS IN GENERAL

### 4.1.1 Preamble

We turn now to consider Stott's principles and methods of hermeneutics, as well as the process of hermeneusis in his sermons. In this chapter, the content of his preaching will not be dealt with directly, because the theological content of a sermon cannot be guaranteed without taking the correct hermeneutical principles and methods into account. Today, John Stott is acknowledged as a scientific expositor of Scripture. His work is acclaimed and has spread all over the world, argumenting his reputation of scholarship. He is essentially a minister of the Word of God, that is, a preacher of it: expository, didactic, faithful, clear, weighty, masterful, exemplary (Packer, 1991:198).

However, in contrast to his legitimacy as an expositor, there is a dearth of the hermeneutical evaluation of his sermons, because his hermeneutical principles and methods are embedded in his sermons and expository books. In order to evaluate his hermeneutical principles, the process of hermeneusis and his methods, an intensive study of his published sermons and his homiletical book - I Believe in Preaching, is necessary. It will be the main task of this chapter.

### 4.1.2 The Terms Hermeneutics and Hermeneusis in General

In our study of Stott's hermeneutical principles and methods, as well as the process of hermeneusis in his sermons, it is necessary to explain the general term of hermeneutics and hermeneusis as used in this research.

#### 4.1.2.1 The Term Hermeneutics

The term hermeneutics has been used most widely to describe the science of biblical interpretation. This word is derived from the Greek ἑρμενευω meaning 'to translate, interpret, or explain' (Packer, 1992:333). It is ultimately derived from Hermes, the Greek god who brought the message of the gods to the mortals, and who was the god of science, invention, eloquence, speech, writing, and art (Ramm, 1989:11; Sweazey, 1976:32).

Thus, literary interpretation can be defined as the way of reading documents that show their relevance to the reader. In line with this, hermeneutics has always been conceived as the way of reading the historical Scriptures - a way that makes plain God's message being conveyed through them to the Christians and their church. Craddock (1989:147-8) defines hermeneutics as "the task of trying 'to translate' that meaning into the language, thought, forms and idioms of the interpreter's day, as far as possible, without adding to or subtracting from that original meaning". According to Vines (1985:3), "hermeneutics may be defined as the science of expounding or interpreting what a passage of Scripture says".

To sum up, hermeneutics is "a science in that it can determine certain principles for discovering the meaning of a document"; moreover, these principles are not a mere list of rules but bear an organic connection to each other (Sweazey, 1976:33).

### 4.1.2.2 The Term Hermeneusis

Coetzee (1995a:3) points out that "by 'hermeneusis' we refer to the next step, the following-up step necessary after confined exegesis". He continues: "Hermeneusis in the present times deals with the comprehension-problem and application level for today. So, the original meaning of the text is transposed to and made applicable for the concrete reality of today". Venter (1995:14) strongly supports it: "In hermeneusis the text of the Word and the text of life meet in a process of interaction".

Therefore, 'hermeneusis' generally means to draw a connection between what the author meant originally and what the text communicates now. In this way these terms are used in our study. Stott's view on the process of hermeneusis will be dealt with in more detail in the later section (4.4).

### 4.1.3 His Definition of Hermeneutics

In general, as a theological discipline, "the term most widely used to describe the science of biblical interpretation is hermeneutics" (Fair, 1986:31). It is a special application of the general science of linguistics and meaning. It seeks to formulate those particular rules which pertain to the special factors connected with the Bible.

Thompson (1987:39) thinks hermeneutics can be defined as an attempt at reconstructing the meaning of a biblical text, to give the hearer some clues as to how it might have been understood by the original reader and subsequent generations.

In Zuck's point of view (1991:19) "hermeneutics is the science and art of interpreting the Bible. Another way to define hermeneutics is this: It is the science (principles) and art (task) by which the meaning of the biblical text is determined".

As Terry (1964:8) writes: "Hermeneutics, therefore, is both a science and an art. As a science, it enunciates principles, investigates the laws of thought and language, and classifies its facts and results. As an art, it teaches what application these principles should have, and establishes their soundness by showing their practical value in the elucidation of the more difficult Scriptures. The hermeneutical art thus cultivates and establishes a valid exegetical procedure".

According to Stott (1972a:157), he firstly defines 'hermeneutics' as the technical name given to the science of interpreting Scripture, and it should be obvious that true biblical hermeneutics will be consistent with the nature of the Bible itself. Above all, the preacher has to seek both the original sense according to the biblical author's intention, and the natural sense, which may be either literal or figurative, again in line with the author's objective.

To sum up, the above-mentioned definition: 'Hermeneutics' is an art that we apply mechanically but which involves the skill of the interpreter.

### 4.1.4 The Necessity of Hermeneutics

#### 4.1.4.1 Opening Up the Closed Text

Stott (1992:209-212) has two important convictions about the Bible. The first is that it is inspired. The second one is that the inspired text is also partially closed. If to preach is 'to open up the inspired text', then it must be partially closed or it would not need to be cleared up. So, the church needs 'pastors and teachers' to expound or open up Scripture, and the ascended Christ still gives these gifts to his church (Eph. 4:11). Stott (1992:161) uses the story of the Ethiopian eunuch to illustrate the art of interpretation. While he was sitting in his chariot, reading Isaiah 53, Philip asked him: 'Do you understand what you are reading?' He said 'how can I understand unless someone explains it to me?' (Acts 8:26-39).

Here then is an incident described in the Bible which illustrates the practical value of scriptural interpretation. Therefore, in addition to the text, God gives the church preachers to open up the text, clarifying it and applying it to people's lives. As a result; hermeneutics is necessary in order to teach partially obscure texts in the Bible.

### 4.1.4.2 Two Horizons

Together with Bultmann, most modern scholars (Simonian, 1970:99; Ricoeur, 1976:29-30) point out the difference between the context of the original authors and the situation of modern readers as the basic reason why hermeneutics is urgently needed today. Their general tendencies, as Marshall (1980a:9) points out, are to over-accentuate the difference between the two circumstances and to under-emphasise the elements of continuity between them.

Firstly, for example, Gadamer stresses the fact that a different ''horizon'' which has a limited viewpoint or perspective, has to consist of the fusion of horizons because there are some problems between the extreme cultural particularities of the ancient text and the modern interpreter in the process of interpretation. In this process, the expositor's first task was called 'distancing' by Gadamer. That is, we have to acknowledge 'the pastiness of the past', disengage ourselves from the text, and allow its own historical integrity to exist, without intruding ourselves into it or deciding prematurely how it applies to us. A careful interpretation of the text necessitates studying it in its own cultural and linguistic setting (Thiselton, 1992:315-317).

Secondly, for example, in his classic and comprehensive study 'The Two Horizons', Thiselton (1980:102) says that "when two sets of horizons are brought into relations to each other, namely those of the text and those of the interpreter, understanding takes place". "There must be present engagement with the text", writes Thiselton, "as well as critical distancing from it" (1980:103). Since the interpreter also belongs to a specific and particular environment, completely different from that of the text, this is not easy. It requires a high degree of imagination, of empathy, if we are to enter that alien world. "Historical exegesis is essential, but it is not enough. We need both a distancing and an openness to the text which will yield a process towards the fusion of horizons" (Thiselton, 1980:326).

Moreover, in the early 1960s, several post-Bultmanns, notably E. Fuchs, G. Ebeling, J.M. Robinson, and also R.W. Funk, went beyond Bultmann's hermeneutics, particularly his adoption of the existentialism of the earlier Heidegger, criticising Bultmann's understanding of the way language functions (Hasel, 1978:58). Rejecting objectivity as impossible, on the ground that we cannot jump out of our own particularity into that of a biblical author, they stressed the need to let the text speak. According to their theory of language, its purpose is not so much to convey 'concepts' as to cause an 'event' (language event), in which the roles of text and interpreter are reversed (Dickinson, 1976:42).

Stott (1992:189) criticises the above-mentioned theories and the approach to methods of interpretation as follows: "We cannot concentrate on the text as subject as the new hermeneutics does and on the text as object as the old hermeneutics did, but we have to concentrate on both of them because the object and subject are the same text and have the same meaning". Therefore, John Stott declares that hermeneutics is not shaped by the cultural and historical differences between the two contexts. Interpretation is needed, for the essential revelation in the text (what God is saying here) has to be re-clothed in an appropriate modern situation. And there is also the need for interpretation because we live in the twentieth century in which cultural and linguistic differences make the task of interpretation even more difficult. According to Liefelt (1984:23), "the expositor must also deal with the realities of different 'horizons' even in his own day". However, Stott does not distort the truth by over-stressing and under-stressing the difference between the two contexts. In Stott's book (1982a), I Believe in Preaching, the fourth chapter deals directly with our concern here, 'Preaching as Bridge-building'.

### 4.1.5 The Aim of Hermeneutics

In a word, the goal of hermeneutics is firstly to understand the significance of the biblical contents in its original setting, that is, to have a satisfactory understanding of the text, in which is included an original meaning that the authors intended, before preachers apply it. After that, based on this understanding and using a process of induction, the preacher attempts to articulate the principles that continue to possess relevance for the contemporary believers. Stott (1992: 215) says that "the meaning of a text must be sought and found in the words themselves, the author's words, and not in the reader's thoughts and feelings". He means that we need to reflect on its contemporary message (how it applies to people today).

After the interpreter has come to understand the text, he must apply its meaning to his own life in order to change himself. If he fails to do so, he will be separating the truth and its practice, abstract theoretical cognition and concrete application.

A truly Reformed interpretation of the aim of hermeneusis is to harmonise the understanding of the truth and its application to our lives. Calvin (1967a:39-40) says "what helps it, in short, to know a God with whom we have nothing to do? Rather, our knowledge should serve first to teach us fear and reverence; secondly, with it as our guide and teacher, we should learn to seek every good from Him, and, having received it, to credit it to his account…" A satisfactory understanding of the truth should affect the whole personality and life of the interpreter, including firstly his intellect, then his emotion and lastly his will.

According to John Stott the preacher who has penetrated deeply into his text, has isolated and unfolded its dominant theme, and has himself been affected by its message, will give his congregation a chance to respond to it, often in silent prayer, as each person is brought by the Holy Spirit to an appropriate obedience (1992:218).

## 4.2 THE CHARACTERISTICS OF HIS HERMENEUTICAL PRINCIPLES

### 4.2.1 The Three Teachers for Hermeneutics

#### 4.2.1.1 Preamble

Having asserted his presuppositions about the Bible, Stott provides some rules for interpreting the text. He cautions his reader to remember that only the text itself is infallible, not the interpretations which are drawn from the text. He (1972a:156) says that God's Word is infallible, for what he has said is true. But no Christian individual, group or church has ever been or will ever be an infallible interpreter of God's Word. Human interpretations belong to the sphere of tradition, and an appeal may always be made against tradition to the Scripture itself which tradition claims to interpret. Stott's principle of interpretation involves the teachings of three teachers which will instruct us and guide us. He (1972a:156) explains why: God has made provision for us to grow in our understanding of the truth and to be protected from the worst forms of misinterpretation.

#### 4.2.1.2 The Holy Spirit

Stott firstly asserts that our foremost teacher is the Holy Spirit itself. The best interpreter of every book is its author, since he alone knows what he intended to say. Therefore, the best commentator on Scripture is the Holy Spirit who moved the authors to pen the words. In other words, the biblical authors were influenced by God, not on their own impulse but as they were moved by the Holy Spirit (2 Pe. 1:21). Stott makes it clear that the work of the Holy Spirit is absolutely essential to an understanding of the Bible. By the illumination of the Holy Spirit, one is enabled to see, comprehend and appropriate something of the precious truth which is beyond the realm of grammar and intellectual dexterity. So, we must accept the principle that only the Spirit of God knows the things of God, as Paul points out in 1 Corinthians 2:11, part of a rich portion of Scripture with broad implications (Kaiser, 1994:23-24). Lloyd-Jones (1977:327-8) is right in saying the following about it: "In the same way the Holy Spirit alone enables us to 'interpret' this Word. It is entirely the Spirit's work. Everything connected with this Word is always the result of an operation of the Spirit from beginning to end. However able a man may be in a natural sense, that ability does not help him to interpret Scripture... It must be interpreted in a spiritual manner. And nothing and no one can enable us to do that apart from the Spirit of God Himself".

Stott adds that the work of the Holy Spirit in communicating God's truth to man is now seen to have two stages. The first and objective stage is 'revelation', the disclosure of the truth in Scripture. The second and subjective stage may be called 'illumination', the enlightenment of our minds to comprehend the truth disclosed in Scripture. Each process is indispensable. Without revelation we have no truth to perceive; without illumination no faculty with which to perceive it (1972a:157). He suggests one example in the Bible; God ceased to speak to the Israelites in judgement upon his rebellious people in the days of Isaiah. His truth became like a sealed book, and His people like illiterate children. There were thus two barriers to their receiving His word: If you give the scroll to someone who can read, and say to him, 'read this please', he will answer, 'I cannot; it is sealed'. Or if you give the scroll to someone who cannot read, and say, 'read this, please', he will answer, 'I do not know how to read' (Isa. 29:11,12).

This illumination, however, is restricted to regenerated, humble, obedient, and communicative people.

First, the Holy Spirit enlightens the regenerated, or born-again, person. It is important to begin with conversion, for rebirth is the fundamental prerequisite for the performance of any Christian service. An experience of or to be sure rebirth is essential before we are able to grasp the heavenly truth. 'Unless a man is born again', Jesus said, 'he cannot see the kingdom of God' (Jn. 3:3). This fact the apostle Paul echoed: The man without the Spirit [the 'natural' or 'unregenerate' man] does not accept the things that come from the Spirit of God, for they are foolishness to him and he cannot understand them, because they are spiritually discerned (1 Cor. 2:14). In fact, powerful preaching is conceived in the new birth and sustained and enriched in communication with our Saviour Jesus Christ (Thomas, 1986:371).

Secondly, the Holy Spirit enlightens the humble. There is no greater hindrance to understanding than pride, and no more essential condition than humility. Jesus put the matter beyond dispute: "I praise you, Father,

Lord of heaven and earth, because you have hidden these things from the wise and learned, and revealed them to little children. Yes, Father, for this was your good pleasure" (Mt. 11:25-26). The 'wise and learned' from whom God hides Himself are the intellectually proud, and 'little children' are the humble and sincere. It is to such only that God reveals Himself. As Charles Simeon writes: "In the beginning of my enquiries I said to myself, I am a fool; of that I am quite certain. One thing I know assuredly, that in religion of myself I know nothing. I do not therefore sit down to the perusal of Scripture in order to impose a sense on the inspired writers; but to receive one, as they give it to me. I pretend not to teach them, I wish like a child to be taught by them" (Stott, 1972a:158).

Thirdly, the Holy Spirit enlightens the obedient. This is much emphasised, since God's purpose through Scripture is not merely to 'instruct' in strong general terms but specifically 'to make you wise for salvation' (2 Tim. 3:15). Kaiser and Silva (1994:25) say that the desire to keep God's commandment, the determination to do God's will - these are the great prerequisites for true biblical understanding. Thus, Jesus promises that those who have a desire to do God's will, will know whether his teaching is true, and that he will show himself personally to those who have proved their love for him by their obedience (Jn. 7:17; 14:21).

Fourthly, the Holy Spirit enlightens the communication. The understanding he gives us is not intended for our private enjoyment alone; it is given to be shared with others. We hold it on trust.

### 4.2.1.3 The Discipline of Study

If the Holy Spirit is our first and foremost teacher, there is a sense in which we ourselves, in our very dependence on the Spirit, must also teach ourselves. That is to say, in the process of divine education we are not wholly passive, but are expected to use our own reason responsibly. Vines (1985:51) emphasises that "the preacher must take whatever steps necessary to develop the discipline of study". For in our reading of Scripture divine illumination is no substitute for human endeavour. Nor is humanity in seeking light from God inconsistent with the most disciplined industry in study. The Spirit does move where He chooses (Jn. 3:8), but we are required to use every gift, every ability God has given us, as fully as we can (Logan, 1986:131).

We must set our minds to understand Scripture and think over what is written in it. As Simeon (1979:975) put it: "For the attainment of divine knowledge, we are directed to combine a dependence on God's Spirit with our own research. Let us, then, not presume to separate what God has thus united".

Sometimes our growth in understanding is inhibited by a proud and prayerless

self-confidence, but at other times by sheer laziness and indiscipline. Those who would increase their knowledge of God must both degrade themselves before the Spirit of truth and commit themselves to a lifetime of study.

Thus John Stott (1982a:180-182) warns: "Since the Christian pastor is primarily called to the ministry of the Word, the study of Scripture is one of his foremost responsibilities. The higher our view of the Bible, the more painstaking and conscientious our study of it should be. If this book is indeed the Word of God, then away with slovenly, slipshod exegesis! We have to make time to penetrate the text until it yields up its treasures. Only when we have ourselves absorbed its message, can we confidently share it with others".

To sum up, we are expected by God to use the minds which He gave us to submit to Scripture but at same time to wrestle with it and try to relate its message to contemporary society.

### 4.2.1.4 The Teaching of the Church

The third teacher is the Church, representing tradition. In the introduction of his famous book, The Cross of Christ, Stott (1986:12) says that "To be disrespectful of tradition and of historical theology is to be disrespectful of the Holy Spirit who has been actively enlightening the church in every century". So, he thinks that tradition is an important way of interpretation. He (1972a:163) points out that tradition is "the understanding of biblical truth which has been handed down from the past to the present". Accordingly, although the Holy Spirit's work of biblical inspiration was unique, His teaching ministry did not cease when the last apostle died. It changed from revelation to illumination. Gradually and progressively over the centuries of church history, the Spirit of truth enabled the Church to grasp, clarify and formulate the great doctrines of Scripture. The Reformers asserted 'the right of private judgement', or 'competency of the believer', against the claims of ecclesiastical authority.

Stott stands firmly within this Reformational tradition. Nevertheless, in rejecting every attempt to interpose the Church or any other authoritative teaching body between God and His people, we must not deny that the Church has a place in God's plan to give His people a right understanding of His Word.

Stott notes it is still not wise to ignore the illumination given by the Spirit to others. He (1972a;162) says "the Holy Spirit is indeed our teacher, but he teaches us indirectly through others as well as directly to our own minds. It was not to a single that he revealed the truths now enshrined in Scripture, but to a multiplicity of prophets and apostles; his work of illumination is given to many also. It is not merely as individuals, but 'with all the saints' that we are given 'power ... to grasp how wide and long and high and deep is the Love of Christ ... that surpasses knowledge'" (Eph. 3:18,19).

Therefore, we should respect the heritage of the past as well as the teacher of the contemporary Church. God has appointed teachers in His Church. It is our Christian duty to listen to them with respect, humility and eagerness, and to feed upon God's Word from their lips when they faithfully expound it, at the same time ourselves 'examining the Scriptures every day' to see if what they say is true (Acts 17:11).

### 4.2.1.5 Summary

Our three teachers whom we mentioned are the Holy Spirit, ourselves and the Church. It is by receiving the illumination of the Spirit, by using our own reason and by listening to the teaching of others in the Church that we grow in our understanding of Scripture. Stott (1972a:164-165) continued to urge that we must hold these three authorities or teachers in proper order: "I am emphatically not saying that Scripture, reason and tradition are a threefold authority of equal importance by which we come to know God's truth. No Scripture alone is God's Word written, and the Holy Spirit is its ultimate interpreter. The place of the individual's reason and of the church's tradition lies in the elucidation and application of Scripture. But both are subordinate to God Himself as He speaks to us through His word".

### 4.2.2 His Basic Principles of Hermeneutics

From the three teachers we turn now to examine the Stott's basic principles which are to guide us in our interpretation of the Bible. This part of study will be focused on Stott's hermeneutical principles.

### 4.2.2.1 The Original Sense

The expositor must look for the original meaning from the whole passage instead of from the meaning of a single word. Stott (1972a:170) says that "the permanent and universal message of Scripture can be understood only in the light of the circumstances in which it was originally given ... So, as we read the Bible, we need to keep asking ourselves: What did the author intend to convey by this? What is he actually asserting? What will his original hearers have understood him to have meant? If the interpreter understands the purpose of revelation, he cannot mislead to read back into Scripture the notions of a later age but can fully grasp the original intention of God from the text". For this the interpreter will need to know something about the historical, geographical and cultural background of the Bible. The steps of this 'grammatico-historical' method begin with using literary and historical data to reconstruct the setting.

Who wrote it and to whom? In what circumstances? For what reason? This step uses literary criticism to determine the genre of the text: Prose, poetry, wisdom, apocalyptic, historical narrative, drama, letter, law, or prophecy. The interpreter must take into account the differences in cultures and the resulting differences in language. This step is necessary to relate the Scriptures to a contemporary setting (Stott, 1972a:170-75).

Therefore, we can sum it up in the words of Towner (1994:182), "Our correct handling of the biblical text includes first understanding the original message in its original context, which requires knowledge of the biblical languages and historical cultural-social-setting that the author addressed (or depending on those who do have such knowledge)".

## 4.2.2.2 The General Sense

Stott's second basic principle of interpretation is to "look for the general sense. This is the principle of harmony" (Stott, 1972a:175). Here, Stott is not advocating a 'bend-over-backward' method or 'harmonising' contrasting passages from the gospels; rather, he is using Scripture to interpret Scripture (We treated this principle: Of exegesis in 3.6.1 of chapter 3). Is the interpretation of a text consistent with the message of the Bible?

Stott gives an example to show what he means. He accepts Adam and Eve in Gen. 3 as literal people. This interpretation is consistent with Rom. 5:12-21. The Tree of Life and the serpent, however, reappear in Revelation where they are both clearly symbolic. Thus, the fall of humanity was literal but the actual sin was described in more general or symbolic terms (Stott, 1972a:178). Therefore, we have to interpret each text in the light both of its immediate context in the chapter or book concerned and of its wider context in the Bible as a whole. The twentieth of the Anglican Church's Thirty-Nine Articles is wise to forbid the church to "so expound one place of Scripture that it be repugnant to another". Instead, we will be right to seek harmony by allowing Scripture to interpret Scripture (Stott, 1991b:116).

In conclusion, we look for the original meaning because we believe that God addressed His word to those who first heard it, and that it can be received by subsequent generations only insofar as they understand it historically. Our understanding may be

fuller than that of the first hearers (e.g., of the prophecies of Christ); it cannot be substantially different. We also look for the general meaning because we believe that God is self-consistent, and that His revelation is self-consistent as well.

Finally, Stott (1972a:182) emphasises that the basic principles of biblical interpretation we have been considering are not arbitrary. But they are derived from the character of the Bible itself as God's written Word, and from the character of God as he is revealed in the Word. In other words, these principles arise partly from the nature of God and partly from the nature of Scripture as a plain, historical, consistent communication from God to men. They lay upon us a solemn responsibility to make our treatment of Scripture coincide with our view of it.

## 4.3 THE CHARACTERISTICS OF HIS HERMENEUTICAL METHODS

### 4.3.1 Preamble

In this section we want to examine the characteristics of Stott's hermeneutical methods. First of all, we will investigate his critical attitude towards the principles and methods of interpretation from which he differs; after that we will evaluate the characteristics of his hermeneutical methods. His hermeneutical methods are embedded in his vast amount of sermons and his homiletical books. To evaluate his hermeneutical methods, an intensive study of his published sermons and books is not only necessary but also imperative. It will be the main task of this section.

## 4.3.2 His Criticism of Some Principles and Methods of Interpretation

Stott's characteristic principle of interpretation is to look for the original meaning of the text. He (1992:212) warns that what we can commit is to read back our twentieth century thoughts into the minds of the biblical authors, to manipulate what they wrote in order to make it conform to what we want them to say, and then to claim their patronage for our opinions. Problems result when readers interpret a statement in a mode other than the one intended by the author. In such cases, Stott criticises the problems of interpretation severely.

### 4.3.2.1 His Criticism of Bultmann's Demythologization

According to Bultmann, the essence of the Gospel, the kerygma, can be determined only by stripping away or identifying every element of myth which adheres to the gospel record (Brown, 1991:52). Stott (1992:197-200) criticises three points of Bultmann's demythologization programme. His argument may without too much distortion be reduced to three objects, relating variously to the biblical authors, their modern readers, and theological communicators.

First, the intellectual framework of the biblical writers was pre-scientific and therefore 'mythical'. For example, they envisaged heaven above and hell below in a three decker universe, so that they imagined Jesus literally 'descending to hell' and 'ascending to heaven'.

Secondly, if modern scientific men and women are presented today with the gospel (kerygma) couched in terms of such an obsolete cosmology, they will reject it as frankly incredible. Thirdly, the task of theologians is therefore to strip away the mythical elements in the Bible, or 'demythologize the kerygma', because the purpose of myth is not to speak of historical events but of transcendent reality. In addition, the modern scholar must now unmask the myth and recover the original existential meaning of the myth.

Stott does not agree with Bultmann's theory of interpretation of the New Testament. On the contrary, he (1992:198,199; 1979b:274) criticises Bultmann's demythologisation. With regard to Bultmann's first point, he is not himself at all convinced that the biblical authors were the literalists he imagines. To be sure, they used the imagery of the three-decker universe, for it was part of their intellectual framework. But were they actually affirming it? He did not think so. Even though Old Testament authors used such imagery as the example of dramatic and poetic (e.g., the earth's pillars in Psalm 75:3), we do not need to interpret them literally. The Old Testament authors affirm God's sovereign control of the world by saying that He held earth's pillars firmly, without committing themselves to a three-decker cosmology. They affirmed God's power over evil by referring to His destruction of the primaeval monster Leviathan (Ps. 74:14; Isa. 27:1), without committing themselves to the Babylonian creation myth. This form of thought and speech, whether we call them 'imagery', 'poetry', or 'myth', were common currency in the ancient Near East. Old

Testament authors used them to convey truths about God as Creator and Lord, without affirming the literal truth of the imagery or mythology they were using.

With regard to Bultmann's third point, Stott (1992:74) points out that "Bultmann attempts to reconstruct the kerygma (especially the death, resurrection and parousia of Jesus) by dissolving these historical events into a 'meaning' which is not historical". Thus, according to Bultmann (1941:38-42), when the apostles said that 'Christ died for our sins', they were not referring to any literal sin-bearing sacrifice, but affirming God's love and our own existential experience of being crucified with Christ. When they said that 'He rose', they were not referring to an event but to an experience, namely that He rose in their own revived faith. In other words, Easter was not an event, but an experience; not the objective, historical resurrection of Jesus from the dead, but a subjective, personal recovery of faith in the hearts and minds of his followers. And when they said that He is coming again to judge, they were not referring to a future event,' but to a present challenge to make a responsible decision for Christ today.

The key question, however, is whether the affirmations that Christ died, rose and will return were deliberately mythical ways of referring to something other than historical events, or whether they were real happenings which were themselves part of the kerygma being proclaimed. The natural interpretation of the apostolic kerygma is that the apostles were intending to proclaim events in the career of Jesus which were both historically true and theologically significant.

Consequently, in a word, Stott's (1992:74) criticism is that "what is truly incredible is not the resurrection of Jesus, but the misunderstanding of Bultmann who confused it with a resurrection".  Indeed, Bultmann's approach did not precisely involve rejecting the myths but translating them into modern myths.  By this, Bultmann meant primarily the categories of existentialist philosophy (Kaiser, 1994:231).

### 4.3.2.2 A Roman Catholic Interpretation

Stott (1986b:16) originally rejects the Roman Catholic's presupposition of the interpretation of the Bible.  For example, (1) the ordinary peoples who have no knowledge of Hebrew or Greek or archaeology or of the writings of the Fathers of the Church, are not competent to interpret the Bible, (2) the Church who bears the true Tradition (oral and written) is thereby the only official interpreter of the Scriptures.  Only that Church which bears the mark of apostolicity can know the real meaning of the written tradition, and (3) no passage of Scripture can be interpreted to conflict with the Roman Catholic doctrinal system.

They also teach that, since the Bible authors were churchmen, the Church wrote the Bible.  Therefore, they insist that 'the Church is over the Bible and has authority not only to interpret it, but also to supplement it'.  These kinds of trickery which emphasises the authority of the Church about interpretation without any for their true contextual meaning (historical and scriptural background) are outrageous.

Stott (1972a:177) also warns against a Roman Catholic method of interpretation which exploits a combination of words which has no original meaning of the text. He takes an example; in his instruction on the local church's responsibility to discipline an impenitent offender, Jesus said: "If he refuses to bear the church, let him be to you as a Gentile ..." i.e., let him be excommunicated (Mt. 18:17). Now during the Tractarian movement which sought to restore the Church of England's Catholic authority, its followers preached so often on the three words of this verse 'hear the church' that they provoked Archbishop Whately to retort with a sermon on the equally truncated text "if he refuses to hear the church, let him!"

In his famous book, The Cross of Christ; Stott (1986:186-190) especially criticises Roman Catholic's viewpoint about the doctrine of justification. Roman Catholics find 'total depravity' a pessimistic view of the human condition, involving an inadequate doctrine of creation. They add that human beings have not lost their free will, and are therefore able to cooperate with grace and contribute to salvation. Therefore, Roman Catholics are uncomfortable when we talk about 'total depravity' (that every part of our humanness has been twisted by the Fall), which lies behind the need for both a radical salvation and non-contributory grace.

But Stott stresses "the 'total depravity' through the instruction from the Word of God. We see the need to underline the New Testament antitheses regarding salvation. It is by His grace you have been saved, through faith and this not by yourselves, it is the gift of God, not of works, so that no one can boast"; "We ... know that a man is not justified by observing the law, but by faith in Jesus Christ". Again, He has saved us, not because of any righteous things we may have done, but because of His mercy" (Eph. 2:8,9; Gal. 2:16; Tit. 3:5).

Stott (1986a:187) says that "we cannot avoid the stark alternative which such texts put before us. Not works, but grace. Not law, but faith. Not our righteous deeds, but His mercy. There is no cooperation here between God and us, only a choice between two mutually exclusive ways, His and ours. Moreover, the faith which justifies is emphatically not another work".

### 4.3.2.3 The Existential Principle of Interpretation

The modern liberation theologian claims that interpreters should read their own meaning into the text. In other words, the interpretative focus itself has changed: The scholars' question no longer was 'what is God saying in the text?' But rather 'what does the text tell me about the developing religious consciousness of this primitive Hebrew cult?' (Virkler, 1982:70). They (Brunner, Kierkegaard, Karl Barth, Anderson, and Rechadson) assert that "the Bible is a book about existence, about life at its most comprehensive expression, about God. To understand it at this level one must read it existentially. By this existential reading the Bible may become the Word of God to the reader" (Ramm, 1989:76). Therefore, the interpreter is not looking for the divine revelation in Scripture and stating it in theological form, but he is looking for the 'Word within the words', for the existential stratum of Scripture, for the manner in which Scripture addresses man.

Speaking of this, Grant (1972:162) says that "the deepest interpretation of Scripture is that concerned with 'existential' situation: Life and death, love and hate, sin and grace, good and evil, God and the world. These are not matters of ordinary knowledge like the multiplication table or the date of the council of Nicea. There is ... no special method for the attainment of these deeper insights; the historical method is not replaced but deepened".

This method of interpretation has profound influence on the credibility that interpreters give to the biblical important implications for procedures. So, Stott criticises the existential interpretation of the Bible. He (1992 text, and thus has im:216) points out that "if we begin with the text's contemporary message, without first having accepted the discipline of discovering its original meaning, we surrender to existentialism, unrelated to the past realities of revelation". He also writes on his experience as an example of wrong interpretation and application. He was himself greatly disturbed that the World Council of Churches (which ought to have known better) should take as the text for their Fourth Assembly at Uppsala in 1967, God's great words in Revelation 21:5 (RSV), 'Behold, I make all things new', where the sentence applies to what He is going to do in the end when He makes a new heaven and a new earth, and should then proceed without any conceivable justification to apply it to the revolutionary political and social movements of today (Stott, 1972a:177).

Therefore, Stott (1982a:103) asserts that "God has spoken, that God speaks, and that his two messages are closely connected to one another, because it is through what he spoke that he speaks".

### 4.3.2.4 The Allegorical Interpretation

It was one of the oldest methods of approach for understanding the Bible. Allegorising is searching for a hidden or a secret meaning underlying but remote from and unrelated in reality to the more obvious meaning of a text (Ramm, 1989:24). This method has been used in the history of the church since Origen (ca. 185-254) started doing it. Broadus, however, (1991:34) says that "a good and safe rule to follow is that, while probable allegorical or spiritual meanings may be adduced as probable, no allegorical meanings shall be made the basis of a sermon without a clear warrant in scriptural usage".

Even though allegorising had had a stranglehold on the church for centuries, it eventually became fraught with problems which led to the wrong application in a sermon. The interpreter using this method allegorises a given text to find in it a hidden meaning, buried not in the truth of this text but in his own mind, and then applies it to our lives.

Stott (1972a:167-169) criticises this method as follows: "Unfortunately, the fanciful allegorisation of Scripture has often brought serious Bible reading into disrepute". Stott

rejects such allegorical interpretations which suggest the two denarii given to the innkeeper represent the two sacraments, etc. in the Good Samaritan of Luke 10, 'who is my neighbour'. He defines a parable as having one main lesson with additional material provided for 'dramatic effect'; allegory makes several points. Stott demonstrates one example of the so-called 'Epistle of Barnabas', an apocryphal work of the early second century AD, which contains some outrageous allegorisations. In one passage the author quotes the Mosaic regulation that the Jews might eat every animal that divides the hoof and chews the cud, and explains it thus: "Cleave unto those that fear the Lord ... with those who know that meditation is a word of gladness and who chew the cud of the word of the Lord. But why that which divides the hoof? Because the righteous man both walks in this world and at the same time looks for the holy world to come".

Stott plainly interprets this verse: "Now certainly to "chew the cud of God's Word is a very suggestive expression for the Bible meditation, and also the Christian is a citizen of two worlds. But equally certainly this is not what Moses had in mind when he wrote about cud-chewing, cloven-hoofed animals!".

Stott (1971:13-92) calls the good shepherd in Jn. 14, the vine and branches in Jn. 15, and the sower in Mk. 4 allegories. In his book, The Parables of Jesus, Joachim Jeremias (1972:86) calls these examples, parables, or metaphors with added allegorical interpretations. Stott's interpretation of these Johannine passages can be found in his Urbana 70 addresses on "The Upper Room Discourse" (Jn. 13-17) in Christ the Liberator.

His explanations do not follow the pattern of excess that made allegorical interpretation so distasteful to modern scholars, but rather follow the pattern of interpreting metaphors. Stott has found no hidden, secret meanings which only 'spiritual' people could discern. Instead, he uses other Scripture texts, Isa. 5 and Jer. 2 with which Christ was probably familiar, and Col. 1 and Gal. 5, to find out what type of fruit Christians are to bear (Stott, 1971:51-52).

Therefore, Stott (1992:215) excludes to thrust the reader's thought to the Bible, but keeps to get the meaning out of it. He declares that all of the Bible must not be interpreted allegorically and spiritually, but some parts of it can be interpreted literally and allegorically (1972a:168,169).

### 4.3.2.5 Biblical Criticism

In his message of the Sermon on the Mount, Stott (1978:22-23) criticises the biblical criticism, especially redaction criticism. Because many have denied that the Sermon on the Mount was ever in any meaningful sense a 'sermon' preached by Jesus on a particular occasion. We cannot mention all biblical criticism in this section, but will concentrate on the redaction criticism Stott has criticised in his preaching.

Redaction criticism represents a movement towards a more concentrated focus upon the text as a whole. A basic assumption underlining redaction criticism is that authors were guided in their adaptation, modification, and arrangement of their sources by theological purposes. The theological purpose of an author can be discovered by examining how that writer uses his sources. Writers arrange and alter their sources and traditions according to their own theological purposes or those of their community. This, of course, means that sources and form criticism are presuppositions for redaction criticism. Sources and individual units of tradition must be available before an interpreter can determine to what extent and in what ways an author has adapted and reapplied the sources and traditions. It follows that redaction criticism inherently focuses on four concerns: (1) selection of traditional material and sources; (2) adaptation and modification of the material; (3) arrangement of the material; and (4) the extent of the author's own theological contribution to the text (Smalley, 1977:181-192).

As a result of such principles of criticism, commentators approach the text of the Sermon on the Mount. So, Davies (1964:1,5) calls the Sermon "merely a collection of unrelated sayings of diverse origins, patchwork", and after a rehearsal of source criticism, form criticism and liturgical criticism, he concludes: "Thus the impact of recent criticism in all its forms is to cast doubt on the propriety of seeking to understand this section ... as an interrelated totality derived from the actual teaching of Jesus". He later concedes that the tide has turned towards so-called redaction criticism, which at least credits the evangelists themselves with being real authors who shape the tradition they preserve. Nevertheless, he remains sceptical as to how much original teaching of Jesus is contained in the Sermon on the Mount.

Stott (1978:23) evaluates those who believe such redaction criticism as follows: "How one reacts to this kind of literary criticism depends on one's fundamental theological presuppositions about God himself, nature and the purpose of His revelation in Christ, the work of the Holy Spirit and the evangelists' sense of truth".

Stott (1978:23) personally does not accept any view of the Sermon on the Mount which attributes its contents rather to the early church than to Jesus, or regard it as the reason why both Matthew and Luke present their material as a sermon of Christ, and appear to convince their readers to understand it as such.

Finally, we may summarise the disadvantages of the biblical criticism. (1) The traditional criteria on which the redaction method normally depends are often to be questioned because of the assumptions involved in them. (2) It is too often presupposed that redaction on the part of an evangelist means 'composition', in the sense of invention. This is unwarranted. (3) Redaction critics are at times too subtle and subjective in their approach to the Gospels, and in their assessment of the evangelists' motives and methods. This is the reason for the wide variation in their results; although this need not surprise us with a discipline still in its infancy. Caution is obviously needed in the analysis of any editorial activity, particularly when, as in the case of the Gospels, we are not always sure who the 'editor' is, or the exact nature of his sources (Moule, 1971:50).

So, when we stumble across some problems by ourselves about an apparent discrepancy or a question of the biblical criticism, what shall we do? Stott (1972a:155) suggests two solutions about it: (1) To begin with, it is essential that we wrestle honestly with biblical problems; (2) We shall maintain our belief in God's Word, just as we maintain our belief in God's love, in spite of the problems, ultimately for one reason and one reason only, namely that Jesus Christ taught it and exhibited it. It is no more obscurantist to cling to the one belief than to the other. Indeed, it is not obscurantist at all. To follow Christ is always sober, humble and Christian realism.

### 4.3.2.6 Rationalistic Interpretation

Finally, we will examine Stott's critical attitude about rationalistic interpretation. Rationalism, in philosophy, has not only laid the basis for liberalism in theology but, even more important, has had a profound effect on hermeneutics, thereby strongly affecting the twentieth century interpretation of Scripture (Virkler, 1982:70; Brown, 1991:71-72). As early as Hobbes and Spinoza, rationalistic views were held about the Bible. Rationalism, the philosophical creed of accepting reason as the only authority for determining one's opinions or action, is that view which claims that human intelligence is capable of discovering whatever truth there is to know, or of adequately testing whatever claims to be truth (Ramm, 1989:33-34).

This school of thought held that reason rather than revelation was to guide our thinking and actions, and that reason would be used to judge which parts of the revelation were considered acceptable. So, rationalism was best represented by the naturalistic interpretation of Scripture. This school refuses to accept all supernatural agencies in human affairs, consequently rejecting miracles or apparent divine intervention in history. For example, liberal commentators suggest that the 120 believers broke into unintelligible, ecstatic speech, and that Luke (who had visited Corinth with Paul) mistakenly supposed that it was literal language (Acts 2:1-13). Thus, Luke got in a muddle and confused two quite different things. What he mistook for languages was in reality 'inarticulate ecstatic babbling' (Neil, 1973:71) or "a flood of unintelligible sounds in no known language" (Barclay, 1955 :15).

But Stott (1990:66) criticises this rationalistic method of interpretation by declaring that "those of us who have confidence in Luke as a reliable historian, let alone an inspired contributor to the New Testament, conclude that it is not he who is mistaken, but rather his rationalistic interpreters". He continues to insist that "the miracle (the tongue) on the Day of Pentecost was a supernatural ability to speak in recognisable languages".

Therefore, if we reject all reports of miracles in the classics as violating our scientific good sense, then we must reject miracles in the Scriptures as well. Miracles in the Bible are purely natural in origin. When miracles or the supernatural is found in Scripture it is treated as folklore or poetic elaboration (Adams, 1983:75).

Stott has never accepted any rationalistic interpretation, that is, the naturalistic, the mythical and the accommodation theory of interpretation, because the net result of the use of most of these interpretative keys has been to impart the reader's meaning into the text, rather than to read the author's meaning from the text. In other words, these methods have supplied interpretative keys growing out of their presuppositions about the origin and nature of Scripture.

### 4.3.3 His Redemptive Approach

#### 4.3.3.1 Understanding the Purpose of Scripture

Stott keeps in mind the basic purpose of the Bible when he approaches the text. He (1992:167) says that "its primary purpose is practical. It is more a guidebook than a textbook, more a book of salvation than a book of science. This is not to say that the biblical and scientific accounts of the world are in conflict, but rather that they are complementary". Furthermore, God's purpose in Scripture is not to reveal facts which can be discovered by the scientific method of observation and experiment, but rather to reveal truths which are beyond the scope of science, in particular God's way of salvation through Christ. Lloyd-Jones (1983:272) also says that "it is not a Book which gives us a little knowledge about encyclopaedias. It is the textbook of life, the handbook of the soul. It is a manual dealing with one subject, the reconciliation of man with God".

The intention of Scripture is to guide man to the way of salvation and what is necessary for a godly life (2 Tim. 3:15-16). Stott (1982b:21) says that "we have considered how God spoke: Now, why did He speak? The answer is not just to teach us, but to save us; not just to instruct us, but specifically to instruct us 'for salvation'. The Bible has this severely practical purpose". What he emphasises is that we always have to approach the Bible for a salvational purpose because we can find salvation for sinners only in the Bible (Acts 4:12). Stott (1982b:22) explains it with these words: "Through the created universe God reveals His glory, power, and faithfulness, but not the way of salvation. If we want to learn His gracious plan to save sinners, it is to the Bible that we must turn. For it is there that He speaks to us of Christ".

### 4.3.3.2 Some Practical Advantages

If we keep the redemptive purpose of the Bible in mind when we approach it, there will be some practical advantages to the interpretation of Scripture.

### 4.3.3.2.1 The Interpreter Grasps the Essential Important Message

It will ensure that an interpreter will not become so absorbed by the mere mechanics of Scripture and spend so much time on them as to miss the message, which is more important. Stott has no interest in the mere mechanics of the Bible, but in the stream of

our salvation from Scripture. Stott thinks that we can carefully discuss and study trivial matters of the Scriptures but it will be dangerous if we are so deeply immersed in the mechanics of the Holy Scripture that we miss its message. One thinks, for example, of such questions as these: Whether baptism should be administered only to adult believers or to the children of Christian parents as well, and whether candidates should be immersed in the water or have it poured over them....and whether the "millennium" (the reign of Christ for a thousand years) is intended to be understood literally as a future

earthly event or symbolically as a present spiritual reality (Stott,1972a:166). When equally biblical-minded Christians disagree in such matters, what should we do? He (1972a:166) suggests that "we respect one another with mutual Christian love and tolerance. Moreover, we should rejoice in the fact that in all the central doctrine (the salvation) of faith we remain agreed, for in these the Scripture is plain, clearly expressed and virtually self-interpreting".

### 4.3.3.2.2 The Interpreter Grasps the Aim of the Revelation

As we have studied God's revelation, the nature of God wants to reveal Himself to us. Now God has revealed Himself chiefly by speaking through the Bible.

It is an indisputable fact that God has spoken in order to be understood, and that He has intended Scripture (the record of the divine speech) to be plain to its readers. Stott (1972a:165) comments that "the whole purpose of revelation is clarity, not confusion, a readily intelligible message, not a set of dark and mysterious riddles. If the interpreter understands its purpose, he can grasp that God's whole purpose in speaking and in causing His speech to be preserved is that He wants to communicate with ordinary people and save them".

Finally, in a certain sense, the matter treated in this subsection (4.3.3.2) is self-evident. However, too often many fail here. Thus, this redemptive or practical purpose of the Bible is emphasised by Reformed scholars (Ferguson, 1982:461-2; Gill 1982:477), but at the same time this emphasis has not yet been applied by all preachers in their actual process of hermeneutics.

### 4.3.4 The Contextual Approach

#### 4.3.4.1 Preamble

Not only should the passage be placed within the broad unity of the book, but it must also be related to the immediate context. More clues to meaning come from a study of the surrounding context than from an examination of details within a passage (Robinson, 1980:58). Stott (1972a:176) admits the importance of contextual approach to a text and points out two ways that "the scriptural context of every text is both immediate (the paragraph, chapter and book in which it is embedded) and distant (the total biblical revelation)".

#### 4.3.4.2 The Immediate Context

Stott (1979b:61;157) understands the meaning of his text in the light of its immediate context. He notes carefully what precedes and what follows his text. If there is an alternative choice in interpreting a text, Stott decides it in terms of a close contact context. And if there is a word that has particular shades of meaning in various parts of Scripture, then Stott (1972a:177) considers the immediate context which will generally help him to find its precise aspect of meaning. Words cannot be interpreted by themselves, but only in context. First of all, Stott says that "the immediate context is the more obvious." But he points out that "to wrench a text from its context is an inexcusable blunder".

In his sermon on 1 Thessalonians, where Stott experiences difficulty to interpret some passages in the Bible, he (1991a:83-84) suggests three possibilities of interpretation of the words, 'vessel' (σχευος), 'acquire', and 'get' (κταομαι). The first one mentioned (vessel) is practised by 'the great majority of modern commentators', the second one relates to context. Since Paul's instruction is the positive counterpart to avoiding κταομα ι which usually means 'fornication' or 'adultery', the natural allusion is to marriage. Again, the contrast in Paul's phrase 'in holiness and honour, not in passionate lust' can readily be understood as presenting an alternative view of marriage; they can hardly be seen as some sort of self-control. Further, by his emphasis on what is 'holy and honourable' Paul seems deliberately to be purging σχευος of any dishonourable associations. Some commentators therefore suggest that έιδεναι in verse 4 should not be translated 'should learn ...' but 'should respect his wife' as in 5:12. The last one relates to the analogy of Scripture.

Consequently, Stott (1991a:82) prefers to use the translation of the RSV in 1 Th. 4:4 that 'each one of you knows how to take a wife for himself' to the NIV rendering that 'each of you should learn to control his own body'. Stott always tries to interpret in order to get the true meaning from the immediate context when he meets ambiguous verses or words.

### 4.3.4.3 Proximate Context

What is going on in close proximity to the text often provides clues as to the text's meaning. We can sometimes find the same phrase and word recurring in the same context when we read and study the Bible. All of the same phrases and words in the same context do not bear the same meaning, but most of them can bear the same meaning. Stott (1966:39) points out that "it is a fundamental principle of biblical interpretation that the same phrase recurring in the same context bears the same meaning".

He (1966:39-40) demonstrates one good example in the following: It is of great importance to observe that the phrase 'dead to sin' occurs three times in Rom. 6:1-11. Twice it refers to Christians (verses 2 and 11) and once it refers to Christ (Verse 10). When we interpret these phrases, we must find an explanation of this 'death to sin' which is true both of Christ and of Christians. We are told that 'he died to sin', and that 'we died to sin'. So, whatever this 'death to sin' is, it has to be true of the Lord Jesus and of us. This 'death to sin', whatever it is, is common to all Christians.

### 4.3.4.4 The Shorter Passages are to be Defined in the Light of the Longer Text on the Same Topic

The writers of the Scriptures sometimes describe some issues briefly in a certain part of the Bible but wrote them in detail in some other part of the books in the Bible. If we cannot fully understand the short passages and verses, we have to interpret them in the light of the longer passage. Stott makes it clear in his following statement: "We shall be wise to take the two passages together and to interpret the shorter in the light of the longer". For example, Stott (1978:93) explains the divorce in Mt. 5:31-32 in the light of Mt. 19:3-9, in which is described divorce in greater detail.

Stott seems to think that Mt. 5:31-32 gives an abbreviated summary of Jesus' teaching, of which Matthew records a fuller version in chapter 19.

Therefore, Stott confirms that the longer and fuller passages can assist us to interpret the short passages. And then Stott 's approach to the problems of the context and of going beyond the paragraph is accepted and modified in the hermeneutical tradition of Reformed theology.

### 4.3.4.5 The Whole Canonical Context

The text must be explained within its context, the part in relation to the whole, and the special in the light of the general (Stott, 1966:39).

Good hermeneutical procedure dictates that the details be viewed in the light of the total context. The final and largest circle of linguistic context in Stott's mind is coterminous with the entire canon. Therefore, he freely uses other portions of the Bible in order to reinforce his idea. So, he asserts that Scripture should be interpreted in harmony with other Scripture, and that Scripture must be compared with Scripture. He (1990:12) says that "We have to look for teaching on the issue, first in the immediate context within the narrative itself, then in what the author writes elsewhere, and finally in the broader context of Scripture as whole. For instance, the apostle Peter's plain statement to Ananias that his property, both before and after its sale, was his own and at his disposal

(Acts 5:4), will prevent us from regarding all Christian possessions as being necessarily held in common".

Thus, Stott stresses that the whole context should be coincided with the entire canon. And he also indicates the danger of the whole canonical context approach. In Stott's sermon about the tongue in Acts 2, he (1990:68) emphasises that although the tongue γλωσσολαλια is mentioned without explanation in several New Testament passages, Acts 2 is the only passage in which it is described and explained. Stott (1990:67) rejects Horton's statement that "the tongues here (sc. in Acts 2) and the tongues in 1 Car. chapter 12-14 are the same", but does reject the liberal approach, which is to declare Corinthian, γλωσσολαλια to be unintelligible utterance and to assimilate the Acts phenomenon to it. Instead, Stott insists that it is better to make the opposite proposal, namely that the Acts phenomenon was intelligible language and that the 1 Corinthians experience must be assimilated to it. There is another good example of Stott about the whole canonical context approach in Eph. 5:21-33. As a result, Stott (1979b:216) says that 'so then, we must not interpret what Paul writes to wives, children and servants in his Haustafeln (house tables) about submission in a way which contradicts these fundamental attitudes of Jesus. Nor should we make Paul contradict himself, as some writers do, for to do this in biblical exegesis is the counsel of despair. No, we must set the Haustafeln squarely within the framework of the Ephesians letter, in which Paul has been describing the single new humanity which God is creating through Christ".

To sum up, even though a same word has been used in the Bible, we have to distinguish its meaning from first the immediate, proximate context and secondly from the whole context of the Scriptures.

### 4.3.4.6 The Historical Context

If we are to establish accurately the author's intention, we must investigate the historical circumstances which are determinative to the authors' situation. Venter (1995:13) believes firmly that an interpreter has to "determine what light cultural-historical background might shed on this specific sermon text, the writer, first readers, etc."

Stott (1994a:189) understands Scripture in its original historical context. As we have seen from his criticism in the previous section, Stott rejects the existential interpretation as Bultmann did. In his series of sermons on Thessalonians, he (1991a:105) says that "we must resist the temptation of sophisticated 'modernists' to de-bunk Paul, to dismiss him as a child of his age, to deny that he was an inspired apostle, and to strip his statements of their 'mythological' clothing. We must insist that, however much imagery he may have used, he was referring to real events which belong to history, not myth".

We will examine two of his viewpoints concerning the historical situation of the biblical text.

### 4.3.4.6.1 In General

When Stott interprets certain words, phrases, sentences and

paragraphs, he does it in the context of the original hearers' thought world. For instance, the phrase 'warn those who are idle' (1 Th. 5:14) is explained as follows: "In classical Greek the word ἄτακτος was applied to an army in disarray, and to undisciplined soldiers who either broke ranks instead of marching properly or were insubordinate. It then came to describe any kind of irregular or undisciplined behaviours" (Stott, 1991a:87). So, Stott (1991a:88) concludes that "the context in each case (1 Th. 5:14; 2 Th. 3:6-7, 11) makes it plain that the ἄτακτος had given up their work and needed to be exhorted to go back to it".

Stott (1972a:172) points out Luther's mistake in that he rejects James' letter as made of 'straw' because Paul and James are contradictory about faith and works. It was Luther's mistake to misinterpret the historical background of the letters from Paul and James. Even though both of them quoted Abraham as an example in order to emphasise the faith and works according to their own accentuation, their positions are not mutually irreconcilable. Because Paul was tilting at legalists who believed in salvation by works, James as religionists who believed in salvation by orthodoxy. Both believed that salvation was faith and that a saving faith would manifest itself in good works. It was natural in their particular circumstances, however, that Paul should stress the faith which issues in works, and James the works which spring from faith.

Not only from the realm of the hearers' thought world but also from the context of their life situation does Stott (1991a:81) explain 1 Thessalonians 4:3-8: "It is not surprising that the apostle begins with sex, not only because it is the most imperious of all our human urges, but also because of the sexual laxity - even promiscuity - of the Graeco-Roman world. Besides, he was writing from Corinth to Thessalonica, and both cities were notorious for their immorality. In Corinth, Aphrodite, the Greek goddess of sex and beauty, whom the Romans identified with Venus, sent her servants out as prostitutes to roam the streets by night. Thessalonica, on the other hand, was particularly associated with the worship of deities called the Cabiri, in whose rites "gross immorality was promoted under the name of religion". It is doubtful, however, whether Corinth and Thessalonica were any worse than other cities of that period in which it was widely accepted that men either could not or would not limit themselves to their wives as their only sexual partner".

Stott continues explaining the danger of immorality by stating: "In many cultures and countries today, even where monogamy is officially favoured, deviations from this norm are increasingly tolerated. Christians, by contrast, have a reputation for being 'puritanical' and 'prudish', and for having a generally negative attitude towards sex. These criticisms are sometimes just. But in self-defence we also claim to be realists. Although we recognise that sex is a good gift of a good Creator, we also know that it has become twisted and distorted by the Fall, so that our sexual energies need to be rightly channelled and carefully controlled".

Therefore, much of the artistry in the work of the interpreter is to choose the limits of the historical context or the context as it relates to the meaning of the text at hand.

## 4.3.4.6.2 In Particular

Stott's consideration of the historical situation in which the text was framed also requires a knowledge of the circumstances of the author and the hearers. In his expository book, The Message of Acts, Stott sets aside his first sermon for providing the background and introduction to the sermon of Acts as a whole (Stott, 1990:21-37). Furthermore, in almost every other sermon, he explains his text in its special historical context, i.e., the historical situation of the author as a writer and of his hearers.

First of all, Stott (1990:21,22) sketches the background of the original hearer to whom Luke is writing as follows: "Before reading any book it is helpful to know the author's purpose in writing it. The biblical books are no exception to this rule. So why did Luke write? He actually wrote two books. The first was his Gospel, which ancient and unassailed tradition attributes to his authorship and which is almost certainly the 'former book' referred to at the beginning of the Acts. So, the Acts was his second book. The two form an obvious pair. Both are dedicated to Theophilus and both are written in the same literary Greek style ... To begin with Luke claims in his preface to the Gospel to be writing accurate history, and it is generally agreed that he intends this to cover both volumes. For 'it was the custom in antiquity', whenever a work was divided into more than one volume, 'to prefix to the first a preface for the whole'. In consequence, Luke 1:1-4 'is the real preface to Acts as well as to the Gospel' ".

Stott (1990:25) confirms that Luke, who is the author of Acts, writes with a historical purpose as a quotation from Sherwin-White's book. Sherwin-White (1978:120-121) writes about Acts: "The historical framework is exact. In terms of time and place the details are precise and correct. One walks the streets and market-places, the theatres and assemblies of first-century Ephesus or Thessalonica, Corinth or Philippi, with the author of Acts. The great men of the cities, the magistrates, the mob and mob-leader are all there ... It is similar with the narrative of Paul's judicial experiences before the tribunals of Gallio, Felix and Festus. As documents, these narratives belong to the same historical series as the record of provincial and imperial trials in the epigraphical and literary sources of the first and early second centuries AD". Here is his conclusion: "For Acts the confirmation of historicity is overwhelming ... Any attempt to reject its basic historicity even in matters of detail must appear absurd. Roman historians have long taken it for granted" (Sherwin-White, 1978:189).

Stott (1990:27) also stresses that Luke wrote Acts as a political apologetic to Theophilus: "He produced evidence to show that Christianity was harmless (because some Roman officials had embraced it themselves), innocent (because Roman judges could find no basis for prosecution) and lawful (because it was the true fulfilment of Judaism). And then Luke wrote Acts in order to promulgate evangelism. So, Marshall (1980b:17,18) writes 'salvation is the central motif in Lucan theology, both in the Gospel (in which we see it accomplished) and in Acts (in which we see it proclaimed)".

Stott (1990:31) always reminds the modern hearers to whom the biblical author is speaking: "Luke, the theologian of salvation, is essentially the evangelist. For he proclaims the gospel of salvation from God in Christ for all people. Hence his inclusion in the Acts of so many sermons and addresses, especially by Peter and Paul. He not only shows them preaching to their original hearers, but also enables them to preach to us who, centuries later, listen to them. For as Peter said on the Day of Pentecost, the promise of salvation is for us too, and for every generation, indeed 'for all whom the Lord our God will call' (Acts 2:39). In Stott's sermon, The Sermon on the Mount, he first asks 'is the Sermon relevant?', and answers: "Whether the Sermon is relevant to modern life or not can be judged only by a detailed examination of its contents. What is immediately striking is that, however it came to be composed, it forms a wonderfully coherent whole ... Perhaps a brief analysis of the Sermon will help to demonstrate its relevance to ourselves in the twentieth century" (Stott, 1978:24).

The same is true with his consideration of the Old and New Testaments. Stott calls attention to the fact that often the misinterpretation of the teaching of the Bible happens when people fail to notice to whom the message was addressed: 'Since the purpose of the Scriptures (or the purpose of the divine author who spoke and speaks through them) is to bring us to salvation, and since salvation is in Christ, they point us to Christ ⋯ But their object in pointing us to Christ is not simply that we should know about him and understand him, nor even that we should admire him; but that we should put our trust in him. Scripture bears witness to Christ not in order to satisfy our curiosity but in order to draw from us a response of faith" (Stott, 1972a:22).

According to Stott, the general purpose of the Epistles are also noticed. They are written primarily because the Apostle was concerned to help people to achieve an actual enjoyment and practical participation in the Christian faith which they had believed and accepted. In his sermon on the Letters of John, Stott (1964:44) says that "John certainly exhibits a tender, pastoral care for his readers. His first concern is not to confound the false teachers, whose activities form the background of the letters, but to protect his readers, his beloved 'children', and to establish them in their Christian faith and life. Thus, he defines his own purpose in writing as being 'to make our joy complete', 'so that you will not sin, and so that you may know that you have eternal life' (1 Jn. 1:4; 2:1; 5:13). Joy, holiness, assurance: These are the Christian qualities the pastor desires to see in his flock".

Consequently, it is not necessary to suppress our present context to understand the text. On the contrary, at times we need to approach Scripture with our problems and questions if we would truly appreciate what it says. We thus recognise that in order to value the text, the reader must have a commitment to it (Silva, 1994:245). Therefore, this kind of historical interpretation is always needed in order to have a correct meaning of the text and a sound explanation of the text.

## 4.3.5 Grammatical Approach

### 4.3.5.1 Preamble

The grand object of grammatico-historical interpretation is to ascertain the usus loquendi, that is, the specific usage of words as employed by an individual writer and/or as prevalent in a particular age (Terry, 1964:181). Stott makes full use of a time-honoured method in the interpretation of Scripture; the grammatico-historical method of interpretation. He (1992:212) says that "we have to accept the discipline of interpretation, that is, of thinking ourselves back into the situation of the biblical authors, into their history, geography, culture and language. This task has long been graced with the name 'grammatico-historical interpretation'. We have treated his historical approach in the previous section, so here our concentrations will be directed to his grammatical approach.

The aim of his grammatical approach is to determine the meaning required by the rules of grammar. Thus, according to Stott, the grammatical meaning means understanding of the simple, natural, plain, ordinary, normal and literal meaning of the words, phrases, clauses and sentences as we have studied that in his principles of interpretation. He emphasises that what every Bible student must look for is the plain, natural, general meaning of each text, without subtleties and allegorising - the meaning which the original writer intended (Stott, 1972a:167; 1992:213).

In his actual practice of this grammatical approach, the following considerations are conspicuous.

### 4.3.5.2 The Original Text and the Translation of the Bible

Stott's grammatical approach includes first of all his textual consideration. Textual items of evidence are usually accepted favourably, but although he recognises that the best manuscripts do not contain certain words, phrases, and even whole sentences found in other manuscripts, he sometimes thinks it best to accept the teaching expressed by those words, phrases and sentences because it is certainly found elsewhere in the New Testament (Stott, 1979b:199). However, the latter cases should be evaluated as his theological reading into the text (we will treat it in detail later). In a certain case he frankly acknowledges that it is impossible to decide exactly on the grounds of textual criticism whether a certain phrase should be included or not.

In the actual process of his interpretation the original language is continually checked so that he can ascertain whether certain words are omitted or what words exactly are used in the Greek text (Stott, 1979b:116-117). For example, in his exposition of Ephesians 3:1-6, he points out that a mystery in English and μυστηριον in Greek have quite different meanings, that is, in English a "mystery" is something dark, obscure, secret, puzzling. What is 'mysterious' is inexplicable, even incomprehensible. The Greek word μυστηριον is different, however. Although still a 'secret', it is no longer closely guarded but open. Originally, the Greek word referred to a truth into which someone had been initiated. More simply, μυστηριονis a truth hitherto hidden from human knowledge or understanding but now disclosed by the revelation of God.

Along with his consideration of the original text he always checked various translations. He chiefly uses NIV, but in his study he uses several other versions (the Septuagint, the Authorised [King James] Version, the Revised Version, the Revised Standard Version, the English Revised Version, the New English Bible, Jerusalem Bible, and some private translations: The Scofield Bible, Moffat, J.N. Darby and J.B. Phillips). He (1979b:133; 1986b:35) uses them for a better rendering of the original text, which explains its meaning more clearly. At times, he (1966:34; 1986b:116) points out their omissions and their incorrect translations. Above all, he tries to look for the original meaning the author has intended in the text in comparison to other manuscripts and several translations.

### 4.3.5.3 The Function of Grammar in Greek Text

Stott usually likes to do some grammatical explanation in the Greek text and investigate the nuances of the Greek language in order to understand the original meaning of the text. He constantly pays attention to the gender (1978a:105), the number and the case (1979b;138) of Greek words and whole sentences. And then he continuously considers the tenses, as well as the voice (1979b:203) of Greek verbs very carefully. However, he rightly points out the danger of paying too much attention to this aspect exclusively.

We can easily find a few good examples in his sermons of his actual use of the above grammatical phenomena. In his expository of Ephesians, Stott points out in regard to the case with these words: "...

Paul prays that they may be filled with all the fullness of God (Eph. 3:19). It is uncertain how this genitive should be understood. If it is objective, then God's fullness is the abundance of grace which he bestows. If it is subjective, it is the fullness which fills God himself, in other words his perfection. Staggering as the thought may be, the latter seems the more probable because the Greek preposition εἰ, which indicates that we are to be filled not 'with'; so much as 'unto' the fullness of God. God's fullness or perfection becomes the standard or level up to which we pray to be filled. The aspiration is the same in principle as that implied by the commands to be holy as God is holy, and to be perfect as our heavenly Father is perfect (1 Pe. 1:15-16; Mt. 5:48)''.

In Stott's sermon, The Sermon on the Mount, he (1978a:77) mentions the following with regard to the tense: "There is the introductory formula, beginning 'you have heard that it was said to the men of old' (5:21,33), or 'you have heard that it was said' (5:27, 38, 43), or more briefly still, 'it was also said' (31). The words common to these formulae are 'it was said', which represent the single Greek verb ερρεθη. Now this was not the word which Jesus used when quoting Scripture. When he introduced a biblical quotation, both verb and tense were different, namely γεγραπται (perfect, 'it stands written'), not ερρεθη (aorist, 'it was said'). So, the six antitheses that Jesus proclaimed were not Scripture but tradition, not God's word which they had 'read' but the oral instruction which was given 'to the men of old' and which they too had 'heard' since the scribes continued to repeat it in the synagogues".

Finally, Stott sometimes syntactically explains a Greek word. For example, in his expository sermon on Ephesians 5:18, he explicates 'be filled with Spirit' as the function of grammar with these words: "The exact form of the verb πληρουσθε is suggestive. First, it is in the imperative mood ... Secondly, it is in the plural form ... Thirdly, it is in the passive voice ... Fourthly, it is in the present tense". Therefore, we have to try to look for the accurate meaning through the rudiments of grammar as Stott does.

However, his views on the usefulness of a knowledge of the original languages must also be accentuated. He thinks that this is very important and necessary. He says that: "It follows that no serious Bible reader can escape the discipline of linguistic study. Best of all would be a knowledge of the original languages, Hebrew and Greek ... An analytical Concordance (like Young's or Strong) is another extremely valuable tool, for it not only groups the biblical words according to the English (AV) text but then subdivides them into original Hebrew and Greek words and gives their meaning". Robinson (1980:59) also insists on the importance of a knowledge of the original languages as follows: "... Some knowledge of the original languages becomes invaluable. While the message of the Scripture may be understood in English, an understanding of Hebrew or Greek resembles receiving a program on colour television. Both a black and white and a colour set get the same picture, but colour adds a vividness and precision not possible in black and white".

### 4.3.5.4 The Syntactical Aspects

In the syntactical aspect of interpretation, the accent falls on two key parts of the hermeneutical process. The first part stresses that syntax is one of the most important avenues for the interpreter to use in reconstructing the thread of the writer's meaning. The way in which words are put together so as to form phrases, clauses, and sentences will aid us in discovering the author's pattern of meaning (Kaiser, 1981:89).

Stott (1994a:320; 1979b:180) always considers the syntactic aspects of a text and gives particular attention to 'the question of the connection', thus especially to the conjunctions in grammar.

For example, when he interprets Ephesians 4:22-24, he indicates that the translation of RSV is seriously misleading. And then Stott (1979b:180) says that "it renders the infinitive verbs as if they were imperative, and thus represents Paul's written instruction as fresh commands to his readers: 'Put off your old nature ... and put on the new nature' (Eph. 4:22-24). But this cannot be right, for two main reasons ⋯ Secondly, if they are commands in Ephesians 4:22,24, then the command of verse 25 becomes nonsense: Therefore, putting away falsehood ... Surely this 'therefore', which builds on what has just been written, can hardly base one command upon another, as if to say: 'Put off your old nature ... and put on the new... Therefore, put away falsehood' ".

Consequently, Stott (1979b:180) suggests the following: "We should repunctuate these sentences, and replace the full-stop at the end of verse 21 with a colon or with the word 'namely', thus: 'You did not so learn

Christ! - assuming that you ... were taught in him, as the truth is in Jesus, namely that you were to put off your old nature ... and put on the new...' ".

From his hermeneutical practice it can be said that conjunctions often act as an important key to understanding, for they join thoughts which are contained in words, sentences or paragraphs. His consideration of conjunctions, that is of the syntactic aspects, is legitimate and useful in interpretation, for conjunctions often indicate the relationship of the thoughts they join (Virkler, 1982:98).

John Stott considers the conjunctions as well as their logical connections. Stott (1979b:177) says that "if we put Paul's expressions together, noting carefully their logical connections (especially because of and due to, both translating δια he seems to be depicting the terrible downward path of evil, which begins with an obstinate rejection of God's known truth (Eph. 4:17-19). First comes their hardness of heart, then their ignorance, being darkened in their understanding, next and consequently they are alienated from the life of God, since he turns away from them, until finally they have become callous and have given themselves up to licentiousness, greedy to practise every kind of uncleanness".

### 4.3.5.5 Parallel Passages

When the immediate context of associated words and sentences do not aid the interpreter in discovering the meaning of a passage, he may be able to utilise parallel passages which are found elsewhere in Scripture (Kaiser, 1981:125). Stott likes to use a verbal paralleled passage that makes use of the same word in a similar connection or with reference to the same subject.

Stott (1988:7) expresses his concern to compare the parallel sentences and passages in order to grasp the original meaning of the text. Stott (1979b:180) always considers how this sentence and passage have been used in the other sentence and passage. In his expository sermon on Ephesians; he (1979b:177-179) demonstrates two models of the logical parallel passages.

Firstly, one is to compare Ephesians 4:17-19 and Romans 1:18-32 as follows:

Romans 1:18-32                          Ephesians 4:17-19

### Stage 1: Obstinancy

18    "Men ... by their wickedness          18 "Due to their hardness
suppress the truth"                       (πωρωσι) of heart"
21    "Although they knew God they
did not honour him as God"
28    "They did not see fit to
acknowledge God"

### Stage 2: Darkness

21    "They became futile in and their      17 "The futility of their minds"
senseless minds were darkened"            8a "They are darkened in their
                                          understanding
22    "They became fools"                  18b "The ignorance that is in them"

28      "A base mind"

## Stage 3: Death or judgement

24      "Therefore God gave them up"          18 "They are ... alienated from
                                                 the life of God"

26      "For this reason God gave them up"

28      "God gave them up"

## Stage 4: Recklessness

God gave them up to -                         19 "They have become callous

24      "Impurity"                            and have given themselves

26      "Dishonourable passions"              up to licentiousness (ασελγεια

27      "shameless acts"                      meaning public indecency of a shameful

28      "Improper conduct"                    kind), greedy to practise every

29-31   "All manner of wickedness ... "       kind of uncleanness"

The other example is Ephesians 20-21. Paul sets up a whole process of Christian moral education. He uses three parallel expressions which centre on three verbs, all in the aorist tense, meaning to 'learn', to 'hear' and to 'be taught', with a final reference to 'the truth as it is in Jesus'.

First, "you learned Christ" (Verse 20, εμαθετε).

Secondly, "you heard Him" (Verse 21a, ηκουσατε).

Thirdly, "you were taught in Him" (Verse 21b, εδιδαχθητε).

Here Stott (1979b:179) sums up three instructions from the logical parallel expressions (Eph. 4:20-21), that is, according to the first one, Christ Himself is the substance of Christian teaching ... Secondly, Christ who is the substance of the teaching ("you learned Christ") is himself also the teacher ("you heard him") ⋯ Thirdly, they had been taught 'in him.' That is to say, Jesus Christ, in addition to being the teacher and teaching, was also the context, even the atmosphere, within which the teaching was given".

Kaiser (1981:125) states as follows: "A verbal parallel passage makes use of the same word in a similar connection or with reference to the same subject. The word "mystery" may be baffling in one passage of Paul, but in one of his nineteen other usages of the word, it may be explained in a much clearer way. There is a danger in supposing that every reference including the word is parallel to all the others. Or in supposing that there is a connection just because the word reoccurs in the same context".

But if the interpreter is careful, parallel passages will supply a small, but helpful, bit of assistance when a word is ambiguous or the context sheds very little light on the subject.

### 4.3.6 The Verbal Approach

#### 4.3.6.1 The Stylistic Aspects

The literary form of a piece of writing influences the way an author meant it to be interpreted. A writer composing poetry does not use words in the same way that he does when writing prose. This fact takes on significance when we realise that one-third of the Old Testament is written in the form of Hebrew poetry.  To interpret these passages as if they were prose, a practice which has often been applied, is to misinterpret their meaning (Virkler, 1982:96).

In his interpretation of a text, Stott always considers the style.  He (1972a:172) says the following about that:  "It is important to take note of the literary genre of each biblical book.  Is it prose or poetry, historical narrative or wisdom literature?  Is it law, prophecy, psalm or apocalyptic?  Is it a drama, or a collection of the words and deeds of Jesus which bear witness to him?  How we interpret what we read, not least whether we take it literally or figuratively, will depend largely on its form and style".

Lloyd-Jones (1975b:159; 1983:193) also emphasises style with these words: "Our view of inspiration must allow for such variations in the styles of the different writers, otherwise it would be mechanical dictation.  We believe in the absolute control of the Spirit over the minds and thinking and style and everything else of the writers.  He so controlled them that they were kept from error, but the Holy Spirit did not dictate to them mechanically, otherwise there would be no variation in the style".

Stott (1982b:50) emphasises:  "We fully recognise that the biblical authors used many different literary genres, each of which must be interpreted according to its own rules - history as history, poetry as poetry, parable as parable, etc.".  So often the key to the use and the function of the textual language is the literary form in which it was cast.  The literary form may also reflect the setting in which that particular text was given its shape and to a lesser extent determine some of the stereotyped expressions or vocabulary in its content (Kaiser, 1981:94).

### 4.3.6.2 The Language

Stott (1992:215) emphasises the importance of the language that has been used in the Bible. He says that "it is the language of the text which determines what meaning God intends for us to have". He quotes David Well's essay as follows: "This is because words have meaning... No language allows meaning to float free of the words used... Unless words and their meaning are joined in hermeneutical practice, we can have no access to revelation in anything but a mysterical sense" (Stott, 1992:215). He (1972a:172) continues: "All human language is a living, changing thing. The meaning of words alters from century to century, and culture to culture. We cannot read the word 'love' in Scripture and immediately suppose we know what it means. Four different Greek words are used in the New Testament, all translated 'love' in English. But each has a distinctive meaning, and only one expresses what Christians mean by love, which is poles apart from the erotica of twentieth-century glossy magazines".

Stott (1972a:173) does not only express his concern about the language, but also about the actual practice of interpretation one can find something like this: "In his two letters to the Thessalonians, several times, Paul refers to those he describes as ατακτω. In classical Greek, the word was commonly used of soldiers who broke rank, of an army in disarray. So, the AV translates the word 'disorderly', and it was assumed that there was an undisciplined group of some kind in the Thessalonian church. But two or three apprenticeship contracts were discovered among the papyri which contain an undertaking that should the boy play truant from work or exceed his annual holiday, the lost time would be made good. And the word for playing truant is ατακτω, or rather its cognate verb. So, the NIV renders it not 'disorderly' but 'idle'. It seems probable that some Thessalonian Christians, believing that the Lord's return was imminent, were playing truant from work. It is these idle Christians whom Paul commands to mind their own affairs, work with their own hands and earn their own living, adding that if a man will not work, he shall not eat (1 Th. 4:11; 5:14; 2 Th. 3:6, 12)".

### 4.3.7 The Theological Approach

Recent trends have emphasised theological interpretation - the effort to understand the essential truths of a passage of Scripture. Those who seek to interpret the Bible theologically range from those who see it simply as a necessary but imperfect vehicle to portray truth to those who take it seriously, as well as the truths that it presents. While the first group gives little attention to historical and literary interpretations, the second group is concerned about both in order to discover the theological truths of the passage. In this sense, theological interpretation is an essential part of grammaticohistorical interpretation. True interpretation seeks to understand the truths of a passage of Scripture by careful grammatical analysis against its historical background (Brown, 1991:54).

In spite of its importance, unfortunately, the missing ingredient in most sermon preparation is the theological approach to the text. For successful interpretation, there must be some procedure for identifying the centre or core message of the passage being examined. Only when the core of that text and the assemblage of books which were available in the canon up to the time of the writing of that text have been identified, will the interpreter be enabled to determine God's normative Word.

### 4.3.7.1 The Analogy of Faith [analogia fidei]

Before we examine Stott's method of the analogy of Scripture, it will be useful to study what the analogy of faith means and how it is used in the history of interpretation.

The concept of 'analogy of faith' comes from a phrase in Romans 12:6 -"WE have different gifts, according to the grace given us. If a man's gift is prophesying, let him use it in proportion to his faith Kατα την άναλογια τη πιστεω". Two other pages are usually cited: Romans 12:3, where Paul says that one is not to think of one's self more highly than one should; rather each is to think "so as to have sound judgement, as God has allotted to each a measure of faith μετρον πιστεω"; and 2 Timothy 1:13 - "What you have heard from me, keep as the pattern of sound teaching" (Kaiser, 1994:194).

So, we can understand Paul as requiring the prophet to speak in accordance with the previously revealed truth found in the Word of God. This view would support the often-used rule that a true prophet was never to contradict existing revelation (Deut. 13:1-5; Acts 17:111 Jn. 4:1-6) (Morris, 1988:441).

Henri Blocher (1987:28) nicely summarises the situation in commenting: "The apostle, when dictating Romans 12:6, barely thought of the technical 'comparing Scripture with Scripture'; yet, he concerned himself with the agreement of Christian discourses with the whole body of teaching given by the inspiration of God, in its main emphasis and overall balance άναλογια, all parts included. Substantially, his point was not far removed from our conception of the analogy of faith".

Horne (1983:342) defines the analogy of faith to be the constant and perpetual harmony of Scripture in the fundamental points of faith and practice, deduced from those passages in which they were discussed by the inspired penmen either directly or expressly, and in clear, plain, and intelligible language".

The basic assumption here is that there is one system of truth or theology contained in Scripture, and therefore all doctrines must cohere or agree with each other. That means that the various interpretations of specific passages must not contradict the total teaching of Scripture on a point. In other words, the analogy of faith gathers verses from throughout the Canon into a bouquet that is truly biblical in its derivation. The doctrines that are affirmed and the support that is claimed for each doctrine from the assemblage of the verses cited is only as useful and valid as the exegesis that underlies this work of assembling the texts and definitions (Kaiser, 1994:195).

In general, the term apparently was first employed in this connection by the early Church father Origen. The Reformers made extensive use of the analogy of faith, which in their time became established with a meaning that related to a very distinct set of circumstances (Kaiser, 1981:134). Perhaps, analogia fidei as used by Reformers seems to be used as a relative expression especially aimed at the tyrannical demands of tradition.

Therefore, Stott (1982b:20) emphasises: "The analogy of faith sets limitations to the interpretation of the whole Bible in the same way". In other words, the analogy of faith is not a hermeneutical tool that is an 'open [theological] sesame' for every passage of Scripture. Stott (1994a:171) warns that "the popular misunderstanding well illustrates the danger of arguing from an analogy. In every analogy we need to consider at what point the parallel or similarity is being drawn; we must not press resemblance at every point".

But Stott (1982b:20) insists that even though "this analogy, which was developed quite early in the history of the Church, is often criticised today, the analogy of faith remains helpful, provided that we remember its limitations".

In Stott's (1992:212) view, every biblical text has within it some facet of theology expressed in such a way as to be part and parcel of the fabric of its contents. While that theology cannot be torn from that text, it nevertheless often has roots which were laid down antecedent to that text. So, the theology must be objectively derived from the text; it is not to be subjectively imposed on the text by the interpreter. For example, it is fashionable nowadays to regard the story of Adam and Eve (Gen. 1:27- 31) as 'myth', not history. But the Scripture itself will not allow us to do this. The best argument for the historicity of Adam and Eve is not scientific (e.g., the homogeneity of the human race), but theological. The biblical Christian accepts Adam and Eve as historical not primarily because of the Old Testament story, but because of New Testament theology. In Rom. 5:12-19 and 1 Cor. 15:21, 22, 45-49 the apostle draws an analogy between Adam and Christ which depends for its validity on the historicity of both. Each is presented as the head of a race - fallen humanity owing its ruin to Adam, and redeemed humanity owing its salvation to Christ (Stott, 1966:24; 1994a:152-153).

### 4.3.7.2 His Consideration of the Theological View in the History of Interpretation

When Stott is faced with a difficult passage, he firstly considers the theological point in the history of the interpretation of that text. In fact, it is a useful solution whenever we are confronted by a statement in the Bible which we find to be difficult and perplexing, to consult authorities, to consult the history of the Church, to consult the experience and their theological perspectives in the interpretation of those who have gone before us.

When Stott (1979b:267-272) interprets the 'principalities and power' in Ephesians 6:12, he investigates four theological perspectives about its interpretation by contemporary theologians, Gordon Rupp, Hendrik Berkhof, Markus Barth and G.B. Caird. Stott, firstly, admires the ingenuity displayed in their attempted interpretation. But he accepts attempted interpretation according to the perspective of biblical theology, that is, principalities and power means not structures, institutions and traditions but the supernatural things. Stott (1979b:273) mentions it as follows: "Turning now from exegetical to theological considerations, nobody can deny that Jesus as portrayed in the Gospels believed in both demons and angels. It was not inevitable that he should have done so, because the Sadducees did not. But exorcism was an integral part of his ministry of compassion and one of the chief signs of the kingdom. It is also recorded that he spoke without inhibition about angels. So, if Jesus Christ our Lord believed in them and spoke of them, it will become us to be too embarrassed to do so. His apostles took this belief over from Jesus".

We can easily find his considerations of grammatico-historical interpretation and theological interpretation as well. For example, when he interprets the fullness of the Holy Spirit in Eph. 5:18, he (1979b:203-204) pays attention to two considerations of interpretation as follows: "Grammatically speaking, this paragraph consists of two imperatives (the commands not to get drunk but to be Spirit-filled), followed by four present participles (speaking, singing, thanking and submitting). Theologically speaking, it first presents us with our Christian duty (to avoid drunkenness but to seek the Spirit's fullness) and then describes four consequences of this spiritual condition, in terms of our relationships".

Therefore, Stott definitely does not accept the method of interpretation in which the liberal interpreters have an a priori assumption or are influenced by some philosophy or other beliefs but follows the way of the Reformed lines of the biblical theology. Stott (1986b:60,181;1979b:134,247) always alludes to the commentaries of famous persons who observe the Reformed theology and tradition when he interprets Scriptures. He seems to believe that sound commentaries supply a fund of information about the accurate meaning of words, the background of passages, and the argument of a writer. In his great book, The Cross of Christ, he (1986a:12) concludes with these words: "... in seeking to understand the cross, one cannot ignore the great works of the past. To be disrespectful of tradition and of historical theology is to be disrespectful of the Holy Spirit who has been actively enlightening the Church in every century".

### 4.3.8 His Views on the Cultural Setting

In this section, the major concern is Stott's understanding of the cultural background from which the human authors of the Scriptures wrote and their social setting that the readers who are influenced by.

Stott especially pays particular attention to the general cultural context, because "every writer of the Bible writes within a given culture and hence a vital part of the context of any passage is the cultural background of the writer of the passage" (Ramm, 1989:136).

Noting the cultural background of a piece of writing helps us to understand what that document meant to the people who first read it. For example, reading Great Britain's Magna Charta makes more sense when we understand the cultural environment of Britain in the thirteenth century. Therefore, the principal purpose for studying the cultural elements in the Holy Scripture is that this aids the interpreter to know what are the original things referred to in Scripture.

Stott (1992:186) insists that "our sense of incongruity when we read the Bible, and the consequent difficulty we often experience in receiving meaningful communication from it, are due primarily neither to the passage of time in itself (from the first century to the twentieth) nor to the mere distance (from the Middle East to the West), but to the cultural differences which remoteness of time and place have caused".

Therefore, since a cultural gap exists between our day and the biblical times - and since our goal in Bible interpretation is to discover the original meaning of the Scriptures when they were first written - it is imperative that we become familiar with the biblical culture and customs. As Sproul (1986:102) has written: "Unless we maintain that the Bible fell down from heaven on a parachute, inscribed by a celestial pen in a peculiar heavenly language uniquely suited as a vehicle for a divine revelation, or that the Bible was dictated directly and immediately by God without reference to any local custom, style or perspective, we are going to have to face the cultural gap. That is, the Bible reflects the culture of its day".

Stott points out two arguments which influence our interpretation of

Scripture, that is, firstly, the problem of our own cultural imprisonment, and the secondly, that of the cultural conditioning of the biblical authors. In other words, both the writers and the readers of Scripture are culture-creatures, the products (and therefore to some degree the prisoners) of the particular cultures in which they were brought up. Consequently, in all our Bible reading there is a collision of cultures between the biblical world and the modern world (Stott, 1992:186).

Thus, in order to interpret and apply a passage accurately, Stott understands the meaning of the culture and the two cultural problems in the interpretation of the Bible. We will consider each of his statements separately.

### 4.3.8.1 His Definition of Culture

In general, 'culture' is not all that easy to define. In its broadest sense, it usually means the patterned way people do things together. So, Webster defines 'culture' as "the total pattern of human behaviour [that includes] thought, speech, action, and artefacts," and as "the customary beliefs, social forms, and material traits ... of a racial, religious, or social group" (Zuck, 1991:79). Thus, culture includes what people think and believe, say, do and make. It contains their beliefs, forms of communication, customs and practises and solid substances objects such as tools, dwellings, weapons and so forth. As Eugene Nida (1954:28) defines it, "culture is all learned behaviour which is socially acquired, that is, the concrete and nonmaterial traits which are passed on from one generation to another".

To sum up, Stott (1992:189) defines '"culture' as the complex of beliefs, values, customs and traditions which each generation receives from its predecessor and transmits to its successor, and which binds a society together".

### 4.3.8.2 Our Own Cultural Imprisonment

We have learnt all things in our cultural inheritance from childhood. That is, the way we think, judge, act, talk, dress, eat, work and play are all to a large extent determined by our culture, and we usually do not realise how much our cultural upbringing has enslaved us. Our whole upbringing and background affect the way we read the Bible. Therefore, it is so difficult, almost impossible, for us to read the Bible with genuine objectiveness and openness, and for God to break through our cultural defences and to say to us what He wants to say, because our spectacles have cultural lenses (Stott, 1992:190).

Stott emphasises that we have to humbly recognise that our culture blinds, deafens and dopes us, and also how strong a barrier to His communication with us our customs can be. After that, we need to allow God's Word to confront us, disturbing our security, undermining our complacency, penetrating our protective patterns of thought and behaviour, and overthrowing our resistance. Then if we do so, God will open our eyes, unstop our ears and stab our dull consciences awake, until we see, hear and feel what God has been saying to us through His Word all the time (Stott, 1992:193,194).

### 4.3.8.3 The Bible's Cultural Conditioning

Not only Bible readers, but also the biblical authors are the products of a particular culture. When God wanted to communicate with the biblical writers, He humbled Himself to speak in the languages of His people (classical Hebrew, Aramaic and common Greek-Koine), and within the cultures of the ancient Near East (the Old Testament), Palestinian Judaism (the Gospels) and the Hellenised Roman Empire (the rest of the New Testament). The Word of God was not spoken in a cultural vacuum; every Word of God was spoken in a cultural context (Stott, 1992:194). In other words, the Word of God comes to us in the specific cultural and historical language of the pre-Christian period and the first Christian century.

Therefore, we must be able to recognise the cultural aspects of the Bible. These usually are the passages that tend to give us problems when we try to apply them directly to our day.

When we are faced with a biblical passage, therefore, whose teaching is obviously clothed in ancient cultural dress (because it relates to social customs which are either obsolete or at least alien to our own culture), how shall we react? According to Stott (1992:195, 196), we have three options in solving this problem: "The first possibility is total rejection. The second and opposite possibility is wooden, unimaginative literalism. There is a third and more judicious way, which is called, cultural transposition".

Consequently, Stott (1992:206) sums it up as follows: "If we go in for total rejection, we certainly cannot obey God's Word. If instead we embrace a position of wooden literalism, our obedience becomes artificial and mechanical. Only if we transpose the teaching of Scriptures into modern cultural dress does our obedience become contemporary. Not disobedience, but meaningful obedience, is the purpose of cultural transposition".

Therefore, according to John Stott, the understanding of two definite horizons which are the recognition of reader's (interpreter's) cultural limitation and the cultural condition of the Bible, is the important key in considering the impact of cultural matters on biblical interpretation.

## 4.4 THE PROCESS OF HERMENEUSIS IN HIS SERMONS

### 4.4.1 Definition of the Process of Hermeneusis

While hermeneutics can be considered as a theological science, hermeneusis should be viewed as a process by which the interpreter seeks an answer to the question: What does God say through this text of 'then and there' to us in our concrete situation, here and no? In other words, after the preacher has grasped the meaning of the text, he should reflect the original meaning of the text in a contemporary context. Therefore, interpretation is the process of the fusion of the original meaning of the text and the text of life. Secondly, although Stott does not use the term 'hermeneusis' as such, he (1992:213) seems to understand that hermeneusis is more than an interpretation. The interpreter expounds the original meaning of the text; hermeneusis goes further and applies the meaning to the contemporary world. Venter specifies the above viewpoint in these terms: "The process of hermeneusis wants to deal with the meaning of the text then and there in the process of bridging the gap to today. By the process of hermeneusis is thus understood the crossing of the bridge of the sermon text, which is from a world thousands of years ago (then, there), to today (now, here) for people in their concrete life situation (1995, Class Lectures, unpublished) ". Coetzee (1995a:17) also says that "when we have clearly determined the relation with the original time, then we can carefully unwind it from that relation to bring the same Word of God across in another relation here in our times and apply it".

Consequently, according to Stott, he does not clearly make a distinction between the hermeneutics and hermeneusis; he prefers using these two terms interchangeably with an extensive meaning.

## 4.4.2 The Task of Hermeneusis

Every preacher must be an interpreter of Holy Scripture technically speaking. His task involves two steps, as we have seen in Chapter 3. Even though it is important to understand what the text meant to its original hearers, it is equally necessary for him to grasp what the text conveys to the existential believer today. Stott (1992:215) says: "Having discerned its original meaning, we need next to reflect on its contemporary message (how it applies to people today). Even though the terms exegesis and interpretation are used interchangeably by some modern theologians (cf. Lloyd-Jones; Carson; Kaiser; etc.), John Stott distinguishes between those two stages, as we have already mentioned in chapter 3.

In this sense, hermeneusis is considered even "more demanding than bare exegesis" (Dunn, 1982:113). The task of hermeneusis, according to John Stott, is to seek an answer to the question: What does God say through this text of 'then and there' to us today in our concrete situation, 'here and now'? Stott (1992:215) states that "if we grasp the original meaning of a text, without going on to grapple with its contemporary message, we surrender to antiquarians, unrelated to the present realities of the modern world". Zuck (1991:13) also declares that "if we fail to apply the Scriptures, we cut short the entire process and have not finished what God wants us to do".

Ultimately, Stott (1982b:69) concludes that "we must wrestle with the text, with both its meaning and its application, because Scripture does not give us slick answers to complex twentieth century problems". Here we have the charge of interpreting the Scriptures, although the task of hermeneusis is difficult.

### 4.4.3 The Essential Elements in his Process of Hermeneusis

#### 4.4.3.1 Indicative, Imperative, and Promise

In the process of hermeneusis three important elements are required for bridge-building. Coetzee (1985:18-21) declares: "There is a growing consensus in homiletics and exegetical circles that in Christian biblical preaching there must be two essential elements, that is, the proclaiming of God's indicative and His imperative, and a serious plea to make the intrinsic addition of a third element in:  Biblical proclamation and therefore in the authentic preaching, namely the element of promise".

In 1982, Stott wrote 'You can trust the Bible', a book which addressed God and the Bible, Christ and the Bible, The Holy Spirit and the Bible, The Church and the Bible and The Christian and the Bible.  He paid particular attention to the process of hermeneusis in the last chapter, the Christian and the Bible.  Stott (1982:81-82) illustrates:  "All the teaching of the Bible can be divided into these three categories, requiring these three responses.  For throughout Scripture there are revelations of God demanding our worship, promises of salvation demanding our faith and commandments about our duty demanding our obedience"

Therefore, the preacher must inquire about the indicative, the imperative and the promise in the text, because hermeneusis deals with the meaning of the text in bridging the gap between the time of 'then' to 'today'.


### 4.4.3.1.1 The Indicative

By the "indicative" it means everything that God (Jehovah) did for us, over us, and with regard to His creation presented to His earthly life and eternal life (Coetzee, 1985:18).  God makes Himself, His will, His deeds and His works, known throughout the whole Bible.  Stott (1982:82) elaborates on God's self-disclosure in the Bible: As the Creator of the universe and of human beings in His own image, the climax of His creation; as the living God who sustains and animates everything He has made; as the covenant God who chose Abraham, Isaac, Jacob, and their descendants to be His special people; and as a gracious God who is slow to anger and quick to forgive, but also as a righteous God who punishes idolatry and injustice among His own people as well as in pagan nations.

In regard to the biblical indicative to be handled in the sermon, it ought to include creation, maintenance and merciful redemption and rightful judgement in time. Specifically, it must deal with the salvation of the person, i.e., the ministry of salvation of the triune God; God is One as the Father, Son and the Holy Spirit. God reveals Himself as the Father of our Lord and Saviour Jesus Christ, who sent Him into the world to take our nature upon Him, to be born and grow, live and teach, work and suffer, die and rise, occupy the throne and send the Holy Spirit. Venter (1995:14) suggests what the question should be asked; Where does the indicative lie in this sermon text?

We can find this fact in Stott's hermeneutics, that is, the indicative as one element or the process of hermeneusis, offers the explanation (explicatio) from the text for the bridge-building. For example, just as human artists disclose themselves in their painting, sculpture or music, so God has revealed Himself to us in the Bible and especially in Christ in order that we may glorify Him. Moreover, God imparts His will to us as a standard for our lives in order that we may serve Him in the right manner. The majestic revelation of God (Father, Son, and the Holy Spirit), which unfolds from the creation to the consummation, moves us to worship. When we catch these glimpses of the greatness of God, of His glory and grace, we fall down on our faces before Him to bring Him the homage of our lips, our hearts and our lives. The Word of God evokes the worship of God (Stott, 1982b:83).

What is the purpose of the disclosure of God as explicatio in the indicative? The answer is not just to teach us, but to save us; not just to instruct us, but specifically to instruct us "for salvation" (2 Tim. 3:15). In the other words, it deals specifically with the salvation of the person in the preaching.

### 4.4.3.1.2 The Imperative

By the 'imperative' it means the demands that God makes. Stott (1982b:86) says that when choosing people for Himself, God told them what kind of people He wanted them to be. As they were special people; He expected a special level of conduct from them. So, He gave them the Ten Commandments as the summary of His will, which Jesus underlined in his Sermon on the Mount, uncovering their disturbing implication. We are under the obligation to keep His law, and we want to do so (Stott, 1982b:87). Thus, our Christian free will is a freedom to obey, or not to disobey. As Jesus said several times, if we love Him, we shall keep His commandments (Jn. 14:15, 21- 24; 15:14).

According to Coetzee (1985:19), the demands are based on three foundations: (1) God is the Creator - (He created everything perfectly; consequently, He demands that we obey His words every time); (2) God is the merciful Supporter and must therefore receive thankful and obedient service, and (3) God is a merciful and infinitely loving Father who has the right to expect spontaneous service and worship from His converted people.

Therefore, all preachers are to ask a question, such as: Where is the imperative in the sermon text? The imperative in the Bible is based on the indicative and comes forth from the indicative. What demands are set to us in this text, based on God's indicative? What must we as believers do practically on the grounds of God's grace and equipment in our lives? (Venter, 1995:15).

### 4.4.3.1.3 The Promise

By the 'promise' it means we can trust the holy, merciful and just God's promises of blessing and punishment, for now, for tomorrow and forever (Coetzee, 1985:21). The promise contains blessings as well as threats. Stott (1982b:85-86) declares that you have a key in your bosom called Promise, for God has given it to you in the Scriptures. We have to learn to abide in perplexity on the promise of His guidance, in fear on the promise of His protection, in loneliness on the promise of His presence. God's promises of salvation can strengthen our hearts and minds.

On the contrary, Stott (1991a:173) affirms the above-mentioned as follows: "Finally will come the time of retribution, in which the Lord Christ will defeat and destroy the Antichrist, and those who believed the

Antichrist-lie will be condemned. This is God's programme".

In consequence, if we believe in Jesus Christ who has saved us from sin and death and if we obey Him, we will receive His promised blessing, that is salvation and our inheritance of Heaven from God, the Father. But if we do not believe in and obey His words, we will be punished.

Therefore, the aspect of the sound promise often leads to the eschatological dimension in the text (Venter, 1995:15). So, we have to ask the question: Does a promise emerge from the text of this sermon?

To sum up, the preacher also should inquire about the indicative, the imperative and the promise in the text, because hermeneusis deals with the meaning of the text for the past, called 'then' and bridges the gap to be applicable to 'today' as John Stott does. A sound system of homiletics is constituted by the totality of the given text through hermeneusis.

### 4.4.3.2 The Revelation of God (Father, the Son, and the Holy Spirit)

#### 4.4.3.2.1 Preamble

In the process, hermeneusis, the expositor must primarily try to find that which the author reveals of God, in other words, what the particular text reveals about God, i.e., His will, His mercy, His wrath, His grace in Christ and about His work within us. Venter (1995:14) says that "the entire Bible is centred on being God's revelation. If this centre qualifies the entire Bible, it also qualifies a sermon text. A sermon text must contain the revelation of God". So, he suggests that we ask: "What does God make known of Himself, His will, deeds, works? And then ask: "How does the grace and redemption of God come to the fore in this sermon text?" and "What is God working in this person? Does he work with this sermon text in us: Conversation, perseverance, happiness, love, new life, etc.?".

### 4.4.3.2.2 The Revelation about Father, God

Stott (1972a:14) points out that "God reveals Himself by both works and words as the same way that we reveal or disclose ourselves to one another by things we do and say". The "God-disclosure's principle" binds the Old and New Testament together as a unity of Promise (O.T) and Fulfilment (N.T). Firstly, God made Himself known to Israel in their history (O.T), and so directed its development as to bring them down alternately blessing His salvation and condemning His Judgement. Thus, He rescued the people from their slavery in Egypt; He brought them safely across the desert and settled them in the promised land; He preserved their national identity through the period of judges; He gave them kings to rule over them, despite the fact that their demand for a human king was in part a repudiation of His own kingship; His judgement fell upon them for their persistent disobedience when they were deported into Babylonian exile; and then He restored them to their own land and enabled them to rebuild their nationhood and their temple. Above all, for us sinners and for our salvation, He sent His eternal Son, Jesus Christ, to be born, to live and work, to suffer and die, to rise and to pour out the Holy Spirit. Through these deeds, first in the Old Testament story but supremely in Jesus Christ, God was actively and personally revealing Himself (Stott, 1972a:18). At the same time, God has revealed His activity and Himself in the written Word and in Christ as a climax in the completion of the revelation.

Therefore, the interpreter should try to find God's self-disclosure in His activity and words, and then in the works of Jesus Christ through the Holy Spirit. Because it pleased God to reveal Himself within our history gradually with more clarity until He made known Himself in His Son, Jesus Christ, the Word (the Logos), finally and sufficiently and fully. (Heb. 1:1) (Coetzee, 1995a:14).

### 4.4.3.2.3 The Revelation about the Son, Jesus Christ

In the Old Testament the revelation of Christ is not always clearly distinguishable. But there are several of God's pictures of Christ. For example, the sacrifices in the Old Testament foreshadow that perfect sacrifice for sin made once for all upon the cross - the sacrifice of Christ for our redemption. Another example is the teaching of the prophets of the Old Testament who foretell the coming of the Messiah. They speak of Him as a king of David's line, during whose kingdom there will be peace, righteousness and stability. They write of Him as 'the seed of Abraham' through whom all nations of the world will be blessed. They depict Him as the 'suffering servant of the Lord' who will die for the sins of His people, and as 'the son of man coming in the clouds of heaven', whom all peoples will serve. All this rich imagery of Old Testament prophecy bears witness to Christ (Stott, 1972a:30).

The revelation-historical lines should be noted in order to recognise Christ in the Old Testament. If a preacher does not do his hermeneusis carefully with a view to the Christ-revelation, every sermon from the Old Testament will be 'concluded' with a simultaneous reference to 'Christ on the cross'. However, this type of reference should flow organically from the text and account for the fullness of the fulfilment in Christ (Van der Walt, II 1996:1).

We should trace in a revelation-historical way how God's self-disclosure in the Old Testament works towards the coming of Christ in the New Testament. In this way, the unity between the Old and New Testament will be acknowledged and maintained. In Luke 24:27, Christ Himself speaks in His educational words to the men of Emmaus: "And beginning with Moses and all the prophets, he explained to them what was said in all the Scriptures concerning Himself" (Van der Walt, II 1996:3-4). Stott mentions that "It was the consistent teaching of Jesus that Old Testament Scripture was God's Word bearing witness to Him, for example, He said, 'Abraham rejoiced to see my day' (Jn. 8:56. AV). Or here in John 5:46, He says, 'Moses ... wrote of me'. Again, 'the Scriptures, testify of me' (v.39)"

Revelation of God in His grace in Christ is the act of God's wonderful love. Through Him the revelation of God's salvation has been fulfilled in our present dispensation.

#### 4.4.3.2.4 The Revelation about the Holy Spirit

Van del Walt (1996:11) points out that "the Holy Spirit is the presenter of Christ". What the Spirit does is a continuation of the work of Christ (1 Cor. 2:13); He continues the work of Jesus Christ and develops (unfolds) it, as is typical of the nature of the Spirit's work (Gen. 1:2). This is the guarantee to the apostles that they will be able to fulfil their task as witness of Christ. Stott (1972a:34) says that "He (Jesus) promised them (Disciples) the Holy Spirit to remind them of His teaching and supplement it, leading them into all the truth" (Jn. 14:25-26; 16:12-13). In order to clarify it, Stott (1992:370) cites in the word of The Manila Manifesto, "The Spirit of God ... sends us out in our turn to be Christ witnesses. In all this the Holy Spirit's main preoccupation is to glorify Jesus Christ by showing Him to us and forming Him in us".

In fact, The Holy Spirit works with the fruit of the work of Jesus, therefore He glorifies Christ. The Spirit brings to the foreground the meaning of Jesus' work. For this Spirit disposes of the entire treasure of Father and Son.

Consequently, in the process of hermeneusis we can find the revelation of the trinity God as the essential element of hermeneusis, that is, God is the author of the revelation that has been given, Jesus Christ is its principal subject, and the Holy Spirit is its agent. So, the expositor must always consider the revelation of God Himself in the text of the Bible which is the witness of the Father to the Son through the Holy Spirit.

### 4.4.3.4 Conclusion

In the process of Stott's hermeneusis, we can find some important elements; the act of hermeneusis should naturally expose the revelation of God that the author has in the text, because the entire Bible is centred on being God's revelation which leads us to serve and worship, the promise which includes that salvation and punishment today, tomorrow and forever. This will stimulate our faith so that we will obey His commandments which express His will and demand our obedience. And then, the indicative, imperative and promise are found throughout the Holy Scripture and must be incorporated in the sermon. There must also be a balance between the indicative and the imperative.

## 4.5 STOTT'S CONTRIBUTION TO HERMENEUTICS

4.5.1  From our study of John Stott's hermeneutical principles in general (4.1) we can find a distinction between the term hermeneutics and the term hermeneusis, that is, the hermeneutics is the sub-discipline which theoretically researches, tests and determines the principles and rules for the practical exegesis. And then the hermeneusis is the process of determining the original meaning of the text in the contemporary context after the preacher has grasped the meaning of the text. Stott (1992:214-215) always tries to apply the original meaning of the text to the situation of today. After he has found the intention of the author from the text by asking a question, i.e., what does it mean? He also asks the other question; what does it say? That is, having discerned its original meaning (which is fixed by its author), we need next to reflect on its contemporary message (how it applies to people today). In recent decades, a number of influential writers, as we have discovered in Stott's critical field of interpretation (43.2) - not only in the field of theology, but also in philosophy and literary criticism - have protested that this distinction does not hold. It has been argued, for example, that if we do not know how to apply a command of Scripture to our daily lives, then we cannot really claim to know what that passage means. To reject the distinction between meaning and application seems an extreme position, but there is no doubt a measure of truth in it.

4.5.2 From our study of Stott's characteristics of the hermeneutical principles (in 4.2) it can be concluded that Stott does not use new hermeneutical principles, but he reminds one afresh of the time-honoured principles of hermeneutics as follows:

1 His principles of hermeneutics are not arbitrary. They are derived from the character of the Bible itself as God's written Word, and from the character of God as revealed in it.

2 He looks for the natural meaning because he believes that God intended His revelation to be a plain and readily intelligible communication to ordinary human beings.

3 He looks for the original meaning because he believes that God

addresses His word to those who first heard it, and that it can be received by subsequent generations only insofar as they understand it historically.

4 He looks for the general meaning because he believes that both God and His revelation is self-consistent.

Therefore, his three principles of hermeneutics (simplicity, history and harmony) arise partly from the nature of God and partly from the nature of Scripture as a plain, historical, consistent communication from God to humanity.

Each of his characteristic principles of hermeneutics is not only common but also an immutable rule in the biblical interpretation. Nobody dares to refute its validity; however, what is characteristic in Stott's case is that he does apply them to the hermeneutical practice in his actual preaching.

4.5.3 From our study of Stott's criticism about some wrong principles and methods of interpretation (in 4.3.2) it can be learnt that Stott never accepts the principles and methods of liberal circles but maintains those of the Reformation.

4.5.4 From our study of the hermeneutical principles (4.2) and methods (4.3) of John Stott's preaching in this chapter 4, we can find his particular hermeneutical contributions as follows:

1 Stott's hermeneutics of Scripture is remarkably clear and simple.

In fact, it almost appears that he has no use for or need of the modern liberal doctrine and practises of hermeneutics, he rather criticises them. Stott deals with the Bible with integrity, attempting to let Scripture judge him rather than he judge Scripture. He attempts to find the message of the writers, and does not inject his message into the text (4.1.4.2).

2 One of the most practical contributions by John Stott to the modern art of preaching is his redemptive approach. In Scripture there is a message from God. Scripture contains all that is necessary to know for our salvation (4.3.3).

3 For John Stott it is very clear that the only originality or creativity shown is in the terminology, "three teachers, the basic principles of interpretation", and the dual definitions of each principle. His description of his method is well organised and defined; it reflects his keen, analytical mind and seasoned practicality of trying to clear up complicated truths in a simple manner. All of this critique is to his credit (4.2.1; 4.2.2).

4 Stott uses an acknowledged and consistent method of interpretation: Namely, the historical and grammatical method. He makes the most of it, considering the imperfect resources at his disposal. He strives to place each passage in its historical and cultural setting. He knows how to take into account the distinct characteristics of each book of the Bible. He looks for the original meaning of the text in its context, and then in the special sense that the sentences, the phrases and the words assume, under the pen of the different sacred authors (4.3.4; 4.3.5; 4.3.6).

5 According to Stott, the issue of cultural relevance is an important one

because of the two tasks of the interpreter: To determine what the text means to its immediate readers in that cultural setting, and to determine what the text means to us now - in our context (4.3.8). His principle of the cultural transposition is useful in determining which cultural practises and situations, commands and precepts in the Bible are transferable to our culture.

6 To John Stott it is very clear that the order of first employing the analogy of (antecedent) Scripture as we have seen in 3.6.1 of chapter 3, and then using the analogy of faith in the summary of each of the main points of a sermon, is of primary importance. He often resorts to proof drawn from an analogy of faith (4.3.7.1).

7 Finally, from our study of this chapter as a whole we can learn that the sound hermeneutical principles and methods used by John Stott are of great importance because they give us a method not only for discovering the accurate meaning of the text but also for applying the message concretely to the contemporary situation. If the preacher follows John Stott's hermeneutical principles and methods, he will fearlessly stand in the pulpit with God's Word and God's people before his eyes, expects God's voice to be heard and obeyed without hesitation.

## 4.6 STOTT'S CONTRIBUTION TO HERMENEUSIS

4.6.1 From our study of the task of John Stott's hermeneusis (4.4.2), it can be concluded that Stott never neglects his concern about bridging the gap between the biblical world and the contemporary situation. Stott (1961:31-32) stimulates us to make greater efforts as follows: "Even when the text is understood, the preacher's work is only half done, for the elucidation of its meaning must be followed by its application to some realistic modern situation in the life of man today". So the preacher has to listen humbly to Scripture and critically to modernity in order to relate the one to the other. Such listening (Stott calls it 'double listening') is an indispensable preliminary to preaching (Stott, 1992:216).

His faithful observation of these basic proceedings in hermeneusis helps him to be the well-known preacher he is. Here again, the sound principle of Stott is not only to teach the basic methods, but also to demonstrate how a preacher moves from interpretation to application in his preaching.

But Stott's contribution on this point is to insist in the traditional opinion of hermeneusis as the Reformers did. Traditionally, interpreters always ask a question; what does the passage means to us? that is, the present significance of the passage as emphasising our need to see the relevance of the 'then' passage in our own context today.

4.6.2  From our study of Stott's essential elements in the process of hermeneusis, (Jn 4.4.3) it can be concluded that the preacher must consider the indicative, the imperative and the promise in the text, because hermeneusis deals with the meaning of the text 'then' in bridging the gap to 'today'.

4.6.2.1 In the process of hermeneusis (4.4.3.2), Stott considers the Father, the God who makes known His self-disclose, His sovereignty, His plan for our redemption, His will, His deeds and His works. He also proclaims Jesus Christ who is the Redeemer and Saviour, as well as the Holy Spirit who is working in the believers' lives in the process of hermeneusis. In other words, He deals with the ministry of salvation of the Trinity of God, the One and the same God as Father, Son and the Holy Spirit. Thus, the revelation of the Triune God in an expository sermon should be stressed as one of the important elements.

4.6.2.2 Stott (4.4.3.1) explains that there is a growing consensus in the process of hermeneusis that in the Biblical preaching there must be two essential elements, i.e., the proclaiming of God's indicative and His imperative. Coetzee (1985:18-21) adds: "There is a serious plea to add the intrinsic third element in Biblical proclamation, and therefore in authentic preaching, namely the element of promise".

1 Stott (4.4.3.1.1) stresses that the interpreter must consider the biblical indicative in which includes His creation, maintenance and merciful redemption in time as well as rightful judgement in time in the process of hermeneusis.

2 Stott (4.4.3.1.2) emphasises that the preacher should find the demands God makes as imperative in the process of hermeneusis. We are under

an obligation to keep His law, and want to do so.

3 Stott (4.4.3.1.3) declares that God will give us His blessing as the sincere promise by the way of faithfully keeping His law and commandments. On the contrary, if we do not obey His statutes and His Word, God will punish us now, tomorrow and forever.

# CHAPTER 5:
# THE HOMILETICAL PRINCIPLES AND METHODS
# OF JOHN R. W. STOTT'S PREACHING

## 5.1 HIS HOMILETICS IN GENERAL

### 5.1.1 Preamble

As we have already studied two processes of the action of writing a sermon (3.1), we now turn to the third step, the process of Stott's homilesis, which here means the building of the sermon, using the building blocks provided by the exegesis and hermeneusis. In the third step, characteristic principles of his preaching, we will deal with the whole question of the relationship of exposition to the sermon. In this chapter we will pay particular attention to his homiletical principles and methods by analysing his own sermons, and will then evaluate the basic constituents of his expository sermon. We will research the homiletical principles and methods through a deeper study of his theory and practice from his homiletical books and his own sermons.

Therefore, in concrete, in the first section the following issues will be examined:

* His general view on preaching
* His definition of expository sermon

* The theological foundations of his preaching

## 5.1.2 His General View on Preaching

### 5.1.2.1 The Importance of Preaching

Preaching is a fundamental element of Christian practice which has played an integral role during the history of the Church. The Judeo-Christian tradition has been full of notable apostles, prophets, evangelists, and pastor-preachers, and the most important spiritual turning points in modern history have occurred in conjunction with great preaching.

John Stott is deeply aware of the fact that we are living in an age in which everything is questioned, and among these things are the place, value, importance and the purpose of preaching. Stott (1982a:92) points out that expository "preaching is extremely rare in today's church. Thoughtful young people in many countries are asking for it, but cannot find it. Why is this? The major reason must be a lack of conviction about its importance."

Stott has an extremely high view of preaching. He maintains that historical issues of the greatest magnitude are decided by preaching. He says the fact that "preaching is central and distinctive to Christianity has been recognised throughout the Church's long and colourful story, even from the beginning" (Stott, 1982a:16). Spurgeon also supports it; "The pulpit is the thermopylae of Christendom. It has not done everything; it is not intended to do everything; but it has done a great deal" (Pike, 1992:

Ill:184).  Lloyd-Jones (1982:9) puts a wholly uncompromising emphasis on the fact that "the most urgent need in the Christian church today is true preaching, and as it is the greatest and most urgent need in the church, it is obviously the greatest need of the world also".  Packer also underscores this aspect of the importance of preaching as follows:  "The preaching of God's Word in the power of God's Spirit is the activity that brings the Father and the Son down from heaven to dwell with men" (Packer, 1986:2).

In his book, I Believe in Preaching, Stott (1982a:47) points out two points in the portion on 'the glory of preaching': 'A historical sketch': "First, it demonstrates how long and broad the Christian tradition is which accords great importance to preaching... Secondly, ... the Christian consensus down the centuries has been to magnify the importance of preaching".

Stott thinks that preaching is one of the most important and essential factors in Christianity.  Thus, he puts preaching in the centre of his pastoral ministry and has spent his whole life feeding His people through the Word of God, that is, the expository sermon.  Stott (1982b:68) stresses that "the church needs constantly to hear the Word of God.  Hence the central place of preaching in public worship".  And then the aim of all preachers must be to study and to expound the Word of God, to relate it to the modern world.  Whenever he has an opportunity to speak in meetings and conferences, he does not hesitate to preach the Word of God.  Of course, the purpose of Stott's preaching is the glorification of God.  This objective of preaching provides a foundation and purpose for

Stott's preaching which is not based on man's response. It is also closely related to his deepest beliefs about the nature of sermon.

### 5.1.2.2 Preaching as a Divine Activity

Stott views preaching as a divine activity. This indicates where a sermon comes from, that is, the message of the preacher is always based on the Word of God and comes from God. Stott (1961a:30) says that "in the ideal sermon it is the Word itself which speaks, or rather God in and through His Word". Stott's greatest service to preaching is the restoration of the biblical understanding of preaching - God speaking. Preaching is not merely a discourse by a human being but it is God, Himself, speaking to individuals through preachers. Cobin (1989:18,19) says that "preaching is not religious discourse to a closed group of initiates, but an open and public proclamation of God's redemptive activity in and through Jesus Christ".

Stott likes to preach the gospel of God's grace. He (1961a:34,35) says that "the Christian preacher is both steward and herald. In fact, the good news he is to herald is contained within the Word of which he is the steward, for the Word of God is essentially the record and interpretation of God's great redemptive deed in and through Christ. The Scriptures bear witness to Christ, the only Saviour of sinners".

Therefore, a good steward of the Word is bound to be also a zealous herald of the good news of salvation in Christ. When Jones (1946:19) emphasised the importance of preaching, he mentioned that "preaching is a means to begin God's work of the redemption in the heart of His people". Dr. Mounce (1960:153) writes "preaching is that timeless link between God's great redemptive act and man's apprehension of it. It is the medium through which God contemporizes His historic self-disclosure and offers man the opportunity to respond in faith". So, we can sum it up in the words of Stewart (1946:5), "preaching exists, not for the propagating of views, opinions and ideals, but for the proclamation of the mighty acts of God".

In fact, Stott preaches the message of God with power because he preaches it with this conviction, that is, God saves sinners by means of His great grace through preaching. He says (1961a:29) that "this is real authority. True, it is an indirect authority. It is not direct like that of the prophets, nor like that of the apostles, who issued commands and expected obedience (e.g., Paul in 2 Th. 3), but it is still the authority of God. It is also true that the preacher who declares the Word with sovereignty is under that Word and must submit to its supremacy himself".

Stott's own conversion resulted from his hearing preaching. As we have seen in chapter 2, when studying Stott's career, he was converted by Mr. Nash's preaching when he was seventeen years old in 1938 (2.1.2.1). Stott was really converted and overwhelmed by the power of God to change men's lives through the Word of God (preaching). This fact imprinted upon him the importance of the human and divine elements in preaching.

Consequently, the true preacher is careful first to make a thorough and thoughtful proclamation of God's great deed of redemption through Christ's cross, and then to issue a sincere and earnest appeal to men to repent and believe (Stott, 1961a:58).

### 5.1.2.3 Preaching as a Human Activity

Stott emphasises that preaching is a divine activity, as well as a human activity. It is most important that both the preacher and the congregation should be aware that, in His work of communicating with people, God uses human beings as fellow-workers. God has sought the cooperation of human beings in carrying on His work of salvation which He has completed through His son Jesus Christ. God has chosen to use people for the task of spreading the Gospel to the whole world. The preacher is God's agent who brings His message to the people. God encounters human beings through the preaching activity. Stott (1992:211) says that "the church needs 'pastors and preachers' (Eph. 4:11) to expound or open up the Scriptures, and the ascended Christ still gives these gifts to His church". Stott recognises that God speaks to His people by Himself through the written Word, as well as by His servants, the preachers through their preachings. Therefore, in addition to the text, God gives the teachers (preachers) the ability to open up the text, explaining it and applying it to people's lives (Stott, 1992:212). Simeon (1959:188) says that "ministers (preacher and teacher) are ambassadors for God and speak in Christ's stead". He continues by stating: "If they preach what is founded on the Scripture, their word, as far as it is agreeable to the mind of God, is to be considered as God's. This is asserted by our Lord and his apostles. We ought therefore to receive the preacher's word as the Word of God Himself' (Simeon, 1959:189).

Stott's view that God continues to communicate through the Word, proclaimed by His preachers, as found in the Scripture which is the Word of God, reflects his high regard for the preacher's role in the church.

Stott (1961a:70-76) also acknowledges the significance of the personal element in preaching. He pays great attention to preparing himself. He believes the secret of great preaching is in a great theme, born out of personal experience. He seems to preach nothing which he has not personally apprehended. Stott (1961a:70,71) says that "by 'experience' I do not mean experience of the preaching ministry or experience of life in general, necessary as these are to the preacher. I mean rather a personal experience of Jesus Christ Himself. This is the first and indispensable mark of the Christian witness (preacher)".

Therefore, Stott (1961a:74) insists upon the importance of personal experience for effective preaching; "In our preaching, we do not just expound words which have been committed to our stewardship. Nor do we only proclaim as heralds a mighty deed of redemption which has been done. But, in addition, we expound these words and proclaim this deed as witness, as those who have come to a vital experience of this Word and Deed of God".

This stance enables Stott to preach with bold authority and directness. The preacher's message, however clear and forceful, will not ring true unless he speaks with the conviction of experience.

Finally, in the task of preaching Stott has a place for human imagination and talent as long as everything is done in subjection to the Word of God and as long as the preacher is aware that with all the talent used in preaching, he is only giving voice to the Word which is not his own. Because the sermon is not only meant to speak to the understanding but also to the heart.

Thus, for Stott preaching is both God's activity by His speaking through the preacher and man's activity taking place through persons, preaching to other persons. God's activity and man's activity in the process of preaching belong together and they cannot be separated from each other. When God speaks through human beings it does not reduce the significance of His message or Word. God is gracious enough to continue to communicate on the human level, through human beings and through human words.

### 5.1.3 His Definition of Expository Sermon

Generally speaking, preaching is a living process involving God, the preacher and the congregation. In this regard, Stott was not the first author to attempt to define preaching or to define expository sermon more closely. There have been several types of preaching throughout the history of the Church. For example, in his famous book, The Craft of the Sermon, Sangster (1954:2) distinguishes between three main kinds of sermons and assigns a chapter to each, although he adds that 'the range of combinations is almost infinite'. The First, is defined 'according to subject matter', the second 'according to structural type' and the third 'according to psychological method'. Apart from these distinctions, there are other classifications of preaching - topical, textual, evangelistic, apologetic, prophetic, ethical and doctrinal sermons.

The term 'expository preaching' is heard more frequently now than in previous years. Consequently, so many preachers have attempted to define this term.

In general, the term expository sermon means that a preaching text is taken from Scripture, interpreted and unfolded by sound, acknowledged exegetical methods in its context, through a process of hermeneusis, and homilesis is applied to the hearers in their concrete circumstances.

Chapell (1994:129) mentions clearly that "the technical definition of an expository sermon requires that it expound Scripture by deriving from a specific text main points and subpoints that disclose the thought of the author, cover the scope of the passage, and are applied to the lives of the listeners".

According to Robinson (1986:20), "expository preaching is the communication of a biblical concept, derived from and transmitted through a historical, grammatical, and literary study of a passage in its context, which the Holy Spirit first applies to the personality and experience of the preacher, then through him to his hearers".

Barnhouse (1963:XI) says that "expository preaching is the art of explaining the text of the Word of God, using all the experiences of life and learning to illuminate the exposition".

Liefelt (1984:112) indirectly defines: "The true expository sermon will combine a faithful explanation of the passage in proper balance with and relationship to its application".

Vines (1985:7) defines 'expository preaching' as "one that expounds a passage of Scripture, organises it round a central theme and main points, and then decisively applies its message to the listeners".

Stott believes that a sermon should always be expository. He (1982a:125) says that "it is my contention that all Christian teaching is expository preaching". In support of his emphasis on preaching as bridge building, the author describes the deep rift between the biblical world and the modern world.

John Stott (1982a:125) states that "I cannot myself acquiesce in this relegation (sometimes even grudging) of expository preaching to one alternative among many". He (1982a:125) continuously emphasises that "all true preaching is expository. Of course, if by an 'expository' sermon is meant a verse-by-verse explanation of a lengthy passage of Scripture, then indeed it is only one possible way of preaching, but this would be a misuse of the word. Properly speaking, 'exposition' has a much broader meaning. It refers to the content of the sermon (biblical truth) rather than its style (a running commentary)" (Stott, 1982a:125).

Stott insists that if it is to be authentically Christian, it must be expository, but in his famous homiletic book, I Believe in Preaching, he does not exactly define expository preaching. In another publication, The contemporary Christian, he defines an expository sermon as "opening up the inspired text with such faithfulness and sensitivity that God's voice is heard and God's people obey him" (1982a:135; 1992:208). Although Stott gives this a simple definition of expository preaching, he includes two important elements of preaching in his elucidation. The first one is an explanation of the text, the other one is an application. So Liefelt (1984:6) succinctly defines that "expository preaching is explanation applied. Without practical application, exposition is mere description". In fact, the pastor makes a serious and sincere attempt to unfold the actual grammatical, historical, contextual and theological meanings of a passage. He should then seek to make the meaning of that passage relevant to the lives of his hearers. To do that he must properly organise, adequately illustrate and forcibly apply its message.

For this reason, Stott stresses that an expository sermon includes the interpretation of the Bible and the application. To preach is to connect the unchangeable Word of God to the kaleidoscope of life in the modern world. In a word, according to Stott, expository preaching is to make plain what the Bible passage says and to give a sound application to the lives of the hearers. In addition, Stott (1961a:53) says that "God not only confronts men through the preacher's proclamation; He actually saves men through it as well". Here he emphasises the function and the role of a sermon.

Therefore, Stott (1992:286) finally enforces the necessity of the expository sermon; "Nothing is more necessary today, either in the tired churches of the West or in the vibrant churches of many Third World countries, than a faithful and systematic exposition of Scripture from the pulpit".

### 5.1.4 The Advantages of the Expository Sermon

According to Liefelt (1984:10-12), it can be summarised by the following statements:

(1) "The first advantage is that we can be more confident of preaching God's will when we preach His Word; (2) The second is a corollary of the first Expository preaching we are confined to biblical truth. Subjectivism is minimised; (3) The third is that as we preach through Scripture we proclaim the 'whole counsel of God' rather than ride our favourite 'hobby horse'; (4) The fourth, the context of a passage usually includes its own application; (5) A fifth is that Scripture often provides a literary structure that can form the basis for a sermon outline; (6) A sixth and very helpful advantage of expository preaching is that we can include touchy subjects in the course of sequential exposition without being obtrusive; (7) Finally, it is true that expository preaching gives the preacher a fine opportunity to model Bible study.

Stott (1982a:315) emphasises that a preacher can get three benefits when he follows the practice of systematic exposition, that is to say, of working steadily through a book of the Bible or a section of a book, either verse by verse or paragraph by paragraph.

The first advantage of this scheme is that it forces us to take passages which we might otherwise have overlooked, or even deliberately avoided. In other words, it covers a variety of subjects and needs without suggesting that the preacher is singling out individuals. Moreover, it breaks the bonds of preachers' preference. It has a built-in variety, particularly when consecutive expository preaching is done from a book or number of chapters (Baumann, 1978:103).

The second asset of an expository sermon is that people's curiosity is not aroused as to why we take a specific text on a particular Sunday. Stott (1982a:315, 316) shows this clearly by giving an example. He has never previously preached on the subject of divorce, although he has been in the pastoral ministry for twenty-five years. He had steered clear of the topic because it is a burning contemporary issue, as well as a difficult and complex subject. But when he led his congregation through the Sermon on the Mount (Mt. 5: -7:), here staring him in the face was Matthew 5:31,32. He could not possibly skip those verses and so began his sermon about the topic of divorce. He recalls that "if I Had suddenly, out of blue, preached on divorce, my congregation would inevitably have wondered why. But as it happened, their attention was not distracted by such questions. They knew that I was seeking to expound Matthew 5:31.32 only because they were the next consecutive verses in the sermon series" (Stott, 1978a:92-99).

The third one is that the thorough and systematic opening up of a large portion of Scripture broadens people's horizons, introduces them to some of the Bible's major themes, and shows them how to interpret Scripture by Scripture. Alexander (1988:230-250) supports this matter by saying the following: "Expository preaching ensures the highest level of Bible knowledge for the flock, ... allows for handling broad theological themes, and ... guards against misinterpretation of the biblical text".

Therefore, Stott has sincerely expounded the Bible, since he started his preaching ministry at All Soul's Church.

## 5.1.5 The Theological Foundations of his Preaching

John Stott's approach to the pulpit ministry begins with his theology of preaching: "The essential secret (for effective preaching) is not mastering certain techniques but being mastered by certain convictions. In other words, theology is more important than methodology" (Stott, 1982a:92). For all that, he does not focus on preaching theology but he certainly preached theologically and his text is always applied to the conscience of sinners as well as saints.

Stott limits his discussion of the theology of preaching to five presuppositions concerning the doctrines of God, Scripture, the Church, the pastorate, and the nature of preaching as exposition. His intention is to marshall five theological arguments which underlie and reinforce the practice of preaching.

Therefore, in this subsection we will investigate the five arguments of his homiletical theology.

### 5.1.5.1 The Doctrines of God

While much can and should be said about the doctrine of God, three affirmations about His being, His action, and His purpose are particularly important. Stott's reason for his first mention of the conviction of God is that the kind of God we believe in determines the kind of sermons we preach (Stott, 1982a:93). Stott mentions the above three elements to prove that the revelation about God is an important doctrine for all Christians and especially for preachers.

### 5.1.5.1.1 God is Light (1 Jn. 1:5)

Stott uses the Johannine metaphor, 'God is light', to describe God as pure, true and self-revealing. In fact, God is perfect in holiness, for often in Scripture Light symbolises purity. In the Johannine literature light more frequently stands for truth, as when Jesus Christ claimed to be 'the light of the world' (Jn. 8:12); He also told his followers to let their light shine on human society, instead of concealing it (Mt. 5:14-16). We may say then that just as it is the nature of light to shine, so it is the nature of God to reveal Himself.

Therefore, Stott (1982a:94) asserts that every preacher needs the strong encouragement which this assurance brings. Seated before us in the church are people in a wide variety of states, some estranged from others, perplexed, even bewildered, by the mysteries of human existence; yet others enveloped in the dark night of doubt and disbelief. We need to be sure as we speak to them that God is the light and that He wants to shine His light into their darkness (cf. 2 Cor. 4:4-6).

## 5.1.5.1.2 His Action

God's actions reveal Him to us not only as creator but also as redeemer, a God of grace and generosity. In the Old Testament, the actions of God are revealed to save His people from their sins and enemies. But the New Testament focuses on another redemption and a new covenant, which it describes both as 'better' and 'eternal'. For these were secured by God's most mighty acts, namely the birth, death and resurrection of His son, Jesus Christ (Stott, 1972:123; 128-130).

Therefore, the God of the Bible is a God of liberating activity, who came to the rescue of oppressed mankind, and who thus has revealed Himself as the God of grace and generosity (Stott, 1982a:94).

## 5.1.5.1.3 God has Spoken

Further, God has interpreted His actions to humanity verbally in Scripture (Stott, 1972b:19). Unfortunately, the modern theological tendency is to lay much emphasis on the historical activity of God and to deny that He spoke; to say that God's self-revelation has been in deeds not words, personal not presuppositional; and in fact, to insist that the redemption is itself the revelation. But this is a false distinction, which Scripture itself does not disclose. Instead, Scripture affirms that God has spoken both through historical deeds and through explanatory words, and that the two belong indissolubly together. Even the Word made flesh, the climax of God's progressive self-revelation, would have remained enigmatic if it were not that He also spoke and that His apostles both described and interpreted Him (Stott, 1981f:12,14).

The deeds should not be proclaimed apart from the words which explain them. Here then is a fundamental conviction about the living, redeeming and self-revealing God. It is the foundation on which all Christian preaching rests. We should never presume to occupy a pulpit unless we believe in this God. How dare we speak, if God has not spoken? (Stott, 1982a:96)

Consequently, to address a congregation without any assurance that we are bearers of a divine message would be the height of arrogance and folly. It is when we are convinced that God is light (and so wanting to be known), that God has acted (and thus made Himself known), and that God has spoken (and thus explained His actions) (Stott, 1976b:40).

## 5.1.5.2 The Scriptures

We have mentioned in chapter 3, Stott's doctrine of Scripture as the foundation of exegesis. The relationship between this doctrine and the preacher needs to be noted. He points out three arguments to show a very firm and sincere belief (conviction) of all preachers in the Bible.

### 5.1.5.2.1 Scripture is God's Written Word

Stott emphasises (1976:9) the Bible as 'God's Word written' which is an excellent definition of Scripture. Because it is one thing to believe that God has acted, revealing Himself ln historical deeds of salvation, and supremely in the Word made flesh. It is another to believe that 'God has spoken', inspiring prophets and apostles to interpret his deeds. It is yet a third stage to believe that the divine speech, recording and explaining the divine activity, has been committed to writing. Yet only so could God's particular revelation become universal, and what he did and said in Israel and through Christ be made available to all people in all ages and places. Thus, the action, the speech and writing belong together in the purpose of God.

Stott (1982a:98) insists on the relevance of this doctrine of the Bible to our ministry of preaching. The task of the preacher is to "relay with faithfulness to the twentieth century ... the only authoritative witness there is, namely God's own witness to the Church. Furthermore, all preachers need to keep together in their preachings the saving acts and the written words of God. The true preacher is both a faithful steward of God's mysteries (who is dutifully guarding and dispensing His Word, 1 Cor. 4:1,2) and a fervent herald of God's good news (who is proclaiming good news of salvation)".

Finally, the task of all preachers is to lift up their voices and make God's mysteries and good news known to others, and also themselves to enter ever more deeply into an understanding and experience of these truths.


### 5.1.5.2.2 God Still Says Today What He Has Spoken Throughout the Ages Since Creation

Stott (1982a:100,102) emphasises that Scripture is a living word to living people from the living God, a contemporary message for the contemporary world. Once we have grasped the truth that 'God still speaks through what He has spoken', we shall be well protected against two conflicting errors. The first is the belief that, though it was heard in ancient times, God's voice is silent today. The second is the claim that God is indeed speaking today, but that His Word has little or nothing to do with Scripture. The first leads to Christian antiquarianism, the second to Christian existentialism. Safety and truth are found in the related convictions that God has spoken, that God speaks, and that His two messages are closely connected to one another, because it is through what He spoke that He speaks. We believe Dr. Packer is right to express that the most satisfactory model is to describe it thus: "The Bible is God preaching" (Stott, 1982a:103).

Therefore, Stott grasps both Scripture and preaching in the same theological pattern of thought. According to the Reformers, God is Deus Loquens, a speaking God. How does God speak? Answer: Preaching is the Word of God. The Reformers celebrated the oral character of the gospel. Reinhold Seeberg sums up the Reformation insight; "The Reformation ... laid its emphasis on the Word ... By Word of God was meant primarily not the language of the Bible, but the orally proclaimed biblical truth" (Buttrick, 1994:21). We are suggesting that, for the Reformers, preaching was the Word of God and that, in a way, Scripture was also the Word of God insofar as it proclaimed the same gospel message. Finally, we mention 'The second Helvetic Confession' about the reformers' views on preaching; "The preaching of the Word of God is the Word of

God. Wherefore when this Word of God is now preached in the church by preachers lawfully called, we believe that the very Word of God is proclaimed, and received by the faithful; and that neither any other Word of God is to be invented nor is to be expected from heaven; and that now the Word itself which is preached is to be regarded, not the minister that preaches; for even if he be evil and a sinner, nevertheless the Word of God remains still true and good" (Cochrane, 1965: 1).

### 5.1.5.2.3 God's Word is Powerful

Stott (1982a:103) believes that God does continue to speak through what He has spoken, but also when God speaks, He acts. His Word does more than explain His actions; it is active in itself. God accomplishes His purpose by His Word; it prospers in whatever He sends it forth to do (Isa. 55:11).

Forsyth (1967:3, 15, 56) says "the gospel is an act and a power: It is God's act of redemption... A true sermon is a real deed... The preacher's word, when he preaches the gospel and not only delivers a sermon, is an effective deed, charged with blessing or with judgement". This is because it brings dramatically into the here and now the historic redemptive work of Christ.

Therefore, we have to enter the pulpit with the powerful Word of God in our hands, heart and mouth. We expect results. We look for conversions. As Spurgeon puts it in one of his addresses to pastors; "so pray and so preach that, if there are no conversions, you will be astonished, amazed, and broken-hearted. Look for the salvation of your hearers as much as the angel who will sound the last trumpet will look for the waking of the dead! Believe your own doctrine! Believe your own Saviour! Believe in the Holy Spirit who dwells in you! For thus shall you see your heart's desire, and God shall be glorified" (Spurgeon, 1960:187).

Yet to believe in the explosive power of God's Word should be enough in itself to make an effective preacher out of every person who is called to this privileged ministry.

### 5.1.5.3 The Church

First of all, "the Church, Stott (1982b:63,64) defines, is the 'new humanity', the vanguard of a redeemed and renewed human race ... In reality, however, the Church is us - a dishevelled rabble of sinful, fallible, bickering, squabbling, stupid, shallow Christians, who constantly fall short of God's ideal and often fail even to approximate to it".

Stott (1982a:109.114) looks at his ecclesiology to preaching at one point: The Church was created by the Word of God and remains dependent upon the Word. He agrees with Lloyd-Jones who says any decline in the Church is always linked with a decline in the quality of preaching. Both men draw the conclusion that the decline in preaching caused the decline in the church, though neither adequately proves this sequence (Lloyd-Jones, 1971:24). But Dargan (1985:13) confirms this view: "Decline of spiritual life and activity in the churches is commonly accompanied by a lifeless, formal, unfruitful preaching and this partly as cause, partly as effect. On

the other hand, the great revivals of Christian history can most usually
be traced to work of the pulpit, and in the preachers' progress they have
developed and rendered possible a high order of preaching".

We will now investigate in more detail Stott's confidence in the Church
as the theological foundation for his preaching.

### 5.1.5.3.1 The Word of God Created the Church

Stott (1982a:110; 1982a:66,67) stresses that "the Bible may be said to have
created the Church. Or, more accurately, the Word of God (which is now
written in the Bible) created the Church". Because the people of God may
be said to have come into existence when his Word came to Abraham,
calling him and making a covenant with him. Similarly, it was through
the apostolic preaching of God's Word in the power of the Holy Spirit on
the Day of Pentecost that the people of God became the Spirit-filled Body
of Christ (1990:60).

God's Word (the combined witness of prophets and apostles), proclaimed in the
power of the Spirit, created the Church. It still does. The Church is built
on that foundation. And when the canon of the New Testament came to
be determined, the Church did not confer authority on these documents,
but simply acknowledged the authority they already possessed. Why?
Because they were 'apostolic' and contained the teaching of the Lord's
apostles.

For these reasons, we may truthfully say that the Bible (that is, the Word of
God now written in the Bible) created and maintains the Church.

### 5.1.5.3.2 The Word of God Sustains the Church

The Creator always sustains what He has created, and since He has brought the church into existence, He keeps it in being. Moreover, having created it by His Word, He sustains and nourishes it by His Word. If it is true, "that man does not live by bread alone, but that man lives by everything that proceeds out of the mouth of the Lord" (Deut. 8:3, quoted by Jesus in Mt. 4:4), it is also true of churches. They cannot flourish without it. The Church needs to constantly listen to the Word of God. Hence the central place of preaching is public worship. Preaching is not an intrusion into it but rather indispensable to it. For the worship of God is always a response to the Word of God. First, God speaks His Word (in Scriptural sentences, readings and expositions), and then the congregation responds in private and personal confession, creed, praise and prayer. The Christian congregation grows into maturity in Jesus Christ only as they hear, receive, believe, absorb and obey the Word of God (Stott, 1982b:68). Because the church has a place in God's plan to give His people a right understanding of His Word (Stott, 1972a:162).

Finally, Stott (1991:179) says that "it is the Bible in the church which can develop our Christian stability, and so strengthen us to withstand the pressures of persecution, false teaching and temptation". In fact, God's people live and flourish only by believing and obeying His Word.

To sum up: A major reason for the Church's decline in some areas and immaturity in others is the weakness of the pulpit. So, if the Church which was created by the Word of God is to flourish again, there is no greater need than a revival of faithful, powerful, biblical preaching.

### 5.1.5.4 The Pastorate

The link between the Scriptures and the Church is a pastoral one. Stott (1982a:116) points out that "these are some of the trends which have contributed to the contemporary loss of clerical morale", that is, the professional Christian ministry was taken over by the state (e.g., in medicine, education and social welfare) and every member of the Church has a gift and therefore a ministry. This being so, some think a professional ministry is no longer necessary.

In this situation, Stott (1982a:116,117) emphasises most strongly that "it is urgent to reassert the New Testament teaching that Jesus Christ still gives overseers to his Church and intends them to be a permanent feature of the Church's structure (1 Tim. 3:1)". Moreover, in seeking to re-establish this truth, it would be helpful simultaneously to revive for these overseers the New Testament designation of 'pastor'. Because the Lord Jesus Christ called himself 'the Good Shepherd' even city dwelling Christians will always think of him as such, and his pastoral ministry (with its characteristics of intimate knowledge, sacrifice, leadership, protection and care) remains the permanent model for all pastors.

Pastors are shepherds whose task it is to feed the sheep, i.e., to teach the Scriptures to the people. Jesus recommissioned Peter with the repeated instruction 'feed my lambs' and 'feed my sheep' (Jn. 10:9; 21:15,17). This command, the apostles never forgot. 'Tend the flock of God that is your charge' Peter himself wrote later, while Paul addressed the elders of the Ephesian Church with the words, "Take heed to yourselves and to all the flock, in which the Holy Spirit has made you guardians (or overseers), to feed the Church of the Lord which he obtained with his own blood" (1 Pe. 5:2; Acts 20:28).

If today's pastors were to take seriously the emphasis of the New Testament on the priority of preaching and teaching, they would not only find it extremely fulfilling themselves, but it would also undoubtedly have a very wholesome effect on the Church.

Stott acknowledges C. H. Dodd's word which separates preaching (Kerygma) from teaching (Didasko), but he says Dodd pushed the distinctions too far. Three Bible texts were offered where it was said of Jesus or Paul that they both preached and taught. Stott's conclusion is the pastor must also do both functions (Stott, 1982a:118, 122).

### 5.1.5.5 Preaching

As we have previously mentioned in our study of his definition of preaching (5.1.3), he has always been keen on expository preaching. The major contribution of Stott's theological chapter in I Believe in Preaching (the other name: Between Two Worlds) is his discussion of the expository sermon.

### 5.1.5.5.1 Exposition Sets us Limits

Exposition sets limits by restricting the preacher to the points made within the text, since expository preaching is a biblical sermon. The preacher's text is invariably taken from God's Word. Killinger (1985:14) says that "normally the preacher who wishes to preach biblically will launch his sermon from a particular segment of Scripture". Stott quotes the words of Coggan in order to emphasise it: "The Christian preacher has a boundary set for him. When he enters the pulpit, he is not an entirely free man. There is a very real sense in which it may be said of him that God Almighty has set him his bounds that he shall not pass. He is not at liberty to invent or choose his message: It has been committed to him, and it is for him to declare, expound and commend it to his hearers ... it is a great thing to come under the magnificent tyranny of the Gospel" (Coggan, 1978:46,48).

### 5.1.5.5.2 Exposition Demands Integrity

The preacher must study the text faithfully in order to grasp the original meaning the author has meant in the text. Killinger (1985:16) stresses that "... it is important that he (the preacher) studies each text carefully before attempting to organise a sermon on it".

Much preaching fails at this initial stage because preachers often assume that they know the meanings of texts they have read and used before. So, Stott (1982a:127) says that "not everybody is persuaded of this (demanding of integrity). It is commonly said that the Bible can be made to mean anything one wants - which is true only if one lacks integrity".

Stott (1982a:127,128) takes a lesson from the sixteenth-century Reformers:

"They emphasised that what every Bible student must look for is the plain, natural, obvious meaning of each text, without subtleties. What did the original author intend his words to mean? That was the question" (Stott ,1982a:127,128). Finally, Stott emphasises this point as two quotations from John Calvin and Charles Simeon. Calvin said to the pastors of Geneva that "I have not corrupted one single passage of Scripture, nor twisted it as far as I know, and when I might well have brought in subtle meanings, if I had studied subtlety, I have trampled the whole lot underfoot, and I have always studied to be simple ... " (Cadier, 1960:173-5).

And Simeon wrote that "the author ... is no friend to systematisers in theology. I have endeavoured to derive from the Scriptures alone my view of religion; and to them it is my wish to adhere, with scrupulous fidelity; never wrestling any portion of the Word of God to favour a particular opinion, but giving to every part of it that sense which it seems to me to have been designed by its great Author to convey" (Simeon, 1828: Vol. 1. 4-5).

### 5.1.5.5.3 Exposition Identifies the Pitfalls

Exposition avoids the pitfalls we must at all costs, namely straying away from the text into other issues or twisting the text to say something alien to the author's intention. On the contrary, biblical expositors bring out of Scripture what is there; they refuse to thrust into the text what is not there. They pry open what appears closed, make plain what seems obscure, unravel what is knotted and unfold what is tightly packed.

In expository preaching the biblical text is neither a conventional introduction to a sermon on a largely different topic, nor a convenient peg on which to hang a ragtag of miscellaneous thoughts, but a master which dictates and controls what is said (Stott, 1981e:26).

Therefore, only the resolve to be a painstaking expositor will enable us to avoid these pitfalls.

### 5.1.5.5.4 Exposition Gives us Confidence to Preach

The preacher is not expounding his or her own opinions but rather God's Word. If we are expounding God's Word with integrity and honesty, we can be very bold. The true exposition increases that confidence and the sense of authority that grows out of it (Liefell, 1984:10). This is not because we presume to regard our own words as an oracular utterance, but because like the ancient Jews we have been 'entrusted with the oracles of God' (Rom. 4:2), and because our overriding concern is to handle them with such scrupulous fidelity that they themselves are heard to speak, or rather that God speaks through them (Stott, 1982a:132).

Wingren (1960:201-3) expresses this admirably when he writes: "The expositor is only to provide mouth and lips for the passage itself, so that the Word may advance ... The really great preachers ... are, in fact, only the servants of the Scripture. When they have spoken for a time ... the Word ... gleams within the passage itself and is listened to: The voice makes itself heard ... The passage itself is the voice, the speech of God; the preacher is the mouth and the lips, and the congregation the ear in which the voice sounds. Only in order that the Word may advance - may go out into the world, and force its way through enemy walls to the prisoners within - is preaching necessary".

When we have done so with integrity, the voice of God is heard, and the Church is convinced and humble, restored and reinvigorated, and transformed into an instrument for His use and glory (Stott, 1982a:133).

### 5.1.5.6 Summary

We have studied Stott's theological foundation of the ministry of preaching in this section. Such are the five major convictions that reinforce the practice of biblical preaching. To sum up, God is light; God has acted; God has spoken; and God has caused His action and speech to be preserved in writing. Through this written Word, He continues to speak powerfully with a living voice. And the Church needs to listen with close attention to His Word, since its health and maturity depend upon it. So, pastors should expound it; it is for this purpose that they have been called.

Therefore, these foundations for the ministry of preaching need to reinforce our trembling convictions. Then the current objections to preaching will not deter us. On the contrary, we will give ourselves to this ministry with fresh zeal and determination.

### 5.1.6 His Preaching is Pointing to Christ

The central theme of the New Testament is the death and resurrection of Jesus Christ. In Luther's preaching and theology, we can see this theme which dominates throughout them. All of his preaching and books, especially The Cross of Christ (1986a), centred around Christ's death on the cross and resurrection. Stott says (1982b:29-30) that "The Bible is God's picture of Jesus ... the Old Testament sacrifices foreshadow that perfect sacrifice for sin made once for all upon the cross - the sacrifice of Christ for our redemption ... When we move into the New Testament, Jesus Christ comes yet more clearly into focus. The Gospels are full of Him. They speak of His birth and of His public ministry, of His Words and works, of His death and resurrection, and His ascension and gift of the Holy Spirit".

He (1990:80) continues by saying the following: "They (apostles) concentrated on the cross and resurrection, both as historical happenings and as significant saving events ... They did not proclaim the death and resurrection of Jesus in a vacuum, but in the context of Scripture and history". So, making Christ the centre of preaching and preaching the centre of worship is Stott's most lasting contribution to the theology of preaching.

According to Stott, preaching is distinct from any other form of public speech primarily because of its content. The content is the Word of God as found in the Bible, the written Word. The written Word is the content of preaching because it is the prime witness, as well as the apostles' testimony to the Christ event. That is why preaching based on the Bible is able to make the Christ of history live for people.

For Stott, preaching finds its significance in our union with Christ and in our participation in His righteousness. Stott (1990:81; 1975b:48) says that "It is not enough to 'proclaim Jesus'. For there are many different Jesuses being presented today. According to the New Testament gospel, however, He is historical (He really lived, died, rose and ascended the arena of history), theological (His life, death, resurrection and ascension all have saving significance) and contemporary (He lives and reigns to bestow salvation on those who respond to Him). Thus, the apostles told the same story of Jesus at three levels - as a historical event (witnessed by their own eyes), as having theological significance (interpreted by the Scriptures), and as a contemporary message (confronting men and women with the necessity of decision). We have the same responsibility today to tell the story of Jesus as fact, doctrine and gospel".

Christ, the Lord, (the Word - Jn.1:1) is the true revelation of God. As Christ, He is the revelation, the centre and the heart of the Bible; He should be the sole content of preaching (Stott, 1982a:95; 1992:167). So, as we have seen in chapter 4, Stott's interpretation is governed by the redemptive approach (Christological) to the Scripture. That is why he can say very clearly, the Scripture contains nothing else than Christ and to have the Scripture without recognising Christ means to have no Scripture (Stott, 1985:73; 1989:323). Allmen (1962:24) supports Stott's argument by stating the following, "The heart of the Scripture (what sums it up and makes it live) or the head of the Scripture (... what explains it and justifies it) ... is Jesus Christ. To read the Bible without meeting him is to read it badly, and to preach the Bible without proclaiming Him is to preach it falsely". This is what Stott expects from all modern preachers.

The Christ-centred sermon should be proclaimed through all preachers' obedience to the eternal, incarnate Word. Its message has to be continually proclaimed and heard until the Parousia; and the church will only be able to do this when it sees Christ as the crux of the Scripture and thereby the centre of preaching.

Moreover, the preacher's appeal is never that men should accept a theory about the cross but that they should receive a Person who died for them. To this end, the preacher shall continue to preach Christ crucified, because what is folly to the intellectualist and a stumbling-block to the moralist, remains the wisdom and the power of God (1 Cor. 1:23-24) (Stott, 1956:37).

Therefore, according to Stott the expository sermon must centre on the cross of Jesus Christ and the one who is called to preach must proclaim Christ because there is no other message from God.

### 5.1.7 His Preaching Depends on the Holy Spirit

We have already mentioned the emphasis on the role of the Holy Spirit in his preaching (in 1.1.3.3 and 4.2.1.2). Stott always depends on the Holy Spirit when he has Bible study, in the whole process of the formulation of a sermon, and while he preaches the sermon, because the Holy Spirit is working by and with the Word in our hearts.

Since the ultimate aim of preaching is not to provide information (Piper, 1992:42), but to present people to the living God, Stott (1982a:329) believes finally that "the greatest need of a preacher is to be clothed with the power" of the Holy Spirit in order to proclaim the Word of God strongly. In fact, the supreme need of our times is the proclamation of the message of God through the power of the Holy Ghost. He (1982a:285) also says that, "Fire in preaching depends on fire in the preacher, and this in turn comes from the Holy Spirit. Our sermons will never catch fire unless the fire of the Holy Spirit burns in our own hearts and we are ourselves' aglow with the Spirit" (Rom. 12;11).

A true response to the Word of God when preached is impossible except by the inspiration of the Holy Spirit. In his famous homiletic book, I Believe in Preaching, Stott (1982a:335) quotes the never-to-be-forgotten words of Spurgeon: "...We might preach till our tongues rotted, till we should exhaust our lungs and die, but never a soul would be converted unless there were mysterious power going with it - the Holy Ghost changing the will of man. Oh Sirs! We might as well preach to stone walls, preach to humanity unless the Holy Ghost be with the word, to give it power to convert the soul.

Stott (1982:140) also believes that the preaching is particularly applied by the Holy Spirit in specific cases. He states "if we are called to account for our practice of exposition without application, we piously reply that our trust is in the Holy Spirit to apply his Word to the realities of human life". Actually, the application of the truth of the Word is always made by the Holy Spirit.

Stott (1982a:113) realises that the people are able to accept the message when the Holy Spirit moves them. In other words, when a message is transmitted in the power of the Holy Ghost, "the Holy Spirit is able to make it a living and powerful word in the hearts of our hearers". So, the sermon in the power of the Spirit changes the audience's mind from depravity and corruption into life and into newness of living. Unless the Holy Spirit is at work in our preaching, we cannot expect to convince our listeners of their sins and to humble them in the presence of God. When we present the light of God's Word, His Spirit performs God's purpose of warming, melting, and conforming hearts to His will. Chapell (1994:24) says that "when we proclaim the Word, we bring the work of the Holy Spirit to bear on others' lives".

Venter (1995:11) emphasises that "the absolute requirement for the writing of a sermon is prayer for the guidance of the Holy Spirit, because the Holy Spirit inspires the Word of God. Therefore, it is also the Holy Spirit that has to open the Word for the preacher and the preacher for Word. Also, it is the Holy Spirit that has to open the Word for the congregation and has to render the congregation receptive to the Word". Therefore, Stott (1982a:88) earnestly exhorts us: "We need to pray more persistently and expectantly for grace from the Holy Spirit of truth. Because Christian understanding is not possible without His enlightenment nor is Christian assurance without His witness".

For Stott, the sovereign work of the Holy Spirit should be the power in the preacher and in the preaching. Thus, Stott has emphasised the power of the Holy Ghost in his sermon throughout his preaching career. That is why he has been such a brilliant preacher all his life. His good example has challenged all preachers to approach their task with a deep sense of dependence on the Spirit of God.

## 5.2 STOTT'S VIEWS ON THE PREACHER, HIS QUALITIES AND HIS ATTITUDES

### 5.2.1 Preamble

We cannot divorce the preacher from his preaching. In a very real way, the man is his message: The preacher is his proclamation and the speaker is his sermon (Gibbs, 1967:28). It is the man behind the message that determines its weight for in this, as in everything else, quality is to be preferred to quantity. It was this fact that Paul had in mind when he wrote to Timothy: "Watch your life and doctrine closely. Persevere in them, because if you do, you will save both yourself and your hearers" (1 Tim. 4:16). So, even though each of the preachers are different in their own characters and styles, "the individuality of preaching must be contextualised in the holiness of life" (Robinson, 1994:vii).

First of all, Stott regards as the important ingredient of authentic preaching the involvement of the whole personality of the preacher. He seems to agree with the well-known definition of preaching given by Brookes that preaching is "truth mediated through personality". Lloyd-Jones's view of the same was put in this way: "In preaching all one's faculties should be engaged, the whole man should be involved" (Lloyd-Jones, 1982:81,82).

Stott stresses that it is more important to understand the identity and personality of the preacher, rather than to learn the skills and methods of the preaching. So, he wrote a book, The Preacher's Portrait, which deals with the quality and the task of the preacher, that is, the essential preacher's portrait in the Bible. The composite picture of the preacher is built up from fragments or examples found throughout the whole Scriptures. Stott's guiding images of the preachers as a whole will prompt them to emphasise certain tasks of ministry and to minimise others. As Sproul (1986:122) urges all preachers: "We are all students, as well as teachers and preachers. Our own preparation must include the drive for understanding - remembering that we cannot teach what we don't first learn ourselves".

To sum up, the basic quality of a preacher has to be a good character because he cannot preach the Word of God without having an essentially pure personality when conveying God's truth to his congregation. In other words, the preacher must set a good example with no dichotomy between his preaching and his practice (Stott, 1992:285). As Bounds (1978:11) puts it, "the man, the whole man, lies behind the sermon. Preaching is not the performance of an hour. It is the outflow of a life. It takes twenty years to make a sermon, because it takes twenty years to make a man". The famous preacher, Forsyth (1967:22) also stresses that "the sincere sermon is the true action of the preacher, so the personality of the preacher should show within his deeds".

Therefore, we can ask Stott: Which are the most important qualifications a preacher must possess before he can fulfil his role as a preacher adequately? We shall devote some time to Stott's consideration of the prerequisites which are necessary to one who seeks to preach the Word of God.

## 5.2.2   The Preacher Who is Portrayed in the New Testament

### 5.2.2.1 The Preacher as a Steward

Through the metaphor of a steward, Stott wishes to describe the preacher's message and his authority. First of all, Stott negatively answers the important question which confronts. The preacher, that is, "what shall I say, and whence shall I derive my message?"

Firstly, the Christian preacher is not a prophet. That is, he does not derive his message from God as a direct and original revelation (Stott, 1961a:11).

Secondly, the Christian preacher is not an apostle. Of course, the Church is 'apostolic', both in being built on the foundation of the apostolic doctrine and in sending its people into the world to preach the gospel (Stott, 1961a:13).

Thirdly, the Christian preacher is (or should be) neither a false prophet nor a false apostle. Although there are, strictly speaking, no prophets or apostles today, we fear that there are false prophets and false apostles.

They speak their own words instead of God's Word. Their message originates in their own mind (Stott, 1961a:15).

Fourthly, the Christian preacher is not a 'babbler'. The essential characteristic of the babbler is that he has no mind of his own. The babbler trades in ideas like second hand merchandise, picking up bits and pieces wherever he finds them. His sermons are a veritable ragbag (Stott, 1962:16,17).

Stott, however, emphasises that the Christian preacher is a steward as Paul has said (1 The. 2:3-4). Stott (1961a:23-32; 1992:38) points out four important facts about the preacher in the stewardship metaphor. Firstly, the source of the preacher's incentive is that God commits His mysteries to him, that is, the preacher is a trustee of the secrets of God (1 Cor. 4:1). Secondly, the content of the preacher's message should come from God. So, the preacher is not to provide and does not supply his own message by his own ingenuity but to proclaim a message which has been given to him by the householder, i.e., the God. Greidanus (1970:168) also points out that "the preacher must transmit the specific message of the preaching-text, because every preacher so easily adds his own thoughts to the text or encases it in his own framework". In the third place, the stewardship metaphor teaches us the nature of the preacher's authority. As Schippers (1944:17) says: "A steward never comes with his own authority or with his own message. He is backed by a higher power; he is the mouth-piece of his Lord. In like manner Christ stands behind the preachers of His Word with his authority". When the preacher preaches the living Word of God, the living authority of God will be given to him. Only if the preacher has spoken to his congregation with the authority of God which he receives, they will hear the voice of God through his preaching. Here, then, is the preacher's authority. In the fourth place, the stewardship metaphor has a practical lesson to teach us about the necessity of the preacher's discipline. That is, the preacher needs the dogged discipline of Bible study day by day, as well as day after day. In other words, the preacher must spend time studying his text with painstaking thoroughness, meditating on it, wrestling with it, worrying at it like a dog with a bone, until it yields its meaning.

Therefore, no secret Christian ministry is more important than its fundamental God centredness. The stewards of the gospel are primarily responsible neither to the church, nor to its synods or to its leaders, but to God Himself (Stott, 1991a:50).

### 5.2.2.2 The Preacher as a Herald

According to Stott, there are some metaphors for the preacher as a steward, as well as a herald in the New Testament. He (1961a:33; 1991a:54) says that "if the only New Testament metaphor for preaching were that of the steward, we might gain the impression that the preacher's task was a somewhat dull, prosaic and routine affair. But the New Testament is rich in other metaphors, and the chief among them is that of the herald charged with the solemn yet exciting responsibility of proclaiming the good news of God". Long (1989:25,26) emphasises that "what becomes truly important about preaching, viewed as an act of ministry, is the message, the news the herald proclaims. A herald has but two responsibilities: To get the message straight and to speak it plainly".

Stott points out that the essential task of the preacher consists of two things, namely the proclamation and the appeal. The task of the preacher as a herald is to make the proclamation, the announcement of what God has done in order to reconcile us to Himself. The proclamation of which the preacher is a herald, is His deed which is gloriously done and absolutely finished, as well as His gift which may now be freely received. What the other duty of the preacher as a herald is to make the appeal by which he beseeches men to be reconciled to God. So, the true herald of God is careful first to make a thorough and thoughtful proclamation of God's great deed of redemption through Christ's cross, and then to issue a sincere and earnest appeal to men to repent and believe (Stott, 1961a:58; 1982a:100). So, the preacher must proclaim what Christ declares in the Word of God without any additions.

Stott (1961a:54) concludes by stating the following: "The great lesson the herald metaphor can teach us, as it is used in the New Testament, is that the proclamation and appeal belong together. We must not separate them".

### 5.2.2.3 The Preacher as a Witness

The third image for the preacher used in the New Testament is that of a 'witness'. Stott (1961a:60) asserts that "the concept of 'witness' in

Scripture is considerably wider than either of these two ideas (which include 'witness' and 'testify' added by writer), and it is important to think of the preacher as a 'witness' against the background of the whole scriptural teaching on the subject". Lloyd-Jones (1982:89) also insists that "the preacher is a witness. That is the very word used by our Lord Himself, 'Ye shall be witness unto me'; and this is what the preacher must always be at all times. Nothing is so fatal in a preacher as that he should fail to give the impression of personal involvement".

It is essential for the witness to possess the basic quality of the Christian preacher, namely individual experience and humility. Because he must be able to speak from his own personal experience and not from hearsay, and then he as the witness will be used only as an agent of the Holy Spirit.

Finally, Stott (1961a:74) stresses that "in our preaching, we do not just expound words which have been committed to our stewardship. Nor do we only proclaim as herald a mighty deed of redemption which has been done. But, in addition, we expound these words and proclaim this deed as witnesses, as those who have come to a vital experience of this Word and Deed of God".

### 5.2.2.4 The Preacher as a Father

This metaphor implies the important quality of the preacher as those of father, i.e., his gentleness and his love. In fact, they are indispensable to the preacher as portrayed in the New Testament (1 Th. 2:9-12).

Stott (1961a:80) emphasises that "in the 'father' metaphor the preacher becomes concerned about his family, about the people to whom he is ministering the word, and about his relationship to them".

Stott (1961a:82-99) infers the two remarkable characteristics of the preacher from the metaphor of the father. Firstly, a father's authority is forbidden. In other words, even though the preacher has authority over his congregation, this authority must not be used in order that his congregation should depend upon him, the same as the attitude of dependence which a child has towards his father. The preacher should help his congregation to achieve an independent, adult, spiritual maturity in Christ, but should not require them to be or become spiritually dependent on him. Secondly, a father's relationship and affection. That is, the preacher has to relate properly and rightly with his congregation and love them. The love is the chief quality of the father to which Paul refers when he uses the metaphor lo illustrate his ministry to the Thessalonian Church; not a soft or sickly sentimentality, but a strong, unselfish love which cares and which is not incompatible with discipline (1 Th. 2:11-12) (Stott, 1991a:52-54).

According to Stott (1961a:87), a father's love will make us understanding in our approach. In the same way, it is when the preacher loves his people that they are likely to say of him, 'he understands us'. A father's love will make us gentle in our manner. Indeed, the preacher will need to be so tender that he seems more like a nurse with her babies than a shepherd with his lambs (Isa. 40:11; 1 Th. 2:7). The father's love will also make us simple in our teaching. Likewise, the preacher preaches his sermon easily and simply to his whole congregation. A father's love will make us earnest in our appeal. As Richard Baxter (1950:106,145), wrote: "Whatever you do, let the people see that you are in good earnest ... Such a work as preaching for men's salvation should be done with all our might - that the people can feel us preach when they hear us". A father's love will make us consistent in our example. Uniformly, the preacher must be an example to the flock (1 Pe. 5:3), because his congregation is bound to take a lead from him, not only as they listen to his sermons but as they look at his life.

Finally, a father's love will make us conscientious in our prayers. The preacher should pray systematically for his people, like the father for his children (1 Th. 2:11). Preachers will only make time for this hard and secret work if they love people enough (Rosscup, 1992b:78). "Because it is secret and therefore unrewarded by men, we shall only undertake it if we long for their spiritual welfare more than for their thanks ..." (Stott, 1961a:98,99). Praying and preaching go hand in hand.

To sum up, if His unfathomable and unquenchable love for people as Paul says in Php. 1:8 ('with the affection of Christ Jesus') could fill us, we could love our congregation with His love. And such love will make us care for our people, as a father cares for his children. Such love also will make us understanding and gentle, simple and earnest, consistent in our example and conscientious in our prayers.

### 5.2.2.5 The Preacher as a Servant

Stott appears to accentuate the metaphor of the 'servant'. That is, the preacher is the servant through whom you believe, the agent through whom God works, or instruments by which He rouses faith in the hearers of the Word. Each preacher has a different task assigned to him, but the Lord works through each (Stott, 1961a:104,105).

It is only proper that the preacher should faithfully proclaim the message which has been entrusted to him and preach God's kerygma, which is Christ crucified, in the power of the Holy Spirit. On the other hand, the preacher as a servant must not preach his own message with divine power as it is to preach God's message (Stott, 1961a:119).

### 5.2.2.6 Summary

The most important issues emphasised by Stott in his book, The Preacher's Portrait, are not the craft, communication and delivery of the sermon, but even more basic things - the preacher and his task itself.

Stott is concerned about the preacher's message and his authority, the character of the proclamation he is called to make, the vital necessity of his own experience of the Gospel, the nature of his motive, the source of his power, and the moral qualities which should characterise him, notably humanity, gentleness and love.

### 5.2.3 Stott's Viewpoint About the Qualifications of a Preacher

#### 5.2.3.1 The Experience of Regeneration

We find that Stott has considered the qualifications required by the man who will stand as a preacher in the church's pulpit.

First of all, the preacher must be a truly regenerated believer in Jesus Christ. He should be a part of God's redeemed family (Jn. 1:12-13). If a man is to deliver a personal message from the heavenly Father effectively, he must be a legitimate spiritual son, or the message will inevitably be distorted (Mayhue, 1992:14,15).

According to Stott, it is so important that the preacher has a conviction born of experience, as well as a personal experience of Jesus Christ Himself. Because these experiences are "the first and indispensable marks of the Christian witness. He cannot speak from hearsay ... He must be able to speak from his personal experience" (Stott, 1961a:71). Nederhood (1986:45) also says that "conversion is the fundamental prerequisite for the performance of any Christian service". Stott (1961a:76) continues by stating: "The preachers' words, however clear and forceful, will not ring true unless he speaks from the conviction born of experience. Many sermons which conform to all the best homiletical rules, yet have a hollow sound".

Therefore, before a preacher can confidently preach to people, he must follow a personal way of life by which his faith is constantly regenerated. Ideally, he should also go through the vital experience of Jesus Christ

Himself, as well as of the Words and deeds of God.

### 5.2.3.2 The Calling of God

The preacher should be a person with a calling from God for the ministry. In other words, the preacher has to be appointed and gifted by God to the preaching ministry (Eph. 4:11-16) (Lloyd-Jones, 1982:100-120). All Christians are saints by calling, but not all are preachers by calling (1 Cor. 1:2). Nederhood (1986:34) says that the

preacher "should know what the call is, and should be sure that he has it; else he should get out of the ministry ... A minister who is sure of his calling is among the most poised, confident, joy-filled, and effective of human beings. The obvious fact in a calling from God is that the ministers are not only 'men of God', but all Christians should be that (women as well)". For the preacher of today is really nothing more than an ordinary member of the church of Jesus Christ who is called to express His nature as man of God to an especially high degree.

Stott (1992:136, 137) insists that the preacher (pastor) must be called by God for his ministry. In the same way, all Christians are set apart in order that each does the work and performs the task set for him by God. Because God is interested in the whole life, and to be a farmer, craftsman, magistrate or housewife, etc., is just as much a divine calling as to be a 'priest' or 'pastor'. Baumann (1978:34) also says that "it is true any follower of Christ is called to sonship and discipleship". Stott (1992:136) agrees with the Reformers and Puritan's insistence that every

Christian man and woman has a divine calling, but rejects the teaching of mediaeval Catholicism that bishops, priests, monks and nuns have a superior religious calling.

The following statement regarding the way the concept of a calling operated during the puritan period is enlightening: "The call was to the individual, but it was to serve in a social institution. God's calling to an individual to be a magistrate, for example, had meaning only insofar as the office of magistrate in the divinely ordained state served the commonwealth. The calling of a minister was to accept the office to preach the gospel in the church of God, and the calling of a father only had meaning as it related to an office in the family" (Spykman, 1981:55).

According to Stott, the calling must not distinguish between the layman's and the pastor's, but the particular ministry to which God calls us is likely to be determined by our gifts.

Therefore, the preacher is called to proclaim the Word of God, his life is an expression of obedience to this one central task. Paul declares that he is "called as an apostle, set apart for the gospel of God" (Rom. 1:1). And so, it has been with every true preacher. The impulse to preach comes from God.

### 5.2.3.3 Holiness

Holiness is the very purpose of our election, as well as one of the very important qualifications which equip the preacher for his life task. The preacher must lead a holy life, because the practice of preaching can never be divorced from the person of the preacher (Stott, 1982a:265). Moreover, his effectiveness and power as a preacher will be directly connected to his piety, i.e., his holy life.

Bonar (1966:281) asserts this matter positively as a quotation from McCheyne's statement: "In great measure, according to the purity and perfection of the instrument, the preacher will be the success. It is not great talents which God blesses so much as a great likeness to Jesus. A holy minister is an awful weapon in the hand of God".

Stott (1961a:120) asks a question: "How can we become channels for the power of the Holy Spirit?" And then he answers: "I believe there are two essential conditions: Holiness and humility". Consequently, he (1961a:120) accentuates that "if any man covets the honour of being a vessel for noble use, consecrated and useful to the master of the house, ready for any good work', then he must see to it that he 'purifies himself from what is ignoble' (2 Tim. 2:21). None but holy vessels are employed by the Holy One of Israel".

However, Christian holiness is not an artificial human accretion, but a natural process of fruit-bearing by the power of the Holy Spirit (Stott, 1970:143). So, Stott (1961a:119) exhorts all preachers to entrust themselves utterly to the Holy Spirit so that they may become holy as God is holy.

### 5.2.3.4 Humility

If holiness is the one indispensable mark of the true Christian preacher, humility is the other. Stott (1961a:77) points out the preacher's danger: "Every preacher knows the insidious temptation to vainglory to which the pulpit exposes him. We stand there in a prominent position, lifted above the congregation, the focus of their gaze and the object of their attention. It is a perilous position indeed". Baumann (1978:41) also points out that "one of the occupational hazards of the preacher is pride". It is only proper that the preacher (pastor) should humble himself before God and men. Because God opposes the proud but gives grace to the humble (1 Pe. 4:5; Pr. 3:34).

Stott notes three elements required by the preacher's humility. First of all, the preacher needs humility to submit himself to the Word of God. An essential element in Christian humility is the willingness to hear and receive God's Word. Perhaps the greatest of all our needs is to take our place again humbly, quietly and expectantly at the feet of Jesus Christ, in order to listen attentively to His Word, and to believe and obey it. For we have no liberty to disbelieve or disobey Him" (Stott, 1992:184). Such a receptive and expectant attitude before God's revelation is not only proper, it is also productive. For, as Jesus plainly stated, God hides His secrets from the wise and the erudite, and reveals them instead to little children, that is, to humble, open-hearted seekers of the truth (Mt. 11:25). Secondly, the preacher is vulnerable at the very moment when in the pulpit he is exalting the glory of Christ, because in reality he can be seeking his own glory. In other words, when the preacher is exalting the congregation to praise God and is even ostensibly leading them in praise, he can be secretly hoping that they will spare a bit of praise for him (Stott, 1982a:321). In fact, the chief effect of every sermon should be to unveil Christ, and the chief art of the preacher is to conceal himself (Tizard, 1958:40,41).

All preachers need humility to remain quietly in the background. Then the Lord will speak, and the people will hear Him; the Lord will manifest Himself, and the people will see Him; and, hearing His voice and seeing His glory, the people will fall down and worship Him. Thirdly, the ultimate humility of the effective preacher is a complete dependence upon the Holy Spirit. Every preacher desires to be effective but many rely on themselves. Spurgeon (1973:122) says that "it is better to speak six words in the power of the Holy Ghost than to preach seventy years of sermons without the Spirit". Stott (1982a:330) persuades us: "In order to be exalted and used by God, we have first to humble ourselves under His mighty hand (1 Pe. 5:6). In order to receive His power, we have first to admit, and then even to revel in, our own weakness. Therefore, our greatest need as preachers is to be 'clothed with power from on high' (Lk. 24:49)".

In summary, a humble mind (being submissive to the written Word of God), a humble ambition (desiring an encounter to take place between Christ and His people), and a humble dependence (relying on the power of the Holy Spirit) - they are essential elements of which a preacher's humility should consist.

### 5.2.3.5 Sincerity

Stott (1982a:262) emphasises that all preachers should be sincere because they are personally committed to their message. He (1982a:262) points out that "the sincerity of a preacher has two aspects. He means what he says when in the pulpit, and he practises what he preaches when out of it. In fact, these things inevitably belong together since, as Richard Baxter (1950:162) put it, 'he that means as he speaks will surely do as he speaks'".

Brooks (1969:5;28) supports this matter as follows: "Preaching is the communication of truth by man to men. It has in it two essential elements, truth and personality. Neither of those can it spare and still be preaching ... Preaching is the bringing of truth through personality ... The truth is in itself a fixed and stable element; the personality is a varying and growing element".

According to Stott, as Brooks mentions above, sincerity must be proved by the preacher as having the balance between his personality and message, and the coincidence with his life and preaching. Baxter (1950:162) first indicates what the preacher has mistaken and then persuades him as follows: "It is a palpable error in those ministers that make such disproportion between their preaching and their living, that they will study hard to preach exactly and study little or not at all to live exactly ... We must study as hard how to live well as how to preach well".

Consequently, all preachers must lead their lives and perform their tasks in all sincerity. In addition, the practice of preaching must not be divorced from the personality of the preacher.

### 5.2.3.6 Earnestness

Stott (1982a:273) defines both the sincerity and the earnestness as follows: "To be sincere is to mean what we say and to do what we say; to be earnest is, in addition, to feel what we say". Earnestness is a deep feeling, and is indispensable to preachers. The preacher must maintain his mind and emotion. We must not be polarised between the mind and feeling. He (1992:123) says: "It is the combination of truth and tears, of mind and emotion, of reason and passion, of exposition and appeal, which makes the authentic preacher". Lloyd-Jones (1982:97) shares his conviction that truth and passion (earnestness) are essential ingredients of Christian preaching. In his moving book, Preaching and Preacher, he also says that "logic on fire! Eloquent reason! Are contradictions? Of course, they are not. Reason concerning this truth ought to be mightily eloquent, as you see it in the case of the Apostle Paul and others. It is theology on fire. And a theology which does not take fire, I maintain, is a defective theology, or at least the man's understanding of it is defective. Preaching is theology coming through a man who is on fire".

Therefore, Stott (1982a:285) says that "Fire in preaching depends on fire in the preacher, and this in turn comes from the Holy Spirit. Our sermons will never catch fire unless the fire of the Holy Ghost burns in our own hearts and we are ourselves 'aglow with the Spirit' (Rom. 12:11)".

### 5.2.3.7 Courage

Stott (1982a:299) emphasises that "there is urgent need for courageous preachers in the pulpits of the world today, like the apostles in the early Church who 'were all filled with the Holy Spirit and spoke the Word of God with boldness' (Acts 4:31)". Accordingly, Stott (1979b:286) says that clarity and courage remain two of the most crucial characteristics of authentic Christian preaching. For they relate to the content of the message preached and to the style of its presentation. Some preachers have the gift of lucid teaching, but their sermons lack solid content; their substance has become diluted by fear. Others are bold as lions. They fear nobody, and omit nothing. But what they say is confused and confusing ... What is needed in the pulpits of the world today is a combination of clarity and courage". Brooks (1969:59) also stresses this matter by stating: Courage "is the indispensable requisite of any true ministry ... If you are afraid of men and a slave to their opinion, go and do something else. Go and make shoes to fit them. Go even and paint pictures which you know are bad but which suit their bad taste. But do not keep on all your life preaching sermons which say not what God sent you to declare, but what they hire you to say. Be courageous. Be independent".

As Stott has studied the faithful men of God who were courageous in the history of the Church, he realises that God uses the man who proclaims the Word of God without being afraid, in spite of the opposition to the gospel and the betrayal and the persecution of Christian minister by forces of evil (Stott, 1982a:300-305).

Therefore, all preachers need to be courageous men in order to declare boldly the message of God to unbelievers.

## 5.3 HIS CHARACTERISTIC FORM OF PREACHING

### 5.3.1 The Biblical Text of a Sermon

#### 5.3.1.1 A Prerequisite for Preaching

As we have seen in Stott's selection of the text for exegesis in Chapter 3 (3.7.1), Stott thinks that by definition expository preaching should begin with the explanation of a text itself in the Bible. For him, the text is not merely the starting point from which he may proceed to proclaim his own ideas, but it is the sole source of his preaching (Keith, 1975:252). If the preacher is to speak for God, he must of necessity go to the place where God has spoken most clearly, i.e., the text of the Bible. Stott (1982a:213) stresses that "we shall have a text, for we are not speculators, but expositors". Karl Barth (1963:9) has caught this relationship: "Preaching is the Word of God which He Himself has spoken; but He makes use, according to His good pleasure, of the ministry of a man who speaks to his fellowmen, in God's name, by means of a passage from Scripture.

From the beginning to the end what he preaches comes out of the specific text in the Bible, for Stott (1982a:323) believes that it alone is the origin of the authority and the power of his sermon. Morgan (1980:40) supports Stott's claim: "Why have a text? Three reasons: First, the authority that is in the text as being a part of the Word of God; second, the definiteness which it must give, when properly dealt with, to the Christian message; and finally, the maintenance of variety".

Therefore, according to Stott, all preachers will avoid, either adding to Scripture according to their own speculations, or subtracting from the Bible in compliance with their own predilections. Although a sermon may be a right and good one, it may have this weakness in that it does not start with a subject or a thought. The theme or the doctrine in a sermon must come from the text and its context.

Stott (1982a:322,323) says that "some preachers find the Bible flat, so they try to freshen it up with their own effervescence. Others find it insipid, so they try to season it with a little of their own relish. They are unwilling to take it as it is; they are forever trying to improve it with bright ideas of their own. But this is not the preacher's task". In fact, a sermon should start with a text of the Bible which has in it a doctrine or a theme. At same time that doctrine should be dealt with in terms of this particular setting (Lloyd-Jones, 1982:72). Spring (1986:127) sums it up, in these words, "the preacher's subject is never a bad one, so long as it is taken from the Bible. Hoekstra (1976:219), too, affirms: "The source for the material of the ministry of the Word is Scriptura sola et Scriptura tota".

Consequently, the preacher who wants to prepare an expository sermon must select the text for a sermon from the Bible before anything else. The whole concern of Stott's sermon is to make people concentrate upon the message which his text contains. Dargan (1985, III:459) states that

Stott is one of the strongest preachers at heart of the twentieth century by expository preaching: "To Stott, the Bible is the textbook for the pulpit, and in the context of liturgical worship such expository preaching complements and endorses what the worshipper confesses increedal statement. This is where authority is found and made articulate in modern dress, for the preacher has no other source of power".

### 5.3.1.2 Selecting the Text for a Sermon

How is a preacher to choose texts? Texts are sometimes chosen out of our regular reading, sometimes in order to deal with some special need, sometimes in order to definite doctrinal teaching and sometimes because of their revelation of great things. Morgan wrote: "From my own experience, I may say that in the regular reading of the Bible devotionally, there will constantly be discovered some one text, some one statement, some one verse, which grips". Stott and Lloyd-Jones seem to have followed Dr. Morgan's method of selecting the text.

Stott (1982a:183) himself reads the whole Bible every year, the Old Testament once and the New Testament twice by McCheyne's 'Bible Reading Calendar'. Stott's pattern of reading the Holy Scripture has been to take three chapters each morning, if possible, reading two and studying the third, and to keep the fourth chapter for the evening. The above mentioned McCheyne schedule was recommended to Stott by Lloyd-Jones. Lloyd-Jones (1982:172) has subsequently written in Preaching and Preacher, "I would say that all preachers should read through the whole Bible in its entirety at least once every year ... that should be the very minimum of the preacher's biblical reading". Such study should be openminded; one's own prejudices should be put aside to receive what the Scriptures are really saying. It should also be expectant; the Bible can freshen the reader and banish spiritual stableness (Catherwood, 1985:36).

All preachers must not read the Bible to find the text for their next sermon, but read it to get the food that God has provided for our soul. Lloyd-Jones (1982:172) emphasises that "one of the most fatal habits a preacher can ever fall into is to read his Bible simply in order to find texts for sermons... Do not read the Bible to find texts for sermons, read it because it is the food that God has provided for your soul's nourishment and well-being". When he reads and studies the Bible in this way, he will easily find as he is reading and studying that a particular statement stands out and, as it were, touches him, and speaks to him and immediately suggests a sermon to him.

Brooks (1969:159,160) also says that the preacher "must not be always trying to make sermons, but always be seeking truth, and out of the truth he has won the sermons will make themselves". Stott (1982a:182) says that "we have to make time to penetrate the text until it yields up its treasures. Only when we have ourselves absorbed its message, can we confidently share it with others". Daane (1980:61) supports this matter by noting the following: "Having heard the message of the text selected, a minister will be ready to go, eager to construct a sermon, free to submit to, and to bend to the purpose of the sermon."

Consequently, if we are regular Bible students, and keep notes of our study, then our memory becomes like a well-stocked food cupboard, and biblical texts are lining up, asking to be preached on (Stott, 1982a:214). So, a preacher should be in touch with the real world; the best preachers are always diligent pastors.

### 5.3.1.3 The Memorandum of a Sermon is Based on the Biblical Text

Lloyd-Jones emphasises his experience that put the memorandum of a sermon down on paper by stating: "For many years, I have never read my Bible without having a scribbling-pad either on my table or in my pocket; and the moment anything strikes me or arrests me I immediately pull out my pad". Stott also likes to write some senses and ideas from the chosen text of the Bible in his notebook and a 'common place book' when he reads and studies it. And then he tries to formulate on his own the meaning of the text. Because when God Himself speaks to him through a text of Scripture, and it becomes luminous or phosphorescent to him, it is then that it continues to grow with divine glory when he seeks to open it up to others (Stott, 1982a:219). In other words, sermons which emerge from deep personal conviction have a rich self-authenticating quality.

Stott also never loses the opportunity to apply his life experiences to the text, so he has a confidence that the "blood-streak of experience" (called by Stalker) can apply in our daily lives as the basis of his sermon. He (1982a:219) says that "I wonder if your experience resembles mine.

My mind is usually enveloped in a fairly thick fog, so that I do not see things at all plainly. Occasionally, however, the fog lifts, the light breaks through, and I see with limpid clarity. These fleeting moments of illumination need to be seized. We have to learn to surrender ourselves to them, before the fog descends again. Such times often come at awkward moments, in the middle of the night, when somebody else is preaching or lecturing, while we are reading a book, even during a conversation. However inconvenient the time, we cannot afford to lose it. In order to take fullest advantage of it, we may need to write fast and furiously".

Therefore, for Stott the importance of putting some senses and its idea from the text in writing is to stimulate his mind yet further and it comes in handy in the formulation of his sermon.

### 5.3.2 The Introduction of the Sermon

The main body of the discourse being prepared, in order to its delivery, two very important matters require attention: First, introduction, that is, how to call the attention and prepare the mind of the hearers to the consideration of the theme; second, conclusion, that is, how to fasten the truth upon the conscience so as to produce the results which it is intended to produce (Morgan, 1980:80).

John Stott does not treat the introduction and the conclusion of his sermon lightly, on the contrary, he regards them as of great importance. In fact, the introduction and the conclusion have a significance in a sermon out of proportion to their length. So, in the introduction of Stott's sermon, we can find certain basic methods and essential principles he usually follows and recommends.

### 5.3.2.1 The Length of the Introduction of a Sermon

It is sufficient that an introduction is completed in "one or two minutes" (Davis, 1977:188), for the sermonizer cannot expect an audience to be interested in a sermon unless he knows how to say what he has to say quickly, briefly, plainly and to the point. A lengthy introduction tires the people. Daane (1980:74) says that "if it is too long, it will upstage the sermon". So, it is enough for an introduction to introduce the theme (Evans, 1979:71; Vines 1985:139), to capture the hearers' attention, and orient the audience to the theme. According to Stott (1982a:244), an introduction should be "neither too long nor too short". He adds, "A really lengthy introduction detracts from the sermon itself and transgresses against symmetry" (Stott, 1982a:244). At the same time, to shorten the introduction too drastically is unwise; people like a gradual approach rather than abruptness (Sweazey, 1976:97).

### 5.3.2.2 The Necessity of the Introduction of the Sermon

Preachers use introductions because the hearers are, before the sermon begins, far enough afield from the sermon to need the prodding or rousing a good introduction provides (Daane, 1980:73). In the introduction, particularly, the opening sentence is crucial (Blackwood,

1978:99), because it is the only one everyone will hear. Stott (1982a:244) says that "the traditional way of introducing a sermon is to announce one's text. The value of this beginning is obvious. It declares from the start that we accept the Christian preacher's responsibility to expound God's Word, rather than ventilate our own opinions".

Therefore, Stott emphasises that the introduction has to lead the congregation to listen to the message from the Word of God. How then, can the preacher orient a congregation to God's message by arresting and then holding their attention? According to Adams (1982:60), the first factor is to begin with the congregation itself. The reason is that the congregation may be inattentive, may not know what the passage means, what to look for in it, or may not see its relevance to anything that is taking place in their lives. Stott (1982a, 244,245) also says that "so at least sometimes we shall be wise to begin situationally instead of biblically, with our topic instead of our text, for then we start where people are, rather than where we hope to take them". However, it is not always true. The preacher must lead his people to have a concern for the Word of God itself at the beginning.

### 5.3.2.3 The Purpose of the Introduction to his Sermon

Stott (1982a:244) points out two aspects of the purpose of the introduction in the sermon.

First, the introduction arouses interest, stimulates curiosity, and whets the appetite for more. In fact, the introduction is to develop interest in what is to follow, and to capture the minds of the congregation (Kroll, 1984:160). Braga (1981:103) also says that "the introduction is the process by which the preacher endeavours to prepare the minds and secure the interest of his hearers in the message he has to proclaim". At the same time, in order to arouse their interest, the preacher must preferentially know that the people who are in the church have their own different situations. Accordingly, with all their different matters the whole of the introduction will arouse interest (Robinson, 1980:161). That is, the introduction constitutes authentic humanness, the universal quest for transcendence, the hunger for love and community, the search for freedom, or the longing for personal significance (Stott, 1990:232).

Stott (1982a:244) declares that "the right, but hard, way is to introduce the topic and arouse interest simultaneously, and so dispose of people's minds and hearts towards our message". Packer (1971:270) emphasises this matter as a citation of Lloyd-Jones's statement "not by the often-frivolous devices of anecdotes, jokes, or a quaint use of words, which would only gain casual attention at surface level anyway, but by opening up an inquiry which all thinking persons must see is immensely relevant and important to them. The initial invitation, in other words, is to be serious about our own humanity, and to be willing to use our minds on our problems. Therefore, gripping or getting the attention of the hearer is very important to the introduction of the sermon (Baumann, 1978:135).

Secondly, the introduction will help the hearer to understand the theme. Stott (1982a:244) says that "it genuinely 'introduces' the theme by leading the hearers into it". When the people are familiar with the sermon's theme from the beginning, they have a reason for listening to the Word of God (Sweazey, 1976:96). Braga (1981:104,105) says: "The purpose of the introduction is to arouse the attention of the people and to challenge their thinking to such an extent that they will become actively interested in the subject". If the preacher does not link their actual lives up with his theme, he may lose the congregation's attention immediately when his introduction is over.

Therefore, to help the people to understand the direction in which the sermon will move, the introduction should be a statement of the central idea of the sermon, the introduction of the text (Brown Jr., Clinard and Northcutt, 1991:127), and the presentation of the theme as it concerns the outcome of their lives. So, the introduction of a sermon should clearly introduce the theme to the hearers so that their minds and hearts are turned to the Word of God as the foundation of their lives.

Consequently, according to Stott, the purpose of the introduction is to awaken the interest of the audience in the theme, i.e., the truth of the text. We will be helped to understand the sermon better if we follow his introduction which concentrates the listeners' attention, by its practical example. In his sermon on Ephesians 2:11-22, he begins as follows: 'Alienation' is a popular word in contemporary society. There are many people, especially young people in the so-called 'developed' world, who are disillusioned with 'the system', critical of 'the technocracy' and hostile to 'the establishment', who describe themselves as 'alienated'.

Some work for reform, others plot revolution, others drop out. In no case can they accommodate themselves to the status quo" (Stott, 1979b:89).

### 5.3.3 The Development of the Body of the Sermon

#### 5.3.3.1 Shaping the Prominent Ideas Within the Text

According to Stott (1982a:228), the preacher has to knock the material which he has gathered from his text into shape, and particularly into such as will best serve the dominant thought. The purpose of the preacher at this stage is not to produce a literary masterpiece, but rather to enable the text's main thrust to make its maximum impact.

According to Stott (1982a:228), in order to achieve this purpose (chiselling and shaping the main ideas of the text), all sermonizers have to use both negative and positive approaches. Negatively, we should be ruthless in discarding the irrelevant that we come across in the numerous thoughts and scintillating ideas during our hours of meditation on the text. This is because irrelevant material will weaken the sermon's effect. They can come in handy on some other occasion. Positively, we have to subordinate our material to our theme in such a way as to illuminate and enforce it.

#### 5.3.3.2 The Structure of the Body of a Sermon

First of all, in order to reinforce our thoughts on the theme of our sermon, Stott considers the importance of the outline and the organic divisions in a sermon.  Knecht (1986:287) stresses that divisions in a sermon are important, for they convey the content of the idea of the sermon in manageable units.  Stott thinks that there are organic divisions corresponding to the purpose of the text in the Bible, which the Holy Spirit has given to achieve the particular goal of the very words.  While the ideas constituting the sermon body should not be forcibly arranged, they must be there within the text, and they must-arise naturally out of it (Lloyd-Jones, 1972:207).

Stott (1982a:229) stresses that "the golden rule for sermon outline is that each text must be allowed to supply its own structure".  He points out two main risks when developing a sermon structure:

The first is that the skeleton obtrudes, like the ribs of a skinny human being.  In other words, we are not consistent enough in dividing our sermon into subdivisions and so our preaching becomes too complicated.  If we do that the danger arises that the force of the message loses its impact and is squandered into three disparate teachings (Knecht, 1986:287).

The second danger to which we are exposed when structuring our sermons is that of artificiality.  Stott objects to the practice of some preachers who distract from the force of their preachings by paying too much attention to the form of the sermon.  If outlines intrude themselves manifestly into the sermon, they will always be distracting.  Jung (1986:132) stresses the importance of this matter by quoting the following statement by Lloyd-Jones:  "Take time over this because the whole purpose of dividing up the subject in this way is to make it easier for the people to take in the Truth and to assimilate it". So, we have to recognise that the purpose of the skeleton is to support the body, and in so doing to keep itself largely out of view (Stott, 1982a:299).

Therefore, the preacher must not artificially arrange the structure of his sermon into divisions, and should not add to the number of divisions for the sake of some kind of completeness that he has in his mind or in order to make it conform to his usual practice. Rather, he should always make sure that these divisions arise naturally out of the text, and the headings should be natural and appear to be inevitable.

### 5.3.3.3 The Words for the Sermon

After arranging the sermon structure, Stott (1982a:231) suggests that the preacher should clothe his thoughts in words in order to communicate clearly. Hence Stott is keenly aware of the fact that the sermon is a form of communication designed for the oral medium. In fact, it is impossible to convey a precise message without choosing accurate words. What sort of words, then, shall we use?

Stott brings forward the following two suggestions regarding this question.

### 5.3.3.3.1 The Simple and Clear Words

First of all, Stott (1982a:231) emphasises that "a preacher's words need to be as simple and clear as possible". So, whenever we read and listen to his sermons, we feel that they are very comprehensible and straightforward. He never uses difficult and ambiguous words. The preacher must "be careful about using long and complicated sentences". Adams (1974:123) advises: "Learn to freckle your speech with periods". Braga (1981:162) stresses that "if a preacher is to avoid the pitfall of an extended discourse, he should train himself to speak concisely. Every word he says should count. Every idea he expresses should be pertinent".

Gowers (1974:1) urges upon careful choice of words, avoiding the superfluous, and choosing the familiar and the precise. He emphasises a quotation by Anold and Swift, "have something to say and say it as clearly as you can. That is the only secret of style. Proper words in appropriate places make the true definition of style" (Gowers, 1974:3,119). In fact, to make our meaning clear is not easy, but very necessary. It is essential, for many words have other words which are similar to them but not completely identical (Kroll, 1984:60). Therefore, the congregation shall disperse saying 'the preacher said this', when the sermon is ended. The sermon should have a message that is perfectly clear in its statement of something that grips the congregation (Morgan, 1980:33).

### 5.3.3.3.2 The Vivid Words

The preacher's diction should be vivid. This designates his choice of words with their perennial freshness and vigour, by means of which the characters of the Bible must be set before the people in such a way that they may see their own circumstances, temptations, and failures portrayed in the experience of the people in the Bible. In addition, the words of Scripture must be made meaningful to the hearers in terms of their own life situations (Braga, 1981:164).

Accordingly, Stott (1982a:234) stresses that "if our words are to be simple and vivid, they must also be honest. We have to beware of exaggerations and be sparing in our use of superlatives". When struggling to communicate some message to his listeners, the preacher should search for simple words which they will understand, vivid words which will help them to visualise what he is saying, and honest words which tell the plain truth without exaggeration (Stott, 1982a:235).

To sum up, in the light of what Stott has said about the choice of our words: They must be simple, clear and vivid. Then our diction will be greatly improved, resulting in a much more stirring presentation.

## 5.3.4 Illustration

### 5.3.4.1 His General View on Using Illustrations in a Sermon

Illustrations are needed in sermons. They are needed to reach the present-day "picture conscious mind" (Brown, 1991:69). Using illustrations to convey the text and main theme of the sermon can be useful (Fasol, 1989:63; Vines 1985:139). Stott uses illustrations and anecdotes very effectively in his sermons. Above all, Stott (1982a:237) thinks that the use of illustrations in preaching has had a long and honourable record in the history of the Church. So, he records numerous examples of how many of the greatest preachers in the history of the Church used simple anecdotes to drive home deep truths. He also agrees with the fact that the reason for using the illustration in a sermon is to help make the truth plain and clear.

Lloyd-Jones (1982:233) says that "the illustration is meant to illustrate truth, not to show itself, not to call attention to itself; it is a means of leading and helping people to see the truth that you are enunciating and proclaiming still more clearly". Therefore, illustration must be used carefully to that end alone, and not to entertain people. Stott stresses this point in connection with illustrations by our Lord. He (1982a:237) says that "it is not only the parables of Jesus which demonstrate the importance of illustrating truth, or making it visible, it is Jesus Himself. For Jesus is the Word of God made flesh, the visible message of the invisible God, so that He who saw Him saw the Father ".

### 5.3.4.2 His View on Using Incidents in Scripture as Illustrations

Stott (1982a:236) premises that the Bible teems with illustrations, particularly similes. He presents some illustrations from the Old Testament: '"As a father pities His children, so the Lord pities those who fear Him'. 'The wicked ... are like the chaff which the wind drives away'. 'I will be as the dew to Israel; he shall blossom as the lily; he shall strike roots as the poplar'. 'They shall mount up with wings like eagles'. 'Is not my word like fire, says the Lord, and like a hammer which breaks the rock in pieces"'. And he also takes some examples from the New

Testament: '"You are the light of the world'. 'As the lightning flashes and lights up the sky from one side to the other, so will the son of man be in his day' ... 'What is your life? For you are a mist that appears for a little time and then vanishes', etc.".

Even though Adams (1982:103) points out that it is wrong to use an Old Testament event as an illustration, since the biblical preachers in the New Testament do not use the Old Testament illustratively, Stott maintains that all preachers can beneficially use both Old Testament and New Testament incidents as illustrations. Daane (1980:76) agrees with John Stott's argument: "Illustration can be found in the Bible. Here, too, the rule holds in order to effectively illuminate biblical material, an illustration taken from the Bible must be simple and sufficiently well-known as to require no extensive explanation".

### 5.3.4.3 The Jeopardy of Using Illustrations

Stott (1982a;240,241) points out that the following are two main drawbacks to using illustrations: The first is that they are too prominent, thrusting themselves into the light instead of casting light on some obscurity. In addition, a merely professional use of the illustration must be avoided, because it pays too much attention to, and is too much concerned about, enticing people (Lloyd-Jones, 1982:232). At the same time, the preacher has to note carefully that the illustration must not only be brief and relevant to the theme, but also that it should avoid anything that takes attention away from the main message (Lane, 1988:89,90).

The second danger attached to illustrations applies particularly to analogies which are either improperly or inappropriately applied. In every analogy we have to make it plain at what point the likeness is suggested. For instance, when Jesus told us to 'become like little children', he did not mean that we are to be childlike in every respect. He was not recommending the immaturity or naughtiness or irresponsibility or innocence or ignorance of a child, but only its 'humility'. That is, we are as dependent on God's grace as a child is on its parents. For there are other biblical passages in which we are forbidden, rather than encouraged, to become like children. Therefore, it is always dangerous, and often misleading, to 'argue from an analogy', that is to say, to give the false impression that because two objects or events are corresponding at one point, they must therefore be alike in all (Stott, 1982a:241).

Consequently, it is clear that illustrations in preaching should only be meant to illustrate the truth, not to call attention to themselves, because an illustration is a means of throwing light upon a sermon by using an everyday occurrence as an instance of God's mercy, love and devotion etc.

### 5.3.4.4 The Aim of Illustration is to Stimulate the Imagination

Stott (1982a:239) points out that the purpose of the illustration is to awaken the imagination. Although many preachers (Braga, White, Lloyd-Jones, Broadus, Adams, etc.) have treated the imagination as a process employed during the delivery of a sermon, Stott deals with it as one of the aims of the illustration. In fact, throughout the history of the church, imagination has been one of the hallmarks of great preachers Chrysostom, Luther, Spurgeon, all made truth live by picturing it to their hearers (Adams, 1983:64). Stott describes the good example of imagination that Paul uses in Galatian 3:1. Stott (1982a:238; 1986b:70) says that Paul referred to his preaching of the Cross to the Galatians as a 'public portrayal' before their very eyes of Jesus Christ as the one who had been crucified. Now the crucifixion had taken place some twenty years previously, and none of Paul's Galatian readers had been present to witness it. Yet by his vivid proclamation Paul had been able to bring this event out of the past into the present, out of hearsay into a dramatic visual image. He (1982a:239) emphasises that "the illustration is intended to stimulate people's imagination and to help them to see things clearly in their minds. Illustrations transform the abstract into the concrete, the ancient into the modern, the unfamiliar into the familiar, the general into the particular, the vague into the precise, the unreal into the real, and the invisible into the visible".

For Stott, the preacher should vividly employ those illustrations which stimulate the imagination in order that his congregation can clearly understand the truth. Beecher (1972:134) also stresses the importance of the imagination as follows: "The first element on which your preaching will largely depend for power and success ... is imagination, which I regard as the most important of all of the elements that go to make the preacher".

### 5.3.4.5 The Sources of Illustrations

First of all, Stott thinks that all preachers can collect examples of illustrations from both the Old and New Testament, because the Bible itself has the most complete stockpile of illustrative materials. Brown (1991:72) says that "the Bible is a primary source of illustration ...The fact that an illustration is drawn from the Bible gives it authority with many people which an illustration from another source would not have.

Biblical illustrations have a remarkably timeless and contemporary quality about them". Killinger (1985:110) also says: "the Bible is a great treasury of illustrative material, and an additional advantage to using it in this way is that it acquaints people with biblical material they have either forgotten or never known, producing a more biblically literate community". And then all preachers can accumulate useful illustrations from some books they read and during the course of their everyday lives. Literature in all forms can also be a source (Kroll, 1984:174; Blackwood, 1978:120; Brown, 1991:73).

Stott (1982a:243) says that "the most effective illustrations are probably anecdotes, culled from history or biography, from current affairs or from our own experience. For these help to set biblical truth in the widest possible context, historical, global and personal". In order to collect good illustrations, the preacher should read and look to the classics, the apocrypha, history and Church history, science, the arts, paintings, and music, and modern writers. Current events provide one readily available source of such material as well (Faso), 1989:83; Chapell, 1994:194). The newspapers, magazines, etc., supply good illustration materials that are thoroughly up-to-date. Above all, all nature and all life are rich in illustration. As one sails through life with a trawling eye, what fine things come into the net (Sangster, 1946:239).

Finally, for Stott the illustration is one of the most efficient instruments helping to deliver the Word of God and should be used to explain and apply the truth clearly to the audience. So, Stott's illumination always shines into his main theme but he never goes away with the illumination as the supreme thing.

### 5.3.5 Stott's Use of Humour in the Pulpit

A word needs to be said concerning Stott's use of humour in his sermons. All preachers are advised to employ wit so that their sermons sparkle with good humour.

#### 5.3.5.1 The Examples of Humour of the Lord in the New Testament

The principles and the method of the proper employment of humour can be seen in the teachings of our Lord in several portions of the New Testament. Stott insists that all preachers can use jesting as Jesus did. He (1982a:287) says that "the place to begin our inquiry is the teaching of Jesus, for it seems to be generally agreed that humour was one of the weapons in the armoury of the Master Teacher". Trueblood avers that the commonest form of humour used by Jesus is irony ('a holding up to public view of either vice or folly'), not sarcasm (which is cruel and wounds its victims).

And then he writes on this matter as follows: "It is very important to understand that the evident purpose of Christ's humour is to clarify and increase understanding, rather than to hurt. Perhaps some hurt is inevitable, especially when ... human pride is rendered ridiculous, but the clear aim is something other than harm ... Truth, and truth alone, is the end ... The unmasking of error and thereby the emergence of truth" (Trueblood, 1965:49-53).

Stott (1982a:287) introduces Glover who wrote the famous book, The Jesus of history, to us by mentioning a good example of Glover's humour. It is Jesus' caricature of the Scribes and Pharisees who were conscientious in minute duties, while altogether neglecting 'the weightier matters of the law'. Their lack of proportion was like people drinking, who would 'strain out a gnat and swallow a camel' (Mt. 23:23,24). Glover gets us laughing by making us imagine a man attempting to swallow a camel as follows: "How many of us have ever pictured the process, and the serious of sensations, as the long hairy neck slid down the throat of the Pharisee - all that amplitude of loose-hung anatomy - the hump - two humps - both of them slid down - and he never noticed - and the legs - all of them - with the whole outfit of knees and big padded feet. The Pharisee swallowed a camel and never noticed it" (Glover, 1965:44).

Accordingly, Stott (1982a:288) adds that "even if Jesus only used the expression and attempted no description, he must have had his listeners in fits of laughter". In fact, because of the precedent set by Jesus, it is hardly surprising that the use of humour in preaching and teaching has had a long and honourable tradition.

## 5.3.5.2 The Value of Humour

Stott (1982a:289-292) points out that there are four values of humour when we use the proper wit in the right place in the sermon.

First, it breaks tension. Most people need to relax for a few moments, and one of the simplest, quickest and healthiest ways to secure their relaxation is to tell a joke and make them laugh. Because of this relaxing effect, the preacher who uses humour in his sermons may discover himself ministering to a relaxed, responsive congregation that will be a joy and delight to them (Drakeford, 1986:41).

Secondly, laughter has an extraordinary power to break down people's defences. Some parishioners come to church in a stubborn and rebellious frame of mind. But if the preacher makes his listeners laugh, all resistance will suddenly collapse.

Thirdly, the greatest benefit of humour is that it humbles us by pricking the bubble of our human pomposity. Ronald Knox (1984:26-2-7) says that "satire is born to scourge the persistent and even recurrent follies of the human creature as such ... laughter is a deadly explosive which is meant to be wrapped up in the cartridge of satire, and so, aimed unerringly at its appointed target, deals its salutary wound".

Fourthly, the final value of humour is to cause us to laugh at the human condition, and therefore at ourselves: Humour helps us to see things in proportion. It is often through laughter that we gain clear glimpses both of the heights from which we have fallen and of the depths to which we have sunk, leading to a wistful desire to be 'ransomed, healed, restored, forgiven'. Since it can contribute to the awakening within human hearts of shame over what we are and of longing for what we could be, we should press it gladly into service in the cause of the gospel.

### 5.3.5.3 The Danger of Humour

Merely to get people to laugh for laughter's sake is out of keeping with the sacredness of the preacher's task. The preacher may lead his congregation in the message to the point where they become tense with emotion or interest. In this moment, if the preacher makes them laugh, it will break the tension, and condition the people to listen with even greater interest. According to Stott (1982a:288), although the humour is legitimate, we have to be sparing in our use of it and judicious in the topics we select for laughter. Stott issues two warnings: The preacher must not make his hearers laugh about God, the Father, the Son, Jesus Christ and the Holy Spirit. It is equally unfitting for sinners to laugh about the cross or the resurrection of Jesus by which their salvation has been achieved, or about the solemn realities of the last things, namely death, judgement, heaven and bell. Because these topics are not in themselves amusing, and are trivialised if we try to make them funny. And then people may stop taking the words of the preacher seriously.

Consequently, the preacher ought to use humour more skilfully and more frequently, ensuring always that in laughing at others we are also laughing at ourselves within the solidarity of human pomp and folly.

### 5.3.6 The Conclusion

The conclusion is the summarisation of the sermon showing its relevance to the daily living of the listeners. It will challenge the hearers to make some decision regarding the content of the sermon.

Stott gives considerable weight to the conclusion of a sermon. Accordingly, a sermon which seems not to have arrived constitutionally or concluding anything positive, are nothing less than tragic examples of aimlessness (Stott, 1982a:245). Ultimately, the whole development of the main theme in his sermon is aimed at achieving a climactic conclusion. So, he emphasises that the conclusion has to include two important elements: A summarised recapitulation and a personal application. He (1982a:246) says that "a true conclusion goes beyond recapitulation to personal application. Of course, not all applications should be left to the end, for our texts need to be applied as we go along".

Nevertheless, it is a mistake to disclose too soon the conclusion to which we are going to come. If we do, we lose people's sense of expectation. It is better to keep something up our sleeve. Then we can leave to the end that persuading which, by the Holy Spirit's power, will prevail on people to take action", Lloyd-Jones (1982:77) also stresses the importance of the conclusion in his sermon: "You must end on a climax, and everything should lead up to it in such a way that the great truth stands out, dominating everything that has been said, and the listeners go way with this in their minds".

Therefore, in Stott's opinion, the conclusion should be a clear application of the truth proclaimed in terms of the lives of the listeners: In the conclusion the preacher should directly involve each individual personally with the truth and the challenge of his message, because his sermon should be a personal encounter with the living God.

Stott always concludes his sermons along the two above mentioned principles. Let us study an excellent example of a summarised recapitulation and a final application in his conclusion. In the conclusion of his sermon on 2 Thessalonians 1:1-11, he summarises Paul's theme (the glory of Jesus Christ) in four stages as follows: (1) "The Lord Jesus will be revealed in His glory (1:7)", (2) "The Lord Jesus will be glorified in His people (1:10)", (3) "Those who reject Christ will be excluded from His glory (1:8-9)", and (4) "Meanwhile Jesus Christ must begin to be glorified in us (1:12)" (Stott, 1991a:153-155).

And then in the conclusion of his sermon on Galatians 4:1-11, he says that "the way for us to avoid the Galatians' folly is to heed Paul's words. Let God's Word keep telling us who and what we are if we are Christians. We must keep reminding ourselves what we have and are in Christ. One of the great purposes of daily Bible reading, meditation and prayer is just this, to get ourselves correctly orientated, to remember who and what we are. We need to say to ourselves: "Once I was a slave, but God has made me His son and put the Spirit of His Son into my heart. How can

I turn back to the old slavery?" Again: "Once I did not know God, but now I know Him and have come to be known by Him. How can I turn back to the old ignorance?" By the grace of God, we must determine to remember what once we were and never to return to it; to remember what God has made us and to conform our lives to it" (Stott, 1986b:109,110).

Consequently, Stott looks back over the terrain of preaching and restates points covered in the way that he does in many conclusions of his sermons. So, he reviews the important assertions in order to bind them into the major idea of the sermon. He ties loose ends together through the summary of the content of his sermon.

### 5.3.7 His View on the Length of Sermons

Finally, in the characteristic form of Stott's sermons, we turn to deal with his view on the length of a sermon. In general, Stott (1982a:292) thinks that the issue of how long a sermon ought to be, is an impossible question to answer, because there are so many imponderables. It depends on the occasion and topic, on the preacher's gift and the congregation's maturity. Bryan Chapell (1994:54) supports Stott: "The length of a sermon is no automatic measure of orthodoxy, yet sermons long enough to explain what a passage means and short enough to keep interested persons listening, will indicate much about the vitality of a congregation and the wisdom of the pastor".

Sweazey (1976:145) offers the following neat synopsis about the length of a sermon: "In the circles with which I am most familiar, a fifteen-minute message seems miniature, twenty minutes is short, twenty-five minutes is usual, and thirty minutes is long". Stott does not debate Sweazey's analysis, writing, "no hard and fast rules can be laid down about the length of sermon, except perhaps those ten minutes is too short and forty minutes too long". Instead, he neatly sidesteps the issue of the ideal length of a sermon by saying "every sermon should 'seem like twenty minutes', even if it is much longer" (Stott, 1982a:294).

Lloyd-Jones (1982:197) also makes it clear that a sermon may be long or short and that any rigidity in these matters must be avoided: "It not only depends on the particular person of the preacher, but also depends upon his stage of development".

Therefore, whatever the norm of a particular congregation, the preacher must still have the wisdom to choose passages of such length and/or substance that they can he expounded within the allotted time.

## 5.4 HIS EVANGELISTIC SERMON

### 5.4.1 Preamble

As we have seen in chapter 2 (2.1.4), Stott is concerned about the evangelism in his church and all over the world. Moreover, when he worked as a full-time minister at All Souls' church for twenty-five years, he did not neglect to preach evangelistic sermons. The responsibility of the preacher is not to give a twentieth-century testimony to Christ, but to relate to the twentieth century the only authoritative witness there is, the Word of God. To Stott, it is shameful that Evangelicals fail to be the preachers they ought to be. The preacher should be the fervent herald of God's message, a living word to a living people from the Living God (Catherwood, 1985:31). So, Baumann (1978:208) says that "evangelistic preaching is necessary because Christ has commanded it and people need it".

We know the reason why Stott has been concerned about evangelistic preaching. Even though he went to the church in order to attend the worship every Sunday, he did not really believe in God. When he was 17 years old, he experienced Jesus Christ as the Saviour in his heart as a result of the message of John Bridger, Nash and he was born again as a true Christian at a meeting organised in February, 1938, by the Christian Union (Catherwood, 1985:15). So, Stott deplores the tendency to assume that because people go to church, they must therefore need be Christians or to hold that the baptised children of the church members are of a necessity Christian. Venter (1974:46,47) warns against this tendency: "Do not think that all of those who listen to your preaching are true Christians. You may be of the opinion that many of them desire the truth and have some personal problem or other... His [the preacher's] preaching should be aimed at the contending searching sinner".

For this reason, it is an honourable task to me to evaluate Stott's evangelistic sermons which are clear and contain the kerygma. In fact, no sermon can rightly be called evangelistic if its content does not proclaim the evangelist, or kerygma. Thus, Davis (1988:106) emphasises that "no preaching is legitimate in the church's public ministry in our day except that which meets the New Testament test of Kerygma, both in content and in form". The evaluation of his evangelistic sermons is to challenge the modern preacher who neglects to preach the kerygmatic sermon and to be awakened to the importance of evangelical preaching.

Therefore, this study will first provide Stott's definition of the term 'evangelism' in order to avoid confusion and misrepresentation. And then, secondly, we will examine the context that he used in the evangelistic preaching, then survey its practises and finally analyse a typical example of a sermon of his sermons in order to evaluate the worth of this propagandistic preaching.

### 5.4.2 His Definition of Evangelism

In his famous book, Evangelism: The Counter Revolution, Drummond (1972:25) defines that "evangelism is a concerted effort to confront the unbeliever with the truth about and claims of Jesus Christ so as to challenge and lead him into repentance toward God and faith in our Lord Jesus Christ and thus into the fellowship of the Church".

According to Wagner (1981:56 57), the result is a definition that is stated in terms of the nature, the purpose, and the goal of evangelism: "The nature of evangelism is the communication of the Good News. The purpose of evangelism is to give individuals and groups a valid opportunity to accept Jesus Christ. The goal of evangelism is to persuade men and women to become disciples of Jesus Christ and to serve Him in the fellowship of His Church". The element of persuasion may sound stronger in this second definition because the definition is more concise. A phrase in a short paragraph does not have to be as strong in order to receive attention.

Officially, John Stott was the chairman of the Drafting committee for the Lausanne Covenant of 1974 (Groover, 1988:87,88). It defined evangelism as follows: "To evangelise is to spread the good news that Jesus Christ died for our sins and was raised from the dead according to the Scriptures, and that as the reigning Lord he now offers the forgiveness of sins and the liberating gift of the Spirit to all who repent and believe. Our Christian presence in the world is indispensable to evangelism, and so is that kind of dialogue whose purpose is to listen sensitively in order to understand. But evangelism itself is the proclamation of the historical, biblical Christ as Saviour and Lord, with a view to persuading people to come to him personally and so be reconciled to God. In issuing the Gospel invitation we have no liberty to conceal the cost of discipleship. Jesus still calls all who would follow Him to deny themselves, take up their cross, and identify themselves with His new community. The results of evangelism include obedience to Christ, incorporation into His church and responsible service in the world" (Lausanne Covenant, Para. 4).

In his article, The biblical basis of evangelism, Stott (1975a:71) defines the term 'evangelism' more clearly and shortly: "It is sharing the Gospel with others. The good news is Jesus, and the good news about Jesus which we announce is that He died for our sins and was raised from death by the Father, according to the Scriptures of the Old and New Testaments, and that on the basis of His death and resurrection He offers forgiveness of sins and the gift of the Spirit to all those who repent, believe, and are baptised".

Therefore, to Stott 'evangelism' is an essential part of the church's mission, and then 'evangelical preaching' is an important element of the local church's ministry.

### 5.4.3 Examples of Evangelistic Preaching in Stott's Sermons

There are plentiful examples of evangelistic preaching in his sermons. One of his earliest books, Basic Christianity, was actually an edition of the evangelistic sermons he preached on university campuses when he went on missions in the 1950's.

Another resource used in evaluating John Stott's preaching was a research paper written in 1981 by one of his study assistants. Mark Labberton was a Master of Divinity student at California's Fuller Theological Seminary when he got the opportunity to interrupt his formal studies to work with Stott. He assisted Stott in the preparation of Between Two Worlds (the other name is I Believe in Peaching), heard the Anglican preach in five countries on three continents, and listened to over 100 recorded sermons which dated from 1959 to 1981 (Groover, 1988:140).

The other resource of the evangelistic sermons was Stott's book, You can trust the Bible (1982), our foundation of belief and obedience. The substance of this book was a series of five evangelistic sermons which contain the basic doctrines of Christianity - God and the Bible, Christ and the Bible, the Holy Spirit and the Bible, the Church and the Bible, and the Christian and the Bible - in All Souls' Church, Langham Place, London.

Whenever Stott has an opportunity to preach evangelistic sermons, especially at evangelical conferences and meetings all over the world, he eagerly grasps the chance to do so.

### 5.4.4 The Variety of Context in his Evangelistic Sermons

Stott preached evangelistic sermons at All Souls' in several contexts, but the primary forum was the monthly 'guest services'. The idea of the guest service came from his Cambridge experience. Students in the Inter-Varsity Fellowship (IVF), would organise services at local churches and use guest preachers. Attendance would run as high as seven hundred. After becoming rector, Stott attempted to recreate these services in a local church setting in London. Beginning in 1950, the guest services were held one Sunday evening a month (Groover, 1988:140). From Stott's early guest services at Cambridge, he became more and more extensively involved in university missions during the period of his early ministry at All Souls' Church. As large numbers of London university students came to his church, one might draw the conclusion that the guest services focused on students. The order of worship prayer was simplified a bit. Worship leaders gave a brief explanation of what was taking place so that newcomers would not feel out of place (Stott, 1961b:7).

Stott would preach an evangelistic sermon and people who were interested in accepting Christ were invited to stay for a ten-minute epilogue in which the plan of salvation was explained. Those wishing to accept Christ were led in a time of silent prayer and then encouraged to accept some printed materials and enrol in a beginner's class. There were three advantages to these guest services. First, special plans could be made. Secondly, specific prayers could be encouraged. Thirdly, the members could make an extra effort to bring unconverted friends (Stott, 1983:85).

In addition to guest services, evangelistic sermons were also preached at special receptions. Trained visitors would make contact with someone living in the parish. Revisits were made once a month with the goal to make friends. Once a relationship was established, the prospect was invited to a reception, either at the church or at someone's house, for a meal, some entertainment, and then to receive a message. These gatherings were "very effective" (Groover, 1988:141,142).

A third opportunity for evangelistic preaching within the parish was created by open air services. These services were planned for the Summer months following evening prayer at All Souls'. Trained lay people canvassed a street, inviting residents, during the weeks prior to the service. On the appointed day a collapsible stand was put in place. Regular church attenders were encouraged to attend and 'swell the crowd and lead the singing". Testimonies were often given by lay people prior to the sermon (Stott, 1953:7).

Stott has had the opportunity to preach an evangelistic sermon for one month during every Summer vacation so far. The writer had an opportunity to listen to his sermon when we attended a service at All Souls' Church on a Sunday morning in 1995.

## 5.4.5 Some Examples of His Evangelistic Sermons

In order to evaluate Stott's evangelistic preaching, outlines taken from cassette tapes of three of his sermons preached at All Souls' Church are presented as typical examples.

### 5.4.5.1 John 3:1-15 - "Meeting with Jesus": Nicodemus [cf. Appendix 1]

INTRODUCTION: Jesus wants to meet somebody. During his life on earth, He spent time with people face to face. Jesus encounters Nicodemus and talks to him about a new birth. What is happening during their conversation?

BODY:

1     What is the nature of the new birth?

    1.1     It is not a second physical birth

    1.2     It is not a moral self-reformation

    1.3     It is not the same as baptism

    1.4     It is a spiritual birth

2     How can we be born again in order to enter the Kingdom of God?

2.1    By water. It means the baptism of repentance by John the Baptist's baptism.

2.2    By the Spirit. It is the Holy Spirit.

3    The necessity of the new birth. Is it really necessary?

3.1    The answer is 'Yes'.

3.2    Jesus said, 'You must be born again'.

3.3    It is indispensable if we are to be authentic followers of Jesus.

4    How does it take place?

4.1    From God's viewpoint, it is largely a mystery.

4.2    The new birth is a birth from above by the initiative and activity and the power of God Himself.

4.3    From our side we have both to repent and to put our trust in Jesus Christ.


CONCLUSION: Jesus Christ wants to meet anyone who seeks Him. God so loved the world that he has given His only Son to die on the cross. He has done everything that is necessary. Now He waits for us to repent. Whoever believes and trusts in Him will be born again and begin the new life He offers. And then he or she can see and enter the Kingdom of God in the present and future.

EVALUATION: Each point of this sermon is drawn directly from the chosen text of the Bible, and no significant portion of the text is ignored. We find here that Stott always takes his theme and its main ideas from the text. In other words, the theme of his sermon is based on and derived from the text. And then he focuses only on one theme, namely 'new birth' and its result. Hence Stott forces his listeners who are unbelievers to accept Jesus Christ as their Saviour.

At the conclusion of his evangelical sermons Stott invited his listeners in various ways to become followers of Jesus Christ. In this sermon, he indirectly called his listeners to trust, to believe, and to accept Jesus in order to be born again and begin a new life.

### 5.4.5.2 John 4:1-42 - "If only you knew": The Samaritan Woman [cf. Appendix 2]

INTRODUCTION: People can try to ignore Jesus Christ or suppress Him and His message, but He always comes back. You must decide what you will do with Jesus. 'If only you knew' exactly who he was and is, you would decide to follow Him. 'Who is the authentic Jesus? He is ...'.

BODY:

1 Jesus is both human and divine and has His humanity and His deity. He hungered, thirsted, and suffered. He knew everything about her messy domestic life and He offered her the water of life, a symbol of eternal life.

2 Jesus is both conservative and radical. He was conservative, particularly in relation to Scripture and He was critical of His inherited tradition.

3 Jesus is both satisfying and disturbing. His gift of an inner spring of life-giving water satisfies but His reminder of our sins is deeply agitating and brings us to repentance.

CONCLUSION: Jesus is the true Man/God who came to die for us. He offers us the gift of the spring of living waters inside of us. Whoever drinks the water He gives, will get eternal life.

EVALUATION: In this sermon, the text dictates Stott's typical three-point patterns. Except for an introduction which really does not point to what follows until its end, each point of this sermon is lifted directly from the text and each addresses the question, 'if you only knew what?' Every portion of the narrative which yields a clue toward a full answer to the question is squeezed for its contribution.

### 5.4.5.3 Luke 15:1-32 -"Lost and Found" [cf. Appendix 3]

INTRODUCTION: Of all possible things you can lose and find, nothing is more serious than to lose yourself, and then nothing is more important than to find yourself. Who are you? Have you found yourself? The need for self-discovery is universally recognised. Jesus knows what is in mankind. He has a profound understanding of human nature.

BODY:

1    The younger brother as a model of publicans. There are four stages in his digression:

1.1     The first stage is a bid for independence

1.2     The second stage is 'Self-indulgence

1.3     The third comes in his deterioration - hunger and humiliation

1.4     The fourth stage is isolation

2     He returned to his father's home

2.1     He came to his senses. He found himself.

2.2     He got up and went home.

2.3     He was accepted. When he came back to his father's home, his father welcomed him heartily.

2.4     We can be sure of our reception in heaven because of the cross and Christ's substitutionary atonement.

3     The elder brother as symbol of the Pharisees

3.1     He had travelled very far into a far country himself.

3.2     He was very far away from his father's heart.

We are all alienated from God and from our true selves as both the younger brother and the elder.

CONCLUSION: Some of us are like the prodigal and some are like the elder brother. Some are like the publicans and sinners and some are like the Pharisees. Some sin by immorality and drunkenness and the cruder forms of sin. Others sin by pride, envy, malice and hypocrisy. The religious sins. They (the elder and the younger son) are alienated and both need the forgiveness of God. The main lesson of this parable is the unquenchable love of God. We must ask ourselves, "Where am I?"

EVALUATION: This sermon is like many others which says the message of the parable is the father's love, but then concentrates on the younger brother sin. The elder brother's sin is no less than his brother's. The main point of this is to emphasise the kerygma, that is, God's love, forgiveness, very welcome and the cross of Jesus Christ. Even though this sermon is not very original, it is a solid exposition. Each point is biblically supported, not just directly from the chosen text.

### 5.4.6 His Views on the Invitation in an Evangelical Sermon

The evangelistic sermon provides an occasion for response. That is, some form of invitation is offered. Allen (1964:12) expresses it well: "The invitation is not a gimmick to catch souls. It is not a fetish to insure results. It is not a ritual to confirm orthodoxy. It is simply the call of Christ to confront persons with the offer of his redemption, the demands of His lordship, and the privilege of His service". Baumann (1978:209) also says that "this may be appropriate if the congregation regularly includes persons who are outside of the faith ... A variety of invitations are available to the concerned pastor".

Stott uses a variety of invitations to call for decisions at the conclusion of his evangelical sermons. In 'why drag in the cross?', an exposition of Romans 5:8, he calls his listeners to humble themselves and accept Christ. He (1986a:163) uses a verse from the hymn 'Rock of Ages' for the emotional impact of its words:

"Nothing in my hand I bring;

Simply to Thy cross I cling;

Naked, come to Thee for dress;

Helpless, look to Thee for grace;

Foul, I to the fountain fly,

Wash me, Saviour, or I die".

The use of a verse from 'Rock of Ages' as the invitation would be much more effective for people who are familiar with the poetic language of the traditional church.

Stott (1983:91) sometimes offers a few minutes of silent prayer and leaves his audience alone in prayer to answer for themselves the question about humbling themselves. After his sermon and the formal invitation, Stott makes an announcement, inviting everyone, particularly visitors, to go to the fellowship hall for coffee after the closing hymn. Then he adds another word of invitation. Stott asks anyone who prayed the prayer as best they know how to come and meet him at the pulpit.

The invitation to this 'continuation service' would come as no surprise to the hearers; the practice at All Souls' Church is to announce the service during the 'notices'. Therefore, consistent with Stott's clarity and integrity, there are no hidden tactics or pressures. People are only asked to do things they are able to do, because to pressure them is 'as harmful as it is wrong' (Stott, 1983:90,91).

Stott (1982a:334) recalls his real experience of the invitation in a week's mission in the University of Sydney in June 1958: "Then at the end, after a straightforward instruction on how to come to Christ, I issued an invitation and there was an immediate and reasonably large response".

Therefore, Stott (1983:93) emphasises that the preacher has to turn his message, in conclusion, toward an appeal to the unsaved in the audience to receive Jesus Christ as their personal Lord and Saviour. The invitation is the time when the people make their response. The conclusion of the evangelical sermon should include a definite invitation.

## 5.5 BRIDGE-BUILDING AS CHARACTERISTICS OF STOTT'S EXPOSITORY PREACHING

### 5.5.1 Preamble

The chasm still exists between the first century and ours, but it is connected, not with a flimsy, treacherous tightrope, but with a massive, solid bridge, the bridge of age. Preaching does not stop with understanding ancient languages, history, culture, and customs. Unless the centuries can be bridged with contemporary relevance in the message, the preaching experience differs little from a classroom encounter. Liefelt (1984:107) insists this point: "Unless we have made a sensitive, compassionate, forceful, and unmistakable application, we have merely done exposition, not expository preaching". One must first process the text for original meaning and then principalize the text for current applicability. Cunliffe-Jones (1953:5) supports this matter: "We must be able to say not only 'this is what this passage originally meant', but also 'this passage is true in this particular way for us in the twentieth century'". Greidanus (1988:167) clearly explains this point as follows: "In order for the guidance accurately to reflect the Bible's intent, the preacher must discern the biblical principles reflected in the text that were directed to the people of that time, and apply the same principles to the people of this time with instructions directed to their actions, attitudes, and /or beliefs". Towner (1994:182) says more strongly this matter: "The task is not finished until the original message has been brought across the centuries and applied freshly in our situations. This is not the task of a single person, but it to be carried out in the church in dependence on the Holy Spirit and with a view to the understanding of the church down through the ages and in our present time1'.

Stott (1982a:137) uses the characteristic term, that is, the bridge-building which is to link the gap between the biblical and the modem in order to apply the message of the text to the modern situation of the congregation. At the same time, he avers that the preacher's task is to build a bridge between the biblical world and the modern world.

Therefore, Stott emphasises that the sermon should constitute two parts, that.is, the first part or the sermon is explication, then follows the application. In his book, The preacher's portrait, Stott (1961a:31,31) says exactly that: "Even when the text is understood, the preacher's work is only half done, for the elucidation of its meaning must be followed by its application to some realistic modern situation in the life of man today". McGoldrick (1989:7) also says that "preaching should be the faithful exposition and practical application of God's Word".

In this section we will investigate the theory and method of Stott's 'bridge-building' which replaces the more generally accepted and used term of 'application' in a sermon.

### 5.5.2 His Theory of the Bridge-Building as the Application in a Sermon

#### 5.5.2.1 His Definition of 'Bridge-Building'

Stott prefers to apply the term bridge-building to the application in a sermon. In his famous homiletical book, I Believe in Preaching, chapters 4-8 offer balanced and wise guidance about the practice of preaching. Chapter 4, preaching as 'Bridge-Building', is a good example. It concludes that "such preaching will be authoritative in expounding biblical principles, but tentative in applying them to the complex issues of the day. The combination of the authoritative and tentative, the dogmatic and agnostic, conviction and open-mindedness, teaching the people and leaving them free to make up their own minds, is exceedingly difficult to maintain. But it seems to me to be the only way to handle the Word of God with integrity (declaring what is plain but not pretending everything is plain when it is not), and on the other hand to lead the people of God into maturity (by encouraging them to develop a Christian mind, and use it)" (Stott, 1982a:178).

First of all, Stott (1982a:137-138) defines this term, 'bridge-building' as follows: "A bridge is a means of communication between two places which would otherwise be cut off from each other by a river or a ravine. It makes possible a flow of traffic which without it would be impossible. What, then, does the gorge or chasm represent? And what is the bridge which spans it? The chasm is the deep rift between the biblical world and the modern world. In a famous essay published in 1955, Lord Snow spoke of 'The Two Cultures' - science and arts - and bemoaned the increasing alienation of literary and scientific intellectuals from each other. He spoke of the "gulf of mutual incomprehension" between them. But if the gulf between two contemporary cultures is so wide, the gulf between both of them and the ancient world is wider still. It is across this broad and deep divide of two thousand years of changing culture (more still in the case of the Old Testament) that Christian communicators have to throw bridges. Our task is to enable God's revealed truth to flow out of the Scriptures into

the lives of the men and women of today. In a word, there must be a bridge between the text and its world, and the message and our world (Halvorson, 1982:76; Lloyd Jones, 1975:66,244; Jung, 1986:170).

Thus, according to Stott, the bridge-building is necessary to make the personal connection between the eternal truth and our daily lives as experience at present, because the bridge-building is intended to make the critical moves from the then of Scripture to the here and now of today (Bae, 1991;133). Accordingly, the preacher has to pay attention to both contexts, to past and present, to then and now.

### 5.5.2.2 The Definition of Application in a Sermon by Others

We need to study some preachers' definitions in order to understand Stott's obvious conception of the bridge-building as application. Broadus (1979:91) classically defines it: "The application in a sermon is not merely an appendage to the discussion, or a subordinate part of it, but it must bring the truths of the Word of God to the listener". He is simply saying that preaching is application. Preaching is not speaking about truth to the congregation, but rather speaking the truth to the audience.

Brown (1991:60) says that "application means to relate, to involve, to move to action. When the preacher uses application in a sermon, he speaks to the audience in such a way that they see how the sermon is appropriate, fitting, and suitable for them. Application means to show to the audience that they can use and put to practical personal use the truth of the message".

Jonson (1990:214,215) states that "application is the task of relating the Bible's authoritative message to people today so that God may use it to change their lives. In other words, application is the task of relating what God has said since the beginning of time to modern man". But his definition of application in a sermon is not totally valid, because God did not only apply His message to the people of those times but also to modern people, in the same way.

So, to sum up, application is that part of the sermon which brings the truth of the Word to the listener on a personal basis. At the same time, we define application as the process by which truth is brought to bear directly and personally upon individuals in order to persuade them to respond properly to it.

We can summarise the above-mentioned (5.4.2 and 5.4.3): "Application does not only bridge the gap between the world of the Bible and the modern world but also has the effect of changing the listener's life through the truth of the Word of God" (An, 1995:9).

### 5.5.2.3 Two Groups who Hold Mistaken Notions of Bridge-Building

Stott makes some very helpful suggestions concerning how to apply the truths of God's Word to modern congregations. He correctly affirms that bridge-building as application is essential in exposition. Through the correct and the sound application all which preachers are able to span the gap between the: World of the Bible and the world of today. But faced with the communication gulf between two worlds, preachers tend to make two mistakes in expository preaching.

### 5.5.2.3.1 The Conservative Group

There is the tendency to live on the biblical side of the chasm. This is probably the danger of the conservative preacher. He is so interested in accurately finding the message of the Bible that he may neglect to 'earth' it out. He fails to build a bridge to the modern world. Such preaching may be clearly biblical, but it lacks contemporary application. Stott

(1982a:140) points out that '1if we are conservative (referring to our theology), and stand in the tradition of historic Christian orthodoxy, we are on the Bible side of the gulf. That is where we feel comfortable and safe. We believe the Bible, love the Bible, read the Bible, study the Bible and expound the Bible. But we are not at home in the modern world on the other side of the gap, especially if we have reached - or passed - middle age ... So, we tend to insulate ourselves from it".

Accordingly, exposition without application never arrives at the doorstep of the modern man. Stott's caution is of special interest to us. Being theological conservatives ourselves, we have been guilty too often of failure to adequately apply the message of the Bible to man wherever he lives today.

### 5.5.2.3.2 The Radical Group

On the other hand, some Christians make the mistake of living on the contemporary side of the chasm. Too often liberal preachers are very contemporary but lack a biblical base. Stott says that "they (Liberal preachers) find it congenial to live on the contemporary side of the great divide. They are modern people who belong to the modern world. They are sensitive to the current mood and understand what is going on around them. They read modern poetry and philosophy. They are familiar with the writings of living novelists and the discoveries of modern scientists. They go to the theatre and the cinema, and they watch television ... All their sermons are earthed in the real world, but where they come from (one is tempted to add) heaven alone knows. They certainly" do not appear to come out of the Bible. On the contrary, these preachers have allowed the biblical revelation to slip through their fingers".

This is Stott's (1982a:144) criticisms of the radical preachers: "They restate the Christian faith in terms which are intelligible, meaningful and credible to their secular colleagues and friends". Therefore, "in discarding the ancient formulations they tend also to discard the truth formulated, and so to throw out the baby with the bathwater". Stott thinks that the liberal preachers may give an up-to-date picture of contemporary life but fail to communicate an authoritative truth to his congregation. Such preaching demonstrates a knowledge of what the problems are. What is lacking is the ability to give God's fresh Word as a viable solution to those problems.

Consequently, Stott (1982a:144) says that "conservatives are biblical but not contemporary, while on the other hand liberals and radicals are contemporary but not biblical". So, Stott wants to combine the concerns of both the conservative and the liberal groups.

Stott's suggestions will actually help us to relate our particular message to the contemporary situation and will enable us to "contextualise" the Word of God (Vines, 1985:100).

### 5.5.2.4 The Incarnation as a Model of Bridge-Building

Many preachers (Brooks, Tillich, Howe, Clark, Abbey, etc.) use the term of the incarnation as the model of the communication in a sermon. But Stott (1982a:150) uses this term in the other meaning, i.e., the incarnation means exchanging one world for another. Stott (1982a:145; 1992:194) points out two biblical precedents as the model of the bridge-building. First, in Scripture He spoke his Word through human words to human beings in a precise historical and cultural context; He did not speak in culture-free generalities. Secondly, His eternal Word (Logos) became flesh, in aII the particularity of a first-century Palestinian Jew. In both cases He reached down to where the people were with whom He desired to communicate. He spoke in human language; He appeared in human flesh.

Therefore, Stott (1982a:145) urges us strongly to do as God did: "Our bridges, too, must be firmly anchored on both sides of the chasm, by refusing either to compromise the divine content of the message or to ignore the human context in which it has to be spoken. We have to plunge fearlessly into both worlds, ancient and modern, biblical and contemporary, and to listen attentively to both. For only then shall we understand what each is saying, and so discern the Spirit's message to the present generation".

In his famous sermon, The Sermon on the Mount, we can actually see Stott's effort to bridge a gap between the biblical and the modern worlds. He says that "the Sermon on the Mount is the most complete delineation anywhere in the New Testament of the Christian counter-culture. Here is a Christian value-system, ethical standard, religious devotion, attitude to money, ambition, lifestyle and network of relationship - all of which are totally at variance with those of the non-Christian world. And this Christian counter-culture is the life of the kingdom of God, a fully human life indeed but lived out under the divine rule" (Stott, 1978a:19).

### 5.5.2.5 Christ as the Content of the Bridge-Building

Stott emphasises that Jesus Christ is the answer to the major themes of human life. So, above all else, the preacher must preach Christ, because Jesus is the fulfilment of every truly human aspiration.

In his addresses entitled 'How to Meet the Evils of the Ages', Spurgeon (1960:117,127) urges his fellow-Christians to "keep to the gospel, then, more and more. Give the people Christ and nothing but Christ", then, after expatiating on some current evils, he concludes that "we have only one remedy for them; preach Jesus Christ, and let us do it more and more ... anywhere, everywhere, let us preach Christ".

Stott actually preaches Christ throughout his sermons, as well as emphasising the importance of Jesus Christ in his books. Let us listen directly to his voice on this matter: "Christ is our contemporary. The Jesus who was born into our world, and who lived and died in first-century Palestine, also rose from the dead, is now alive forever, and is available and accessible to His people. Jesus Christ is not to be relegated, like other religious leaders, to history and history books. He is not dead and gone, finished or fossilised. He is alive and active. He calls us to follow Him, and He offers Himself to us as our indwelling and transforming Saviour" (Stott, 1992:313,314). He continues by saying:

"The One we preach is not Christ-in-a-vacuum, nor even only the Jesus of ancient history, but rather the contemporary Christ who once lived and died, and now lives to meet human need in all its variety today. To encounter Christ is to touch reality and experience transcendence" (1982a:154).

Therefore, to Stott, Christ is the content of the bridge-building, as well as the key of the solution to all themes of human existence. Accordingly, one of the most fascinating of all the preacher's tasks is to explore both the emptiness of fallen roan and the fullness of Jesus Christ, in order to demonstrate how He can fill our emptiness, lighten our darkness, enrich our poverty, and bring our human aspirations to fulfilment. The riches of Christ are unfathomable (Eph. 3:8) (Stott, 1982a:154).

### 5.5.2.6 Bridge-Building Covers the Whole Field of Christian Life

The aim of modern preaching should include a thorough analysis and understanding of the contemporary situation of the congregation. Moreover, the preacher should have a deep-seated knowledge of the particular circumstances of his parishioners. The analysis of the congregational situation has some bearing upon subject choice, method of development, exegesis, and explanation; but it is of the utmost importance to the bridge-building of the message as it relates to the assembled listeners (Liefelt, 1984:106). The analysis of Christian situations is imperative before an appropriate application such as bridge-building can be made. The nature and the problem of the congregational circumstances should be known in rather minute detail so as to make the truth as helpful as possible. Therefore, Stott is concerned about the all-inclusive encompassing matter of the congregational whereabouts and the society.

He deals with the Christian's ethics, the church and the home, as well as social and political issues, and then handling controversial questions. Even though he can give several other illustrations, Stott (1982a:160,161) shows clearly by giving a good example of sexual ethics: "Certain standards of sexual morality are clearly taught in the Bible, for instance that lifelong heterosexual marriage is the only context, and 'honour' as opposed to 'lust' the only style, in which sexual intercourse is to be enjoyed (Gen. 2:24; Mk. 10:5-9; 1 Th. 4:3-5)".

Moreover, since marriage is an ordinance of creation, rather than of redemption, these divine standards apply to the whole human community, and not merely to a diminishing religious remnant. It is impossible, therefore, to rest content with the faithful teaching of biblical sex ethics to the congregation (though, to be sure, this is so rare that in itself it would be a welcome improvement); we have to be concerned also with the public debate about marriage (is it not now dispensable?), about divorce and remarriage of divorced persons (why make a fuss about these things?), and about homosexual partnerships (if characterised not by promiscuity, but by fidelity, are they not an acceptable variation to heterosexual marriage?). Christians should enter vigorously into these debates, and fearlessly use the pulpit to do so. We have a responsibility not only to expound God's standards with clarity and courage, and without compromise, and to exhort our own congregations to maintain and exhibit these standards with joyful faithfulness, but also to go on to comment on them to the secular community".

Stott (1982a:170) concludes that "a mind may be said to be Christian when it has firmly grasped the fourfold biblical scheme of creation, fall, redemption and consummation, and is able to evaluate the phenomena of life in the light of it. So, all our preaching should gradually unfold the 'whole counsel of God' and so contribute to the development of Christian minds in the congregation".

Therefore, according to Stott, in order to apply the Word of God to listeners, the preacher ought to understand the world and the concrete situation of the real life of his hearers, the world to which the whole counsel of God must be preached.

### 5.5.3 His Methods of Bridge-Building as the Application in a Sermon

#### 5.5.3.1 Direct Application

Applications may take several forms, direct or indirect. The preacher can use all of them effectively. We will first deal with Stott's direct application in a sermon.

Whitesell (1963:92) says that "it is better to make definite, searching application than to imply or hint at it". We can find the direct application everywhere in Stott's sermons. He likes to apply the truth to his listeners directly. He (1979b:252, 258) says that "exactly the same principle can be applied by contemporary Christians to their work and employment ... in labour relations today the same basic principle holds good of justice based on reciprocal rights".

### 5.5.3.1.1 The Note of Inevitability

The note of inevitability is always present in his application. In his sermon on Galatians 4:12-20, Stott (1986b:115) appeals as follows: "There is an important lesson here. When the Galatians recognised Paul's apostolic authority, they treated him as an angel, as Christ Jesus. But when they did not like his message, he became their enemy. How fickle they were, and foolish! An apostle's authority does not cease when he begins to teach unpopular truths. We cannot be selective in our reading of the apostolic doctrine of the New Testament. We cannot, when we like what an apostle teaches, defer to him as an angel, and when we do not like what he teaches, hate him and reject him as an enemy. No, the apostles of Jesus Christ have authority in everything they teach, whether we happen to like it or not".

And still on another occasion he (1986b:137,138) says that "the religion of the New Testament is vastly different from this mental outlook. Christianity will not allow us to sit on the fence or live in a haze; it urges us to be definite and decisive, and in particular to choose between Christ and circumcision. 'Circumcision' stands for a religion of human achievement, of what man can do by his own good works; 'Christ' stands for a religion of divine achievement, of what God has done through the finished work of Christ. 'Circumcision' means law, works and bondage; 'Christ' means grace, faith and freedom. Every man must choose ... Further, this choice has to be made by both the people and the ministers of the church, by those who practise and those who propagate religion. It is either Christ or circumcision that the people 'receive' (verse 2), and either Christ or circumcision that ministers 'preach' (verse 11). In principle, there is no third alternative".

### 5.5.3.1.2 The Note of Warning

Another aspect that can be included under Stott's direct application is his warning of discipline to his congregation.

In the conclusion of his sermon on Matthew 7:15-20, he (1978a:200) warns as follows: "'So, beware!' Jesus warns. We must be on our guard, pray for discernment, use our critical faculties and never relax our vigilance. We must not be dazzled by a person's outward clothing - his charm, learning, doctorates and ecclesiastical honours. We must not be so naive as to suppose that because he is a Ph.D. or a D.D or a professor or a bishop he must be a true and orthodox ambassador of Christ. We must look beneath the appearance of reality. What lives under the fleece: A sheep or a wolf?".

Therefore, Stott often applies the truth of God to listeners by using the warning in order to arouse people from indolence and sloth.

### 5.5.3.1.3 By Way of Interrogation

Most frequently, Stott applies the truth to his hearers by way of interrogation. In his sermon on 2 Thessalonians 3:1-18, he (1991a:199) asks: "To which kind of church do we belong? Is its vision global or merely parochial? Is its attitude to Scripture principled or unprincipled, obedient or disobedient? While history moves towards its denouncement and we await the rebellion of Antichrist which will hear the revelation of Christ, can we say from the heart 'Let the Word of the Lord run and be honoured throughout the world' and 'Let the Word of the Lord be honoured and obeyed in the church?'"

And still on another occasion he (1966:56) concretely and individually applies the message to listeners by means of direct speech: "We need to talk to ourselves about them, and ask ourselves, 'Don't you know?' ... 'Don't you know that you are one with Christ? That you have died to sin and risen to God? Don't you know that you are a slave of God and therefore committed to His obedience? Don't you know these things?' And we must go on asking ourselves these questions until we reply, 'Yes, I do know, and by the grace of God I shall live accordingly'".

Stott believes that to set a series of questions is a particularly good way to convey the truth and to bring it home to the minds and the hearts of his listeners, as Paul used to do (1 Cor. 1:12, 20, 2:4-5,16 etc.).

### 5.5.3.2 Indirect Application

The indirect application must in every case follow the same rule as the direct application - it must add nothing new to the text, but simply exhibit and set in operation the divine truth contained in it. The indirect application gives stimulation in a particular direction but trusts the listener to make his own specific decision. It recognises the uniqueness of every situation and trusts the Holy Spirit to complete what the sermon has begun (An, 1995:133). Baumann (1978:250) says that "good preaching need not make explicit application, but may often serve its purpose - and more effectively so - through implicit, subtle, and suggestive application. The preacher becomes a midwife who assists in the encounter between God and man". Man must do the responding; the preacher's task is to assist, not do it for him.

Stott suggests indirect application, i.e., stating the case in such a way that the hearers will think of ways in which the truth specifically applies to them. For instance, in his exposition of the Sermon on the Mount (Mt. 5:21-30), he (1978a:91) shows that "Jesus was quite clear about it. It is better to lose one member and enter life maimed, he said, than to retain our whole body and go to hell. That is to say, it is better to forgo some experiences this life offers in order to enter the life which is life indeed; it is better to accept some cultural amputation in this world than risk final destruction in the next. Of course, this teaching runs clean counter to modern standards of permissiveness. It is based on the principle that eternity is more important than time and purity than culture, and that any sacrifice is worth-while in this life if it is necessary to ensure our entry into the next. We have to decide, quite simply, whether to live for this world or the next, whether to follow the crowd or Jesus Christ".

Stott sometimes applies the Word of God to listeners by means of an illustration in the conclusion of his sermon (1979b:58, 152-153, 183).

In the conclusion of his sermon on Galatians 4:1-11, he holds up John Newton as an apt illustration: "He was an only child and lost his mother when he was seven years old. He went to sea at the tender age of eleven and later became involved, in the words of one of his biographers, 'in the unspeakable atrocities of the Africa slave trade'. He plumbed the depths of human sin and degradation. When he was twenty-three, on 10 March 1748, when his ship was in imminent peril of foundering in a terrific storm, he cried to God for mercy, and he found it. He was truly converted, and he never forgot how God had had mercy upon him, a former blasphemer. He sought diligently to remember what he had previously been, and what God had done for him. In order to imprint it on his memory, he wrote the words of Deuteronomy 15:15 in bold letters and affixed it above the mantelpiece of his study: 'Thou shalt remember that thou was a bondsman (a slave) in the land of Egypt, and the Lord thy God redeemed thee'. If only we remember these things, what we once were and what we now are, we would have an increasing desire within us to live accordingly, to be what we are, namely sons of God set free by Christ.

Thus, Stott is sure that he should address the consciences of his hearers, whether he uses the front door of the heart directly application or the back door by indirect application.

### 5.5.3.3 Persuasion as the End in Application

Application in the sermon, both throughout the discourse and as a concluding act, must be focused upon persuading the hearer - stirring the listener of the sermon to act upon the truth that was shared. Persuasion is a key concern in the preaching task because pulpit utterance must have both its art and its aim. Preaching is deliberative, using both information and inspiration to achieve its end: Acceptance of the Word and action because of its importance. Stott emphasises this point in his sermons. When the preacher preaches sermons to his congregation, each person responds differently to the sermonizer's message.

According to Stott (1982a:253), the members of the congregation hear sermons through different filters. Some will be receptive to our message. Others will be resistant to it because they perceive it as a threat to their world view, or culture, or family unity, or personal self-esteem, or sinful way of life, or economic lifestyle. Being sensitive to these mental and spiritual blocks, we may well need in the conclusion to resort to 'persuasion', a common description of the preaching of the apostles. Persuasion is based upon a shared understanding of the given Word. A call must finally be made to identify with the meaning and import of it all, so that the claim of the truth can be answered to the hearer's benefit. Very strategic in all of this is the kind of appeal the preacher has made in the handling of the text and its message.

Stott (1982a, 251,252) says that "as for our text, we meditated on it until it yielded its dominant thought or theme. It is this, then, which now needs to be enforced in such a way that the people feel its impact and go away determined to act upon it. Does the text call to repentance or stimulate faith? Does it evoke worship, demand obedience, summon to witness, or challenge to service? The text itself determines the particular response we desire"?

There are many rhetorical means by which a final application can be made in a sermon. One method is to simplify it by a direct statement about the significance of acting on the message one has heard. Another means is to amplify it, reinforcing the point of the message by dramatic examples of outcomes. Still another course is to dignify the message by a planned cadence of strategically ordered words and climax-building phrases, so that the zeal and enthusiasm of the preacher can speak even more warmly to the feeling-level of the hearers, 'moving' them to identify fully with it all. This can be most important in stirring the hearer to a positive, personal, and passionate commitment to some truth one not only believes but also feels (Dutuit, 1992:213).

Consequently, in Stott's view (1982a:253,254), the preacher may seek to persuade by argument (anticipating and answering people's objections), or by admonition (warning them of the consequences of disobedience), or by indirect conviction (first arousing a moral judgement in them and then turning it upon themselves, as Nathan did with David), or by pleading (applying the gentle pressure of God's love).

### 5.5.3.4 Placement Within the Sermon

Many sermons attempt some indirect or direct application throughout the message. Lloyd-Jones (1981:58) especially applies the truth throughout his sermon. But Stott's sermons postpone the application until the conclusion. But not all applications should be left to the end, for our text needs to be applied as we go along. Nevertheless, it is a mistake to disclose too soon 'the conclusion to which we are going to come. If we do, we lose people's sense of expectation. It is better to keep something up our sleeve. Then we can leave to the end that persuading which, by the Holy Spirit's power, will prevail on people to take action (Stott, 1982a:246).

As Stott has said, obviously, in many sermons he does not entirely postpone the application to the few moments of the conclusion. He is moving steadily toward the conclusion throughout, and the carefully chosen last point brings him to his goal, the issues.

Consequently, Stott likes to apply the message at the end of the sermon. For instance, in his sermon on Galatians 4:1-11. He uses 6 pages for his explanation and 2 pages in the conclusion for his application, which includes two subpoints and the illustration in order to confirm 'what the Christian's life is' and 'how to live the Christian life' (Stott, 1986b:103-110).

### 5.5.3.5 His View on the Holy Spirit and Bridge-Building

The preacher may preach the Word with the utmost fidelity, he may make the most fervent appeals or warn with the deepest solemnity, but unless the Holy Spirit breathes upon the message and quickens the hearts of individuals, the sermon will of itself fail to accomplish anything (Braga, 1981:210.). The power of the Holy Spirit makes preaching effective and applicable. Paul states in 1 Thessalonians 1:5, "For our gospel came not unto you in word only, but also in power, and in the Holy Ghost, and in much assurance".

Stott (1992:68) explains the foundation of Paul's power in 1 Corinthians 2:4-5 as follows: "His confidence was not in 'wise and persuasive words' (NIV) or 'plausible words of wisdom' (RSV). That is, he relied neither on the wisdom nor on the eloquence of the world. Instead of the world's wisdom he preached Christ and his cross (Verses 1-2), and instead of the world's rhetoric he trusted in the powerful demonstration which the Holy Spirit gives to the word. For only the Holy Spirit can convince people of their sin and need, open their eyes to see the truth of Christ crucified, bend their proud wills to submit to him, set them free to believe in him, and bring them to new birth. This is the powerful demonstration' which the Holy Spirit gives to words spoken in human weakness".

Lloyd-Jones emphasises that the general preaching of the Gospel is particularly applied by the Holy Spirit to specific cases. In other words, under the influence of the Holy Spirit people are able at different levels to extract what they need and what is helpful to them. The application of the truth of the Word is always made by the Holy Ghost (Jung, 1981:186). Stott believes that the Holy Spirit takes the preaching of the Word and applies timeless truths in a practical way to the lives of those helped. In the early years of his ministry, Stott's theory and his practice were to expound the biblical text and leave the application largely to the Holy Spirit. Moreover, this method is by no means as ineffective as it may sound, for two reasons. First, the biblical text is itself amazingly contemporary, and secondly, the Holy Spirit does use it to bring the hearers to conviction of sin, faith in Christ and growth in holiness. At the same time, it would be quite inadmissible to use the perpetual relevance of the gospel and the up-to-date ministry of the Holy Spirit as an excuse for avoiding the communication problem (Stott, 1982a:142).

Of course, we must do everything we can to enhance the practical nature of our sermons. But we must also be keenly aware that we do rely on our own skill and energies in our preaching. The Holy Spirit powerfully applies the Word when a preacher preaches (Vines, 1985:102). Therefore, according to Stott, the Spirit of truth alone can stir the conscience, move the will, sanctify the soul, write God's law upon the heart, and stamp God's image upon the character.

## 5.6 STOTT'S CONTRIBUTION TO HOMILETICS FOR THE MODERN PREACHER

5.6.1 From our study of Stott's homiletical principle in general (5.1.2) it can be said that the biblical expository sermon will rightly convey its God-given message on the sound theological foundations. Without sufficient understanding of' the basic doctrine of Christianity, the preacher neither formulates his sermon, nor preaches effectively to his congregation. So, theology is essential to preaching (5.1.5). Without theology there is no preaching, at least not in the New Testament sense.

Thus, it can be concluded that there are at least five theological foundations which are essential to each sermon to the listeners. That is why the preacher must effectively preach to the uncaring contemporary world.

These arguments in support of the sermon are based on the doctrine of God, Scripture, the church, the ministry (or pastorate as Stott prefers to call it), and preaching as the groundwork.

The major reason why he has stressed these theological foundations of preaching, is that the real secret of expository preaching is not a matter of the preacher using certain techniques, but of his being mastered by certain convictions. To put the same point in another way, theology is far more important than methodology. Therefore, it can be regarded as the essential point of John Stott's homiletical contribution. And then his theological arguments of preaching will do much to encourage modern preachers that the revival of the sermon is so urgently needed.


5.6.2 Stott's special concern for the preachers emphasises that all preachers must have some basic qualification (5.2), because preaching is conveying truth through the whole personality of the preacher and his message moves through his qualities and characteristics. So, the whole personality of the preacher must be involved. It is not of primary importance that the preacher is skilful in conveying his message but his preaching must have a fine quality. In fact, a significant form of the preparation of the sermon is its arrangement by the preacher. Effectiveness in the pulpit is indeed tied to the life, the integrity, the Christian character of the man who delivers the message. Good men are full of their message and will be heard. So, the preacher must be a godly man and must have wisdom, patience and forbearance. These are basic qualifications that should be looked for and on which we must insist. It is only after emphasising such qualities that we come to the question of personality.

In fact, Stott stresses that the quality of the preacher's personality and qualifications is of such vital importance to the delivery of the sermon, because the success or failure of the preaching depends on this preacher's personality. Therefore, for Stott every principle of sermon delivery, whether pertaining to vocal production, use of the body, or delivery style, is to be judged by a more important concept - the minister's personality and characteristics. But, at all costs, let the creative endowments of his personality, those distinctive attributes which can make his preaching effective, be seen. Stott exhorts his fellow-preachers that even more important is the inner personal preparation of himself. Thus, the preacher's first and most important task is to prepare himself, not his sermon. At first one tends to think that the great thing is to prepare the sermon - and the sermon, as I have been saying, does need most careful preparation. But altogether more important is the preparation of the preacher himself.

Consequently, without having good characteristics the preacher cannot effectively preach a sermon which leads the people of God to maturity.

5.6.3 John Stott's major contribution lies in his consistent emphasis on evangelistic preaching (5.4). Stott's formulation of the kerygma has not changed substantially in over thirty years. He (1986a:33) says that "Jesus was a man who was accredited by God through miracles and anointed by the Holy Spirit to do good and to heal. Despite this, He was crucified through the agency of wicked men, though also by God's purpose according to the Scripture, and as attested by the apostolic eyewitness. Next God exalted Him to the place of supreme honour as the Lord and Saviour. He now possesses full authority both to save those who repent, believe and are baptised in His name, bestowing on them the forgiveness of sins and the gift of the Spirit, and to judge those who reject Him".

Whenever Stott has an opportunity to preach a sermon, he thinks of unbelievers who attend the worship and the meeting. So, he frequently proclaims the kerygmatic message to his audience. The application in Stott's sermon is very frequently directed at the non-Christian rather than the church member. Stott shows that the church needs a preacher who will strive for a balance between evangelistic, doctrinal, therapeutic, and prophetic preaching. All of these needs are resident in a contemporary congregation. We can learn from him.

5.6.4 According to Stott (5.5), the words of Scripture are directed to specific people who are in specific situations, times and cultures. The Bible was not written by a series of authors who were divorced from life. Therefore, the truth in the Bible, equally, should be directed to modern people specifically because the truth of the scriptures is the eternal words of God. Stott always emphasises that the preacher always has to make use of the 'bridge-building' connecting the truth of the ancient and modern worlds. Bridge building is the present consequence of scriptural truth. Without bridge building (application) the preacher has no reason to preach because truth without application is useless. This means that the essence of preaching is not merely the proclamation of truth, but is truth applied. The bridge building focuses the truth of God's Word on specific, life-related situations. It helps people understand what to do or how to use what they have learned. The application in a sermon persuades His listeners to act. The bridge building also focuses on the impact of the entire sermon on the transformation God requires in His people. Thus, in the application, preachers ought to pour out their hearts.

5.6.5 John Stott is called to preach, and he devotes himself to training his mind to analyse and communicate Scripture. He has never outgrown his devotional life, believing that daily time spent in reading the Bible for his personal edification, aside from time spent in sermon preparation, is essential. The other side of this coin must also not be neglected: Stott reads the secular literature regularly, both fiction and non-fiction, in order to expound God's Word. Although Stott's effectiveness cannot be documented in statistics, his contribution have been very significant. He has practised what he has preached. He realised his shortcomings and took steps to improve himself for his ministry. He committed his life to helping other people come to know Christ and to understand the message of the Bible. Though very few pastors will have the keen analytical mind, the gentle spirit, and the historical church at the crossroads of the world that John Stott has, every preacher should be able to learn from these observations.

5.6.6 Finally, comprehensive understanding of the preaching in John Stott's homiletics which considers the process of exegesis, hermeneusis and homiletics as essential ingredients in expository sermons, can be contributed as corrective. We evaluated and analysed Stott's sermons with the above-mentioned elements in which determined the sermons to use in this study. These evaluations and analyses may lead to further correctives which may equip preachers more extensively in essential elements of the expository sermon.

# CHAPTER 6:  CONCLUSIONS

The aim of this thesis as indicated in the introduction, was in-depth research into the principles and methods employed in the homiletics of John R.W. Stott.

A closer specification of the goal of this study was: (1) to undertake an investigation of and to describe his exegetic, hermeneutic and homiletic principles and methods,

(1) To arrive at a descriptive analysis of his homiletic principles and especially, to examine his views concerning the application in a sermon, i.e., 'Bridge-Building', and

(2) to interpret and evaluate his sermons in the context of biblical and Reformed theology.

It was imperative to undertake an intensive analytical study of his published works because all his principles and methods concerning exegesis, hermeneutic and homiletic questions are contained in his extensive range of sermons and his treatise on preaching.  Final conclusions are stated below.

## 6.1 INFLUENCES ON STOTT'S BACKGROUND

We dealt briefly with his biography, giving special attention to the issues that influenced Stott and his career. The influences of home and the various schools attended helped to shape this reserved young man. And the other primary factors (the influences of Nash, Simeon, Ryle and Morgan, etc.) also has affected Stott to mould the characteristics of a great preacher and one of the most passionate evangelists of the late twentieth century.

As a result of these influences, there are two characteristics that mark John Stott's career and thus affect his thought. The first - the high place he has given to sound, doctrinal, expository preaching - has been with him from the beginning, and the love of Scripture was instilled in him at an early stage. The second - a demonstration of the fact that one can be biblically conservative and also actively involved in the resolution of social issues - has developed more recently and has caused controversy in evangelical circles.

Therefore, his most recently published works on the spiritual experience of the preacher illustrate the intimate connection between the Word of God and the personal spirituality of the preacher. And then, as a background to all his life and work, there are the recurring fundamental evangelical distinctives: The uniqueness of Christ and the need of personal conversion; the living Word of the Holy Scripture; and the centrality of the cross.

## 6.2 CONCLUSIONS ON STOTT'S EXEGETICAL VIEWPOINTS

6.2.1 According to Stott, without a proper basic understanding of the Bible, neither the principles and methods of exegesis can help a preacher in attaining his goal; discovering the original meaning of the text.

He regards the Bible as God's self-disclosure in speech and writing, the divine autobiography written by the biblical authors. Scripture is God's written Word, the product of His revelation, inspiration and providence. Here God Himself speaks to us. So, this understanding of the Bible is indispensable to exegesis and preachers.

6.2.2 From our study on Stott's attitude to the study of the Bible, it is concluded that his views are governed by at least three basic characteristics:

* The exegete should study the whole Bible using the comprehensive method.

* The preacher should face Scripture as far as possible with fairness and an open mind.

* The pastor has to be expectant in his Bible study, e.g., God is going to speak to him through the text of the Bible.

* We can sum up Stott's characteristic principles of all biblical exegesis in three ways:

* 'Scriptura sui ipsius interpres' - The Scripture is its own interpreter. This is not just a formal, technical rule. An obscure and doubtful passage

of Scripture must be interpreted by another clear and certain passage.

* The expositor must pray for the illumination of the Spirit of God before reading the Bible. Because without prayer we cannot understand the Word of God. Therefore, the important key to the exegesis of Stott is the confession 'Spiritus Sanctus est Verus Interpres Scripturae' (the Holy Spirit is the true interpreter of Scripture).

* The preacher has to discern what the original writers meant by discovering the original sense or the natural sense, which may be either literal or figurative. He must also represent the precise meaning of the text as intended by the biblical authors. These are respectively the principles of history and of simplicity.

6.2.3 Finally, from our study of Stott's characteristic method of all biblical exegesis (3.7), it can be concluded that he does not use new exegetical methods, but he reminds one afresh of the time-honoured exegetical practises:

* The preacher must derive the text of his sermon from the Holy Scripture.

* The expositor has to meditate on the text for as long a time as possible.

* The exegete should approach the Bible inductively. Stott calls it the art of discovering the original meaning of the text.

* Finally, exegetical aids (i.e., semantic language analysis) help the preacher to analyse a word's tense, case, and number so that its specific grammatical

features can be identified or researched by a grammatical aid or lexicon. The exegetical tools will guide preachers to the original-language meanings and uses of the biblical words, and there they are available to help grant pastors confidence that they are preaching what the Holy Spirit wants them to say.

## 6.3 CONCLUSIONS ON STOTT'S HERMENEUTICAL VIEWPOINTS

6.3.1 From the approach of Stott to hermeneutics, his prominent contributions can be stated as follows:

* His principles and methods of hermeneutics are to persist in the traditional viewpoint of interpretation of the Reformers. In that regard Stott concentrates on grasping the meaning of the passage of the Bible in which God speaks to us.

* His deepest concern is to consider the context as part of any text. The first task of hermeneutics is to interpret precisely what a biblical author's statement means in its context.

6.3.2 Stott's particular hermeneutical contributions can be summarised as follows:

* The principles of his hermeneutics are dominated by guidelines by three teachers e.g., the Holy Spirit, the preachers and the Church. It is by receiving

the illumination of the Holy Spirit, by using our own reason and by listening to the teaching of others in the Church that we grow in our understanding of Scripture.

* Stott does not neglect the basic methods of interpretation, but he sticks to them. With regard to the meaning of the text, he emphasises the pre-eminence of the contextual, the grammatical and the verbal approaches. In the case of the significance of the text, he stresses the theological and cultural understanding.

* His principle of the salient features of hermeneutics is the Christ-centred approach. He consistently attempts to extract redemptive truths from all of Scripture. So, his idea of a message from the text highlights the central theme of atonement as it relates to all the issues of faith and life. The Bible is indeed the cradle that brings Christ to us.

Stott uses the principle of the 'analogy of faith' to guide his hermeneutics, as the Protestant Reformers did. This standard requires preachers to use Scripture alone as the basis for their exhortation. Stott determines the biblical truths intended for the persons addressed by the text and then identifies similarities in our present condition that require the application of precisely the same truths.

* The aim of Stott's hermeneutics not only inspires us by its example, but also provides the principles and methods for the interpretation of the Bible by which the Church today can do what Stott has done during his lifetime, as the Reformers of old did.

6.3.3 Stott emphasises that these principles can be dominated by the threefold   rules of hermeneutics, that is, the natural meaning, the original meaning and the general meaning.  Each of these characteristic principles of hermeneutics is not only common but also an immutable rule in biblical interpretation.  Nobody dares to refute its validity; however, what is characteristic in Stott's case is that he does apply them to the hermeneutical practice in his actual preaching.

6.3.4 One of the dominant characteristics of his principles and methods is that he has never been influenced by the current liberal theology to include the reader's views into the text.  On the contrary, Stott criticises their principles and methods of interpretation through a critical rereading of the Bible.  Accordingly, he has never placed any doctrine, criticism or the principles of the modern theologian above the teaching of the Holy Scripture.

## 6.4 CONCLUSIONS ON STOTT'S VIEWPOINTS ON THE ACT OR HERMENEUSIS

6.4.1 The purpose of his hermenuesis does not merely obligate preachers to explain what the Bible says; it impels them to explain what the Bible means in the lives of people today.  So, he always tries to apply the original meaning of the text to the modern situation.

6.4.2 From our study of Stott's essential elements in the process of hermeneusis, it can be concluded that the expositor has to consider the indicative, the imperative and the promise in the text, as well as the revelation of God (Father, the Son and the Holy Spirit), because hermeneusis deals with the meaning of the 'then' text bridging the gap to 'today'.

6.4.3 The central elements in the process of hermeneusis are not only the indicative, the imperative and the promise that must be incorporated in the praxis of unfolding the text, but also the revelation of Triune God that the author makes known about God, i.e., His will, His mercy, His wrath, etc. and about His grace in Christ, His Spirit within us.

## 6.5 CONCLUSIONS ON STOTT'S HOMILETIC VIEWPOINTS

6.5.1 He stresses that an expository sermon must be established on a sound theological foundation. The principles of the theological foundation are the doctrines of God: The Holy Scripture, the Church, the pastorate, and the preaching as the groundwork. Therefore, for Stott, it can be concluded that there are at least five theological foundations of preaching that enable a preacher to preach effectively to the modern world.

6.5.2 The practice of preaching cannot be divorced from the person of the preacher because the whole theology of a preacher lies beneath the practice of his sermon and a whole lifestyle stands behind it. Therefore, the preacher's personality and qualifications are of such vital importance to the delivery of the sermon.

6.5.3 From our study of Stott's characteristic form of preaching it is concluded that his sermon is governed by a few basic homiletic principles as follows:

The sermon must arise out of a text the preacher has chosen. Within his sermon Stott is committed to the idea that the text should dominate. He emphasises that the text should always furnish the message and the theme of the sermon, regardless of the length of the text.

The sermon needs to have a sound and functional structure, e.g., the introduction, the body and the conclusion in a sermon. For Stott, formulating the sermon is of vital importance in creating a sound sermon structure. He states firmly that no sermon is really strong which is not strong in structure too. Just as bones without flesh make a skeleton, so flesh without bones makes a jellyfish.

For Stott, the purpose of the formulation of the sermon is an essential process to convey the message of the text and to lead the audience to face God. For this purpose, the preacher has to study and develop his sermon. And then he has to be sure at all times that he must depend upon the Holy Spirit, and not rely only on his own skill.

6.5.4 Stott emphasises that the preacher should interpret the Bible as Christ centred, as well as preach the kerygmatic message, because there are some unbelievers among his congregation. Moreover, Stott thinks that preaching not only tells us about Jesus Christ but also stresses His presence in Christian communities. This has been at the very heart of John Stott's life and message.

6.5.5 The core of Stott's methods on homiletics is a bridge-building as the application in a sermon. He describes the deep rift between the biblical and the modern world. Thus, the expository preacher must do his utmost to interpret the Scripture so accurately and plainly, and to apply it so forcefully, that the truth crosses the bridge. Because an expository sermon is based on correct exegesis, hermeneusis and homiletics, a preaching text itself should be interpreted, explained and applied to the listeners in their concrete situation.

His particular concern of bridge-building as homiletic action can be summarised as follows:

* The preacher must understand the cultural background of the text in order to build a bridge.

* The preacher also has to know the listener's contemporary situation (culture, politics, ethics) in order to make bridge-building comprehensible to him.

* The model of bridge-building in a sermon is the incarnation of Jesus Christ.

The methods of bridge-building as an application in a sermon are governed by the direct and indirect way of application throughout the content of a sermon.

\* The bridge-building as an application should be in congruence with the telos of the text.

\* The final purpose of the bridge-building is to lead the people of God into maturity.

6.5.6 The way to improve our expository preaching is not to emulate Stott's homiletical principles and methods directly, but to imitate his passion and tender heart for the people of God. Above all, the real secret of his sermon is not the mastering of certain homiletic principles and methods, but the fact that he is being controlled by a consuming pastoral love for the people to whom he is preaching

## 6.6 FINAL CONCLUSIONS

6.6.1 Stott's perspectives for the praxis of the Reformed preaching can be summed them up as follows:

\* First of all, Stott's perspective for the praxis of the Reformed preaching is regarded as one of the most vital elements in the process of hermeneusis, i.e., the central revelation of God in the text, the indicative, imperative, and promise in the biblical text.

\* Stott does not follow the Reformers in formulating a sermon, instead he has developed more principles and methods, that is, for the exegesis, hermeneusis and homiletic he always works conforming to Scripture, tradition and reason. Scripture is consistently supreme.

* Stott's preaching is primarily concerned with what the Bible says and means from the standpoint of its main Divine intention. He stresses biblical content as well as sermon organisation and structure. So, the content of his sermons keeps to serve the total significance of biblical revelation.

* As the Reformers did, Stott does not always preach expository sermons but sometimes switches to topical preaching. For example, the major difference between his writing style in The Cross of Christ and his preaching is that the book is topical, and his other sermons are expository. The Reformed tradition has always stressed a thematic style of preaching.

* Stott's perspective on preaching is that a sermon is the chief means ordained by God by which God, the Holy Spirit, works His grace in the hearts of the elect in Christ and preserves them to everlasting life and glory.

* Concerning his perspective for the praxis of the Reformed preaching, Stott stresses that the preaching must explain the plain, simple, yet utterly profound meaning of the Word of God as that Word applies to every sphere of human life and meets every need of the child of God. He always tries to understand the congregation and their situation in the process of homiletics and recognises that there should be a congruence

between the meaning and the application of the text.

### 6.6.2 Correctives for certain types of preaching:

* The principles and methods of Stott's preaching can be used as a model for correcting certain types of sermons which are divorced from the biblical text. Such sermons are contrary to Stott's process of exegesis, hermeneusis and homiletics as the most vital elements in a sermon.

* A further improvement could be for some preachers who preach a sermon that have weak points from an exegetical and hermeneutic perspective. The study of the principles and methods in the homiletics of John Stott can lead to further amendments which may equip the preacher more extensively in the essential elements of the expository sermon.

* Stott's 'bridge-building' as application in a sermon may be a corrective for preaching that does not regard the proper explanation of the text and a sound application as of great importance in the content of a sermon.

* The pneumatic principle and method in Stott's preaching can especially lead to further corrections that may equip pastors more effectively with the power of the Holy Spirit when they prepare and preach their sermons.

6:6.3 Finally, we want to conclude this thesis by quoting Stott's prayer that he has been praying for the past number of years before mounting the pulpit (Stott, 1982a:340):

Heavenly Father, we bow in your presence.

May your Word be our rule,

your Spirit our teacher,

and your greater glory our supreme concern,

through Jesus Christ our Lord. Amen.

## 6.7 TOPICS FOR FURTHER STUDY

6.7.1 The elements and the methods of communication in Stott's preaching. The primary sources are available from his books and tapes of sermons in All Souls' Church.

6.7.2 A biblical study of Stott's theory of atonement in both the Old and the New Testaments and its significance to preaching.

6.7.3 A comparative study of the exegetic, hermeneutic and homiletic principles and methods of John Stott and Lloyd-Jones, since the sermons of both on Romans are available.

6.7.4 A study of his pneumatic viewpoint which contains 'the baptism and fullness of the Holy Ghost' in the New Testament and its significance to preaching.

6.7.5 Further study of his viewpoints on the understanding of the modem situation and contemporary Christianity, and their significance to preaching and for preachers.

6.7.6 A thorough study of Stott's concern with social action in the national activities and in the world-wide ministry, especially the evangelical movement.

6.7.7 A study of his understanding of 'mission' in both the Old and the New Testament

## 6.8 KEYWORDS OF THIS STUDY

The following keywords can be used for electronic research purposes:
John Stott, Exegesis, Hermeneutics, Hermeneusis, Homiletics, Homilesis, Expository preaching, Sermon, Preacher, Analogy of faith, Application, Bridge-building, Authority, Text, Context, lllustrations, Introduction, Kerygma, Meaning of the text, The Bible, Scripture, Revelation, Triune God, The Holy Spirit, Jesus Christ.

The more detailed keywords will be added to the index of subjects.

# ABSTRACT

## PRINCIPLES AND METHODS IN THE HOMILETICS OF JOHN R.W. STOTT

### 1 The purpose of this study

A closer specification of the aim of this study is threefold:

* To undertake a closer investigation of and to describe his exegetical, hermeneutic and homiletic principles and methods.

* To arrive at a descriptive analysis of his homiletic principles and especially, to examine his views concerning the application in a sermon, i.e., 'Bridge-Building'.

* To interpret and evaluate his principles and methods of sermon in the context of biblical and Reformed theology.

### 2 The method of this study

It is imperative to undertake an intensive analytical study of his published works because all of his principles and methods concerning exegesis, as well as hermeneutic and homiletic questions are contained in the extensive number of sermons and the treatise on preaching (I Believe in Preaching).

The method of this study is threefold:

* To investigate John Stott's works in literature by means of analysis

and interpretation.

* To examine the recorded tapes of his sermons, have a personal interview with him and closely scrutinise all materials published by him on the overall subject of preaching.

* In our presentation it is sometimes inevitable that many quotations and examples have to be used in order to elucidate his principles and methods.

## 3 Stott's biographical background

The influences that his home (parents), the various schools (high school and university) that he attended, and the other primary factors (Nash, Simeon, Ryle, Morgan) had on John Stott moulded the characteristics of the greatest preacher and evangelist of the late twentieth century.

## 4 Stott's exegesis

4.1 He stresses that without a proper basic understanding of the Bible, both the principles and methods of exegesis cannot help a preacher in attaining his goal: Discovering the original meaning of the text.

4.2 His characteristic attitude to the study of the Bible is governed by at least three bases:

* The exegete should study the whole Bible using the comprehensive method.

* The preacher should face Scripture as far as possible with fairness and an open mind.

* The pastor has to be expectant in his Bible study, i.e., God is going to speak to him through the text of the Bible.

4.3 We sum up all biblical exegesis as Stott's characteristic principles in three ways:

* 'Scriptura sui ipsius interpres' - The Scripture is its own interpreter. This is not just a formal, technical rule. An obscure and doubtful passage of Scripture must be interpreted by another clear and certain passage.

* The expositor must pray for the illumination of the Spirit of God before reading the Bible. Because without prayer we cannot understand the Word of God. Therefore, the important key to the exegesis of Stott is the confession 'Spiritus Sanctus est Verus Interpres Scripturae' (the Holy Spirit is the true interpreter of Scripture).

The preacher has to discern what the original writers meant by discovering the original sense or the natural sense, which may be either literal or figurative. He must also represent the precise meaning of the text as intended by the biblical authors. These are respectively the principles of history and of simplicity.

4.4 We summarise Stott's characteristic method of all biblical exegesis by stating that he does not use new exegetical procedures, but he reminds one afresh of the time-honoured exegetical practises:

* The preacher must derive the text for his sermon from the Holy Scripture.

* The expositor has to meditate on the text for as long a time as possible.

* The exegete should approach the Bible inductively. Stott calls it the art of discovering the original meaning of the text.

4.5 Ultimately, exegetical aids (e.g., semantic and syntactic analysis) help the preacher to analyse a word's tense, case, and number so that its specific grammatical features can be identified or researched by a grammatical aid or lexicon. The exegetical tools will guide preachers to the original-language meanings and uses of the biblical words, and then they are available to help grant pastors confidence that they are preaching what the Holy Spirit wants them to say.

## 5 Stott's hermeneutics and the process of hermeneusis

5.1 His hermeneutics' prominent elements is described as follows:

His principles and methods of hermeneutics persist in the traditional viewpoint of interpretation of the Reformers. In that regard, Stott concentrates on grasping the meaning of the passage of the Bible in which He speaks to us.

* His deepest concern is to consider the context as part of any text. The first task of hermeneutics is to interpret precisely what a biblical

author's statement means in its context.

The principles of his hermeneutics are dominated by guidelines of three teachers, e.g., the Holy Spirit, the preachers and the Church. It is by receiving the illumination of the Holy Spirit, by using our own reason and by listening to the teaching of others in the Church that we grow in our understanding of Scripture.

* Stott emphasises that the principles can be dominated by the threefold rules of hermeneutics, that is, the natural meaning, the original meaning and the general meaning. Each of his characteristic principles of hermeneutics is not only common but also an immutable rule in biblical interpretation.

Stott does not neglect the basic methods of hermeneutics, but he sticks to them. With regard to the meaning of the text, he emphasises the pre-eminence of the contextual, the grammatical and the verbal approaches. In the case of the significance of the text, he stresses the theological and cultural understanding.

* His principle of the salient features of hermeneutics is the Christ-centred approach. He consistently attempts to extract redemptive truths from all of Scripture. So, his idea of a message from the text highlights the central theme of the atonement as it relates to all the issues of faith and life. The Bible is indeed the cradle that brings Christ to us.

* Stott uses the principle of the 'analogy of faith' to guide his hermeneutics, as the Protestant Reformers did. This standard requires preachers to use Scripture alone as the basis for their exhortation. Stott

determines the biblical truths intended for the persons addressed by the text and then identifies similarities in our present condition that require the application of precisely the same truths.

### 5.2 We sum up Stott 's characteristics in the process of hermeneusis:

* The purpose of his hermenuesis does not merely obligate preachers to explain what the Bible says; it requires them to explain what the Bible means in the lives of people today. Therefore, he always tries to apply the original meaning of the text to the modern situation.

* According to Stott essential elements in the process of hermeneusis are the indicative, the imperative and the promise in the text, because hermeneusis deals with the meaning of the text 'then' bridging the gap to 'today'.

* The aim of Stott's hermeneusis not only inspires us by its example, but provides the principles and methods for the interpretation of the Bible by which the Church today can do what he has done during his lifetime, as the Reformers of old did.

* The central elements in the process of hermeneusis are the revelation of the Triune God that the author makes known about God, i.e., His will, His mercy, His wrath, etc. and about His grace in Christ and His Spirit within us.

# 6 Stott's homilesis

6.1 He stresses that an expository sermon must be established on a sound theological foundation. The principles of the theological foundation are the doctrines of God; the Holy Scripture, the Church, the pastorate, and the preaching as the groundwork.

6.2 The practice of preaching cannot be separated from the person of the preacher because the whole theology of a preacher lies beneath the practice of his sermon and a whole lifestyle stands behind it. Therefore, the preacher's personality and competence are of such vital importance to the delivery of the sermon.

6.3 His characteristic form of preaching is governed by a few basic homiletic principles:

* The sermon must arise out of a text the preacher has chosen. Within his sermon Stott is committed to the idea that the text should dominate. He emphasises that the text should always furnish the message, and the theme of the sermon, regardless of the length of the text.

* The sermon needs to have a sound and functional structure, i.e., the introduction, the body and the conclusion in a sermon. For Stott, formulating the sermon is of vital importance to creating a sound sermon structure. He states firmly that no sermon is really strong which is not strong in structure too. Just as bones without flesh make a skeleton, so

flesh without bones makes a jellyfish.

* For Stott, the purpose of the formulation of the sermon is an essential process to convey the message of the text and to lead the audience to face God. For this purpose, the preacher has to study and develop his sermon. And then he has to be sure at all times that he must depend upon the Holy Spirit, and not rely only on his own skill.

6.4 Stott emphasises that the preacher should interpret the Bible as Christ centred, as well as preach the kerygmatic message, because there are some unbelievers among his congregation. Moreover, Stott thinks that preaching not only tells us about Jesus Christ but also stresses the presence of Christ in Christian communities. This has been at the very heart of John Stott's life and message.

6.5 The core of Stott's methods on homilesis is bridge-building as the application in a sermon. He describes the deep rift between the biblical and the modern world. His particular concern of bridge-building can be summarised as follows:

* The preacher must understand the cultural background of the text in order to build a bridge.

* The preacher also has to know the listener's contemporary situation (culture, politics, ethics) in order to make bridge-building comprehensible to him.

* The model of bridge-building in a sermon is the incarnation of Jesus

Christ.

* The methods of bridge-building as an application in a sermon are governed by the direct and indirect way of application throughout the content of a sermon.

* The final purpose of the bridge-building is to lead the people of God into maturity.

6.6 The way to improve our expository preaching is not to emulate Stott's homiletical principles and methods directly, but to imitate his passion and tender heart for the people of God. Above all, the real secret of his sermon is not the mastering of certain homiletic principles and methods, but the fact that he is being controlled by a consuming pastoral love for the people to whom he is preaching.

6.7 Finally, we want to conclude this thesis by quoting Stott's prayer that he has been praying for the past number of years before: Mounting the pulpit (Stott, 1982a:340):

Heavenly Father, we bow in your presence.
May your Word be our rule,
our Spirit our teacher,
and your greater glory our supreme concern,
through Jesus Christ our Lord. Amen.

# SAMEVATTING

* BEGINSELS EN METODES IN DIE HOMILETIEK VAN JOHN R.W. STOTT

## 1. Die doel van hierdie studie

'n naderc omskrywing van die doel van hierdie studie is:

* Om 'n deeglike ondersoek na Stott se eksegetiese en homiletiese beginsels en metodes te onderneem en dit te omskryf.

* Om tot 'n deskriptiewe analise van sy homiletiese beginsels te kom, en veral van sy siening oor die toepassing in 'n preek, i.e., 'Brug-bou'.

* Om bogenoemde beginsels in die konteks van die Bybelse en Gereformeerde teologie te ontleed, te vertolk en te evalueer.

## 2. Die metode wat in hierdie studie gebruik is

Dit is noodsaaklik om 'n intensiewe analitiese studie van sy gepubliseerde werke te onderneem omdat sy eksegetiese beginsels en metodes, sowel as hermeneutiese en homiletiese dimensies, na vrae kom in sy groot aantal preke en in sy verhandeling oor die prediking (I Believe in Preaching).

Die studie metode is drieërlei:

* Om John Stott se literere werke deur middel van ontleding en interpretasie te ondersoek.

* Om opnames van sy preke te bestudeer, 'n persoonlike onderhoud met horn te voer, en 'n noukeurige ondersoek te onderneem van al die materiaal deur horn gepubliseer oor die omvattcnde onderwerp van die prediking.

* In ons aanbieding is dit soms onvermydelik dat baie aanhalings en voorbeelde gebruik word om daardeur Stott se beginsels en metodes toe te lig.

## 3. Stott se biografie

Die invloed wat sy ouers, verskeie skole (hoërskool en universiteit) en verskeie prominente persone (Nash, Simeon, Ryle, Morgan) op hom gehad het, het gehelp om die persoon van 'n groot prediker en evangelis van die laat twintigste eeu te vorm.

## 4. Stott se eksegese

4.1 Hy beklemtoon dat sonder 'n deeglike basiese begrip van die Bybel, die beginsels en metodes van eksegese 'n prediker nie kan help om sy doel te bereik nie, nl die ontdekking van die oorspronklike betekenis van die teks.

4.2 Sy kenmerkende standpunte oor die studie van die Bybel word heheers deur ten minste drie grondslae:

\* Die eksegeet behoort die hele Bybel met behulp van die "omvattenede metode" te bestudeer.

\* Die prediker behoort, so ver moontlik, die Bybel met 'n eerlike en oop gemoed te benader.

\* Die predikant moet die Skrif bestudeer in afwagting dat God met hom sal praat  deur middel van die teks in die Bybel.


4.3 Ons som drie "Bybelse" aspekte van Stott se eksegetiese beginsels soos volg op:

\* "Scriptura sui ipsius interpres" - Die Skrif is sy eie interpreteerder, maa dan ni slegs as 'n forrnele, tegniese voorskrif nie.  'n Onduidelike en dubbelsinnige gedeelte uit die Skrif moet geinterpreteer word in die lig van  'n ander duideliker gedeelte.

\* Die eksegeet moet bid om die verligting van die Gees van God alvorens hy die Bybel lees.  Sonder gebed kan ons nie die Woord van God verstaan nie.  Daarom is die belangrikste sleutel van Stott se eksegese die belydenis "Spiritus Sanctus est Verus lnterpres Scripturae" (Die Heilige Gees is die ware interpreteerder van die Skrit).

\* Die prediker moet vasstel wat die oorspronklike skrywers bedoel het deur die ontdekking van die oorspronklike, of die natuurlike betekenis (wat letterlik of figuurlik mag wees).  Hy moet ook die presiese betekenis van die teks, soos die Bybelse skrywers dit bedoel het, oordra.  Hierdie is respektiewelik die beginsels van geskiedenis en van eenvoud.

4.4 Ons som John Stott se kenmerkende benadering van Bybelse eksegese op deur te verklaar dat hy nie nuwe eksegetiese prosedures volg nie, maar dat hy ans opnuut herinner aan tydlose eksegetiese praktyke:

* Die prediker moet die teks vir sy preek uit die Skrif neem.

* Die prediker moet so lank moontlik met die teks besig bly, dit oordink.

* Die eksegeet behoort die Bybel induktief te benader. Stott noem dit die kuns om die oorspronklike betekenis van die teks te ontdek.

4.4. Laastens help eksegetiese hulpmiddels (bv. semantiese en sintaktiese analise) die prediker om 'n werkwoord se tyd, of selfstandige naamwoord se naamval en getal te analiseer, sodat die spesifieke grammatiese kenmerke geidentifiseer of nagevors kan word met behulp van byvoorbeeld 'n leksikon. Die eksegetiese stappe sal predikers lei na die betekenis in die oorspronklike taal en na die gebruik van Bybelse woorde. Hierdeur kan predikers met vertroue preek en weet wat dit is wat die Heilige Gees wil hê hulle moet preek.

## 5. Stott se hermeneutiek en die proses van hermeneuse

5.1 Die prominente elemente in sy hermeneutiek word as volg beskryf:

* In die beginsels en metodes van sy hermeneutiek volg Stott die tradisionele standpunte van interpretasie van die Hervormers. In hierdie opsig beklemtoon Stott die werklike begryp van die betekenis van die

gedeelte van die Skrif waarmee hy werk.

* Hy plaas groot klem op die feit dat die konteks deel is van enige teks. Die eerste taak van die hermeneutiek is om dit wat die Bybelse skrywer bedoel het, in sy konteks te vertolk.

* Die beginsels van sy hermeneutiek word beheers deur drie riglyne, nl. die werk van die Heilige Gees, die predikers en die kerk. Deur die verligting van die Heilige Gees, deur die gebruik van ons verstand en deur te luister na die onderrig van ander gelowiges, groei ons eie insig in die Skrif.

* Stott benadruk dat sy hermeneutiese beginsels deur die drievoudige reëls van die hermeneutiek beheers word, nl. die natuurlike betekenis, die Oorspronklike betekenis en die algemene betekenis. Elkeen van hierdie hermeneutiese beginsels is nie net algemeen nie maar is ook 'n onveranderlike reëls wat by Bybelse interpretasie geld.

* Stott verontagsaarn nie die basiese metodes van hermeneutiek nie maar hou daarby. Oor die betekenis van die teks, benadruk hy die voortreflikheid van die kontekstuele, die grammatiese en verbale benadering. Hy beklemtoon die teologiese en kulturele verslaan van 'n teks om die waarde van die spesifieketleks vas te stel.

* Een van die opvallendste kenmerke van sy hermeneutiek is die Christosentriese benadering. Hy poog konsekwent om verlossingswaarhede uit alle dele van die Skrif te ontdek. Sy idee van 'n boodskap uit die teks onderstreep die sentrale tema van versoening, soos wat dit verband hou met geloof en die lewe self. Die Bybel is inderdaad

die wieg wat Christus na ons bring.

\* Stott gebruik die beginsel van die sg "analogie van geloof' om sy hermeneutiek te rig, soos die Hervormers dit gebruik het.  So word die Skrif alleen gebruik as 'n  basis vir die prediking.  Stott stel vas wat die Bybelse waarhede is wat aan die oorspronklike lesers of hoorders oorgedra is.  Hy bepaal dan hoe hierdie waarhede toegepas moet word op soortgelyke omstandighede wat hedendaagse  mense beleef.

5.2 Stott se proses van hermeneuse

\* Die bedoeling van sy hermeneuse is nie om net 'n verpligting op die prediker le plaas om dit wat die Skrif sê te verduidelik nie, dit vereis van 'n prediker 'n verduideliking van wat die teks beteken in die lewe van mense vandag.  Hy probeer daarom om altyd die oorspronklike betekenis van die teks toe te pas op die moderne situasie.

\* Volgens Stott is die essensiële elemente in die proses van herneneuse die indikatief, die imperatief en die belofte in die teks, want hermeneus handel oor die  betekenis van die teks 'toe' en oorspan die gaping na 'vandag'.

\* Die einddoel van Stott se hermeneuse besiel nie alleen deur die voorbeeld  wat  dit stel nie, maar verskaf die beginsels en metodes vir die interpretasie van die Bybel waarmee die kerk vandag dit kan doen wat sy deur haar geskiedenis heen gedoen het en soos ook die hervormers van ouds gedoen het.

\* Die hoofelemente in die proses van hermeneuse is die openbaring van die Drie-Enige God, soos die Bybel dit aan ons openbaar i.e., God se wil, sy genade, sy toorn, Christus, en die werk van die Heilige Gees in ons.

## 6. Stott se homilese

6.1 Hy beklemtoon dat 'n verklarende preek gegrond moet wees op 'n vaste teologiese fondament. Die beginsels van hierdie teologiese fondament is die leer oor God, met die Heilige Skrif, die kerk, die pastoraat en die prediking as grondslag.

6.2 Die prediking kan nie los gesien word van die persoon van die prediker nie want die hele teologie van 'n prediker vorm die onderbou van sy prediking en sy hele lewenswyse rugsteun sy prediking. Die persoonlikheid en bekwaamheid van die prediker is daarom van uiterste belang by die aanbieding van 'n preek.

6.3 Die karakteristieke wyse waarop hy preek word bepaal deur 'n paar basiese homiletiese beginsels:

* Die preek moet voortkom uit die teks wat deur die prediker gekies is. Stott beklemtoon dat die teks sentraal moet staan. Hy benadruk dat die teks altyd die boodskap en die tema moet voortbring, ongeag die lengte van die teks.

* Die preek moet 'n stewige en funksionele struktuur hê, i.e., die

inleiding, die liggaam en die slot. Die formulering van die preek is vir Stott van uiterste belang om 'n stewige struktuur vir die preek daar te stel. Hy beweer dat geen preek werklik sterk oorkom as die struktuur nie ook sterk is nie. Net soos bene sonder vleis 'n geraamte is, en vleis sonder bene 'n jellievis is, so is 'n preek sonder struktuur.

* Die doel met die formulering van 'n preek is vir Stott in essensie 'n proses om die boodskap van die teks oor te dra en om die hoorders te lei om God van aangesig tot aangesig te ontmoet. Vir hierdie doel moet die prediker die preek bestudeer en van stap tot stap ontwikkel. Hy moet ook te alle tye seker weet dat hy op die Heilige Gees vertrou en nie net op sy eie vaardigheid steun nie.

6.4 Stott beklemtoon dat die prediker die Bybel Christosentries moet vertolk en ook die kerugmatiese boodskap moet preek omdat daar ook ongelowiges in sy gemeente kan wees. Stott voel dat prediking ons nie net vertel van Jesus Christus nie maar ook beklemtoon dat Christus teenwoordig is in die Christelike gemeenskap. Dit vorm die hart van John Stott se lewe en boodskap.

6.5 Die kern van Stott se metodes van homilese is 'brug-bou ', met die oog op die toepassing in 'n preek. Hy beskryf die diep kloof tussen die Bybel en die moderne wêreld. Sy besondere manier van 'brug-bou' oor hierdie kloof kan as volg opgesom word:

* Die prediker moet die kultuurhistoriese agtergrond van die teks verstaan om 'n 'brug te kan bou'.

* Die prediker moet ook die gemeente se alledaagse situasie ken (kultuur, politiek, etiek) sodat hulle die 'brug-bou' kan verstaan.

* Die model vir 'brug-bou' in 'n preek is die vleeswording van Jesus Christus.

* 'Brug-bou' in 'n preek vind plaas wanneer direk en indirek deur die hele preek heen toegepas word.

* Die einddoel van 'brug-bou' is om God se kinders te lei tot geloofs-volwassenheid.

* Die manier om verklarende preke te verbeter is nie om Stott se homiletiese beginsels en metodes slaafs na te volg nie maar wel om sy liefde vir en meelewing met God se kinders na te streef.  Die werklike geheim van sy prediking lê tog nic in die bemeestering van sekere homiletiese beginsels en metodes nie, maar in die feit dat hy deur 'n verterende pastorale liefde vir die mense vir wie hy preek, vervul is.


6.6 Ten slotte wil ons hierdie proefskrif afsluit met Stott se gebed wat hy reeds vir 'n geruime tyd gebruik alvorens hy die kansel bestyg (Stott, 1982a:340).


Heavenly Father, we bow in your presence.

May your Word be our rule,

your Spirit. our teacher,

and your greater glory our supreme concern,

through Jesus Christ our Lord.  Amen.

# ABBREVIATIONS

## 1. THE OLD TESTAMENT

| | | | | |
|---|---|---|---|---|
| Gen. | Genesis | Ess. | Ecclesiastes |
| Ex. | Exodus | Ss. | Song of songs |
| Lev. | Leviticus | Isa. | Isaiah |
| Nu. | Numbers | Jer. | Jeremiah |
| Deut. | Deuteronomy | La. | Lamentations |
| Jos. | Joshua | Eze. | Ezekiel |
| Jdg. | Judges | Dn. | Daniel |
| Ru. | Ruth | Hos. | Hosea |
| 1 Sa. | 1 Samuel | Joel | Joel |
| 2 Sa. | 2 Samuel | Am. | Amos |
| 1 Ki. | 1 Kings | Ob. | Obadiah |
| 2 Ki. | 2 Kings | Jnh. | Jonah |
| 1 Ch. | 1 Chronicles | Mi. | Micah |
| 2 Ch. | 2 Chronicles | Na. | Nahum |
| Ezr. | Ezra | Hab. | Habakkuk |
| Ne. | Nehemiah | Zep. | Zephaniah |
| Est. | Esther | Hag. | Haggai |
| Job | Job | Zec. | Zechariah |
| Ps. | Psalms | Mal. | Malachi |
| Pr. | Proverbs | | |

## 2. THE NEW TESTAMENT

| | | | |
|---|---|---|---|
| Mt. | Matthew | Rom. | Romans |
| Mk. | Mark | 1 Cor. | First Corinthians |
| Lk. | Luke | 2 Cor. | Second Corinthians |
| Jn. | John | Gal. | Galatians |
| Acts | Acts | Eph. | Ephesians |
| Php. | Philippians | Jas. | James |
| Co. | Colossians | 1 Pe. | First Peter |
| 1 Th. | First Thessalonians | 2 Pe. | Second Peter |
| 2 Th. | Second Thessalonians | 1 Jn. | 1 John |
| 1 Tim. | First Timothy | 2 Jn. | 2 John |
| 2 Tim. | Second Timothy | 3 Jn. | 3 John |
| Tit. | Titus | Jude | Jude |
| Phm. | Philemon | Rev. | Revelation |
| Heb. | Hebrews | | |

## 3. OTHER ABBREVIATIONS

LXX Latin Septuagint Version

NIV New International Version

AV Authorised Version

IVP InterVarsity Press

IVF InterVarsity Fellowship

KJV King James Version

RSV Revised Standard Version

LICC The London Institute for Contemporary Christianity

O.T. Old Testament

N.T. New Testament

\* The Greek accents are omitted in this study, but the breathing alone is indicated (on a vowel or diphthong at the beginning of every Greek word).

# APPENDIX

The original transcripted sermons which are evaluated in Chapter 5 are as follows:

1    John 3:1-15 - "Meeting with Jesus": Nicodemus

2    John 4:1-42 - "If only you knew": The Samaritan woman

3    Luke 15:1-32 - "Lost and found"

## Appendix 1 (Tape No. 2)

John 3:1-15 Meeting with Jesus: Nicodemus

preached by Dr. John R.W. Stott.

It is a very wonderful thing that Jesus makes time for individuals. The Gospel writers tell us that He spent time preaching to the multitudes and training the twelve, but they also made it known that He spent time with people on a one-to-one basis. He gave them the opportunity to meet with him personally.

Meeting with Jesus is the overall title of this mini-series of sermons that begins today and will continue next Sunday and the Sundays after. In this service we are going to consider the personal dealings with Nicodemus, with the Samaritan woman, and then the rich young ruler.

This morning we are going to eavesdrop on the conversation that took place in the 1st century Jerusalem, between Jesus and Nicodemus.

Tum to the Gospel of John, chapter 3:1-2: "Now there was a man named Nicodemus, a member of the Jewish ruling council of the Sanhedrin. He came to Jesus at night and said, "Rabbi, we know you are a teacher who has come from God, for no one could perform the miraculous signs that you are doing if God were not with him".

Nicodemus was a very likeable character. He was, in fact, an outstanding example of the sincere seekers after the truth. He came secretly to Jesus one night. I see no reason why we should blame him for that. He wanted to see Jesus privately and the great thing is that he came. He did not send somebody else to interview Jesus on his behalf. Moreover, he was not prepared to condemn this new movement which was associated with the name of Jesus of Nazareth, unheard.

The fact that other religious authorities disapproved of Jesus, seems to him no reason whatsoever, why he should. He had an independent mind. Have you? So many of us only do what the crowd does. We are at root conformists. Nicodemus was not. In addition to that, he had integrity. He was determined to get his questions answered. Having evidence and listening to Jesus teaching at some occasion in public, he now came for a private talk.

I want to introduce Nicodemus to you, this morning, as an honest inquirer. I hope and believe that there are others like him in church this morning. He was neither a bigot, nor a humbug, nor a coward. He was an open-minded, open-hearted seeker after the truth and his search was rewarded.

Later in the Gospel we find him numbered among the disciples of Jesus. I want to say to you, if only there were more Nicodemuses in the world today. If only there were men and women who were prepared to lay aside their apathy, their prejudice and their fears and speak the truth with an honest and humble spirit. Their search would be fruitful because no godhead can search without finding.

Jesus says in the sermon on the Mount, "Seek and you will find, knock and it will be opened unto everyone who seeks". God rewards all those who diligently seek Him. God is nobody's debtor and if there's somebody here this morning who has never come to know, never found God in Jesus Christ through the Holy Spirit, I wonder if the reason is not that you have not really sought Him with all your heart. But if you sought Him at all, only half-heartedly.

Jesus startled Nicodemus in their conversation, by talking to him about a new birth. About the need to be born all over again. He said it at least four times. Verse 3 says, "I tell you the truth that nobody can see the kingdom of God unless he is born again". Later on in verse 5, "I tell you the truth, nobody can enter the kingdom of God, unless he is born of water and spirit". Verse 7, "You should not be surprised at my saying, you must be born again".

So, what does He mean? It was President Carter, who in the 1976-1977 president's campaign, declared that he was a born-again Christian. Next, Chuck Sarison wrote his excellent biography under the title, 'Born Again'. Billy Graham then came along with his best-selling book, "How to be born again". Journalists began to speak of the evangelical Renaissance in the USA, at the born-again movement. Everyone seemed to jump onto the born-again bandwagon.

We come back again to our question, "What does it mean?" Lots of people use the phrase without understanding it. First, we consider the nature of the new birth. What is it?

In order to do that, it is probably good to clear the ground a little bit negatively and clarify what it is not. The new birth is, of course, not a second physical birth. Nicodemus was puzzled on that point. He said that it was impossible for a man to re-enter his mother's womb and be born all over again. Jesus was not referring to that. Flesh gives birth to flesh and spirit gives birth to spirit. Physical birth is one thing, and spiritual birth is another. So, the new birth is not a second physical birth, it is a spiritual birth. It is not a self-reformation. Although to be sure, it leads to one. The new birth is not a gargantuan effort to turn over a new leaf and reform ourselves. I think it is important to know that the Greek adverb, which is used twice here in verse 3-7 can mean from the beginning all over again, but it also means from "above". It is not so much a new beginning from below by our own human efforts, it is a new birth from above by the activity of God, the Holy Spirit. So, it is not our pulling ourselves together, it is allowing the Holy Spirit to enter our personality and change us from within. It is not a self-reformation. The new birth is not baptism. There is a mistake that many Anglicans make, who imagine if they had been baptised, they must also have been born again, but that is not so. Baptism is very important because Jesus, our Lord, instituted it. Remember he instituted it after the resurrection during his great commission to goad, to back his disciples and to baptise people.

If this conversation with Nicodemus was historical, if it actually happened, because he could not be referring to baptism because it did not exist. It hadn't been instituted.

Nicodemus would not have understood what Jesus was talking about.

Baptism was instituted 3 years later. So, when He referred to being born of water and spirit, He meant something else. Christian baptism is a visible sign and seal or sacrament of the new birth. The new birth itself is secret and invisible, but baptism is its public dramatisation. Baptism brings out on the public stage and dramatises a new birth that is essentially inward and hidden and secret. The new birth is not a second physical birth, it is not a moral self-reformation. It is not the same as baptism.

So, what is it? It is a spiritual birth, the emergence of a new person. The person is the same person with the same body and same face and the same identity and same passport and the same temperament. This person, for all that sameness, is a new person with a new life, new heart, new desires, new aspirations, new ambitions and new relationships with God and other people. A new awareness of spiritual reality.

Dr. Gius Davis, a Christian consultant psychiatrist, writes in his book, 'Genius and Grace' about the action and interaction between our natural aptitude, or if you like, genius and the grace of God. Listen to him and his wisdom.

"Grace does not change us as personalities. Our body, our intelligence and our natural aptitude remain the same. Grace does not change our temperament. The new life, the new creation, expresses itself through the same old personalities. Behaviour, attitudes and motives change, but the basic personalities do not".

If you were an extrovert before you were born again, you will be an extrovert afterwards, but you will be easier to live with. If you were an introvert before you were born again, you will be an introvert afterwards, but you will find it easier to live with yourself. That is the kind of change that takes place when we are born again.

The results of the new birth: The most important thing about physical birth is that it is the beginning of a new life. The most important thing of spiritual birth is that it is the beginning of a spiritual life.

The question is what are the major characteristics of this new life that we receive at new birth? Well, Jesus tells us, he tells us firstly in verse 3. When we are born again, we can see the Kingdom of God. Unless people are born again, they cannot see the Kingdom of God because they are spiritually blind.

When people are born again their spiritual eyes are opened. They see things to which they were previously totally blind and in particular they see the reality of the reign of God, the Kingdom of God - that God is ruling and reigning through Christ by the Holy Spirit over His people.

I dare say, humbly, that was my own experience. I used to read the Bible when I was a kid, because my mother taught my sister's and me to do so. It was double-Dutch to me. I used to come to church, often to this church, but I did not know what was going on around me. I used to say my prayers but I never got through to God. I once said with the omniscience of a teenager, nobody believed in the Trinity now-a-days. I was blind. That was my experience. Blind to the beauty of truth. Then one day, Jesus Christ came into my life. It is not an exaggeration to say that scales fell from my eyes. The Bible began to be a new book to me. I do not say that everything in the Bible is plain sailing. There are still things I do not understand. Everything in Christianity began to make sense and has been making sense ever since. We see the kingdom of God when we are born again.

Secondly, we enter the kingdom of God. Unless we are born of water and spirit, we cannot enter the kingdom of God. So instead of resenting God's sovereign interference in our lives, we now welcome it. We rejoice in His rule and we find freedom in His service.

Thirdly, the necessity of the new birth. Is it really necessary? Somebody says, "Isn't being born again rather an exceptional experience restricted to a small minority? Is not it even, between you and me, a little bit fanatical? Is not it perhaps the preserve of Baptists? Must Anglicans be born again?" Well, thanks for asking those questions. The answer is, "Yes". We know that is so because Jesus said so. We all need it. "You must be born again", He said. It is indispensable if we are to be authentic followers of Jesus. I do not say that we all come to Christ in the same way. Conversion experiences vary enormously. I did not say either that we all have the same dramatic experience. I did not even say that we all know when the new birth took place. A matter of fact, we would not know when we were born physically if our parents had not told us. We did not take out a notebook and make a note of the date in case we forgot it. We know our birth date because our parents told us. If you do not know when you were born again, do not worry. The day will come when your heavenly Father will tell you. He knows even if you don't. There is a wide variety of experiences. I think one must say this: As just heirs we know that we were born physically because we have a certain physical life which must have begun at a physical birth. We know we have been born again spiritually because we are possessors of a certain spiritual life that must have begun with a new birth. There is a wide variety in human and Christian experiences. All I dare to say, because Jesus Christ said it, is we must be born again. The indispensable necessity of the new birth is clearly seen from the fact that Nicodemus, as we have already seen, was really a very attractive character. He was a Jew, a member of the covenant people of God. He was a Pharisee committed to righteous living. He was a leader in the community, a member of the Sanhedrin. He was a teacher, a man of learning and culture. He was polite and appreciative in his evaluation of the ministry of Jesus. It will be hard to imagine a finer man. Nicodemus represented the best and the noblest in Judaism. He was religious, moral, upright and more things besides. He even believed in the divine origins of Jesus. What more can we ask? Answer: The new birth. He still had to be born again. Jesus added, "Do not be surprised that I said to you, you must be born again."

I, myself, am convinced that one of the devil's cleverest and busiest activities is manufacturing substitutes for the real thing. Let a person be upright and honest, let him or her be a respected member of the community, let them come to church and say their prayers and read the

Bible. The devil has lulled them to sleep. On that pillow they dream that they have a first-class ticket to heaven.

Friends, do not be deceived. To Nicodemus, with all those things and more, Jesus said, "You must be born again". So far, we have looked at the nature of the new birth, a deep inward radical change, a new heart, a new life. We looked at the results, seeing and then entering the kingdom of God. We looked at the necessity that we must be born again.

Fourthly, and lastly, its conditions. How does it take place? We repeat the question of Nicodemus. 'How can these things be?' From God's sight, it is largely a mystery. We do not altogether understand how God works. Birth always implies the prior decision or initiative of parents. Nobody has ever been his own parents. Nobody has ever given birth to himself or herself. Just so, the new birth is a birth from above by the initiative and the activity and the power of God Himself. We read in verse 8, Jesus said the wind blows where it chooses. You do not know where it comes from, you do not know where it is going. There is a mystery, so is everyone born of the spirit. From God's side we do not altogether understand, but that does not mean that we have no responsibility to act. From our side we have both to repent and to put our trust in Jesus Christ. Jesus made it very plain to Nicodemus. To repent is to turn away from everything we know to be wrong in our lives and to be willing to let it go.

It seems almost·certain that this is what Jesus meant when He referred to being born of water and of the spirit. The water must have referred to the baptism of John the Baptist. John the Baptist, at that very time that Nicodemus came to Jesus, was himself distinguishing between water and spirit. He said, "I baptise you with water, He will baptise with the Holy Spirit". Jesus said you can't avoid the one in order to get the other "If you want to come to me", He said, "you have to do so via John the Baptist". John the Baptist's baptism was a baptism of repentance in preparation for the coming of the Messiah, "You cannot come to the Messiah", Jesus said, "unless you have first gone to John the Baptist. Repent and then you are ready to believe". It seems to be a logical interpretation in the context. We have to repent and then we have to believe or put our trust in Jesus. In order to illustrate the meaning of this, Jesus chose to refer to a story in the Old Testament that is recorded in Numbers chapter 21. The children of Israel, between Egypt and Canaan, the Promised Land, were crossing wild Edomite territory, at the foot of Mt Horeb. Once again, they rebelled against Moses. God's Judgement fell upon them on this occasion in terms of the plague of poisonous snakes that are found in that area, and many died. They cried to God for mercy and their judge became their Saviour, as He still does.

God instructed Moses to make a replica in bronze of the poisonous snake, to stick it on a pile in full view of the camp. God promised that any snake-bitten Israelite, if he looked at the bronze snake, would live. Jesus says in verse 14, "As Moses lifted up the serpent in the wilderness, so must the Son of Man be lifted up that anybody who believes in Him will not perish, but have eternal life". As the bronze snake on the pole was God's remedy for snake bite, so Christ on His cross is God's remedy for sin and guilt, or again, as every bitten Israelite had to look in order to live, so we sinners have to look to Christ in order to receive eternal life.

Did you ever hear of the Rev. William Haslam? He was an Anglican clergyman, in the last century, in Cornwall. One of the most remarkable things about him was that he was converted after he was ordained. He was converted by his own sermon in his own pulpit. Haslam had an amazing ministry after that - leading clergy to Christ. He carried with him, wherever he went, a beautiful coloured picture. The picture represents a 15th century manuscript that can still be seen in the Bodleian library in Oxford. It was an enactment of Moses, the pole in the wilderness, the snake bite etc. Four victims are displayed in the picture. First there is a man kneeling at the cross, but instead of looking at the cross or at the snake, he is looking to Moses and confessing to Moses as if Moses were a priest. The second man is lying on his back in the picture as if he is perfect. The third man was a man with a sad face doing the work of a nurse, binding up the wounds of a fellow sufferer and little suspecting that he himself is involved in the same danger. The fourth man was a valiant fellow doing battle with the snakes which may be seen rising against him in unabating persistence. Haslam says, 'I observe that none of the four men was looking at the brazen serpent as he had been instructed to do. Haslam went on to applying this to his own experience. He said, "First I strove against sin in my own strength, secondly I want to do good works. Thirdly, I relied on the Church for salvation and fourthly I sought forgiveness at the hand of a priest. But none worked", he said. "At last, I was brought by the Spirit of God as a wounded dying sinner. Looking at the crucified One, I found pardon and peace".

So, you see, it is no good looking to the clergy or any human being. We cannot save you. It is no use looking to the church or any religious organisation. It cannot save you. It is no good looking to yourself and your own good works because you cannot save yourself. One thing we must do is to look to Christ who was lifted up on the cross to bear our own sin and guilt in His own innocent person, in order that we might live together.

The old hymn used to put it:

There is life for a look at the crucified one.

There is life at this moment to be.

Then look unto Christ and be saved.

Unto Christ who was nailed to the tree.


If I am not mistaken it is this looking to Christ, this trusting personally to Christ which so many people miss. Then naturally because Christ died on the cross, the whole world has been put right. But it has not. I once used to think like that, but there is nothing automatic about God's dealings with us. He, for His part, has done everything necessary. God so loved the world that he has given His only Son to die on the cross. He has done everything that is necessary. Now He waits for us to repent.

Whoever believes in Him, adults, young persons, child, male or female, British, from overseas, whoever puts his or her trust in Christ crucified, the Saviour, will live, will receive eternal life, will be born again and begin the new life that He offers. Do not miss it. It is for you. Amen.

# Appendix 2 <small>(Tape No. 3)</small>

## John 4:1-42  "If only you knew": The Samaritan Woman

Preached by Dr. John R.W. Stott.

We are looking on these three Sunday mornings at 3 individuals who met with Jesus during his life-time and his public ministry. We began last Sunday with Nicodemus; we continue this Sunday with the Samaritan woman. It is immediately obvious how different these two people were from one another. He (Nicodemus) was a man, she was a woman. He was a Jewish, she was a Samaritan. He was a well-known ruler, she was an unknown, nameless citizen. He was an upright Pharisee; she was a notorious sinner. Yet they were equal in the sight of God. Both of them had the same needs of a new beginning or a new birth and Jesus spent time with both of them.

I want to ask a question this morning. What do we learn about Jesus from His conversation with that unidentified Samaritan woman? One of the most important questions facing the church today, concerns the essential identity of Jesus Christ. As Dietrich Bonner first said as he was languishing in a Nazi person, "What is bothering me incessantly is, who Jesus is for us today?" He was right, it is a very bothersome question. The truth is that there are many Jesuses on offer in the world's religious supermarket. There is Jesus, that clown of "Godspell". There is "Jesus Christ Super Star": The disillusioned celebrity. There is Jesus the freedom fighter, the first century chegabora and there are many others beside them. All attempt to present Jesus to the contemporary world in modern dress, but all failing to some degree to be loyal to his historical authenticity.

I want to ask my question again, "Who is the authentic Jesus?" What can we learn about Him from this conversation and encounter and with the Samaritan woman?"

I want to suggest to you that this encounter this morning between Jesus and that woman, contributes substantially to an authentic portrait of Jesus. Open your Bible, pg. 1066, verse 10. In verse 10 Jesus answered her, "If only you knew the gift of God. If only you knew who it is that is speaking to you and asking you for a drink, then you would have asked Him and he would have given you living water. If only you knew who it was speaking to you".

Well, who is it? Who was it? What should she have known about Him? What ought we to know about Him? I would like to suggest to you several things that emerge clearly from this story.

Firstly, Jesus is both human and divine and his humanity and His deity both stand out clearly from this story. His genuine humanity is there no doubt. You will remember that He and His disciples had reached a place in Samaria, a historical spot, where about 2,000 years previously, Jacob had bought a bit of land and dug a well, and later handed these things over to his son, Joseph.

When Jesus reached this historical spot, it was 12 noon, and the sun, therefore, was at its hottest. We are told first that Jesus was. tired after his morning's walk, so he sat down by the well-side to rest. Next, we are told that he was hungry because he sent his disciples into the nearby village to buy some food. Thirdly, he was hot and thirsty, so he asked the Samaritan to give him a drink.

Now that evidence tells us that Jesus of Nazareth was no superman who was immune to the common frailty of mortals like us. On the contrary, he grew hot, sweaty, tired, hungry and thirsty. He was a real human being with a real human body as we learn from other passages in the Gospel. He was also subject to the same temptations which assail us. All these things are evidence of the reality of his humanness. Something that we occasionally forget when we are so anxious to affirm his deity. Of his humanity there is no doubt, but there is ample evidence that he was also divine, "If only you knew who it was who was speaking to you".

Well, what did he do? He offered us eternal life. He offered her the water of life, a symbol of eternal life. Nobody can give eternal life but God Himself. The very fact that he offered her the water of life, indicates what He thought about Himself. He was capable to bestow eternal life upon us. He also had supernatural knowledge. Apparently without asking her anything about herself, He knew everything about her messy domestic life. He was also conscious of her unique relation of intimacy with the One whom he called the Father, while calling Himself the Son. There is clear evidence of His divinity.

Throughout Christian history the church has had difficulty in holding together the humanity and the deity of Jesus. Sometimes the Church has presented Him as a man. Certainly, He was a man so He must only have had divine qualities. He cannot also have been God. If He was, or they made the opposite mistake and said that they were convinced by the evidence that he had a deity that was divine and that if He was God, He could not be man as well. He must have been God in human disguise, pretending to be man but not really human. The orthodox position is to say that he was both God and man. We must never emphasise the deity of Jesus in such a way as to deny his humanity, nor must we emphasise the humanity of Jesus in such a way as to deny his deity. The authentic Jesus is both fully human and fully divine. They are not afraid to affirm it because the evidence of both is very compelling. That is the first thing.

Secondly, the authentic Jesus is both conservative and radical. Is that possible? Yes, it is. To begin with He was conservative, particularly in relation to Scripture. He regarded the Holy Scripture as the Word of His heavenly Father. He was determined to submit to its authority and He was conservative, or if you prefer a conservationist, in His attitude to Scripture as the Word of God.

His moral standards and His understanding of His mission He derived from the Old Testament scriptures. That too, is evident in the story of the Samaritan woman. The story is simply steeped in O.T history and theology. Jesus affirmed the O.T as the story of God's covenant people. It is, what we sometimes call, Salvation History. It is the story of God's saving actions on behalf of His covenant people.

We read in verse 22 that Jesus said, "We worship what we know. We know because God has revealed it to us." It is a very clear claim to revelation and then He goes on, salvation comes from the Jews because salvation in the Messiah is the culmination of a long history of the Jewish people whom God was preparing for the arrival of their Messiah and their Saviour. So, the woman said, verses 25-26. "I know that the Messiah is coming." Jesus said, "I who speak to you, am He." Jesus did claim to be the Messiah of O.T expectation.

He was not another prophet. Surprising, how many people are prepared to discuss Jesus as a prophet. Maybe, the greatest prophet who ever lived. Jesus never claimed to be a prophet. He claimed to be the fulfilment of prophecy. He claimed that He was the culmination of this whole process and that the whole prophetic testimony of the O.T converged upon himself "The scripture bears witness to me", of John's Gospel. He was the fulfilment of the prophecy and not just another visionary in the long history of the centuries. It was in and it was with Jesus of Nazareth that the Kingdom of God had come.

You cannot deny that he was conservative, very conservative, in His attitude to Scripture and anxious to conserve and preserve it as the Word of God. He was also radical.

What is a radical? A radical is somebody who asks awkward and irreverent questions of the establishment. A radical is somebody who is critical both of the tradition and of convention, who refuses to accept any tradition merely because it has been handed down from the past or to accept any social convention merely because it is regarded as 'politically correct'.

Jesus was very far from being "politically correct". He was the critic of human tradition and social convention. In fact, Jesus drew a clear distinction between Scripture on the one hand, which is the Word of God, and tradition and convention on the other, which are the words of human beings. He submitted to Scripture. He never contradicted Scripture but He did contradict the tradition of the elders, and He set Himself against many social conventions. The Samaritan woman is a good example of this because she suffered from a three-fold conventional disability.

First, she was a woman and it was not done for men to talk to a woman in public. Jesus did what was not done. Her next disability was that she was a Samaritan. We read in verse 9 that the Jews did not associate with Samaritans. Jesus did. He did what was not done.

Secondly, she was a sinner. She has had 5 husbands and the man she lived with now, was not her husband. She was cohabiting without being married. Respectably people, like Rabbis, did not mix with sinners. Jesus did. He did what was not done. Is that your Jesus? Is that the authentic Jesus in whom you believe? Jesus deliberately breached both the tradition of elders and the conventions of society in His debt. Jesus was entirely free from sex discrimination, from radical prejudice and from moral priggishness. He loved and respected everybody and he shrank from nobody. He even asked this three times outcast woman to give Him a drink. That put Him in her debt. That was his courtesy towards women in His day.

To me, I tell you friends, it is a very strange thing. How many Christians regard themselves as either conservative or radical? "I am very radical", other people say. Well, extreme conservatives are not only determined to conserve Scripture but to conserve all the traditions of the church as well. They are resistant to all change. Their favourite quotation from the liturgy is that it was in the beginning and now and ever shall be. Their slogans are "No change" and "Over my dead body". There are lots of them in the Christian church today, but then there are ultra-radicals as well. They are determined to criticise everything, including Scripture. One may say that no part of the Christian past is sacrosanct to the ultra-radical. It is not secure against their reforming zeal. Their slogan is "all change" not "No change". Even the Word of God, well, I ask you, why must we always be extremists? Why must we always polarise between the extremes?

Jesus was both conservative in relation to Scripture and radical in relation to tradition and convention. I say to you friends, we need a whole new generation of RC's. This does not stand for Roman Catholic, but for radical conservatives.

Are you a radical conservative? Holding fast to the Word of God, but radical in your application of it. That is what we ought to be. That is what Jesus was, both human and divine, both conservative and radical.

Thirdly, Jesus was both satisfying and disturbing. No doubt of His ability to satisfy our hunger and quench our thirst. Indeed, the essence of the story of the Samaritan woman is that Jesus did claim that He could satisfy and quench her thirst. Although He began by asking her to give Him a drink, He went on to offer to give her a drink. You can understand that she was completely mystified by Him. How can He both ask her for a drink and offer her a drink at the same time. Besides, she said to him, "How can you give me a drink, you have not got a bucket and the well is deep?" So, you see, she was the Biblical literalist. There is a great deal in John's Gospel against Biblical literalism. We had it with Nicodemus. Jesus said, " You have to be born again". "Born again", he said, "how can I enter my mother's womb and be born all over again?" He took it literally. He said, "I can give you a drink". "You have not a bucket", she said.

She took it literally but he was figurative. We must have discernment. Pray to God to give us the Spirit of discernment between what is literal and what is intended to be figurative in the pages of the Bible.

He had to explain to her that there are two different kinds of thirst requiring two different kinds of water. There is well water or tap water, if you like, that is $H_2O$, for our physical thirst and on the other hand, there is life-giving water for our spiritual thirst. Jesus implied that she had an inner thirst which her sexual promiscuity had not been able to satisfy only He was able to quench this thirst.

Verse 13, "Everyone who drinks this water in Jacob's well, will get thirsty again. Anybody who drinks from the water I will give him or her, will never thirst again. The water that I will give them will become within themselves a perpetual spring bubbling up into eternal life".

Once Jesus comes into our personality by the Holy Spirit, we have a perpetual spring within us of life-giving water from which we can continually drink at any moment so that we never need to thirst again.

I do not know of anyone who has put this truth more eloquently than Malcolm Muggeridge, who died a couple of years ago. In a sermon, in Aberdeen, about 25 years ago, he said, "I may, I suppose, regard myself as a pastor, a relatively successful man. People occasionally stare at me in the street. That is fame. I can fairly easily earn enough to qualify for the highest stakes of the inland revenue. That's success. Furnished with money and a little fame, even the elderly, like myself, if they care to, may partake in friendly diversions. That is pleasure. It might happen, once in a while, that something I said or wrote was sufficiently heeded for me to persuade myself that it represented a serious impact on our times. That is for fulfilment. Yes, I say to you, and I beg you to believe me. Multiply these tiny triumphs by a million, add them all together and they are nothing. Less than nothing. A positive impediment measured against one draft of that living water which Christ offers to the spiritual thirsty irrespective of who and what they are".

What, I ask myself, does life hold? What is there in the works of time in the past, present or future which could possibly be put in the balance against the refreshment of drinking that water? Oh, friends, I think I may say, I hope with humility, that I know what is meant by that thirst quenching water. Do you? Have you come to Christ? Have you invited

Him to come in and to become by His spirit within you, a perennial spring of life-giving water? You will find satisfaction in no other words. You will find the experience of the Samaritan woman to be yours.

Let us come back then to the text. Jesus did not only offer to satisfy or quench our thirst. He did something else to that woman. He disturbed her conscience. when she said V.15 "Sir, give me this water that I do not have to come here any longer to draw water that I won't any longer get thirsty" Verse 16, "Go and call your husband and come back". He added a while later, "The man you call your husband is not your husband. You are just cohabiting with him". She had come to the well in the middle of the day, in the heat of the day, in order to avoid the stares and the finger-wagging of her critics whom she probably would have met if she had come in the cool of the morning or the cool of the evening. She came in the heat of the day to avoid them. She then met Jesus and He insisted that she must face her sin and deal with it.

Now, friends, I doubt very much whether you and I would have done what Jesus did, which is to call to mind her sin and her guilt. No, today compassion is the name of the game. In the name of compassion, we overlook sin and we condone it. We call it by some other name. We tolerate lax standards and we shun the exercise of discipline even in the church. We are determined to save ourselves the embarrassment of any confrontational situation. We would rather run a mile than to confront somebody with their wrongdoing. In consequence, life becomes for us one long compromising cover up. That is the position even in the church today. We offer what has gone here before, cheap grace. We offer forgiveness without repentance. We offer compassion without integrity and we offer tolerance, without discipline. That is what we do. It was not what Jesus did. He knew that her raging inner thrust would never be quenched until and unless she faced the reality of her sin and her conscience had come cleansed by His forgiveness. Jesus, first pricked her conscience and then quenched her thirst. Jesus always disturbs the comfortable before he comforts the disturbed. He does both in that order.

What is our version of Jesus Christ? Let us have the courage to reject all unbiblical and unbalanced caricatures. Let us resist the temptation to create a Jesus of our own imagination and speculation. Remember that the authentic Jesus of the New Testament is both human and divine, both conservative and radical, both disturbing and comforting. He still says to us," If only you knew who it is that is talking to you".

May God keep us true to the authentic Jesus. Amen.

# Appendix 3 (Tape No. 4)
## Luke 15:11–32, Lost and Found

Preached by Dr. John R.W. Stott.

Most of us are inveterate losers and finders. At least, speaking for myself, that is true. Many are the times I needed to visit the lost property department. The Americans call it 'the lost and found department'. Either at a conference, or in a store or a British Rail. Of all possible things you can lose and find, nothing is more serious than to lose yourself. Nothing is more important than to find yourself.

If I am myself, lost. I am not really able to discover or find anything properly. One of the very saddest comments you can ever make upon people, and I have heard it said of one or two, 'He has never really found himself. She has never really found herself.' The need for self-discovery is universally recognized. It was recognized in the Ancient World. One of the most familiar sayings in ancient Greece, attributed both to Plato and Socrates, and associated with the famous Deltic oracle was the command, 'Know yourself.' Alexander Pope took it up in the 18th century in his famous essay on Man. He wrote, 'Know then thyself. Presume not God to scan. The proper study of mankind is Man.'

In the following century, the 19th century, that famous German philosopher, Schaupenhauer, who was always dishevelled and sometimes disreputable in his appearance, was sitting on a seat in the park of Tier

Garten, in Frankfurt, when the park keeper came up to him and asked rum gruffly, "Who are you?" The philosopher replied, "I wished to God I knew." Modern psychology endorses it that true self-knowledge is indispensable for mental health and mental maturity.

Let me ask you, if I may, who are you? Have you found yourself? Do you know who you are? Is it possible that the adolescent identity crisis has persisted for some here into adult life? Are you still asking teenage questions, "Where did I come from? Where am I going? Has life any meaning? Has existence any value?"

There are people who give very cynical answers to the questions. The most cynical I came across is Mark Twain who said, "If man could be crossed with a cat, it would improve man but deteriorate the cat." I hope there are not many cynics quite as bad as that today. Most of us know that we have another side to us. We have a nobler side. There is a hidden side to us that Andy Hughes was talking about. He knew that it was there underneath, even in the ten years of his atheism or semi-atheism.

What Matthew Arnold called "A Buried love." Do you know that poem? Listen to these words,

"But often in the world's most crowded streets
That often in the din of strife
There rises an unspeakable desire
After the knowledge of our buried life.
A thirst to stem out fire

And restless though in tracking out our true original course

  A longing to inquire into the mystery of this heart

  Which beats so wild, so deep in us

  To know whence our lives come and where they go."

I believe that is a question known in many people's hearts. As you are listening this morning, you may have come on your own, you may have come because a friend invited you, you may have come, as you always do, as a regular worshipper. Yet, there is still that buried life crying out to be recognized, to emerge and to be born.

When we turn to the teaching of Jesus, because we have heard about Him, and we knew what was in man, Male and Female made into the image of God and yet simply needing to be redeemed.

He knew what was in mankind. He had a profound understanding of human nature. We are going to turn to that very well-known story in Luke 15 verse 14. The bare bones of the story about the prodigal son can be very simply told. A man had two sons. The younger one left home, squandered his inheritance, was reduced to penury, recognised his folly, came back home and was given a welcome beyond his wildest dreams. But his homecoming was marred by his elder brother whose mouth was so full of sour grapes that he was not able to rejoice with everybody else. Who, although he stayed at home, had actually strayed further from his father than his younger brother, at least, in his heart and his mind. You know the story but I want you to understand the implications of it.

We ought to call this parable not a parable of the lost son, but the parable of the two sons. Not the parable of the prodigal son, because it is the parable of the pharisaical son as well. It is very plain from the context. Luke tells us what this was in the first two verses of the gospel. He says the tax collectors or publicans and sinners were all drawing near to listen to Jesus and the Pharisees and the crowd murmured, 'This man receives sinners and eats with them.' So, you see, there were two groups of people who gathered around Jesus. They were the publicans and sinners who knew what they were. They had no pretensions to righteousness. They were sinners all right. They came near to Jesus and He received them just as the father received the prodigal in the parable. Scribes and the Pharisees, on the other hand, were indignant like the elder brother in the story.

I want to suggest to you that this parable tells the story of every man and woman. Everybody, here, is either publicans or Pharisees. Either like the younger brother or like the elder brother. There is no third alternative. We are all of us in one or the other of those two categories.

Now let us look at some details. The younger brother's journey to the far country, his progressive deterioration is already delineated stage by stage by Jesus. There was first a self-centred, bitter independence. There is nothing wrong in his leaving home, all young people have to leave home at some point and, indeed, it is part of the growing - up process that we do leave home. Scripture itself says, 'therefore a man shall leave his father and mother, especially to cleave to his wife so that they become one flesh.' Leaving home is a very natural thing. Nothing morally wrong either in asking for his share of the inheritance. After all, it was going to be his one day. What was wrong was his self-centred motivation. Evidently, he had no thought of his father's old age. He had no thought for his own future wife and family. He had no thought for the poor, the needy or the destitute in his own community. He thought only of himself and the good time that his wealth was going to give him. "Give me my share," he demanded peremptorily. He went to a far country where he could conveniently forget his obligations. That is precisely our attitude to God. There is a sense which God wants us to, as it were, leave His home. There is a sense in which He wants us to come of age. We have to grow out of immaturity into adult maturity. We have to assume responsibilities and not shirk them. There is nothing wrong in that. What is wrong, is the bid for independence as if we could live our lives without God.

The essence of sin is the proclamation of my own autonomy. It is foolish to imagine that I can live without God. Why, my very breath is in His hands. If He were to take away my breath, I would die. So would you, turn to dust. There is only one independent or self-dependent being who exists, it is God Himself. What we mean by this is that God is the Supreme Creator who depends for Himself on Himself. He doesn't depend on anybody else. The secret of His being is within Himself. He is self-dependent. Every other being or creature depends upon God, the creator, and sin is a refusal to admit my creative status. It is a bid for id autonomy. "Sin", as one theologian has put it, "is getting rid of the Lord God. What a nuisance He is. It's rebelling against His authority, rebuffing his love and travelling to a far country where we can conveniently forget Him."

After the bid for independence, came the next stage of self-indulgence. He squandered his inheritance in riotous living. The Greek adverb indicates that he now lost all self-control. The reason why he left home becomes plain. It was not in order to claim a responsible independence. It was in order to reject the values and the standards of his upbringing. He lost his inheritance by reckless spending and he lost his innocence by sexual promiscuity. He thought that he would be free. He found himself in bondage to his own passions.

It is the universal experience to throw off restraint. It is not the way to liberty, it's the way of slavery. It comes to the third stage in his deterioration. Hunger and humiliation. When he had spent everything, there was a great famine in the land and he began to be in want. Destitute and hungry, he managed to secure employment from a farmer who did him the ultimate humiliation as a Jew, in making him go and care for his pigs. Those unclean animals which the O.T. said the Jew is to have nothing to do with. So low had he sunk that he gladly said he would eat pigswill. He probably did when nobody was looking because nobody gave him anything.

Hunger and humiliation. Things haven't changed, nothing in the far country satisfies. Michael Muggeridge, an outstanding modern example, says in his autobiography: "Human beings are peculiar in that they avidly pursue ends which they know would bring them no satisfaction. They gorge themselves with food which cannot nourish and with pleasures which cannot please. I know, because I am a prize example." He speaks to us from his own experience of the far country.

The fourth stage in his deterioration was isolation. The friends who had buzzed around him, like flies when he was rich, now vanished into thin air. Even his prostitutes deserted him now that he could no longer pay. He discovered that their love was not love at all. The far country in which the prodigal had travelled from self-independence, to self-indulgence to hunger, humiliation and extreme loneliness.

The far country is a symbol of human alienation. That young man was alienated from his friends, alienated from his father and alienated from his true self. Alienation is the most basic and the most tragic of all human conditions. We feel homeless in a hostile world like waifs and strays. We don't seem to belong anywhere. We can't find any meaning to life or to ourselves. Instead of finding life we are effectively dead. The young man's journey into the far country...

Listen carefully as we come to the second part of the story which is the young man's return journey home. If the deterioration was in four stages, the return home is only in two. They are very simple and the first is he came to himself or he came to his senses. He was all alone now. The loud noise of empty laughter that had accompanied his orgies and drowned his conscience has given place to a great silence in which his conscience accused him again. His memories tormented him also. He remembered the security of his boyhood, the love of his parents, the comfort of his home. The sights and the sounds and the smells of the old farmstead came back to him and he was overcome by a vast nostalgia. A few days before he had been looking at the pigs with envy. Now he looked on the servants in his father's home with an even greater envy. He was his father's son. The servants were much more favoured than he was now. They had plenty to eat and to spare. Look at him. The father's son dying with hunger. He came to himself; he came to his senses. He compared what he was with what he had been. He recognised that he had not only lost his home and his inheritance and his honour and his friends but he had lost himself. He knew that life was meant to be more than loneliness and pigswill. He realised what a fool he had been. He came to himself. He said to himself; I will arise and I will go to my father and I'll say to him, "Father, I have sinned against heaven and in your sight. I am not worthy to be called your son. Make me one of your servants". He came to himself.

· The road of recovery always begins with the same first step. Before you can come to God you have to come to yourself. We have to remember what we are by creation, a son or daughter of the living God. We have to remember what we have become by our own sin and foolishness. Instead of finding freedom we find emptiness and disillusion and bondage. I know what I'm talking about. Not just because Jesus said it, but because I've known it in my own experience. I knew already in my teens that I was lost. I knew what I was and knew what I was meant to be and there was a great chasm between the two. I was torn by painful conflict between the reality and the ideal. l glimpsed the heavenly Father's house from which I had run away. The pigswill had not satisfied me.

What is that nagging inner emptiness? What is it? What is that sense you have that life is more than pigswell and loneliness? What is that inward yearnings for something else, something better, something nobler, somewhere to find yourself? What is that? I will tell you what it is. It is divine signals. It signals to you that you are in the far country. It signals that the Father is calling you home. He came to himself and then he came to his father not enough to resolve to return, he had to get up and go. All the way home he rehearsed his lines until he got them word-perfect. l will say to him, "Father, I have sinned against heaven and before you. I am no longer worthy to be called your son. Make me like one of your house servants". He went on over and over until he got his lines perfect. He did not have any expectation of any reinstatement. The most he thought he could hope for was employment in my father's house, no longer as a son but as a servant. His father was kind, it's true, but he forfeited all right to be received back home again. He kept on with his recitation, "Father, I have sinned against heaven and before you. I am no longer worthy to be called your son. Make me like one of your servants ... ".

His return was so dramatically different from when he went away. He left well-fed. He came back bankrupt. He left well-dressed and in finery. He came back in rags and tatters. He left in proud independence and it is in penitent humility that he returns. What he did not know is that all the time that he had been away, his father was watching and waiting. He had forgotten his father but his father had never forgotten him. His father could not get him out of his mind. He thought about him by day he dreamed of him by night. His father, even if he was an old man now, must often have climbed those stone steps outside the farmstead up onto the flat roof of the house. He must have put his hand to his tear-filled eyes and scanned the horizon for the first sign that his boy was coming home again. The pain he felt was almost unbearable, much greater than any pain the youngest son found in the far country. When he came in sight of the old home, he was dumbfounded by the welcome that he received. While he was a long way away, his father saw him, filled with compassion, ran to greet him. He spoke no word of recrimination. One look at the boy's face could tell him that his penitence was real. At first the father could find no words in which to express his pent-up emotions. All he could do was to smother him with hugs and kisses. The boy began with his set piece, "Father, I have sinned against heaven and before you". His father interrupted him before he reached the punch line, "Make me one of your house servants". The father contradicted the last thing the boy could get out which was, "I am no longer worthy to be called your son". He contradicted it by immediately reinstating him as his son. He gave instructions for the best robe to be brought to put on him and a ring to be put on his fingers and sandals on his feet. He gave orders for a celebration. A feast to music and dancing. Why? "Because, this my son, was dead and is alive again He was lost and is found".

You can be sure of the same welcome. In fact, you can be sure of a greater welcome, because we live on this side of the cross. We know more of the love of God. The parable of the prodigal son, nowhere refers to the cross but everywhere presupposes it. The cross is the place where the father welcomes the son back. when he saw him a long way off, he ran in compassion to meet him. His run took him to the cross. On the cross that God in Christ died for sinners, like us. God could not bear to see us suffer the consequences of our own sin and foolishness and determined to bear it Himself. He died instead of us. He took our place. The penalty of our sin He bore in His own loving and innocent person. Because of that you may be sure of the welcome however far you have strayed in the far country. He will hug you and kiss you and reinstate you as a son and daughter and forgive your sins and put a robe on your back and a ring on your finger and order a celebration. There will be a feast and dancing and music. There is joy in heaven over one sinner who repents, but alas there is not always joy on earth.

The elder brother with all those sour grapes, also made a journey which won't take us a moment to tell. Although he stayed in his father's house, he was very far away from his father's heart and mind. When he heard that his brother had come back and that this welcome was being given to him, he was furious. He sank into a deep sulk and refused to go to the party. Some people have a sneaking sympathy for the elder brother. They said, "After all he did stay at home and was loyal and all that." No, do not have any sympathy for him. He had travelled very far into a far country himself. He was as alienated from his father as his younger brother. Although the alienation was in his mind, and not in his body. It was the alienation of pride rather than the alienation of greed and lust.

We are all alienated from God and from our true selves. Some of us are like the prodigal and some are like the elder brother. Some are like the publicans and sinners and some are like the Pharisees. Some sin by immortality and drunkenness and the cruder forms of sin. Others sin by pride, envy, malice and hypocrisy. The religious sins. Both are alienated and both need the forgiveness of God.

In conclusion, this parable of Jesus is a most marvellous revelation of both God and human beings. It tells us who we are, self-centred, alienated and lost. It tells us who God is, loving, forgiving and welcoming.

The main lesson of the parable is not the varied beastliness of sin but the unquenchable love of God. God loves us. It is in love for us that he allows us our freedom to reject him and kick over the traces and travel to a far country. It is in love when we are in the far country disobeying His laws, plunging into sin and shame and sorrow. It is in love that he refuses to wash His hands off us. He refuses to forget us. He misses us. He feels the pain of alienation more than we do. He waits and watches anxiously for our return. It is in love when we first come to ourselves and then come to Him, that His joy knows no bounds.

Will you come to Him? You too have strayed from Him into a far country. You may have wandered a very, very long way either into crude sin or religious and respectable sin. You may be a very respectable person but a long way from God, in the far country of your own heart. Recognize that you are in a far country. I say to you, in the name of Jesus, "Come home. Come to yourself. Come to your Father and receive the welcome which He promises to every penitent who returns. Amen.

# BIBLIOGRAPHY

ADAMS, J.E. 1974. Pulpit speech. Philadelphia: Presbyterian & Reformed Publishing Co.

ADAMS, J.E. 1982. Preaching with purpose: The urgent task of homiletics. Grand Rapids, Michigan: Zondervan.

ADAMS, J.E. 1983. Essays on biblical preaching. Grand Rapids, Michigan: Zondervan.

ADAMS, J.E. 1990. Truth applied: Application in preaching. Grand Rapids, Michigan: Zondervan.

ALEXANDER, J.W. 1988. Thoughts on preaching. London: Banner of Truth.

ALLEN, C.J. 1964. Church administration. New York: Abingdon Press.

ALLMEN, J.J. VON. 1962. Preaching and congregation. London: Lutterworth Press.

ALTHAUS, P. 1966. The theology of Martin Luther. Philadelphia: Westminster Press.

AMES, W. 1969. The marrow of sacred theology. Boston: Pilgrim.

AN, B.M. 1995. A homiletical research on application in a sermon in the light of the New Testament. Potchefstroom: PU for CHE (Th. M. dissertation).

BAE, G.H. 1991. A homiletical research on structure in a Reformed sermon. Potchefstroom: PU for CHE (Th. D. thesis).

BARCLAY, W. 1955. The Acts of the Apostles, in The Daily Study Bible. London: St Andrew Press.

BARNHOUSE, D.G. 1963. On expository preaching. (In Clarence, S.R. ed., We prepare and preach. Chicago: Moody Press. p. 29-36.).

BARTH, K. 1963. The preaching of the gospel. Philadelphia: Westminster Press.

BAUMANN, J.D. 1978. An introduction to contemporary preaching. Grand Rapids, Michigan: Baker Book House.

BAXTER, R.1950. The Reformed pastor. New York: The Macmillan Co.

BEECHER, H.W. 1972. Lecture on preaching. London: Nelson Press.

BLACKMAN, E.C. 1957. Biblical interpretation: The old difficulties and the new opportunity. London: Independent Press.

BLACKWOOD, A.W. 1978. The fine art of preaching. Grand Rapids, Michigan: Baker Book House.

BLOCHER, H. 1987. The analogy of faith. Scottish Bulletin of evangelical theology. 5(1):17-38.

BONAR, A.A. 1966. Robert Murray McCheyne: Memoir and remains. London Banner of Truth.

BOUNDS, E.M. 1978. Power through prayer. London: Marshall Brothers.

BRAGA, J. 1981. How to prepare Bible messages. Oregon: Multnomah.

BROADUS, J.A. 1991. On the preparation and delivery of sermons. San Francisco: Harper & Row.

BROOKS, P. 1969. Lectures on preaching. Grand Rapids, Michigan: Baker Book House.

BROWN, H.C., CLINARD, G. & NORTHCUTT, J. 1991. A thorough, practical guide for pastors into the what, how and when of steps to the sermon. Nashville: Broadman Press.

BULTMANN, R. 1941. Kerygma and myth. London: SPCK.

BUTTRICK, D.G. 1981. Interpretation and preaching. A Journal of Bible and theology. 35(1):46-58.

BUTTRICK, D.G. 1988. Preaching Jesus Christ. Philadelphia: Fortress Press.

BUTTRICK, D.G. 1994. A captive voice: The liberation of preaching. Louisville, Kentucky: John Knox Press.

CADIER, J. 1960. The man God mastered: A brief biography of John Calvin. Leicester: InterVarsity Press.

CALVIN, J. 1964: Commentaries on the Epistles of Paul to the Galatians and Ephesians. Grand Rapids, Michigan: Eerdmans.

CALVIN, J. 1967a. Institutes of the Christian religion I -IV. Translated from German by F.B. Battles. Philadelphia: The Westminster Press.

CAPON, J. 1974. "We must begin with the glory of God: John Capon talks to John Stott, rector, All Souls', Langham Place". Crusade, May. p.34-36.

CARSON, D.A. & WOODBRIDGE, J.D. 1992. Scripture and truth. Grand Rapids, Michigan: Baker Book House.

CATHERWOOD, C. 1985. Five evangelical leaders. Wheaton, Illinois: Harold Shaw Publishers.

CHAPELL, B. 1994. Christ-centered preaching: redeeming the expository sermon. Grand Rapids, Michigan: Baker Book House.

COBIN, J. 1989. Spurgeon's view of preaching. The Banner of Truth, 310(6):18-23.

COCHRANE, AC. 1965. Reformed Confession of the 16th century. Philadelphia: Westminster Press.

COETZEE, J.C. 1985. Die wesenlike elemente van egte precliking: inclikatief, imperatief en belofte. (In Van der Walt, J.J. ed. God aan die woord. Potchefstroom: Departement Diakoniologie - PU vir CHO. p. 17-28.).

COETZEE, J.C. 1990. Die Skrif en die wetenskap: Hermeneutiese reels. (In Die Skrif en die wetenskap. Potchefstroom: Department Wetenskapsleer. Potchefstroom. p. 15-32.).

COETZEE, J.C. 1995a. Hermeneutics and exegesis of the New Testament: Hermeneutical rules. Part 1. Potchefstroom: Mini Publisher.

COETZEE, J.C. 1995b. Hermeneutics and exegesis of the New Testament: Thought n structure analysis and the exegesis of the Holy Scripture. Part 2. Potchefstroom: Mini Publisher.

COGGAN, D. 1978. On preaching. London: SPCK.

CRADDOCK, F.B. 1985. Preaching. Nashville: Abingdon Press.

CROSS, F.C. ed. 1984. The Oxford dictionary of the Christian church. Oxford: Oxford University Press.

CUNLIFFE-JONES, H. 1953. The problems of biblical exposition. Expository Times, 65(10):5.

DAANE, J. 1980. Preaching with conference. Grand Rapids, Michigan: Eerdmans.

DARGAN, E.C. 1985. A history of preaching, Vol. I, II, III. London: Hodder & Stoughton.

DAVIES, W.D. 1964. The setting of the Sermon on the Mount. Cambridge: Cambridge University

Press.

DAVIS, H.C. 1977. Design for preaching, Vol. 1. London: Fortress Press.

DAY, R.E. 1934. The shadow of the broad brim, the life-story of Charles Haddon Spurgeon. London: Judson Press.

DICKINSON, B.A. 1976. The hearing of the Word. Ann Arbor, Michigan. The School of Theology at Claremont (Ph.D. thesis.).

DOUGLAS, J.D. ed. 1974. The new international dictionary of the Christian church. Grand Rapids, Michigan: Zondervan.

DRAKEFORD, J.W. 1986. Humour in preaching: The craft of preaching. Grand Rapids, Michigan: Zondervan Publishing House.

DRUMMOND, L.A. 1972. Evangelism: the counter-revolution. London: Marshall, Morgan & Scott.

DUDLEY-SMITH, T. 1991. John Stott: an introduction. (In Eden, M. & Wells, D.F., eds. The gospel in the modem world: A tribute to John Stott. Leicester: InterVarsity Press. p. 11-26.).

DUDLEY-SMITH, T. 1995. John Stott: A comprehensive bibliography. Leicester: InterVarsity Press.

DUNN, J.D.G. 1982. The authority of Scripture according to Scripture. Churchman, 96(1):104:124.

DUTUIT, M. 1992. Handbook of contemporary preaching. Nashville: Broadman Press.

EDDISON, J. ed., 1983. 'Bash': a study in spiritual power. London: Marshalls.

EDEN. M. & WELLS, D.F. 1991. The gospel in the modern world. Leicester: InterVarsity Press.

EDWARDS, D.L. 1988. Essentials: A liberal-evangelical dialogue. London: Hodder & Stoughton.

EDWARDS, O.C. 1982. Elements of Homiletic: A method for preparing to preach. New York: Pueblo Publishing Co.

EVANS, W. 1979. How to prepare sermons. Chicago: Moody Press.

FAIR, I.A. 1986. The preacher and his sermon. Dayton: United Brethren.

FARRAR, F.W. 1986. History of interpretation, the 1885 Bampton Lectures. London: Macmillan.

FASOL, A. 1989. Essential for biblical preaching: An introduction to basic sermon preparation. Grand Rapids, Michigan: Baker Book House.

FERGUSON, D.S. 1982. The Bible and Protestant Orthodoxy: the hermeneutics of Charles Spurgeon. Journal of the evangelical theological society, 25(4):455- 466.

FERGUSON, S.B. 1986. Exegesis in preaching. New Jersey: Presbyterian and Reformed.

FINDLAY, J.F. 1969. Dwight L. Moody, American evangelist, 1983-1899. Chicago: Moody Press.

FLETCHER, J.F.1963. William Temple: twentieth-century Christian. New York: The Seabury Press.

FORSYTH, P.T. 1967. Positive preaching and the modern mind. London: Independent Press.

GIBBS, A.P. 1967. The preacher and his preaching. Kansas: Walterick Publishers.

GILL, D.W. 1982. Jacques Ellul's view of Scripture. Journal of the evangelical theological society, 27(1):3-17.

GLOVER, T.R. 1965. The Jesus of history. London: Hodder & Stoughton.

GODFREY, W.R. 1992. Biblical authority in the sixteenth and seventeenth centuries: A question of transition. (In Carson, D.A. & Woodbridge, J.D. eds. Scripture and truth.

Grand Rapids, Michigan: Baker Book House. p. 221-243.).

GORDON, J.M. 1991. Evangelical spirituality: From Wesleys to John Stott. London: SPCK.

GOWERS, E. 1974. The complete plain words. London: H.M.S.O.

GRANT, R.M. 1972. The Bible in the Church. New York: Macmillan.

GREEN, M. 1979. Evangelism Now and Then. Leicester: InterVarsity Press.

GREEN, M. ed., 1982. The truth of God incarnate. London: Hodder & Stoughton.

GREIDANUS, S. 1970. Sola Scriptura: Problem and principles in preaching historical texts. Toronto: Wedge Publishing Foundation.

GREIDANUS, S. 1988. The modern preacher and the ancient text: Interpreting and preaching biblical literature. Leicester: InterVarsity Press.

GROOVER, W.A. 1988. The theology and methodology of John R.W. Stott as a model for pastoral evangelism. The Southern Baptist Theological Seminary (Ph.D. thesis.).

HALVORSON, A.L. 1982. Authentic preaching. Minneapolis: Augsburg Publishing House.

HASEL, G. 1978. New Testament theology: Basic issues in the current debate. Grand Rapids, Michigan: Eerdmans.

HENRY, C.F.H. 1980. Martyn Lloyd-Jones: from Buckingham to Westminster: an interview. Christianity today, 24(8):1 5-162.

HIRSCH, E.D. 1967. Validity in Interpretation. New Haven: Yale University Press.

HOEKSTRA, T. 1976. Gereformeerde homiletiek. Wageningen: Zomer & Keuning.

HOPKINS, H.E. 1979. Charles Simeon: Preacher extraordinary. Bramcote Nottingham: Grove Books.

HORNE, C.F. 1983. Dynamic preaching. Nashville: Broadman.

JEFFS, E.H. 1981. Princes of the modern pulpit. London: Sampson Low, Marston & Co.

JEREMIAS, J. 1972. New Testament theology Vol. l. Translated from German by J. Bowden. London: S.C.M.

JONES, LT. 1946. Principles and practice of preaching. Nashville: Abingdon Press.

JONSON, E.E. 1990. Expository hermeneutics: An introduction. Grand Rapids Academic.

JUNG, K.D. 1986. An evaluation of the principles and methods of the preaching of D.M. Lloyd-Jones. Potchefstroom: PU for CHE (Th. D. thesis.).

KAISER, W.C. 1981. Toward an exegetical theology. Grand Rapids, Michigan: Baker Book House.

KAISER, W.C. & SILVA, M. 1994. An introduction to Biblical hermeneutics. Grand Rapids, Michigan: Zondervan Publishing Co.

KANTZER, K.S. ed. 1978. Evangelical roots. Nashville: Thomas Nelson Inc. Publishers.

KEARLEY, F.F., MYERS, E.P. & HARDLEY, T.D., eds. 1986. Biblical interpretation: Principle and practice. Grand Rapids, Michigan: Baker Book House.

KEITH, J.M. 1975. The concept of expository preaching as represented by Alexander Maclaren, George Morgan, and David Martin Lloyd-Jones. Texas: Southern Baptist Theological Seminary (Th. D. dissertation.).

KILLINGER, J. 1985. Fundamentals of preaching. Philadelphia: Fortress Press.

KNECHT, H.E. 1986. How to prepare an expository sermon. Eugene: The Standard Publishing Co.

KNOTT, H.E. 1982. How to prepare an expository sermon. Eugene: The Standard Publishing Co.

KNOX, R. 1984. Essay in satire. London: Sheed & Ward.

KROLL, W.M. 1984. Prescription for preaching. Grand Rapids, Michigan: Baker Book House.

LABBERTON, M. 1981. "John Stott - the preacher". Paper presented to Fuller Theological Seminary.

LANE, D. 1988. Preach the Word. Darlington, England: Evangelical Press.

LENSKI, R.C.H. 1968. The sermon: its homiletical construction. Grand Rapids, Michigan: Baker Book House.

LIEFELT, W.L. 1984. New Testament expository. Grand Rapids, Michigan: Zondervan.

LLOYD-JONES, D.M. 1973. Romans: The Law. Edinburgh: The Banner of Truth Trust.

LLOYD-JONES, D.M. 1975a. The Law: its function and its limits. an exposition of Romans 7:1 to 8:4. Edinburgh: The Banner of Truth Trust.

LLOYD-JONES, D.M. 1975b. The final perseverance of the Saints: an expository of Romans 8:17-39. Edinburgh: The Banner of the Truth Trust.

LLOYD-JONES, D.M. 1976. Assurance: an exposition of Romans chapter 5. Edinburgh: The Banner of Truth Trust.

LLOYD-JONES, D.M. 1977. Christian soldier: an exposition of Ephesians 6:10 to 20. Edinburgh: The Banner of the Truth Trust.

LLOYD-JONES, D.M. 1978. The new man: an exposition of Romans chapter 6. Edinburgh: The Banner of Truth Trust.

LLOYD-JONES, D.M. 1981. Studies in the Sermon on the Mount. Grand Rapids, Michigan: Eerdmans.

LLOYD-JONES, D.M. 1982. Preaching and preacher. Grand Rapids, Michigan: Zondervan.

LLOYD-JONES, D.M. 1983. Evangelical sermon at Aberavon. Edinburgh: The Banner of the Truth Trust.

LOANE, M.L. 1967. Makers of our heritage. London: Hodder & Stoughton.

LOGAN, S.T. ed. 1986. The preacher and preaching. Phillipsburg: Presbyterian and Reformed Publishing Co.

LONG, G. 1989. The witness of preaching. Louisville, Kentucky: Westminster/John Knox Press.

LOSCALZO, C. A 1992. Preaching sermons that connect: Effective communication through identification. Downers Grove, Illinois: InterVarsity Press.

MACARTHUR, J. 1992. Rediscovering expository preaching. Dallas: Word Publishing.

MACLEOD, D. 1986. Preaching and systematic theology. (In Samuel, T. L., ed.The preacher and preaching: Reviving the art in the twentieth century. Phillipsburg: Presbyterian and Reformed Publishing Co. p.246-272.).

MANWARING, R. 1985. From controversy to co-existence. Cambridge: Cambridge Press.

MARSHALL, I.H. 1980a. How do we interpret the Bible today? Themeios, 5 (2):4-12.

MARSHALL, I.H. 1980b. The Acts of the Apostles: An introduction and commentary, in Tyndale New Testament commentaries. Leicester: InterVarsity Press.

MARSHALL, I.H. 1980a. How do we interpret the Bible today? Themeios, 5 (2):4-12.

MAYHUE, R.L. 1992. Rediscovering expository preaching. (In Macarthur, J., ed. Rediscovering expository preaching. Dallas: Word Publishing, p.3-22.).

MCGOLDRICK, J.E. 1989. Preaching is a serious matter. Edinburgh: The Banner of Truth, 309(6):5-9.

MORGAN, J. 1972. A man of the word. Grand Rapids, Michigan: Baker Book House.

MORGAN, C. 1980. Preaching. Grand Rapids, Michigan: Baker Book House.

MORRIS, L. 1988. The Epistle to the Romans. Grand Rapids, Michigan: Eerdmans.

MOULE, C.F.D. 1971. Preface to Christian studies. (In Healey, F.G., ed. The New Testament. London: A and C. Black. p. 50f.).

MOUNCE, R. 1960. The essential nature of New Testament preaching. Grand Rapids, Michigan: Eerdmans.

NEDERHOOD, J. 1986. The minister's call. (In Samuel, T.L., ed. The preacher and preaching: Reviving the art in the twentieth century. Phillipsburg: Presbyterian and Reformed Publishing Co. p.33-61.).

NEIL, W. 1973. The Acts of the Apostle, in the New Century Bible. London: Oliphants.

NEWBY, J. 1991. The theology of John Charles Ryle. Potchefstroom: PU for CHE. (Ph.D. thesis.).

NICHOLLS, B.J. 1980. Towards a theology of Gospel and culture. (In Stott, J.R.W. & Coote. R., eds. Down to earth. Grand Rapids, Michigan: Eerdmans. p. 49- 62.).

NIDA, E. 1954. Customs, culture and Christianity. London: Tyndale.

OBERMAN, H.A. 1960. The preaching of the Word in the Reformation. Harvard Divinity Bulletin, 25(10):11.

PACKER, J.J. ed. 1959. John Charles Ryle, practical religion: Being plain papers on the duties, experience, dangers, and privileges of professing Christians. New York: Thomas Y. Crowell Co.

PACKER, J.I. 1971. Fant and prison. London: InterVarsity Press.

PACKER, J.I. 1984. Exposition on biblical hermeneutics. (In Radmacher, E.D. & Preus, R.D., eds. Hermeneutics, inerrancy, and the Bible. Grand Rapids, Michigan: Zondervan. p. 905-914.).

PACKER, J.l. 1986. Introduction: Why preach? (In Logan, S.T., ed. The preacher and preaching. Phillipsburg: Presbyterian and Reformed Publishing Co. p. 1-30.).

PACKER, J.l. 1991. Authority in preaching. (In Eden, M. & Wells, D.F., eds. The gospel in the modern world: A tribute to John Stott. Leicester: InterVarsity Press. p. 198-212.).

PERRY, L.M. 1979. Biblical sermon guide: A step-by-step procedure for the preparation and presentation. Grand Rapids, Michigan: Baker Book House.

PIETERSE, H.J.C. 1984. Contextual preaching: to Gerhard Ebeling on his seventieth birthday. Journal of theology for Southern Africa, 46(1):4-10.

PIKE, G.H. 1992. Charles Haddon Spurgeon: Preacher, Author and Philanthropist. New York: Funk & Wagnalls Co.

PINK, AW. 1990. Interpretation of the Scriptures. Grand Rapids, Michigan: Baker Book House.

PIPER, J. 1992. The supremacy of God in preaching. Grand Rapids, Michigan: Baker Book House.

RAMM, B. 1989. Protestant Biblical interpretation. Grand Rapids, Michigan: Baker Book House.

REID, J. 1981. "With John Stott". World Evangelization, December, 1981. p.9-10.

REU, M. 1967. Homiletics: A manual of the theory and practice of preaching. Grand Rapids, Michigan: Baker Book House.

REYMOND, R.L. 1990. Dr. John Stott on hell. Phillipsburg: Presbyterian.16(1):41-59.

RICOEUR, P. 1976. Interpretation theory: Discourse and surplus of meaning. Fort Worth: Texas Christian University.

ROBINSON, H.W. 1980. Biblical preaching: The development and delivery of expository message. Grand Rapids, Michigan: Baker Book House.

ROBINSON, H.W. 1994. Expository preaching: Principles and practice. Leicester: InterVarsity Press.

ROSSCUP, J.E. 1992a. The priority of prayer and expository preaching. (In Mayhue, R.L., eds. Rediscoverying expository preaching. Dallas: Word Publishing. p.63-84.).

ROSSCUP, J.E. 1992b. Hermeneutics and expository preaching. (In Mayhue, R.L., eds. Rediscovering expository preaching. Dallas: Word Publishing. p.119-136.).

RUNIA, K. 1984. The hermeneutics of the Reformers. Calvin theological journal, 19(1):121-151.

SAMUEL, T.L., ed.1986. The preacher and preaching: Reviving the art in the twentieth century. Phillipsburg: Presbyterian and Reformed Publishing Co.

SANGSTER, W.E. 1972. The craft of sermon illustration. Grand Rapids, Michigan: Baker Book House.

SANGSTER, W.E. 1954. The craft of sermon construction. London: The Epworth Press.

SCHIPPERS, R. 1944. De diensr des Woords en het Woord Gods. Goes: Oosterbaan & Le Cointre.

SHERWIN-WHITE, AN. 1978. Roman society and Roman law in the NewTestament. Grand Rapids, Michigan: Baker Book House.

SILVA, M. 1994. Contemporary approaches to biblical interpretation. (in Kaiser, W.C., & Silva, M, eds. An introduction to biblical hermeneutics. Grand Rapids, Michigan: Zondervan Publishing House. p. 229-248.).

SIMEON, C. 1828. Horae Homileticae, in 11 volumes. Leicester: InterVarsity Press.

SIMEON, C. 1959. Let wisdom judge. ed. Arthur Pollard. London: InterVarsity Press.

SIMEON, C. 1979. Horae Homileticae, in 11 volumes. Leicester: InterVarsity Press.

SIMONIAN, V. 1970. The quest for biblical preaching. Claremont: School of Theology. (Th.D. Thesis.).

SMALLEY, S.S. 1977. Redaction criticism. (In Marshall, I.H., ed. New Testament interpretation: essays on principles and methods. Carlisle: The Paternoster Press. p. 181-195.).

SPRING, G. 1986. The power of the pulpit. Edinburgh: The Banner of Truth Trust.

SPROUL, R.C. 1986. Knowing Scripture. Downers Grove: InterVarsity Press.

SPURGEON, C.H. 1893. Commenting and commentaries. New York: American Tract Society.

SPURGEON, C.H. 1960. An all-around ministry, a collection of addresses to ministers and students. Edinburgh: The Banner of Truth.

SPURGEON, C.H. 1973. Twelve sermons on the Holy Spirit. Grand Rapids, Michigan: Baker Book House.

SPURGEON, C.H. 1977. Lectures to my students. Grand Rapids, Michigan: Baker Book House.

SPYKMAN, G. 1981. Society, state, and schools: A case for structural and confessional pluralism. Grand Rapids, Michigan: Eerdmans.

STEWART, J. 1946. Heralds of God. London: Hodder & Stoughton.

STINESPRING, J.M. 1978. The use of hermeneutics by selected modem preachers. The Southern Baptist Theological Seminary. (Ph.D. thesis).

STITZINGER, J.F.1992. The history of expository preaching. (In Macarthur, J., ed. Rediscovering expository preaching. Dallas: Word Publishing.p.36-62.)

STOTT, J.R.W. 1958a. Basic Christianity. Leicester: InterVarsity Press.

STOTT, J.R.W. 1958b. What Christ thinks of the Church: Insight from Revelation 2-3. Grand Rapids, Michigan: Eerdmans.

STOTT, J.R.W. 1959a. Fundamentalism and evangelism. Grand Rapids, Michigan: Eerdmans.

STOTT, J.R.W. 1959b. Christ and the Scriptures. Christianity today, 4(2):6-10.

STOTT, J.R.W. 1961a. The preacher's portrait. Grand Rapids, Michigan: Eerdmans.

STOTT, J.R.W. 1961b. Mobilising the Church for evangelism. London: All Souls' Church.

STOTT, J.R.W. 1964. The Epistles of John: An introduction and commentary. London: Tyndale.

STOTT, J.R.W. 1966. Men made new: An exposition of Romans 5-8. Grand Rapids, Michigan: Baker Book House.

STOTT, J.R.W. 1970. Christ the controversialist: A study in some essentials of evangelical religion. Downers Grove: InterVarsity Press.

STOTT, J.R.W. 1971. Christ the liberator. Downers Grove: Inter-Varsity Press.

STOTT, J.R.W. 1972a. Understanding the Bible. Grand Rapids, Michigan: Eerdmans.

STOTT, J.R.W. 1972b. Your mind matters. London: InterVarsity Press.

STOTT, J.R.W. 1972c. The Bible and the crisis of authority. London: Falcon.

STOTT, J.R.W. 1973. Guard the Gospel: The message of 2 Timothy. Leicester: InterVarsity Press.

STOTT, J.R.W. 1975a. The biblical basis of evangelism. (In Douglas, J.D. ed. Let the earth hear His voice: International Congress on the world evangelization, Lausanne, Switzerland. Minneapolis, Minnesota: World-Wide Publication. p. 3-9.).

STOTT, J.R.W. 1975b. Christian mission in the modern mind. Downers Grove: InterVarsity Press.

STOTT, J.R.W. 1976a. Baptism & fullness: The work of the Holy Spirit today. Downers Grove: InterVarsity Press.

STOTT, J.R.W. 1976b. The authority and power of the Bible. (In Padilla.R., ed. The new face of evangelicalism. Downers Grove: InterVarsity Press.).

STOTT, J.R.W. 1978a. The message of the Sermon on the Mount. Leicester: InterVarsity Press.

STOTT, J.R.W. 1978b. Biblical preaching is expository preaching. (In Kantzer, K.S.,ed. Evangelical roots. Nashville: Thomas Nelson Inc., Publishers. p. 159-172.).

STOTT, J.R.W. 1979. The message of Ephesians: God's new society. Leicester: InterVarsity Press.

STOTT, J.R.W. 1981a. Scripture: The Light and heat for evangelism. Christianity today, 25(1):26-30.

STOTT, J.R.W. 1981b. Setting the Spirit free: We can reclaim the power of Pentecost to renew the church. Christianity today, 25(1):17-21.

STOTT, J.R.W. 1981c. Paralyzed speakers and hearers: The cure is recovery of Bible exposition. Christianity today, 25(1):44-45.

STOTT, J.R.W. 1981d. Understanding Christ. Grand Rapids, Michigan: Zondervan

STOTT, J.R.W. 1982a. I believe in preaching. London: Hodder & Stoughton.

STOTT, J.R.W. 1982b. You can trust the Bible: Our foundation for belief and obedience. Grand Rapids, Michigan: Discovery House.

STOTT, J.R.W. 1982c. The counsellor and friend. (In Eddison, J. ed. Bash: A study in spiritual power. Basingstoke: Marshalls Paperbacks.).

STOTT, J.R.W. 1982d. One people: Helping your church become a caring community. Old Tappan: Revell Co.

STOTT, J.R.W. 1983. Our Guilty Silence. Grand Rapids, Michigan: Eerdmans.

STOTT, J.R.W. 1984. lssues Facing Christians today. London: Marshalls Pickering.

STOTT, J.R.W. 1985. The authentic Jesus. Downers Grove: InterVarsity Press.

STOTT, J.R.W. 1986a. The cross of Christ Leicester: InterVarsity Press.

STOTT, J.R.W. 1986b. The message of Galatians. Leicester: InterVarsity Press.

STOTT, J.R.W. 1986c. Charles Simeon: A personal appreciation. (In Simeon, C. Evangelical preaching. Oregon: Multnomah Press. p.27-40.).

STOTT, J.R.W. 1988. Favourite Psalms. London: Angus Hudson Ltd.

STOTT, J.R.W. 1989. Evangelical essentials. Downers Grove: InterVarsity Press.

STOTT, J.R.W. 1990. The message of Acts: To the ends of the earth. Leicester: InterVarsity Press.

STOTT, J.R.W. 1991a. The message of Thessalonians. Leicester: InterVarsity Press.

STOTT, J.R.W. 1991b. Your confirmation. London: Hodder & Stoughton.

STOTT, J.R.W. 1992. The contemporary Christian: Applying God's word to today's world. Downers Grove: InterVarsity Press.

STOTT, J.R.W. 1994a. The message of Romans. Leicester: InterVarsity Press.

STOTT, J.R.W. 1994b. Scripture: God's Word for contemporary Christians. Downers Grove: InterVarsity Press.

STOTT, J.R.W. 1994c. Men with a message. Grand Rapids: Eerdmans.

STOTT, J.R.W. 1996. The message of 1 Timothy & Titus. Leicester: InterVarsity Press.

SWEAZEY, G.E. 1976. Preaching the good news. Englewood Cliffs, New Jersey: Prentice Hall.

TERRY, M. 1964. Biblical hermeneutics: A treatise on the interpretation of the Old and the New Testament. Grand Rapids, Michigan: Zondervan Publishing House.

THISELTON, AC. 1980. The two horizons: New Testament hermeneutics and philosophical description with special reference to Heidegger, Bultmann, Gadamer and Wittgenstein. Exeter: The Paternoster Press.

THISELTON, AC. 1992. New hermeneutics. (In Marshall,l.H., ed. New Testament interpretation. Carlisle: The Paternoster Press. p. 308-333.).

THOMAS, R.L. 1986. Understanding spiritual gift: An exegetical study 1 Corinthians. Chicago: Moody Press.

THOMPSON, W.D. 1981. Preaching biblically: Exegesis and interpretation. Nashville: Abingdon Press.

THOMPSON, W.D. 1987. Preaching biblically: Exegesis and interpretation. Nashville: Abingdon Press.

TIZARD, L.J. 1958. Preaching: The art of communication. New York: Oxford University Press.

TORREY, R.A. 1923. Why God used D. L. Moody. Chicago, Illinois: The Bible Institute Colportage Association.

TOWNER, P.H. 1994. The IVP New Testament commentary series: 1-2 Timothy & Titus. Downers Grove: InterVarsity Press.

TRAINA, R. 1982. Inductive Bible study reexamined in the light of contemporary hermeneutics. (In McCown, W. & Massey, J.E., eds. Interpreting God's Word for today. Indian: Warner Press. p. 53-110.).

TRUEBLOOD, E. 1965. The humour of Christ. London: Darton, Longman & Todd.

VAN DER WALT, J.J. 1996(1). Preaching and the Holy Spirit. (n.d), Potchefstroom: Faculty of Theology.

VAN DER WALT, J.J. 1996(2). Preaching Christ in the Old Testament. (n.d), Potchefstroom: Faculty of Theology.

VEERMAN, D. 1990. Sermon: Apply within. Leadership, 9(1):120-125.

VENTER, C.J.H. 1974. Die hoorder en die prediking. In die Skriflig, 8(31): 43-51.

VENTER, C.J.H. 1991. Metodiese riglyne in die proses van preekmaak. Potchefstroom: Teologiese Skool.

VENTER, C.J.H. 1995. Methodological guidelines in the sermon-writing process: Directional guidelines for students. Potchefstroom: Theological School. (Unpublished).

VINES, J. 1985. A practical guide to sermon preparation. Chicago: Moody Press.

VIRKLER, H.A. 1982. Hermeneutics: Principles and processes of biblical interpretation. Grand Rapids, Michigan: Baker Book House.

VOS, C. J.A 1995. Die blye tyding. Pretoria: Raad vir Geesteswetenskaplike Navorsing.

WAGNER, P. 1981. Church growth and the whole gospel: A biblical mandate. San Francisco, California: Harper & Row Publishers.

WANG, T. 1987. "With John Stott". World Evangelization. 12(1):1-5.

WATSON, P.S. 1994. The authority of the Bible. Grand Rapids, Michigan: Baker Book House.

WHITESELL, F.D. 1963. Power in expository preaching. Old Tappan: Revell Press.

WILLIAM, H. 1990. trs. The table talk of Martin Luther. London: George Bell & Sons.

WILLIAMS, H. 1973. My word. London: S.C.M.

WINGREN, G. 1960. The living Word. London: S.C.M.

ZUCK, R.B. 1991. Basic Bible interpretation: A practical guide to discovering biblical truth. Illinois: Victor Books.

## Cassette Tapes

1. STOTT, J.R.W. Interview with the author, August 15, 1995.

2. STOTT, J.R.W. "Meeting with Jesus": Nicodemus. London: All Souls' Cassette, n.d.

3. STOTT, J.R.W. "If only you knew": The Samaritan Woman. All Souls' Cassette, n.d.

4. STOTT, J.R.W. "Lost and found". All Souls' Cassette, n.d.

# INDEX OF SCRIPTURE REFERENCES

## Luke

2:18, 19  63
8:14  66
10:  90
15:1-32  188
24:27  56, 124
24:49  5, 162

## John

1:1  150
1:12, 13  159
1:18  39
3:1-1  186, 239
3:3  79
3:8  81
4:1-42  112, 187, 239
5:39  15
7:17  80
8:12  140
8:56  124
10:9  146
13:-17:  90
14:  90
14:15  121
14:21-24  80, 121
14:25, 26  48, 124
15:  90
10:40  66
16:12, 13  124
20:31  15

## Acts

2:  98
2:1-13  93
2:39  102
4:12  94

4:31  164
5:4  98
8:26-39  75
17:11  82, 112
20:28  146

## Romans

1:1  160
1:18-32  107
4:2  148
5:12-21  84, 113
6:1-11  97
12:3  51, 111
12:6  112
12:11  151, 164

## 1 Corinthians

1:2, 12, 20  159, 198
1:23, 24  151
2:4, 5, 16  200, 204
2:11  79
2:13  46, 56, 124
2:14  80
4:1, 2  142, 155
12:-14:  98
15:21, 22, 45-49  113

## 2 Corinthians

2:17  48
4:4-6  140
13:3  48

## Galatians

2:16  88
4:1-11  181, 201, 203
4:12-20  199

# INDEX OF PERSONS

# INDEX OF SUBJECTS